개정3판

공학도와 경영마인드

박용태 지음

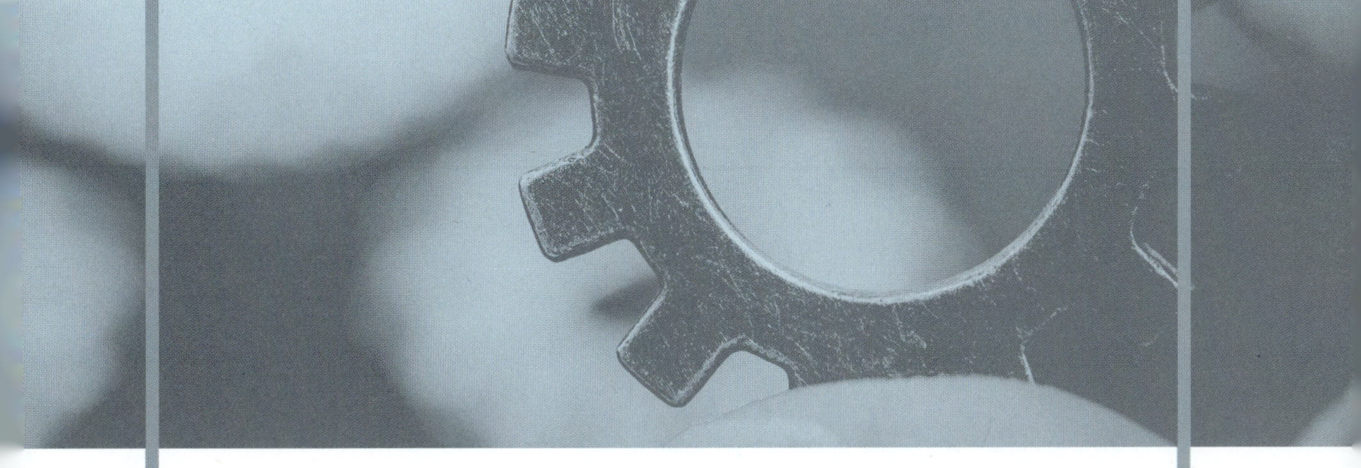

생능출판

저자 소개

박용태

경기고등학교 졸업
서울대학교 공과대학 산업공학과 졸업, 공학학사
미국 University of Wisconsin–Madison 경영대학원 졸업, 경영학 석사/박사
삼성물산(주) Sales Engineer
과학기술정책연구원 산업혁신/국제협력 연구실장
과학기술부 장관 자문관
서울대학교 기술경영 대학원/기술경영 연합전공 주임교수
기술경영경제학회 회장
서울대학교 공학연구소 소장
서울대학교 공과대학 산업공학과 교수
현) 서울대학교 명예교수
2009 IAMOT/Elsevier 선정 기술혁신경영(TIM) 세계 50대 연구자

공학도와 경영마인드

초판발행 2007년 1월 5일
제3판3쇄 2023년 7월 21일

지은이 박용태
펴낸이 김승기, 김민수
펴낸곳 (주)생능출판사 / **주소** 경기도 파주시 광인사길 143
출판사 등록일 2005년 1월 21일 / **신고번호** 406-2005-000002호
대표전화 (031)955-0761 / **팩스** (031)955-0768
홈페이지 www.booksr.co.kr

책임편집 이종무 / **편집** 신성민, 유제훈 / **디자인** 유준범
마케팅 최복락, 심수경, 차종필, 백수정, 송성환, 최태웅, 명하나, 김민정
인쇄 성광인쇄(주) / **제본** 은정문화사

ISBN 978-89-7050-917-4 93320
정가 28,000원

- 이 도서의 국립중앙도서관 출판예정도서목록(CIP)은 서지정보유통지원시스템 홈페이지(http://seoji.nl.go.kr)와 국가자료공동목록시스템(http://www.nl.go.kr/kolisnet)에서 이용하실 수 있습니다.

개정3판 머리말

개정판을 낸지 어느새 5년의 시간이 흘렀다. 그 사이에도 전국의 여러 공과대학에서 이 책을 교과서로 채택하면서 깊은 관심을 보내주신 것에 늘 감사한 마음이다. 그러면서 개정판의 필요성에 대한 의견들도 보내주셨다. 책의 전체적 구조나 중요한 내용을 바꿀 필요는 없어 보이나, 새롭게 떠오른 주제들을 소개한다든가 정보와 자료를 최근의 것으로 바꾸어야 한다는 요청들이 있었다. 저자도 전적으로 동의하고 공감하는 것들이었다. 따라서 개정판을 내는 일을 미룰 수 없게 되었다.

앞에서 말한 것처럼, 책의 전체적인 구성과 핵심적인 내용이 바뀐 것은 거의 없다. 가장 먼저 한 일은, 책 전반에 걸쳐 설명이 모자란 부분을 보완하고 표현이 어색한 부분을 교정한 것이다. 다음으로는, 자료와 정보를 최근의 것으로 바꾸는 작업도 수행하였다. 특히 통계치나 조사결과는 가능하면 새로운 값으로 교체하였다. 마지막으로, 이해를 돕기 위한 시각적 자료를 대폭 교체 또는 추가하였다.

여전히 공학도의 경영마인드는 공학교육의 중요한 화두가 되고 있다. 처음부터 늘 그랬지만, 아무쪼록 본서가 공학도들의 경영마인드를 제고하고 공학도들이 경영관리적 지식을 습득하는 데 도움이 되기를 기원한다.

이번에도 서울대학교 기술경영연구실의 많은 대학원생들이 개정판을 준비하는 과정에 도움을 주었다. 정보와 자료를 검색하고 정리하는 과정에서 큰 도움을 주었다. 또한 기획에서부터 제작에 이르기까지 시간과 노력을 아끼지 않은 생능출판사의 관계자 여러분께도 깊은 감사를 드린다.

2018년 12월

저자

개정판 머리말

초판을 출간한 지 어느새 5년이 넘은 시간이 흘렀다. 그동안 전국의 많은 공과대학에서 이 책을 교과서로 채택하면서 과분한 관심과 격려를 보내주었다. 저자로서는 너없이 즐거운 일이고 또 고마운 일이다. 하지만 아쉬운 부분에 대한 지적도 있었다. 또 시간의 흐름에 따라 정보와 자료가 낡거나 달라진 경우도 있었고, 그 사이에 떠오른 새로운 주제들도 있었다. 그래서 개정판의 발간을 더 이상 미룰 수 없게 된 것이다.

초판과 비교하여 책의 전체적인 구성과 핵심내용은 바뀐 것이 없다. 비유하자면 뼈대는 그대로 두고 근육을 늘리거나 피부를 손질한 셈이다. 가장 먼저 한 일은, 책 전반에 걸쳐 설명이 부족한 부분을 보완하고 표현이 어색한 부분은 교정한 것이다. 일부 주제에 대해서는 새로운 내용을 추가하거나 기존 내용에 보완적인 자료를 제공하기도 하였다. 나아가 자료와 정보를 최근의 것으로 바꾸는 작업에도 노력을 기울였다. 특히 통계치나 조사결과는 가능하면 새로운 값으로 교체하려 하였다. 필요한 경우 이해를 돕기 위해 시각자료를 추가하기도 하였다.

초판이 나온 이후에, 공학도의 경영마인드에 대한 관심은 더욱 높아지는 추세이다. 많은 공과대학들이 관련 과목을 개설하거나 운영을 확대하고 있다. 초판을 출간할 때도 같은 희망과 기대를 피력하였지만, 아무쪼록 본서가 이 책을 공부하는 이들에게 공학의 관점에서 경영마인드를 제고하고 경영관리적 지식을 습득하는 데 공헌할 수 있기를 기원한다. 그리하여 기술적 전문성과 전략적 사회성을 바탕으로 많은 공학도들이 기업의 CEO로 또 사회의 리더로 나아가기를 바라는 마음이 간절하다.

초판과 마찬가지로 서울대학교 기술경영연구실의 많은 대학원생들이 개정판을 준비하는 과정에 도움을 주었다. 자료를 검색하고 분석하는 과정에서 그들이 보여준 뛰어난 자질이 늘 자랑스럽다. 또한 기획에서부터 제작에 이르기까지 시간과 노력을 아끼지 않은 생능출판사의 관계자 여러분께도 깊은 감사를 드린다.

2013년 2월
박용태 씀

머리말

모든 공과대학에 넓은 의미의 사회과학, 좁은 의미의 경영학 강의가 개설되고 있는 시대에 공학도에게 왜 경영 마인드가 필요한가 하는 질문은 이미 우문(愚問)이다. 그러나 공학도에게 경영 마인드를 어떻게 심어 줄 것인가 하는 문제는 여전히 중요하고도 어려운 일로 남아 있다. 공학도가 CEO로 성장할 수 있는 기회가 넓어지고 있다면, 그에 필요한 자질과 지식을 제공하는 역할은 당연히 대학이 맡아야 한다. 하지만 지난 세월 동안 공과대학에서 공학도들을 대상으로 경영 관련 강의를 해온 저자로서도 어떻게의 문제는 늘 쉽지 않은 과제였다.

경영학을 배운다는 말과 경영 마인드를 습득한다는 말이 동의어는 아니다. 이론을 잘 안다고 해서 실무를 잘 한다는 보장이 없는 것과 같은 이치이다. 그러나 모든 이론은 현실과 연결되기 마련이다. 따라서 현실에 대한 경영 마인드를 가장 체계적이고 효과적으로 얻을 수 있는 지름길은 역시 경영학이라는 학문을 공부하는 것이라는 믿음은 변함이 없다.

훌륭한 경영학 교과서는 도처에 널려있고 따라서 경영학의 기본 이론을 공부하려면 기존의 경영학 교과서 가운데 하나를 선택하면 될 것이다. 그러나 공학도를 위한, 즉 공학도의 특성과 수요를 반영한 교과서를 찾기는 어렵다. 본서는 공학도의 관점에서 경영 이론과 실무를 쉽게 이해할 수 있는 방식과 기준으로 만든 책이다. 하지만 개론 교과서 보다는 훨씬 더 다양하고 구체적인 각론의 내용도 포함하고 있다. 아무쪼록 이 책의 성격과 의도가 독자들에게 충실히 전달되기를 기대한다.

이 책은 공과대학 1, 2학년 수준의 교양과목 교재로 만든 것이다. 수리적이고 분석적인 부분을 거의 수록하지 않았기 때문에 기초지식이 없어도 이해하기에 별 문제가 없을 것으로 믿는다. 만일 3, 4학년 수준의 전공선택 교재라면 저자가 이미 발간한 『공학도를 위한 기술과 경영(생능출판사)』이 더 적합할 것이다.

책의 구성은 경영의 기능이라는 관점과 경영의 과정이라는 관점을 결합하여, (1) 산업과 기업에 대한 경영 마인드, (2) 사람과 조직에 대한 경영 마인드, (3) 전략에 대한 경영 마인드, (4) 재무관리에 대한 경영 마인드, (5) 회계관리에 대한 경영 마인드, (6) 생산관리에 대한 경영 마인드, (7) 마케팅관리에 대한 경영 마인드, (8) 신기술창업에 대한 경영 마인드, (9) 지적 자산 관리에 대한 경영 마인드의 순서로 되어 있다. 강의의 진행은 위에서 제시된 순서를 따르는 것이 자연스러운 흐름이 될 것으로 생각한다. 그러나 한 학기에 모든 내용을 다루기 어려운 경우에는 강의하는 분의 전문성과 수강생들의 관심도에 따라 주제를 취사선택하는 것이 필요할 수 있다.

교과서의 본질적 성격과 기능은, 저자의 독창적 지식과 주관적 견해를 제시하는 것이 아니라 이미 검증된 연구결과와 실무경험을 종합하고, 정리하고, 전달하는 데 있다. 이 책에서도 다양한 이론, 자료, 정보를 직접적으로 인용하거나 간접적으로 원용하고 있다. 원전을 일일이, 그리고 명확하게 제시하지 않은 부분이 있다면 널리 양해해 주시기를 부탁드린다.

가까이에 준재들을 많이 두고 있다는 사실은 늘 고맙고 자랑스럽다. 서울대학교 산업공학과 기술경영연구실의 대학원생들이 이 책의 집필 과정에 참여하였다. 특히 이성주 양과 이학연 군은 참으로 많은 수고를 해 주었다. 모두의 이름을 공저자의 명단에 올리고 싶은 심경이다. 책의 기획에서부터 제작에 이르기까지 시간과 노력을 아끼지 않은 생능출판사의 관계자 여러분께도 깊은 감사를 드린다. 이 많은 분들의 도움에도 불구하고 책의 내용과 구성에 잘못되거나 미흡한 부분이 있다면 그것은 전적으로 저자의 책임이다.

우리의 공학도들이 한 손에는 기술적 전문성을 쥐고 다른 한 손에는 전략적 사회성을 쥐어, 기업의 CEO로 또 사회의 리더로 나아가기를 바라는 마음 간절하다. 그 길에 이 책이 하나의 길라잡이가 될 수 있다면 그 이상의 기쁨과 보람이 없을 것이다.

2006년 11월

저자 씀

책의 구성

'경영 마인드'가 현장 경험을 통해 몸으로 익히는 '실무'라면 '경영학'은 경영 이론을 가르치고 배우는 '학문'이다. 그러나 모든 경영학의 이론은 현실과 연결되기 마련인 이상, 대학에서 경영마인드를 얻을 수 있는 지름길은 역시 경영학이라는 학문을 이해하는 것이다.

그러면 경영학이라는 학문은 어떤 구조로 이루어져 있고 어떤 내용을 담고 있는가? 말을 바꾸어, 공학도를 위한 경영학 교과서는 어떤 내용을 담아서 어떤 구조로 만들어야 하는가? 이 질문에 대한 답은 저자의 전문성이나 독자층의 성격에 따라 달라진다. 시중에 많이 나와 있는 경영학도를 위한 경영학 교과서가 아니라, 공학도의 눈높이에 맞춘 경영학 교과서의 경우라면 더구나 그렇다.

여러 가지 관점이나 기준 가운데 역시 보편적이면서도 실용적인 접근은 기업의 '기능(function)' 관점에서 교과서의 내용을 구성하는 것이다. 즉 기업이 어떤 기능을 수행하고 있는가를 보면 곧 경영학이 다루어야 할 주제가 무엇인지를 알 수 있다고 보는 것이다. 기능적 관점에서 보면, 조직 이론, 경영 전략, 생산 관리, 마케팅 관리, 재무관리, 회계 관리 등이 교과서의 핵심적인 주제가 된다. 이 접근의 장점은 기업이 실제로 하는 일이 무엇이며 기업 내의 어느 조직에서 어떤 일을 하는가를 이해함으로써 눈에 보이고 손에 잡히는 경영 마인드를 습득하기에 좋다는 것이다.

그러나 기능적 관점의 단점은 경영이라는 활동이 어떤 순서나 단계로 이루어지는지를 알기 어렵다는 점이다. 기업이 무슨 기능을 하는지는 알 수 있지만 그 기능들이 어디에서 시작하여 어디에서 끝나는지를 전체적으로 파악하기 어려운 문제가 있는 것이다. 이러한 단점을 보완하기 위해 여기서는 경영활동의 '수명주기(life cycle)'라는 개념을 도입한다. 하나의 기업이나 사업을 마치 살아있는 생명체로 해석하여, 먼저 기업이나 사업이 시작되기 위해서는 어떤 활동이나 기능이 필요하고(경영시스템의 도입기), 제품이나 서비스를 만드는 과정에서는 어떤 기능과 활동들이 이루어지며(경영시스템의 성장기), 그 결과로 나온 산출물을 어떻게 관리해야 하는지(경영시스템의 성숙기)를 살펴본다는 것이다.

이 책에서는 '기능'이라는 관점과 '수명주기'라는 관점을 결합하여, 위에서 말한 기업 경영의 여러 기능들을 수명주기에 따른 순서대로 배열하였다. 책의 전체적 구조가 [그림]에 도시되어 있다.

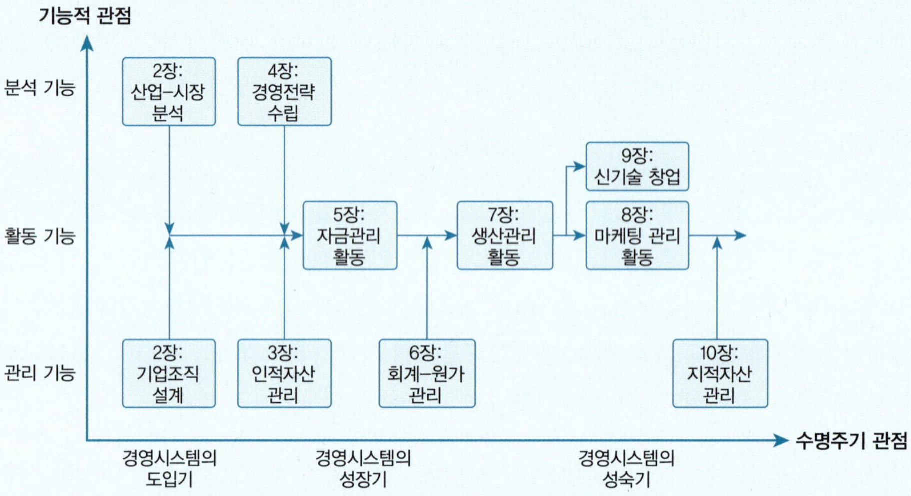

[그림] 책의 전체적 구조: 주요 내용과 순서

먼저 경영시스템이 만들어지고 사업이 시작되기 전에 이루어지는 기능과 그에 관련된 경영 마인드를 살펴보자.

제2장은 산업과 기업에 대한 경영 마인드로서, 먼저 산업에 대한 이해를 위해 산업의 정의, 산업의 분류, 산업의 구성에 대해 알아본다. 다음으로 기업 조직에 대한 이해를 위해 기업의 형태와 구조, 기업조직의 설계, 기업조직의 유형에 대해 알아본다.

제3장은 사람과 조직에 대한 경영 마인드로서, 개인과 조직행위에 대한 이해를 위해 동기부여 이론, 리더십 이론, 커뮤니케이션 이론, 의사결정 이론 등을 알아본다.

제4장은 전략에 대한 경영 마인드로서, 경영전략에 대한 이해를 위해 경영전략의 기본, 경영전략의 구조, 기본분석, 위상분석, 분포분석, 동태분석 등을 알아본다.

다음으로 경영시스템이 자리를 잡고 사업이 진행되면서 이루어지는 기능과 그에 관련된 경영 마인드를 알아본다.

제5장은 재무관리에 대한 경영 마인드로서, 자금의 조달과 배분에 대한 이해를 위해 단기자금의 조달, 장기자금의 조달, 경제성의 평가, 금융투자의 관리 등을 알아본다.

제6장은 회계관리에 대한 경영 마인드로서, 자금 사용과 성과의 분석에 대한 이해를 위해 회계시스템의 기본, 재무제표 내용, 원가회계 등을 알아본다.

제7장은 생산관리에 대한 경영 마인드로서, 무엇을 언제 만들 것인가에 대한 이해를 위해 제품과 공정의 분류, 제품과 공정의 설계, 수요의 예측, 생산 계획의 수립 등을 알아본다.

제8장은 마케팅 관리에 대한 경영 마인드로서, 제품과 서비스의 영업에 대한 이해를 위해 마케팅의 개념, 마케팅 조사방법, 마케팅 활동, 하이테크 마케팅, 온라인 거래의 특성과 유형 등을 알아본다.

마지막으로 경영시스템으로부터 만들어진 산출물을 활용하고 관리하는 기능과 그에 관련된 경영 마인드를 살펴보자.

제9장은 신기술창업에 대한 경영 마인드로서, 창업과 벤처경영에 대한 이해를 위해 기업가정신, 벤처기업의 유형, 창업 기회의 평가, 사업계획의 수립, 신생기업의 성장단계, 신생기업의 경영 등을 알아본다.

제10장은 지적 자산 관리에 대한 경영 마인드로서, 눈에 안 보이는 자산의 관리에 대한 이해를 위해 지식재산권의 의의, 지식재산권의 분류, 기업정보의 관리 등을 알아본다.

차례

CHAPTER 01

공학도와 경영 마인드

CHAPTER 02

산업과 기업에 대한 경영 마인드

CHAPTER 06

회계관리에 대한 경영 마인드

CHAPTER 08

마케팅에 대한 경영 마인드

CHAPTER

01

공학도와 경영 마인드

Business Mind

contents

이 장(Chapter)배경과 내용

오늘날의 경제사회를 가장 짧고 명확하게 설명하는 개념은 지식기반이라고 할 수 있다. 자원(resource)이나 노동(labor)이 생산의 중심이 되는 전통적 경제사회 시스템의 패러다임이 지식(knowledge)이 중심이 되는 모습으로 바뀌고 있는 것이다. 이러한 변화에 따라 지식의 핵심이 되는 기술(technology)과 인적 자본(human capital)의 중요성이 갈수록 커지고 있다. 바야흐로 기술적 전문성, 합리적 사고방식, 그리고 과학적 통찰력을 갖춘 이공계 출신의 CEO가 새로운 경제사회 시스템의 주역이 되는 시대가 도래하고 있는 것이다.

그러나 전문성이나 합리성은 공학도가 CEO가 될 수 있는 필요조건에 불과하다. 충분조건을 만족시키기 위해서는 넓은 의미로 사회과학 전반에 대한 다양한 지식, 좁은 의미로 기업경영에 대한 실무적 이해를 갖추어야 한다. 하지만 오랫동안 공학과 경영학은 서로 분리되어 독립된 세계를 살아 왔기 때문에 공학도가 대학에서 경영관리에 관한 지식을 습득할 수 있는 기회가 거의 없었다. 더구나 우리의 교육제도는 청소년들을 문과와 이과로 나누어 처음부터 다른 길을 가도록 설계되었고, 사회에 나와서도 학문적 교류나 업무적 연계를 가로막는 많은 장애물들이 설치되어 있었다.

이제 세상은 바뀌고 있다. 이미 우리는 많은 공과대학에서 공학과 경영학의 연계가 시작되고 있으며, 나아가 사회과학과 과학기술을 접목시키는 노력이 이루어지고 있음을 발견하고 있다. 이러한 시도들의 궁극적인 목표는 이공계 인력들을 새로운 시대의 CEO로 양성하기 위한 것이다. 그러기 위해서는, 공학도들을 다양한 경영 기능과 역할을 머리로 이해하고 몸으로 실행할 수 있는 다기능 경영자(multi-functional manager)로 키워야 한다. 이 책은 그러한 시대적 요구에 맞추어, 공학도에게 기업경영의 기본 이론을 설명하고 실무 주제를 제시하는 것을 목적으로 한다.

CHAPTER 01

공학도와 경영 마인드

제1절 공학도와 CEO

한 사람의 공학도이기 전에 한 사람의 대학인인 여러분에게 대학의 의미는 무엇인가? 대학의 본질적인 성격과 기능은 무엇이며, 대학인이 한 개인으로서 누릴 수 있는 권리와 한 사회인으로서 감당해야 할 의무는 무엇인가? 대학이라는 공간과 대학 시절이라는 시간에서 여러분은 어떤 꿈을 꾸어야 하며 그 꿈을 위해 무엇을 준비해야 하는가?

이러한 질문에 대해 답하기 전에, 먼저 대학이 언제 어떻게 생겨나고 자라온 지에 대해 생각해 보자. 대학은 기원전 중국 주나라 때의 국학기관이나 그리스의 플라톤이 설립한 아카데미아 등에서 최초의 모습을 찾을 수 있다. 그러나 오늘날 우리가 받아들이고 있는 제대로 된 의미의 대학은 대체로 다음 세 단계를 거치면서 그 모양을 갖추었다. 처음의 모양은 12~13세기의 중세에 이탈리아, 프랑스, 영국 등 유럽에서 '도시'라는 공간이 생기고 커지면서 시작된 초기 대학이다. 두 번째 모양은 18~19세기에 독일, 프랑스, 영국 등에서 각 '나라'의 특성과 전통을 살려 설립한 근대 대학이다. 세 번째 모양은 원래는 영국 대학을 모방하여 시작한 후 독일 대학의 영향을 받아 19세기 후반에 '독자적'인 모형으로 자리잡은 미국 대학이다.

우리가 어떤 모습의 대학을 가리키든, 대학이 생겨나고 자라온 과정은 그 사회의 구조가 변하고 사람들의 의식이 바뀌는 추세와 밀접한 관계를 맺고 있다. 왜냐하면 대학은 처음부터 대학 스스로의 노력으로 '만든' 조직이 아니라 외부의 수요에 따라 '만들어진' 조직이기 때문이다. 예를 들어 초기 대학의 경우를 보자. 중세 대학의 설립은 도시의 형성에서 비롯되었다. 인구의 증가와 상업의 부활로 인해 도시라는 커다란 공간이 만들어지면서 과거에는 없었던 다양하고 복잡한 기능이 새로 생겨났고, 이에 따라 그 기능을 담당할 전문인과 직업인이 필요하게 되었다. 또한, 물질적 성장에 비례하여 사람들의 문화적 욕구도 커지고 지적 수준도 올라가면서 문화인과 지식인도 필요하게 되었다. 이러한 추세에 맞추어, 한편으로는 도시사회와 종교기관이 요구하는 기능적 전문인의 양성이라는 목적과 다른 한편으로는 학문적 소양과 탐구정신을 갖춘 문화적 지식인의 배출이라는 목적을 동시에 달성하기 위해 대학이 생겨난 것이다. 그 이후 규모상으로 커지고 내용상으로 단단해지는 과정에서도 대학은 늘 그 시대와 사회의 요구와 기대를 반영해 왔다.

이렇게 보면 대학의 본질과 기능은 항상 이중성과 양면성을 지니고 있다. 한 쪽에서는, 대학은 순수한 학문적 열정과 교육적 의미를 최고의 가치로 생각하는 교수와 학생이 모인 공동체(universitas)로 정의한다. 그런가 하면 다른 한 쪽에서는, 대학의 현실적 목적은 유능한 학생에게 교육의 기회를 제공하고 사회가 필요로 하는 직업인을 양성하는데 있다고 주장한다. 그러므로 대학은 항상 이상과 현실, 학문과 실무를 균형적, 보완적으로 추구하는 노력을 하게 된다.

초기 대학, 근대 대학, 현대 대학의 모습

대학이 그렇듯이 대학인도 두 가지의 모습을 동시에 갖추어야 한다. 대학인은 먼저 이 사회의 지식인이며 문화인으로서 요구되는 기본적 소양을 지녀야 한다. 지적 호기심과 탐구 정신, 많은 독서와 깊은 사색, 다양한 경험과 폭넓은 교류, 사회에 대한 관심과 책임감, 이런 것들이 대학이라는 공간과 대학시절이라는 시간 안에서 이루어져야 한다. 그러나 대학인은 동시에 사회인으로서 자신의 미래를 결정하고 설계해야 한다. 또한 전문적 직업인으로서 필요한 지식과 기능을 준비해야 한다. 특히 예측과 조정이 어려울 정도로 불규칙한 속도와 방향으로 변하고 있는 기술을 직업의 대상으로 하는 공학도에게 준비는 빠를수록 좋다. 전공분야가 무엇이든 기술혁명의 새로운 세계가 지니는 의미와 파급효과를 이해해야 하는 것이다.

그렇다면 다가올 미래를 살아갈 한 사람의 사회인으로서 또한 한 분야의 직업인으로서 공학도인 여러분의 궁극적인 목표는 무엇인가? 무난히 본인이 원하는 분야의 직장에 사회인으로서의 첫 발을 내디딜 수 있을까? 기업에서 전문적인 기술자나 창의적인 연구원의 위치를 넘어 조직 전체를 운영하고 관리하는 CEO가 될 수 있을까? 스스로의 기술과 능력으로 벤처회사를 세워 창업형 CEO가 될 수 있을까? 나아가 사회의 다양한 분야에서 중심적인 지도자(leader)의 위치에 오를 수 있을까?

이러한 질문에 답하기 위해서는 먼저 CEO라는 용어의 정의를 알아야 한다. 우리가 하루에도 여러 번 듣고 쓰는 CEO라는 용어는 도대체 어떤 인물이나 자리를 뜻하는가? 예를 들어 다음의 신문기사를 보자. "×× 전자는 COO인 YYY 경영총괄 부사장을 CEO인 신임 사장으로 내정하였다." 이 기사에는 COO, CEO, 사장, 부사장과 같은 몇 개의 용어가 동시에 등장한다. 여기에서 사장이나 부사장은 그 기업에서 정한 공식적인 직급상의 서열을 나타내는 호칭이다. 사원–과장–부장–이사를 거쳐 올라가는 최상위의 직급을 가리키는 것이다. 이에 비해 최고경영자인 CEO(Chief Executive Officer)와 최고관리책임자인 COO(Chief Operating Officer)는 그 사람이 기업 내에서 맡고 있는 실질적인 역할이나 기능상의 서열을 나타내는 용어이다. 우리나라의 기업에 있어서는 직급상의 사장이 역할상의 CEO를, 직급상의 수석부사장이 역할상의 COO를 맡는 것이 일반적이다. 결국 CEO는 직위나 직급의 개념을 넘어 기업의 중요한 전략을 수립하고 전반적인 경영 활동을 관장하는 최고경영자라고 정의할 수 있다. 또한 많은 종업원들에게 기업의 미래에 대한 비전을 보여

이공계 출신의 대표적 CEO – 빌 게이츠

주고 그들의 꿈을 살려주는 리더(leader)라고 할 수 있다.

그러나 최근에는 CEO의 의미를 기업조직에만 국한시키지 않는 추세이다. 민간기업은 물론 정부조직, 공기업, 비영리기관까지 경영이나 관리활동을 수행하는 모든 조직의 최상위 관리자나 중심적 리더를 흔히 CEO로 부르고 있다. 다시 말해 CEO는 오늘날 사회의 지도자를 아우르는 개념으로 사용되고 있는 것이다. 그만큼 CEO의 자리 자체도 많아지고, CEO의 자리로 올라가는 길도 다양하게 생겨나며, CEO의 자리로 들어가는 문도 다양하게 열려있다.

그러면 한 사람의 대학인이 학교생활과 사회생활을 거치면서 따라가는 직업의 경로(career path)는 어떠한가? [그림 1-1]에 나타나 있는 것처럼, 길은 크게 이공계 경로와 사회과학계 경로, 두 가지로 나뉘어진다.

먼저 이공계의 일반적인 경로를 보자. 가장 전형적인 경우는 아마 다음과 같을 것이다. 역시 취직하기 좋고 직장생활 오래 하기에는 기술자가 최고라는 부모님의 권유에 따라 고등학교에서 이과(理科)를 선택하여 수학과 과학 중심의 입시공부를 한 후, 어느 분야가 앞으로 전망이 좋다라는 소문을 듣고 그 분야를 가르치는 공과대학의 어느 과로 진학한다. 공대생답게 정치, 경제, 사회의 복잡하고 어려운 이슈들에 대한 관심은 접은 채, 착실하게 수업을 듣고 열심히 숙제를 하고 무난히 졸업하여 생산현장에 취직한다. 본사와 멀리 떨어진 공단지역에서 성실히 직장생활을 한 덕에, 생산단위의 책임자인 SM(Shop Manager)이 된다. 또 시간이 지나 마침내 공장의 책임자인 PM(Plant Manager)으로 승진한다. 이러한 전형적인 경로는 생산직이 아니라 연구직으로 진출한 경우에도 큰 차이가 없다. 조용한 연구실에서 자기만의 공간을 형성한 후, 열심히 연구하면서 연구원, 선임연구원, 책임연구원 등과 같은 경력의 사다리(ladder)를 따라 연구조직의 책임자(R&D manager)가 된다.

다음으로 사회과학도의 전형적인 경로를 보자. 입사를 하면 주로 재무, 회계, 인사, 영업 등의 부서에 배치된다. 이러한 부서들은 권력의 핵심인 본사가 있는 도심 한가운데나 선진 문물을 쉽게 접할 수 있는 해외에 위치하고 있어, 구조적으로 승진 경쟁에 유리한 입장이다. 시사 월간지나 영어 저널 두어 가지는 정기 구독하고 늘 돈과 힘이 움직이는 정보에 민감하게 반응한다. 같은 부서나 관련 분야에서 승진을 하면서, 나중에는 재무관리 부서의 최고책임자인 CFO(Chief Finance Officer), 마케팅 부문의 최고책임자인 CMO(Chief Marketing Officer), 인사담당 최고책임자인

CPO(Chief Personnel Officer) 등을 거쳐 조직 전체를 관리하는 COO가 된다. 기업의 생명인 돈과 사람을 관리해 왔고, 경영 전반을 다룬 경험이 있을 뿐 아니라, 대외적으로 폭넓은 인맥을 형성해 놓았기 때문에 그만큼 CEO가 될 가능성이 클 수밖에 없다.

[그림 1-1] CEO 경력 사다리의 구조

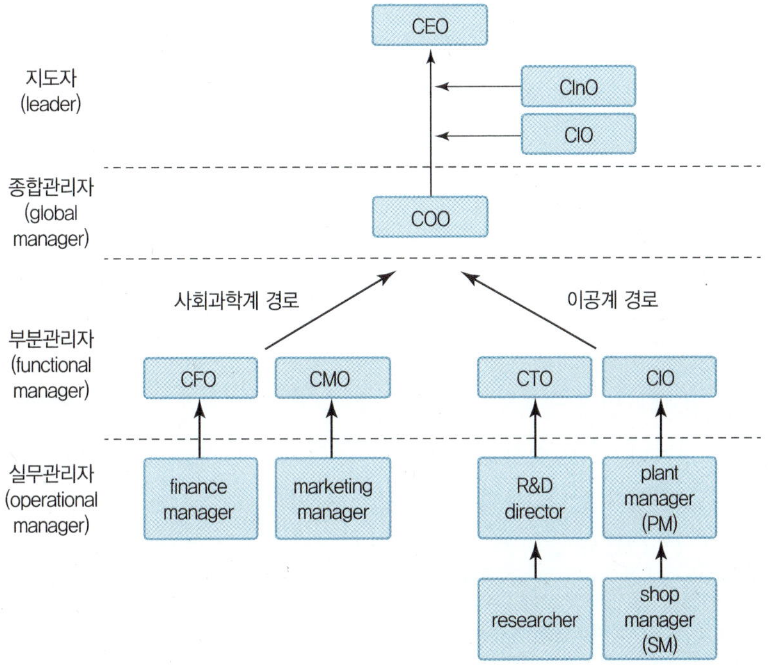

이러한 상황에서 이공계 인력이 궁극적으로 CEO가 될 수 있는 경로는 쉽게 보이지 않았으며, 본인 스스로도 굳이 새로운 경로를 개척하는 노력을 하지 않았다. 다행히 최근에는 기술자산과 지식자본의 중요성이 알려지고 또 정보통신 기술의 활용도가 높아지면서, 이공계 인력이 CEO로 올라가는 길목에 하나의 중간 관문의 의미를 갖는 새로운 역할들이 생기고는 있다. 연구개발과 기술전략 부문의 최고책임자인 CTO(Chief Technology Officer), 정보시스템 도입과 운영의 최고책임자인 CIO(Chief Information Officer), 경영혁신 활동의 최고책임자인 CInO(Chief innovation Officer) 등이 그들이다. 그러나 이들이 COO로 한 단계 올라서고 마침내 CEO라는 정점으로 올라가는 길에는 아직도 높고 험한 관문들이 많이 남아 있다.

하지만 이제 세상의 패러다임은 바뀌고 있다. 흔히 말하는 지식기반(knowledge-based) 경제와 기술중심(technology-oriented) 경영 시대가 다가오면서 이공계 인력이 사회의 지도자로, 조직의 최고경영자로 진출할 수 있는 더 큰 창과 더 넓은 길이 열리고 있다. 이제 더 이상 이공계 출신이 대기업의 CEO가 되고, 벤처기업의 창업자가 되고, 정부조직의 책임자가 되는 것이 특별히 이상할 것이 없는 시대가 오고 있다.

새로운 패러다임의 등장과 함께, 오늘날 거의 모든 공과대학의 화두인 공학교육의 개혁은 공학도들에게 세상을 크고 넓게 바라볼 수 있는 안목을 제공하고 나아가 더 많은 공학도들을 CEO로 육성하는 것을 목적으로 하고 있다. 더 이상 이공계 인력들이 공장이나 실험실에 안주하지 않고 적극적이고 전략적인 자세로 경영현장의 한가운데로 나아갈 수 있도록, 공학교육의 철학과 내용을 바꾸어야 한다는 것이다. 이러한 의식은 바람직한 직업인과 기능인의 양성이라는 소극적 목표를 넘어 이공계의 합리적 사고 방식, 과학적 분석 능력, 그리고 실험적 개척정신을 갖춘 CEO들을 많이 배출하여 사회시스템 전반을 선진화하고 기업시스템의 경쟁력을 강화한다는 적극적 목표도 추구하고 있다.

그러기 위해서는 무엇보다 먼저 공학도의 의식의 틀을 바꾸고 지식의 폭을 넓혀야 한다. [그림 1-2]에 나타나 있는 것처럼 대학에서 공학도를 다기능 관리자(multi-functional manager)로 키워야 한다. 사회의 리더로서 산업과 시장의 변화를 읽을 수 있는 통찰력, 기업의 CEO로서 올바른 방향을 찾을 수 있는 전략적 감각, 유능한 관리자로서 인적 자원과 물적 자원을 효율적으로 다룰 수 있는 실무능력 모두를 균형적으로 갖추는데 필요한 기본적인 자질과 지식을 제공해야 한다. 그러기 위해서는 무엇보다 먼저 공학도들에게 넓은 의미의 사회과학 교육, 좁은 의미의 경영학 교육을 강화해야 한다.

(1) 시장과 산업을 분석할 수 있는 자질과 능력(Industry/Market Analyst)
(2) 경영조직을 설계할 수 있는 자질과 능력(Organization Designer)
(3) 전략적 사고와 기획을 할 수 있는 자질과 능력(Strategic Planner)
(4) 경제성에 따라 의사결정을 할 수 있는 자질과 능력(Decision Maker)
(5) 경영프로젝트를 관리할 수 있는 자질과 능력(Project Manager)
(6) 재무회계를 이해하는 자질과 능력(Managerial Economist)
(7) 원가관리를 할 수 있는 자질과 능력(Cost Manager)
(8) 마케팅을 이해하는 자질과 능력(Marketing Manager)

(9) 인적 자산을 관리할 수 있는 자질과 능력(Personnel Manager)

(10) 지적 자산을 관리할 수 있는 자질과 능력(Knowledge Manager)

사회과학 교육을 강화한다는 공학교육의 개혁이 결코 공학교육의 기본정신과 전통 방식을 경시하거나 훼손하는 것을 의미하지 않는다. 오히려 기존의 이론적 내지 실험적 공학교육은 더욱 심화되고 발전되어야 한다. 그러나 공학도의 전문성과 합리성이 강조될수록 그 가치와 의미가 사회에서 제대로 인정받아야 하고, 그러기 위해서는 공학도가 먼저 다른 분야의 지식을 이해하고 다른 분야의 사람들과 교류할 수 있어야 한다. 따라서 새로운 공학교육의 핵심은 균형성과 다양성에 있다. 한편으로는 공학도로서의 전문성을 추구하면서 다른 한편으로는 지도자로서의 사회성을 유지할 수 있도록, 교육 내용과 방향을 개선하자는 데 그 참뜻이 있는 것이다.

[그림 1-2] 다기능 관리자로서의 공학도

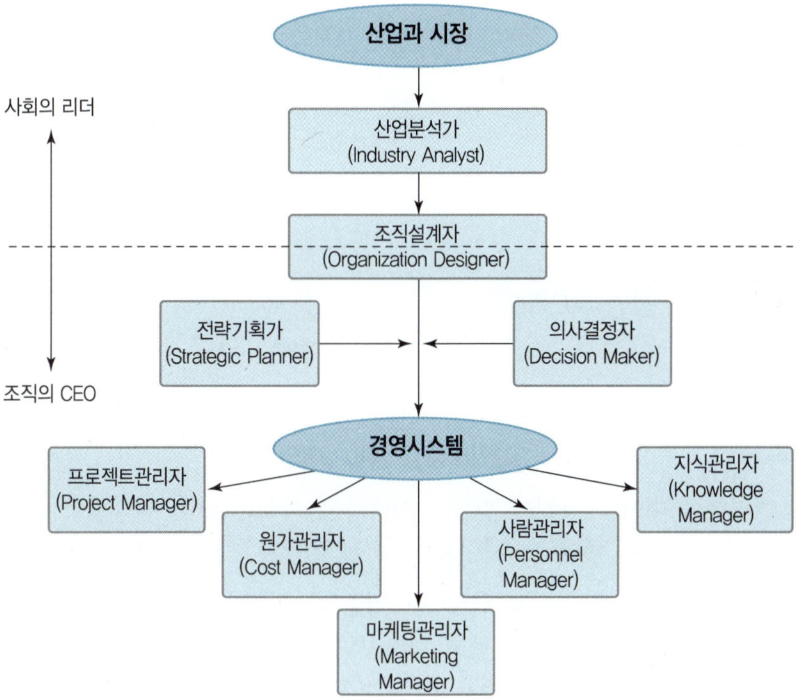

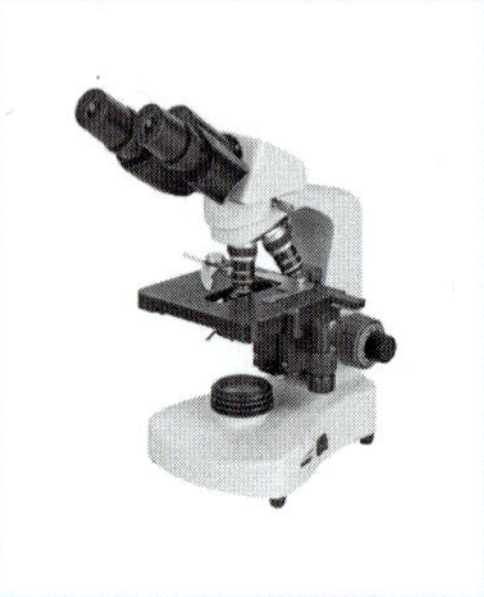
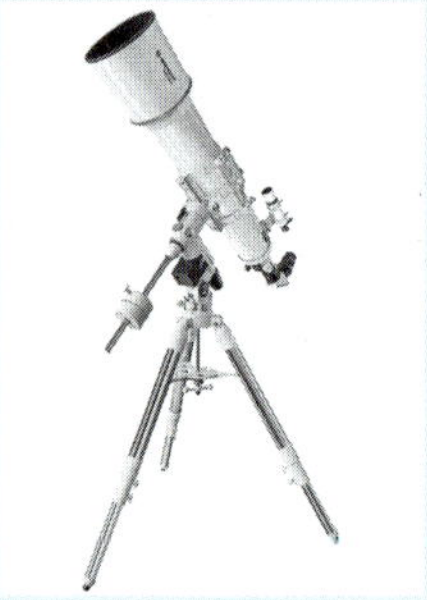

현미경적 관찰과 망원경적 조망

작고 가까운 것을 관찰하기 위해서는 현미경이 필요하고, 크고 먼 것을 조망하기 위해서는 망원경이 필요하다. 여러분들이 전공하는 각 분야의 교과서들이 현미경으로 작고 가까운 현상을 세밀하게 관찰할 수 있는 지식과 기능을 제공하는 것에 초점을 맞춘다면, 이 책은 망원경으로 더 크고 먼 현상을 전체적으로 이해할 수 있는 안목과 의식을 제공하는 데 그 목적이 있다.

제2절 공학도와 경영 마인드

2.1 공학과 경영학이 멀어진 시대

이제 공학과 경영학을 이어주는 것이 필요한 시대라는 사실은 많은 사람들이 공감하고 있다. 그렇다면 실제로 공학교육에 있어 공학과 경영학을 연결하는 주제와 분야는 어디에서 출발하여 현재 어디에 위치하고 있을까? 공학도들에게 경영학의 이론적 지식과 실무적 경험을 제공할 수 있는 교과목은 어떤 것들이 있으며, 그 과목의 교육은 어떤 방식으로 이루어지고 있을까? 과연 공학과 경영학을 잇는 연결고리는 하나의 학문이나 분야로서 제자리를 잡을 수 있을까?

우리가 잘 아는 대로, 오랫동안 넓은 의미의 과학기술과 사회과학, 좁은 의미의 공학과 경영학은 서로 분리되어 독립적인 영역을 다루어왔다. 유교적 가치관과 봉건적 사회제도가 지배하던 왕조시대에는 문과(文科)가 이과(理科)를 다스리는 질서를 당연한 것으로 받아들였다. 또한 근대의 교육제도에서도, 사회계급의 상하나 직업가치의 우열은 사라졌다고 해도 고교시절의 어린 학생들을 처음부터 문과와 이과로 나누어 서로 다른 길을 가도록 유도하는 이중 구조는 여전히 존재하고 있다. 대학에서도 학문적 교류가 거의 없었고 사회에 진출해서도 업무의 연계나 인력의 이동이 매우 제한적으로 이루어져 왔다.

이러한 관습의 뒤에는 두 분야가 다루는 지식 자체의 성격이 근본적으로 다르다는 뿌리깊은 인식의 차이가 자리잡고 있다. 서구의 근대과학에는 이원주의(dualism)의 전통이 강하게 남아 있다. '자연과 인간', '물질과 정신', '자연계와 사회계'는 엄격히 구분할 수 있고 서로의 지식 자체가 본질적으로 다르다는 사고 방식이 유지되어 온 것이다. 동양 철학에도 비슷한 인식의 뿌리가 자리잡고 있다. 따라서 동서양을 막론하고, 공학과 자연과학은 hard science, 사회과학과 인문과학은 soft science라는 두 개의 거대한 영역(super-domain)으로 나누는 사고가 지배적이었던 것이다.

[그림 1-3] black box 이론의 구조

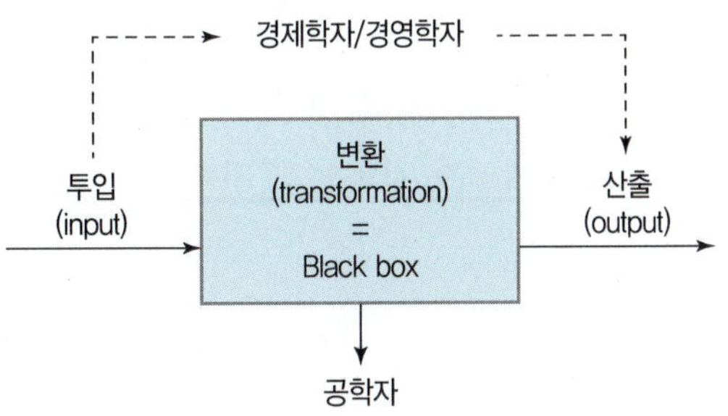

이러한 의식의 차이를 가장 간명하게 설명하는 이론으로는 이른바 'black box 이론(Rosenberg, 1982)'이 있다. 이론이라고 해서 어렵고 복잡한 얘기를 다루는 것은 아니다. [그림 1-3]에서 볼 수 있는 것처럼, 일반적인 시스템은 투입(input) → 변환(transformation) → 산출(output)의 세 단계로 표현할 수 있다. 여기서, 경제학자나 경영학자는 들어가고 나오는 것이 눈에 보이고 따라서 그 크기를 숫자로 측정할 수 있는 투입과 산출 과정의 분석에 초점을 맞추는데 반해, 공학자는 겉으로 드러나지 않는 내부의 변환 과정 즉 black box의 분석에 초점을 맞춘다. 따라서 둘 사이에는 사고방식과 의식체계의 차이뿐 아니라 학문의 내용과 방법의 차이가 존재해 왔다는 주장이 바로 black box 이론이다.

2.2 공학과 경영학이 만나는 시대

공학과 경영학, 공학도와 경영학도는 오랫동안 본질적으로 서로 다른 생각을 하고 다른 길을 걸어온 것이 사실이다. 이 오랜 기간은 한마디로 공학과 경영학이 멀어진 시대라고 할 수 있다. 그러나 과거와는 달리, 오늘날 우리는 공학과 경영학이 밀접하게 연계되고 공학도와 경영학도가 서로 활발히 교류하는 새로운 현상을 발견하고 있다. 바야흐로 공학과 경영학이 만나는 시대가 다가오고 있는 것이다.

하지만 대학교육이나 현장실무에서 경영학과 공학의 접목이 시도되고 있는 것은 그리 오래된 현상이 아니다. 우리가 대학에서 가르치고 배우는 학문 분야를 전문용어로 학제(discipline)라고 할 때, 공학과 경영학이라는 서로 다른 두 학제가 학문적 경계선을 허물고 자유롭게 넘나드는 가능성을 찾기 시작한 것은 비교적 최근의 일인 것이다. 이제 거의 모든 대학들이 부전공 제도, 복수전공 제도, 심지어는 자유로운 전과 제도 등을 도입하면서 학문분야간의 벽이 많이 낮아지고 연결통로가 넓어지고 있다. 그러나 멀리 떨어져 있던 시간이 길었던 만큼 아직도 문과 분야에서 이과 분야로, 이과 분야에서 문과 분야로 이동하면서 두 학제가 자유롭게 만나는 데는 만만치 않은 장애물들이 많이 남아 있다.

이러한 현상은 사실 매우 당연한 것이다. 서로 떨어져 있던 시간이 길었던 만큼 하루 아침에 해결될 수 있는 문제가 아니기 때문이다. 학문체계의 긴 역사를 되돌아보면 그 사실은 더욱 분명해진다. [그림 1-4]에 그려져 있는 것처럼, 오랜 시간 동안 대학의 학제구조는 통합(일체) → 분리(독립) → 확대(신설) → 연계(융합) → 통합(협동, collaboration)의 과정을 거치면서 마치 살아있는 생물체와 같이 진화하여 왔다.

우리가 배우고 있는 학문이 서구의 근대과학에 뿌리를 두고 있으므로 서구의 역사를 중심으로 생각해 보자. 5세기 로마제국이 멸망한 이후부터 15세기에 이르는 1000년 동안의 중세는 흔히 암흑시대라고 불릴 정도로 기독교 중심의 사상이 지배하였다. 모든 현상은 신의 섭리로서 설명되고 모든 학문은 신학의 범주 내에서 연구되었기 때문에 과학적 사고와 방법은 철저히 무시되었다. 중세의 봉건적 전통과 속박에서 해방되어 새로운 문화를 건설하려는 인문주의 운동으로 르네상스(Renaissance)가

[그림 1-4] 학제의 진화과정

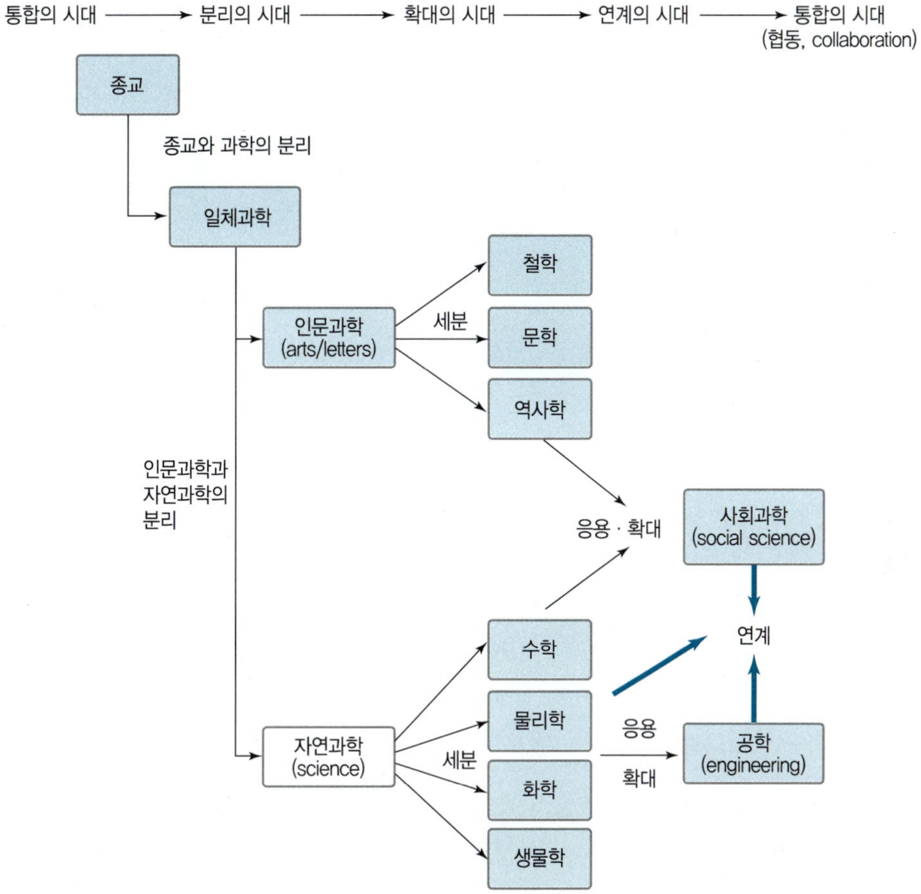

시작되었지만 르네상스도 과학과는 거리가 멀었다. 14세기와 15세기에 걸쳐 시작되어 16세기에 절정을 이룬 르네상스 시대에서도 르네상스 휴머니스트들은 대부분 과학에 무관심하거나 무지하였던 것이다. 레오나르도 다빈치 같은 몇 명의 천재적 과학자가 존재하긴 했지만 그들을 우리는 과학자에 앞서 예술가로 기억하고 있다.

본격적인 의미의 학제는 16세기 말에서 17세기 초에 일어난 과학혁명으로부터 시작되었다. 르네상스 시대의 인문주의에 대한 비판적 사고에서 출발하여 사람들은 자연을 과학적으로 이해하기 시작하였고, 코페르니쿠스와 갈릴레이의 지동설에서 출발하여 뉴턴에 의해 근대과학이 완성되었다. 그때서야 비로소 학문이라는 분야가 종교로부터 완전히 결별하여 하나의 독자적인 체계이자 구조로 자리잡게 된 것이다.

르네상스 시대의 과학자 – 레오나르도 다빈치와 그의 작품들

근대과학은 18세기를 거쳐 19세기 초에 이르러, 실험적·경험적 근거를 강조하는 자연과학은 선험적, 관념적 사고에 기초한 철학과 분리되기 시작했고, 자연과학을 지칭하는 'science'에 대비하여 인문과학은 'arts' 또는 'letters'라는 명칭을 갖게 되었다. 특히 19세기는 사회적, 정치적 패러다임의 근본적인 변화와 더불어 학문의 분화가 활발히 일어난 시기였다. 자연과학 자체도 비경험적인 속성을 지니는 수학과 경험적인 속성을 지니는 물리학, 화학, 생물학 등으로 분화되고, 인문과학도 철학, 문학, 역사학 등으로 잘게 나뉘어졌다.

19세기 후반에는 산업자본주의와 자유민주주의가 폭넓게 확산되면서, 자연과학의 산업적 응용을 위한 다양한 공학(engineering)과 인문과학의 사회적 연계를 지향하는 사회과학(social science)이 생겨났다. 18세기부터 군사공학(military engineering)과 대비되는 뜻으로 민간공학(civil engineering)이라는 명칭으로 시작된 초기의 공학은 19세기 말에 토목공학, 기계공학, 전기공학, 화학공학 등으로 세분되었다. 사회과학 분야에서도 경제학, 사회학, 정치학 등이 독자적인 학문 분야로 나뉘어졌다. 여기에 처음부터 독자적으로 만들어지고 자라난 법학이나 예술분야 등이 추가되면서 비로소 종합대학의 기본적 틀이 완성된 것이다.

그러나 20세기 중반까지 다양한 분야로 세분화 내지 독립화의 과정과 전통을 유지해온 과학기술과 사회과학은, 20세기 후반에 접어들면서 학제간의 연계를 모색하는 새로운 모습을 보이게 된다. 더 이상 잘게 나누기보다 오히려 크게 묶는 반대 방향으로 진행하기 시작한 것이다.

근대과학의 주인공 – 좌측부터 코페르니쿠스, 갈릴레이, 뉴턴

이러한 현상이 일어나게 된 동기와 배경은 무엇일까? 첫째는, 학문의 분업(division)으로 만들어낸 전통적 지식으로는 다양성과 복합성으로 대변되는 오늘날의 사회나 기업을 설명할 수 없다는 점을 들 수 있다. 더구나 오늘날의 신기술과 신제품은 대부분 서로 다른 기술의 접목이나 융합을 통해서 생겨나고 있다. 따라서 더 이상 개별 학문이 가지고 있는 지식만으로는 새로운 기술을 만들기도 어렵고 새로운 사회를 이해하기도 어렵다. 둘째는, 국제화의 추세와 정보통신 기술(ICT)의 확산을 들 수 있다. 이제는 새로운 지식의 원천이 국내를 넘어 전세계로 넓어지고, 지식의 전달도 거의 실시간으로 이루어지는 시대이다. 이러한 변화는 매우 자연스럽게 학문 분야간의 지식의 결합과 공유로 이어지고 있다.

최근에 활발히 진행되고 있는 학문 간 연계의 움직임은 우선은 교과구성의 개편으로 나타나고 있다. 공과대학에서 사회과학 관련 교과목을 개설한다든지 소양교육의 강화 등이 좋은 예이다. 그 다음 단계로는 몇 개의 학과가 하나의 학부로 통합되거나, 관련 학과가 공동으로 연합전공을 구성하거나, 두 분야를 복수로 전공하는 제도를 만들거나 하는 현상으로 이어진다. 여기에서 한 걸음 더 나아가 사회과학과 과학기술간의 결합을 통해 아예 새로운 학제(neo–discipline)를 만들어내는 시도도 이루어지고 있다. 공학과 경영학이 결합하여 기술경영, 영어로 TM(Technology Management) 또는 MOT(Management of Technology)로 불리는 새로운 학문분야가 생겨나고 이 분야를 전공하는 학위과정이 신설되고 있는 것이 대표적인 예라고 할 수 있다. 또한 컴퓨터공학, 자연과학, 사회과학 등이 공동으로 참여하는 인공지능

(AI) 대학원이나 데이터과학(Data Science) 대학원 등의 신설도 이러한 흐름을 반영하는 사례이다.

2.3 경영학에 대한 이해

2.3.1 경영학의 발전

이제 공학과 경영학이 서로 만나는 시대가 열리고 있다. 공학이라는 학문과 경영학이라는 학문을 연구하는 전문가들 사이에, 또 기술개발이라는 활동과 기업경영이라는 활동을 수행하는 실무자들 사이에는 직접적인 또는 간접적인 상호작용이 활발히 일어나고 있는 것이다. 하지만 대부분의 공학도들에게 아직 경영학이라는 학문은 낯선 미지의 세계로 남아있다. 따라서 공학도가 경영학의 구체적 내용을 제대로 이해하기 위해서는 먼저 경영학이라는 학문의 전체적 구조와 배경을 알아야 한다.

일반적으로 경영학은 크게 독일경영학과 미국경영학으로 나뉘어진다. 독일경영학은 14세기에 형성된 이탈리아의 상학(商學)이 유럽으로 전파되어 독일에서 경영경제학으로 자리잡게 된 학문체계를 뿌리로 한다. 유럽의 전통대로 독일경영학은 개념적이고 철학적인 성격이 강하다. 또한 경영학 연구의 대상을 민간부문과 공공부문을 통틀어 국가경제를 구성하는 모든 조직으로 넓게 잡는다. 이에 비해 미국경영학은 유럽의 경영학과는 별개로 20세기 이후에 자리잡은 산업자본주의의 산물로 생겨났다. 수작업이 아니라 기계에 의해 대량생산이 이루어지는 공장과 개인기업이 아니라 주식회사 형태로 운영되는 기업을 과학적, 효율적으로 관리하는 실무기법을 개발하기 위해 생겨나고 성장해온 학문인 것이다. 따라서 미국경영학은 철저하게 실용성과 기능성을 강조한다. 또 경영학의 연구대상을 영리조직인 민간기업에 한정시키는 경향을 보인다. 일부 사람들이 경영학도 학문이냐고 비아냥거리는 것도 실용성만을 강조하는 미국경영학의 철학과 전통에 대한 비판에서 나온 것이다.

현대경영학의 체계는 독일경영학과 미국경영학이 모두 반영되어 있기는 하지만, 오늘날 우리가 흔히 경영학으로 부르며 이해하고 있는 학문은 주로 미국경영학을 의미한다. 우리나라에 경영학이 도입된 초기에는 독일경영학의 영향을 받은 학자들도 상당수 존재하였지만 그 이후에 미국에서 공부한 학자들이 절대 다수를 차지하면서 자연스럽게 미국경영학이 주류로 자리잡게 되었다.

미국경영학의 발전과정은 [그림 1-5]에서 보듯이, 크게 여섯 단계로 나눌 수 있다(조동성, 2004). 첫 단계는 20세기 초에서 1차 세계대전까지로 '생산관리의 시대'라고 할 수 있다. 이 시기에는 기계에 의한 대량생산 공장이 등장하면서 공정의 생산성과 작업의 효율성을 올리기 위한 이른바 '과학적 관리(scientific management)'에 초점을 맞추었다. 또한 미국의 주요 대학에 경영학부가 설치되어 학문적, 이론적 기초가 마련된 것도 이 시기의 일이다. 따라서 초기의 미국경영학에서 공학기술의 역할은 지대했다고 할 수 있다. 경영학이 태동된 배경도 그렇고, 경영학의 실질적인 내용과 방법도 그렇고, 공학은 경영학의 핵심적인 기초를 제공한 것이다.

두 번째 단계는 1차 세계대전에서 2차 세계대전까지로 '조직관리의 시대'라 부를 수 있다. 이 기간은 한마디로 경영학에 인간과 조직이라는 개념이 등장한 때이다. 기업 내에 민주화의 주장이 제기되면서 노동조합이 구성되었고, 학문 내에 인간공학이나 조직이론이 자리를 잡기 시작한 시기이다. 따라서 첫 번째 단계가 기계와 작업으로 이루어진 공정의 관리에 초점을 맞추었다면 이 단계로 넘어오면서 사람과 조직에 대한 관리로 그 초점이 변화 내지 확대되었다고 할 수 있다.

세 번째 단계는 2차 대전 이후 1950년대 말까지로 '마케팅관리의 시대'라고 정의할 수 있다. 이 시점은 전후의 눈부신 경제성장을 바탕으로 마케팅 활동을 통해 소비자들의 구매력을 창출하는 학문적 이론과 실무적 기법이 중요한 주제로 등장한 시기이다. 만든 제품을 판매하는 요령이나 기술이 본격적인 학문 주제로 자리잡게 된 것이다.

네 번째 단계는 1960년대에서 1980년대 중반까지로 '기획관리의 시대'라고 할 수 있다. 이 시기는 기업의 규모가 커지고 사업범위가 넓어진 기간이다. 따라서 전체적인 사업 구조를 조정하고 중장기적인 미래 방향을 설정하는 새로운 기능과 조직이 필요하게 된 때이다. 동시에 이 시기는 경기 순환, 오일 쇼크 등의 요인들에 의해 전후의 지속적이고 안정적인 성장이 끝나고 불확실성이 대두된 때이다. 이러한 환경변화에 대응하여 기업은 기획관리 기능의 도입을 통해 생산, 판매, 자금 등의 관리를 보다 체계적으로 수행하게 되었다. 오늘날 우리가 흔히 접하는 기획실, 기획조정실, 전략기획본부 등과 같은 이름의 조직이 생겨난 것이 이 시점이다.

[그림 1-5] 경영학의 발전 단계

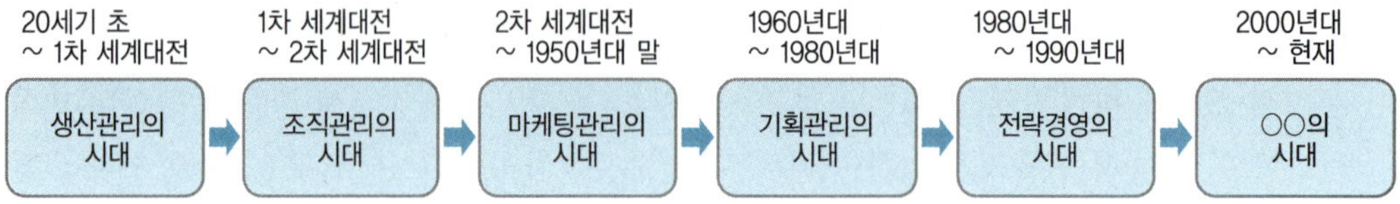

다섯 번째 단계는 1980년대 중반 이후에서 1990년대까지로 '전략경영의 시대'로 요약할 수 있다. 이 시대는 전 단계의 기획관리 수준을 넘어 기업의 본질적이고 구조적인 문제와 연결시켜 경영전략을 수립하거나, 경영시스템을 재편하는 주제를 경영학의 핵심적인 과제로 다루기 시작하였다. 오래된 사업부문을 접고 인수합병(Mergers & Acquisition: M&A)을 통해 새로운 사업부문에 진출한다든가, 국내 조직을 넘어 세계화의 네트워크 조직으로 기업 구조를 바꾸어 버린다거나, 정보통신기술(ICT)을 바탕으로 경영 프로세스를 새롭게 설계한다든가 하는 일들이 경영학의 중요한 주제로 부각된 것이다. 자연스럽게 기술혁신이나 조직혁신과 같은 혁신(innovation)이라는 용어가 자주 등장하게 되었다.

최근의 기업경영은 새로운 도전과 기회를 맞고 있다. 오늘날 기술진보의 속도는 예

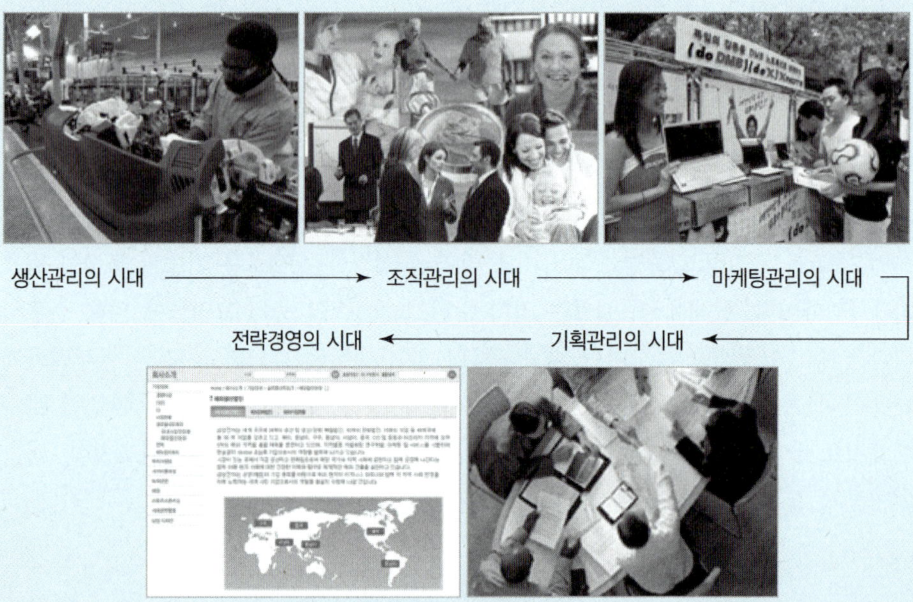

경영학의 발전 단계별 특징

측이 어려울 정도로 빨라지고 제품의 수명주기는 갈수록 짧아지고 있다. 이러한 추세 속에서 기업이 생존하기 위해서는 끊임없이 적절한 시점에 적절한 기술과 제품을 확보해야 한다. 당연히 창의성(creativity)이 강조되면서 창의적인 조직을 만들고 창의적인 인력을 키우는 일이 중요한 과제로 대두되는 상황이다. 그러나 개별기업이 모든 문제를 해결하기에는 한계가 있다. 따라서 기업 내부를 넘어 조직 외부에서도 문제해결의 방안을 찾는 개방형 혁신(open innovation)의 패러다임도 나타나고 있다. 이제는 기업 내부의 자원이나 지식을 폐쇄적(closed)으로 활용하는 수준을 넘어 기술 개발, 제품 개발, 시장 개척의 과정에서 외부의 파트너와 협력하거나, 나아가 인수합병(M&A) 또는 공동개발(C&D)과 같은 적극적인 방식을 활용하는 변화가 나타나고 있다.

2.3.2 경영학의 구성

공학도가 경영 마인드를 습득한다는 것과 경영학을 공부한다는 것이 반드시 같은 이야기는 아니다. 이론을 잘 안다고 해서 실무도 잘 한다는 보장이 없는 것과 같은 이치이다. 그러나 모든 이론은 현실과 연결되기 마련이다. 특히 경영학과 같이 실천적이고 실용적인 학문은 더욱 그렇다. 따라서 현실에 대한 경영 마인드를 가장 체계적이고 효과적으로 얻을 수 있는 지름길은 역시 경영학이라는 학문을 공부하는 것이라고 할 수 있다.

그러면 경영학이라는 학문은 어떻게 정의할 수 있으며, 어떤 구조로 이루어져 있고 어떤 내용을 담고 있는가? 경영학은 한마디로 '자본주의 경제시스템의 핵심인 기업을 대상으로, 기업조직의 목적을 효과적으로 달성하고 경영활동의 효율성을 제고할 수 있는 원리와 방법을 연구하는 학문'이라고 정의할 수 있다. 그러나 경영학의 연구대상을 기업으로 한정하는 것은 너무 좁은 시각이라는 의견이 대두되면서 최근의 경영학은 기업 외에도 경영활동이 이루어지는 모든 조직을 포함하는 방향으로 확대되고 있다.

경영학의 구성은 전문가나 교과서마다 보는 기준에 따라 달라질 수 있지만 크게 두 가지의 관점으로 정리할 수 있다. 첫째는 기업의 '기능(function)' 관점에서 경영학의 내용을 구성하는 것이다. 즉 기업이 생존하고 성장하기 위해서는 어떤 기능을 갖추어야 하는가를 보면 그것이 곧 경영학이 다루어야 할 주제를 알려 준다고 보는 것이다. 둘째는 기업의 '과정(process)' 관점에서 경영학의 내용을 구성하는 것이다. 즉 기업 내에서 이루어지는 다양한 활동은 순서에 따라 이루어지는 과정으로 파악할 수 있으므로, 이 과정을 구성하는 단계에 따라 경영학의 내용을 설명할 수 있다고 보는 것이다. 각각의 관점은 장단점이 있기 때문에 모든 경영학 교과서는 이 두 가지 관점을 적절히 묶어서 구성하고 있다. 두 가지 관점을 좀더 자세히 살펴보자.

(1) 기능적 구성

이 관점은 [그림 1-6]에 도시되어 있는 것처럼, 기업에서 이루어지는 보편적이고 전형적인 경영 기능(business function)과 경영학의 주제(theme)를 하나하나 연결시키는 접근을 말한다.

[그림 1-6] 경영학의 기능적 관점

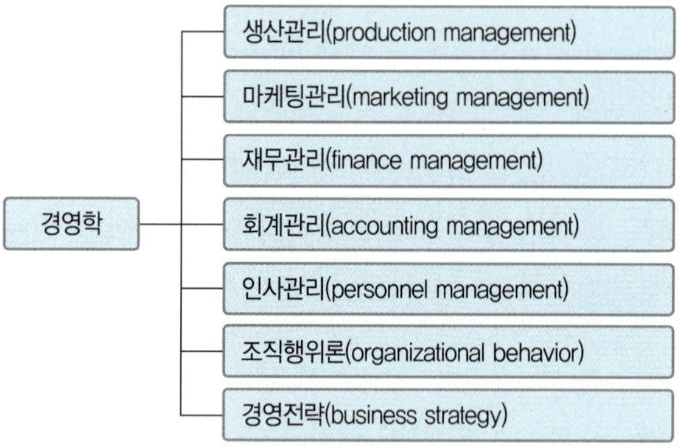

우선 기업은 원자재를 가공하여 시장이나 소비자가 원하는 제품을 만들거나 사용자의 욕구를 분석하여 필요한 서비스를 창출한다. 이것을 경영기능으로 표현한다면 생산 활동이 된다. 생산 활동이라는 기능에 대응하는 경영학의 주제는 생산관리(production management/operations management)가 된다.

다음으로 기업은 만든 제품이나 서비스의 가치를 소비자와 사용자에게 잘 알려주어 구매욕구를 자극해야 하고 또 생산현장과 시장을 연결시키는 유통망을 설치해야 한다. 이러한 활동을 경영기능으로 말하면 마케팅 활동이 된다. 마케팅 활동이라는 기능을 다루는 경영학의 주제는 마케팅관리(marketing management)가 된다.

기업은 생산 활동과 마케팅 활동을 수행하기 위해서 자금을 필요로 한다. 또 생산과 판매가 끝나면 그 결과로 자금이 들어오게 된다. 이렇게 필요한 자금을 조달하고 만들어낸 자금을 운용하는 일을 재무 활동이라고 한다. 재무 활동이라는 기능을 연구하는 주제가 곧 재무관리(finance management)가 된다.

생산과 마케팅 활동에 필요한 자금을 어디서 조달하고 벌어들인 돈을 어디에 사용하는지는 재무 활동에 해당된다. 그러나 언제, 어디서, 누구에게서 얼마만큼의 돈이 들어오고 나갔는지, 한 해를 마무리하고 나서 얼마의 이익을 내고 얼마의 손해를 냈는지, 제품 한 개를 만드는 데 얼마의 원가가 들고 공장 하나를 돌리는 데 얼마의 비용이 들었는지 등의 세부적인 질문은 회계 활동에서 담당하게 된다. 회계 활동이라는 경영기능을 다루는 주제는 경영학의 가장 오래된 분야인 회계관리(accounting management)의 대상이다.

기업이 다양한 경영활동을 수행하기 위해서는 기업 내에 여러 부서를 만들고 많은 직원을 동원해야 한다. 필요한 인력을 채용하고, 평가하고, 보상하는 일을 경영기능에서는 인사 활동이라고 하고 개인이나 조직이 신바람 나게 일할 수 있는 환경과 제도를 제공하는 일을 조직관리 활동이라고 한다. 인사활동에 대응하는 경영학의 주제가 인사관리(personnel management)이며 조직관리 활동에 대응하는 주제가 조직행위론(organizational behavior)이다.

기업 규모가 커지고 경영기능이 다양해지면 기업이 무슨 사업을 해야 하고 무슨 사업을 하지 말아야 할지, 어떤 사업을 언제 시작해서 언제 끝내야 할지, 경쟁기업에 대해서는 어떤 식으로 대응해야 할 것이며 경쟁에서 이기기 위해 어떤 상대와 손을 잡아야 할지 등과 같은 질문에 대해 정확하고 신속하게 의사결정을 해야 한다. 기업의 중장기적인 발전 방향을 모색하고 그 과정에 가장 적합한 경영 방식을 결정하는 일을 경영기획 또는 종합조정 활동이라고 한다. 기획과 조정 기능에 초점을 맞추는 주제가 경영전략(business strategy)이다.

이와 같이 기능적 관점에서 경영학을 바라보면, 경영학은 생산관리, 마케팅관리, 재무관리, 회계관리, 인사관리, 조직행위론, 경영전략 등의 핵심적인 주제로 구성되는 학문이라고 말할 수 있다. 기능적 관점에서 경영학을 구성하면 경영학을 구체적인 기업실무와 연결시켜 이해하기 쉽다는 장점이 있다. 기업이 주로 어떤 기능을 하고 있으며, 기업 안에서 어떤 사람들이 어느 부서에서 무슨 일을 하는지를 바로 파악할 수 있는 것이다. 그러나 단점으로는 경영이라는 활동이 어떤 순서나 단계로 이루어지는지를 알기가 어렵다는 사실을 들 수 있다. 기업경영이 어디에서 시작하여 어디에서 끝나는지를 전체적으로 파악하기 어려운 문제가 있는 것이다.

(2) 과정적 구성

과정적 구성은 위에서 설명한 기능적 구성의 단점을 보완하기 위해 제시되는 접근이다. [그림 1-7]에 나타나 있는 것처럼, 기업의 활동을 몇 단계의 핵심적 경영 과정(business process)으로 정의한 후 각 단계를 경영학의 주제(theme)와 연결시키는 접근을 가리키는 것이다. 이 접근을 좀더 구체적으로 알아보자.

[그림 1-7] 경영학의 과정적 관점

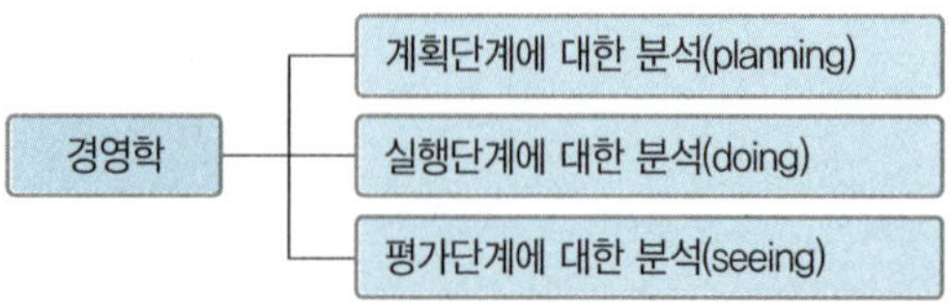

모든 일이 그렇듯이 기업경영도 여러 단계를 거쳐 이어지는 하나의 과정이다. 그 과정을 구성하는 단계들을 어떻게 나누느냐 하는 문제는 기업에 따라, 상황에 따라 달라질 수 있다. 그러나 대부분의 경영학 교과서에서는 이를 크게 계획(planning) – 실행(doing) – 평가(seeing)의 세 단계로 나눈다.

경영활동의 가장 첫 번째 단계는 무엇을 언제 할 것인지에 대한 계획을 세우는 일이다. 경영의 목표를 설정하고, 그 목표를 어떤 방법과 수단을 통해 달성할지를 결정하고, 그 일을 하는데 필요한 인력과 자원을 어떻게 조달할 것인지를 제시해야 한다. 이러한 활동들은 계획 단계에서 이루어진다.

두 번째 단계는 실제로 사람과 자원을 이용하여 계획된 과제를 수행하는 일이다. 실행 조직을 구성하고, 조직원들이 열심히 일할 수 있는 동기를 제공하며, 수시로 생기는 여러 가지 문제들을 해결해야 한다. 이러한 활동들이 실행 단계에서 이루어진다.

세 번째 단계는 계획과 비교하여 실행이 제대로 이루어지고 있는지를 비교하고 분석하는 일이다. 일의 성과를 측정할 수 있는 기준을 마련하고, 그 기준에 따라 실제의 성과를 측정하며, 문제점을 파악하여 이를 개선하거나 다음의 계획을 수립하는 데 반영해야 한다. 이러한 활동들이 평가 단계에서 이루어진다.

이와 같이 과정적 관점에서 경영학을 바라보면, 경영학은 계획단계 → 실행단계 → 평가단계에 대한 분석을 핵심적인 주제로 하는 학문으로 정의할 수 있다. 과정적 관점에서 경영학을 설명하면 기업을 살아서 움직이는 대상으로 이해하기 쉽다는 장점이 있다. 어느 일이 이루어지면 다음에는 어느 일이 필요한지, 어느 일의 결과는 다음 일에 어떤 영향을 미칠지를 파악할 수 있는 것이다. 그러나 기업이라는 물리적 조직이 어떻게 구성되고, 각 조직단위가 실제로 무슨 일을 하는지를 알기 어렵다는 문제가 남게 된다.

결국 앞의 '책의 구성'에서 이미 설명한 대로, 경영학의 구조와 내용을 제대로 이해하기 위해서는 기능적 관점과 과정적 관점에서 동시에 바라보아야 한다.

2.3.3 현대경영학의 과제

눈부신 발전과 확대를 거듭해온 경영학은 그러나 최근 크게 두 가지의 잠재적 위기를 맞고 있다. 첫째는 정체성의 위기(identity crisis)이다. 도대체 경영학이란 무엇인가? 엄격한 의미에서 경영학을 하나의 학문체계로 부를 수 있는가? 라는 본질적인 의문이 제기되고 있는 것이다. 사실 이 위기는 새삼스러운 것이 아니다. 다양한 학문들의 결합체이자 실물경제와 바로 접목되어 있는 경영학의 성격상 처음부터 지금까지 항상 존재해온 이슈이다. 예전에 Koontz라는 경영학자가 '경영이론의 정글(management theory jungle)'이라고 부를 만큼(Koontz, 1961) 경영학 안에는 다양한 연구주제와 방법론이 뒤섞여 있다. 최근에 경영학과 인접한 다른 학문의 종류와 범위가 갈수록 확대되면서 경영학의 고유한 독자성이 과연 무엇이냐에 대한 의문이 더욱 부각되고 있을 뿐이다. 물론 경영학의 본질이 시장에서 살아 움직이는 기업에 대한 지식을 다루는 것이기 때문에, 굳이 탄탄한 이론적 기반이나 어려운 기술적 지식보다는 실제로 일어난 사례(case)들의 분석이나 그때그때 일어나는 사건(event)들의 조사가 더 효과적인 방법일 수 있다. 하지만 기본이론을 수립하고 그것의 타당성이나 신뢰성을 엄격한 실험을 통해 검증하는 방식으로 공부해온 공학도들에게 경영학(물론 모든 경영학이 그런 것은 아니지만)의 접근법은 매우 낯설게 느껴질 수 있다.

둘째는 주제의 위기(thematic crisis)이다. 현대경영학의 새로운 위기는 기술의 진보와 확산으로 시장구조가 바뀌고 새로운 경영기능이 생겨나면서 나타난 것이다. 교과서에 명시되어 있는 것은 아니지만 전통 경영학은 다음 몇 가지를 기본 전제로 하는 학문이다. 첫째, 경영학은 설립된 지 상당한 시간이 경과하여 제대로의 모습을 갖춘 기업(established firm)을 대상으로 한다. 둘째, 경영학은 표준화된 제품(standardized product)을 반복하여 생산하는 제조기업을 대상으로 한다. 셋째, 경영학은 모든 경영활동이 오프라인(off-line) 방식으로 이루어진다. 그러나 최근에 이러한 기본 전제를 만족시키지 않는 새로운 형태의 기업이나 경영방식이 등장하면서 전통 경영학이 이에 대한 대응을 제대로 하지 못하는 문제가 발생하고 있는 것이다.

다음의 몇 가지 과제가 이러한 이슈를 대표적으로 보여준다. 첫째, 새로운 형태의 기업을 경영하는 문제이다. 새로운 형태의 기업은 크게 다음 세 가지를 들 수 있다. 우선은 아직 준비 중이거나 생긴지 얼마 되지 않은 신생기업(new firm), 특히 벤처기업(venture firm)이다. 다음은 표준화된 제품을 되풀이해서 만드는 제조기업이 아니라 보이지도 않고 만질 수도 없는 서비스를 일회성으로 판매하는 서비스 기업(service firm)이다. 마지막으로는 온라인(on-line) 상에서 거래를 하는 전자상거래 기업(e-commerce firm)이나 아예 모바일(mobile) 환경에서 움직이는 기업이다. 이러한 기업들의 경영에 대한 해답을 현대 경영학은 아직 제대로 제시하지 못하고 있다.

둘째, 새로운 경영 기능(function)을 관리하는 문제이다. 전통적으로 경영학이 다루는 중요한 경영 기능은 재무, 회계, 마케팅, 인사, 생산 등을 들 수 있다. 그러나 오늘날 새롭게 등장하고 있는 경영 기능으로 '연구개발과 엔지니어링(R&D and engineering)', '인트라넷(Intra-net)과 인터넷(Inter-net) 거래', '기술 거래' 등을 들 수

제조회사와 서비스회사

있다. 이러한 새로운 경영 기능의 중요성은 갈수록 증가하고 있으나 아직 경영학은 이 문제에 대한 적절한 답을 내놓지 못하고 있다.

셋째, 새로운 경영 자산(asset)을 관리하는 문제이다. 회계학적으로 자산이라 인정받기 위해서는 다음 두 가지 요건이 만족되어야 한다. 우선은 경제적 가치가 있어야 하고 다음으로는 그 가치를 화폐 금액으로 측정할 수 있어야 한다. 따라서 지금까지 회계학에서 다루어온 경영 자산은 주로 이러한 요건을 만족시키는 물적 자원들이고, 기술(technology), 정보(information), 지식(knowledge), 특허(patent) 등의 만질 수 없고 그 가치를 측정하기도 어려운 자산(intangibles)은 경영학의 관심에서 벗어나 있었다. 그러나 오늘날의 기업들이 보유하고 있는 이른바 지적 자산들은 그 가치가 무

스마트폰 애플리케이션을 통한 이익 창출 사례

시할 수 없을 만큼 커졌을 뿐 아니라, 가치의 크기를 화폐 가치로 측정하는 것도 가능해지고 있어 명실상부한 자산이 되고 있다. 하지만 경영학은 아직 새로운 경영 자산을 관리할 수 있는 방법이나 기준에 대한 연구가 미흡한 실정이다.

넷째, 새로운 시장과 거래 방식을 관리하는 문제이다. 최근 하이테크 제품과 서비스가 등장하고 거래 방식이 온라인으로 바뀌면서 시장은 근본적인 패러다임의 변화를 겪고 있다. 대표적인 예로, 공급자들이 먼저 제품의 가격을 정하고 소비자들이 그 가운데 하나를 선택하는 것이 아니라 소비자들이 자신이 원하는 가격의 제품을 먼저 올리면 그것을 보고 공급자들이 선택하는 이른바 역시장(reverse market)이 나타나고, 오픈마켓이나 경매사이트와 같이 온라인거래에 의한 새로운 비즈니스 모델(business model)이 이미 오래 전에 출현하였다. 최근에 폭발적으로 커지고 있는 모바일 서비스나 소셜네트워크(social network)는 비즈니스 모델의 또 다른 혁명을 가져오고 있다. 이러한 변화는 더욱 가속화되고 있어 머지않아 시장의 구조와 비즈니스의 방식이 근본적으로 바뀔 가능성도 높다. 그러나 이러한 현상과 주제는 아직 전통 경영학이 다루기에는 겉모습도 생소하고 그 내부의 과정을 이해하기도 어렵다.

다섯째, 외부환경(environment)의 변화에 대응하는 문제이다. 물론 기업은 시장이라는 넓은 공간에서 움직이기 때문에 내부관리뿐 아니라 시장 환경이나 경쟁 환경에 대한 대응이 경영학의 중요한 주제로 자리 잡고 있다. 그러나 시장 환경과 경쟁 환경을 넘어 사회적 환경이나 윤리적 환경 등도 이제는 기업경영과 밀접하게 연결되는 시대로 접어들고 있다. 인구구성은 어떻게 바뀌고 가정과 가족의 모습은 어떻게 변할 것이며 사람들의 의식구조 또한 어떻게 달라질 것인지를 모르고 기업경영을 얘기할 수는 없다. 오로지 영리만을 추구하는 낡은 의식을 버리고 CSR(Corporate Social Responsibility), 즉 사회적 책임을 다하는 올바른 기업윤리는 무엇이며, ESG(Environment, Social, Governance), 즉 친환경적인 기업, 투명한 경영을 하는 기업행동은 무엇인지도 명확하게 인식하고 있어야 한다. 따라서 앞으로의 경영학은 이런 주제들에 대한 대답도 찾아야 할 것이다.

현대경영학이 안고 있는 주제의 위기는 다른 한편으로는 경영학의 새로운 기회(opportunity)이기도 하다. 경영학의 범위와 내용을 크게 넓힐 수 있는 가능성을 제공하기 때문이다. 그러나 분명한 것은, 새롭게 등장한 주제들의 본질적 특성은 그것들이 예외 없이 기술진보와 직접, 간접으로 연계되어 있으며 따라서 공학과의 결합

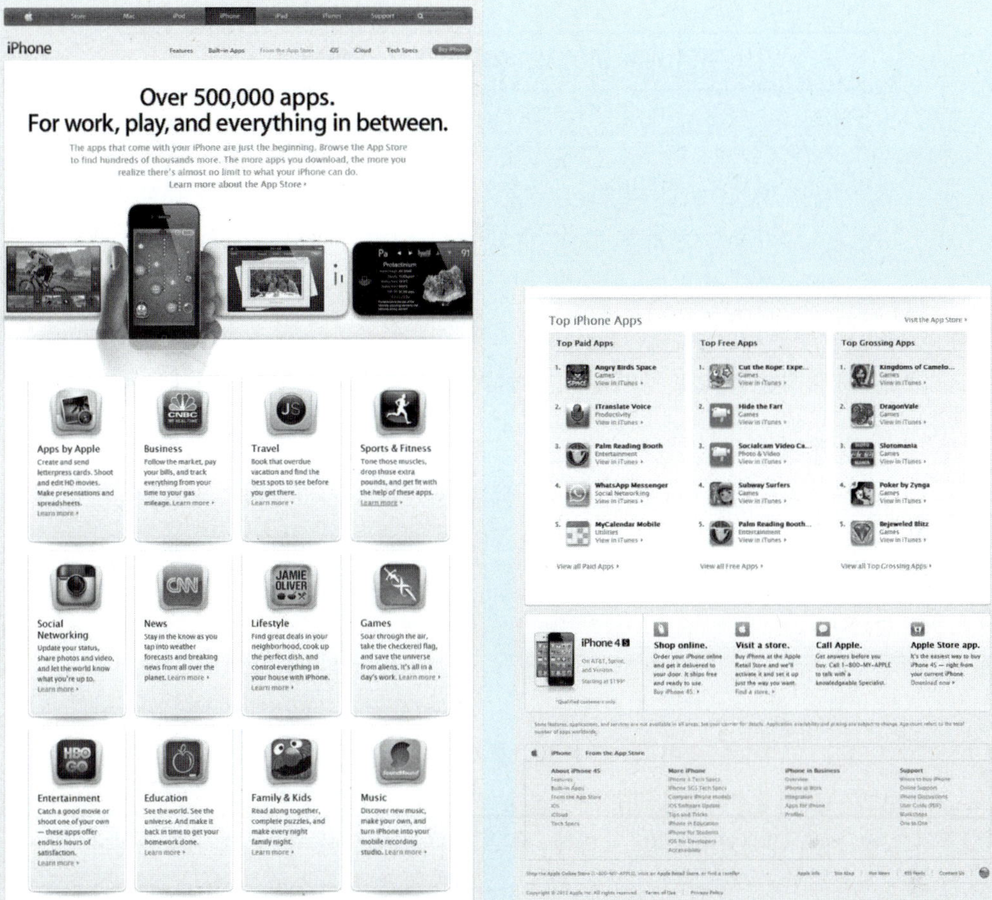

Apple의 앱스토어

없이는 해법을 찾기 어렵다는 사실이다.

경영학의 과거와 현재를 정리해 보면 공학과 경영학의 연계가 의외로 깊고 강하다는 사실을 발견할 수 있다. 초기의 미국 경영학이 기술혁신으로 일어난 산업혁명의 산물로 태동되었던 것처럼, 오늘날의 현대경영학도 정보혁명과 지식혁신에 대응하는 과정에서 새로운 기회와 위협 요인을 안고 있는 것이다. 바로 이 사실 때문에 공학도를 위한 경영학의 의의와 역할이 중요한 것이다.

덧붙이는 이야기: 수확체증과 수확체감

경제학에는 생산요소를 더 많이 사용하면 총생산량은 늘어나지만 생산량이 늘어나면 증가율은 점차로 줄어든다는 수확체감의 법칙(law of diminishing returns)이 있다. 예를 들어 투입량을 2~3배로 늘리면 그에 따라 총생산량은 계속 늘어나지만 그렇다고 증가율이 2배, 3배로 증가하는 것이 아니라, 1.8배, 2.4배 하는 식으로 증가율이 낮아지면서 늘어나게 된다는 것이다.

오늘날의 경제시스템을 신경제(new economy), 디지털 경제(digital economy), 지식기반 경제(knowledge-based economy) 등으로 부른다. 전통 경제학이 생산요소로 자본(기계)과 노동(사람)을 얘기하는데 반해, 새로운 경제는 기술(technology), 정보(information), 지식(knowledge)을 말한다.

신경제나 디지털 경제에서는 투입량이 늘어나는 비율보다 생산량이 늘어나는 비율이 더 높아지는 수확체증의 법칙(law of increasing returns)이 나타날 수 있다. 그 이유는 여러 가지이다. 첫째, 오늘날에는 사람과 기계에 지식, 정보가 함께 묻어 있기 때문에 사람과 기계의 증가 효과가 과거와 비교하여 훨씬 크게 나타날 수 있다. 둘째, 자본이나 노동은 그 양이 제한되어 있어 그 효과는 일부에게만 나타나지만, 지식이나 정보는 그 양이 무한하여 훨씬 폭넓은 파급효과가 나타날 수 있다. 셋째, 지식이나 정보는 시간과 돈을 들여 만들어 놓으면 다음부터는 거의 무료로 끝없이 재생산할 수 있다. 넷째, 신기술은 사용자가 한번 그 기술에 길들여지면 계속해서 그 기술을 채택해야 하는 이른바 잠금효과(lock-in effect)가 작용한다.

수확체증 경제에서는 이른바 승자의 독식이라는 현상이 일어날 수 있다. 기술적이든 전략적이든 경쟁에서 우위를 점한 승자가 대부분의 시장을 먹어 치우는 일이 일어날 수 있다. 이렇게 되면 부익부 빈익빈의 결과로 이어질 가능성이 높아진다.

만일 많은 경제시스템에 수확체증의 법칙이 나타난다면, 머지않아 경제학 교과서를 처음부터 다시 써야 할 시대가 올지도 모른다.

토론문제 Discussion Topics

1. 조직에서 직급상의 서열과 기능상의 서열이 어떻게 다른지에 대해 생각해 보고 각각에 해당하는 호칭에는 어떤 것이 있는지 조사해 보라.

2. 다음 용어의 정의와 기업 내에서의 실질적인 기능을 조사해 보라.

   – CEO, COO, CFO, CMO, CPO, CTO, CIO, CInO

3. 이공계와 사회과학계의 경력 사다리의 구조가 어떻게 다른지 생각해 보라.

4. 과학기술과 사회과학이 다루는 영역이 서로 다르다는 인식이 가장 잘 나타나 있는 black box 이론의 의미에 대해 설명하라.

5. 학제의 진화과정을 살펴 보면 20세기 중반까지는 다양한 분야로 세분화 되어 오던 과학기술과 사회과학이 20세기 후반에 이르러서는 학제간의 연계를 모색하고 있다. 이러한 현상이 일어나게 된 배경에 대해 생각해 보라.

6. 경영학의 발전 단계는 크게 생산관리의 시대, 조직관리의 시대, 마케팅관리의 시대, 기획관리의 시대, 전략경영의 시대, ○○의 시대로 나눌 수 있다. 시대별 특성에 대해서 간단히 서술하라.

7. 경영학은 크게 기능적 관점과 과정적 관점에서 생각해 볼 수 있다. 각 관점에 의해 경영학이 어떻게 나누어질 수 있는지 살펴보고 각 관점의 장단점에 대해 생각해 보라.

8. 전통경영학에서 연구대상으로 하고 있는 기업은 설립된 지 상당한 시간이 지난 기업, 표준화된 제품을 반복 생산하는 제조기업, 경영활동이 오프라인 방식으로 이루어지는 기업이다. 그러나 기술의 진보와 확산으로 시장구조가 바뀌고 새로운 경영기능이 생겨나면서 전통경영학의 기본 전제에 적합하지 않은 기업들이 생겨나고 있다. 이러한 기업들에는 어떤 것이 있는지 생각해 보라.

9. 전통경영학에서 다루었던 주요 경영 기능인 재무, 회계, 마케팅, 인사, 생산 이외에 오늘날 새롭게 등장하고 있는 경영 기능에는 어떤 것이 있으며 각각이 기업에서 갖는 의미에 대해 생각해 보라.

10. 대표적인 이공계 출신의 CEO에는 누가 있는지 조사해 보라.

11. 최근 기업들이 사회적 책임을 다하기 위해 기업 내부에 설치하는 새로운 조직은 어떤 것들이 있으며 이 조직들에서 하고 있는 구체적 활동들이 무엇인지 조사해 보라.

CHAPTER 02

산업과 기업에 대한 경영 마인드

Business Mind

contents

이 장(Chapter)배경과 내용 . . .

기업(firm)들이 모여 산업(industry)과 시장(market)을 구성하기 때문에 경영활동은 산업활동의 일부이고 또한 경영조직은 산업조직의 일부이다. 따라서 공학도가 기업에 대한 경영마인드를 갖추기 위해서는 먼저 기업을 둘러싸고 있는 산업과 시장을 이해하는 마인드를 갖추어야 한다.

산업의 정의는 무엇이고, 산업은 어떻게 분류할 수 있는가? 사회과학의 시각에서 생각하는 산업과 공학의 시각에서 생각하는 산업은 어떻게 다른가? 국가경제 내에서 여러 산업들의 구성 비율을 뜻하는 산업구조라는 개념과 한 산업 내에서 많은 기업들의 구성 비율을 가리키는 산업조직은 어떻게 다른가? 등의 개념과 용어에 대해 알아보자.

다음으로 기업 조직에 대해 알아보자. 같은 산업에 속한 기업들도 각각의 외부 형태와 내부 구조는 모두 다르다. 각 기업이 추구하는 목표와 안고 있는 조건이 다르기 때문이다. 그러므로 모든 조건과 모든 환경에 적합한 기업조직의 형태는 있을 수 없다. 그렇다면 기업조직을 설계할 때는 어떤 점들을 고려해야 하는가, 그리고 실제로 존재하는 기업조직에는 어떤 유형이 있는가? 각 유형의 특성과 장단점은 무엇인가? 과거의 기업조직과 비교하여 최근의 기업조직은 어떤 면에서 다른가? 등의 질문에 대한 답을 찾아보자.

우리가 기업이라고 말할 때는 주로 하드웨어 제품을 생산하는 제조기업을 가리킨다. 그러나 최근에는 서비스기업의 비중이 갈수록 커지고 있고 분야도 넓어지고 있다. 서비스기업은 제조기업과 비교하여 어떤 차별적 특성을 지니는가? 그러한 특성을 반영하기 위해서 서비스조직은 어떻게 설계해야 하는가? 등의 질문에 대해서도 알아보자.

CHAPTER 02

산업과 기업에 대한 경영 마인드

제1절 산업에 대한 이해

1.1 산업의 정의: 산업은 어떻게 정의하고 분류하는가?

사회과학에 대한 이해 또는 경영 마인드의 습득을 위해 무슨 주제부터 다루는 것이 좋을까? 물론 세상 전반에 대한 지식, 국제 관계에 대한 지식, 국가 경제에 대한 지식 등을 얻으면 더할 나위 없이 좋을 것이다. 그러나 그렇게 하다 보면 아예 공학을 포기해야 할지도 모를 만큼 많은 시간과 노력이 필요하다. 그렇다고 내가 일하고 있는 직장, 즉 기업에 대해서만 관심을 갖는 것은 너무 좁은 접근이다. 결국, 둘 사이의 중간 정도, 즉 산업과 시장에 대한 이해로부터 출발하는 것이 적절할 것이다.

원래는 전문 용어에 가깝지만 요즘은 많은 사람들이 거의 생활 용어로 이해하고 있는 단어 중에 '거시적(macro)이다' 또는 '미시적(micro)이다'라고 하는 표현이 있다. 거시적이라는 말은 말 그대로 크고 넓다는 뜻이고 미시적이라는 말은 작고 좁다는 뜻이다. 공학적으로 설명한다면, 망원경으로 큰 시스템을 분석하는 것이 거시적이라면 현미경으로 나노(nano)의 세계를 분석하는 것은 미시적이다. 경제학에서는 경제성장과 국민소득, 국가재정, 금융과 화폐정책, 실업과 인플레이션 등과 같이 국가경제 전반에 관한 큰 문제를 다루는 분야를 거시경제학(macro economics)이라고 하고, 반면에 수요와 공급, 소비, 생산과 같이 개인이나 기업에 관한 작은 문제를 다루는 분야를 미시경제학(micro economics)이라고 한다.

본질적인 성격으로 본다면 경영학은 미시적인 성격이 강하다. 국가나 사회 전체보다는 기업과 사람과 같이 작은 대상을 다루는 학문이기 때문이다. 그러나 넓은 의미에서 보면, 경영활동은 산업활동의 일부이며 또한 경영조직은 산업조직의 일부로 존재한다. 더구나 사회과학 연구와 실무에서 가장 중요하게 다루는 대상의 하나가 바로 산업(industry)이고 시장(market)이다. 따라서 공학도가 사회과학을 공부하고 경영시스템을 제대로 파악하기 위해서는, 미시적인 경영조직에 대한 이해에 앞서 거시적인 산업이나 시장에 대한 기본적인 이해가 필요하다.

더구나 대부분의 공학은 산업과 밀접하게 연결되어 있다. 예를 들어 기계공학은 기계산업, 조선공학은 조선산업, 화학공학은 화학산업과 뗄 수 없는 연결고리를 가지고 있다. 그러므로 공학분야를 막론하고 관련 산업에 대해 이해를 기본적으로 하는 것은 매우 중요하고 필요한 일이다.

우리는 하루에도 수십 번씩 산업이라는 용어를 듣고 말한다. 그러나 대부분의 사람들은 산업이라는 용어의 정의에 대해 깊이 생각해 본 적이 없을 것이다. 더구나 공학도들에게 있어 기술분야라는 개념은 잘 알려져 있지만 산업분야라는 개념은 낯설게 느껴진다. 도대체 산업이란 무엇인가? 그 많고 다양한 산업은 어떻게 나눌 수 있을까? 공학과 산업은 어떻게 관련되어 있으며, 공학기술의 분류체계와 산업의 분류체계는 어떻게 연계시킬 수 있는가? 이런 질문들에 대해 좀더 자세히 알아보자.

1.1.1 산업의 정의

산업의 정의(definition)는 우리가 쉽게 생각하는 것처럼 간단한 것이 아니다. 예를 들어 통계청에서 발간한 표준산업분류에서는 산업이란 '유사한 성질을 갖는 산업 활동에 주로 종사하는 생산 단위의 집합'으로 정의되며, 여기서 산업 활동이란 '각 생산단위가 노동, 자본, 원료 등 자원을 투입하여, 재화 또는 서비스를 생산 또는 제공하는 일련의 활동 과정'을 뜻한다.

그러나 위에서 말하는 산업의 정의는 피부에 와 닿지도 않고 심지어 모호하기까지 하다. 실제로 산업을 정의하는 구체적이고 실질적인 기준은 산업을 바라보는 개인이나 조직의 관점과 목적에 따라 다르다. 특히 시장을 공부하는 경제학자들의 견해와 기술을 공부하는 공학자들의 견해는 상당히 다를 수 있다. 두 분야에서 생각하는 기준과 정의는 어떻게 다를까? 이 차이를 토대로 산업의 정의를 살펴보자.

(1) 경제학적 정의

먼저 경제학자들이 정의하는 산업은 수요중심적이고 시장중심적이다. 경제학, 그 중에서도 산업조직론이라는 분야에서는, 산업을 '수요자들이 같거나 비슷하다고 느끼기 때문에 서로 바꾸어 구매하거나 사용하게 되는 제품이나 서비스를 모아 놓은 집합'으로 정의한다. 취향이나 구매력의 차이에 따라 사람들은 큰 차를 사기도 하고 작은 차를 사기도 한다. 세단형 차를 사기도 하고 SUV형 차를 사기도 한다. 하지만 이 차 대신 저 차를 사든 반대로 저 차 대신 이 차를 사든 차는 차이다. 이 때, '이 차와 저 차'를 모두 모으면 하나의 시장이나 산업, 즉 자동차 산업이 만들어진다는 것이다. 따라서 이 차도 아니고 저 차도 아닌 '용도와 기능이 다른 무엇', 예를 들어 옷은 다른 산업, 즉 의류산업에 속하게 된다.

보다 구체적으로 또 학술적으로 산업을 정의하기 위해서는 먼저 시장에 대한 정의가 필요하다. 우선 시장이란 '대체성(perfect substitute)을 갖는 동질적(homogenous) 제품, 성능(performance)이나 특성(characteristics)이 같거나 유사한 제품, 용도(occasions for use)가 비슷한 제품, 거래되는 지역(geographical region)이 같거나 비슷한 제품들이 생산되고 유통되는 공간'으로 정의할 수 있으며 '시장의 집합'이 곧 산업이다.

여기서 가장 핵심적인 단어는 '대체성'이다. 다음으로 문제가 되는 말은 '유사하다' 또는 '비슷하다'라는 표현이다. 도대체 대체성이라는 개념은 무엇인가? 또 유사하다라는 것은 어느 정도를 뜻하는가? 이러한 질문에 답하기 위해서는 대체성이라는 용어의 의미와 유사하다라는 평가의 기준을 보다 명확하고 객관적으로 정의해야 한다. 이를 위해 경제학자들은 여러 가지 개념과 지표를 도입한다. 그 가운데 가장 많이 사용되는 개념인 '수요의 대체성'에 대해 알아보자.

경제학에서는 세상에 존재하는 모든 재화(goods)를 크게 대체재(substitute goods), 보완재(complementary goods), 독립재(independent goods)로 구분한다. 수많은 재화 가운데 두 가지의 재화를 예로 들어보자. 만일 소비자들이 두 재화 가운데 하나의 재화를 소비하면 다른 재화를 소비하지 않게 되는 경향을 보일 때, 두 재화는 대체재의 관계에 있게 된다. 즉 하나의 재화가 다른 재화의 소비를 대신하게 되는 것이다. 예를 들어 밥을 먹으면 빵을 먹지 않기 때문에 쌀과 밀은 서로 대체재가 된다. 반대로 하나의 재화를 소비하면 다른 재화의 소비도 따라서 늘어나게 되는 경우 두 재화는 보완재가 된다. 즉 하나의 재화가 다른 재화의 소비를 간접적으로 보조하고 지원하게 되는 것이다. 커피를 마실 때 주로 설탕을 타서 마시기 때문에 커피와 설탕은 보완재의 관계를 맺고 있다. 만일 한 재화의 소비가 다른 재화의 소비에 아무런 영향을 미치지 않는다면 두 재화는 서로 독립재가 된다.

앞의 설명에서 알 수 있듯이, '대체성'이라는 개념은 한 재화의 소비가 다른 재화의 소비를 대신하는 정도를 뜻하는 것이다. 대체성이 높다는 것은 그만큼 한 재화의 소비가 다른 재화의 소비를 쉽게 대신한다는 뜻이고 낮다는 것은 그 반대의 뜻이다.

그러나 앞에서 쌀과 밀이 대체 관계가 있다 또는 대체성이 높다라는 것은 다분히 직관적인 판단이지 객관적인 분석에 의한 것은 아니다. 따라서 대체성의 정도를 객관적으로 측정하기 위해서는 무엇인가 정량적인 지표가 필요하다. 이 때 사용되는 지표가 바로 '가격탄력성(price elasticity of demand)'이다.

모든 재화는 일반적으로 가격이 내려가면 수요가 늘고 가격이 올라가면 수요가 줄어든다. 어떤 재화 X에 대해 가격을 P_x, 수요량을 Q_x라고 하자. 특정 시점에서 그 재화의 가격이 P_x일 때 그 가격에 대응하는 수요량이 Q_x가 되는 것이다. 그러면 가격탄력성 x는 다음과 같은 식으로 정의된다.

$$\eta_x = -\frac{\Delta Q_x / Q_x}{\Delta P_x / P_x}$$

이 식을 보면 분모는 가격의 변화율을 뜻하고 분자는 수요량의 변화율을 뜻한다. 따라서 분모의 가격 변화율과 분자의 수요량 변화율의 비율이 곧 가격탄력성이 된다. 그 값이 클수록 탄력성은 올라간다. 즉 가격의 변화에 대해 수요량이 더 민감하게, 즉 더 탄력적으로 반응하는 것이다. 여기서 앞에 음(−)의 부호가 붙는 이유는 가격과 수요의 변화가 서로 반대 방향으로 움직이기 때문에(즉, 가격이 올라가면 수요는 줄어들고 가격이 내려가면 수요는 늘어나기 때문에) 최종값을 양(+)으로 바꾸기 위한 것이다.

[그림 2-1] 가격탄력성 그래프

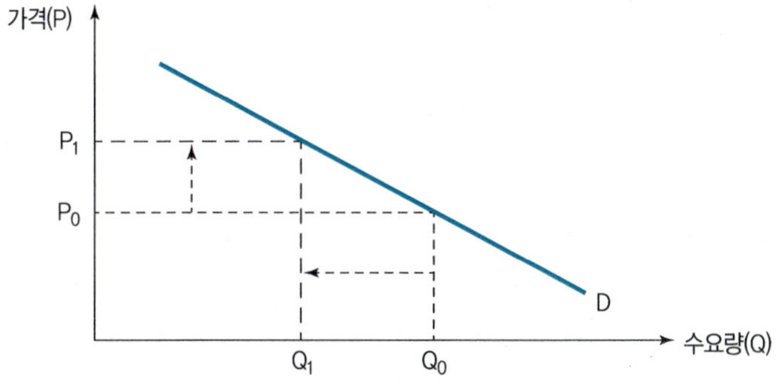

이해를 돕기 위해 [그림 2-1]을 보자. 여기에서 Y 축은 가격(P)을 X 축은 수요량(Q)을 뜻하며, 직선 D는 가격의 변화에 따른 수요의 변화를 나타내는 수요곡선이다. 만일 가격이 P_0에서 P_1으로 변화하면 수요량도 Q_0에서 Q_1으로 바뀌게 된다. 이 때 P는 증가하는 반면 Q는 감소한다. 이와 같이 P와 Q의 움직임이 반대 방향이기 때문에 부호는 음(−)이 되는 것이다.

다음으로 하나의 재화가 아니라 두 가지 재화에 대한 가격탄력성을 생각해 보자. 두 가지 재화에 대한 가격탄력성이란 어떤 재화의 가격이 변하였을 때 다른 재화의 수요가 어떻게 변하는지를 알고자 하는 것이다. 따라서 이 경우에는 한 재화의 가격 변화율과 다른 재화의 수요 변화율의 관계를 보게 된다. 또한 두 재화를 각각 X 재, Y 재라고 할 때, 두 재화간의 가격탄력성은 X 재와 Y재의 교차탄력성(cross elasticity of demand)이라고 부른다. X 재의 가격을 P_X라고 하고 이에 대응하는 Y 재의 수요량을 Q_Y라고 하면, 교차탄력성 η_{yx}는 아래와 같은 식으로 정의된다.

$$\eta_{yx} = -\frac{\Delta Q_y / Q_y}{\Delta P_x / P_x}$$

앞에서 살펴본 한 재화에 대한 가격탄력성의 경우에는 음의 부호를 앞에 붙이는 데 반해, 두 재화간의 교차탄력성은 음의 부호를 붙이지 않는다. 그 이유는 X 재의 가격과 Y 재의 수요량이 같은 방향으로 움직이기 때문이다. 예를 들어 분모인 X 재의 가격이 올라가면 X 재에 대한 수요가 줄어드는 대신 분자인 Y 재의 수요가 늘어나기 때문에 탄력성 자체가 양의 값이 된다. 따라서, 교차탄력성의 값이 양이 되면 즉,

$\eta_{yx} > 0$이 되면 두 재화는 서로 대체재가 되고, 반대로 교차탄력성의 값이 음이 되면 즉, $\eta_{yx} < 0$이 되면 두 재화는 서로 보완재가 된다.

이제 교차탄력성을 가지고 산업을 정의하는 기준과 과정을 보자. 두 재화가 같은 산업에 있다면 두 재화간의 대체성은 높을 것이다. 또한 대체성이 높아서 두 재화가 서로 대체재의 관계에 있으면 당연히 가격탄력성은 높을 것이다. 따라서 어떤 재화를 중심으로 하여 가격탄력성이 높은 재화들을 차례차례 찾아서 한 집합 안에 모아놓으면 그 집합이 곧 하나의 산업이 될 수 있다. 물론 높다는 것이 어느 정도를 의미하는 것이냐에 대해서는 절대적인 값을 말하기 어렵지만, 어쨌든 이러한 기준으로 산업을 정의할 수 있는 것이다. 예를 들어 쌀이라는 재화를 중심에 놓고, 쌀과 대체관계에 있는 밀, 보리, 콩 등을 쭉 모아놓으면 이것이 곧 농산물 산업 내지 농산물 시장을 구성하게 된다.

가격탄력성으로 산업을 정의하는 접근은 이론적으로도 일리가 있고 또 실제로도 어느 정도는 유용한 기준이 될 수 있다. 하지만 동시에 여러 가지 문제와 한계도 지적된다. 예를 들어 자동차 산업을 보자. 극소수의 부유층을 위한 최고급 승용차와 서민을 위한 저가의 경차가 과연 같은 산업과 시장에 속하느냐라고 물어본다면 당연히 그렇다고 할 것이다. 왜냐하면 고급차이든 경차이든 자동차는 자동차이고, 자동차 산업은 자동차 산업이기 때문이다. 그러나 가격탄력성의 기준에서 본다면 두 제품이 같은 시장에 있다고 보기 어렵다. 고급차의 가격을 내린다고 서민이 고급차를 구입하지는 못할 것이며, 경차의 값을 더 내린다고 부자가 경차를 사지는 않을 것이기 때문이다.

수요 중심적이고 시장 중심적인 또 다른 기준으로는 '가격의 상관관계(price correlation)'를 들 수 있다. 상관관계는 두 변수가 움직이는 패턴이 얼마나 비슷한(상반되는)지를 의미한다. 가격의 상관관계로 산업을 정의하고 분류하는 접근의 논리는 매우 간단하다. 만일 두 재화가 같은 산업(시장)에 속한다면, 수요의 변화로부터 받는 영향의 크기나 방향도 비슷할 것이다. 따라서 같은 시장에 있는 재화들은 가격이 오르고 내리는 추세도 유사한(또는 상반된) 양상을 보일 것이다. 이런 가정하에 두 재화의 가격 상관계수를 측정하여 상관성이 높으면 두 재화가 같은 산업이나 시장에 속한다고 볼 수 있다는 것이다.

(2) 공학적 정의

그렇다면 공학자들은 어떤 기준과 관점에서 산업을 정의할까? 경제학자들과 달리 공학자들이 정의하는 산업은 한마디로 생산중심적이고 기술중심적이다. 즉 공학자들의 입장에서는 시장의 관점에서 소비자가 비슷하다고 느끼는 재화들을 모으기 보다, 제품을 개발하고 제조하는 과정에서 생산자가 비슷하게 느끼는 대상을 모아야 같은 산업이 된다고 생각한다.

따라서 공학적 정의는 (1) 생산 기술이 비슷한 제품, (2) 생산 공정이나 방식이 비슷한 제품, (3) 제품 구조나 원자재 구성이 비슷한 제품들이 개발되고 생산되는 공간이 곧 산업이 된다. 실제로 공과대학에서 다양한 학과나 학부들을 나누는 기준도 기술중심적이고 공급중심적이며 이러한 기준은 산업을 정의하는 과정에도 거의 동일하게 적용되고 있다. 예를 들어 기계공학은 곧 기계산업과 연결되고 조선공학은 곧 조선산업과 연결되는 식이다.

경제학적 정의가 여러 가지 한계를 안고 있는 것처럼, 공학적 정의도 문제가 없는 것이 아니다. 산업이라는 개념 자체가 시장을 기반으로 하는데 과연 시장이나 수요를 고려하지 않은 정의가 의미를 가질 수 있는가? 예를 들어 화장품 산업과 의약품 산업은 공정이나 생산방식이 유사하기 때문에 서로 인접한 산업으로 인식된다. 이것은 공학의 눈으로 바라본 산업의 개념이다. 뒤에서 설명할 표준산업분류를 보면, 두 산업 모두 화학물 및 화학제품 제조업의 코드인 24에 속한다. 그 아래로 내려가 의약

화장품 가게의 기능성 화장품(왼쪽)과 약국의 피부치료용 화장품(오른쪽)

품 제조업의 코드는 242이고 그 안에서 다시 의약물질 제조업은 2421, 의약제품 제조업은 2422로 나뉘어져 있다. 한편 기타화학제품 제조업은 243, 그 안에서 화장품 제조업은 2433으로 되어 있다. 두 산업이 같은 뿌리에서 갈라져 나와 바로 옆에 위치하고 있는 것이다.

실제로 최근에 많은 화장품 기업이 기존의 공정을 활용하여 '기능성' 화장품을 생산하여 의약품 시장의 영역을 넘보고 있고, 반대로 의약품 기업도 기존의 공정에서 '피부치료용' 화장품을 만들어 화장품 시장에 진출하고 있다. 그러나 생산과 공정의 측면이 아니라, 시장과 수요의 측면에서 보면 두 산업은 매우 다른 산업이다. 우선 의약품 산업의 아픈 사람과 화장품 산업의 건강한 사람은 서로 다른 고객이고, 의약품이 주로 약국이라는 채널을 통해 유통되는 반면 화장품은 대리점이나 방문판매를 통해 유통된다. 따라서 경영전략의 관점에서 두 산업을 유사한 산업으로 보기 위해서는 시장 중심의 정의와 생산 중심의 정의 사이의 거리를 없애거나 좁힐 수 있어야 한다.

(3) 표준산업분류의 정의

산업의 정의에 대한 경제학의 견해와 공학의 견해는 공통되는 부분도 있고 전혀 상관이 없는 부분도 있다. 또 두 기준 모두 나름대로의 장점과 한계를 동시에 지니고 있다. 따라서 국가적 차원에서 여러 가지 다양한 의견을 종합하여 산업을 정의하는 하나의 공식적인 기준으로 제시한 것이 표준산업분류(Standard Industry Classification: SIC)라는 것이다. 표준산업분류는 나라마다 약간의 차이는 있지만 기본적으로는 세계 모든 나라가 정해진 기준에 따라 거의 비슷한 형태로 만들고 있다.

그러면 표준산업분류에서는 어떤 기준이나 방식으로 산업과 시장을 정의할까? 표준산업분류는 앞에서 설명한 경제학적 정의와 공학적 정의를 모두 포함하고 있다. 즉 산업을 정의하는 기준으로 다음 세 가지를 모두 제시하고 있는 것이다. 첫 번째는 산출물, 즉 생산된 재화 또는 제공된 서비스의 특성이다. 두 번째는 산출물의 물리적 구성 및 가공단계의 특성이다. 세 번째는 투입물(원자재)의 특성이다. 첫 번째 기준이 주로 시장이나 수요중심적으로서 경제학적 관점을 반영한다면, 두 번째 및 세 번째 기준은 다분히 공급중심적이고 기술중심적으로서 공학적인 관점을 반영하고 있다.

1.1.2 산업의 분류

산업의 정의 다음으로, 산업의 분류(classification)에 대해 생각해 보자. 산업은 어떻게 구성되어 있으며 산업을 나누는 기준은 무엇인가? 또 산업을 나눈다면 몇 가지의 커다란 군집으로 나눌 것인가 아니면 세세한 단위까지로 나눌 것인가? 등의 문제에 대해 알아보는 것이다.

산업을 나누는 것은 기준과 관점에 따라 다양한 분류체계가 가능하다. 가장 오래된 일차적 분류로는 우리가 중·고등학교 시절에 배웠던 Clark(1941)의 분류를 들 수 있다. Clark는 industry라는 용어보다 더 넓은 개념인 sector라는 용어를 사용하면서, 물건을 만드는 데 필요한 원자재를 채취하는 농업, 광업, 어업 등의 1차 산업(primary sector), 원자재를 가공하여 물건을 생산하는 제조업, 건설업 등의 2차 산업(secondary sector), 그리고 앞의 두 가지를 제외한 나머지 분야인 상업, 서비스업 등을 3차 산업(tertiary sector)으로 규정하였다. 또한 Clark는 산업 간에는 소득의 크기에 의해 노동력의 이동이 일어난다는 사실을 밝히기도 하였다. 즉, 시간의 흐름을

1차 산업, 2차 산업, 3차 산업(왼쪽부터)의 모습

자본집약적 중화학 기업과 노동집약적 섬유 기업

따라 1차 산업(농업)의 소득이 떨어지면서 노동인구 비율도 꾸준히 줄어들고, 2차 산업(제조업)의 노동인구 비율은 올라가다가 결국은 제자리걸음을 하는 반면, 3차 산업(상업과 서비스)은 소득의 증가와 함께 노동인구의 비율도 계속해서 올라간다는 이른바 클라크의 법칙(Clark's Law)을 제시한 것이다.

제조업 안에서 생산요소의 차이에 따라 자본집약적 산업과 노동집약적 산업으로 나누는 분류도 있다. 제품의 생산량을 결정하는 두 가지 변수(variable)인 자본(K)과 노동(L)이 어떤 비율로 구성되는지에 따라, 주로 중화학 공업에서 볼 수 있는 자본집약적 산업군과 경공업 중심에서 나타나는 노동집약적 산업군으로 나누는 것이다. 우리나라의 경우, 공업화가 시작된 60년대와 70년대 초반에는 섬유, 의류, 식품 등과 같은 경공업 중심의 산업구조를 보이다가, 70년대 후반 이후부터는 기계, 조선, 자동차, 철강, 화학 등의 중화학공업 중심의 산업구조로 바뀌었다. 또 생산하는 재화의 용도에 따라 소비재(consumer goods) 산업과 생산재(capital goods) 산업으로 나누기도 한다(Hoffmann, 1958).

그러나 여기서는 가장 공식적인 분류체계이고 또 가장 폭넓은 활용도를 지니는 표준산업분류, 기술 수준의 차이에 따라 산업을 나누는 분류, 기술의 진보와 산업구조의 변화로 새롭게 생겨나고 있는 분류 개념 등에 대해서 좀더 자세히 살펴보자.

(1) 표준산업분류

표준산업분류는 산업관련 자료의 수집, 정리, 분석 등 주로 통계적 목적을 위하여 작성된 것으로, 모든 통계작성 기관이 이를 의무적으로 사용하여야 한다. 따라서 앞에서 설명한 것처럼, 표준산업분류는 한 마디로 나라가 표준으로 정한 산업분류 체계라고 할 수 있다.

표준산업분류의 분류구조 및 부호체계를 간략히 살펴보자. 우선 분류구조는 대분류(알파벳 문자 사용), 중분류(2자리 숫자 사용), 소분류(3자리 숫자 사용), 세분류(4자리 숫자 사용), 세세분류(5자리 숫자 사용)의 다섯 단계로 구성된다. 〈표 2-1〉에 요약되어 있는 것처럼, 대분류는 A에서 U까지 21개로 구성되고, 중분류는 76개, 다시 소분류는 228개, 하는 식으로 나뉜다.

표준산업분류가 잘 이해되지 않으면 경제신문에 매일 나오는 주식시장의 산업분류를 보면 좋을 것이다. 주식시장에서 산업을 분류하는 기준은 표준산업분류의 중분

〈표 2-1〉 표준산업분류의 분류도

기호	대분류	중분류	소분류	세분류	세세분류
A	농업, 임업 및 어업	3	8	21	34
B	광업	4	7	12	17
C	제조업	24	83	180	461
D	전기, 가스, 수도	2	4	6	9
E	폐기물, 환경복원	3	5	11	15
F	건설업	2	7	14	42
G	도매 및 소매	3	20	58	164
H	운수업	4	11	20	46
I	숙박 및 음식점업	2	4	8	24
J	출판, 영상, 정보 등	6	11	25	42
K	금융, 보험	3	8	15	33
L	부동산, 임대	2	6	13	21
M	전문, 과학, 기술	4	13	19	50
N	사업시설, 사업지원	2	7	13	21
O	행정, 국방, 사회보장	1	5	8	25
P	교육서비스	1	7	16	29
Q	보건 및 사회복지	2	6	9	21
R	예술, 스포츠, 여가	2	4	17	43
S	협회, 수리, 개인	3	8	18	43
T	자가소비 생산활동	2	3	3	3
U	국제 및 외국기관	1	1	1	2
21		76	228	487	1,145

주: 숫자는 분류의 총수

류 정도로 볼 수 있다.

전통적인 공학기술과 직접적 연관을 맺고 있는 분야가 대부분 제조업이기 때문에, 제조업의 분류도를 따로 살펴 보면 〈표 2-2〉와 같다. 제조업은 표준산업분류의 대분류 상에서 C에 해당되고, 중분류로 내려가면 표에서 볼 수 있듯이, 24개의 분야로 구성된다.

〈표 2-2〉 제조업(C)의 중분류

기호	중분류
10	식료품 제조업
11	음료 제조업
12	담배 제조업
13	섬유제품 제조업: 의복제외
14	의복, 의복액세서리 및 모피제품 제조업
15	가죽, 가방 및 신발 제조업
16	목재 및 나무제품 제조업: 가구제외
17	펄프, 종이 및 종이제품 제조업
18	인쇄 및 기록매체 복제업
19	코크스, 연탄 및 석유정제품 제조업
20	화학물질 및 화학제품 제조업: 의약품 제외
21	의료용 물질 및 의약품 제조업
22	고무제품 및 플라스틱제품 제조업
23	비금속 광물제품 제조업
24	1차 금속 제조업
25	금속가공제품 제조업: 기계 및 가구 제외
26	전자부품, 컴퓨터, 영상, 음향 및 통신장비 제조업
27	의료, 정밀, 광학기기 및 시계 제조업
28	전기장비 제조업
29	기타 기계 및 장비 제조업
30	자동차 및 트레일러 제조업
31	기타 운송장비 제조업
32	가구 제조업
33	기타 제품 제조업

(2) 기술수준 분류

산업을 기술적 요인과 특성에 따라 나누는 것도 유용한 접근이다. 특히 기술 수준에 의해 산업을 나누는 분류체계는 자주 사용된다. 예를 들어 어느 산업을 하이테크(high-tech) 산업이라고 부르는 것은 기술 수준에 의해 산업을 나누는 전형적인 예이다. 그러나 high-tech 또는 low-tech 라고 하는 개념은 매우 주관적이어서 산업을 명확하게 분류하기 쉽지 않은 문제점이 있다. High-tech가 무엇이냐고 물어보면 '새로운 기술', '부가가치가 높은 기술', '다른 기업들이 모방하기 어려운 기술' 등 다양한 의견이 나올 수 있지만 과연 어느 정도 새로운 것인지, 어느 정도 부가가치가 높은 것인지, 얼마나 모방하기 어려운 것인지는 대답하기 어렵다.

따라서 기술의 수준을 평가할 수 있는 객관적이고 정량적인 기준이 필요하다. 여기에도 여러 가지 기준이 있을 수 있다. 그러나 국제적으로 많이 받아 들여지고 있는 기준으로는 경제협력개발기구(OECD)가 제시한 기준을 들 수 있다. 많은 사람들이 아는 것처럼, OECD라는 기구는 선진국들이 모여 다양한 주제의 정책적 논의를 하는 장소로서 통계 지표를 개발하고 조사하는 일도 열심히 하고 있다. OECD의 기준에 의하면 high-tech 산업이란 한 마디로 연구개발 투자가 많은 산업을 의미한다. 그러면 연구개발 투자의 수준을 어떻게 측정할 것인가? 이를 위해 연구개발 집약도(R&D intensity)라는 지표가 사용된다. 기업의 연구개발 집약도라는 지표는 총매출액 대비 연구개발투자의 비율로 정의된다. 따라서 어느 기업의 연구개발 집약도가 2%라는 말은 그 기업이 총매출액의 2%를 연구개발에 투자한다는 것을 의미한다.

OECD 기준으로 산업을 분류하면, 하이테크 산업, 다시 말해 첨단기술 산업(high-tech industry)은 그 산업의 평균 연구개발 집약도가 4% 이상인 산업을 뜻한다. 즉 그 산업에 속한 모든 기업들의 연구개발 집약도를 조사하여 평균값을 구했을 때, 그 값이 4%가 넘으면 그 산업을 첨단기술 산업으로 분류한다는 것이다. 마찬가지 방법으로 중급기술 산업(mid-tech industry)은 평균 연구개발 집약도가 1~4%인 산업, 저급기술 산업(low-tech industry)은 평균 연구개발 집약도가 1% 미만인 산업으로 정의할 수 있다.

(3) 새로운 분류기준

앞에서 살펴본 다양한 산업분류는 모두 전통적인 개념에 기반하여 만든 것이다. 그러나 산업구조가 고도화되고 인구구성이 바뀌면서 과거와 다른 새로운 산업 개념이나 분류가 등장하고 있다. 새로운 개념이나 분류체계는 과거의 고정관념이나 연관관계에 매이지 않고 '효용(utility)'이나 '만족(satisfaction)', 심지어 '취향(taste)'을 기준으로, 쉽게 생기고 자주 바뀌는 특성을 보인다.

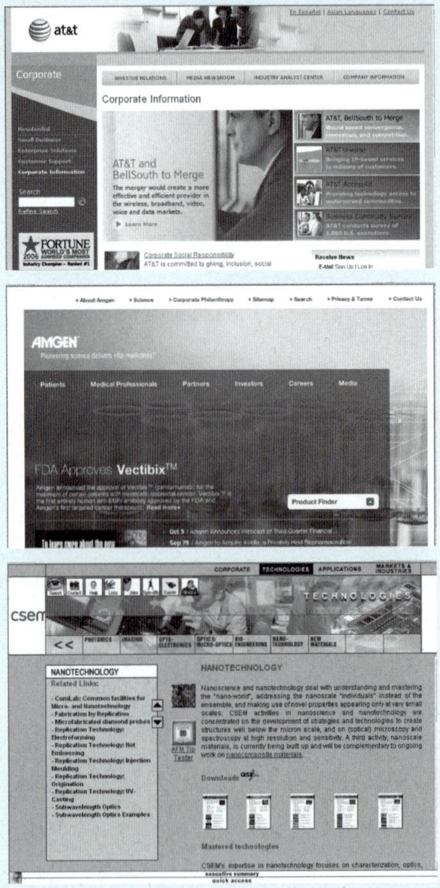

IT 기업, BT 기업, NT 기업의 홈페이지 예시

예를 들어 유행을 선도하는 의류의 제조와 판매에 관련된 패션(fashion) 산업, 환경적으로 유익한 제품을 만들고 파는 그린(green) 산업, 고령화 사회에서 노년층을 위한 제품과 서비스를 제공하는 실버(silver) 산업, 주 5일 근무제도에 맞추어 여가시간을 즐길 수 있는 기기나 서비스를 제공하는 레저(leisure)산업 등은 표준적인 산업분류에는 나오지 않지만, 현실적으로는 이미 중요한 산업으로 인식되고 있다. 기술 수준에 의해 하이테크 산업으로 분류하는 것이 아니라 감성 수준에 의해 하이터치(high-touch) 산업으로 인식하는 접근 등도 새로운 개념과 기준을 반영하는 용어이다.

기술구조와 내용의 변화에 따라 산업과 '기술(technology)'을 연결시키는 새로운 산업 개념이 나타나기도 한다. IT(Information Technology) 산업은 이미 가장 핵심적인 산업분야로 자리잡고 있고, 미래의 유망산업으로 BT(Bio Technology) 산업이나 NT(Nano Technology) 산업, 나아가 ET(Environment Technology) 산업, CT(Cultural Tchnology) 산업 등을 제시하기도 한다.

같은 제품이나 기술이라고 하더라도 그것이 어느 분야에 어떤 용도로 사용되는지에 따라 분류가 모호해질 수도 있다. 예를 들어, 인공지능(AI) 컴퓨터가 병원에서 질병진단에 사용된다고 하면, 이 제품을 의료기기로 보아야 하는지 아니면 정보검색기기로 보아야 하는지가 불분명하다. 차세대 자동차는 수송수단을 넘어 전기/전자장

비이기도 하고, 통신장비이기도 하며, 오락기기이기도 하다. 따라서 자동차 제조기업은 물론 콘텐츠 개발자, 서비스 사업자, 금융 사업자 등도 자동차 산업 안에서 함께 활동하게 된다. 산업융합(industry convergence)에 따라 산업 간의 경계가 무너지기도 한다. 바이오 화장품을 나타내는 '코스메슈티칼'이라는 용어는 화장품 산업을 가리키는 cosmetic과 의약품 산업을 뜻하는 pharmaceutical의 합성어이다.

이러한 추세와 경향을 고려할 때, 앞으로의 산업개념과 분류는 객관적이고 명확한 기준이나 체계에서 벗어나, 보다 신축적이고 가상적(virtual)인 접근을 많이 사용할 것으로 보인다. 이미 인터넷의 포탈사이트(portal site)나 앱 스토어(App Store)에서 제시하는 산업분류는 전통적인 표준산업분류와는 큰 차이를 보인다. 또 기술혁신이 가속화되고 인구의 구성이 달라지게 되면, 새로운 산업이 생겨나고 오래된 산업이 사라지는 현상은 더 활발히 일어나게 될 것이다.

따라서 변화의 방향과 속도를 예측하고, 분석하고, 대응하는 작업도 공학도의 중요한 과제가 되고 있다. 실제로 1980년대, 1990년대, 2000년대, 그리고 최근을 비교해 보면 공과대학의 구조와 내용이 얼마나 많이 바뀌었는지를 실감하게 된다. 과거에 큰 인기를 얻었던 학과가 지금은 아예 없어진 경우도 많고, 아주 생소한 새로운 명칭의 학과가 생겨났는가 하면, 여러 학과가 모여 큰 학부를 구성하거나 다학제적(multi–disciplinary)인 프로그램을 구성하기도 한다.

이러한 변화의 배경에는 기술과 산업의 밀접한 연관관계가 자리잡고 있다. 기술의 변화는 산업구조의 변화를 가져오고, 반대로 산업구조의 변화는 다시 기술의 변화를 유인하는 순환계가 작동하고 있는 것이다. 결국 산업의 정의나 분류도 기술과 산업의 1:1 연결이라는 고정관념에 매이지 않고, 보다 신축적이고 전략적인 기준을 토대로 접근해야 할 시대가 도래한 것이다.

1.2 산업의 구조: 산업의 큰 모양은 어떻게 볼 수 있는가?

산업의 정의 또는 분류개념과 함께 자주 사용되는 또 다른 개념은 산업의 구조(structure)라는 용어이다. 우리는 '산업구조가 고도화된다 또는 선진화된다'라는 말을 자주 듣는다. 산업구조의 정의는 무엇인가? 또 시간의 흐름을 따라 산업구조는 어떤 속도와 방향으로 변하는 것인가? 특히 공학도에게 산업구조라는 개념이 중요한 의미를 갖는 이유는 산업의 모습이 바뀌는 것은 기술의 내용과 수준이 바뀌는 것과 밀접하게 관련되어 있기 때문이다.

산업구조의 내용과 변화에 대한 연구는 오래 전부터 이루어져 왔다. 영국의 경제학자 Petty(1960)는 산업구조를 노동력의 구성비로 파악하여, 경제발전이 진행되고 산업구조가 선진국형으로 진화하면서 1차 산업에 종사하는 노동력은 점차 감소하고, 2차 및 3차 산업의 노동력은 계속 증가한다는 이른바 Petty의 법칙을 발견하였다. Hoffmann(1958)은 공업부문 내에서도 우리가 직접 사용하는 최종재를 만드는 소비재 산업의 비중은 점차 줄어드는 반면 소비재를 만들기 위한 중간재나 자본재에 관련된 생산재 산업의 비중은 갈수록 올라가는 규칙을 알아내었고, Krause(1976)는 수출상품의 구성에 있어 경제발전에 따라 단순 노동집약산업 → 단순 자본집약산업 → 기술 노동집약산업 → 연구개발 관련산업으로 그 비중이 커져가는 사실을 발견하였다.

1.2.1 산업구조의 정의

산업구조는 '산업 간 구성(industrial portfolio or inter-industry structure)' 즉 전체적인 국가경제 시스템 안에서 개별산업의 상대적 비중을 의미한다. 예를 들어 국내총생산(GDP)이나 국민총생산(GNP)의 구성에서 1차, 2차, 3차 산업 간의 비중이 어떻게 이루어지는가, 제조업과 비제조업 간의 비중은 어떻게 되어 있는가, 또는 제조업 내에서 개별산업들 간의 비중이 어떻게 나타나는가 하는 문제들을 다루는 것이다. 따라서 산업구조가 고도화된다는 뜻은 산업 간 구성에 있어 농업이나 경공업의 비중이 줄어드는 반면, 지식집약적 산업이나 첨단기술 산업의 비중이 늘어난다라는 사실을 뜻한다.

산업구조가 산업 간 구성을 뜻한다고 한다면 그 다음에 나오는 질문은 산업 간 구성을 '무엇'으로 측정할 것인가의 문제이다. 이 문제는 크게 산업활동에 무엇을 사용하는가 하는 투입(input)이라는 측면에서 볼 수도 있고 무엇을 만들어 내는가 하는 산출(output)이라는 측면에서 볼 수도 있다.

투입의 측면에서는 주로 고용(employment) 구조와 자본(capital) 구조를 보게 된다. 즉 노동의 투입과 관련하여 어느 산업에 얼마나 많은 사람들이 종사하고 있으며, 산업 간에는 이 값이 어떤 비율로 나타나는지, 또는 자본의 투입과 관련하여 어느 산업에 얼마나 많은 설비투자가 이루어지고 있으며, 산업 간에는 이 값이 어떤 차이가 있는지를 비교하는 것이다. 예를 들어, 1960년대에는 많은 인력이 농업에 종사하고 있었으나 현재는 서비스업에 더 많은 인력이 종사하고 있다면, 고용구조의 측면에서 산업구조가 바뀌었다는 것을 의미한다. 농업 중심의 산업구조에서 서비스업 중심의 산업구조로 변화한 것이다.

한편 산출의 측면에서는 주로 총산출(gross product) 구조와 부가가치(value-added) 구조를 보게 된다. 즉 어느 산업에서 얼마나 많은 최종생산물이 만들어지고, 또한 얼마나 큰 부가가치가 창출되었으며, 산업 간에는 이 값이 어떤 비율로 구성되어 있는지를 비교하는 것이다. 예를 들어, 1970년대에는 제조업의 총생산이 더 많았는데 1990년대에는 서비스업의 총생산이 더 많아졌다면 총산출 구조의 측면에서 산업구조가 변하였음을 가리킨다.

1.2.2 산업구조의 변화

그렇다면 시간의 흐름을 따라 산업구조는 어떻게 바뀌어 왔을까? 〈표 2-3〉, 〈표 2-4〉, 〈표 2-5〉를 보면 우리나라의 산업구조가 투입 측면의 고용구조와 산출 측면의 총생산구조에서 어떻게 변해왔는지를 알 수 있다. 표에서 알 수 있듯이, 우리나라의 산업시스템은 고용구조와 총생산구조 모두 근본적인 변화를 거듭해 왔다. 특히, 우리 경제는 60~70년대를 통해 단기간의 압축 성장을 추구하는 산업 전략을 선택하였기 때문에 다른 나라와 비교하여 이 기간에 산업시스템의 구조적 변화가 심하게 나타나고 있다. 한마디로 농·어업 중심에서 공업 중심으로, 경공업 중심에서 중화학공업 중심으로, 노동집약적 산업에서 자본집약적 산업으로 빠르게 바뀌어 온 것이다. 그러나 급격한 변화 추세는 80년대 이후부터는 계속 약해지고 있다. 대신, 최근에는 정보통신(ICT) 산업이나 바이오 산업과 같은 기술집약적 산업의 비중이 커지고 제조업 중심에서 서비스업 중심으로 전환되는 모습을 보이고 있다.

〈표 2-3〉 우리나라 고용 구조의 변화 (단위: %)

	1980	1985	1990	1995	2000	2005	2010	2015
농업, 임업, 수렵업 및 수산업	5.83	31.10	20.83	15.87	13.09	6.41	6.90	5.93
광업 및 채석업	0.62	0.66	0.40	0.20	0.14	0.06	0.09	0.06
제조업	39.42	23.01	27.43	23.79	21.26	18.12	17.75	19.76
전기 가스 및 수도사업	0.48	0.38	0.38	0.46	0.46	0.59	0.34	0.41
건설업	6.77	6.63	7.10	8.55	7.32	7.77	7.72	8.03
도 · 소매 및 음식숙박업	21.30	17.18	19.28	22.88	23.17	25.74	24.09	26.27
운수 창고 및 통신업	5.63	5.18	5.19	5.32	6.00	8.11	8.58	9.61
금융보험, 부동산업 및 용역업	4.83	3.35	5.27	7.84	9.88	5.70	5.84	5.83
사회 및 개인 서비스업	15.11	12.51	13.64	15.00	18.62	26.83	28.02	23.74
분류 불능산업	0.00	0.01	0.49	0.09	0.07	0.68	0.66	0.36
취업자(천명)	3,149	13,337	15,751	17,988	18,456	22,699	23,829	25,936

자료: 통계청

〈표 2-4〉 우리나라 총생산 구조의 변화 (단위: %)

경제활동별 GDP	1980	1985	1990	1995	2000	2005	2010	2015
농림어업	14.14	11.68	7.60	5.34	3.94	2.84	2.24	2.10
광업	1.22	1.08	0.66	0.42	0.26	0.22	0.17	0.16
제조업	21.58	23.85	24.60	25.22	26.01	25.52	27.80	26.82
전기, 가스 및 수도사업	1.93	2.67	1.94	2.05	2.53	2.32	2.03	2.89
건설업	6.77	5.80	8.56	8.11	5.39	5.79	4.63	4.67
서비스업	43.25	44.60	46.86	49.49	51.63	53.56	53.63	54.31
도소매 및 음식숙박업	13.05	13.32	12.83	11.34	11.31	9.91	10.30	10.02
운수 및 보관업	5.73	4.61	4.13	3.95	3.89	3.85	3.52	3.68
금융 및 보험업	4.92	3.52	4.65	5.38	5.09	5.85	5.66	5.00
부동산 및 임대업	3.46	4.65	5.74	7.59	8.43	7.87	7.20	7.39
공공행정 및 국방	6.25	5.62	5.53	5.41	5.52	6.17	6.23	6.72
교육서비스업	3.74	4.15	4.05	4.22	4.26	4.98	5.04	4.91
보건 및 사회복지서비스업	0.82	1.84	1.80	1.92	2.23	2.91	3.47	3.92
문화 및 기타서비스업	1.79	2.12	2.30	2.47	2.32	2.37	2.46	2.40

정보통신업	1.85	2.56	2.70	3.03	4.01	4.29	3.59	3.47
사업서비스업	1.63	2.20	3.12	4.18	4.57	5.37	6.16	6.79

자료: 통계청

〈표 2-5〉 우리나라 1차-2차-3차 산업의 총산출 비중(%)의 변화

연도	1차 산업 비중	2차 산업 비중	3차 산업 비중
1970년	29.04	27.19	43.78
1980년	16	35.97	48.03
1990년	8.41	40.17	51.41
1995년	5.85	40.06	54.08
2000년	4.28	38.52	57.21
2005년	2.89	37.67	59.44
2010년	2.36	37.51	60.14
2015년	2.18	37.23	60.59
2020년	1.92	35.82	62.26

자료: Industrial Statistics Analysis System(ISTANS), 산업통상자원부, 2021

1.3 산업과 시장: 산업의 내부는 어떻게 분석하는가?

1.3.1 산업조직의 정의

산업을 이해하기 위해서 반드시 알아야 할 또 다른 개념은 산업조직이라는 용어이다. 앞에서 살펴본 산업구조는 산업 외부의 모습을 설명하는 개념이다. 즉 한 산업이 다른 산업과 비교하여 얼마나 큰지 작은지를 보여주는 것이다, 이에 반해 산업조직이라는 말은 한마디로 산업 내부의 모습을 가리키는 개념이다. 즉, 어느 산업 내부에 얼마나 많은 기업들이 서로 어떤 관계를 이루면서 존재하는지를 보여주는 것이다.

따라서 산업조직을 알아보기 위해서는 그 산업 내에 존재하는 기업의 수가 얼마나 되는지, 대기업과 중소기업간의 구성 비율은 어느 정도인지, 상위 소수 기업의 비중이 얼마나 되는지, 새로운 기업이 진입하기가 얼마나 쉬운지, 생산되고 거래되는 제품의 다양성과 유사성은 어느 정도인지 등이 중요한 관심사가 된다. 그러므로 산업

조직이라는 개념을 얘기할 때는 곧 산업집중도라는 개념을 떠올리게 된다. 한 산업을 지배하는 힘이 소수 기업에 집중되어 있는지 아니면 많은 기업에 분산되어 있는지를 살펴보게 되는 것이다.

산업의 집중도는 곧바로 시장의 경쟁 형태로 연결된다. 산업집중도에 따라 시장이 독점적인지 아니면 경쟁적인지가 결정되는 것이다. 일반적으로 시장의 경쟁 형태는 크게 네 가지 유형으로 나눈다. 첫째는 완전경쟁(perfect competition)이다. 완전경쟁 시장은 기업의 수가 대단히 많고 거래되는 상품들이 거의 비슷한 것들이며, 새로운 기업의 진출과 기존 기업의 퇴출이 자유로운 시장을 말한다. 따라서 이러한 시장에서는 어느 특정 기업이나 소수의 기업들이 마음대로 시장을 지배할 수 없는 상황이 된다. 둘째는 독점적 경쟁(monopolistic competition)이다. 이 시장은 완전경쟁 시장과 같이 기업의 수는 매우 많고 진입과 퇴출도 자유로우나, 거래되는 상품이 어느 정도 차별적이어서 개별기업 나름대로 부분적인 시장지배가 가능한 경우이다. 셋째는 과점(oligopoly)이다. 과점 시장은 소수의 대기업들에 의해 시장이 지배되는 시장이다. 넷째는 독점(monopoly)이다. 독점 시장은 말 그대로 하나의 기업이 시장을 마음대로 지배하는 시장이다.

1.3.2 산업조직의 유형

어느 산업이 '경쟁적이다' 또는 '대기업 중심으로 되어 있다'라고 말하는 것은 매우 주관적인 표현이고 상대적인 개념이다. 따라서 산업조직, 즉 산업집중도를 객관적으로 파악하기 위해서는 정량적인 지표(index)가 필요하다. 이를 위해 다양한 지표들이 개발되어 있지만, 그 가운데 가장 이해하기 쉽고 또 자주 이용되는 지표로는 집중도 지수(concentration ratio)와 허핀달 계수(Herfindahl index)를 들 수 있다.

(1) 집중도 지수

집중도 지수(Concentration Ratio: CR)는 해당 산업에서 상위의 소수기업들이 차지하고 있는 시장점유율(market share)이 어느 정도인가를 보여주는 지표이다. 이 때 '소수'라는 표현은 애매하기 때문에 실제로는 N-기업 집중도(N-firm CR)를 사용한다. 예를 들어 상위 5대 기업의 집중도라고 하면 전체 시장에서 상위 5개 기업이 차지하는 시장점유율의 합을 뜻한다. 이 경우 N=5가 되며 흔히 CR5로 표시한다.

집중도 지수, 즉 CR 지표는 이해하기 쉽고 측정하기 용이하다. 직관적으로 해석해도 집중도 지수의 값이 높으면 시장은 독과점 형태가 될 것이고, 반대로 집중도가 낮으면 경쟁시장에 가깝다고 보면 된다. 따라서 이 지수는 시장의 형태를 간접적으로 알 수 있는 일차적 지표로 많이 쓰인다.

(2) 허핀달 계수

앞의 집중도 지수는 매우 쉽고 유용한 지표이기는 하지만 단점도 있다. 가장 큰 문제점은, 측정 대상으로 포함된 N개 기업 전체의 집중도 값은 알 수 있지만 개별기업 각각의 차이는 알 수 없다는 점이다. 예를 들어 N=3으로 했을 때 A, B 두 산업의 집중도가 60%로 같다고 하자. 여기서 A산업의 집중도 60%는 시장점유율이 각각 50%, 5%, 5%인 세 기업으로 되어 있고, B산업은 시장점유율이 20%, 20%, 20%로 동일한 세 기업으로 되어 있다고 하자. 이런 경우 두 산업의 전체적인 집중도는 같지만 실질적인 내용은 상당히 다르다. 그러나 집중도만 보고는 이런 사실을 알기 어렵다.

이 집중도지수의 단점을 보완하기 위해 제안된 지표가 허핀달 계수(Herfindahl Index: HI) 또는 허쉬만-허핀달 계수(Hirschman-Herfindahl Index: HHI)이다. 허핀달 계수는 다음 식으로 정의된다.

$$HI = \sum_{i=1}^{n}(S_i)^2, \text{ 여기서 } s_i : \text{기업 } i\text{의 시장점유율(Market share)}$$

만일 시장점유율이 각각 50%인 두 개의 기업만 시장에 존재한다면, 허핀달 계수 $HI=(0.5)^2+(0.5)^2=0.5$가 된다. 일반적으로 시장에 점유율이 같은 N개의 기업이 존재한다면, 허핀달 계수는 $HI=1/N$이 된다. 또 허핀달 계수는 많은 경우 아주 작은 소수값으로 나오기 때문에, 1,000을 곱하여 나타내기도 한다.

집중도 지수가 소수의 대기업만을 대상으로 하는 반면에, 허핀달 계수는 특정 산업에 속한 모든 기업의 시장점유율을 가지고 그 값을 측정한다. 따라서 계산과정에 많은 시간과 비용이 들기는 하지만 산업 내에서 각 기업이 갖는 비중을 좀 더 정확히 알 수 있다는 장점이 있다.

집중도 지수와 마찬가지로 허핀달 계수를 토대로 시장의 경쟁상황을 어느 정도 파악할 수 있다. 절대적인 기준이 될 수는 없지만 〈표 2-5〉에 제시되어 있는 것처럼, 일반적으로 *HI*가 0.2보다 낮으면 완전경쟁, 0.2 정도면 독점적 경쟁, 0.2에서 0.7 사이면 과점, 0.7보다 크면 독점 형태라고 평가한다.

〈표 2-5〉 허핀달 계수(HI)와 경쟁형태

경쟁형태	허핀달 계수 범위	가격경쟁 수준
완전경쟁(perfect competition)	0.2 미만	매우 높음
독점적 경쟁(monopolistic competition)	0.2 수준	중간 ~ 높음
과점(oligopoly)	0.2와 0.7 사이	중간 ~ 낮음
독점(monopoly)	0.7 이상	매우 낮음

그렇다면 우리나라의 산업집중도는 어느 정도일까? 〈표 2-6〉에서 보는 것처럼 우리나라의 산업조직은 시간의 흐름에 따라 전체적인 집중도가 낮아지는 양상을 보이고 있다. 모든 산업의 평균을 보았을 때, 3대 기업 집중도 즉, CR3는 1980년의 62.4%에서 2000년에는 44.0%로 크게 낮아진 후, 2005년에는 41.7%까지 낮아졌다. 허핀달 계수도 1980년의 264에서 2005년에는 144로 낮아지고, 그 뒤에도 비슷한 수준에 머무르는 것을 볼 수 있다. 전체적으로 보아 대기업의 독과점 구조가 약해지고 시장의 경쟁은 높아졌음을 보여주고 있는 것이다.

〈표 2-6〉 우리나라 산업집중도 평균값의 변화 추이

연 도	CR3(%)	HI(×1000)
1980	62.4	264
1990	52.8	221
1995	47.8	173
2000	44.0	153
2005	41.7	144
2008	45.4	157
2010	45.0	158
2013	44.5	145

자료: 통계청

〈표 2-7〉 우리나라 주요 산업의 산업집중도(2011년 기준)

산업	CR3(%)	HI(×1000)
자동차 제조업	91.4	311.3
자동차 부품 제조업	33.9	59
전자집적회로 제조업	87.9	468.8
석유화학계 기초 화합물 제조업	70.3	218
디스플레이 제조업	77.6	231.9

자료: 한국개발연구원

그러나 개별산업 간의 편차는 여전히 매우 크다. 〈표 2-7〉에 나타나 있는 것처럼 2011년을 기준으로 하였을 때, 자동차 제조업은 산업집중도가 매우 높은 전형적인 과점 구조를 보이고 있는 반면, 자동차부품 제조업은 수많은 중소기업이 모여 있는 치열한 경쟁시장의 모습을 보이고 있다. 또 전자집적회로 제조업은 산업집중도가 매우 높은데 반해, 석유화학 화합물 제조업 및 디스플레이 제조업의 집중도는 상대적으로 낮아 대조적인 양상을 보이기도 한다.

1.4 산업의 분석: 산업은 시스템적으로 어떻게 분석하는가?

지금까지 살펴본 것처럼, 산업시스템은 전체구조의 모양으로 볼 수도 있고 내부조직의 모양으로 볼 수도 있다. 그리고 그 모양은 주로 정량적인 지표를 통해 측정할 수 있었다. 이 값을 토대로, 현재 이 산업이 어떤 모양을 갖추고 있는지, 다른 산업과 비교하여 어떤 차이가 있는지, 과거 시장의 경쟁 상황에 비해 현재 시장의 경쟁 상황은 얼마나 바뀌었는지 등을 파악할 수 있는 것이다. 하지만 이 지표들의 전략적 용도는 제한적이다. 왜냐하면 이 지표들은 하나의 단일지표 값으로 산업과 시장 전체의 모양을 표현하고 있어서, 다양한 관점에서 산업 내부를 심층적으로 분석하기 어렵기 때문이다.

1.4.1 산업분석의 틀

전략적 목적에서 산업시스템을 분석할 때 자주 이용되는 틀(framework)로는

5-Force 모형(Five Forces model)을 들 수 있다. 경영전략 전문가인 포터(Porter, 1979)가 제시한 이 모형은 나온지 오래되었지만 산업의 시스템 구조와 성격을 설명하고 비교할 수 있는 유용한 틀로 지금도 많이 활용되고 있다. 흔히 Five-forces analysis 라고도 불리는 이 모형은 [그림 2-2]에서 볼 수 있듯이 산업조직을 설명할 수 있는 5개의 핵심적인 요소를 다이아몬드 모양으로 표현하고 있다. Five forces, 즉 5개의 요소는 내부경쟁자(internal rivalries), 잠재경쟁자(potential entrants), 공급자(supplier), 수요자(buyer), 대체품(substitutes)이며 각각의 요소가 산업 시스템의 모양과 상태를 보여준다.

첫째로 내부경쟁자를 보자. 흔히 하나의 산업 내에는 경쟁관계에 있는 여러 기업이 존재한다. 이들의 경쟁 수준이나 강도가 어느 정도인가 하는 문제는 산업의 구조를 설명할 수 있는 중요한 기준이 된다. 경쟁기업의 다양성, 제품의 차별화 정도, 진입과 퇴출의 신축성 등이 구체적인 분석요소들이 된다.

둘째로 잠재경쟁자를 보자. 잠재경쟁자는 아직 산업(시장)에 존재하지는 않지만 새롭게 진출할 가능성이 높은 기업을 의미한다. 산업에 따라 후발기업들이 신규시장에 진출하기가 아주 용이한 경우가 있는가 하면, 어느 경우에는 시장을 개척하기 위해 신기술과 신제품의 개발은 물론 대규모 설비투자나 집중적인 마케팅 투자가 필요할 수도 있다. 한마디로 진입장벽(entry barrier)의 높이가 다른 것이다. 진입장벽의 높이를 결정하는 요소들로는 규모의 경제, 기업의 인지도, 자본투자의 규모, 가격경쟁력, 유통채널 관리능력 등을 들 수 있다.

셋째로 공급자를 보자. 공급자는 외부에서 원자재나 부품을 공급하는 기업들을 가리킨다. 공급자 집단의 힘, 즉 협상력이 어느 정도인가 하는 문제도 산업의 구조를 결정하는 요인이 된다. 구체적으로 공급자의 독과점 능력, 제품에 대한 원자재나 부품의 의존도와 차별성, 원자재의 대체나 교체비용 등이 주요 요소가 된다.

넷째로 수요자를 보자. 수요자는 완제품 내지 부품을 구매하는 소비자들이나 기업들을 뜻한다. 수요자 집단의 힘, 즉 협상력이 어느 정도인가 하는 문제도 산업 구조를 결정할 때 매우 중요한 요소가 된다. 세부적인 요소를 본다면, 구매자 집단의 집중도, 구매제품의 표준화 수준, 대체재의 존재 여부, 구매정보의 유통 수준 등을 들 수 있다.

[그림 2-2] Five-forces 모형의 기본구조

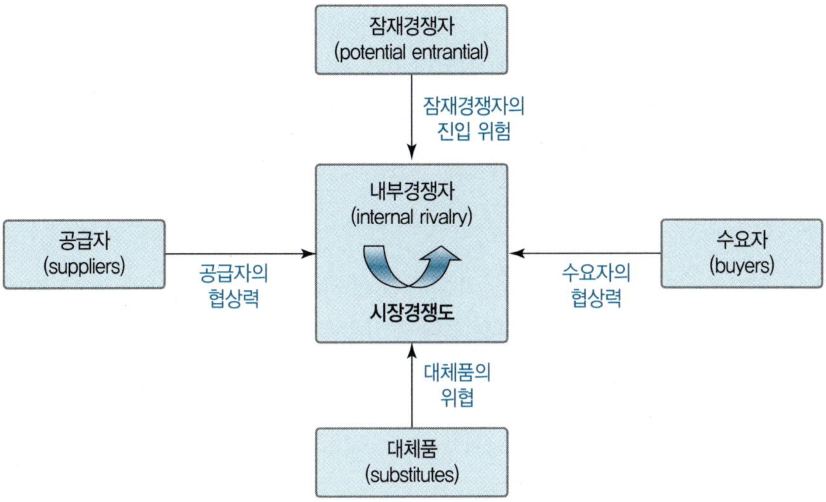

마지막으로 대체품을 보자. 대체품은 그 산업이나 시장에서 생산 내지 거래되는 제품의 대체품이 얼마나 다양하게 존재하는가를 가리키는 요소이다. 어느 제품에 대해 대체품이 많으면 많을수록 가격이나 품질은 큰 영향을 받게 되고 경쟁수준이 달라지게 된다. 구체적으로는, 대체품의 상대적 가격과 품질, 대체품에 대한 고객 선호도, 교체 비용과 시간 등이 핵심적인 요소가 된다.

1.4.2 산업분석의 예시

Five-forces 모형을 토대로 산업 시스템을 분석하는 예를 생각해 보자. 병원을 중심으로 의료산업의 경우를 본다면, 다음의 〈표 2-8〉과 같이 산업의 동태적 변화를 분석할 수 있다.

〈표 2-8〉 의료산업의 산업조직 변화도

요소	1980년대	현재
시장경쟁도	낮음(Low)	높음(High)
잠재경쟁자의 진입 위험	낮음(Low)	중간(Medium)
대체품의 위협	중간(Medium)	높음(High)
공급자 협상력	중간(Medium)	중간(Medium)
수요자 협상력	낮음(Low)	높음(High)

우선 내부경쟁자를 보자. 1980년대와 비교할 때 경쟁자의 수가 급속하게 증가하고 시장규모도 엄청나게 커지면서 경쟁이 갈수록 치열해지고 있다는 것을 알 수 있다. 개인병원과 대학병원은 물론이고 일부 대기업까지 대규모 종합병원을 개원하였다. 거기다 대부분의 병원은 유사한 의료서비스를 비슷한 가격, 즉 의료수가로 제공하고 있어 제품 차별화가 거의 이루어지지 않고 있다.

전체적으로 의료산업이 포화상태라고 하지만 잠재경쟁자의 위협도 만만치 않다. 국제화의 조류 속에서 의료시장의 개방은 가속화될 것이고, 이러한 추세에 따라 의료수준이 뛰어난 외국계 병원, 규모와 내용에서 차별성을 지향하는 국내 특수병원 등이 계속 생겨날 것이다.

공급자의 협상력은 중간 정도의 수준에서 별다른 변화가 없을 것으로 보인다. 의료산업의 공급자로는 전문인력 공급자, 의료장비 기업, 제약회사 등을 들 수 있는데 이들의 협상력이 갑자기 바뀔 가능성은 낮아 보인다. 한편 수요자의 협상력은 최근에 크게 높아지고 있다. 과거의 의료산업은 전형적인 공급자 중심 시장이었다. 그러나 환자들의 권익 주장이 갈수록 높아지고 있고 차별화된 의료서비스를 원하는 수요도 늘어날 것으로 예상된다.

마지막으로 대체품을 생각해보자. 서양의학 중심의 의료산업에서 한의학이 부분적인 대체품 역할을 해왔으며 그 비중은 더욱 커지고 있다. 또 정보기술의 발전으로 홈닥터 시스템, 원격 진료 등이 활성화 될 것이다. 따라서 대체재의 수준은 현재의 중간 수준에서 앞으로 높은 수준으로 바뀔 것으로 예상된다.

앞에서 살펴본 집중도 지수나 허핀달 계수가 산업 시스템의 전체적인 모습을 한 눈에 파악하는데 유용하다면, Five-forces 모형은 좀더 세부적이고 다면적인 구조를 이해하는 데 도움이 되는 정보를 제공한다. 따라서 산업 시스템의 분석은 다양한 지표나 모형을 보완적으로 활용하는 것이 바람직하다.

산업 시스템의 분석은 산업 그 자체에 대한 이해에 그치는 것이 아니라 산업과 기술, 시장과 기술 간의 관계를 이해하는 데 중요한 정보를 제공한다. 산업구조의 변화도 그렇고 산업조직의 변화도 그렇고 모두 기술의 변화와 불가분의 관계를 맺고 있기 때문이다. 한편으로는 기술의 진보가 산업과 시장의 변화를 가져오고 다른 한편으로는 시장 수요의 변화가 새로운 기술의 출현으로 연결된다. 공학도들이 가장 먼저 산업 시스템의 변화를 분석해야 하는 이유도 여기에 있다.

제2절 기업조직에 대한 이해

2.1 기업의 형태와 구조: 기업은 어떻게 생겼는가?

2.1.1 기업의 형태

이제는 기업에 대해 알아보자. 계층적인 관점에서 보면, 산업구조라는 개념의 바로 아래 계층에는 기업구조라는 개념이 존재한다. 기업들의 집합이 곧 산업이며 시장이라는 점을 생각하면, 산업과 시장의 구조를 알아본 이후에 기업의 구조를 알아보는 일은 매우 자연스러운 순서라고 할 수 있다.

그렇다면 기업의 구조는 어느 관점에서 어떤 모습으로 표현할 수 있을까? 먼저 기업의 구조는 '경제활동'을 하는 수많은 '경영조직' 가운데 어디에 위치하고 있는지를 기준으로 설명할 수 있다. [그림 2-3]에서 알 수 있는 것처럼 경제활동을 하는 조직은 계층에 따라 크게 정부, 기업, 가계로 나눌 수 있다. 이 가운데 정부는 가장 상위에 존재하는 경제활동 조직으로 전반적인 국민경제의 관리를 임무로 한다. 지방자치제가 시행된 이후에는 정부를 다시 중앙정부와 지방자치단체로 구분할 수 있다. 이에 반해 가계는 가장 하위에서 개인 단위의 경제활동을 수행하는 조직이다.

[그림 2-3] 경영조직의 형태

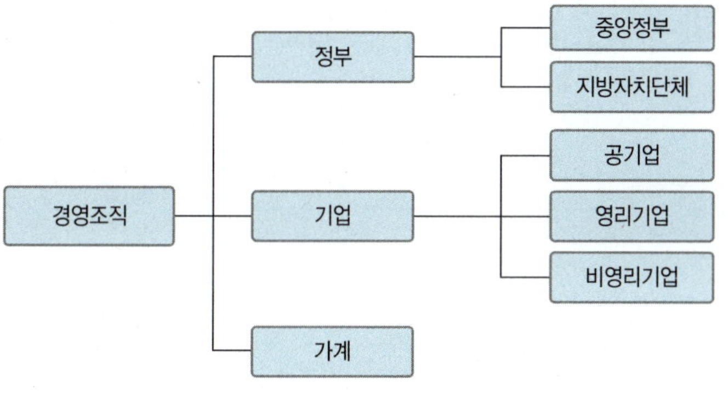

국가단위의 정부와 개인단위의 가계 중간에 존재하는 조직이 기업이다. 기업은 경영권의 소재에 따라, 정부가 경영권을 보유하고 있는 공기업과 민간이 경영권을 보유하고 있는 사기업으로 나뉜다. 물론 우리가 관심을 두고 있는 기업은 사기업이지만,

공기업이라고 해서 경영의 목적이나 방식이 근본적으로 다른 것은 아니다. 일반적으로 사기업이라고 하면 대부분 영리를 목적으로 하는 영리기업을 가리키지만, 영리를 목적으로 하지 않는 비영리기업도 있다.

사기업은 기업자본의 구성 방식과 원천에 따라 다시 몇 가지의 구체적인 형태로 나뉘어진다. [그림 2-4]를 보자. 먼저 자본을 출자한 출자자가 1명인지 아니면 여러 명인지에 따라 개인기업과 공동기업으로 나눌 수 있다.

개인기업은 역사적으로 가장 오래된 사기업 형태로 특정 개인이 소유와 경영을 독자적으로 맡고 있는 기업이다. 개인기업은 세우기도 쉽고 또 시장 변화에 신속하게 대응할 수 있는 장점이 있지만, 전적으로 경영자 개인의 능력과 의사에 의존하기 때문에 그만큼 위험도 크고 성장에도 한계가 있을 수밖에 없다.

흔히 기업이라고 부르는 경우의 사기업은 공동기업을 뜻한다. 공동기업은 말 그대로 2인 이상의 출자자가 설립한 기업 형태이다. 공동기업은 다시 출자자의 수에 따라 합명회사, 합자회사, 유한회사와 같은 소수공동기업과 주식회사, 협동조합과 같은 다수공동기업으로 나눈다.

[그림 2-4] 기업의 형태

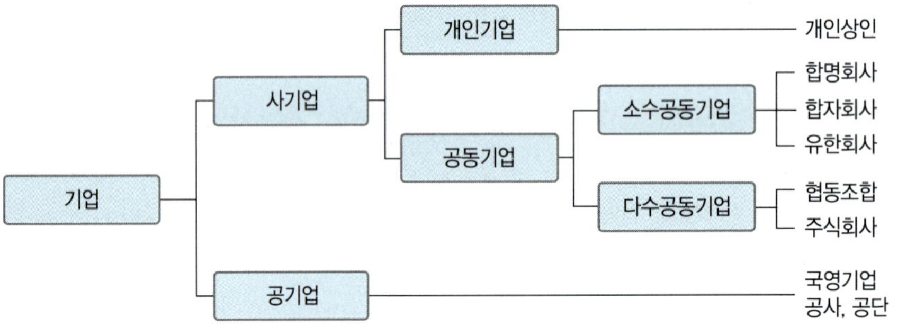

그러나 오늘날 우리가 기업이라고 말할 때는 '주식회사'를 가리킨다. 주식회사는 누구라도 주식의 보유 및 양도를 통해 기업에 참여할 수 있도록 함으로써 대규모 기업 경영이 가능한 형태이다. 주식을 보유한 주주는 주식의 인수가액 한도에서만 유한의 책임을 짐으로써 경영위험에 대한 부담이 적지만, 대부분의 주주는 실질적인 경영활동에 참여하지 않고 전문적인 경영자들에게 위임한다.

여러 개의 주식회사들이 서로간의 복잡하고 전략적인 지분구조를 통해 하나의 거대한 '기업집단'을 구성하기도 한다. 기업집단은 세계적으로 많이 존재하지만, 특히 우리나라는 창업자와 소수의 친족들이 기업집단 내의 주요 계열회사 주식을 보유하여 대주주로서의 지배권을 확보한 후, 주요 회사들이 다른 계열회사들의 주식을 보유하게 함으로써 하나의 거대한 기업집단을 형성하는 경우가 있다. 흔히 재벌이라고 불리는 한국형 기업집단은 경쟁전략적 이점과 사회윤리적 문제점을 동시에 안고 있어 세계적으로 중요한 연구주제가 되어 왔다.

기업집단과 관련하여 최근에 관심을 끌고 있는 기업형태가 지주회사(holding company)이다. 지주회사는 한 기업이 지주의 역할을 맡아 여러 개의 자회사 주식을 보유하여 이들을 지배할 때, 그 역할을 하는 기업을 말한다. 지주회사는 크게 두 가지 형태가 있다. 먼저 사업지주회사(operating holding company)는 자기 자신도 생산이나 영업을 직접 하면서 여러 개의 자회사를 보유하는 형태로, 대부분의 글로벌 기업들이 여기에 속한다. 한편 순수지주회사(pure holding company)는 실질적인 생산이나 영업 활동은 하지 않고 자회사 전반의 경영 활동을 기획 내지 통제만 하는 형태이다. 물론 전자에 속하는 지주회사도 있고 후자에 속하는 지주회사도 존재한다. 그러나 최근에는 지주회사의 기능과 역할이 점차 확대되면서 둘 사이의 구분이 모호한 경우도 늘어나고 있다.

2.1.2 기업의 지배구조

기업, 특히 주식회사의 구조는 외부적인 '형태'의 관점에서 볼 수도 있지만 내부적인 '지배구조(governance)'의 관점에서 볼 수도 있다. 지배구조는 그 기업전체 내지 경영진의 의사결정과 경영활동을 감독하고 통제하는 구조를 의미한다.

과거에는 기업의 지배구조가 경영 관리의 중요한 관심 대상이 되지는 않았다. 소수의 대주주나 일부 경영자가 중심이 되어 단순하고 신속한 지배구조를 유지해 왔기 때문이다. 그러나 최근에 기업경영의 투명성이 강조되고 다양한 이익집단이 경영활동에 직간접으로 개입하면서 지배구조에 대한 관심이 크게 높아지고 있는 추세이다. 특히 자본시장과 상품시장이 모두 국제화·개방화되면서 이른바 지배구조의 글로벌 표준(global standard)에 대한 인식이 높아지고 있다.

[그림 2-5]에 도시되어 있는 것처럼 지배구조는 크게 내부지배구조와 외부지배구조로 나눌 수 있다. 내부지배구조는 기업조직의 일부로서 기업전반의 내부적인 활동에

[그림 2-5] 기업의 지배구조의 구성

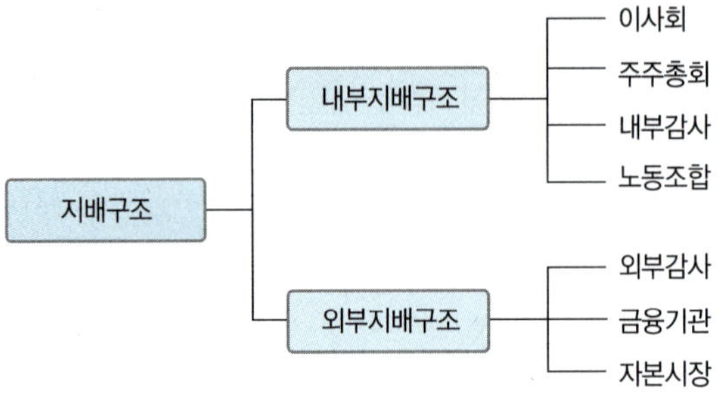

대한 견제와 균형의 역할을 담당한다. 이에 반해 외부지배구조는 기업조직의 외부에서 기업과 경영자의 경영활동을 감시 내지 통제하는 역할을 담당한다.

구체적으로 내부지배구조를 구성하는 조직이나 요소로서는 이사회, 주주총회, 내부감사, 노동조합 등을 들 수 있다. 이 조직들의 핵심 기능은 경영진의 경영활동에 대한 평가 및 감독, 경영전략의 수립과 주요한 경영의사 결정 과정에 대한 자문 또는 조정, 내부 종업원들의 의견과 입장 반영, 외부의 투자자 및 이해관계자들의 의견과 입장의 대변의 크게 네 가지로 구분될 수 있다.

외부지배구조의 핵심적인 구성 요소로는 외부 감사조직, 금융기관, 주식시장 등을 들 수 있다. 과거의 외부감사는 경영자의 의도에 따라 형식적으로 이루어지는 경우도 많았으나, 최근에는 외부 감사조직의 독립성과 객관성이 강조되고 감사활동에 대한 실질적인 책임문제가 대두되면서 외부감사의 실효성이 높아지고 있는 추세이다. 주식시장과 금융기관에 의한 감독과 통제도 강화되고 있다. 증권시장이 활성화되면서 주주들의 목소리가 경영활동에 상당한 영향을 미치게 되고, 채권자인 금융기관도 자본시장의 투명화, 선진화 추세에 따라 채무자인 기업에 대한 감독 기능을 확대하고 있다.

최근에는 내부지배구조와 외부지배구조를 연계하는 중간고리의 역할도 커지고 있다. 대표적인 예로 사외이사제도의 활성화를 들 수 있다. 지금까지의 이사회는 기업 안의 사내이사 즉 실제 경영에 참여하는 집행이사 중심으로 운영되어 왔으나 요즘에는 기업 밖에서 실제 경영에 참여하지 않는 비상근 사외이사의 규모와 비중을 늘리는 추세가 두드러지고 있다. 사외이사의 전문성과 객관성을 활용하여, 내부지배구조와 외부지배구조를 효과적으로 연결하는 역할을 수행하기를 기대하는 것이다. 나아가 사외이사는 내부의 집행이사들이 제대로 일을 하고 있는지를 감시하고 대주주들의 횡포를 견제하는 기능도 맡게 된다.

2.2 기업조직의 설계: 기업은 어떤 기준과 목적으로 만들어지는가?

2.2.1 조직이론의 기본개념

앞 절에서 우리는 기업을 둘러싸고 있는 산업이나 시장의 개념에 대해 알아보았다. 이제부터는 경영의 실체가 되는 기업에 대해 알아볼 차례이다. 물론 국가경제 내에서 경영활동을 수행하는 조직은 기업 외에도 무수히 많다. 그러나 양적으로 가장 크고 많기도 하지만 내용이나 구조의 측면에서도 가장 대표적인 형태가 기업이다. 또 우리가 말하는 기업은 사기업이지만 공기업이라고 해서 경영의 목적이나 방식이 크게 다른 것은 아니다. 따라서 여기에서는 가장 대표적인 실물경영의 주체이자 경영학의 대상이 되는 기업에 초점을 맞추기로 한다.

기업에 대해 알아본다는 말은 곧 기업이라는 '조직'에 대해 알아본다는 말이다. 기업이라는 조직을 어떻게 설계하고 기업이라는 조직 내에 있는 사람들을 어떻게 관리하는지에 대해 알아본다는 것이다. 이와 관련하여 경영학에서 중요한 위치를 점하고 있는 연구 및 실무 분야의 하나가 바로 조직이론이다. 조직이론은 경영 시스템의 실체가 되는 '조직' 특히 '기업조직'에 대한 학문적 이론과 경험적 실무를 다루는 분야로, 크게 조직구조 이론(theory of organizational structure)과 조직행위 이론(theory of organizational behavior)의 두 가지 이론으로 나눌 수 있다.

조직구조든 조직행위든, 조직이론은 '사람'을 다룬다는 공통의 특성을 지니고 있다. 이 가운데 조직구조 이론은 '사람을 담는 공간', 즉 조직의 가시적이고 물리적인 형태를 어떻게 구성할 것인가를 다루는 분야이다. 크게는 기업의 형태를 주식회사로 할 것인지 아니면 개인기업을 할 것인지를 논의하고, 작게는 사장으로부터 시작하여 사원에 이르기까지 기업 내의 계층적 상하관계를 어떻게 나눌 것인지, 개별 단위조직은 총무, 재무, 영업, 생산 등의 경영기능별로 나눌 것인지, 아니면 TV, 냉장고, 에어컨 등의 제품 종류별로 나눌 것인지를 연구하기도 한다.

이에 반해 조직행위 이론은 조직이라는 공간 안에서 '사람이 생각하고 행동하는 모습', 즉 조직의 개인적이고 심리적인 행위들을 어떻게 분석하고 관리할 것인가를 다루는 분야이다. 예를 들어 상하 관계에서 바람직한 리더의 특성은 무엇인가, 성과를 올리기 위해서는 어떤 당근과 채찍을 사용해야 하는가, 조직원들의 커뮤니케이션을 위해 어떤 채널을 써야 하는가 등이 조직행위 이론의 중요한 주제가 된다.

조직구조 이론은 경영시스템이 하나의 실체로 구성되고 운영되기 위한 첫 단계를 주제로 하기 때문에, 본 장에서는 먼저 조직구조 이론을 다루고 조직행위 이론은 다음 장에서 자세히 살펴보기로 하자.

2.2.2 조직설계의 계층구조

그러면 기업이라는 조직은 어떻게 설계하는가? 여러분들이 졸업을 하고 회사에 나가면 복잡한 조직 구조를 처음 접하면서 당황하게 된다. 야심을 품고 창업을 하는 경우도 마찬가지이다. 아무리 작은 신생기업이라고 하더라도 여러 사람이 모이게 되면 어떤 모습으로 기업조직을 구성할지를 고민하게 되는 것이다. 혼자서 모든 것을 다하는 개인기업의 경우에는 경영자가 조직의 모양을 임의로 결정할 수 있지만, 어느 정도 이상의 규모가 되는 공동기업의 경우에는 무엇인가 표준적인 절차나 기준에 의해 기업조직을 설계하게 된다.

조직구조를 설계하는 절차는 [그림 2-6]에 그려져 있는 것처럼, 하나의 계층구조로 이루어진다. 가장 먼저 결정되어야 하고 계층구조에서 가장 상위에 존재하는 것이 조직의 이념(corporate mission)이다. 조직의 이념이란 그 조직이 추구하는 철학적, 문화적 가치관과 함께 전사적인 전략의 방향과 경영의 원칙을 의미한다. 기업의 이념은 '고객 만족', '초일류 기업' 등과 같이 큰 원칙과 방향만을 제시하는 수도 있지만, 대부분의 경우 '우리 기업은 이러이러한 제품을 생산 및 판매하는 회사로서 제품의 범위는 어디까지이며, 시장의 범위는 어디까지이고, 지역적 범위는 어디까지이다' 또는 '우리 기업은 어느 시장에서 최고의 리더십을 유지하는 것을 궁극적인 목표로 하며, 경쟁 우위를 확보하기 위해 최저의 가격경쟁력을 획득하거나 다양한 제품차별화를 실현하는 것을 기본적인 경영전략으로 추구한다'는 식으로 구체적인 내용을 명시하게 된다. 물론 조직 이념은 시간의 흐름과 외부환경의 변화에 따라 수정되거나 조정될 수 있다.

[그림 2-6] 조직구성의 계층구조

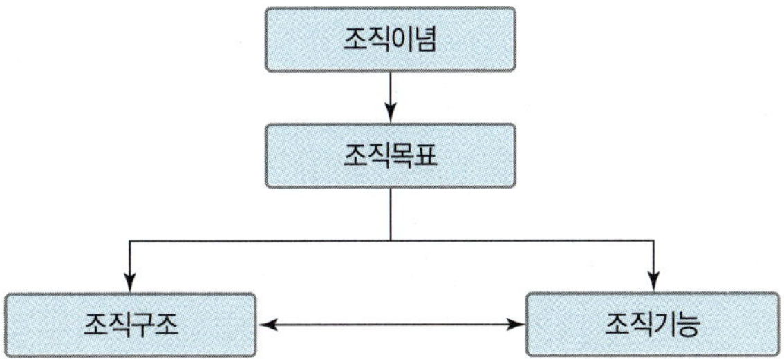

조직 이념이 제시되면 다음에는 그것을 토대로 조직의 목표(corporate objective/goal)가 설정된다. 조직의 목표는 정성적인 목표와 정량적인 목표를 모두 포함한다. 예를 들어 어떤 목표는 '무엇, 무엇을 강화한다, 어디, 어디를 보강한다'라는 식의 정성적 수준으로 표현되는가 하면, 다른 목표는 '매출을 어느 수준까지 달성한다, 인력을 어느 수준 이하로 유지한다, 유통망을 몇 군데까지로 늘린다'는 식의 정량적 수치로 제시되기도 한다.

조직의 목표가 정해지면 그 다음에 비로소 조직의 구조(corporate structure)가 설계된다. 왜냐하면 조직의 구조는 그 자체로서 목적이 되는 것이 아니라, 조직의 이념을 구현하고 조직의 목표를 달성하기 위한 수단이자 도구이기 때문이다. 또한 조직의 구조는 조직의 기능과 밀접하게 연결되어 있다. 즉 그 조직의 모양이 어떻게 구성되느냐 하는 문제는, 그 조직이 무엇을 어떻게 하느냐 하는 문제와 불가분의 관계에 있는 것이다.

2.2.3 조직설계의 기준과 변수

(1) 조직설계의 기준

기업이라는 조직은 매우 다양하고 복잡한 목표와 요구를 안고 있다. 따라서 조직의 설계는 이 다양하고 복잡한 변수들을 동시에 그리고 최대한 만족시킬 수 있도록, 크게 다음 두 가지의 관점을 반영해야 한다. 첫째는 기업조직이 하나의 '경제 시스템(economic system)'이라는 관점이다. 기업은 영리를 목적으로 설립되고 운영되기 때문에, 먼저 '경제성'을 확보할 수 있도록 설계되어야 한다. 보다 구체적으로는 효율성(생산성), 효과성, 수익성 등을 올릴 수 있는 방향으로 설계되어야 한다. 다음으로 경제 시스템은 외부환경과 조건의 변화에 대응하면서 지속적으로 발전하고 개선되어야 하기 때문에, '유연성'이 확보되어야 한다. 구체적으로 변화에 대한 적응성과 변화를 만들어 내는 혁신성 등을 추구할 수 있도록 설계되어야 한다.

둘째는 기업조직이 하나의 '사회 시스템(social system)'이라는 관점이다. 기업은 영리를 추구하는 경제 시스템이기도 하지만, 동시에 많은 종업원들이 모여 오랜 기간 동안 대부분의 시간을 함께 생활하는 중요한 사회 조직이기도 하다. 따라서 조직원들이 좋은 인간관계를 유지할 수 있으면서, 나아가 각자의 욕구를 충족시키고 주어진 역할에 보람을 느낄 수 있도록 '만족성'을 확보할 수 있도록 설계되어야 한다.

(2) 조직설계의 변수

구체적인 경영조직의 설계를 위해서는 먼저 기본 변수와 상황 변수가 설정되어야 한다. 기본 변수는 조직 설계에 기장 기초적이고 필수적인 변수를 뜻하고, 상황 변수는 기본 변수를 실제로 설치하고 조합하는 방법에 영향을 미치는 변수들을 의미한다. 예를 들어 건축물의 설계를 생각해 보면, 시멘트, 목재, 유리 등 건축에 필요한 필수적인 건축 자재는 기본 변수에 해당되고, 온도, 소음, 바람, 강수량, 지진 등과 같이 건축 자재의 선택에 간접적으로 영향을 미치는 요인들은 상황 변수에 해당된다.

실제로 기업 조직이 어떻게 설계되어 있고 각자의 역할이 무엇인지에 대해서는 그 회사의 규칙과 제도를 정리한 '사규'를 보면 알 수 있다. 여러분이 신입사원으로 입사를 하면 오리엔테이션을 하게 되는데 거기서 나누어주는 사규를 보면 각 부서의 기능과 역할은 무엇이고, 각 직급에서 해야 할 일과 할 수 있는 일이 무엇인가를 알 수 있다.

1) 기본 변수

조직설계의 핵심적인 기본 변수는 조직이 하는 일을 어떻게 나눌 것인지, 각각이 맡은 일의 권한과 책임은 어떻게 정할 것인지 등을 결정함으로써 경영조직이 체계적, 효율적으로 운영될 수 있는 기틀을 만드는 변수들이다. 이를 좀더 구체적으로 살펴보면 크게, 과업의 분화, 과업의 공식화와 표준화, 권한의 배분, 조직활동의 통합화 등이 기본 변수에 해당한다. 각각에 대해 간략히 알아보자.

과업의 분화(division or specialization)는 조직이 수행해야 할 전체 과업을 구성원들이 어떻게 나누어 분담하느냐 하는 문제를 결정하는 변수이다. 개개인이 수행할 과업의 범위, 즉 얼마나 다양한 종류의 과업을 수행하느냐를 결정하고 또 과업의 처음부터 끝까지의 과정을 얼마나 많은 권한과 책임을 가지고 수행하느냐 하는 문제를 결정하는 변수이다.

과업의 공식화(formalization) 또는 표준화(standardization)는 조직이 수행해야 할 과업을 얼마나 공식적인 기준이나 정형적인 방법으로 수행하는지에 대한 문제를 다루는 변수이다. 과업을 구성하는 업무내용이나 작업동작을 정해진 순서나 방식으로 수행하도록 표준화한다거나 과업의 수행에 필요한 기술을 표준화하여 효율성을 높일 수 있다.

권한의 배분은 조직운영에 관련된 의사결정의 권한을 어떻게 나누는가 하는 분권화와 집중화의 문제를 결정하는 변수이다. 조직의 상위 계층과 하위 계층간에 의사결정의 권한을 어떻게 나누는가 하는 문제와 한 부서와 다른 부서간에 의사결정의 권한을 어떻게 나누고 조정할 것인가 하는 문제를 다룬다.

조직활동의 통합화(integration)는 조직원 개개인이나 개별 조직간의 업무를 어떻게 통합하여 전체적으로 조정할 것인가 하는 문제를 결정하는 변수이다. 개인이나 조직의 상하 계층을 어느 정도까지 통합하고 조정할 것인가에 관한 문제와 같은 계층의 개인이나 조직을 어느 정도까지 통제하고 조정할 것인가에 관한 문제를 다룬다.

이러한 변수들에 대한 결정에 앞서, 개인이나 조직의 적정 관리범위(optimal span of control)에 대한 분석이 먼저 이루어져야 한다. 한 사람의 관리자가 효과적으로 관리할 수 있는 범위는 일의 성격에 따라 매우 다르다. 단순반복형의 일이면 한 사람의 관리자가 수십 명의 부하를 관리해도 좋지만, 구조와 절차가 매우 복잡하고 고도의 기술이 요구되는 일이라면 한 사람의 관리자가 관리할 수 있는 적정 범위는 몇 명에 불과할 수도 있다.

2) 상황 변수

조직설계의 상황 변수는 앞에서 말한 기본 변수의 선택과 결정에 간접적으로 영향을 미치는 변수들을 가리킨다. 대표적인 상황 변수들로는 조직 규모, 조직 연령, 외부 환경 등을 들 수 있다. 대부분의 경우 상황 변수와 기본 변수간에는 높은 상관

관계가 존재한다. 따라서 조직의 설계는 기본 변수를 토대로 하되, 상황 변수와의 상관성을 고려하여 이루어져야 한다.

조직의 크기는 조직설계에 간접적으로 영향을 미치는 중요한 상황 변수가 된다. 유사한 성격과 범위의 일을 다루는 조직이라고 하더라도, 조직의 규모에 따라 기본 변수의 수준이나 내용이 달라지기 때문이다. 일반적으로 조직의 규모가 커질수록 과업이 분화되고 공식화되는 경향을 보이게 된다.

조직의 규모 못지않게 중요한 상황 변수는 조직의 연령이다. 일반적으로 조직의 규모와 조직의 연령간의 상관관계는 매우 높다. 기업이 오래될수록 규모가 커지는 것이 보편적인 현상이다. 따라서 조직의 연령이 오래 될수록 업무의 공식화되는 추세가 나타나게 된다.

조직의 기술이라는 상황 변수는 기업이 업무를 수행하기 위해 필요한 지식이나 도구의 복잡성, 난이도 등의 차이를 의미한다. 같은 규모와 연령의 기업이라 하더라도 첨단기술을 다루는 기업과 단순노동을 사용하는 기업은 조직 기술의 차이가 크고, 이에 따라 기본 변수에 미치는 영향도 크게 달라진다. 일반적으로 조직 기술의 수준과 난이도가 올라갈수록 기본 변수에 있어 분권화 수준은 올라가고 공식화 수준은 내려가게 된다.

그 외에도 공급자, 수요자, 경쟁기업, 정부 등과 같은 외부 환경도 고려해야 한다. 실제로 외부 환경의 변화 정도는 기본 변수의 결정범위에 큰 영향을 미친다. 환경의 변화가 심할수록 더 많은 기본 변수를 고려해야 하고 이에 따라 조직 설계의 유연성은 올라가지만 위험성도 함께 증가한다. 반대로 환경이 안정적이면 기본 변수의 범위가 좁아지고 이에 따라 조직 설계의 안정성은 올라가지만 유연성은 떨어지게 된다.

2.3 기업조직의 유형: 기업조직은 어떤 형태로 나눌 수 있는가?

19세기까지는 기업의 규모도 작았고 경영활동도 단순하였기 때문에 조직을 설계하고 운영하는 것이 그리 어려운 일이 아니었다. 경영자의 직관이나 선호에 따라 적당히 인력을 배치하고 느슨하게 관리하여도 별다른 문제가 없었다. 그러나 20세기로 들어오면서 기계화, 자동화에 의한 대량생산(mass production)이 이루어지면서 기업의 규모가 급속도로 커지고 경영과정도 매우 복잡하게 바뀌기 시작하였다.

기업의 규모가 커지고 내용이 복잡해지면서, 더 이상 주먹구구식으로 조직을 만들고 그때 그때 상황에 따라서 조직을 바꾸는 일이 어렵게 되었다. 그러면서 경영조직을 체계적, 과학적으로 설계하는 조직이론(organization theory)이 등장하기 시작하였다. 앞에서 설명한 조직 설계의 기준과 변수에 따라 구체적인 경영 시스템이 만들어지기 시작한 것이다.

그러나 각 기업이 추구하는 목표와 안고 있는 조건이 다르기 때문에, 모든 상황에 적합한 최적 형태(unique best-practice form)의 조직은 있을 수 없다. 더구나 시간의 흐름에 따라 경영환경은 달라지기 때문에 과거에는 바람직한 형태라고 하더라도 오늘날에는 이미 낡거나 잘못된 형태가 될 수도 있다. 따라서 실제로 존재하는 기업조직의 다양한 유형들을 알아 보고, 각각의 특성과 장단점을 살펴 보는 것이 필요하다. 여기서는 크게 전통적 조직, 사업부제 조직, 프로젝트 조직, 신축적 조직 등의 순서로 설명한다.

2.3.1 전통적 조직

(1) 라인 조직

라인 조직(line organization)은 기능별 조직(functional organization)이라고도 불린다. [그림 2-7]에 도시되어 있는 것처럼, 최고경영자를 정점으로 기업을 핵심적인 경영 기능에 따라 총무부, 자금부, 생산부, 영업부 등의 단위 조직으로 세분화한 형태이다. 따라서 계층 관점에서 보면 조직단위들이 위에서 아래(top-down)로 연결되는 라인 조직이 되고, 운영 관점에서 보면 각 기능 분야로 나누어 전문화를 추구하는 기능별 조직이 된다.

라인 조직은 기업조직의 형태 가운데 가장 오래 되고 또한 가장 기본이 되는 조직이다. 거의 모든 기업 조직은, 정도의 차이는 있지만, 어느 정도 라인 조직을 기본 골격으로 삼고 있다고 할 수 있다. 실제로 우리가 '기업'하면 거의 자동적으로 생각하는 모습이 바로 라인 조직이다.

이 조직의 장점은 다양한 업무를 기능별 유사성에 따라 묶었기 때문에 전문화에 유리하고, 단위 조직별로 유사한 기능을 수행하는 인력과 자원이 모여 있기 때문에 각각에 대해 규모의 경제가 실현될 수 있다는 점이다. 또한 최고경영자가 일사불란하게 전체조직을 관리하기에도 용이하다.

[그림 2-7] 전형적인 라인 조직(기능별 조직)의 구조

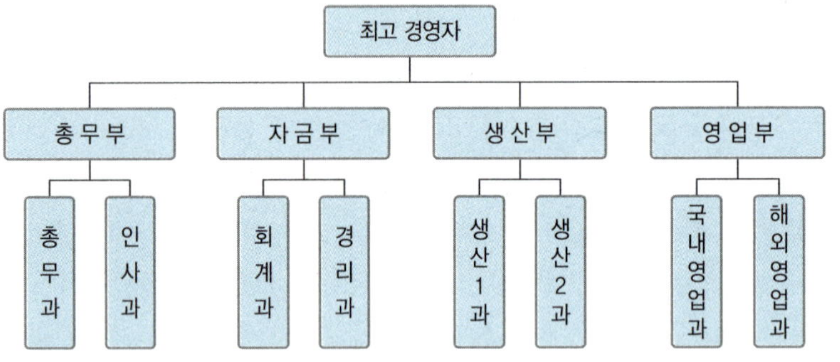

그러나 라인 조직의 가장 큰 단점은 부서간의 조정과 커뮤니케이션이 어렵다는 점이다. 따라서 부서간의 갈등이 존재할 위험이 크고, 외부환경의 변화에 대응할 수 있는 신축성과 유연성이 매우 부족하다. 또한 종업원 개인의 창의성이나 혁신성을 기대하기 어렵다.

결국 라인 조직은 기업의 규모가 비교적 작고, 경영기능이나 제품라인이 단순한 경우에 적합한 형태라고 할 수 있다.

(2) 라인-스태프 조직

라인-스태프 조직(line-staff organization)은 앞에서 본 기능별 라인 조직에, 전체적인 조정역할을 담당하는 스태프 조직을 추가한 형태이다. [그림 2-8]에서 볼 수 있듯이, 최고경영자를 정점으로 경영 기능에 따라 단위 조직이 구성되어 있으면서 동시에 최고경영자 직속으로 스태프 조직이 설치되어 있다.

스태프 조직은 라인 조직의 단점을 보완하기 위해 설치한 것이다. 흔히 기획실이나 기획조정실이라는 이름으로 불리는 이 조직은, 다양하고 복잡한 경영 기능과 단위 조직의 업무를 전체적인 관점에서 기획하고 조정하는 역할을 하게 된다. 또 스태프 조직은 경영 전략의 수립과 경영 활동의 관리에 필요한 정보의 수집과 분석도 담당하게 된다. 따라서 대부분의 라인-스태프 조직은, 처음에 라인 조직에서 출발한

[그림 2-8] 라인-스태프 조직의 구조

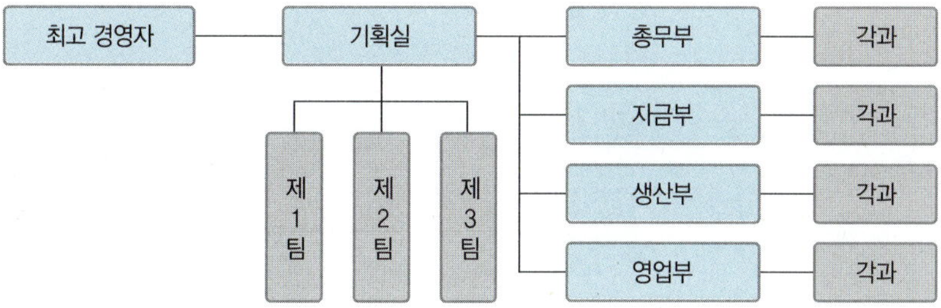

기업이 그 규모가 커지고 범위가 넓어지면서 스태프 조직을 도입하는 순서로 생겨난다.

라인-스태프 조직의 가장 큰 문제는 라인과 스태프의 갈등 문제이다. 두 부문의 권한과 책임이 명확하게 설정되지 않고, 또 스태프 기능이 조정 내지 협력의 역할을 넘어 지휘 내지 감독의 역할을 하기 시작하면 본격적인 갈등이 발생할 가능성이 높다.

2.3.2 사업부제 조직

사업부제 조직은 기업의 사업 영역이 넓어지고 제품 종류가 다양화되면서, 전통적 조직의 한계를 극복하고 문제점을 보완하기 위해 생겨난 조직 형태이다.

이 조직은 기존의 기능별 조직에, 여러 개의 사업부(Strategic Business Unit: SBU) 조직을 결합한 개념이다. 따라서 [그림 2-9]에 도시되어 있는 것처럼, 본사 전체에 기능별 조직이 존재하면서, 동시에 개별 사업부별로도 기능별 조직이 설치된 형태이다. 그러므로 사업부제는 기업 규모가 상당히 크고, 시장의 세분화가 가능하며, 또 세분화가 필요한 상황에 적합한 방식이다.

사업부제 조직의 설계에 있어서는 사업부를 구성하는 기준이 중요하다. 일반적으로 사업부를 구성하는 기준으로는 제품별, 지역별, 시장별의 세 가지를 들 수 있다. 제품별 기준은 TV 사업부, 냉장고 사업부, 에어컨 사업부 등으로 제품라인에 따라 사업부가 구성되는 방식이다. 지역별 기준은 국내 사업부, 미주 사업부, 유럽 사업부, 동남아 사업부 하는 식으로 주요지역에 따라 사업부가 구성되는 방식이다. 시장별 기준은 유아 사업부, 청소년 사업부, 장년 사업부 하는 식으로 시장의 고객 특성에

[그림 2-9] 사업부제 조직의 구조

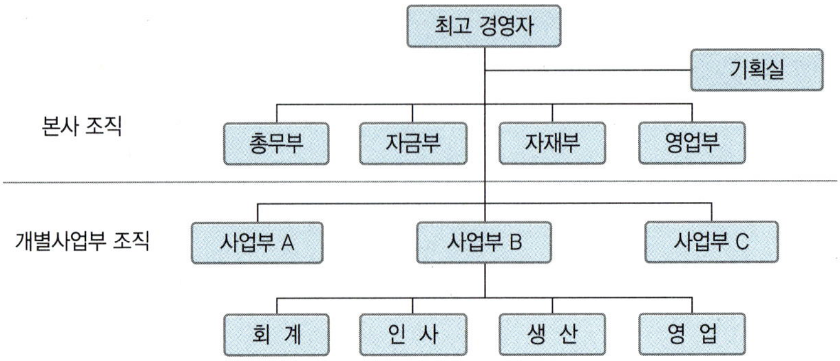

따라 사업부가 구성되는 방식이다.

사업부제 조직은 각 사업부가 하나의 독립적인 이익중심점(profit center)이 되기 때문에 독자적이고 전문적인 경영을 할 수 있다는 장점이 있다. 또 조직 구성원에 대한 동기 부여나 전문성 제고에도 유리한 형태이다.

그러나 사업부제 조직도 다음과 같은 단점이 있다. 첫째, 기업 전체의 관점에서 개별 사업부를 조정하고 통제하기가 어렵다. 둘째, 본사와 사업부별로 기능 조직을 모두 갖추고 있기 때문에 관리비용이 매우 높고 자원이 분산될 수 있다. 셋째, 사업부별로 지나친 경쟁을 하게 되면서 조직간 갈등이 높아질 위험이 있다.

2.3.3 프로젝트 조직

프로젝트 조직(project organization)은 사업 부문의 수명주기가 성숙기 내지 포화기로 접어들거나 기존의 경영 조직이 오래 되어 활력이 저하된 상황에서 도입되는 방식이다. [그림 2-10]에 도시되어 있는 것처럼, 프로젝트 조직은 기존 조직으로부터 파견 형식으로 필요한 인력을 모은 후 하나의 독립적인 프로젝트 팀을 구성하게 된다. 이 조직은 종종 Task Force(TF) 조직이라고도 불린다.

프로젝트 팀은 중장기적으로 성장 가능성이 높은 새로운 제품이나 시장을 개척하거나, 일시적으로 발생한 중요한 경영 문제를 해결하는 임무를 한시적으로 맡게 된다. 따라서 프로젝트 팀은 주어진 임무가 달성되거나 기획한 과제가 완료되면서 해체되고 팀원은 각자 원래 소속되었던 사업부로 복귀하게 된다.

프로젝트 조직은 기존 조직의 경직성을 없애고 미래의 성장 동력을 찾기에 적합한 형태이다. 또 팀 내에서 다양한 전문가들의 경험과 지식을 공유할 수 있기 때문에 어렵고 복잡한 문제를 효과적으로 해결할 수 있는 장점도 크다.

[그림 2-10] 프로젝트 조직의 구조

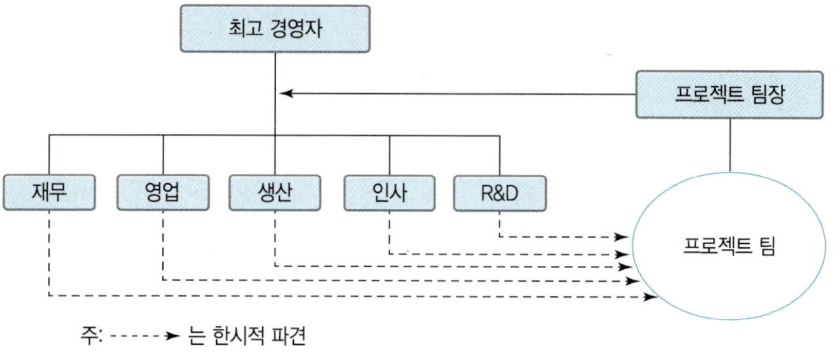

그러나 프로젝트 조직 역시 몇 가지 문제점을 가지고 있다. 우선 프로젝트 팀은 일시적으로 조직되고 일정 기간이 지나면 해체되기 때문에 일관된 과제를 추진하기 어렵다. 또 여러 기능과 조직에서 모인 팀원들을 통합하고 관리하기가 힘들다. 따라서 이질적인 구성원들이 모여 있는 프로젝트 조직의 성공적 운영을 위해서는, 능력 있는 리더와 팀워크(teamwork)를 중시하는 팀원들의 확보가 무엇보다 중요하다.

2.3.4 매트릭스 조직

매트릭스 조직(matrix organization)은 한편으로는 라인 조직의 효율성과 전문성을 활용하고, 다른 한편으로는 프로젝트 조직의 신축성과 유연성을 동시에 만족시키려는 목적과 의도로 제시된 조직 형태이다.

[그림 2-11]을 보자. 매트릭스 조직은 기능별 조직을 열(column)로 하고 프로젝트 조직을 행(row)으로 하나의 매트릭스를 구성하고 있다. 각각의 구성원은 기능상으로는 기존의 기능 조직에 소속되어 있으면서, 동시에 프로젝트가 진행되는 동안에는 관련 프로젝트 팀원으로 일을 하는 이중적인 체제를 따르게 된다.

매트릭스 조직은 외부환경의 변화가 심하고, 조직원들의 능력이 뛰어난 경우에 그 장점을 최대로 발휘할 수 있다. 또 자원 활용의 효율성도 극대화할 수 있다. 실제로 매트릭스 조직은 기능별 분화가 너무 복잡하지 않고, 프로젝트의 수도 너무 많지 않을 때 매우 효과적인 방식으로 알려져 있다.

그러나 매트릭스 형태도 여러 가지 잠재적인 문제점들을 안고 있다. 첫째, 이원적인 지휘체계가 가져오는 혼란이다. 조직원 개개인의 입장에서는 이른바 '나의 상관은 누구인가(Who is my boss)?'라는 혼란에 빠질 위험이 높다. 기능조직으로 보면 그 조직의 상관이 있고 프로젝트로 보면 프로젝트의 팀장이 있다. 만일 두 사람의 지시나 의견이 다르면 누구 말을 따라야 할지 난감해지는 것이다. 둘째, 우선순위의 설정과 책임 소재의 판단이 쉽지 않다. 제한된 자원을 어느 쪽에 먼저 분배해야 하는지를 결정하기 쉽지 않고, 일이 잘못될 경우 서로 책임을 떠넘길 수 있는 것이다. 셋째, 공정하고 균형적인 업무의 배분이 어렵다. 기능마다 또 프로젝트마다 과제의 성격도 다르고 난이도도 다르기 때문에 주어지는 일의 질과 양의 편차가 클 수 있다. 넷째, 이질적인 성격의 구성원들간에 발생하는 갈등을 관리하기가 용이하지 않다. 여러 조직에서 모인 사람들이라 생각도 다르고 목표도 다를 수 있다.

[그림 2-11] 매트릭스 조직

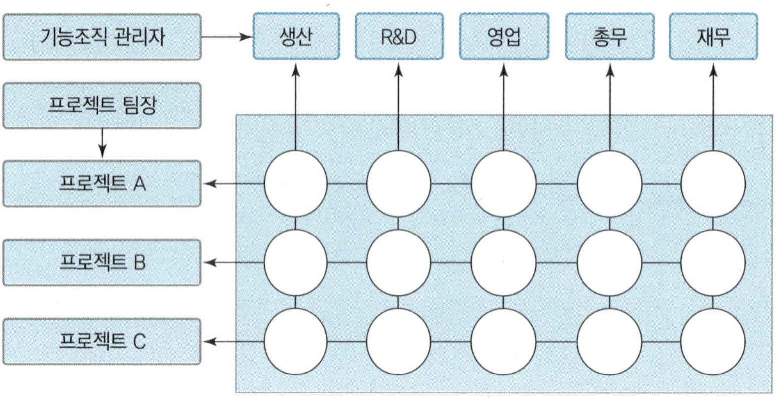

2.3.5 네트워크 조직

네트워크 조직(network organization)은 개별 조직을 유기적이고 신축적인 네트워크 형태로 구성하기 위해 제시된 형태이다. 기존의 조직구조들이 기본적으로 수직적 계층 관계에 토대하고 있다면, 네트워크 조직은 수평적 연결 관계에 기반하고 있다.

네트워크 조직의 개념적 설계는 이미 오래 전부터 제시되어 왔다. 그러나 오늘날 네트워크 조직이 실제로 가능하게 된 배경에는, 정보기술(IT)의 발전으로 시간과 공간의 제약이 줄어든 점이 자리잡고 있다.

네트워크 조직은 크게 지역적 네트워크와 기능적 네트워크로 나눌 수 있다. 먼저 지역적 네트워크 조직은 [그림 2-12]에서 보듯이, 가장 핵심적인 기능만 본사에서 운영하고, 나머지 기능은 원자재 조달, 인력 공급, 시장 접근성 등을 고려하여 여러 지역에 분산시켜 수행한다. 이렇게 함으로써 자원 활용의 효율성을 극대화하고 동시에 조직의 유연성을 제고할 수 있다. 만일 네트워크가 국내의 범위를 넘어 국제적으로 확산되면 글로벌 네트워크(global network) 형태로 확대된다.

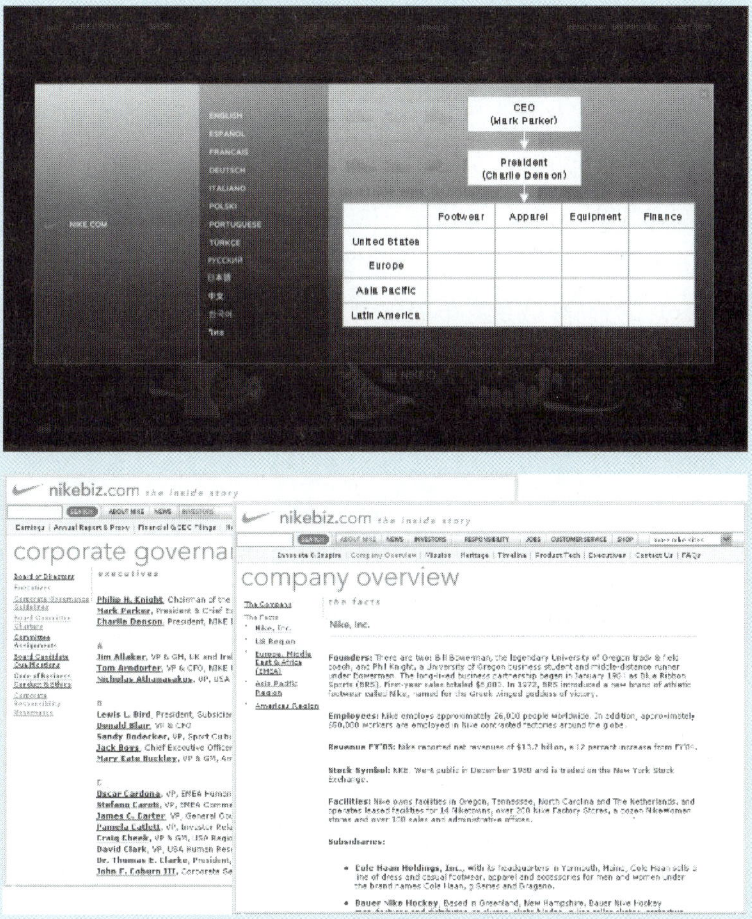

글로벌 네트워크 조직을 운영하고 있는 나이키

[그림 2-12] 지역적 네트워크 조직

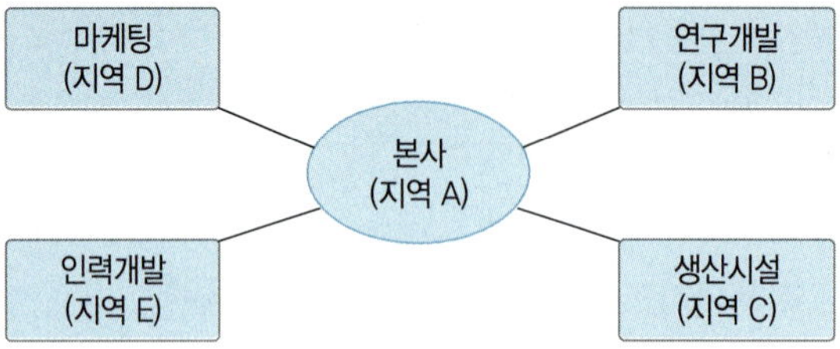

다음으로 기능적 네트워크는, 고정된 물리적 공간이나 대규모의 조직 없이 주요 경영기능간의 네트워크로 경영조직을 구성하는 방식이다. [그림 2-13]에 도시되어 있는 것처럼, 본사는 연구개발 조직이나 사업기획 조직만으로 구성하여 상시 조직으로 운영하고 나머지 기능은 외부의 기업이나 개인에게 계약 형태로 위탁하여 필요에 따라 운영한다. 따라서 이러한 가상 조직(virtual organization)에서는 기업의 규모나 형태를 분명하게 규정하기가 쉽지 않다.

지역적 네트워크와 마찬가지로 기능적 네트워크에서도 자원 활용의 효율성과 조직의 유연성이 극대화될 수 있다. 앞으로 시장과 자원의 범위가 국제적으로 넓어지고 IT의 활용 범위가 확대되면, 네트워크 조직의 잠재적 효용성은 더욱 커질 것으로 보인다. 그러나 이 과정에서 경영조직 전체를 유기적으로 연결하고, 통합적으로 조정하며, 일관되게 관리하는 작업의 어려움은 더욱 커질 수 있다.

[그림 2-13] 기능적 네트워크 조직

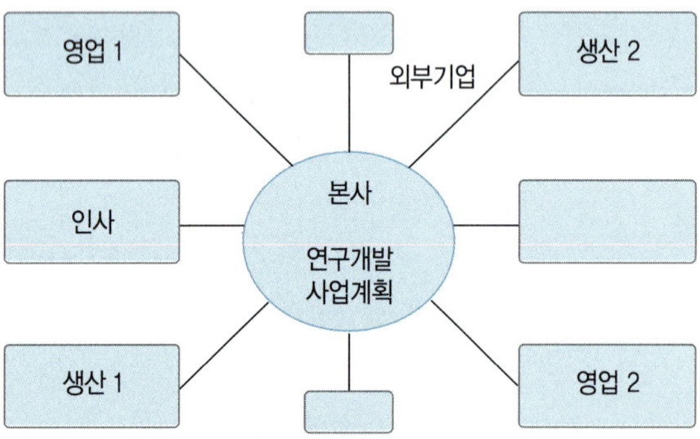

2.3.6 경영조직 설계의 최근 추세

지금까지 살펴본 것처럼, 경영조직은 시간의 흐름과 환경의 변화에 따라 다양한 형태로 진화되어 왔다. 조직설계의 변화는 최근에 이르러 더욱 두드러지게 나타나고 있다. 이러한 현상의 배경에는, 한편으로는 변화에 대한 수요의 증가와, 다른 한편으로는 변화를 가능하게 하는 기술의 출현이 동시에 자리잡고 있다. 우선 외부적으로, 경영 환경이 급속히 바뀌고 내부적으로 경영 내용이 다양화되면서 조직 변화에 대한 수요가 커지고 있다. 이에 대응하여, 정보기술(IT)의 눈부신 발전은 새로운 조직의 설계와 운영을 가능하게 하고 있다.

최근에 나타나고 있는 경영조직 설계의 새로운 추세를 정리하면 다음의 다섯 가지로 요약할 수 있다.

첫째, 조직의 구조가 수직적으로 얇아지고(flat), 수평적으로 날씬해지는(slim) 경향이 있다. 수직적인 계층 축소를 통해 의사결정의 신속성을 제고하고, 수평적인 부문 축소로 꼭 필요한 부문만을 유지함으로써 자원 배분의 선택적 집중을 추구하고 있다.

둘째, 고객중심(customer–oriented)의 조직을 강조하는 경향이 있다. 과거의 조직 설계가 기업자체의 필요와 목적에 맞추어 이루어져 왔다면, 오늘날의 조직 설계는 고객과 시장의 입장을 중심으로 이루어지고 있다.

셋째, 지식기반(knowledge–based)의 조직을 강화하는 경향이 있다. 조직원 모두가 정보와 지식을 공유할 수 있는 채널을 설치하고, 다양한 학습조직(community of practice: CoP)을 활성화시키는 추세이다.

넷째, 유비쿼터스(ubiquitous) 조직과 가상(virtual) 조직을 확대하는 경향이 있다. IT의 발전과 확산을 토대로 온라인(on–line) 방식, 웹기반(web–based) 형태, 모바일(mobile) 구조 등을 조직 설계와 운영에 도입하고 있는 추세이다.

다섯째, 세계화(globalization)와 지역화(localization)를 동시에 추구하는 경향이 있다. 경영조직 전체의 범위는 갈수록 국제화되고 있지만, 하나하나의 개별조직은 그 조직이 설치되어 있는 지역의 특성과 제도에 맞추어 현지화되는 추세이다.

2.3.7 기업의 사회적 책임

우리는 앞에서 기업조직 설계의 두 가지 핵심기준으로 '경제성'과 '사회성'을 제시하였다. 먼저 기업은 영리를 목적으로 설립되고 운영되기 때문에 경제성을 확보할 수 있도록 설계되어야 하고, 다음으로 조직원들이 좋은 인간관계를 유지하면서 각자의 역할에 보람을 느낄 수 있는 '사회성'을 확보할 수 있도록 설계되어야 한다는 것이다. 그렇다면 기업조직을 설계할 때, 기업 외부의 환경과 조건을 생각할 필요는 없을까? 다시 말해 기업을 둘러싸고 있는 외부의 요구를 만족시키고 외부의 변화에 대응할 필요는 없을까?

기업, 특히 주식회사는 처음부터 사회 전체에 대한 봉사를 목적으로 만든 것이 아니라 소수 투자자들의 영리적 목적을 만족시키기 위해 만든 것이다. 그러다 보니 주주의 책임은 줄이고 권한은 늘리는 방향과 기준에서 여러 가지 규정이 만들어지고 이를 바탕으로 지금까지 기업들은 영속성을 유지할 수 있었다. 더구나 최근에는 사업영역이 확대되고 활동범위가 다양해지면서 기업의 사회적 영향력은 더욱 커지고 있는 추세이다. 한마디로 기업이 하나의 권력기관이나 선도조직의 위상을 갖게 된 것이다.

그러나 사회의 모든 구성원들이 사회에 대해 나름의 책임을 지고 있는 것처럼, 기업도 엄연히 사회 구성원의 하나로서 사회에 대한 책임과 의무를 지고 있다. 현대 사회는 여러 구성원들이 서로 의존하는 관계를 맺고 있고 가치의 다원화로 인해 공동체 이미지가 중요해지고 있다. 공동체인 사회 안에서 기업이 하나의 구성원으로 져야 할 책임이 바로 기업의 사회적 책임(Corporate Social Responsibility: CSR)이다. 사회적 책임의 바탕이 되는 개념이 기업 윤리(business ethics)이다. 이기주의와 실용주의에 빠지기 쉬운 기업이 균형을 지킬 수 있는 가치관을 제공하는 정신이 바로 기업윤리인 것이며 이러한 윤리 의식을 기반으로 기업은 사회적 책임을 다해야 한다.

어느 분야에서나 영향력이 커지면 동시에 책임감도 커지기 마련이다. 기업도 예외는 아니어서 사회에 미칠 수 있는 힘이 커질수록 동시에 사회로부터 받는 압력과 요구도 커지게 된다. 따라서 기업의 책임은 내부의 경영자와 종업원 그리고 투자자들의 요구를 만족시키는 데 국한되는 것이 아니라 사회의 모든 이해당사자들의 기대와 복리를 고려하는 수준까지 넓어져야 한다는 목소리가 커지고 있다. 심지어 국제표준화기구(ISO)는 환경친화적 경영, 바르고 투명한 경영, 사회에 대한 공헌을 핵심으로 하는 기업의 사회적 책임(CSR)을 아예 국제규격으로 표준화하는 노력을 하고 있는 실정이다.

그러나 기업의 사회적 책임이 단지 외부의 기대와 압력 때문에 생기는 것은 아니다. 보다 중요한 이유는 사회적 책임을 충실히 수행하는 기업이 더 많은 고객과 소비자들을 끌어들일 수 있기 때문이다. 말을 바꾸면, 사회적 책임을 제대로 하지 않는 기업은 시장에서 외면을 받을 가능성이 훨씬 커진다. 여기서 나온 새로운 개념이 CSV(Creating Shared Value)이다. 기업 자체의 비즈니스와 기업 외부의 니즈를 결합하여 새로운 사업 기회를 만들어내는 것이다. CSR이 수익을 사회에 환원한다는 소극적인 개념인 데 비해, CSV는 기업 외부와의 상생을 통해 함께 수익을 키워나간다는 적극적인 개념이라고 할 수 있다.

가장 최근에 나온 개념은 ESG(Environment, Social, Governance)이다. 이것은 용어가 의미하는 것처럼 친환경적인 기업, 사회적 책임을 다하는 기업, 투명한 경영을 하는 기업이라는 다양한 목표를 동시에 추구하는 개념이다. 즉 단기적 이익보다 환경이나 사회를 중시하는 비재무적 목표를 추구하는 것이 중장기적으로는 기업 가치를 올리고 지속적 성장을 이루는 데 더 큰 도움이 된다는 것이다.

기업이 글로벌 경영에 나서면 사회적 책임은 더욱 중요해진다. 현지 지역사회와 소통하면서 신뢰를 형성해야만 기업의 이미지가 올라가고 노사관계를 안정시킬 수 있다. 더구나 오늘날의 많은 기업에서는 소유와 경영이 분리되는 추세를 보인다. 더 이상 기업이 소유자 개인의 가치관에 의해 마음대로 운영될 수 없는 실정인 것이다.

사회적 책임이 이제는 기업 생존의 필요조건이자 충분조건이 되고 있는 시대이다. 따라서 기업조직의 설계도 사회적 책임이라는 요소를 고려해야 한다. 기업내부를 설계할 때는 수익을 만들어낼 수 있는 경제성 원리와 종업원이 만족할 수 있는 사회성 원리를 고려하고, 기업외부와의 연결고리를 설계할 때는 사회적 책임이라는 요소를 고려해야만 기업은 사회라는 생태계에서 생존할 수 있는 하나의 생명체가 될 수 있다.

2.4 기업조직의 확대: 기업조직은 어떻게 커지고 넓어지는가?

지금까지 기업을 어떤 모양으로 만들 것인가에 대해 살펴보았다. 그러나 사람이 유아기–청소년기–장년기를 거치면서 인체의 모양이 바뀌듯이, 기업 조직도 시간의 흐름에 따라 처음 설계한 모습이 계속 바뀌게 된다. 특히 초기에 한 가지 제품을 가지고 소규모로 출발한 신생기업은 갈수록 다루는 제품의 종류도 다양해지고 조직의 크기도 확대된다. 즉 '규모'가 커지고 '범위'가 넓어지는 것이다. 이와 같이 조직의 규모가 커지고 범위가 넓어지는 현상을 설명하는 기본 이론이 규모의 경제와 범위의 경제라는 개념이다.

2.4.1 규모의 경제

기업이 커지면서 자연스럽게 가지게 되는 질문은, 넓은 의미로서 '기업의 적정 규모는 어느 정도인가', 그리고 좁은 의미로서 '적정한 생산 규모는 어느 정도인가' 하는 것이다. 이 문제는 경제학적으로도 많이 얘기되고 경영학적으로도 자주 거론되는 이른바 '규모의 경제(economies of scale)'라는 개념과 바로 연결되어 있다.

우리가 상식으로 알고 있는 것처럼, 규모의 경제라는 개념은 기업의 규모가 커지면서 얻을 수 있는 비용의 절감효과나 생산의 확대효과를 말한다. 이해 반해, 기업이 커질수록 생겨나는 경제적 부작용을 '규모의 불경제(diseconomies of scale)'로 부르기도 한다. 즉 적당한 규모의 생산규모를 정하는 문제가 의미를 갖는 이유는 규모가 커진다고 반드시 좋은 것이 아니고 반대로 작다고 해서 항상 유리한 것이 아니기 때문이다.

그러나 적정한 기업 규모나 생산 규모를 찾기 위해서는 보다 정교한 경제학적 분석이 필요하다. 이를 위해서는 투입량과 산출량의 관계에서 평균비용과 한계비용의 개념을 명확히 이해하고 이 값들이 어떻게 나타나는지를 분석해야 한다. 다소 어렵게 느껴질 수 있지만 사실은 아주 상식적인 얘기이기 때문에 쉽게 이해할 수 있을 것이다.

한계비용과 평균비용의 개념을 이해하기 위해, 우선 총비용과 산출량의 관계에 대

[그림 2-14] 총비용 곡선

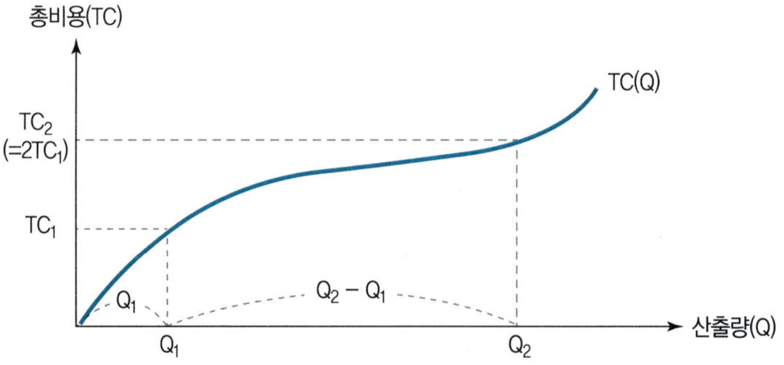

덧붙이는 이야기: 연구개발 조직의 세대 변화

19세기 말에 독일의 BASF 연구소, 20세기 초에 미국의 GE 연구소, Bell 연구소 등의 민간 연구소가 설립된 이후 지난 100년간 연구개발 조직은 끊임없이 성장하여 왔다. 이 변화와 발전 과정은 세대(generation)별로 나누어 살펴볼 수 있다. 최근에 가장 많이 받아들여지고 있는 4세대 분류를 보자.

20세기 초부터 2차 대전까지의 1세대 연구개발은 '독립적 실험실(independent lab) 조직'으로 요약할 수 있다. 연구소는 다른 사업조직과 떨어져 독자적인 실험실 형태로 운영되었으며 과학자들이 모여 획기적인 발명과 혁신적인 제품을 만드는 데 주력하였다.

2차 대전 이후부터 1970년대에 이르는 2세대 연구개발은 한마디로 '프로젝트 중심(project-oriented) 조직'이라고 할 수 있다. 연구개발의 규모가 크게 증가하였고 범위도 넓어지면서 과학적이고 정량적인 접근으로 프로젝트의 효율성과 경제성을 높이는 데 초점을 맞춘 기간이었다.

1980년대에서 1990년도 전반을 통한 3세대 연구개발은 '전략적 관리(strategic management) 조직'으로 요약할 수 있다. 연구개발 조직은 기업전체의 일부로서 다른 경영조직과 유기적인 연계를 맺어야 하며, 연구개발 전략도 상위의 기업전략을 뒷받침하고 시장의 요구(needs)를 반영하는 방향으로 운영되었다.

1990년 후반부터 현재까지 진행되고 있는 4세대 연구개발은 한마디로 '혁신적 지식경영(innovative knowledge management) 조직'으로 정리할 수 있다. 이제는 단순히 효율적이고 전략적인 연구개발을 넘어 차세대를 대표할 새로운 혁신제품(dominant design)을 창출하는 것에 초점을 맞추는 시대가 되었다. 따라서 기존의 연구개발 조직, 창의적인 아이디어를 만들어내는 조직, 그 아이디어의 시장성을 검증하는 조직이라는 세 조직이 T자의 모습으로 연결된 T자형 조직으로 구성된다.

해 살펴보자. [그림 2-14]에서 볼 수 있듯이, 생산활동은 투입(input)으로서의 총비용(Total Cost: TC)과 산출(output)로서의 산출량(Quantity: Q)으로 표현할 수 있으며 총비용이 늘어나면 산출량도 늘어나지만, 그 늘어나는 비율이 항상 일정한 것은 아니다. 예를 들어, TC_1과 TC_2의 경우 같은 크기로 총비용을 증가시켰음에도 불구하고 TC_1에 대해서는 Q_1 만큼 산출량이 늘어난 반면 TC_2에 대해서는 Q_2-Q_1 만큼 산출량이 늘어난다.

이 때, 총비용과 밀접한 관련을 맺고 있는 또 다른 비용개념이 바로 평균비용(Average Cost: AC)과 한계비용(Marginal Cost: MC)이다. 평균비용은 총비용을 총산출량으로 나눈 값, 즉 한 단위를 생산하는 데 평균적으로 들어간 비용이다. 한계비용은 어느 시점에서 추가로 한 단위를 생산하는 데 들어가는 비용이다. 따라서 한계비용은 생산량이 바뀌면 그에 따라 값도 바뀐다.

다음으로 [그림 2-15]를 보자. 그림에서 보듯이, 평균비용은 어느 단계까지는 줄다가 그 단계를 넘어서면 오히려 증가하는 U자 형의 양상을 보인다. 이러한 모습을 보이는 이유는 생산량이 적정 수준을 넘어서면 오히려 여러 가지 불필요한 비용이 더 들기 때문이다. 한계비용도 마찬가지 성질을 가지고 있어 처음 어느 단계까지는 줄다가 그 단계를 넘어서면 오히려 증가한다.

[그림 2-15] 평균비용 곡선과 한계비용 곡선

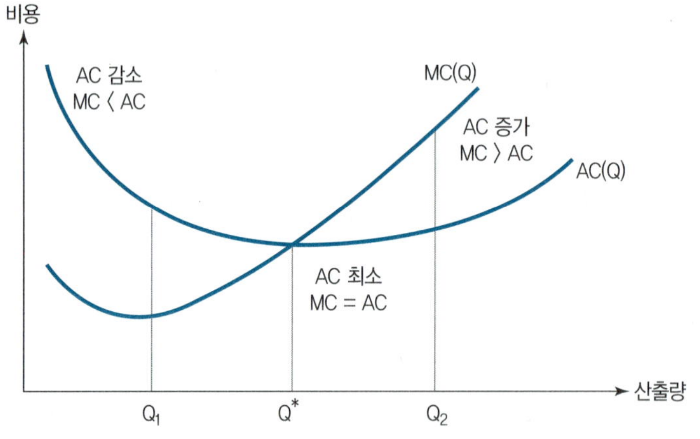

물론 평균비용과 한계비용이 줄고 느는 구체적인 모양은 서로 다르고, 따라서 두 비용 곡선은 서로 떨어져 있다가 어느 점에서는 만나고, 또 그 점을 벗어나서는 다시

떨어지게 된다. 이 때 경제학에서 제시한 기본이론은 평균비용이 최소가 되는 점에서 평균비용과 한계비용이 같아진다고 설명한다. [그림 2-15]에서 보듯이 산출량이 Q_1인 지점에서는 평균비용(AC)이 한계비용(MC)보다 높고, 반대로 Q_2인 지점에서는 한계비용(MC)이 평균비용(AC)보다 높다. Q^*인 지점은 평균비용이 최소가 되는 지점이자 동시에 평균비용(AC)과 한계비용(MC)이 일치하는 점이다.

평균비용과 한계비용의 곡선을 좀더 자세히 들여다보면, 한계비용은 생산 규모가 작은 초기에는 평균비용보다 낮지만 어느 단계를 넘어서면 오히려 더 높아진다. 두 비용의 관계를 토대로 규모의 경제라는 개념은 다음과 같이 정의된다.

- MC < AC이면, 규모의 경제(economies of scale)가 존재
- MC > AC이면, 규모의 불경제(diseconomies of scale)가 존재

즉 규모의 경제가 존재한다는 말은 한계비용이 평균비용보다 작다는 뜻이다. 이 말은 상식적으로 판단해도 그 뜻을 쉽게 이해할 수 있다. 어느 시점에서, 한 단위를 추가로 생산하는 데 들어가는 비용 즉 한계비용이 지금까지 생산한 양 전체의 평균비용보다 낮으면 당연히 한 단위를 더 생산하게 될 것이다. 따라서 한 단위를 추가로 생산하는 것, 즉 생산량을 늘리는 것이 더 경제적이다라는 말은 곧 규모의 경제가 존재한다는 말이 되는 것이다. 물론 이와 반대의 상황 다시 말해 한계비용이 평균비용보다 커지는 상황이 발생하면 당연히 규모의 불경제가 존재하게 된다.

그러면 왜 규모의 경제가 존재하고 발생할까? 그 배경으로는 다음 몇 가지를 들 수 있다. 첫째, 고정비용이 분산되는 효과를 생각할 수 있다. 생산을 위해서는 설비투자 즉 고정비용이 투입된다. 고정비용이란 말 그대로 생산량에 상관없이 일정액으로 발생하기 때문에 생산량이 늘어나면 고정비용을 폭넓게 분산시키는 효과를 얻을 수 있다. 고정비용이 일정한 상태에서, 100개를 만드는 것보다는 1,000개를 만드는 것이 고정비용을 더 많이 분산시킬 수 있다. 둘째, 전문화의 효과가 발생한다. 기업과 생산의 규모가 커지면 각 단위나 개인들의 역할과 기능이 세분화(division of labor)되고 이를 통해 전문성과 생산성이 올라가는 효과를 기대할 수 있다. 셋째, 비용의 공유 효과를 생각할 수 있다. 기업규모가 커질수록 구매관리, 재고관리, 마케팅활동 등을 여러 부문이 함께 할 수 있고 이러한 공동의 활동을 통해 비용을 절감할 수 있는 것이다.

그러나 기업 규모와 생산 규모가 작을 때는 한계비용이 평균비용보다 낮다가 어느 규모를 넘어서면 더 높아지는 것처럼, 규모의 경제는 항상 그리고 끝없이 발생하는 것이 아니다. 오히려 기업 규모와 생산 규모가 너무 커지면 규모의 불경제가 발생할 가능성이 얼마든지 있는 것이다. 전문가용 악기나 고급 도자기같이 오히려 소규모로 생산하는 것이 유리한 경우도 있고 기업의 규모가 커지면서 쓸데없는 중복투자가 이루어지거나 자원이 비효율적으로 활용될 위험도 존재한다. 따라서 우리가 규모의 경제라는 개념을 다루는 이유는 그것이 가장 적정한 규모가 어느 수준인가를 판단할 수 있는 이론적 근거를 제공하기 때문이다.

2.4.2 범위의 경제

기업이 성장하면서 제기되는 또 다른 질문은, 넓은 의미에서 '얼마나 다양한 사업 부문을 가질 것인가', 그리고 좁은 의미에서 '얼마나 다양한 제품을 생산할 것인가' 하는 문제이다. 이 문제는 경제학이나 경영학에서 말하는 이른바 '범위의 경제(economies of scope)'라는 개념과 바로 연결되어 있다. 기업의 규모와 생산제품의 수량이 앞에서 말한 규모의 경제라는 개념과 연결된다면 사업의 영역과 생산제품의 종류는 범위의 경제와 연결되는 것이다.

범위의 경제라는 개념은, 여러 물건을 따로 생산하는 데 드는 비용과 묶어서 함께 생산하는 데 드는 비용의 크기를 비교하는 접근을 토대로 한다. X, Y 두 제품을 각각 Q_X와 Q_Y 씩 생산하는 기업이 있다고 하자. 또 각각의 제품을 따로 생산할 때 드는 총비용을 $TC(Q_X, 0)$, $TC(0, Q_Y)$라고 하고, 두 제품을 같이 생산하는 데 드는 총비용을 $TC(Q_X, Q_Y)$라고 하자. 그러면 범위의 경제는 다음과 같이 정의된다.

- $TC(Q_X, Q_Y) < TC(Q_X, 0)+TC(0, Q_Y)$ 이면, 범위의 경제가 존재
- $TC(Q_X, Q_Y) > TC(Q_X, 0)+TC(0, Q_Y)$ 이면, 범위의 불경제가 존재

즉 각각의 제품을 따로 생산할 때 드는 비용을 합한 것과 두 제품을 같이 생산하는 데 드는 비용을 비교하였을 때, 같이 생산할 경우의 비용이 더 작으면, 즉 더 경제적이면 범위의 경제가 존재하는 것이고 반대의 경우라면 범위의 불경제(diseconomies of scope)가 존재하는 것이다.

범위의 경제효과가 발생하는 핵심적 이유로 다음 두 가지를 들 수 있다. 첫째, 생산자원의 공유효과이다. 하나하나를 따로 생산하기보다 여러 가지를 동시에 생산함으로써 생산시설이나 부품을 공유할 수 있는 것이다. 둘째, 부산물(by-product)의 활용효과이다. 한 제품을 생산하다 보면 다양한 부산물을 얻을 수 있고, 이 부산물을 활용하면 추가 투자 없이 매출을 늘릴 수 있다.

그러나 규모의 경제와 규모의 불경제가 동시에 존재하듯이, 기업 범위와 관련해서도 범위의 경제만 있는 것이 아니라 범위의 불경제도 발생할 수 있다. 사업 영역과 생산제품의 범위가 너무 넓어지면, 관리 비용이 크게 늘어나고 자원 활용의 우선순위가 거꾸로 되는 부작용이 일어날 위험이 있다. 따라서 범위의 경제라는 용어와 개념을 얘기하는 근본적 목적은, 사업 영역과 생산 제품의 다양성과 관련하여 가장 적정한 범위를 결정하는 이론적 근거를 제공하기 때문이다.

2.4.3 조직확대의 방식

그렇다면 규모의 경제와 범위의 경제 사이에는 어떤 관계가 있을까? 이론적으로는 서로 독립적인 별개의 개념이다. 심지어 서로 상반되는 양상을 보이는 사례도 있다. 예를 들어 목재를 이용하여 주문생산을 하는 고급 가구제조회사나 전문 악기제조회사의 경우에, 규모가 커지면 오히려 고객수요를 제대로 맞출 수 없는 규모의 불경제가 나타나지만, 원자재 구매활동이나 목재가공 설비 등을 공유하면서 범위의 경제를 얻을 수는 있다.

그러나 많은 경우에 범위를 넓히기 위한 활동은 동시에 규모를 키우는 활동이 되기도 한다. 따라서 규모의 경제라는 용어와 범위의 경제라는 용어는 개념적으로는 서로 독립적이지만 실질적으로는 밀접하게 연결되는 경우가 많다. 우리가 많은 기업의 성장과정에서 발견할 수 있듯이, 대부분의 기업은 그 규모가 커지면서 범위가 넓어지고, 또 범위를 넓히면서 규모를 키우는 양상을 보이는 것이다.

실제의 기업경영에서 범위의 경제를 추구하면서 동시에 간접적으로 규모의 경제를 기대하는 대표적 전략과 방식으로는 통합(integration)을 들 수 있다. 통합은 다시 수직적 통합(vertical integration)과 수평적 통합(horizontal integration)의 두 방식으로 나눌 수 있다.

먼저 수직적 통합을 살펴 보자. 기업경영과 생산활동의 수직적 범위는 생산을 위한 첫 단계인 원자재 확보에서부터 시작하여 부품가공, 모듈생산, 완제품 조립의 과정을 거쳐 마지막 단계인 유통까지로 구성된다. 이 때 처음에는 하나의 단계에서 시작하여 갈수록 여러 단계까지로 경영 활동의 범위를 넓혀나가는 것을 수직적 통합이라고 한다. 또, 수직 구조 내에서 원자재 쪽에 가까운 영역을 상류부문(upstream)이라고 하고 유통 쪽에 가까운 영역을 하류부문(downstream)이라고 한다. 여기서 수직적 통합을 이루어 나가는 방식으로는 다음 두 가지를 생각할 수 있다. 하나는 상류부문 쪽으로 통합해 나가는 전방 통합(forward integration)이다. 예를 들어, 완제품 생산에서 출발하여 부품 생산까지로 사업 영역이 확대되면 전방 통합이 이루어졌다고 할 수 있다. 다른 하나는 하류부문 쪽으로 통합해 나가는 후방 통합(backward integration)이다. 예를 들어, 제조만 하다가 유통까지 겸하게 되면 후방 통합이 이루어졌다고 할 수 있다.

다음으로 수평적 통합을 생각해 보자. 수평적 범위는 경영기능과 생산제품의 종류가 얼마나 다양한가에 따라 결정된다. 이 때 기업이 그 기능과 제품의 종류를 다양화시켜 나가는 활동을 수평적 통합이라고 한다. 따라서 기능과 제품의 종류가 다양할수록 그 기업의 수평적 통합이 많이 이루어진 것으로 평가할 수 있다. 예를 들어, 생산기능만 하다가 마케팅기능까지 하게 된다든가, TV만 생산하다가 냉장고나 에어컨까지 생산하게 되면 수평적 통합이 이루어졌다고 할 수 있다.

마지막으로 다각화(diversification)에 대해 알아보자. 다각화는 신제품의 개발을 통해 새로운 사업 영역이나 시장을 개척하여 범위를 넓혀나가는 방식이다. 따라서 다각화는 수직적 통합이나 수평적 통합보다 더 크고 적극적인 개념이다. 다각화는 다시 관련 다각화와 비관련 다각화로 나눌 수 있다. 관련 다각화는 기존의 기술이나 생산설비를 활용하여 기존의 사업과 관련된 사업을 새로 시작하거나 기존의 생산제품과 관련된 제품을 새로 만들어 내는 전략이다. 따라서 기업범위의 확대효과는 상대적으로 작지만 위험도는 낮다. 이에 반해 비관련 다각화는 기존의 사업이나 생산제품과 관련이 없는 전혀 새로운 사업을 시작하거나 새로운 제품을 생산하는 전략을 뜻한다. 기업범위를 크게 확장할 수는 있지만 그만큼 위험도는 높을 수밖에 없다.

대부분의 기업이 범위를 넓히고 규모를 키우기 위해 위의 세 가지 전략을 선택하는 순서는 수평적 통합 → 수직적 통합 → 다각화라고 할 수 있다. 먼저 첫 번째 단계에서는 기존 제품에 새로운 제품을 더하는 시장침투(penetration) 전략을 사용한다. 두 번째 단계에서는 기존의 경영활동에 새로운 경영활동을 더하여 부가가치(value added)를 높이는 전략을 선택하게 된다. 마지막 단계에서는 신제품을 개발하여 새로운 사업 영역에 진출하는 적극적 전략을 구사하게 된다. [그림 2-16]은 지금까지 설명한 전략들을 정리하여 보여주고 있다.

[그림 2-16] 수평적 통합, 수직적 통합, 다각화의 분류

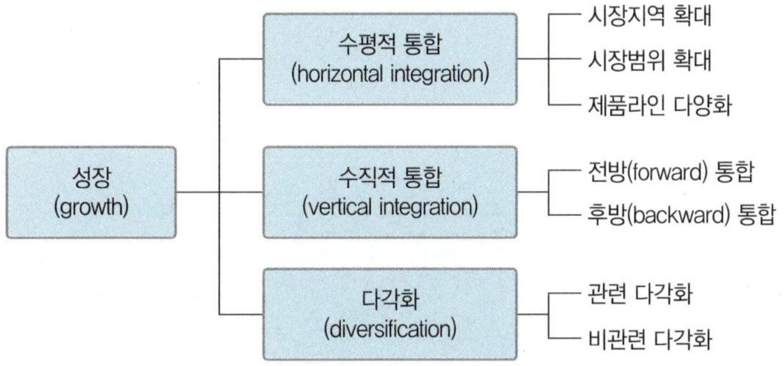

[그림 2-17] 수평적 통합, 수직적 통합, 다각적 통합의 예시

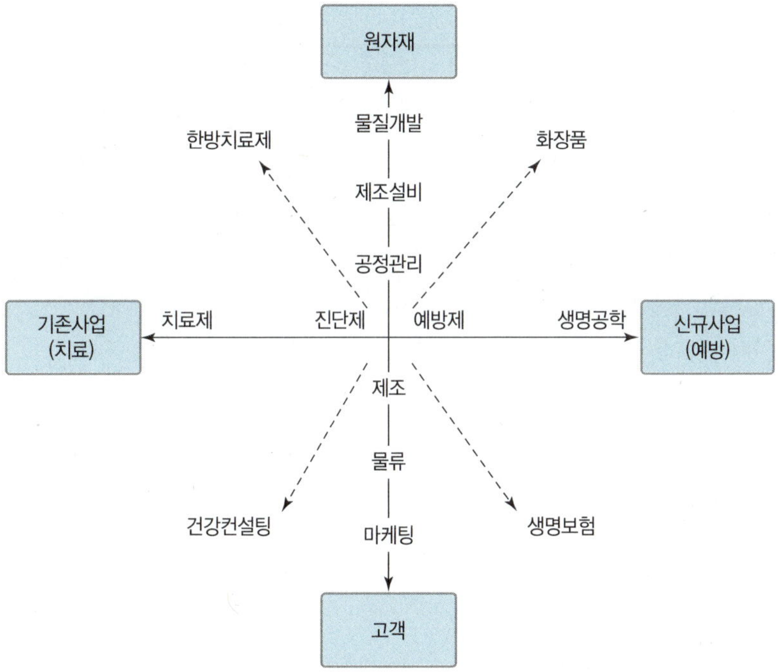

하나의 사례로서 제약회사가 수직적 통합, 수평적 통합, 다각화를 이루어 나가는 경우를 생각해 보자. [그림 2-17]은 애당초 '치료제의 제조'만을 주력으로 하던 어느 제약회사가 치료제뿐만 아니라 진단제, 예방제, 생명기술 등으로 제품범위를 넓히면서, 동시에 의약품의 제조뿐만 아니라 물질개발, 제조설비개발, 물류, 마케팅 등으로 넓혀가는 과정을 예시적으로 보여주고 있다. 수평적 통합과 수직적 통합을 함께 추구해 나가고 있는 것이다. 이 회사는 거기에서 그치지 않고 수평적 통합과 수직적 통합을 결합하여 대각선을 따라 새로운 사업분야를 발굴해 나가는 다각화를 모색하기도 한다. 수직, 수평, 대각의 모든 방향을 따라 기업의 규모가 커지고 범위가 넓어지고 있는 것이다.

덧붙이는 이야기: 기업연령과 학습곡선

기업은 커지고 넓어지면서 동시에 나이를 먹는다. 오래된 기업은 신생기업에 비해 장점과 단점을 동시에 지니고 있다. 기업이 나이를 먹으면 위험을 감수하면서 새로운 사업영역을 개척해 나가려는 진취적인 의지가 약해지게 된다. 또한 조직의 경직성으로 인해 의사결정이 지연되고 외부환경의 변화에 신속히 대응하지 못한다. 그러나 동시에 오랫동안의 경험과 노하우를 축적하는 과정에서 얻어지는 학습의 경제(economies of learning)를 실현할 수 있다.

학습의 경제를 정량적으로 측정하기 위해서는 흔히 학습곡선(learning curve, experience curve)을 이용한다. 생산을 처음 시작한 때부터 어느 시점까지의 누적생산량을 Q_1이라 하고, 그것의 두 배가 되는 누적생산량을 Q_2라고 하자. 각각의 점에서 평균비용을 각각 AC_1과 AC_2로 하자. 그리고 progress ratio=AC_2/AC_1로 정의하자. 이 때 progress ratio가 1보다 작게 되면 학습의 경제가 존재한다.

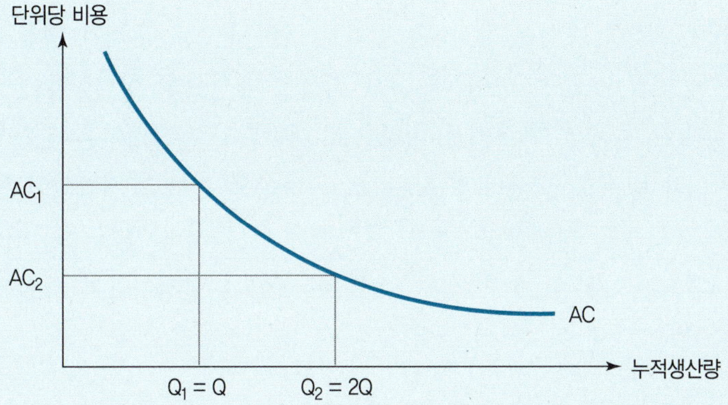

많은 경영시스템의 역사적 경험을 분석한 결과에 의하면, progress ratio의 중앙값(median)은 약 0.8 정도라고 한다. 즉 평균적으로 볼 때, 누적생산량이 두 배가 되면 학습효과로 인해 생산의 평균비용이 약 20% 줄어든다는 것이다.

제3절 제조 시스템과 서비스 시스템에 대한 이해

3.1 제조 시스템과 서비스 시스템: 무엇이 어떻게 다른가?

앞에서 우리는 기업이라는 경영조직의 구조와 설계에 대해 알아보았다. 하지만 묶어서 기업이라고 해도 그 안에는 다시 여러 가지 다른 형태의 기업들이 섞여있다. 공장을 두고 물건을 직접 만들어 파는 제조 기업도 있고 매장을 두고 남이 만든 물건을 팔기만 하는 서비스 기업도 있다. 이 경우, 제조 기업이든 서비스 기업이든 회사라는 전체의 모양은 비슷하다. 사장이 있고 그 밑에 인사, 재무, 마케팅, 구매, 생산부문 등의 기능별 조직들로 구성되는 구조는 별 차이가 없는 것이다. 그러나 더 밑으로 내려가서 물건을 만드는 공장과 물건을 파는 매장을 비교하면 큰 차이가 나타난다. 외부의 겉모양도 다르고 내부의 속모양도 다르다.

명확하게 규정하거나 뚜렷한 제한을 둔 적은 없지만, 일반적으로 우리가 경영 시스템을 얘기할 때는 제조업(manufacturing)에 속한 기업을 대상으로 한다. 앞에서 살펴본 조직구조나 형태도, 대부분 제조업을 대상으로 개발되고 운영되어온 것들이다. 또 공장의 설계 원리나 방식도 생산라인(production-line)을 전제로 개발되어 왔다. 실제로 경영학의 교과구성을 살펴보면, 제조 시스템이 아닌 서비스(service) 시스템의 설계나 경영을 다루는 과목은 아예 없거나 있어도 매우 제한적이라는 사실을 발견하게 된다.

그러나 오늘날 선진국형 경제시스템의 무게중심은 제조 기업에서 서비스 기업으로 이행되고 있다. 우리나라의 경우도 이미 GDP에서 서비스 산업의 비중이 제조업 비중보다 훨씬 큰 실정이다. 따라서 제조 시스템과 서비스 시스템의 차이에 대한 이해는 매우 필요하고 또 중요하다. 그러한 관점과 인식 하에서 이 절에서는 서비스 시스템의 설계 문제를 생각해 보기로 하자. 그러나 그 이전에 먼저 제조 시스템의 설계를 간단히 살펴보자. 그래야 둘 사이에 공통점과 차이점을 알 수 있기 때문이다.

3.1.1 제품의 분류

당연한 말이지만, 제조 시스템의 핵심기능은 생산(production) 활동이다. 생산을 한마디로 표현하면, 무엇(what)이라는 것을 의미하는 '제품(product)'을 어디에서, 어떻게(where and how) 만드는가를 의미하는 '공정(process)'과 어떻게 연결하느냐 하는 것이다. 그러므로 제조 시스템의 설계는 먼저 생산활동의 대상인 제품의 유형과 특성에 대해 알아보고, 이어서 공정의 종류와 성격에 대해 살펴보는 순서로 진행된다.

먼저 제품은 어떤 유형으로 나눌 수 있는지를 생각해보자. 세상에 존재하는 무수히 많은 제품을 몇 가지 종류로 나누는 것은 쉬운 일이 아니다. 또 누가 어떤 기준이나 목적으로 나누냐에 따라 제품의 분류는 달라질 수도 있다. 예를 들어, 구매의 목적을 기준으로 나눈다면 크게 개인의 생활을 위한 소비재와 기업의 생산 활동을 위한 산업재로 나눌 수 있다. 또 제품의 용도나 구매의 패턴을 기준으로 한다면, 일상생활을 위해 자주 구매하는 편의품(convenience product), 다양한 제품들을 비교하고 평가한 후에 구매하는 선매품(shopping product), 고급의 욕구나 특수한 니즈의 만족을 위해 구매하는 전문품(specialty product)으로 나누기도 한다.

여기서는 생산방식과 시점의 차이에 따라 제품을 크게 MTS, ATO, MTO, DTO의 네 종류로 나눈다. 〈표 2-9〉에서 알 수 있듯이, 제품은 고객의 요구사항과 요구 시점의 차이에 따라 생산방식과 시점도 달라진다. 이 기준에서 보면, 제품은 계획생산의 MTS(Make-To-Stock), 주문조립의 ATO(Assemble-To-Order), 주문가공의 MTO(Make-To-Order), 그리고 주문설계의 DTO(Design-To-Order)로 나눌 수 있다. 이 용어들을 우리말로 번역하여 쓸 수도 있겠지만, 단어의 의미를 보면 용어의 뜻도 쉽게 이해할 수 있기 때문에 그냥 영어 표현을 따르기로 한다.

〈표 2-9〉 제품(product)의 분류

분류	설명
MTS	수요예측을 토대로 생산계획을 수립하고, 생산계획에 따라 완제품을 미리 생산하여 재고(stock) 형태로 보관하면서 판매하는 표준화 제품
ATO	부품은 생산계획에 따라 미리 생산하여 재고(stock) 형태로 유지하고 있다가, 실제주문(order)이 들어오면 그때부터 최종 조립하여 완제품을 만드는 제품
MTO	일부부품은 생산계획에 따라 미리 생산하여 재고(stock) 형태로 유지하고, 나머지 부품은 주문(order)에 맞추어 가공(make)하여 최종조립을 거쳐 완제품을 만드는 제품
DTO	모든 부품을 사전에 가공하지 않은 상태에서, 주문이 들어오면 그때부터 설계(design), 가공, 조립을 거쳐 완제품을 만드는 제품

첫째, MTS 제품은 말 그대로 미리 대량으로 만들어서 재고(stock)로 쌓아 놓고 판매하는 제품이다. 우리가 일상생활에서 접하는 대부분의 표준화된 제품이 여기에 속한다. 둘째, ATO 제품은 완제품에 들어가는 모든 부품은 미리 만들어 놓고 있다가, 주문(order)이 들어오면 그때부터 조립하여(assemble) 완제품 형태로 만드는 제품이다. MTS 제품과 비교하여 표준화 정도는 낮고 물건을 만드는 데 걸리는 시간은 길지만 고객의 요구를 수용할 수 있는 정도는 높은 제품이다. 셋째, MTO 제품은 일부 부품은 미리 만들어 놓고, 나머지 부품은 주문(order)이 들어오면 그때부터 주문사양에 맞추어 만들기(make) 시작하여 완제품을 만든다. 따라서 MTO 제품은 ATO 제품보다 고객의 요구를 좀더 많이 반영할 수 있다. 마지막으로, DTO 제품은 어떤 부품도 미리 만들어 놓지 않고, 주문이 들어오면 설계(design)부터 시작하여 완제품이 생산될 때까지의 모든 과정을 주문 사양에 맞추어 만들어내는 맞춤형 제품이다.

MTS/ATO/DTO/MTO 유형의 제품(왼쪽 위부터 시계방향)

3.1.2 공정의 분류

앞 절에서 제품의 유형을 알아보았으니 다음으로는 공정의 분류를 살펴보자. 제품과 마찬가지로, 물건을 만드는 공정 사이에도 크고 작은 차이가 있다. 대규모 자동화 공정과 소규모 수작업공정 간에 차이가 있는 것은 당연하고, 원자재나 부품의 성격이 달라지면서 공정이 달라지는 것도 자연스러운 일이다. 따라서 다양한 공정의 형태를 몇 가지 종류로 나누는 것 역시 쉬운 일이 아니다. 또한 분류의 관점이나 목적에 따라서 분류의 결과가 달라질 수도 있다.

공정을 설계한다는 것을 다른 말로 표현하면 다양한 생산설비를 적절한 위치에 배치(layout)시키는 것이다. 설비를 배치하는 방법은 크게 두 가지로 나눌 수 있다. 〈표 2-10〉에서 보는 것처럼, 나누는 기준은 '어떻게 설비를 한 곳에 모으느냐'에 달려있다. 먼저 첫 번째 기준은 '유사한 기능을 가지는 설비'를 한군데에 모아 배치하는 공정별 배치(process layout)이다. 이것은 기능의 유사성을 기준으로 설비를 모아놓는 방법이다. 예를 들어 금속가공 공정이라면, milling 기계는 milling 기계끼리, turning 기계는 turning 기계끼리 같은 장소에 배치하는 식이다. 두 번째 기준은 '특정제품의 생산에 필요한 설비'를 한군데에 모아 배치하는 제품별 배치(product layout)이다. 이것은 개별제품의 특성에 맞추어 필요한 설비를 배치하는 방법이다. 만일 그 제품의 가공순서가 rolling-milling-welding으로 되어 있다면, rolling 기계 한 대, milling 기계 한 대, welding 기계 한 대씩만을 뽑아 한 곳에 배치하는 식이다.

〈표 2-10〉 공정(process)의 분류

분류	세분류	설명
공정별 배치 (process layout)	단위(Unit) Job Shop	유사한 기능을 갖는 설비들끼리 따로 모아 동일공간(shop)에 배치시킨 후 개별부품 단위(unit)로 가공하는 공정
	묶음(Batch) Job Shop	유사한 기능을 갖는 설비들끼리 따로 모아 동일공간(shop)에 배치시킨 후 묶음(batch) 부품 단위로 가공하는 공정
제품별 배치 (product layout)	이산적(Discrete) Flow Shop	기능이 상이한 설비들을 모아 독립적인 생산라인으로 구성한 후 동일한 순서를 따르는 부품을 가공하거나 완제품을 조립하는 공정
	연속적(Continuous) Flow Shop	연속적인 흐름을 따라 완전히 동일한 순서로 처리나 조립이 이루어지는 일관공정

이 때 공정별 배치로 설계된 공장의 형태를 job shop이라고 한다. Job shop은 다시 부품이나 제품을 처리하는 '단위'의 크기에 따라, 낱개(unit)로 처리하는 unit job shop과 여러 개를 하나의 묶음(batch)으로 처리하는 batch job shop으로 나눌 수 있다. 한편, 제품별 배치로 이루어진 공장의 형태를 flow shop이라고 한다. Flow shop은 다시 제품이나 부품이 라인을 흘러가는 양상에 따라, 자동차나 핸드폰같이 손으로 셀 수 있는 개별단위로 흘러가는 이산적(discrete) flow shop과 원유나 철강처럼 액체 형태로 흘러가는 연속적(continuous) flow shop으로 나눌 수 있다. 이렇게 보면, 한편으로는 '공정별 배치, process layout, job shop'라는 용어가 동의어가 되고, 다른 한편으로는 '제품별 배치, product layout, flow shop'라는 용어가 동의어라고 볼 수 있다.

공정별 배치와 제품별 배치의 비교: Job Shop(좌측)과 Flow Shop(우측)

앞에서 언급한 것처럼, 공정별 배치는 말 그대로 공정을 중심으로 공장을 설계하는 개념이다. 여기서 공정 중심이라는 말은, 유사한 기능을 갖는 설비들끼리 따로 모아 각각의 공간에 배치시킨다는 뜻이다. 따라서 특정부품이 이 공장에 들어오면 정해진 가공순서에 따라 공장 내를 돌아다니게 된다. 예를 들어 어떤 부품을 만들기 위해서 milling 가공과 drilling 가공이 순차적으로 필요하다고 하자. 그러면 이 부품은 먼저 milling shop으로 이동해야 한다. 그리고 milling shop에 있는 여러 대의 milling 기계 가운데 현재 사용하지 않고 있는 기계 하나를 골라 milling 작업을 수행한다. Milling 작업이 끝나면 다음에는 drilling shop으로 이동한다. 마찬가지로 여러 대의 drilling 기계 가운데 사용 가능한 기계 하나를 골라 drilling 작업을 한다.

공정별 배치에서는 부품마다 가공순서가 다르기 때문에 각 부품이 공장 내에서 돌아다니는 경로도 다르다. 이러한 공정은 사양과 가공순서가 다른 이질적인 부품이나 제품을 처리하기에 적합한 형태이다. 따라서 이 형태는 유연성이 높다는 장점이 있지만 동시에 효율성이 낮다는 단점도 있다.

반대로 제품별 배치는 제품 중심으로 공장을 설계한다는 개념이다. 즉 제품(부품) 하나하나의 특성에 맞추어 별개의 생산라인들을 구성한 후, 각 라인에는 같은 설비들을 사용하여 같은 순서로 처리하는 부품이나 제품들만을 처리할 수 있게 배치한다. 가공공정의 경우에는, 가공의 순서에 따라 필요한 설비를 하나씩만 뽑아서 일렬로 배치하게 된다. 조립공정에서도 마찬가지이다. TV 라인은 TV만 조립하고, 에어컨 라인은 에어컨만 조립하는 식으로 배치하는 것이다. 라인마다 똑같은 부품이나 제품을 동일한 순서를 따라 만들기 때문에 공정의 효율성이 높은 장점이 있다. 그러나 라인 위의 한 기계만 고장이 나도 라인 전체가 움직이지 못하고 순서에 따라 정해진 제품만을 만들어내기 때문에 신축성이 낮은 단점도 있다.

3.2 서비스의 특성: 서비스는 무엇이 다른가?

지금까지 우리는 제조 시스템의 설계에 대해 알아보았다. 그렇다면 서비스 시스템의 설계는 제조 시스템과 대비하여 무엇이 어떻게 달라져야 할까? 서비스업은 제조업과 비교하여, 본질적이고 구조적인 속성이 매우 다르다. 우리가 일상생활에서 흔히 보고 느낄 수 있는 것처럼, 공장의 모습과 은행의 모습은 매우 다르고 컴퓨터 자체를 만드는 회사의 조직도와 컴퓨터를 이용하여 서비스를 제공하는 회사의 조직도 사이에는 큰 차이가 있다. 따라서 서비스 시스템의 설계를 위해 필요한 특성적 차이를 먼저 살펴보고, 이를 토대로 서비스 시스템을 분류한 후, 서비스 시스템의 설계 기준과 전략을 제시하도록 한다.

서비스 시스템의 특성(distinctive characteristics)으로는 크게 다음의 다섯 가지를 들 수 있다. 이들 특성은 제조업과 비교하여 서비스업의 조직설계 및 운영을 훨씬 더 어렵게 만드는 요인으로 작용한다. 또 교과서에서 서비스 경영을 체계화된 이론이나 정형화된 프로세스로 설명하기 어려운 근본적인 원인이 된다.

(1) 무형성

서비스를 통해 제공되는 것은 노래를 듣거나 테니스 시합을 관전할 때 느끼는 감동과 같은 것으로써, 보거나 만지기 어렵고 아무것도 남겨지지 않는다. 이를 서비스의 무형성(intangibility)이라고 한다. 이러한 문제점을 보완하거나 감소시키기 위해 오늘날 많은 서비스는 유형성을 가진 '촉진 제품'과 함께 제공되기도 하고 또한 유형적인 '촉진 서비스'를 동반하기도 한다. 어떤 서비스에 회원으로 가입하면 그 서비스를 사용할 때 필요한 도구를 무료로 제공하는 것이 좋은 예라고 할 수 있다.

서비스가 갖는 무형성은 전반적인 시스템의 운영과 통제를 어렵게 한다. 눈에 보이지 않는 서비스를 관리하고 통제하는 것은, 유형의 제품을 관리하고 통제하는 제조업과 비교할 때 훨씬 어려운 것이다. 또한 품질을 정의하기도 쉽지 않고, 품질을 측정하기도 용이하지 않기 때문에 품질 관리도 힘들어진다.

(2) 동시성

많은 서비스들은 제공자에 의해 생산되는 시점에서 바로 사용자 내지 구매자에 의해 소비된다. 이것이 서비스의 또 다른 특성인 동시성(simultaneity)이다. 서비스의 동시성은 수요규모와 생산능력간의 균형을 어렵게 만든다. 또 효과적인 유통관리를 어렵게 만드는 원인이 된다.

(3) 소멸성

서비스는 고객이 요구할 때 즉시 제공되지 않으면 구매의 가능성이 없어지거나 크게 줄어든다. 이것이 서비스의 소멸성(perishability)이다. 이 특성 때문에 서비스는 재고관리를 통한 저장이 불가능하고, 주문예약(backorder)을 이용한 주문 관리가 어렵다. 따라서 많은 서비스 시스템들은 재고량을 관리하는 것이 아니라 고객의 대기시간(queue)을 관리한다.

(4) 이질성

서비스는 하나하나의 특성이나 목적이 모두 다르다. 이것이 서비스의 이질성(heterogeneity)이다. 따라서 서비스는 표준화를 통해 제품 개발이나 생산 과정을 효율적으로 관리하기가 어렵고 대량생산 및 반복생산도 힘들다.

(5) 고객 참여

서비스의 특성 중 하나는 서비스 프로세스에 고객이 참여(customer participation)한다는 것이다. 이 점은 대부분의 제조업과 비교할 때 서비스업의 가장 큰 특성이라고 할 수 있다. 고객이 서비스를 창출하고 제공하는 과정에 참여하기 때문에 그만큼 서비스 시스템을 관리하기가 어렵다. 또 서비스 제공자와 서비스 사용자간의 갈등을 유발하는 원인이 되기도 한다.

3.3 서비스조직의 분류: 서비스조직은 어떻게 나눌 수 있는가?

제조업과 비교한 서비스 시스템의 특성이 다양한 것처럼, 서비스 시스템의 종류도 매우 다양하다. 또는 제조업에 비해 서비스 시스템의 종류는 훨씬 다양하다. 우리가 실생활에서 발견할 수 있는 서비스 시스템이 얼마나 다양한지를 생각해 보면 이를 쉽게 이해할 수 있을 것이다. 따라서 서비스 시스템의 설계에 앞서, 서비스 시스템을 몇 가지 유형으로 나누는 작업이 필요하다. 서비스 시스템의 분류체계(classification scheme)에는 어떤 것들이 있는지를 살펴보기로 하자.

(1) 산업특성에 의한 분류

가장 공식적인 분류 체계로 산업 및 시장의 특성과 구조에 따라 서비스업을 나누고 있다. 따라서 산업정책의 수립이나 조사분석 과정에서 흔히 사용되는 분류이다. 여기서는 서비스업을 다음과 같이 크게 다섯 분야로 세분한다.

- **비즈니스 서비스(business service)**: 컨설팅, 재무, 금융 등과 같이 산업활동에 필요한 자본을 중개하거나 지식을 제공하는 것을 주업으로 하는 서비스
- **교역 서비스(trade service)**: 도소매, 유지보수 등과 같이 직접적인 서비스를 제공하거나, 상품을 유통시키는 것을 주업으로 하는 서비스
- **하부구조 서비스(infrastructure service)**: 정보통신, 운송 등과 같이 물리적인 하부구조를 제공하고 사용하는 것을 주업으로 하는 서비스
- **개인 서비스(personal service)**: 음식점, 의료 등과 같이 개개인의 욕구나 필요를 만족시키는 것을 주업으로 하는 서비스
- **공공 서비스(public administration)**: 교육, 행정 등과 같이 공공의 편의나 복지를 만족시키는 것을 주업으로 하는 서비스

(2) 서비스 내용(특성)에 의한 분류

이 분류는 서비스의 실질적 내용이나 본질적 성격을 토대로, 서비스 시스템을 나누는 체계이다. 먼저 서비스의 내용이나 서비스 프로세스의 대상을 기준으로 서비스 시스템을 나누면, 크게 사람의 서비스(processing of people), 정보의 서비스(processing of information), 재화의 서비스(processing of goods)로 세분된다.

서비스의 다양성이라는 관점에서 보면, 표준화된 서비스(standardized service)와 맞춤화된 서비스(customized service)로 나눌 수 있다. 또 고객과의 접촉 수준에 따라 나눈다면, 직접접촉 서비스(direct customer contact service), 간접접촉 서비스(indirect customer contact service), 미접촉 서비스(no customer contact service)로 분류할 수 있다.

(3) 서비스 시스템 설계에 의한 분류

앞에서 살펴본 서비스 내용에 의한 분류는 서비스 시스템의 본질과 구성요소를 이해하기에는 유용한 기준이지만, 구체적이고 실질적으로 서비스 시스템을 설계하는 데는 별로 도움이 되지 않는다. 따라서 서비스 시스템의 설계에 적용할 수 있는 여러 가지의 분류 체계가 많은 연구자들에 의해 제시되어 왔다. 이 가운데 많이 알려지고 또 활용되어온 고객접촉 모형(customer contact model)에 대해 자세히 알아보도록 하자(Chase, 1978).

이 모형에서는 서비스 시스템이 서비스를 창출하고 제공하는 모든 과정에서 고객과 접촉하는 정도(extent of customer contact), 즉 서비스를 제공하는데 소요되는 전체 시간에서 고객이 그 시스템에 존재해야 하는 시간의 비율(percentage)에 따라 서비스 시스템을 크게 다음 세 가지 형태로 분류한다.

첫째는 순수 서비스(pure service)이다. 이 유형은 우리가 일반적인 의미로 받아들이는 서비스로, 고객과의 접촉빈도가 매우 높고 접촉시간이 매우 긴 시스템을 뜻한다. 둘째는 유사제조업(quasi-manufacturing)이다. 이 유형은 고객과의 접촉이 거의 없어 마치 제조업과 비슷한 시스템을 포함한다. 셋째는 혼합 서비스(mixed service)이다. 이 유형은 위의 두 유형의 성격을 모두 가지고 있어 고객과의 접촉 정도가 중간 정도인 시스템을 가리킨다. 〈표 2-11〉에 세 유형의 특성과 구체적인 예가 제시되어 있다.

〈표 2-11〉 고객접촉 모형의 서비스 분류

고객 접촉 정도	서비스 유형	예시
높은 접촉 수준 (high-contact)	순수 서비스 (pure service)	회원제 헬스 센터, 고급 호텔 레스토랑, 소규모 전문교육 시스템, 개인 서비스
중간 접촉 수준 (medium-contact)	혼합 서비스 (mixed service)	은행 지점, 자동차 수리 센터, 대학의 학생식당
낮은 접촉 수준 (low-contact)	유사제조업 서비스 (quasi-manufacturing)	은행 본사, 우편서비스, 홈쇼핑, 도매업, 자동판매기

고객과의 접촉 수준은 서비스 시스템의 설계와 밀접하게 관련되어 있다. 서비스 시스템의 구조와 형태를 표현할 수 있는 방법은 여러 가지가 있겠지만 서비스 조직의 설계에서 가장 자주 사용되는 방법은 전면 공간(front office)과 배후 공간(back office)으로 구성하는 것이다. 전면 공간(front office)은 고객과의 접촉이 자주 그리고 많이 일어나는 영역인 반면, 배후 공간(back office)은 고객과의 접촉이 거의 없거나 고객이 내부를 볼 수 없는 영역이다. 음식점의 예를 들면, 고객들로부터 주문을 받고 음식을 서빙하며 식대를 계산하는 공간은 전면 공간이 되고, 식자재를 보관하고 음식을 조리하고 설거지를 하는 공간은 배후 공간이 된다.

하나의 서비스 시스템을 설계할 때, 크게 전면 공간과 배후 공간으로 나누어 각각을 어디에 어떻게 배치할 것인지를 결정하는 것이 곧 서비스 시스템의 설계이다. 이 때, 두 공간이 어떤 형태로 구성되는가에 따라 [그림 2-18]에서 볼 수 있는 것처럼 세 가지 유형의 차이를 나타낼 수 있다.

[그림 2-18] 서비스조직의 분류와 비교: 전면 공간과 배후 공간의 구성

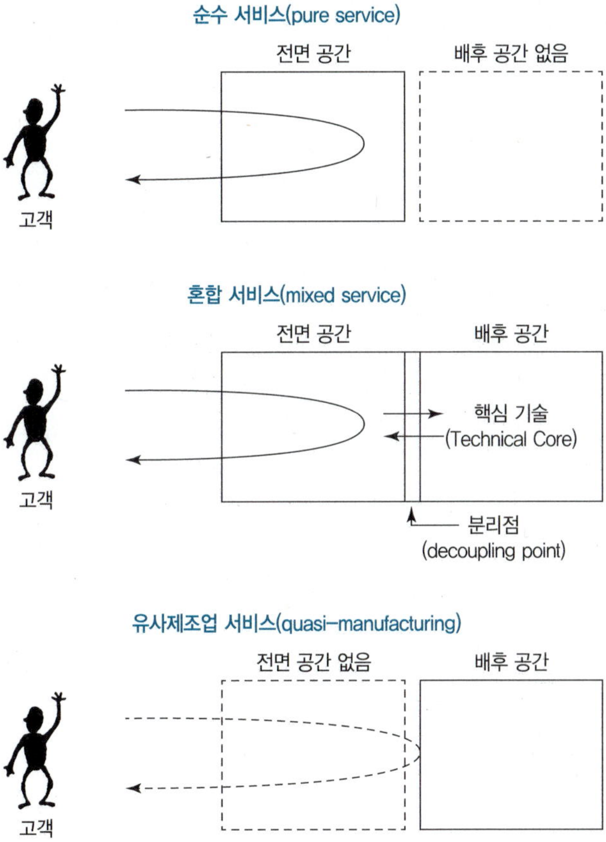

같은 종류의 서비스라고 하더라도 실제의 서비스 시스템 형태는 달라질 수 있다. 예를 들어 커피를 서비스하는 경우를 보자. 커피 한 잔에 20,000원을 받는 최고급 호텔 커피는 순수 서비스에 해당된다. 손님은 푹신한 의자에 앉아 있고 종업원이 모든 서비스를 제공한다. 커피 한 잔에 5,000원을 받는 스타벅스는 혼합 서비스에 해당된다. 종업원이 몇 가지 서비스를 하기는 하지만 동시에 손님도 직접 해야 할 일들이 있다. 커피 한 잔에 200원 하는 자동판매기는 유사제조업에 해당된다. 종업원은 아예 없고 처음부터 끝까지 본인이 직접 해야 한다.

서로 다른 형태를 보이는 서비스 시스템

앞의 예에서 보듯이 서비스 시스템의 설계에서는 효율성(efficiency)과 효과성(effectiveness)이 서로 상충 관계에 있다. 자동판매기 서비스는 가장 효율적이고 따라서 가장 저렴하기는 하지만 동시에 고객 만족의 효과성은 가장 낮다. 반대로 호텔 커피 서비스는 서비스의 효과성은 높지만 시스템의 효율성이 낮은 문제를 안게 된다. 결국 서비스 시스템 설계의 핵심은, 어떻게 하면 효율성과 효과성을 동시에 올릴 수 있는지, 어떻게 하면 효율성은 올리면서 효과성이 낮아지는 것을 막을 수 있는지, 어떻게 하면 효과성은 올리면서 효율성이 떨어지는 것을 피할 수 있는지에 있다.

고객접촉 모형에서는 고객접촉시간이 줄어들수록 서비스 시스템의 효율성은 올라간다고 가정한다. 따라서 서비스 시스템의 효율성을 올리기 위해서는 기술(technology)의 활용을 통해 고객접촉 시간을 줄여야 한다. 동시에 시스템의 효과성(effectiveness)을 제고하기 위해서는 고객 접촉의 방식과 형태를 고객 중심으로 바꾸어야 한다. 실제로 이 모형의 가정은 많은 사례를 통해 실증적으로 그 유용성이 검증되었고, 그 후 서비스 시스템의 설계에 큰 영향을 끼친 것으로 평가된다. 이에 대한 자세한 논의는 조금 뒤에 하도록 하자.

3.4 서비스 시스템의 설계: 어떤 기준으로 만드는가?

지금까지 살펴본 고객접촉 모형을 토대로, 실제로 서비스 시스템을 설계하는 기본 원리와 전략을 알아보자. 먼저 서비스 시스템의 기본적인 설계방식을 살펴 보고, 다음으로 설계의 절차를 알아본 후, 마지막으로 핵심적인 요소 별로 구체적인 설계 지침을 제시하는 순서로 진행한다.

(1) 기본 방식

서비스 시스템을 설계하는 기본 방식은 크게 생산 라인(production line) 방식과 서비스 라인(service line) 방식으로 나눌 수 있다. 생산 라인 방식은 서비스 시스템을 제조업의 생산시설과 유사한 방식으로 설계하여, 시스템의 효율성을 높이고 서비스 품질의 일관성을 확보하는 방식이다. 이 방식에서는 많은 부분을 고객이 볼 수 없는 배후 공간(back office)에 설치하여 고객과의 접촉을 최소화하고, 사람보다는 기술과 기계를 많이 사용하며, 작업을 세분화하여 분업을 통한 전문화와 규격에 의한 표준화를 추구한다.

반면에 서비스 라인 방식은 서비스 시스템을 순수한 서비스 중심으로 설계하여, 시스템의 효과성과 고객의 만족도를 높이는 방식이다. 이 방식에서는, 고객과의 접촉이 일어나는 영역 즉 전면 공간(front office)을 집중적으로 관리한다. 예를 들어, 고객의 특성과 수요를 만족시킬 수 있도록 내부구조(layout)를 설계하고, 전문성을 갖춘 고급인력을 배치하며, 유연한 운영방식을 도입하게 된다.

(2) 설계 절차

다음으로 서비스 시스템을 설계하는 전체적인 과정과 절차를 알아보자. [그림 2-19]에 나타나 있는 것처럼, 설계 절차는 크게 시스템 분석, 시스템 분리, 시스템 설계라는 세 단계로 구성된다. 각 단계의 세부적 내용을 살펴보자.

단계 1: 시스템 분석(analyze and identify high-low-contact areas)

- 먼저 시스템 분석에서는, 전체적인 서비스 시스템을 프로세스의 흐름에 따라 여러 개의 개별 기능과 영역으로 세분한다.

- 다음으로 개별 기능과 영역을 업무의 특성과 목적에 따라, 고객접촉이 높은 high-contact 영역인지 아니면 고객접촉이 낮은 low-contact 영역인지 분석한다.

단계 2: 시스템 분리(decouple)

- 다음의 시스템 분리 단계에서는, 전체 시스템을 high-contact 영역과 low-contact 영역으로 분리한다.
- high-contact 영역에 속한 기능들과 low-contact 영역에 속한 기능들을 따로 묶어서, 영역별로 서로 다른 설계 기준과 관리 방식을 적용한다.

단계 3: 시스템 설계(design)

- 마지막으로 시스템 설계 단계에서는 high-contact 영역과 low-contact 영역을 각각 서로 다른 라인 형태로 설계한다.
- Low-contact 영역은 생산 라인(production line)으로 설계한다.
  - 사람을 기술(technology)로 대체한다.
  - 핵심기술(technical core)을 고객과 직접 대면하지 않는 배후 공간(back office)에 배치하고 외부에 공개하지 않는다.
- High-contact 영역은 서비스 라인(service line)으로 설계한다.
  - 고객중심의 서비스를 개발 내지 제고한다.
  - 고객화된 서비스를 전면 공간(front office)에 배치한다.

[그림 2-19] 시스템 설계 원리와 과정

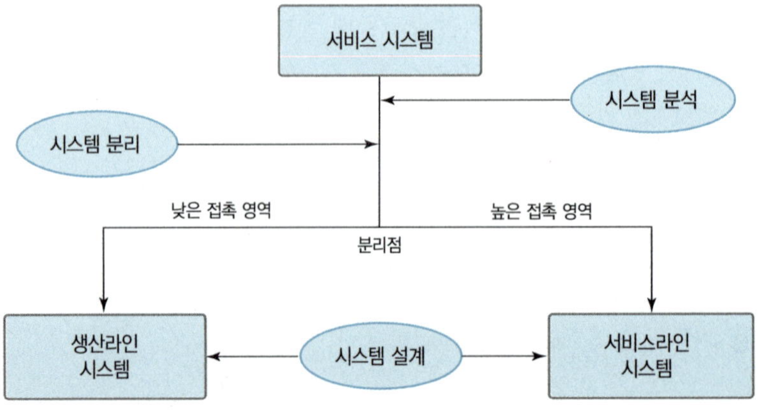

(3) 설계 요소

앞에서 살펴본 서비스 시스템의 설계 원리나 기준을 토대로, 구체적인 설계 요소를 제시하면 〈표 2-12〉와 같다. 시스템의 근본적인 목적이 high-contact 시스템의 경우 효과성의 극대화인 데 반해 low-contact 시스템의 경우 효율성의 극대화이기 때문에, 시스템의 유형에 따라 시스템의 입지나 구조, 인력과 설비의 관리, 경쟁요소 등이 모두 달라지게 된다. 그리고 이러한 요소들이 시스템 설계에 반영되어야 하는 것이다.

High-contact 시스템은 서비스의 수요자와 가까운 곳에 설치되어야 하고, 수요자의 요구에 맞추어 내부의 설비를 배치해야 한다. 인력계획과 생산계획도 신축성과 다양성을 토대로 수립되어야 한다. 핵심적인 경쟁요소도 품질이나 디자인이 된다.

Low-contact 시스템은 자원조달이 용이한 곳에 위치해야 하고, 물류의 관리와 설비의 활용이 쉬운 형태로 내부 구조가 설계되어야 한다. 인력계획과 생산계획은 표준성과 안정성을 토대로 수립되어야 한다. 경쟁우위는 가격이나 물류·유통 비용에서 찾아야 한다.

〈표 2-12〉 서비스 시스템 설계의 핵심요소

설계 요소 (design factor)	High-contact 시스템	Low-contact 시스템
조직 목표 (organization objective)	효과성 극대화 (max effectiveness)	효율성 극대화 (max efficiency)
설비 입지 (facility location)	수요자 인접지역 (near customer)	자원/하부구조 인접지역 (near resource)
설비 배치 (facility layout)	공정중심 배치 (process layout)	제품중심 배치 (product layout)
인력 특성 (workforce characteristic)	고급기능과 다양성 (high level of variety, high level of skill)	표준기능과 획일성 (low level of variety, low level of skill)
공급능력 계획 (capacity planning)	최대수요 만족 (meet peak demand, capacity risk high)	평균수요 만족 (meet average demand, capacity risk low)
계획수립 전략 (planning strategy)	신축적 전략 (chase strategy)	안정적 전략 (level strategy)
경쟁 우위 (competitive edge)	품질, 디자인 (quality, design)	가격, 유통 (price, delivery)

low-contact 시스템인 우체국과 high-contact 시스템인 고급 레스토랑

3.5 온라인 서비스 시스템의 설계: 무엇이 다른가?

지금까지 설명한 설계 원리와 도구는 은행, 병원, 식당 등과 같은 오프라인 서비스 시스템을 대상으로 한 것이었다. 물론 내용 중에는 광고 서비스라든가 보험 서비스 같이 온라인 요소가 섞인 경우도 있었지만, 기본적으로는 오프라인 서비스를 전제로 하였다. 하지만 온라인 서비스 시스템의 비중은 이제 오프라인 서비스 시스템에 뒤지지 않을 만큼 커지고 있는 실정이다. 따라서 온라인 서비스 시스템의 설계도 중요한 주제로 떠오르고 있다.

그렇다면 온라인 서비스 시스템의 설계는 오프라인 시스템과 비교하여 어떻게 달라져야 할까? 많은 부분에 있어 온라인 서비스 시스템과 오프라인 서비스 시스템은 공통된 요소와 특성이 있다. 먼저, 모든 서비스는 오프라인 방식이든 온라인 방식이든 무형성과 이질성을 갖는다. 온라인상에서도 서비스는 그 모습을 볼 수 없고 또 고객의 기대치나 요구사항도 서로 다르다. 고객이 서비스를 제공받는 환경에 따라 전달 속도가 달라지기도 한다. 온라인 서비스의 소비와 공급도 오프라인 서비스처럼 동시에 이루어진다. 따라서 온라인 서비스 또한 오프라인 서비스와 마찬가지로 고객과의 접촉, 고객화 정도, 상호작용 정도, 노동 집약 정도, 서비스 투입 정도, 그리고 기술 등이 시스템 설계의 핵심요소가 된다.

그러나 근본적으로 다른 점도 있다. 오프라인 시스템에서는 물리적인 채널을 통해서만 서비스가 제공된다. 그러나 온라인의 인터넷 시스템에서는 통신 채널을 통해 전달되는 형태로 확장된다. 즉, 전통적인 서비스와 비교하여 온라인 인터넷 서비스의 가장 중요한 차이는 전달 시스템의 차이에 있다. 따라서 온라인 서비스의 설계를 위해서는 서비스의 접점, 운영시간, 접속 지점 등의 차이를 이해하여야 한다. 나아가 웹(web) 대신 앱(App)을 기반으로 하는 모바일 서비스 시스템이 도입되면 접속 공간이 얼마나 확장될 수 있는지도 고려해야 한다. 〈표 2-13〉은 서비스 운영 관점에서 온라인 서비스 시스템과 오프라인 서비스 시스템의 특성을 나열한 것이다.

〈표 2-13〉에서 보는 것처럼, 오프라인 서비스와 온라인 서비스는 고객과 서비스 제공자가 만나는 접점이 다르다. 기존의 서비스에서는 접점이 콜센터 하나였다. 그러나 인터넷 시스템에서는 인터넷 서비스를 활용하여 웹(web)과 콜센터를 통합한 방식으로 서비스를 처리할 수 있게 되었다. 이렇게 확장된 형태의 콜센터를 고객접촉센터(customer contact center)라고 부른다. 고객접촉센터는 온라인 채팅, 게시판, 인터넷 전화 통신 등과 같은 다양한 방법들을 활용하여 다양한 서비스 접점을 만든다. 즉, 서비스 접점이 하나가 아니라 여러 개 생기는 것이다. 또한 접촉 시간도 정해진 시간이 아니라 매일 24시간으로 늘어난다. 이러한 차별적 특성이 서비스 시스템의 설계 과정에 제대로 반영되어야 한다.

〈표 2-13〉 오프라인 서비스 시스템과 온라인 서비스 시스템의 비교

시스템 설계 요소	온라인 서비스 시스템	오프라인 서비스 시스템
서비스 접점	디스플레이를 통한 간접 접촉	고객과 직접 접촉
운영시간	항시	영업시간 내
접속	어디에서든 인터넷 접속	점포까지 이동
시장 영역	전 세계적	지역적
환경	전자적 인터페이스	실제적 환경
경쟁력 차별화	편의성	개인화
개인보호	익명	사회적인 상호작용

토론문제 Discussion Topics

1. 산업을 정의하는 기준은 관점과 목적에 따라 다르게 나타난다.
   (1) 산업을 정의하는 기준이 경제학과 공학에서 어떻게 다른지를 설명하라.
   (2) X, Y 두 재화의 '가격에 대한 수요의 교차탄력성'을 정의하고, 이를 토대로 산업을 정의하는 접근 방법을 설명하라.

2. 허핀달 계수를 기준으로 시장의 경쟁형태를 분류하는 기준을 제시하고, 시장의 경쟁형태 네 가지를 설명하라.

3. A 산업은 10개의 기업이 경쟁하고 있다. 다음의 표는 A 산업 내의 기업들이 지난해 올린 매출액을 나타내고 있다.

(단위: 백 만원)

기업	매출
기업 1	611,000
기업 2	240,000
기업 3	97,800
기업 4	14,200
기업 5	8,700
기업 6	6,800
기업 7	6,200
기업 8	5,900
기업 9	4,800
기업 10	4,600

   (1) A 산업의 CR3 값을 구하라.
   (2) A 산업의 허핀달 계수를 구하고 A 산업이 어떠한 경쟁형태를 가지고 있는지를 제시하라.

4. 산업을 전략적으로 분석할 때 자주 이용되는 Five-forces 모델에서 산업조직을 설명할 수 있는 5개의 핵심적 요소를 제시하고 각 요소의 의미를 설명하시오.

5. 조직설계 과정에서 고려되어야 할 대표적인 기본변수와 상황변수를 제시하라.

6. 다음에 제시된 기업 조직의 대표적 유형의 장점과 단점을 설명하라.
   - 라인 조직, 라인-스태프 조직, 사업부제 조직, 프로젝트 조직, 매트릭스 조직, 네트워크 조직

7. 규모의 경제와 범위의 경제가 발생할 수 있는 중요한 요인들을 제시하라.

8. 기업의 성장과정에서 주로 사용하는 전략에는 수직적 통합, 수평적 통합, 다각화 전략이 있다.
   (1) 수직적 통합, 수평적 통합, 다각화의 차이를 설명하라.
   (2) 수직적 통합과 수평적 통합을 통해 기업이 얻을 수 있는 이점은 무엇이 있는가를 제시하라.

9. 제조업과 비교하여 서비스의 차별적 특성 다섯 가지를 제시하고, 은행의 업무를 예로 들어 각 특성을 구체적으로 설명하라.

10. 서비스 시스템 설계 시, 고객과의 접촉 정도에 따라 조직목표, 설비입지, 설비배치, 인력특성, 공급능력계획, 계획수립전략, 경쟁우위 등의 요소를 어떻게 고려해야 할지를 설명하라.

11. 경영컨설팅 서비스는 고객접촉 모델로 서비스를 분류할 때 어떠한 그룹에 속할 수 있을지를 설명하라.

CHAPTER

03

사람과 조직에 대한 경영 마인드

Business Mind

contents

이 장(Chapter)배경과 내용

이공계 출신이 CEO가 되지 못하는 큰 이유 중에 하나가 사람들과 잘 어울리지 못하고 사람들을 잘 다루지 못하기 때문이다. 그리고 그러한 문제의 근본적인 원인 중 하나는 공학도가 사람을 이해하고 분석하는 요령에 대해 한번도 제대로 된 공부를 해보지 못했기 때문이다.

공학은 기술을 다루는 학문이고 공학의 가치는 기술적 전문성에 있다. 그러나 '구슬이 서말이라도 꿰어야 보배'라는 말처럼 아무리 좋은 기술, 새로운 기술이라고 하더라도, 그것을 만드는 것도 사람이고 그것을 쓰는 것도 사람이다. 결국 사람을 이해하지 못하면 아무리 기술적 전문성이 뛰어나다고 하더라도 경영자로서의 성공은 이루기 어렵다.

더구나 기업은 성격과 배경이 다른 수많은 사람들이 모여 있는 복잡한 조직이다. 수직적 상하관계가 있는가 하면 수평적 동료관계도 있다. 이들은 다양한 방식과 채널을 통해 지시하고 받기도 하고, 보고하고 받기도 하며, 서로 의견을 나누기도 한다. 그러면서 모든 조직원들은 나름대로의 목표의식과 가치관에 따라 독자적으로 생각하고 행동한다. 때로는 하나로 뭉쳐 대단한 성과를 거두기도 하고, 때로는 심각한 갈등으로 갈라서기도 한다. 기업을 나서면 외부의 또 다른 조직의 사람들과 만나 새로운 사회적 관계를 형성한다.

기업조직 내의 개인과 단위조직이 움직이는 양상을 이론적으로 분석하는 주제를 경영학에서는 '조직행위론'이라고 부른다. 이 이론에서는 동기부여 이론, 리더십 이론, 갈등 이론, 커뮤니케이션 이론, 의사결정 이론 등을 주요 내용으로 다룬다.

조직행위의 중심에는 항상 리더가 있다. 기업조직의 리더가 바로 CEO라는 점을 인식한다면 조직행위에 대한 이해가 CEO의 가장 중요한 능력이자 덕목이 된다는 사실은 더 이상 말할 나위도 없다.

CHAPTER 03

사람과 조직에 대한 경영 마인드

제1절 개인과 조직행위에 대한 이해

1.1 조직행위론의 기본: 사람은 누구이고 조직은 무엇인가?

앞 장의 주제는 기업이라는 경영 시스템의 구조와 설계였다. 전체의 뼈대는 어떤 원리로 만들고 그 내부에 무엇을 어떻게 채워놓을지에 대해 알아본 것이다. 경영 시스템이 만들어졌다라는 말은 곧 경영활동이 이루어질 수 있는 준비작업이 끝났다는 뜻이다. 그렇다면 앞으로 경영 시스템을 끌고 갈 주역은 누구일까?

경영 시스템을 구성하고 운영하는 주체는 사람이다. 우리가 흔히 듣는 것처럼, 경영은 사람이 하는 것이며 기업의 생명은 역시 사람이다. 따라서 경영시스템이 보유하고 있는 가장 중요한 자산(assets)은 곧 인적 자산이라고 해도 과언이 아니다. 인적 자산을 모아 놓은 공간을 조직(organization)이라고 한다면, 인적 자산의 관리는 곧 조직의 관리라고 할 수 있다.

특히 공학도들에게 사람과 조직에 대한 이해가 중요한 이유는 이공계 출신들이 사람과 조직을 다루는 기술이 부족하기 때문이다. 개인차가 있기는 하지만 대체로 공학도들이 사회성이 부족하다거나 리더십이 모자란다는 얘기를 많이 하는 것은 결코 우연이 아니다. 학문의 성격상 또 대학생활의 특성상 아무래도 사람을 사귀고, 사람을 다루고, 조직을 만들고, 조직을 이끄는 요령을 배운다거나 이와 관련된 경험을 쌓는 기회가 적을 수밖에 없다.

그러나 CEO의 가장 중요한 역할은 사람과 조직을 관리하는 일이다. 아무리 전문성이 뛰어나고 창의성이 돋보여도 최고경영자가 되기 위해서는 많은 사람을 포용하고 설득하는 넓은 마음이 필요하고, 다른 한편으로 조직에 필요한 사람은 확실히 키워주고 조직에 불필요한 사람은 과감하게 걸러내는 통찰력과 결단성이 있어야 한다. 이러한 자질과 덕목은 선천적으로 타고나는 부분도 있지만 사람과 조직에 대한 경험적 연구나 학문적 이론을 충실히 공부하여 후천적으로 습득하는 부분이 더 크다.

앞 장에서 설명한 대로 경영학의 조직이론은 크게 조직구조론과 조직행위론으로 나눌 수 있다. 조직구조론이란 경영시스템의 물리적인 형태를 어떻게 구성할 것인가를 다루는 분야이다. 계층적 상하관계로는 어떻게 나눌 것인지, 수평적인 부문관계로는 어떻게 세분할 것인지 등을 중요한 연구주제로 다룬다.

이에 반해 조직행위론은 일단 조직구조론에 의해 경영시스템이 구성되어 조직원들이 각자의 위치로 배치된 후, 경영활동이 이루어지는 과정에서 조직원들의 개인적이고 심리적인 행위들을 어떻게 분석하고 관리할 것인가를 다루는 분야이다.

예를 들어 '어느 사원이 생산관리부의 과장으로 일하고 있는데 성실하기는 하지만 영업부와 업무협조를 잘 하지 못하고 부하 직원들을 능숙하게 다루는 데 서툴다는 문제'가 있다고 하자. 이 회사에 생산관리부와 영업부가 있다는 점, 과장의 직급에 있으면서 위로는 부장이 있고 아래로는 사원도 있다는 점 등은 조직구조에 관한 주제이고, 이 사원이 타 부서와 업무협조를 잘하지 못하는 점, 리더십이 부족한 점 등은 조직행위에 관한 주제이다.

조직행위의 역사는 곧 조직생활을 하기 시작한 인류의 역사와 같다고 할 수 있을 만큼 매우 길다. 또 기업뿐 아니라 사람들로 구성되어 움직이는 세상의 모든 조직 내에는 조직행위가 존재할 만큼 범위도 넓다. 그러나 오늘날 우리가 경영학의 한 분야로서 조직행위론을 본격적으로 받아들이기 시작한 계기는, 1920년대 말에 태동된 인간관계론(human relations)이라고 할 수 있다.

20세기 초에 시작된 과학적 관리(scientific management)는 현대경영학의 정착과 발전에 엄청난 영향을 끼쳤다. 공장의 생산성을 제고하기 위해 종업원들의 작업관리, 동작관리 등을 체계적으로 분석한 과정과 결과는 비로소 경영학이라는 학문을 '과학적'으로 할 수 있고 또 해야 한다는 사실을 알려준 것이다. 더 이상 경영은 주먹구구식이나 감으로 하는 것이 아니라 과학으로 해야 한다는 인식이 자리잡게 되었다. 이러한 인식을 바탕으로 생산성을 높이기 위한 가장 바람직한 작업환경과 조건을 조사한 여러 연구들이 이루어졌다. 그 결과 생산성은 조명, 온도, 습도 등의 외부조건보다는 '인간의 심리적이고 내면적 요소'에 의해 더 큰 영향을 받는다는 사실이 밝혀졌다. 그리고 이들의 주장은 '인간관계론'이라는 이름으로, 하나의 중요한 연구영역으로서 자리를 잡게 되었다.

인간관계론은 그 후 '행동과학(behavioral science)'으로 발전하였다. 인간의 심리와 행동에 대한 이해를 위해서는 다양한 지식과 이론, 과학적이고 체계적인 분석 방법 등이 뒷받침되어야 한다는 사실을 깨닫게 된 것이다. 따라서 경영학 외에 심리학, 사회학, 정치학, 인류학 등이 연구에 참여하게 되고, 보다 정교하고 복잡한 방법론이 활용되면서 인간관계론은 다학제적 과학(multi–disciplinary science)의 성격을 띠게 되었다.

조직행위론의 발전에 큰 영향을 미친 또 다른 이론은 이른바 상황이론(contingency theory)이다. 그 이전까지는 조직과 사람을 관리하는 데는 무엇을 어떻게 하는 것이 좋다라는 식의 원칙이나 기준이 정해져 있었다. 그러나 조직의 규모와 구조가 대형화, 복합화되고 조직을 둘러싼 외부환경이 크게 바뀌면서 어느 경우에나 항상 바람직한 방법이나 기준이 있는 것이 아니라, 그때그때 상황에 따라 최적의 방식이 달라져야 한다는 주장이 제기된 것이다.

가장 최근에 각광받는 조직행위론의 주제는 '개인의 창의성'과 '조직 문화'라고 할 수 있다. 세상의 변화에 따라 기업조직의 겉모습도 달라지고 조직 내부의 사람들도 신세대 젊은이들로 바뀌고 있는 상황에서, 조화와 협력을 강조하는 전통적인 조직이론은 개인의 창의성과 자율성을 침해하고, 나아가 기업의 성장성과 생산성을 저하시킬 수 있다는 주장이 제기되고 있는 것이다. 또한 조직의 합리성이나 기능성보다는 비전, 공감대, 가치관 등의 문화적 요인들의 중요성이 강조되고 있는 추세이다.

지금까지 살펴본 것처럼, 조직행위론은 본질적으로 다양한 세부 주제를 포괄하고 있다. 여기에서는 이 내용을 크게 (1) 동기부여 이론, (2) 리더십 이론, (3) 갈등 이론으로 나누어 살펴보기로 한다.

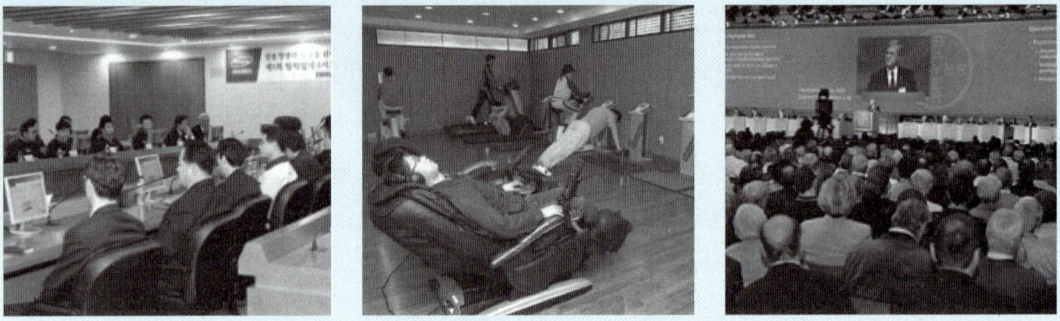

조직행위 관련 활동: 전략회의, 직원복지 활동, 주주총회

1.2 동기부여 이론: 어떻게 스스로 일하도록 할 것인가?

1.2.1 기본배경

관리자로서 사람을 다루는 일 가운데 가장 첫 번째 과제는 어떻게 부하직원들이 신바람 나게 일하도록 만드느냐 하는 것이다. 스스로 열심히 그리고 즐겁게 일할 수 있는 여건과 분위기를 만드는 것이야말로 성공적인 관리자에게 가장 중요하고도 어려운 문제가 된다. 이 문제를 해결하기 위해서는 먼저 사람이 본질적으로 어떤 욕구를 지니고 있고, 그 욕구가 만족되기 위해서는 무엇이 주어져야 하는가를 알아야 한다.

동기부여(motivation) 이론은, 조직원들이 어떤 욕구나 보상에 의해 어떠한 행동을 보이고 그 성과는 어떠한가를 분석하는 이론이다. 이 이론은 조직행위론의 다양한 이론 가운데에서도 가장 기본적인 이론이다. 왜냐하면 사람의 행동은 결국 어떤 자극에 의해 욕구가 생기고, 그에 의해 행동의 동기가 생기며, 그 결과 구체적인 행위가 일어나기 때문에, 그 메커니즘(mechanism)의 이해야말로 조직행위론 연구의 출발점이 되기 때문이다.

경영학에서 동기부여 이론이 중요한 위상을 차지하게 된 이유는 그것이 경영 성과와 직결되기 때문이다. Lewin(1938)에 의하면, 개인의 '행위 자체'는 개인의 특성과 환경 요인이라는 두 변수에 영향을 받지만, 개인의 '성과'는 개인의 능력(특성)과 환경 요인 외에도 동기부여라는 새로운 변수가 영향을 미치게 된다. 따라서 경영시스템의 성과를 제고하기 위해서는 적절한 동기부여 제도가 도입되어야 한다.

동기부여 이론은 크게 내용 이론(content theory)과 과정 이론(process theory)으로 나누어 살펴볼 수 있다. 내용 이론은 어떤 행동이 일어나기 전의 초기 단계에서 그 행동을 하게 된 동기를 이끌어내는 '욕구가 무엇(what)이냐'를 다루는 이론이고, 과정 이론은 행동이 일어나는 중간 단계에서 '어떻게(how) 그 행동을 할 수 있는 동기를 이끌어내느냐'를 다루는 이론이다. 예를 들어 프로젝트에 참여한 연구원이 밤을 새워 연구에 몰두하게 하기 위해서는 본인이 원하는 연구주제를 선택할 수 있는 자유를 주는 것이 좋을지 아니면 성과급이라는 물질적 보상을 해주는 것이 좋을지를 정하는 문제는 내용 이론의 주제가 되고, 만일 성과급을 주기로 했을 때 연구가 진행되는 중간 중간에 성과급을 조금씩 나누어 주는 것이 좋은지 아니면 프로젝트가 잘 마무리된 후에 한꺼번에 주는 것이 좋은지를 정하는 문제는 과정 이론의 주제가 된다.

1.2.2 내용 이론

내용 이론(content theory)은 동기를 유발하는 '욕구(needs)'의 내용과 요인을 찾아내는 것을 핵심적인 과제로 삼고 있다. 내용 이론에는 앞으로 설명될 몇 가지 기본 이론들을 포함하여 다양한 이론들이 많이 알려져 있다. 그 가운데 어느 이론은 옳고 어느 이론은 그르다고 말할 수는 없다. 또 어느 이론은 좋고 어느 이론은 나쁘다고 말할 수도 없다. 모든 이론이 나름대로의 타당성과 모호성, 장점과 약점을 지니고 있기 때문에 각각의 이론에서 취할 것은 취하고 버릴 것은 버리면서 자기 나름대로의 동기부여 방식과 기술을 습득하는 자세가 필요하다.

(1) Maslow의 욕구 5단계 이론

1) 이론의 내용

1940년대에 제시된 Maslow의 욕구 5단계 이론은, 내용 이론 가운데 가장 오래된 그리고 가장 널리 알려진 이론이다. Maslow는 인간의 욕구가 아래와 같이, 하위 욕구에서 시작하여 상위 욕구로 옮겨가는 5단계의 계층으로 구성되어 있다고 주장한다. 흔히 '사람이 배부르면 눕고 싶고 누우면 자고 싶다'라는 속담이 있듯이, 제일 아래의 욕구에서 출발하여 위로 올라가면서 인간의 욕심은 끝없이 이어진다는 것이다.

① 생리적 욕구(physical needs): 생존을 위한 의식주의 기본 욕구와 신체적인 본능을 추구하는 욕구

② 안전과 안정 욕구(security needs): 물질적 안정과 신분의 보장, 안전한 작업 조건, 외부의 위협으로부터 안전을 추구하는 욕구

③ 사회적 소속감 욕구(social needs): 조직 내에서 느끼는 소속감, 다른 사람들과의 친화, 우정 등을 추구하는 욕구

④ 인정과 존경 욕구(esteem needs): 타인으로부터 인정받고 존경받는 느낌, 중요한 업무를 부여받고 느끼는 책임감, 다른 사람을 관리하고 지도하며 느끼는 만족감 등을 추구하는 욕구

⑤ 자아실현 욕구(self-realization needs): 자신의 잠재적 능력과 이상적 자아를 실현하고 싶은 욕구

2) 이론의 의의

Maslow의 이론이 오늘날까지도 가장 널리 받아들여지고 있는 이유는 인간의 욕구를 세분하여 순서화하고 단계화했기 때문이다. 즉 인간의 욕구는 하위의 욕구에서부터 상위의 욕구까지 계층적 구조로 이루어져 있으며, 인간은 하위의 욕구에서 출발하여 점진적으로 상위의 욕구를 충족시켜 나가는 성향을 지녔음을 명확하게 설명한 점이 큰 설득력을 얻은 것이다.

Maslow의 이론은 크게 두 가지 면에서 기업의 조직관리에 큰 영향을 미쳤다. 첫째, 맞춤형의 동기부여 전략을 제시한 점이다. 즉 욕구는 단계화, 순서화되어 있기 때문에 개별 조직원들의 위상이 어디이며 처한 상황이 어떠한가를 파악하여 각자의 욕구에 맞는 동기를 부여하는 방법을 도입하게 하였다. 둘째, 자원배분의 효과성과 효율성을 높인 점이다. 동기부여에 필요한 자원은 제한되어 있으므로, 모든 욕구를 한꺼번에 만족시켜 주는 방법보다 각자의 특성에 맞추어 자원을 선별적, 집중적으로 배분할 수 있는 기준과 방법을 개발하게 하였다.

그러나 욕구 5단계 이론은 몇 가지 문제점과 한계를 안고 있다. 첫째는 욕구의 분류 자체가 갖는 모호함이다. 과연 인간의 다양한 욕구를 다섯 단계로 나눌 수 있는지 또는 나눌 경우 두 단계의 중간쯤에 있는 애매한 욕구들은 어떻게 처리할 것인지 하는 비판이 제기될 수 있다.

둘째는 인간의 욕구가 대체적이 아니라 중복적일 수 있다는 사실이다. 다시 말해 하나의 욕구가 만족되면 그것을 버리고 다른 욕구를 찾는 것이 아니라, 여러 가지 욕구를 동시에 추구할 수 있다는 것이다.

셋째로는 욕구와 행동의 관계를 1대 1로 연결시키기 어렵다는 사실을 들 수 있다. 즉 하나의 행동은 하나의 욕구에 의해서만 이루어지는 것이 아니라, 여러 가지 욕구가 복합적으로 작용하여 이루어진다는 것이다.

마지막으로 동일한 개인의 경우도 시점이나 상황에 따라 원하는 욕구가 얼마든지 달라질 수 있다는 점이다. 따라서 개인별로 동기 부여에 가장 적합한 방식이 무엇인가에 대한 답을 찾기가 매우 어려울 수 있는 것이다.

(2) Alderfer의 ERG 이론

1970년대에 제시된 Alderfer의 ERG 이론은 한마디로 Maslow의 5단계 이론을 3단계로 축소한 것이다. 즉 사람의 욕구는 존재 욕구(Existence: E), 관계 욕구(Relations: R), 성장 욕구(Growth: G)로 나눌 수 있다는 것이다.

ERG 이론은 욕구 5단계 이론과 비교하여 전반적인 내용에는 별 차이가 없지만 구체적이고 실천적인 면에서는 두 가지의 차이가 있다. 먼저, ERG 이론은 욕구를 상위와 하위의 계층 관계로 나눌 뿐 아니라, 욕구의 내용이 구체적인가, 추상적인가의 특성 차이로도 나눈다. 즉 상위의 욕구는 추상적이어서 파악하기가 어려운 데 반해 하위의 욕구는 매우 구체적이어서 그 내용을 알기가 쉽다는 것이다. 다음으로, ERG 이론은 여러 욕구가 서로 독립적인 관계에 있는 것이 아니라 복합적으로 연계되어 있다고 주장한다. 특히 추상적 욕구(성장이나 관계)가 만족되지 않을 경우, 더 상위의 추상적 욕구를 추구하기보다 더 하위의 구체적인 욕구를 더 많이 충족함으로써 이를 보상하고자 하는 경향이 있음을 지적하고 있다.

그러나 크게 보아 ERG 이론은 Maslow의 5단계 이론이 안고 있는 장점과 단점을 비슷하게 공유하고 있다고 할 수 있다.

(3) Herzberg의 2요인 이론

1) 이론의 내용

Maslow의 5단계 이론과 함께 가장 많이 알려진 또 하나의 이론이 바로 1960년대 말에 제시된 Herzberg의 2요인 이론이다. 이 이론은 동기부여를 결정하는 다양한 요인 내지 변수들을 크게 위생 요인(hygiene factor)과 동기 요인(motivation factor)으로 나눈 후, 동기부여를 위해 이 두 가지 요인을 다르게 관리해야 한다고 주장한다.

이 이론의 출발점은, 사람이 '만족한다는 것'과 '불만족한다는 것'은 같은 차원에서 서로 반대되는 위치에 있는 것이 아니라 처음부터 서로 다른 차원이라는 가정에 있다. 즉 모든 경우에 욕구가 충족되어 불만족이 해소되면 곧바로 만족한 상태가 되는 것이 아니라, 처음부터 제공되면 만족이 생기는 요인들과 제공되지 않으면 불만족이 생기는 두 가지 요인들로 나뉘어져 있다는 것이다.

이러한 가설 하에, 위생 요인은 그것이 제공되지 않을 경우 '불만족'이 생기는 요인들로 정의된다. 그러므로 다른 말로는 불만족 요인이라고 할 수 있다. 구체적으로 임금, 감독과 통제, 작업환경과 근로조건 등이 여기에 속한다. 이런 요인들은 그것이 제공되면 '불만이 없어지는' 효과를 가져온다. 이에 반해 동기 요인은 그것이 제공될 경우 '만족'이 생기는 요인들을 가리킨다. 따라서 다른 말로는 만족 요인이라고 할 수 있다. 예를 들어 책임감, 인정과 존경, 직무의 내용과 수준, 성장과 자아성취 등이 여기에 속한다. 이런 요인들은 그것이 제공되면 '만족감을 느끼게 되는' 효과를 가져온다. 그러나 다시 한번 강조하지만, 위생 요인이 제공되면 불만은 바로 없어지지만 그것이 곧 만족하게 된다는 것을 뜻하지는 않는다.

2) 이론의 의의

Herzberg 이론의 의의는 욕구와 만족에 대해 Maslow의 가설을 근본적으로 다르게 해석한 점이라 할 수 있다. 즉 Maslow는 욕구가 충족되지 않으면 불만족 상태가 되며, 이 욕구가 충족되면 바로 만족 상태로 바뀐다고 가정한다. 그러나 Herzberg는 처음부터 불만족 상태와 만족 상태는 서로 다른 차원의 심리상태라고 가정한 후, 위생 요인의 수준과 내용이 좋아지면 불만족 상태는 해소되지만, 그것이 곧 만족 상태로 바뀌는 것은 아니라는 점을 지적하고 있다.

Herzberg의 이론은 동기부여의 실무에 있어 외형적인 경영환경과 내부적인 직무설계의 중요성을 인식시킨 점에서 큰 공헌을 하였다. 즉 불만족의 해소 내지 완화를 위해서는 근로조건이나 임금체계와 같은 위생 요인의 개선이 필요하다는 점과, 만족의 극대화를 위해서는 직무의 재설계, 책임과 자율의 확대 등과 같은 동기 요인의 부여가 필요하다는 점을 인식하게 한 것이다.

그러나 Maslow의 이론과 마찬가지로 Herzberg의 이론도 몇 가지 비판과 한계를 안고 있다. 우선, 과연 동기부여의 요인을 두 가지로 나눌 수 있는지, 또 두 요인의 경계선 상에 있는 요인들은 어떻게 처리할 것인지가 모호하다. 또 불만족 요인과 만족 요인이 서로 대체 관계에 있을 경우에는 어떻게 해석할 것인지, 개인의 가치관과 외부상황에 따라 요인을 분류하는 기준이 다른 경우에는 어떻게 할 것인지 등의 질문에 대해서도 명확한 대답을 제시하지 못하고 있다.

(4) McGregor의 X-Y 이론

1) 이론의 내용

동기부여의 내용 이론에 또 하나의 중요한 공헌을 한 것이, 1960년대 초에 발표된 McGregor의 X-Y 이론(X-Y theory)이다. 이 이론은 앞에서 살펴본 다른 이론들이 욕구의 요인이나 변수를 유형화한 것에 반해, 인간 자체를 유형화한 면에서 근본적인 차이가 있다.

이 이론은 인간 유형을 크게 X형(X theory)과 Y형(Y theory)으로 나누는 것에서 출발한다. X형은 인간성에 대한 전통적 견해를 대변하는 유형으로, 사람은 태어날 때부터 소극적이며 수동적이어서 지도력도 없고 창의성도 부족하며 자율적으로 일하기보다는 시키는 일이나 하는 존재로 규정한다. 이에 반해 Y형은 McGregor 자신이 주장한 유형으로, 사람은 적극적이며 능동적이어서 좋은 여건만 주어지면 책임감을 가지고 자율적으로 일을 하며 창의성을 발휘할 수도 있고 적극적인 리더가 될 소지도 있다는 것이다.

2) 이론의 의의

McGregor의 X-Y 이론은 실제로 기업의 조직개발과 인력양성 프로그램의 설계에 큰 영향을 미쳤다. 이 이론이 받아들여지기 전에는 대부분의 기업이 조직원을 X형으로 전제한 후, 엄격한 관리방식과 제도를 시행하고 감독과 통제시스템을 강화하는 것이 바람직하다고 믿었다. 그러나 이 이론이 도입된 이후에는, 많은 기업들이 개개인에게 스스로 업무의 목표를 설정하고 직무를 설계하게 하며 권한과 책임을 확대하고 자율적인 평가를 하도록 유도하는 동기부여 프로그램들을 도입하였다.

그러나 이 이론도 개인적 차이를 어떻게 고려할 것인지, 어떻게 X형과 Y형을 명확하게 나눌 수 있는지와 같은 의문점을 해소하기 어려운 문제점과 한계를 안고 있다.

(5) Locke의 목표설정 이론

또 다른 성격의 동기부여 이론으로는 목표설정 이론(Goal Setting Theory)을 들 수 있다. 앞에서 본 전통적 이론들이 주로 인간 내면의 욕구와 동기부여 간의 관계에 초점을 맞추었다면 목표설정 이론은 주어진 목표와 동기부여 사이의 관계에 초점을 맞춘다. 이 이론은 다음의 가정(assumption)을 바탕으로 한다. 첫째, 구체적인 목표를 설정하는 것이 목표가 아예 없거나 추상적인 목표를 설정하는 것보다 일의 성취도를 높인다. 둘째, 받아들일 수 있는 수준이라면 목표가 어려울수록 더 많은 노력을 투입하게 된다. 셋째, 목표를 설정하는 과정에 직접 참여하는 것이 만족도를 올릴 수 있다.

목표설정 이론은 목표를 동기부여의 동인으로 본다. 즉 뚜렷한 목표가 주어지면 일에 대한 관심과 목표 의식이 생기고 그것이 동기를 부여하는 강한 힘으로 작용한다는 것이다. 이때 목표는 구체적이고 도전적이어야 한다. 왜냐하면 목표가 구체적일수록 일에 대한 집중력이 올라가고, 목표가 도전적일수록 그 목표를 달성하기 위해 더 큰 노력을 기울이기 때문이다. 하지만 목표는 현실적이어야 한다. 만일 비현실적일 정도로 어려운 목표가 주어지면 목표 자체를 받아들이지 않게 된다.

1.2.3 과정 이론

과정 이론(process theory)은 지금까지 살펴본 내용 이론에 대한 비판에서 출발하였다. 내용 이론이 동기부여에 관한 욕구, 즉 '무엇(what)'을 분석하는 데는 많은 공헌을 하였지만 어떻게 동기를 유발할 것인가, 즉 '어떻게(how)'에 대해서는 적절한 대답을 하지 못했다는 문제 의식에서 시작하여, 동기부여의 과정과 방법을 다루는 연구 분야인 과정 이론이 제시된 것이다.

내용 이론과 과정 이론은 서로 보완적인 성격을 지닌다고 할 수 있다. 내용 이론을 통해 동기유발의 본질적 속성 즉 '무엇을 할 것인가'를 알 수 있다면, 그 다음에는 과정 이론을 통해 동기유발의 과정적, 환경적 요인 즉 '어떻게 할 것인가'를 이해함으로써 효과적인 동기부여 프로그램의 전체적 틀을 만들 수 있는 것이다. 과정 이론과 관련해서는 다음의 두 가지 이론이 대표적 이론으로 알려져 있다.

(1) 기대 이론

기대 이론(expectancy theory)은 통계학의 기본인 확률(probability)과 기대값(expected value)의 개념을 토대로 한다. 확률 이론에서 기대값은 어느 사건이 일어날 확률과 그 사건이 일어났을 때 얻는 가치의 곱으로 결정된다. 이 개념을 동기부여 이론에 적용해 보면, '특정 행동에 대한 기대값'은 그 행동을 통해 얻을 수 있는 '성과의 크기'와 '그 성과를 얻을 수 있는 가능성'에 의해 결정된다고 할 수 있다.

기대 이론은 크게 다음 세 가지 요인을 중심으로 만들어진 것이다. 첫째는 조직원 누구나 열심히 노력하면 성과를 낼 수 있다는 기대(effort-to-performance expectancy)이고, 둘째는 성과를 내면 누구나 정당한 보상을 받을 수 있다는 기대(performance-to-reward expectancy)이며, 셋째는 보상에 대해 느끼는 매력(perceived attractiveness of reward)이다.

앞의 요인들을 토대로, 기대 이론에서는 실제로 일을 열심히 할 수 있는 동기가 만들어지려면 노력의 결과로 주어지는 보상에 대한 기대값이 일정 수준을 넘어서야 한다고 가정한다. 이 가정을 식으로 표현하면 아래와 같다.

동기부여 M(motivation) ≥ 가치의 크기 V(value) × 달성의 가능성 E(expectancy)

또 기대 이론은 동기부여가 일정 수준 이상이 되기 위해서는 가치의 크기와 달성의 가능성 모두가 균형적으로 어느 수준 이상이 되어야 한다고 주장한다. 가치는 매우 크지만 실현 가능성이 거의 없다거나, 실현 가능성은 매우 높지만 가치의 절대 크기가 미미하다면 동기부여의 효과가 크게 떨어지게 된다. 예를 들어 로또 당첨과 같이 가치의 크기는 엄청나게 크지만 달성될 확률이 0에 가깝거나, 누구나 조금만 열심히 하면 달성할 수 있는 일이지만 주어지는 보상이 저녁 식사비 정도 밖에 안 된다면 동기부여가 제대로 되지 않는다는 것이다.

기대 이론은 동기부여 프로그램을 설계할 때, 성과에 대한 보상의 크기와 성과를 달성할 수 있는 가능성을 어떻게 결정할 것인가 하는 문제의 중요성을 일깨우고 있다. 같은 1억이라는 돈을 들여 동기부여 프로그램을 만들더라도 어떻게 설계하느냐에 따라 큰 효과를 볼 수도 있고 거의 효과를 보지 못할 수도 있다.

그러나 기대 이론의 단점은 보상의 크기나 달성 가능성을 객관적이고 합리적으로 결정하기 어렵다는 데 있다. 개인마다 가치의 크기를 측정하는 기준이 다르고, 또 달성의 가능성을 사전에 정확하게 예측하기도 쉽지 않다는 문제점이 있다.

(2) 공정성 이론

공정성 이론(equity theory)은 기대 이론의 문제점을 보완하기 위해 제시된 이론이다. 앞에서 말한 대로 기대 이론의 가장 큰 문제는 사람마다 가치의 크기에 대한 생각이 다르다는데 있다. 이 문제를 해결하기 위해서는 조직원 개개인이 절대적으로 느끼는 가치의 크기가 아니라 모든 사람들 사이에서 상대적으로 느끼는 크기를 가지고 가치의 크기를 판단해야 한다. 즉 '다른 사람들과의 비교'를 통해, 기대 이론이 안고 있는 주관성과 비합리성을 없애거나 줄일 수 있다는 것이다.

구체적으로 한 개인이 받은 보상의 크기를 O(Output)라고 하고 투입한 양을 I(Input)라고 했을 때, O/I의 비율이 개인들간에 같으냐 아니면 다르냐에 따라 크게 세 가지 반응이 나타날 수 있다.

- 본인의 비율이 다른 사람들의 비율과 같거나 비슷할 때, 만족감을 느낀다.
- 본인의 비율이 지나치게 크다고 느낄 때, 죄책감을 느낀다.
- 본인의 비율이 지나치게 작다고 느낄 때, 불만족을 느낀다.

따라서 공정성 이론의 기본 가정은, 모든 사람이 공정한 기준과 방식으로 평가되고 보상 받는다는 인식을 주어야만 만족감을 느끼면서 동기 부여가 될 수 있다고 주장한다. 한마디로 보상의 크기는 절대적 수치의 차이가 아니라 상대적인 느낌의 차이라는 것이다.

결국 공정성 이론은 동기부여 프로그램의 설계 과정에서, 절대적 보상의 크기를 확대하는 것 못지 않게 상대적 보상의 공정성을 확보하는 것이 중요하다는 점을 지적

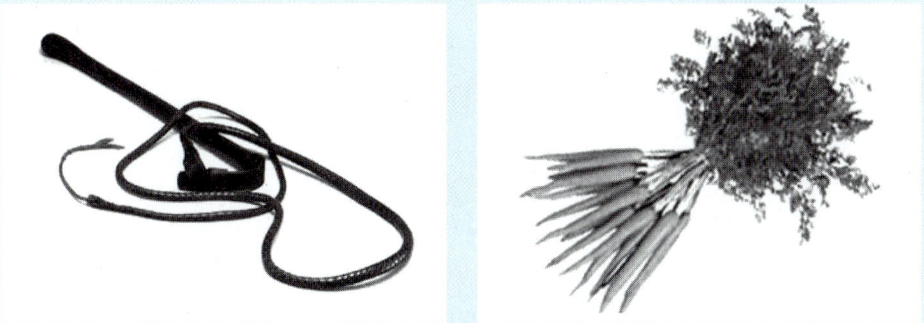

채찍(왼쪽)과 당근(오른쪽)

하고 있다. 혼자 100만원의 보상을 받고도 행복하지 않을 수 있는가 하면 100명이 1만원씩 나누어도 모두가 행복할 수도 있다는 것이다.

그러나 공정성 이론도 주관성의 한계를 벗어나지 못한다는 문제를 안고 있다. 왜냐하면 공정성이라는 것 자체가 주관적인 판단에 의해 결정되기 때문이다. 사람마다 상대적 차이를 인식하는 기준이 다르고 또 차이에 대해 반응하는 태도가 상이할 수 있는 것이다.

1.2.4 욕구좌절

내용 이론과 과정 이론이 적절히 반영된다고 해서 항상 동기가 유발되고 욕구가 만족되는 것은 아니다. 오히려 더 이상 동기는 유발되지 않고 불만이 쌓이게 되어 불안정하고 부정적인 반응을 보이게 되는 경우도 있다. 즉 욕구좌절(frustration)의 행동들이 나타나게 되는 것이다. 따라서 동기부여와 욕구좌절은 동전의 앞면, 뒷면과 같이 서로 밀접하게 연관되어 있지만, 상반된 위치에 존재하는 개념이다.

욕구좌절의 반응과 행동은 다양하지만, 크게 다음과 같은 전형적인 유형들로 나눌 수 있다. 물론 개인에 따라서는 어느 한 가지 반응이나 행동을 보이기 보다는 여러 가지 반응을 복합적으로 나타내기도 한다. 따라서 조직 구성원 하나하나가 욕구좌절의 상태에서 어떤 반응과 행동을 보이는가를 알아내는 것이 조직관리의 중요한 과제가 된다. 결국 욕구좌절에 관한 실증연구의 궁극적인 목적은, 각 개인의 욕구좌절 행동 유형을 사전에 정확히 인지하여 각 유형에 가장 근접한 실제 행동을 예측하고 또 가장 적합한 대응방안을 제시하는 데 있는 것이다.

① 공격 행동(aggression): 타인에 대해 폭력적이고 공격적인 언행을 보이는 유형

② 대체 행동(coping): 욕구좌절을 가져온 상황을 대체할 수 있는 다른 상황이나 경우에서 대리 만족을 얻는 유형

③ 합리화 행동(rationalization): 본인의 잘못이나 무능함을 인정하지 않고 끊임없이 변명을 하는 유형

④ 퇴행(regression): 잠을 자거나, 울거나, 폭식을 하는 등의 퇴행적 행동을 하는 유형

⑤ 회피 행동(resignation): 욕구좌절을 유발한 상황이나 상대를 의식적으로 피하는 유형

⑥ 고착 행동(fixation): 욕구좌절을 유발한 상황이나 문제를 의도적으로 반복하여 끝까지 이겨내려고 집착하는 유형

1.3 리더십 이론: 어떻게 조직원을 이끌 것인가?

1.3.1 기본배경

우리가 이 책의 앞머리부터 강조해 온 이공계 출신의 성공적 CEO도 기술적 전문성과 함께 사회적 리더로서의 자질과 덕목을 겸비한 사람을 가리킨다. 리더로서의 덕목과 자질, 나아가 풍부한 경험 이런 것들을 묶어서 우리는 리더십(leadership)이라고 부른다.

리더십 이론의 핵심은 리더(leader)와 관리자(manager)를 구분하는 것에서 출발한다. 주어진 업무를 효과적, 효율적으로 관리하여 주어진 시간 내에 주어진 수준으로 완수하면 성공적인 관리자가 될 수 있다. 그러나 리더는 성공적인 관리자가 되는 것은 물론, 더 나아가 조직원들에게서 존경과 신뢰를 받을 수 있어야 한다. 관리자가 기존의 관습과 방식을 잘 지키면서 효율적으로 일을 하는(doing things right) 사람이라면, 리더는 변화의 흐름을 읽는 통찰력과 미래에 대한 비전을 토대로 조직이 반드시 해야 할 일을 하는(doing the right things) 사람이다. 따라서 성공적인 리더는 당연히 성공적인 관리자가 되지만, 성공적인 관리자라고 해서 곧 바람직한 리더라는 보장은

없다. 주어진 일은 잘 관리하지만 부하들의 존경도 받지 못하고 조직의 미래에 대한 비전도 없는 관리자도 얼마든지 있을 수 있다. 더구나 존경받는 리더에 관한 조사에서 항상 첫 자리에 나오는 덕목은 윤리의식(ethics)이다. 능력과 지도력에 앞서 정직하고 깨끗한 사람만이 진정한 리더가 될 수 있다는 것이다.

그러므로 관리자에 비해 리더는 더 다양한 역할을 수행하고 더 많은 자질을 갖추어야 한다. 일에 관해서는 유능한 관리자가 되어야 하고, 조직에서는 선도자이자 지휘자가 되어야 하며, 조직 밖에 대해서는 대변인이 되어야 한다. 따라서 리더를 연구의 대상으로 하는 리더십 이론도, 업무를 설계하고 관리하는 경영자로서의 관리적 관점, 한 조직을 다스리는 최고책임자로서의 사회적 관점, 다양한 조직원들의 생각과 행동을 조화시키는 조정자로서의 조직행위적 관점을 모두 포함하게 된다.

리더십에 대해 우리는 많은 것을 듣고 보아 왔다. 어린 시절에 전설적 영웅에 대한 소설과 존경스러운 위인들의 전기를 읽어보지 않은 사람은 없을 것이다. 또 성공적인 경영자의 철학이나 생활습관에 대한 이야기는 서점가에 쌓여있다. 그러나 리더십 문제가 본격적인 연구의 주제가 된 것은 그렇게 오래된 일이 아니다.

리더십 이론의 발전 및 확대 과정을 정리하면, 크게 리더의 개인적 특성을 살펴보는 특성 이론(traits theory), 리더와 구성원간의 행위를 분석하는 행위 이론(behavior theory), 리더의 행위와 상황적 특성간의 관계를 중시하는 상황 이론(contingency theory)으로 나누어 설명할 수 있다.

1.3.2 특성 이론

특성 이론(traits theory)은 가장 초기에 리더십 이론의 주류를 이루었던 이론이다. 이 이론은 모든 성공적인 리더는 보통 사람과 달리 공통적으로 보유하고 있는 특성이 있다는 가정 하에, 그 특성이 무엇인가를 찾아내는 데 초점을 맞추었다. 따라서 이 이론은 카리스마 이론, 위인 이론 등의 이름으로 불리기도 한다. 우리가 어린 시절에 즐겨 읽었던 위인전, 청소년 시절에 탐독하였던 우상들의 자서전 등은 모두 특성 이론의 참고자료라고 말할 수 있다.

〈표 3-1〉에 제시되어 있는 것처럼, 이 이론에서는 리더의 특성을 크게 신체적 특성, 성격적 특성, 사회적 특성으로 나눈 후, 관련된 세부적인 분석대상들을 제시하고 있다.

〈표 3-1〉 특성 이론의 분석 대상

주요 특성	분석 대상
신체적 특성	연령, 신장, 체중, 용모, 지능 등
성격적 특성	지배욕, 성취욕, 독립성, 사교성 등
사회적 특성	학력, 집안 배경, 출신지역 등

이 이론은 리더의 특성과 조직의 유효성 간에는 어느 정도 유의한 관계가 있다는 실증분석의 결과를 제시하고 있지만 실무적인 유용성은 매우 제한적이다. 우선 예외적인 경우가 너무 많아 일반화시키기 어렵다. 예를 들어 나폴레옹이 키가 작다고 해서 키 큰 사람이 성공적인 리더가 될 수 없다는 식의 얘기가 하나의 이론이 될 수는 없다. 또 나중에 언급되겠지만, 리더의 특성이라는 것은 상황과 여건의 변화에 따라 얼마든지 바뀔 수 있다. 학창시절에 학업성적이 시원치 않았던 사람이 나중에 위대한 발명가가 되었다는 얘기는 무수히 많다.

상이한 신체적 특성을 보이는 리더들 – 링컨, 나폴레옹, 세종대왕, 이순신(왼쪽부터)

1.3.3 행위 이론

행위 이론(behavior theory)은 특성 이론의 다음 단계에서 주류를 이루었던 이론이다. 이 이론은 초기의 특성 이론에 대한 비판에서 출발하였다. 즉 모든 성공적인 리더에게 공통적으로 존재하는 특성이 있는 것은 아니며, 성공적인 리더는 몇 가지의 '행위 유형(style)'으로 나눌 수 있을 뿐이라고 주장한다. 그러므로 이 이론의 목표는 가장 바람직한 리더의 유형이 무엇인가를 찾아내는 데 있다.

그렇다면 다음에 나오는 문제는 리더를 어떤 기준에 따라 어떤 유형으로 나눌 것인가 하는 것이다. 행위 이론에 관한 대부분의 연구는 리더의 유형을 나누는 기준으로 크게 '인간중심' 차원과 '과업중심' 차원을 제시한다. 즉 사람을 중시하는 리더의 유형이 있는가 하면, 일을 중시하는 리더의 유형도 있다는 것이다. 다음으로 각 차원의 상대적 중요도를 '높다' 또는 '낮다'로 구분하면 하나의 매트릭스 안에 여러 개의 영역을 구성할 수 있다. 이 때 각 영역에 해당되는 사람이 리더의 한 유형이 되는 것이다.

많이 알려진 관리격자 모형(managerial grid model)을 예로 들어 보자(Blake와 Mouton, 1964). 여기서는 인간관계 행동과 과업주도 행동의 두 차원을 이용하여 리더의 유형을 크게 다섯 가지로 나누고 있다. [그림 3-1]에 나타난 것처럼, 일 중심으로 부하를 무조건적으로 끌고 가는 과업형 리더에서부터 일보다는 조직의 화합과 부하들에 대한 배려만을 중시하는 컨트리클럽형 리더까지 다양한 유형의 리더가 있을 수 있다. 물론 가장 바람직한 리더는 일의 관리와 사람의 관리를 모두 잘 하는 이상적 유형이 될 것이며, 최악의 리더는 두 가지 모두를 잘 못하는 무능력한 유형이 될 것이다.

[그림 3-1] 관리격자(managerial grid) 모형

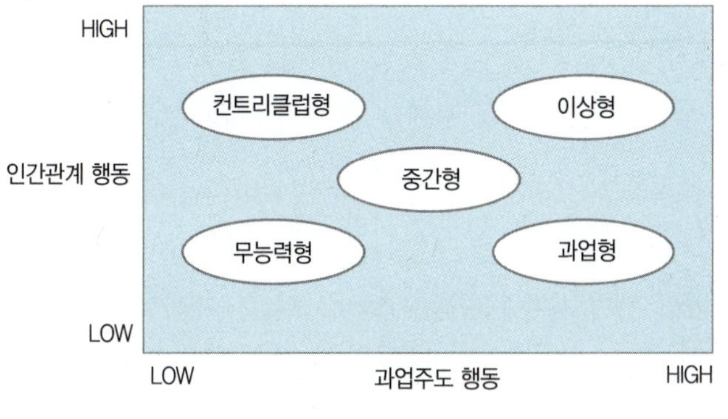

행위 이론이 특성 이론보다 좀 더 과학적이고 체계적이라는 점은 분명하다. 그러나 행위 이론의 연구결과들은, 리더의 유형과 부하의 만족도 혹은 리더의 유형과 조직의 성과 사이에 일관되고 의미있는 관계가 있다는 사실은 제시하지 못하고 있다. 예를 들어 리더가 일 중심으로 부하를 관리할 경우 그 행동이 부하의 만족도에 긍정적인 영향을 미치기도 하고 부정적인 영향을 미치기도 한다. 또 사람 중심으로 부하를 관리하는 리더 유형이 경영 성과에 미치는 영향과 관련해서도 한편으로는 긍정

적, 다른 한편으로는 부정적이라는 상반된 결과가 나온 경우가 많았다. 이러한 문제점들이 결국 다음에 설명할 상황 이론의 출현으로 연결되었다고 할 수 있다.

1.3.4 상황 이론

앞에서 언급한 대로 행위 이론은 리더의 유형과 조직의 성과간에 일관된 상관관계가 존재한다는 사실을 보여주지 못했다. 경우에 따라 '사람' 중심의 리더가 좋은 성과를 내기도 하고, 반대로 '일' 중심의 리더가 성공적인 경우도 있으며, 두 가지를 균형적으로 추구하는 리더가 이상적인 사례도 있었다. 이러한 문제 의식을 토대로, 리더십 이론에서 가장 최근에 제시된 이론이 상황 이론(contingency theory)이다.

상황 이론은 다양한 내부 요인과 상황 변수에 따라 적합한 리더십의 유형이 달라진다고 주장한다. 즉 성공적인 리더십은 리더 개인에 관련된 변수와 경영 상황에 관련된 변수를 동시에 포함하는 함수가 된다는 것이다.

상황 이론은 말 그대로 상황(situation)을 여러 가지 경우로 나누는 것에서 출발한다. 따라서 상황을 설명할 수 있는 변수로 무엇을 사용할 것인가 하는 문제가 제기된다. 원칙적으로 말하면, 상황을 나타내는 변수는 어떤 조직을 대상으로 무슨 목적으로 분석하느냐에 따라 결정되어야 한다. 이 때 조직 자체의 변수, 조직원의 변수, 과업의 변수, 리더의 변수 등을 사용할 수 있다.

많이 알려진 연구들에서는 리더와 구성원간의 관계가 좋은지 나쁜지, 주어진 과제의 성격이 단순한지 복잡한지, 리더에게 권한이 강한지 약한지, 조직원들의 책임감이나 충성도가 높은지 낮은지 등이 대표적인 변수로 사용되고 있다.

이러한 변수들을 조합하면 여러 가지 상황을 만들어낼 수 있고, 여러 가지 리더의 유형을 정리한 후, 각각의 상황에서 어떤 유형의 리더가 어떤 성과를 나타내는지를 측정하고 비교하면, 주어진 상황에서 가장 바람직한 리더의 유형을 찾아낼 수 있는 것이다.

1.3.5 현대적 리더십 이론

앞에서 설명한 전통적 이론들이 주로 리더 자신의 특성이나 상황에 초점을 맞추었다면 오늘날의 리더십 이론은 리더와 구성원 사이의 관계를 강조하는 추세를 보인다. 최근의 조직은 과거에 비해 훨씬 더 민주화되고 다양화되었기 때문이다. 이러한 변화를 나타내는 대표적 이론으로는 거래적 리더십(transactional leadership)을 들 수 있다. 거래적 리더십은 다른 말로는 교환적 리더십이라고도 하며, 리더는 구성원들이 원하는 보상을 제공하고 그 대가로 구성원들로부터 자신이 원하는 성과를 얻어내는 관계를 말한다. 이때 리더는 리더 자신이 원하는 결과가 무엇인지, 그리고 목표의 달성 여부에 따라 구성원은 어떤 보상을 받게 되는지를 구성원들에게 명확하게 알려주어야 한다. 거래적 리더십에서 한 걸음 더 나아간 것이 변혁적 리더십(transformational leadership)이다. 거래적 리더십이 리더와 구성원 간의 교환 관계만을 강조하는 데 비해, 변혁적 리더십은 단순한 교환 관계를 넘어 구성원이 조직의 변혁에 적극적으로 참여하도록 유도하는 능력과 자세를 가리킨다.

팔로워십(followership)도 리더십의 새로운 추세를 잘 보여주는 개념이다. 팔로워십이란 리더십의 상대적인 개념으로, 리더십이 리더가 조직원들을 잘 이끌어가는 능력을 가리키는 데 반해 팔로워십은 조직원들이 리더를 잘 뒷받침해주는 능력을 뜻한다. 팔로워십 이론에서는 조직의 성공과 실패 여부는 리더가 조직원을 잘 선도하는 것 못지않게 조직원들이 리더를 잘 따라가는 것에 의해 결정된다고 주장한다. 조직의 성공에 리더가 기여한 크기는 20% 이하이며, 80% 이상은 팔로워십이 결정한다는 것이다. 따라서 좋은 리더십이 만들어지기 위해서는 리더 자신에 대한 이해에 앞서 팔로워십에 대한 이해가 선행되어야 한다. 서번트 리더십(servant leadership)도 많이 알려진 개념이다. 서번트 즉 봉사자 리더는 비전 제시자, 파트너, 그리고 조력자의 역할을 동시에 하는 리더를 뜻한다. 먼저 리더는 조직원들에게 미래의 비전을 제시할 수 있는 능력을 지녀야 한다. 동시에 서번트 리더는 섬기는 자세로 조직원들에게 다가가, 상호 신뢰를 바탕으로 하는 수평적 파트너가 되고 또한 조직원의 성장을 도와주는 조력자가 되어야 한다.

1.4 갈등 이론: 갈등은 왜 생기고 어떻게 해결할 것인가?

1.4.1 기본배경

기업을 구성하는 가장 작은 단위는 개인이며, 개인들이 모여 다양한 소집단들이 생겨난다. 모든 개인과 집단은 나름대로의 가치관을 가지고 있고, 구체적인 업무 목표가 부여되며, 정해진 직급이나 역할을 갖게 된다. 그러나 개인과 개인간, 개인과 집단간, 그리고 집단과 집단간에 가치관, 목표, 이해관계 등이 서로 다를 수 있으며, 이 과정에서 갈등(conflict)이 일어나고 두 당사자는 갈등 상태에 놓이게 된다. 실제로 여러분들은 학창시절 동안 이미 다양한 종류의 갈등을 경험하기도 했고, 옆에서 지켜보기도 했을 것이다.

갈등의 원인은 무엇이며 갈등의 유형에는 어떤 것들이 있고 갈등을 관리하는 바람직한 전략은 무엇인가를 다루는 연구 주제가 바로 갈등 이론(conflict theory)이다.

갈등 이론의 핵심은 갈등의 수준과 조직의 생산성간에는 깊은 상관 관계가 있다는 사실을 인식하는 데에서 출발한다. 흔히 사람들은 갈등이란 무조건 바람직하지 않은 것이며, 따라서 갈등은 반드시 없애야 한다고 생각하기 쉽다. 많은 경우에 어느 조직 안에 갈등이 생기면 그 조직의 리더는 어떻게든 갈등을 해소하려고 노력하게 된다. 그러나 갈등은 좋은 면과 나쁜 면, 즉 순기능과 역기능을 동시에 가지고 있다. 어느 정도의 갈등은 조직 전체에 활력을 제공하고, 개인의 창의성을 제고하며, 나아가 조직 혁신의 계기를 만들 수 있다. 만일 어느 조직에 갈등이 전혀 없다면, 한편으로는 분위기 좋은 직장이라는 생각을 할 수도 있지만 다른 한편으로는 그 조직 전체가 무사안일에 빠져 있거나 아무도 제대로 일을 하지 않고 있다고 볼 수도 있는 것이다.

따라서 [그림 3-2]에 나타난 것처럼, 적정 수준의 갈등은 오히려 집단의 유효성을 올릴 수 있다. 결국 갈등이 너무 없어서 조직에 활기가 없는 것도 바람직하지 않으며, 갈등이 너무 심각하여 조직이 제대로 굴러가지 않는 것도 좋지 않으므로, 최적의 수준으로 갈등을 관리할 수 있는 전략을 수립하기 위해서 갈등 이론에 대한 연구가 필

[그림 3-2] 갈등수준과 집단유효성

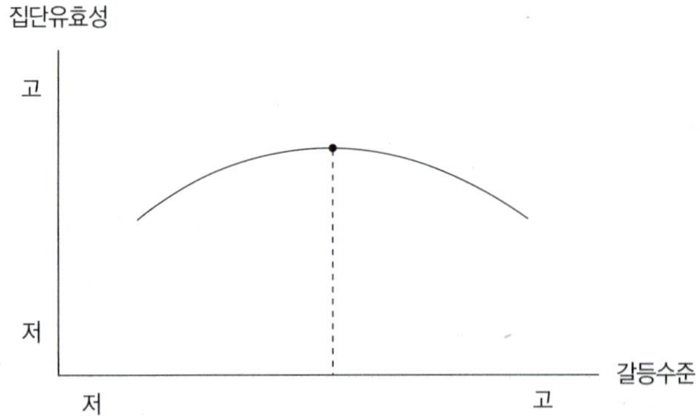

요하다.

여기서는 먼저 갈등의 원인을 알아보고, 다음으로 갈등의 유형을 개인적 갈등, 집단 내 갈등, 집단간 갈등으로 나누어 정리한 후, 마지막으로 갈등관리 전략을 제시하는 순서로 진행하도록 한다.

1.4.2 갈등의 원인

갈등이 발생하는 원인은 크게 개인적 요인과 조직적 요인으로 나눌 수 있다. 개인적 요인은 성격의 차이, 가치관의 차이, 능력과 기술수준의 차이 등 각자가 선천적 내지 후천적으로 지니고 있는 정신적, 신체적 능력과 태도의 차이로 인한 원인을 의미한다. 개인적 요인이 조직적 요인에 비해 덜 중요한 것은 아니지만, 현실적으로 기업 차원에서 진단하고 해결하기는 훨씬 어려운 문제이다.

이에 비해 조직적 요인은 기업 자체의 구조적, 관리적 이유로 발생하기 때문에 개인적 요인에 비해 문제점의 분석과 해결방안의 제시도 상대적으로 분명하고 용이하다. 하지만 조직적 요인도 매우 다양하기 때문에 한마디로 설명하기가 쉽지 않다. 흔히 발견할 수 있는 조직적 요인을 정리하면 다음과 같다.

가장 대표적인 조직적 요인으로는, 업무의 상호의존성을 들 수 있다. 같은 목표를 달성하기 위해 기업 내부의 조직이나 개인은 함께 협력해야 하고 그 과정에서 서로 의존관계에 놓이게 된다. 만일 조직과 개인간의 협력에 문제가 발생하면 상호의존성에 의해 갈등이 유발될 가능성이 매우 높다. 또 다른 요인으로는 자원의 공유를 들 수 있다. 예산, 설비, 공간 등의 자원이 한정된 상황에서, 그 자원을 분배하고 공유하는 과정에 갈등의 소지가 존재하는 것이다. 업무와 역할의 부조화도 중요한 갈등의 요인이 된다. 주어진 역할에 대한 전문성이 부족하거나 적성이 맞지 않을 때, 본인에게 주어진 지위나 역할이 본인의 판단이나 의사와 다를 때, 개인간에 또 조직간에는 갈등이 발생하게 된다. 마지막으로 보상 시스템도 갈등의 원인이 될 수 있다. 평가기준과 보상체계가 공정하거나 투명하지 못할 때 갈등이 유발될 위험성이 높다.

1.4.3 갈등의 유형

갈등이 생겨나고, 나타나는 양상은 매우 다양하지만 크게 두 가지 관점과 기준에 따라 유형화할 수 있다. 첫째는, 갈등의 성격에 따라 나누는 접근이다. 즉 갈등이 어떤 관계나 요인에 의해 발생하는가에 따라 여러 가지 유형으로 나눌 수 있는 것이다. 둘째는, 갈등의 대상에 따라 나누는 접근이다. 즉 갈등을 일으키고 경험하는 주체가 누구인가에 따라 갈등을 구분할 수 있다. 아래에 각각의 관점과 기준에 의해 유형화한 갈등의 구체적 내용이 요약되어 있다.

(1) 갈등의 성격에 따른 분류

- 수직적 갈등(vertical conflict): 조직 계층의 상하 간에 일어나는 갈등
- 수평적 갈등(horizontal conflict): 동일한 계층 내 다른 개인/집단간에 일어나는 갈등
- 라인–스태프 갈등(line–staff conflict): 라인(기능) 조직과 스태프 조직간에 일어나는 갈등
- 역할 갈등(role conflict): 개인의 선호/특성과 주어진 역할의 불일치에서 일어나는 갈등

(2) 갈등의 대상에 따른 분류

- 개인과 개인간 갈등: 개인간의 목표, 역할, 성격 등의 차이에서 일어나는 갈등
- 개인과 집단간 갈등: 개인의 목표나 역할과 집단의 목표나 역할의 상충에서 일

수직적 갈등 및 집단간 갈등으로 인한 파업현장과 노사협상 모습

어나는 갈등

– 집단과 집단간 갈등: 집단간 이해의 상충, 자원 배분 과정의 경쟁 등을 원인으로 하는 갈등

1.4.4 갈등관리의 전략과 방안

그러면 적당한 수준을 넘어선 심각한 갈등을 없애거나 줄이기 위해서 무엇을 어떻게 해야 하는가? 먼저 갈등관리의 기본 전략을 생각해 보자. 갈등의 관리에는 크게 두 가지의 상반된 전략이 존재한다. 첫째는 Win–Win 전략으로, 갈등 당사자 양쪽이 모두 일정 수준 이상의 성과를 얻는 방향을 추구하는 것이다. 둘째는 Win–Lose 전략으로, 갈등 당사자 가운데 어느 한 쪽이 성과를 독점하는 반면 다른 한쪽은 일방적인 피해자가 되도록 유도하는 전략이다. 각 전략의 기본 목표와 내용의 차이가 〈표 3–2〉에 요약되어 있다.

〈표 3–2〉 갈등관리의 두 가지 전략

	Win–Win 전략	Win–Lose 전략
기본원칙	갈등이 상호문제임을 명확히 인식	해결은 승부에 있음을 명확히 인식
목표	공동의 성과와 이익 추구	각자 자신의 이익만을 추구
전략	– 양측의 주장과 목표를 정확히 통보 – 한쪽에 위협이나 불이익이 되는 행동 회피 – 각자 요구의 융통성과 양보 가능성을 정확히 통보	– 각자의 주장과 목표에 대한 허위 또는 부정확한 정보 제공 – 위협적 행동 구사 – 각자 요구에 양보나 타협의 여지가 없음을 분명히 통보

일반적으로는 Win–Lose 전략보다는 Win–Win 전략을 선호한다. 싸움보다는 협상이 우선이기 때문이다. 또 Win–Lose 전략은 득보다 실이 많은 경우가 대부분이기 때문이다. 하지만 경우에 따라서는 승자와 패자를 분명히 가름으로써 조직이 지향하는 목표가 어디에 있고 조직의 규범이 무엇인가를 확실하게 알려줄 필요도 있다.

한편, 갈등의 당사자들도 다음 세 가지를 분명하게 인식하고 있어야 한다. 첫째는, 문제(problem)와 사람(people)을 혼동하지 말아야 한다는 점이다. 갈등에 휩싸이다 보면 원래의 문제는 잊어버리고 사람 사이의 감정 싸움으로 번질 위험이 크다. 어느 상황에서도 갈등은 문제에 있지 사람에 있는 것이 아니라는 사실을 잊어서는 안 된

다. 둘째는, 명분(position)에 매이지 말고 이해(interest)에 초점을 맞추어야 한다는 점이다. 종종 갈등이 커지다 보면 실리의 싸움이 아니라 명분의 싸움을 하는 우를 범할 수 있다. 이 때는 명분을 버리고 실리로 되돌아가는 냉철함이 필요하다. 셋째는, 이미 있는 대안만 생각하지 말고 새로운 대안을 만들어 내라는 것이다. 대부분의 갈등은 현재의 대안만을 생각하기 때문에 선택의 여지가 없어서 생기게 된다. 따라서 생각의 폭을 넓혀서 새로운 대안을 만들어내는 것이 문제를 해결하는 열쇠가 될 수도 있다.

다음으로 갈등을 관리하고 해결하는 구체적인 방안을 살펴 보자. 가장 간단한 방법은 문제의 원인을 근본적으로 없애는 길이다. 자원의 공유문제로 갈등이 발생하였다면 자원을 확충하면 되고, 역할의 상충 때문에 갈등이 유발되었다면 서로에게 맞는 역할을 다시 부여하면 된다. 그러나 이러한 방안은 이상주의적 희망사항에 불과하고, 대부분의 상황에서는 주어진 제약조건(constraint) 하에서 현실적인 방안을 찾을 수밖에 없다.

갈등관리의 방안은, 갈등 자체를 외면하는 소극적인 방안에서부터 제도와 규정을 통해 갈등을 해결하는 공식적인 방안까지 다양하다. 또 협상과정이나 조정기능의 개입을 통해 양자의 이해를 적절히 절충하는 방안과, 반대로 승자와 패자로 분명히 갈라놓는 방안으로 나눌 수도 있다. 보다 상위의 새로운 목표를 설정함으로써 현재의 갈등 구도를 근본적으로 변화시키는 방안도 사용될 수 있다. 〈표 3-3〉은 갈등관리의 전형적인 방안과 각 방안의 문제점을 요약한 것이다.

〈표 3-3〉 갈등관리 방안

방안	문제점
갈등의 외면/무시(avoidance)	갈등의 악화
갈등의 축소(smoothing)	근본적인 해결 불가능
양보와 협상(compromising)	양측 모두에 최적안 도출 실패
한쪽 강조/한쪽 무시(forcing)	패배감과 적대감정 유발
제도화(formalizing)	조직의 경직성
상위목표(superordinate goal)	목표의식의 혼란

1.5 인사관리: 조직관리 실무에서는 무엇을 다루는가?

1.5.1 인적자원 관리의 기본

앞에서 살펴본 조직행위 이론들은 말 그대로 이론들이다. 기업실무의 관점에서 본다면 그러한 이론들을 바탕으로 실제로 사람이나 조직을 어떤 제도나 기준으로 관리할 것인가를 결정하고 또 실천해야 한다. 예를 들어 '성과급을 주면' 동기가 부여된다는 이론이 있으면 그 다음으로는 '성과급을 주기 위해서 성과급의 대상자를 선정하는 규정을 만들고, 성과급을 언제 어떻게 나누어 줄 것인지를 정하는 회의를 하는' 실무를 해야 한다. 다시 말해 사람과 조직을 다루는 이론과 실제로 이 이론을 적용하는 실무는 서로 보완적인 선후관계를 이루고 있는 것이다.

조직행위 이론의 실무에 해당하는 주제가 인사관리(personnel management)이다. 여러분들이 대학본부에 가보면 교무처, 학생처와 같은 조직을 만날 것이다. 나중에 기업에 가보면 인사과, 총무과와 같은 부서들을 만날 것이다. 이런 조직들이 바로 대학이나 회사에서 인사관리를 담당하는 곳들이다. 각 개인의 신상정보, 근무태도, 경력관리, 임금, 복지후생 등에 관한 정보를 수집하고 관리하는 일이 인사관리의 핵심이 된다.

그러나 최근의 인사관리는 '인적자원의 관리(Human Resource Management: HRM)'라는 좀더 크고 넓은 개념으로 이해되고 있다. 즉 기업의 목표뿐 아니라 개인의 목표를 달성하기 위해 조직과 개인을 대상으로 이루어지는 거의 모든 활동들을 모두 포함하여 인적자원의 관리로 부르는 것이다. 그렇게 되면, [그림 3-3]에서 보듯이 한

[그림 3-3] 인적자원 관리의 전체적 과정

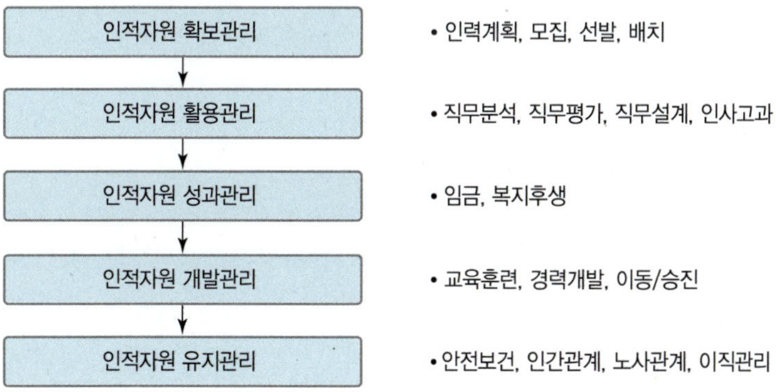

사람의 종업원에 대해 입사에서부터 퇴사에 이르기까지의 모든 활동을 관리하는 것이 인사관리에 해당된다.

1.5.2 인적자원 관리의 기능

그러면 HRM 즉 인적자원 관리가 기업에서 구체적으로 어떠한 기능을 해야 하는지를 좀더 자세히 살펴보자. 일반적으로 경영자와 종업원의 관계란 다음 [그림 3-4]와 같이 고용관계, 인사관계, 노사관계의 세 가지 측면으로 생각할 수 있다. 따라서 인적자원을 어떻게 관리할 것인가의 문제 또한 이 세 가지 관점으로 정리할 수 있다.

[그림 3-4] 인적자원 관리의 세 관점

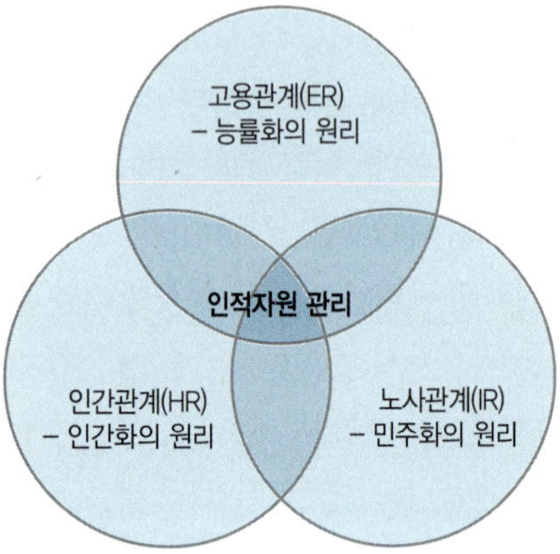

(1) 고용관계

고용관계(Employment Relations: ER)란 종업원과 경영자가 계약에 의해 각각 피고용자와 고용자의 관계에 있음을 의미한다. 따라서 경영자는 고용자로서 '능률화의 원리'에 따라 종업원의 노동력을 최대한 활용해야 한다. 또한 종업원은 피고용자로서 고용 상태를 유지하기 위하여 자신의 능력과 시간을 회사를 위해 제공해야 한다.

(2) 인간관계

인간관계(Human Relations: HR)란 종업원과 경영자가 서로 인간적인 신뢰를 토대로 상호 협력하는 관계라는 것을 의미한다. 따라서 경영자는 '인간화의 원리'에 의해 종업원의 심리와 행동을 이해하고 그들의 만족도와 참여의식을 높일 수 있는 방안에 초점을 맞추어야 한다.

(3) 노사관계

노사관계(Industrial Relations: IR)란 종업원과 경영자가 각각 노동자와 사용자의 관계를 맺고 있음을 의미한다. 노사관계는 협력적 관계와 대립적 관계라는 양면성을 가진다. 한편으로 종업원과 경영자가 생산성을 향상시키기 위해 함께 노력한다는 측면에서는 협력적이지만, 다른 한편으로 경영의 결과로 발생한 이윤이나 성과의 배분에 대한 관심이나 기준이 다르다는 측면에서는 서로 대립적이다. 그러므로 사용자와 노동자는 '민주화의 원리'에 의해 서로의 입장을 이해하고 이해를 조정해야 한다.

이러한 관계를 만족시키기 위해서는 고용(employment), 훈련(employee training), 승진/전직/휴직(promotion/transfer/layoff), 임금(wage and salary), 복리후생(welfare and service), 건강 및 안전(health and safety), 노사관계(union management relations), 인간관계(human relations) 등의 구체적인 활동에 대한 관리가 필요하다. 〈표 3-4〉는 인적자원 관리의 관점과 기능을 요약한 것이다.

〈표 3-4〉 인적자원 관리의 주요 기능

관리의 관점	종업원에 대한 시각	기능의 기본 성격	기능의 목적과 원리
고용 관계	노동력을 제공하고 임금을 받는 피고용자	기업 내 직무 상의 상하 관계	노동력의 효율적 이용 – 능률화의 원리
인간 관계	목표의식과 성취욕을 갖는 사회적 인간	사회적 감정을 가진 인간적 상호관계	노동의욕의 고취 – 인간화의 원리
노사 관계	사용자로부터 자신의 권리를 지키는 노동자	노동조건의 결정을 둘러싼 대립관계	노사 이해관계의 조정 – 민주화의 원리

제2절 커뮤니케이션에 대한 이해

2.1 커뮤니케이션의 기본: 커뮤니케이션이란 무엇인가?

우리는 일상생활 속에서 수많은 개인이나 조직과 본인의 의사를 전달하고 또 상대방의 의사를 전달받기도 한다. 마찬가지로 기업 내에 존재하는 많은 개인들은 다양한 방식으로 각자의 의견을 교환하고 정보를 공유한다. '조직 내의 개인이나 집단간, 또는 조직과 외부간에 정보와 의사가 전달되고 교환되는 과정'을 커뮤니케이션이라고 한다. 이 때 커뮤니케이션이 이루어지는 방식에는 어떤 종류들이 존재하고 또 어떤 상황에서 어떤 커뮤니케이션 방식이 가장 효과적인가를 연구하는 주제를 다루는 것이 커뮤니케이션 이론(communication theory)이다. 조직 내에서 일어나는 거의 모든 활동들이 개인과 개인간 또는 개인과 조직간의 커뮤니케이션을 통해 이루어지기 때문에 커뮤니케이션 이론은 조직행위 이론의 중요한 부분을 차지한다.

커뮤니케이션 문제는 특히 공학도와 사회과학도 사이에, 또 기업에서 연구개발이나 생산부문 사람들과 마케팅이나 재무부문 사람들 사이에서 자주 발생한다. 흔히 '공대 출신과는 사용하는 언어(language)가 달라 말이 안 통한다'라든가 '영업하는 사람들과는 사고방식이 너무 달라서 토론이 안 된다'라는 식의 얘기를 자주 듣는다. 이것이 바로 커뮤니케이션 채널의 방식과 절차가 다르기 때문에 발생하는 전형적인 문제이다.

전통적인 커뮤니케이션 이론은 개인과 개인간의 직접적인 커뮤니케이션을 의미하는 '개인간(inter-personal) 커뮤니케이션'에 초점을 맞추었으나, 최근의 이론은 조직 전체의 관점에서 효과적이고 효율적인 커뮤니케이션 시스템의 설계를 강조하는 '조직(organizational) 커뮤니케이션'으로 확장되고 있다. 또한 IT의 폭넓은 확산에 따라 기존의 오프라인(off-line) 방식의 커뮤니케이션뿐 아니라, 온라인(on-line) 방식의 커뮤니케이션도 연구의 대상이 되고 있는 추세이다.

개인간 커뮤니케이션(왼쪽)과 조직간 커뮤니케이션(오른쪽)

덧붙이는 이야기: 소셜미디어를 통한 열린 HR

조직 내 커뮤니케이션 방식으로 소셜네트워크가 활용된다. 소셜미디어가 확산됨에 따라 기업의 대외 경영활동뿐만 아니라, 사람 및 조직운영방식에 있어서도 상당한 영향을 미치기 시작하고 있다. 소셜미디어 사이트를 활용하거나 기업 차원의 채용 관련 소셜미디어 사이트를 활용하여 인력을 채용하는 기업이 증가하고 있고 소셜미디어가 다양한 지식·정보의 공유와 소통이 용이하다는 점에서, 구성원의 학습에도 활용되고 있다. 브리티시 텔레콤은 유튜브 방식의 'Dare2Share'와 위키 방식의 'BTpedia' 등 의견과 지식을 공유할 수 있는 지식경영 시스템을 사내에 운영하고 있고 퀄컴과 같이 마이크로 블로깅 방식을 활용하여 토론과 정보공유를 유도하는 곳도 있다. 소셜미디어는 상하간·동료간 커뮤니케이션을 촉진하고, 협력적 업무관계나 동료애를 형성하는 데에도 활용되고 있다. 미국의 최대 전력회사인 AEP는 'Agora'라는 사내 인트라넷을 통해 구성원들의 의견이 경영층에 전달될 수 있는 시스템을 운영하고 있고 IBM은 'Beehive'라는 소셜네트워크를 통해 글로벌 회사이면서도 하나의 IBMer라는 연대감과 일하는 즐거움을 불러 일으키는 효과를 발휘하고 있다. 소셜미디어는 리더들이 구성원과의 공감대 및 친밀감을 형성하고, 이를 바탕으로 쌍방향으로 소통하는 리더십을 발휘하는 데 활용될 수도 있다.

그러나 소셜미디어의 확산은 기업에 잠재적 위험요인이 되기도 한다. 소셜미디어의 지나친 활용에 따라 생산성이 저하될 수 있으며, 상사·동료와의 네트워크 관계 형성이 회사와 개인적 생활의 경계를 모호하게 하여 스트레스를 유발할 수도 있다. 또한, 소셜미디어를 통해 기업의 좋지 않은 이미지가 외부에 전달될 경우, 기업이미지가 훼손될 우려도 있다. 이에 따라 최근 소셜미디어 가이드라인에 대한 기업들의 관심이 높아지고 있으나, 그 적절성과 유용성에 대한 논의와 고민은 지속될 전망이다.

소셜미디어는 이미 경영전략, 고객관리, 마케팅 등 기업의 다양한 활동에 변화를 불러 일으키고 있다. 소셜미디어의 영향은 비단 기업의 대외적인 경영 활동에만 영향을 미치고 있는 것은 아니다. 인재 확보, 교육훈련, 커뮤니케이션 등 사람과 조직운영 방식 등에 있어서도 소셜미디어의 영향력이 서서히 커지고 있는 모습이다(LG 경제연구원, kmobile, 2012. 2. 16).

초창기의 전통적 커뮤니케이션 모형은 커뮤니케이션의 내용(message), 내용을 보내는 사람(sender), 내용을 받는 사람(receiver), 내용을 보내는 수단(medium)의 네 가지 핵심 요소로 이루어진다. 그 외에 송신자가 메시지를 체계적인 기호(symbol)로 바꾸는 기호화(coding), 수신자가 이를 다시 이해할 수 있도록 바꾸는 해독(decoding), 수신자의 반응을 의미하는 피드백(feedback) 등도 커뮤니케이션의 관련 요소라고 할 수 있다. 그 이후 커뮤니케이션 요소가 다양해지면서 커뮤니케이션 모형도 변화의 과정을 거쳐 왔다. 초기에는 보내는 사람으로부터 받는 사람에게 일방향(uni-directional)으로 내용이 전달되는 단순한 선형 모형(linear model)에서 출발하여, 그다음에는 보내는 사람과 받는 사람이 양방향(bi-directional)으로 서로 내용을 주고받는 상호 모형(interactive model)을 거쳐, 두 사람이 동시에 연속적인 커뮤니케이션 과정에 참여하는 교류 모형(transactional model)까지로 이어져 온 것이다. 따라서 커뮤니케이션 이론은 이러한 요소의 구성 방식이나 순서의 차이에 따라 다양한 커뮤니케이션 채널의 유형을 제시한 후, 가장 효과적인 커뮤니케이션 전략을 제시하는 순서로 진행된다.

2.2 커뮤니케이션 방식과 채널: 커뮤니케이션은 어떻게 이루어지는가?

커뮤니케이션이 이루어지는 내용이나 양상은, 크게 송신자와 수신자가 어떤 방법으로 커뮤니케이션을 수행하는가에 관한 '커뮤니케이션 방식'과 송신자와 수신자가 어느 위치에서 어떤 순서로 커뮤니케이션을 수행하는가에 관한 '커뮤니케이션 채널'로 설명할 수 있다.

2.2.1 커뮤니케이션 방식

커뮤니케이션의 방식은 송신자가 수신자에게 어떤 도구를 통해 메시지를 표현하는

전자적 방법의 일방적 커뮤니케이션(홈페이지)과 대화식의 양방향 커뮤니케션이션(인스턴트 메시지)

가 하는 관점과, 송신자와 수신자간의 의사소통이 어느 방향으로 이루어지는가 하는 관점에서 살펴볼 수 있다.

송신자가 수신자에게 메시지를 전달하는 방식은 크게 언어적 방법과 비언어적 방법으로 나뉜다. 언어적 방법은 다시 구두(oral)에 의한 방법, 문서(written)에 의한 방

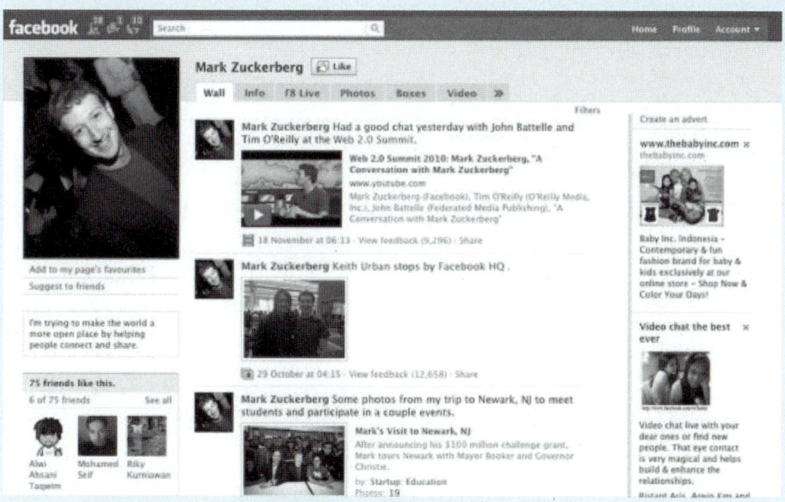

소셜네트워크에 의한 소통

법, 전자적(electronic) 방법으로 세분된다. 비언어적 방법은 신호나 기호와 같은 상징적(symbolic) 언어, 제스처나 행동에 의한 신체적(body) 언어, 악수나 포옹과 같은 접촉(touching) 언어 등으로 구성된다.

의사소통의 방향성은 송신자가 수신자에게 한 방향으로 메시지를 전달하는 일방적(one-way) 소통과, 송신자와 수신자가 메시지를 서로 주고 받는 양방향(two-way) 소통으로 나눌 수 있다.

커뮤니케이션 방식의 최근 추세는, 한마디로 메시지 전달 방법에 있어 전자적 방법의 사용이 늘어나고 있는 경향과 의사소통의 방향에 있어 양방향 소통이 강조되고 있는 현상으로 요약할 수 있다. 더구나 최근에는 소셜 네트워크(social network)의 확산으로 인해 단순한 양방향 소통을 넘어 다수 대 다수의 소통으로 확장되는 추세이다.

2.2.2 커뮤니케이션 네트워크

커뮤니케이션 네트워크 또는 커뮤니케이션 채널은 커뮤니케이션에 참여하는 당사자들이 누구이며 그들이 어떤 위치와 순서에 의해 커뮤니케이션에 참여하고 있는가를 보여주는 양상을 의미한다. 커뮤니케이션 네트워크의 설계가 중요한 이유는 다음 두 가지로 요약할 수 있다. 하나는 커뮤니케이션 네트워크가 집단과 조직의 성과에 영향을 미치기 때문이다. 다른 하나는 커뮤니케이션 네트워크가 구성원의 만족도와 창의성에 영향을 미치기 때문이다.

커뮤니케이션 네트워크의 양상은 크게 세 가지의 형태로 이루어진다. 첫째는 하향식(downward)으로, 계층구조를 중심으로 상위계층에서 하위계층으로 메시지가 일방적으로 전달 내지 통보되는 형태이다. 둘째는 상향식(upward)으로, 하위계층으로부터 상위계층으로 메시지가 보고 내지 제안되는 형태이다. 셋째는 수평식(horizontal)으로, 조직계층 내에서 동일 계층에 있는 참여자들 사이에 메시지가 파급 내지 공유되는 형태이다.

보다 구체적인 커뮤니케이션 네트워크는 [그림 3-5]에 도시되어 있는 것처럼 크게 다섯 가지 유형으로 나눌 수 있다.

첫째, Chain형은 한 명의 커뮤니케이션 주역을 정점으로 하여, 참여자들이 상하간의

[그림 3-5] 커뮤니케이션 채널 유형

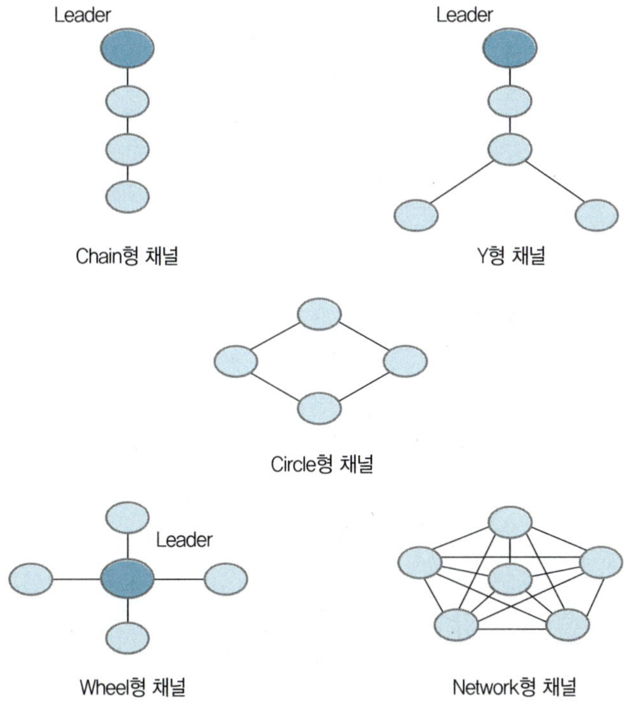

계층 구조로 형성되어 있는 유형이다. 커뮤니케이션은 조직의 가장 상위자로부터 시작되며 가장 하위자에게서 끝난다. 이 유형은 기업을 경영기능에 따라 세분화한 전통적인 라인 조직에서 주로 발견된다.

둘째, Y형은 한 명의 커뮤니케이션 주역을 정점으로 하여, 참여자들이 계층 구조를 보이는 점에서는 Chain형과 같지만 하위 계층에서의 참여자들이 두 개의 가지로 나뉘어 Y자 모습을 보이는 것이 다른 점이다. 이 때 가지가 어떻게 갈라지느냐 하는 것은 조직의 특성에 따라 달라진다. 가장 흔히 발견되는 형태는, 앞의 조직구조 이론에서 본 라인-스태프 조직에서와 같이 하나의 가지는 라인을 따라 만들어지고 다른 가지는 스태프를 따라 만들어지는 모양이다.

셋째, Circle형은 커뮤니케이션의 주역이 따로 없고 참여자들간의 서열이 없는 상황에서, 모든 참여자가 특정한 방향이나 순서 없이 일렬로 연결되어 있는 유형이다. 조직원간의 상하가 뚜렷하지 않은 민주적, 자율적 조직에서 흔히 볼 수 있는 모양이다.

넷째, Wheel형은 커뮤니케이션의 주역이 가운데 위치한 상황에서, 나머지 구성원들은 외곽에서 가운데의 커뮤니케이션 주역과 개별적으로 연결되어 있는 유형이다. 이 유형은 매우 폐쇄적인 형태로 모든 정보가 가운데에 있는 리더에게 집중되어 있고 구성원간에는 정보를 공유하거나 의사를 교환할 수 없는 구조로 되어 있다.

다섯째, Network형은 커뮤니케이션의 주역이 따로 없고 참여자들간의 계층도 없다는 점에서 Circle형과 유사하지만, 참여자 모두가 양방향으로 커뮤니케이션 네트워크를 구성하는 점이 다르다. 민주적이고 자율적인 특성을 지니면서 동시에 모든 사람들이 긴밀하게 협력하여 일을 해야 하는 상황에서 볼 수 있다.

앞에서 살펴본 각 유형은 나름대로의 장점과 단점이 있다. 각 유형의 장단점을 요약하면 〈표 3-5〉와 같다. 표에서 보는 것처럼 각각의 채널 방식은 커뮤니케이션의 신속성, 정확성, 집중도, 만족도 측면에서 장단점을 지닌다. 따라서 어떤 채널이 가장 바람직한가에 대한 선택의 문제는 커뮤니케이션이 이루어지는 상황이라는 외부적 요인과 커뮤니케이션이 다루고 있는 메시지의 특성이라는 내부적 요인에 따라 달리 결정되어야 한다.

또한 앞에서 제시한 장단점은 다음 두 가지 요인에 따라 달라질 수 있다는 사실에 유의해야 한다. 첫째는 조직과 업무의 특성이라는 요인이다. 예를 들어 고도의 전문성과 정확성이 요구되는 조직과 단순한 일을 반복하는 조직은 같은 모양의 네트워크에서도 정보 전달의 신속성이나 정확성이 크게 달라질 수 있다. 둘째는 커뮤니케이션 매체(medium)라는 요인이다. 같은 구조의 네트워크라도 전통적 오프라인(off-line) 매체를 이용하는 경우와 최근의 온라인(on-line)이나 모바일 매체를 이용하는 경우 사이에는 장점과 단점이 반대로 나타날 수도 있다.

〈표 3-5〉 커뮤니케이션 유형의 장단점

	Chain형	Y형	Circle형	Wheel형	Network형
정보전달의 신속성	높음	높음	낮음	높음	낮음
정보전달의 정확성	낮음	낮음	높음	낮음	높음
정보전달의 집중도	높음	높음	낮음	높음	낮음
정보전달의 만족도	낮음	낮음	높음	낮음	높음

2.2.3 커뮤니케이션 형태

커뮤니케이션은 커뮤니케이션이 이루어지는 범위와 방식에 따라 몇 가지 형태로 나눌 수 있다. 먼저 커뮤니케이션의 범위는 크게 열린 공간에서 많은 사람을 대상으로 하는 공개적(public) 형태와 닫힌 공간에서 개인이나 소수를 대상으로 하는 개인적(private) 형태의 두 가지로 나뉜다. 다음으로 커뮤니케이션이 이루어지는 과정에 상대방과 얼굴을 맞대는 대면(face-to-face) 접촉이 있느냐에 따라 접촉이 있는 직접적(direct) 형태와 접촉이 없는 간접적(indirect) 형태의 두 가지로 나뉜다. 그러면 [그림 3-6]에 그려져 있는 것처럼 크게 네 가지 형태로 구성되는 하나의 매트릭스를 그릴 수 있다.

우선 공개적이고 직접적인 커뮤니케이션 형태로는 대중연설, 공개발표, 임원회의 등을 대표적인 예로 들 수 있다. 이 형태의 장점은 많은 사람들과 얼굴을 마주하면서 생생하게 의사를 전달할 수 있으며 나아가 질의응답이나 토론을 통해 양방향 소통도 가능하다는 점이다. 그러나 시간과 돈이 많이 들고 심도있는 의견의 교환이 어려운 문제를 안고 있다. 다음으로 공개적이지만 간접적인 형태로 조직원 전체를 대상으로 하는 이메일, 분석보고서, 회의록 등을 생각할 수 있다. 이 형태의 가장 큰 장점은 신속하고 경제적이라는 점이다. 또 가장 넓게 내용을 전달할 수 있고 또 그 내용을 오래 보관할 수 있다는 이점도 있다. 그러나 주로 일방적, 하향식 소통이 될 수밖에 없는 단점을 피할 수 없다. 그러나 최근에 급속도로 확산되고 있는 소셜네트워크(social network) 방식은 다수와 다수의 양방향 소통이 가능하다는 점에서 기존 형태의 단점을 보완할 수도 있을 것이다.

[그림 3-6] 커뮤니케이션 형태의 분류 매트릭스

커뮤니케이션의 범위

공개적	대중연설, 공개발표	보고서, 회의록, 소셜 네트워크
개인적	개인면담, 비공식회의	이메일, 무선전화
	직접적	간접적

대면접촉의 수준

개인적이고 직접적인 형태의 예로는 개인면담과 소수의 비공식회의 등이 대표적이다. 가장 가까운 대면 접촉이 이루어지는 만큼 깊이 있는 논의와 토론이 가능하다는 것이 가장 큰 장점이 된다. 마지막으로 개인적이지만 간접적인 형태로 개인서신, 이메일, 메신저, 무선전화 등을 생각할 수 있다. 젊은 세대에게 가장 친숙한 커뮤니케이션 형태로서 프라이버시를 지키면서 자유롭고 편리한 의사소통이 가능하다는 장점이 있다.

제3절 의사결정에 대한 이해

3.1 의사결정 이론의 기본: 의사결정이란 무엇인가?

모든 사람은 거의 모든 일상생활에서 자신의 의사를 정해야 하는 상황을 경험하고 있다. 주어진 대안을 택할 것인지 택하지 않을 것인지, 또는 여러 대안 가운데 어느 대안을 택할 것인지를 결정할 수 밖에 없고 또 실제로 결정하고 있는 것이다. 개인의 문제를 넘어 경영조직 전체의 문제인 경우 의사결정은 더 큰 영향을 끼치며 따라서 더 큰 의미를 가진다. 더구나 조직의 리더인 경우, 의사결정 문제의 중요성은 더욱 부각된다. CEO의 가장 크고 또 어려운 책무는 기업 전체를 위해 올바른 의사결정을 하는 일이다.

일반적으로 의사결정(decision-making)은 '주어진 문제를 해결할 수 있는 여러 가지의 대안들(alternatives) 가운데 최적(optimal)의 대안을 선택하는 활동'으로 정의할 수 있다. 그러나 조직행위 이론에서 말하는 의사결정 이론은 '기업이 안고 있는 경영상의 기회나 문제에 대해, 기업이 가지고 있는 자원과 안고 있는 제약조건 하에서 가능한 복수의 대안을 도출한 후, 조직원들의 참여를 통해 최적의 대안을 선정하는 경영활동에 관한 이론'을 뜻한다. 모든 경영 조직은 거의 모든 활동에 대해 의사결정 과정을 거쳐야 하고 또 그 과정에 많은 조직원들이 직접 참여하거나 간접적으로 관여하기 때문에 의사결정 이론도 조직행위론의 한 분야를 구성한다.

최근의 의사결정 이론은, 최적의 대안을 선정하는 활동을 넘어서, 선정한 대안을 '실행(implementation)하고 그 결과를 평가(evaluation)한 후 피드백(feedback)을 제공하는 활동'까지를 포함시키는 추세이다. 따라서 의사결정 이론은 '의사결정 과정' 이론과 '사후관리 과정' 이론으로 구성된다고 할 수 있다.

개인의 의사결정과 달리 기업의 의사결정은 다음 세 가지의 특성을 지닌다. 첫째, 문제나 기회의 수준과 범위가 다양하다는 점이다. 개인의 경우와 달리 많은 조직원들이 모인 기업의 경우에는, 동일한 대상에 대해서도 계층에 따라 또 업무에 따라 그것을 인식하는 수준과 범위가 다를 수 있다. 예를 들어 임금 인상이라는 문제에 대해 경영진과 종업원의 생각이 다르고 따라서 의사가 찬반으로 갈리는 것이 일반적이다.

둘째, 최적의 대안을 선택하는 의사결정의 기준은 합리성과 경제성을 토대로 한다는 점이다. 개인의 경우에는 주관적이고 감성적인 기준에 따라 의사결정이 이루어질 수 있다. 하지만 개인의 경우와 달리 기업의 의사결정 기준은 반드시 합리적인 절차에 의해 이루어지고 경제적인 기준에 의해 평가되어야 한다. 그렇지 않으면 의사결정에 이르는 것 자체가 어려울 뿐만 아니라 설사 결정이 된다고 하여도 많은 조직원들의 반발에 부딪혀 일을 제대로 수행하기 힘들어진다.

셋째, 의사결정은 시의성(timeliness)이 있어야 한다는 것이다. 합리적이고 경제적인 것도 중요하지만, 때로는 신속하게 의사가 결정되어야 하는 경우도 많다. 특히 오늘날과 같이 경쟁환경이 자주 바뀌고 기술이 빠르게 발전하는 상황에서는 아무리 좋은 대안도 때를 놓치면 무용지물이 되는 경우가 허다하다.

이러한 점들을 염두에 두고 먼저 의사결정의 유형을 알아본 후, 집단 의사결정과 개인 의사결정의 차이와 장단점을 살펴보도록 하자.

3.2 의사결정의 유형: 의사결정에는 어떤 유형들이 있는가?

의사결정은 그 성격과 목적에 따라 여러 가지 유형이 존재할 수 있다. 따라서 효과적인 의사결정 전략을 선택하기 위해서는, 어떤 유형의 의사결정 문제를 다루고 있는지, 각 유형의 차별적 특성이 무엇인지 등을 정확히 파악해야 한다.

의사결정의 유형은 먼저 의사결정 문제가 어느 정도 정형화되어 있는가의 차이에 따라, 크게 정형적 의사결정과 비정형적 의사결정으로 나눌 수 있다. 예를 들어 새로운 제품을 개발할 때 어느 고객층에 초점을 맞추어 제품의 디자인을 결정할 것인가 하는 문제는 비정형화된 문제에 가깝고, 이 제품에 필요한 부품을 수원 공장과 창원 공장 가운데 어디에서 생산하는 것이 원가 절감에 더 유리한지를 결정하는 문제는 훨씬 더 정형화된 문제라고 할 수 있다.

일반적으로 말한다면 공학에서 다루는 문제는 정형화된 성격을 보이는 경우가 많은데 반해 사회과학에서 다루는 문제는 비정형화된 성격을 지니는 경우가 더 많다. 따라서 공학도의 경우에는 비정형화된 의사결정 문제가 상당히 낯설고 때에 따라서는 이에 대해 거부감을 느낄 수도 있다. 그러나 기업경영의 실무에 있어서는 크고 중요할수록 비정형화된 문제가 많기 때문에 이러한 문제를 자연스럽게 받아들이는 자세와 의식을 가지는 것이 필요하다. CEO가 다루는 문제들이 대부분 크고 중요한 문제, 즉 비정형화된 문제라는 사실을 생각하면 성공적인 CEO는 곧 비정형화된 문제의 의사결정에 뛰어난 사람이라고 해도 지나치거나 잘못된 말이 아니다. 두 유형의 차이가 〈표 3-6〉에 요약되어 있다.

〈표 3-6〉 의사결정 문제의 정형화/구조화 정도에 따른 유형

	정형적 의사결정	비정형적 의사결정
문제의 특성	일상적, 보편적	유일성, 참신성
구체화 방식	원칙이나 절차에 의해 사전에 명시	문제의 정의 후 창의적, 신축적으로 결정
의사결정 계층	하위층	고위층
조직형태	안정적, 구조화된 문제를 다루는 조직	불안정적, 복잡한 문제를 다루는 조직

다음으로 의사결정의 유형은 어떤 종류와 성격의 경영 활동을 대상으로 하는가에 따라, 전략적(strategic) 의사결정, 관리적(managerial) 의사결정, 업무적(operational) 의사결정으로 나눈다. 일반적으로, CEO와 같은 상위층에서 내리는 의사결정은 전략적인 문제가 많고, 밑으로 내려갈수록 업무적인 문제가 많아진다. 따라서 경영조직의 각 계층이 자기의 위치에 적합한 의사결정 문제를 다루고 있는가를 판단하는 것도 매우 중요한 과제이다. 사장이 시시콜콜한 업무에 매달려 큰 문제를 검토할 시간이 없다거나 반대로 사원이 회사 전체에 관한 중요한 사안을 마음대로 결정하도록 내버려 두고 있다면 의사결정 체제에 심각한 문제가 있다고 할 수 있다.

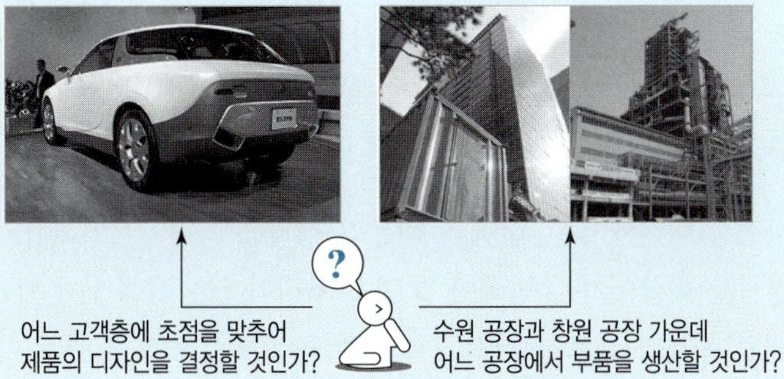

비정형적 의사결정과 정형적 의사결정

〈표 3-7〉에 각 유형의 특성이 정리되어 있다. 표에서 보는 것처럼, 전략적 의사결정은 어느 사업을 새로 시작하고 어느 기존사업을 접을 것인가, 어느 프로젝트에 어느 정도의 투자를 할 것인가, 중장기 성장 목표는 어느 수준으로 잡을 것인가와 같이 기업 전체의 경쟁력을 강화하는 문제를 다루는 데 반해, 업무적 의사결정은 어느 생산현장에서 몇 개를 생산할 것인가, 부품은 어느 기계로 가공할 것인가, 물류의 수송을 위한 배차계획은 어떻게 세울 것인가와 같이 업무의 효율성을 높이는 문제를 다루게 된다. 관리적 의사결정은 전략적 문제와 업무적 문제의 중간 수준에서 주로 경영자원을 조직화하는 문제를 다루게 된다.

〈표 3-7〉 경영활동 성격의 차이에 따른 의사결정의 유형

	전략적 의사결정	관리적 의사결정	업무적 의사결정
목표	경쟁력의 극대화	기업자원의 조직화	업무의 효율화
의사결정 주제	다각화 전략, 재무 전략, 투자 결정, 성장목표와 시기	조직 구조, 물류 시스템, 자원 조달, 인력 배치	일정 계획, 생산 방식, 설비 배치
특성	중앙집권적, 비반복적, 비구조적, 불확실성	전략적 요소와 업무적 요소의 중복성, 조직간 상충, 목표간 갈등	분산적, 반복적, 구조적

3.3 집단 의사결정과 개인 의사결정: 집단과 개인의 차이는 무엇인가?

의사결정 이론에 있어 또 하나의 중요한 주제는, 집단 의사결정과 개인 의사결정의

차이를 비교, 평가하는 일이다. 의사결정에 있어 어느 한 개인의 전문성과 합리성에 의존하는 것이 더 효과적인지, 아니면 여러 사람의 상호작용에서 얻어지는 정확성과 만족감에 의존하는 것이 더 효과적인지에 대한 논의는 오랫동안 의사결정 이론의 중요한 주제로 자리잡고 있다.

전통적인 의사결정 이론에서는, 문제의 내용과 성격을 가장 잘 이해하고 있는 특정 개인이 의사결정을 이끌어가는 방식이 보다 효과적이라는 견해가 우세했다. 그러나 최근에 의사결정 문제의 규모가 커지고 구조가 복잡해지면서, 개인 의사결정보다는 많은 조직원이 공동으로 참여하여 전문성을 분담하는 집단 의사결정 방식이 더 바람직하다는 의견이 다수가 되고 있는 추세이다.

집단 의사결정은 개인 의사결정에 비해 장점과 단점을 동시에 지니고 있다. 그 구체적 내용이 〈표 3-8〉에 제시되어 있다. 집단 의사결정은 여러 사람의 지식과 경험을 공유할 수 있어 합리적이고 과학적인 대안을 만들어낼 수 있고, 다수의 의견을 반영하기 때문에 전체적인 만족도가 높다는 장점이 있다. 그러나 의사를 결정하는 데까지 걸리는 시간이 너무 길고, 가장 최선의 대안을 만들어내기 보다는 좋은 것이 좋다는 식의 타협안이 나올 위험도 있다. 또 최종적인 의사결정에 이르기도 전에 불필요한 갈등만을 만들어 낼 가능성도 배제할 수 없다. 또 의사결정이 이루어진다고 해도 책임이 분산되어 제대로 일을 추진하기 어려울 수도 있다. 따라서 기업은 의사결정 문제의 성격과 목적에 따라, 집단 의사결정의 장점과 단점을 비교한 후 최종적인 선택을 하여야 한다.

〈표 3-8〉 집단 의사결정의 장점과 단점

집단 의사결정의 장점	집단 의사결정의 단점
• 다양한 지식과 경험을 활용 • 구성원간의 자극과 상승효과 • 의사결정 과정의 전문화 • 결정에 대한 만족과 참여의식 • 커뮤니케이션 기능의 원활화	• 시간과 에너지 낭비 • 특정 구성원의 주도나 편견 • 최적안의 폐기 위험성 • 의견 충돌로 인한 갈등 • 신속한 행동의 어려움

토론문제 Discussion Topics

1. 동기부여 이론에 있어 내용 이론과 과정 이론의 목적과 성격의 차이를 설명하라.

2. 동기부여 이론 중 내용 이론에 있어, Maslow의 욕구 5단계 이론과 Herzberg의 2요인 이론이 갖는 장점과 단점을 각각 비교하라.

3. 욕구좌절에서 나타나는 전형적인 유형들을 설명하라.

4. 성공적인 리더와 성공적인 관리자의 차이에 대하여 설명하라.

5. 리더십 이론의 변화 및 발전과정을 크게 세 단계로 나누어 설명하라.

6. 갈등의 순기능과 역기능에 대하여 간략하게 설명하라.

7. 갈등의 해결 방안의 종류와 그것의 문제점에 대하여 간략하게 설명하라.

8. 기업의 목표뿐 아니라 개인의 목표를 달성하기 위해 조직과 개인을 대상으로 이루어지는 활동들을 인적자원의 관리라 한다. 기업에서 경영자와 종업원의 관계를 고용관계, 인사관계, 노사관계라는 세 가지 관점으로 나누었을 때, 인적자원 관리가 기업에서 구체적으로 어떠한 기능을 하는지를 이 세 가지 관점에서 서술하라.

9. 커뮤니케이션 채널의 대표적 유형을 제시하고 정확성과 신속성의 측면에서 각 유형의 장단점을 설명하라.

10. 전략적 의사결정, 관리적 의사결정, 업무적 의사결정을 목표, 주제, 특성의 측면에서 간략하게 설명하라.

CHAPTER

04

전략에 대한 경영 마인드

Business Mind

contents

이 장(Chapter)배경과 내용 • • •

경영전략(business strategy)은 기업경영의 청사진과 같은 것이다. 기업이 어느 방향과 목표를 향해 나아갈 것인가, 그를 위해 어떤 사업을 언제 할 것이며, 어떤 방법과 절차로 할 것인가에 관한 지침과 계획이 수립되어야만 비로소 실질적인 경영활동이 시작될 수 있기 때문이다. 따라서 경영전략은 기업경영의 전체적 과정에서 보면 순서상 가장 먼저 이루어지는 활동이 되고, CEO의 입장에서 보면 가장 중요한 의사결정 문제가 된다.

그러나 '전략을 세운다', '전략적으로 판단한다'라는 말은 공학도에게 생소한 개념이자 어려운 과제이다. 공학적 분석에는 '전략적 요인'이라는 변수가 없고 공학도는 '전략적 관점'에서 현상을 바라보지 않기 때문이다. 하지만 경영전략을 'CEO가 중심이 되어 경쟁자에 대한 비교우위를 확보하기 위한 계획'이라고 정의한다면, 전략적 사고와 통찰력은 공학도가 CEO가 되기 위해서 반드시 습득해야 할 능력이자 자질이라고 할 수 있다. 더구나 오늘날의 전략은 더 이상 단순한 직관(intuition)이 아니라 정교한 과학(science)이라고 생각한다면 공학도야말로 가장 전략적일 수 있다는 의식과 자세를 가질 필요가 있다.

이 장에서는 먼저 경영전략이 생겨나고 발전되어 온 과정을 살펴보고 시대의 변화에 따라 전략개념의 핵심과 초점이 어떻게 바뀌어 왔는지를 알아본다. 다음으로 전략적 사고와 판단을 위한 분석 방법으로, 기업 내부와 외부의 조건과 상황에 대한 기본 분석, 기업과 사업의 상대적 위치를 파악하는 위상 분석, 사업과 제품의 구성을 진단하는 분포 분석, 시간의 변화에 따른 대응 능력을 알아보는 동태 분석 등을 차례로 살펴보기로 한다.

CHAPTER 04

전략에 대한 경영 마인드

제1절 경영전략에 대한 이해

1.1 경영전략의 기본: 전략이란 무엇인가?

1.1.1 경영전략의 정의

경영 시스템의 운영은 본격적인 경영활동으로부터 출발한다. 경영활동은 한마디로 어떤 비즈니스를 어떤 방식으로 하느냐를 의미한다. 따라서 늘 선택(choice)과 불확실성(uncertainty)이 따르기 마련이다. 어떤 비즈니스를 할 것인가를 정하기 위해서는 여러 가지 대안 중에 하나를 선택해야 하고, 어떤 선택을 하든 미래는 불확실할 수밖에 없는 것이다. 그러므로 어느 기준에서 최선의 선택을 할 것이며 불확실성의 위험(risk)을 줄이기 위해서는 무엇을 해야 하는지를 깊이 고민해야 한다. 여기서 전략이라는 개념의 중요성을 인식하게 되고 전략적 사고라는 경영 마인드가 필요해진다.

넓은 의미의 전략(strategy) 그리고 좁은 의미의 경영전략(business strategy)이란 무엇인가? 전략이라는 용어는 누구나 나름대로 그 의미를 이해하기는 하지만 한마디로 정의하기는 어려운 개념이다. 그러면서 눈에 보이지도 않고 손에 잡히지도 않아서 뜬구름 같다는 느낌을 가지고 있다. 나라의 운명을 건 큰 전쟁을 선두에서 지휘하는 작전 본부와 같은 이미지를 떠올리는가 하면 몇 사람의 핵심 인사가 은밀한 밀실에 모여 엄청난 프로젝트를 논의하는 그림을 상상하기도 한다.

전략을 어떤 느낌으로 받아들이고 어떤 표현으로 정의하든 간에, 대부분의 공학도에게 전략은 매우 생소한 개념이자 어려운 과제이다. 공과대학에서 가르치고 배우는 공학적 분석에는 '전략적 요인'이라는 변수가 포함되어 있지 않고, 공학도는 '전략적 관점'에서 사물과 현상을 바라보는 훈련을 받아보지 않았기 때문이다. 아마 기업에서 이공계 출신이 경영학 출신과 비교하여 가장 취약한 능력과 자질 가운데 하나가 바로 전략적 사고와 행동일 것이다.

전략의 정의는 개인의 가치관에 따라, 조직의 목표에 따라, 외부의 환경이나 조건에 따라 달라진다. 그러나 전략의 주체이자 대상을 기업으로 한정하여 가장 일반적인 관점에서 경영전략을 정의한다면, '중장기적인 관점(long-term)'에서, '최고경영층(top management)'이 중심이 되어, '기업의 목표(objective)'를 달성하고, '경쟁자에 대한 비교우위(competitive edge)'를 확보하기 위한 '계획(planning) 및 의사결정(decision-making)'이라고 할 수 있다.

앞에서 제시된 경영전략의 정의에는 몇 가지 핵심적인 개념들이 포함되어 있다. 첫째, 전략의 시간(time horizon) 개념이다. 흔히 전략이라고 하면 적어도 중기 그리고 대개는 장기의 미래를 바라보고 수립한다는 것이 일반적인 인식이다. 그러나 오늘날과 같이 경영환경이 급변하는 시대에, 먼 미래를 예측하는 것은 매우 어렵고 그 예측을 바탕으로 계획을 세우는 것은 바람직하지 않을 수도 있다. 내일 일도 모르는데 5년, 10년 후의 일을 미리 말하는 것 자체가 의미도 없고 오히려 위험할 수도 있는 것이다. 따라서 최근의 전략은 단기라는 시간 개념도 반영하고 있다. 즉, 과거와 현재의 추세가 안정적이고 지속적으로 이어진다는 가정 하에 미래에 차근차근 대응한다는 측면과, 불안정하고 불규칙적인 변화에 대해 그때그때 유연하게 대응한다는 측면을 동시에 고려하고 있는 것이다.

둘째, 전략의 주체(actor) 개념이다. 전통적으로 전략은 소수의 최고경영층이 수립하고 나머지 조직원들은 이미 수립된 전략에 따라 실천적인 전술(tactic)을 만들어 행동(action)으로 옮기면 되는 것으로 인식되어 왔다. 오늘날에도 여전히 최고경영층이 전략 수립의 중심적인 역할을 담당하는 것이 사실이다. 그러나 소수의 경영자가 정보와 지식을 독점한 상황에서 전략이 수립되고, 그 방향과 내용을 조직원들이 이해하고 공감할 수 없다면 전략의 성공 가능성은 매우 낮아진다. 이러한 사실이 알려지면서, 전략의 수립 과정에 최고경영층뿐 아니라 조직원 모두가 참여하는 것이 중요하다는 새로운 인식이 확산되고 있다. 또한 외부의 공급자, 수요자 심지어는 경쟁자도 전략 수립의 간접적인 참여 대상이 되고 있다.

셋째, 전략의 과학(science) 개념이다. 과거에는 전략을 분석과 방법의 문제가 아니라 경험과 직관의 문제로 인식하였다. 경륜이 높은 CEO가 번쩍이는 영감을 받아 회사가 나아갈 방향을 찾았다는 식의 얘기로 전략을 표현하곤 하였다. 그러나 오늘날의 거대하고 복잡한 경영시스템의 전략을 수립하기 위해서는 체계적이고 정량적인 기술이 필요하다. 이 과정에서는 경영 프로세스에 대한 과학적인 분석 방법도 필요하고, 정교하고 명확한 설계도를 작성할 수 있는 소프트웨어의 활용도 필요하며, 수립된 전략이 어떻게 실현될 것인가를 사전적으로 예측할 수 있는 시뮬레이션 도구도 필요하다. 오늘날의 전략 실무에서, 인문과학이나 사회과학 출신보다 오히려 이공계 출신을 선호하는 경향이 나타나고 있는 이유도 이와 같이 전략의 기술 개념이 강조되기 때문이다. 이제는 전략은 곧 과학이라는 생각이 자연스럽게 받아들여지는 시대이다.

1.1.2 경영전략의 발전과정

전략이라는 개념의 역사는 인류의 역사와 같다고 할 수 있을 만큼 긴 시간을 지니고 있다. 특히 무수히 많았던 전쟁은 전투의 기본 방향을 설정하는 전략(strategy)과 세부적인 행동지침을 결정하는 전술(tactic)의 발전에 큰 영향을 미쳤다. 그러나 기업경영에서 전략이라는 개념과 용어가 등장한 것은 20세기 후반의 일로 비교적 그 역사가 짧은 편이다. 그 이후 전략 개념과 내용이 발전해 온 과정은 크게 다음의 세 단계 정도로 나누어 살펴볼 수 있다.

단계 1: 중장기 계획과 종합조정의 시대 – 1960년대에서 1970년대까지

학문적, 실무적으로 경영전략의 구체적 개념과 기본적 방법론이 처음 제기된 것은 1960년대 후반이다. 이 시기는 2차 대전 이후에 미국 경제가 폭발적으로 팽창하던 기간이었다. 'Made in USA'라는 상표만 붙이면 세계 전역에서 없어서 못 팔 정도로 호황을 누리던 때였다. 지속적인 고도 성장을 통해 기업의 규모가 커지고, 사업 영역이 다양화되며, 경영 기능이 세분화되었다. 따라서 기업은 한편으로는 앞으로 어느 사업을 어느 정도 키워야 할지를 고민하고, 다른 한편으로는 이미 비대해진 기업 조직과 다양해진 경영 기능을 종합하고 조정해야 할 필요성을 실감하게 되었다.

이러한 수요에 맞추어 '경영전략'이라는 주제가 기업경영의 실무적 기능과 학문적 대상으로 관심을 끌게 되었고, 70년대를 거치면서 경영학의 한 분야로 자리잡게 되었다. 많은 경영대학에 경영전략이라는 과목이 개설되었고 경영전략에 관한 성공과 실패 사례(case)를 수업시간의 토론주제로 삼기 시작하였다.

이 시기의 경영전략을 설명하는 두 가지의 핵심 개념은 '중장기 계획'과 '종합 조정'이다. 거시경제는 미래에도 계속 성장한다는 가정 하에 5년, 10년 후에는 무슨 사업을 어떻게 할 것인가를 계획하는 문제와, 기업의 규모는 계속 커지고 사업은 항상 늘어난다는 전제 하에 조직 전체를 종합적으로 조정하는 문제가 전략의 핵심이 된 것이다. 이 개념은 지금도 전략이라는 용어를 정의할 때 가장 자주 사용되고 있다.

단계 2: 전략적 분석의 시대 – 1980년대

경영전략의 패러다임에 근본적인 변화가 나타나기 시작한 시점은 1970년대 말부터이다. 이 때는 미국이 거의 독점적으로 주도했던 세계 경제의 중심이 유럽, 일본 등으로 나누어지기 시작한 시기이고, 동시에 두 차례의 오일 쇼크로 인해 경제 환경의 불확실성이 높아진 시기이다. 많은 기업들은 경제는 항상 성장하는 것이 아니라 위축되기도 하며 사업도 언제나 확대되는 것이 아니라 오히려 축소될 수도 있다는 사실을 깨닫게 되었다. 더 심각한 문제는 그러한 일이 언제 어떻게 일어날지를 예측할 수 없다는 데 있었다.

이러한 변화는 경영전략의 개념과 주제에도 큰 영향을 미쳐서, 안정적이고 지속적인 성장을 전제로 중장기 계획을 수립하는 것보다 외부 환경이 불규칙적으로 변하는 상황에 유연하게 대응하는 것이 보다 중요하다는 사실을 인식하게 되었다. 중장기 계획이 오히려 걸림돌이 된다는 생각도 하게 되었다. 계획이 아예 없으면 그때그때 환경의 변화에 발 빠르게 대응할 수 있는데, 계획에 맞추어 일을 하는 바람에 오히려 신축성과 유연성이 떨어진다는 비판이 나온 것이다.

이러한 인식을 바탕으로 이 시기의 전략 개념을 대표하는 가장 중요한 단어들로는 '시스템', '산업 분석', '경쟁 구조' 등을 들 수 있다. 더 이상 계획이나 조정이라는 말을 하기보다 우리의 위치부터 제대로 알자는 의식이 강해진 것이다. 기업을 내부구조와 외부환경으로 나누어 유기적으로 연결시키는 시스템적 시각으로 바라보고, 시장 전체에서 우리는 어디에 서 있으며 남들은 어디에 서 있는지, 우리가 목표로 삼아 벤치마킹(benchmarking)해야 할 상대는 누구인지 등에 초점을 맞추었다.

단계 3: 전략적 실천방법의 시대 – 1990년대 이후

1990년대 이후는 '무엇(what)'에 대한 분석보다 '어떻게(how)'에 대한 방법론이 강조된 시점으로 요약할 수 있다. 새로운 움직임의 배경은 크게 두 가지를 들 수 있다. 첫째는 80년대의 전략 개념이 산업구조와 기업경쟁력의 분석에는 중요한 공헌을 하고 상당한 성과를 거두었지만, 구체적인 실천계획(action program)의 개발에는 미흡했다는 비판적 시각이다. 좋은지 나쁜지, 해야 할지 말아야 할지를 분석하고 평가하는 데는 어느 정도 성공을 거두었지만 막상 무엇을 어떻게 하라는 것인가라는 질문에 대해서는 명쾌한 답을 제시하지 못함으로써 전략의 의미와 가치가 벽에 부딪히고 말았다는 것이다. 둘째는 정보통신(IT) 기술의 급속한 발전으로 개념적인 수준에 머물렀던 전략 개념을 실질적인 방법론으로 연결시키는 것이 가능하게 된 점이다. 과거에는 이렇게 하면 된다라는 개념은 있었지만 기술이 뒷받침되지 못하여 실행에 옮길 수 없었던 전략을 이제는 실제로 적용할 수 있게 된 것이다.

이러한 변화에 따라 오늘날의 전략 개념은 핵심 역량(core competence)을 확보하기 위해 기업 조직과 경영 프로세스(business process)를 처음부터 끝까지 새롭게 재설계하고 재구축하는 'restructuring' 내지 'reengineering'을 추구하고 있다. 흔히 뭐와 뭐만 남기고 다 바꾼다는 말이 이러한 추세를 반영한다. 또 시간과 공간, 내부와 외부의 제약과 구분 없이 기업경영에 필요한 자원을 효율적으로 조달하고 신축적으로 분배하는 'sourcing' 개념이 중요해지고 있다. 과거와 같이 모든 것을 우리나라 안에서, 우리 회사 내부에서 한다라는 고정관념을 깨고 세계 어디에서든 가장 경제적이고 효율적인 곳에서 아웃소싱(out-soucing)한다라는 생각이 강해지고, 오래된 협력업체 즉 단골로부터 원자재와 부품을 구매한다는 관행에서 벗어나 누구와도 파트너가 될 수 있다는 유연한 자세를 가지게 되었다.

단계 4: 전략선택의 다변화 시대 – 2000년대 이후

가장 최근의 전략 개념은 미래의 성장동력인 신기술의 개발과 신사업의 발굴을 강조하는 추세이다. 날로 치열해지는 글로벌 경쟁에서 지속적인 경쟁력을 확보하고 이미 포화상태로 접어들고 있는 기존시장에서 차세대의 지배제품(dominant design)을 찾는 것이 기업이 생존할 수 있는 핵심 요소가 되고 있기 때문이다. 또한 융합(convergence) 현상을 바탕으로 과거에 존재하지 않았던 새로운 시장이 출현하는 것도 변화의 동인을 제공하고 있다. 이러한 변화에 대응하여, 유망한 신사업 영역을 발굴하고 효과적인 시장진입 전략을 수립하는 것이 가장 중요한 경영전략의 주제가 되고 있다.

이 과정에서 필요한 기술을 확보하는 전략의 변화도 일어나고 있다. 즉, 전통적인 자체개발을 넘어 이미 관련기술을 보유하고 있는 외부기업을 인수합병(M&A)한다든지, 외부의 기술개발 파트너와 신축적으로 협력하는 오픈 이노베이션(open innovation) 방식을 모색하는 움직임이 활발하게 나타나고 있는 것이다. 한마디로 전략의 범위가 확대되고 선택이 다양화되는 시대로 접어들고 있다. 〈표 4-1〉에 경영전략의 개념과 내용의 변화 과정을 요약하여 제시하였다.

〈표 4-1〉 전략의 변화 및 발전과정

연 대	배 경	핵심 내용
1960년대~1970년대	– 고도성장 – 사업영역의 다각화 – 경영기능의 세분화	– 중장기 경영계획(long-term planning) – 다양한 경영기능의 종합 조정 (corporate coordination)
1980년대	– 경제성장의 둔화와 국가경쟁력의 다극화 – 경제환경의 불확실성 – 산업구조의 고도화	– 시스템적 접근(systems approach) – 산업구조 분석(industry analysis) – 경쟁구조의 위상 분석(strategic positioning) – 사업영역의 선택(market entry/exit)
1990년대 이후	– 내부경영자원의 중요성 – 기술집약적 경쟁 – 정보통신기술의 발전	– 기업구조의 조정(restructuring) – 경영과정의 설계(process reengineering) – 경영자원의 활용(sourcing) – 핵심역량의 확보(core competence)
2000년대 이후	– 글로벌 경쟁의 심화 – 기존시장의 포화 – 신기술에 의한 신시장의 출현 – 산업/기술 간 융합	– 신시장 발굴과 진입 – 인수합병(M&A) 전략 – 오픈 이노베이션(open innovation) 전략

1.2 경영전략의 구조: 경영전략은 어떻게 짜여져 있는가?

1.2.1 경영전략의 전체적 틀

전략의 개념이 시대의 변화에 따라 바뀌어 오기는 했지만 결국 전략의 핵심은 어떤 목적을 위해 누가 무엇을 어떻게 하느냐를 결정하는 것이다. 기업이 추구하는 목표를 정하고, 그 목표의 달성을 위해 기업 전체는 무엇을 하며 전체가 해야 하는 일을 뒷받침하기 위해 각 부서는 무엇을 해야 하고, 하는 식의 큰 그림과 작은 그림을 체계적으로 그려나가는 것이다.

일반적으로, 경영전략의 전반적 구조는 하나의 계층으로 나타낼 수 있다. [그림 4-1]에 도시되어 있는 것처럼, 제일 상위에 설정되는 기업의 임무(corporate mission)를 토대로 전체적인 기업전략 또는 사업전략(corporate strategy)이 수립되고, 이를 뒷받침하기 위한 주요 부문별 기능전략(functional strategy)이 수립되며, 마지막으로 각 기능 내에서 보다 구체적이고 실질적인 실천계획(action plan)이 수립되는 계층 구조로 이루어진다.

[그림 4-1] 경영전략의 계층구조

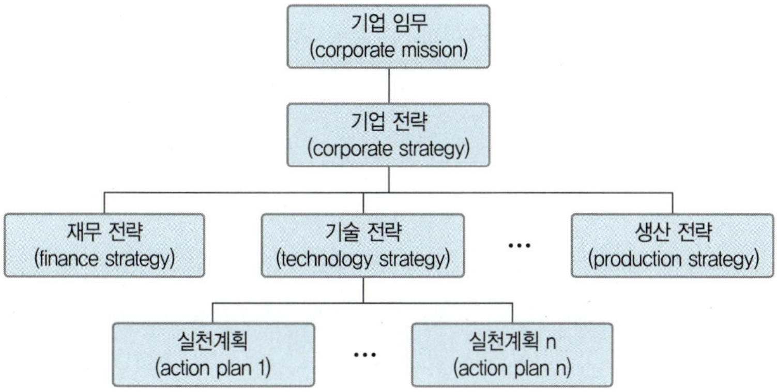

계층구조를 이룬다는 말은 크게 두 가지의 조건이 만족되어야 한다는 것을 뜻한다. 첫째는 계층간의 일관성이다. 상위의 계층에서 설정된 목표나 방향은 하위의 계층에도 일관되게 전달되고 반영되어야 한다. 만일 상위계층의 전략 목표가 매출액 증대로 되어 있는데 하위계층의 전략이 수익성 제고로 수립되어 있다면 경영시스템 전체의 전략이 일관성을 잃고 우왕좌왕하게 된다. 둘째는 계층합의 일치성이다. 하위의 계층에서 설정된 전략 목표나 자원투입의 총합(sum)은 상위의 계층에서 제시된 수치와 일치하여야 한다. 예를 들어 시스템 전체의 목표가 100이면 하위 부문도 100이라는 목표에 맞추어 계획을 수립해야 하고, 시스템 전체가 사용할 수 있는 자원이 100만큼 있으면 하위의 각 계층에서 사용하는 자원을 모두 합친 총합도 100이 되어야 한다.

그러면 전략의 계층구조를 위에서부터 하나씩 알아보자. 제일 상위에 존재하는 것은 기업의 이념이자 임무이다. 기업이념의 표현 방식은 기업마다 큰 차이가 있다. 어떤 기업은 '고객 감동', '세계 일류', '디지털 컨버전스 혁명의 선도', '생명 존중' 등으로 간단하지만 분명하게 제시하기도 하고 어떤 기업은 상당히 구체적으로 표현하기도 한다. 예를 들어 Cisco 같은 기업은 '다른 경쟁기업과 비교하여 고객만족(customer satisfaction), 제품성능(product leadership), 시장점유율(market share), 수익성(profitability)의 측면에서 선도적인 위치를 유지하는 기업'이라고 말하고 있다.

기업의 이념과 임무가 설정되면, 그 아래의 계층에서는 기업전략 내지 사업전략을 수립하는 작업을 수행하게 된다. 어느 시장에 새롭게 진출할 것이며 어느 사업부문을 새롭게 조직할 것인지, 기존 사업 가운데 어느 사업을 정리하거나 축소할 것인지, 어느 기업과 협력 관계를 강화하고 어느 기업은 집중적으로 공격할 것인지, 보완적 기술을 가지고 있는 어느 기업을 M&A를 통해 흡수할 것인지 등의 중요한 문제에 대한 의사결정을 해야 한다.

1.2.2 기술전략의 구조

기업전체의 전략적 방향과 목표가 정해지면 그 다음에는 사업전략의 수행을 뒷받침할 수 있는 기능별 전략(functional strategy), 즉 재무전략, 생산전략, 마케팅전략, 기술전략 등이 수립되어야 한다.

기능전략 가운데 이공계 인력과 가장 밀접하게 관련되어 있는 기술전략(technology strategy)의 경우를 보자. [그림 4-2]에 나타나 있는 것처럼, 상위의 경영전략 영역과 하위의 기술전략 영역은 계층적으로 나누어져 있지만 동시에 유기적으로 연결되어 있다.

[그림 4-2] 경영전략과 기술전략의 전체적 구조

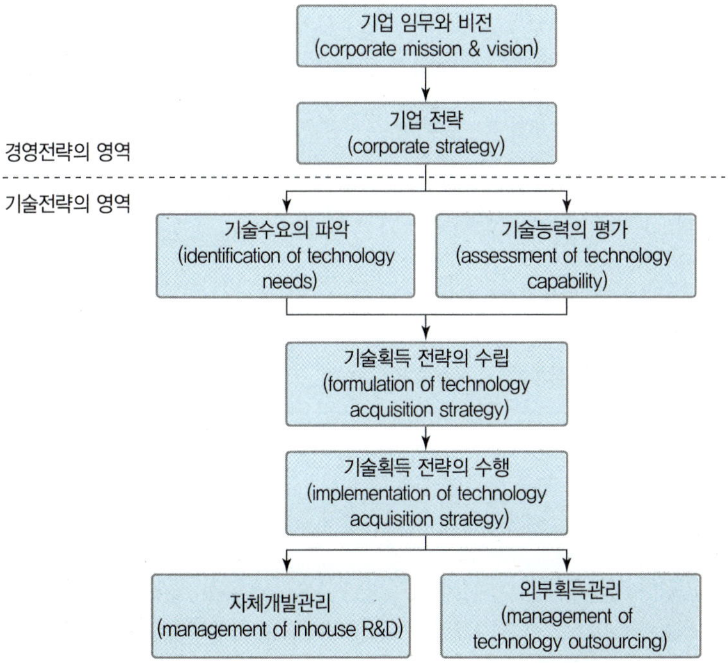

기술전략은 우선 기업이 필요로 하는 기술이 무엇이며, 이 가운데 내부에서는 무엇을 이미 보유하고 있는지를 분석하는 작업에서 출발한다. 이 분석의 결과 기업이 앞으로 획득해야 할 필요기술의 범위와 내용이 파악된다. 그 다음은 필요한 기술을 획득하는 전략을 수립하는 과제로 연결된다. 이어서 기술획득 전략은 필요기술을 내부에서 직접 개발하여 획득할 것인지 아니면 외부에서 조달하여 획득할 것인지를 결정하는 문제로 좁혀진다. 만일 내부의 자체 개발을 선택한다면 그에 따른 구체적 연구개발 계획이 수립되어야 하고, 반대로 외부의 기술 도입을 선택한다면 그에 따른 전략적 조달 계획이 수립되어야 한다.

〈표 4-2〉는 경영전략과 기술전략의 계층 구조를 보다 세부적인 자원분배와 의사결정의 관점에서 설명하고 있다. 또한 〈표 4-3〉과 〈표 4-4〉는 기업전략과 기술전략이 실제로 어떤 형태로 수립되는가를 예시를 통해 보여주고 있다.

〈표 4-2〉 전략 계층별 자원배분과 의사결정

계 층 (hierarchy)	자원 분배 (resource allocation)	의사 결정 (decision making)
기업 전략 (corporate strategy)	산업/시장간 자원 분배 및 우선 순위 결정	– 거시적/종합적 사업 목표의 설정 – 산업/시장의 범위 결정 – 시장진입/퇴출 결정
기능 전략 (functional strategy)	경영기능간 자원 분배	– 다양한 경영기능의 구조와 형태의 설계 – 개별 경영기능별 경쟁우위 확보 방안 도출
기술 전략 (technology strategy)	기술획득 방식간 자원 분배	– 최적의 기술획득 방식 결정 – 확보기술의 활용 및 내부화 방안
연구개발 전략 (R&D strategy)	R&D 프로그램과 프로젝트간 자원 분배	– 기술개발 프로그램 및 프로젝트의 결정 – 개별 프로젝트 개발과정의 관리 방법

〈표 4-3〉 기업전략의 예시

전략책임자: CTO			
주요활동	일정계획(Milestone)		
	2015	2016	2017
1. 사업영역 A를 B로 교체	12월 말까지 완료		
2. 사업영역 D를 C에 추가	4월에 시작	12월까지 70% 추진	7월까지 100% 완료
3. 사업영역 E와 F를 통합	10월에 시작	12월까지 50% 추진	12월까지 100% 완료
4. 사업영역 G를 개선	12월까지 5% 개선	12월까지 8% 개선	12월까지 10% 개선

〈표 4-4〉 기술전략의 예시

경영기능: R&D			
전략책임자: CTO			
주요활동	Milestone(연)		
	2015	2016	2017
1. A 기술 자체개발	10월까지 50%	12월까지 100%	
2. B 기술은 라이선스 도입	12월까지 도입	12월까지 내부화	
3. C 기술은 D와 공동 개발	3월에 시작	11월에 완료	
4. A, B, C 기술을 시스템으로 통합			1월에 시작하여 12월까지 완료

덧붙이는 이야기: 기술혁신 기본모형

기술혁신이 어떤 과정을 거쳐 이루어지느냐 하는 문제에 대해서는 오랫동안 기술주도(technology-push) 모형과 수요견인(demand-pull) 모형이 대립되어 왔다.

아래 그림에서 보듯이, 기술주도 모형은 기초과학의 발전이 기술의 개발로 이어지고 이에 따라 시장의 수요가 일어나면서 기술혁신이 이루어진다는 주장이다. 미국이나 영국같이 기초과학이 튼튼한 나라는 이 모형에 가까운 기술혁신을 중시하는 전통을 가지고 있다. 이에 반해 수요견인 모형은 먼저 시장의 수요가 생기면서 거기에 맞추어 기술의 개발이 이어지면서 기술혁신이 이루어진다고 주장한다. 독일, 일본, 우리나라와 같이 산업기술을 토대로 발전해 온 나라들은 이 모형에 가까운 기술혁신을 강조하는 경향을 보인다.

[기술주도 모형]

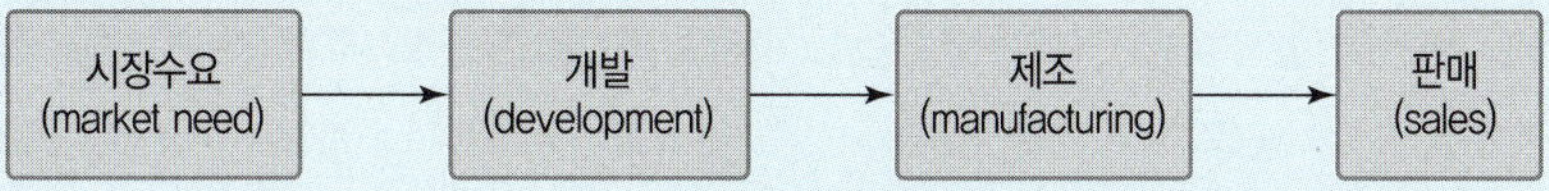

[수요견인 모형]

하지만 최근에는 기술혁신이 기술주도나 수요견인의 한 가지 요인이나 방향에서 일어나는 것이 아니라, 두 가지의 복합적이고 균형적인 결합에 의해 일어난다는 인식이 높아지고 있다. 따라서 기술혁신이 활발히 일어나기 위해서는 과학기술의 기반과 시장 수요의 토대가 모두 필요하다.

1.2.3 기술획득 전략

기술전략의 핵심적 과제는 필요한 기술을 어떻게 획득할 것인가에 있다. [그림 4-3]에서 보듯이, 필요한 기술을 획득하는 방법은 크게 내부에서 직접 개발하는 방식(in-house R&D)과 외부에서 도입하는 방식(outsourcing)으로 나눌 수 있다. 물론 100% 자체개발과 100% 외부조달 사이에는 외부의 관련기업, 연구기관, 대학 등과 공동개발을 하거나 위탁개발을 하는 혼합형 방식을 선택할 수도 있다.

[그림 4-3] 기술획득 방식

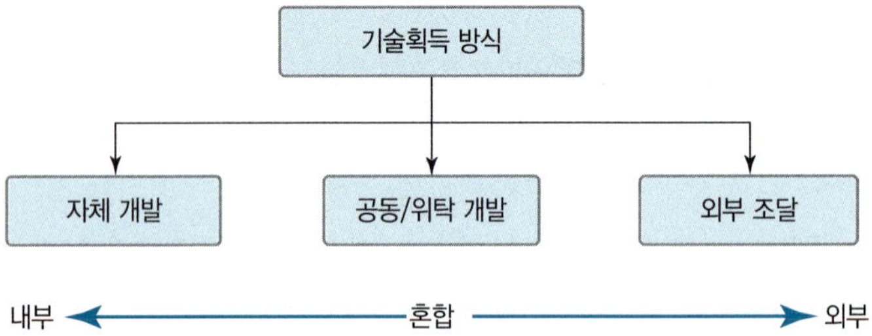

앞의 다양한 방식 가운데 어떤 방식을 선택할 것인가 하는 의사결정은 기업의 여건과 기술의 특성에 따라 달라진다. 또 각각의 방식은 나름대로의 장점과 단점을 가지고 있기 때문에 일률적으로 좋고 나쁨을 말할 수는 없다. 일반적인 기준에서 기술획득 방식을 결정하는 지침(guideline)을 제시하면 〈표 4-5〉와 같다.

〈표 4-5〉 기술획득 방식의 선택 기준

방식	기술적 위상	시간적 긴급도	투자 규모/수준	수명주기 단계	기술적 중요도
내부 개발 (in-house R&D)	높음 (high)	낮음 (low)	큼 (large)	초기 (earliest)	핵심 (critical)
공동 개발 (Joint venture)	↕	↕	↕	↕	↕
위탁 개발 (R&D contract)					
외부 조달 (License-in)	낮음 (low)	높음 (high)	작음 (small)	후기 (later)	주변 (basic)

기술수준이 높고 또 수명주기의 초기에 있는 기술은 가능하면 기업내부의 자체적인 연구개발로 획득하는 것이 바람직하다. 그러나 이러한 기술의 개발에는 많은 투

덧붙이는 이야기: 기술로드맵(TRM)

중장기적인 시각에서, 신기술과 신제품을 기획하고 연구개발 과제를 수행하는 과정을 전체적인 지도로 그린 것을 기술로드맵(Technology RoadMap: TRM)이라고 한다. 일반적으로 TRM은 아래의 예시적 그림과 같이, 아래에 시간 축을 놓고 네 개의 계층으로 구성한다. 제일 위 계층에서는 우선 시장과 고객의 니즈를 파악한다. 다음 계층에서는 시장 니즈에 맞는 신제품을 기획한다. 다음 계층에서는 신제품의 개발에 필요한 기술을 도출한다. 마지막 계층에서는 그 기술을 얻기 위한 R&D 프로젝트를 선정한다. TRM은 기술전략의 기본 틀로서, 또 기술기획의 구체적 일정표로 자주 사용된다.

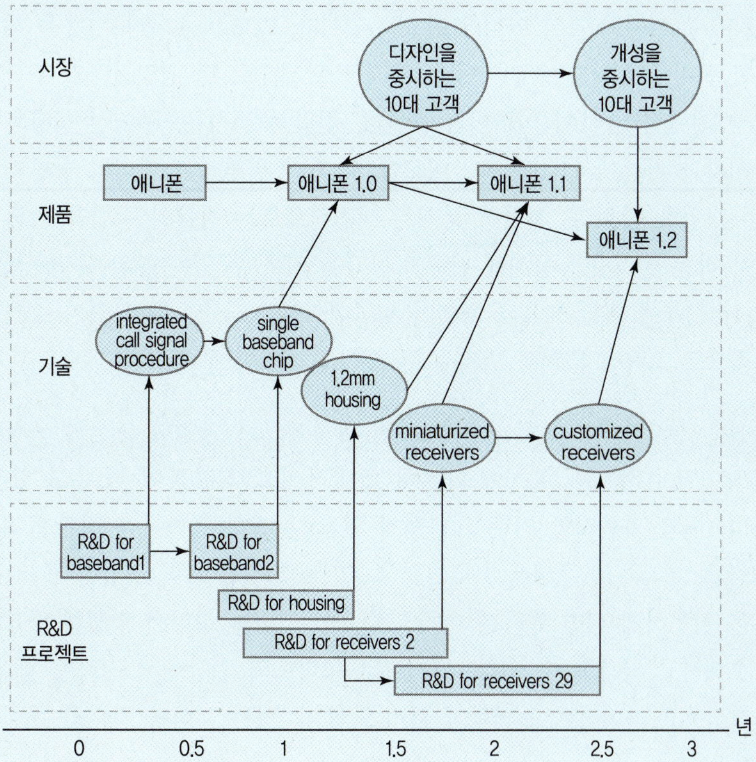

자와 오랜 시간이 걸린다는 점을 유의해야 한다. 반대로 시간적으로 급하지만 핵심 기술도 아니고 수명주기 상으로도 노후된 기술의 경우에는 외부에서 바로 조달하는 것이 바람직한 선택이다. 물론 상황이나 조건에 따라 자체개발과 외부조달을 부분적으로 결합한 혼합형 방식을 활용하는 것이 좋은 경우도 있다. 양쪽의 가운데 수준에 있는 기술의 개발을 위해서는 공동개발이나 위탁개발을 선택하는 것이 바람직할 수 있다.

제2절 전략적 분석에 대한 이해

2.1 전략 분석의 틀: 어느 관점에서 전략적 분석을 할 것인가?

무릇 전략은 주어지는 것이 아니라 만드는 것이다. 만드는 것이라는 뜻은 제대로 알고 철저히 준비해야 한다는 의미이다. 그러므로 제대로 된 경영전략의 수립을 위해서는 먼저 '전략적 분석'이 이루어져야 한다. 전략적 분석은, 주어진 상황과 여건을 다양한 시각과 기준에서 측정하고 비교한 후 가장 바람직한 미래의 방향과 위치를 알아내는 작업을 말한다. 전략적 분석은 직접적으로는 전략의 수립을 위해 필수적으로 해야 하는 일이지만 동시에 전략적 감각을 키울 수 있는 좋은 훈련 방법이기도 하다. 특히 전략에 대한 교육과 경험이 부족한 공학도들은, 무슨 일이 주어지든 거의 본능적으로 전략적 분석을 먼저 하는 자세를 키워야 한다.

전략 분석은 경영전략의 수립을 위한 사전 활동이므로 당연히 분석의 목적과 방향이 '전략적'이어야 하지만, 동시에 다분히 '주관적'이고 '직관적'이 될 수도 있다. 자칫하면 논리적이고 과학적인 기준이나 체계 없이, 순전히 경험이나 직관에 의존하여 '좋은 그림'을 그리는 수준에서 이루어질 수 있는 것이다. 특히 경영전략이라는 과목의 공부를 잘못하게 되면 전략은 마치 그럴듯한 그림을 그려서 멋있게 발표하는 요령으로 오해하고 착각할 수 있다. 그러므로 공학도의 입장에서 전략을 배울 때는, 좀더 체계적이고 과학적으로 전략적 분석을 할 수 있는 지식과 기술을 튼실히 배워야 한다.

그렇다고 하여도, 전략이라는 주제가 본질적으로 지니고 있는 특성 때문에, 전략 분석의 틀을 정형화 내지 표준화하는 것은 매우 어려운 일이다. 또 하나의 기본적 틀이 존재한다고 하여도, 그 구체적인 방법이나 내용은 기업의 특성이나 환경의 변화에 따라 달라질 수 있다. 여기에서는 지금까지 전략 분석에서 많이 사용되어 온 분석의 틀을 크게 네 가지의 관점 내지 차원으로 정리하여 살펴보고자 한다.

[그림 4-4]에 제시되어 있는 것처럼 첫째는, 가장 일차적이고 공통적인 기본 분석이다. 기본 분석이라고 하는 이유는 여기서 하는 일이 주로 기업 내부와 외부의 현황에 대한 기본적 정보를 수집하고 이를 정리하는 작업이기 때문이다. 둘째는 위상 분석이다. 위상 분석이라는 말은 산업과 시장 전체의 큰 지도 위에서 우리 기업과 우리 제품의 상대적 위치를 파악하고 선두기업이나 경쟁상대의 위치도 평가한다는 것을 뜻한다. 셋째는 분포 분석이다. 분포 분석이라는 용어는 우리가 보유하고 있는 경영자산과 우리가 수행하고 있는 사업영역이 균형적으로 잘 분포되어 있는지 아니면 어느 한쪽에 불균형적으로 몰려있는지를 알아본다는 의미이다. 넷째는 동태 분석이다. 동태 분석은 시간의 흐름이나 수명주기의 변화에 따라 우리 기업의 미래가 어떻게 바뀔 것인가, 이에 대비한 현재의 준비 상태는 어느 정도인가를 점검하는 일을 가리킨다.

[그림 4-4] 전략 분석의 틀

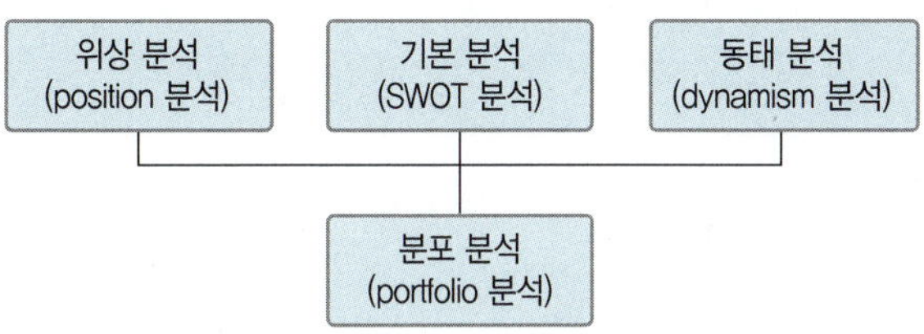

2.2 기본(SWOT) 분석: 내부조건과 외부환경은 어떠한가?

유명한 손자병법의 글귀 가운데 '지피지기(知彼知己)면 백전백승(百戰百勝)'이라는 말이 있다. 상대를 이기기 위해서는 나 자신도 알고 나를 둘러싸고 있는 외부환경도 알아야 한다는 뜻이다. 동양의 이 원리를 서양의 경영전략에 대입하면 바로 SWOT 분석 또는 TOWS 분석이 된다.

전략 분석하면 가장 먼저 떠오르고, 그리고 실제로 가장 자주 수행되는 분석이 바로 SWOT 분석이다. SWOT 분석은 전략 분석의 출발점이자 기본이 되는 분석으로, 모든 전략 수립에서 반드시 그리고 가장 먼저 수행되는 작업이다. SWOT는 영어의 Strength(S), Weakness(W), Opportunity(O), Threat(T) 앞 글자를 딴 것으로, 기업 내부의 강점과 약점, 그리고 외부 환경의 기회와 위협 요인을 종합적으로 분석한다는 것을 뜻한다. 따라서 SWOT 분석을 위해 수집한 기업 내부 및 외부의 관련 정보와 SWOT 분석을 통해 이끌어낸 기본적 전략 방향과 지침은 후속적으로 이루어지는 다양한 세부 전략의 청사진으로 활용된다.

SWOT 분석은 외부환경의 분석, 내부능력의 분석, 전략방향의 도출을 전체적인 순서로 하여, 구체적으로는 다음의 일곱 단계로 이루어진다.

1 단계: 기업 프로필 분석

기업의 전체적 프로필을 분석하는 단계로 '나는 누구이며 어디에서 무엇을 하고 있는가'를 스스로 정리하는 단계이다. 구체적으로 업종, 시장 영역, 경쟁 상황, 최고경영층 능력과 비전 등의 기본 정보를 살펴본다.

2 단계: 외부환경 분석

외부환경을 분석하는 단계로 '나를 둘러싼 밖의 상황이 좋은가 나쁜가'를 알아보는 단계이다. 구체적으로 시장 요인, 경쟁 요인, 경제 요인, 기술 요인, 사회 요인 등을 살펴본다.

3 단계: 기회-위협요인 도출

2 단계의 외부환경 분석을 토대로 밖에서 나에게 주어지는 '기회(O) 요소'와 나에게 다가올 수 있는 '위협(T) 요소'를 도출하는 단계이다.

4 단계: 내부조건 분석

내부요인을 분석하는 단계로 '나 스스로를 들여다 보았을 때 내가 잘하고 강한 것은 무엇이고 내가 못하고 약한 것은 무엇인가'를 알아보는 단계이다. 구체적으로 마케팅 능력, 재무 능력, 연구개발 능력, 생산/물류 능력, 관리 능력 등을 살펴본다.

5 단계: 강점-약점요인 도출

4 단계의 내부요인 분석을 토대로 내가 다른 사람이나 기업과 비교하여 우위에 있는 '강점(S)'과 반대로 부족하고 취약한 '약점(W)'을 도출하는 단계이다.

6 단계: SWOT 매트릭스 도출

위의 단계를 종합하여 [그림 4-5]에 도시되어 있는 SWOT 매트릭스(SWOT matrix)를 도출하는 단계이다. 이 매트릭스는 기회와 위협, 강점과 약점의 조합으로 이루어진 4가지 영역(cell)으로 구성된다.

[그림 4-5] SWOT 매트릭스

외부환경 \ 내부조건	강점	약점
기회	강점 : 기회 Max-Max 전략	약점 : 기회 Min-Max 전략
위협	강점 : 위협 Max-Min 전략	약점 : 위협 Min-Min 전략

7 단계: 전략방향 제시

마지막으로 각 영역에 가장 적합한 전략 방향과 대안을 도출하는 단계이다. 구체적인 전략 방향과 지침은 경영시스템의 특성과 상황에 따라 달라지겠지만, 기본적인 전략 방향이 어떻게 되는지를 간략히 살펴보자. 첫째, 기회-강점의 영역을 보자. 여기는 외부에서 우리에게 좋은 기회가 오고 있고 또 내부에서는 충분한 능력과 갖추고 있는 부분이다. 따라서 우리의 강점을 극대화하여 외부의 기회를 최대로 활용하는 Max-Max 전략을 수립해야 한다. 둘째, 기회-약점의 영역을 보자. 여기는 외부에 좋은 기회가 있는 데 반해 우리의 능력은 부족한 부분이다. 따라서 내부의 약점을 최소화하여 외부의 기회를 최대로 살릴 수 있는 Min-Max 전략이 바람직하다. 셋째, 위협-강점의 영역을 보자. 여기는 외부의 상황이 별로 좋지 않은데 다행히 내부의 힘은 강한 부분이다. 따라서 내부의 강점을 극대화하여 외부의 위협을 최소로 줄이는 Max-Min 전략을 세운다. 넷째, 위협-약점의 영역을 보자. 여기는 외부의 상황도 나쁜데 설상가상으로 내부의 능력도 취약한 부분이다. 따라서 여기에서는 내부의 약점을 최소화하여 위협을 최소로 줄이는 Min-Min 전략을 구사해야 한다.

2.3 위상 분석: 어디에 서 있으며 어디로 갈 것인가?

기본 분석을 마친 다음에 수행하는 전략 분석으로는 위상(position) 분석을 들 수 있다. 위상 분석은 분석과 조사의 대상이 되는 중요한 요인들에 대해서, 우리 기업이나 제품이 다른 기업이나 제품과 비교하여 상대적으로 어떤 위상(position)을 차지하고 있는지, 어느 영역(area)에 존재하고 있는지를 살펴보는 관점이다. 따라서 위상 분석은 한마디로 지도(map) 그리기라고 할 수 있다. 즉, 내 자신이 전체적 지도 위에서 어디에 있는지를 알고 내 상대가 어디에 있는지를 알아야 지도 위에서 목표 지점과 이동 경로를 찾을 수 있다는 생각이다.

위상 분석의 목적과 용도는 크게 두 가지로 요약할 수 있다. 첫째는 우리 기업의 상대적 경쟁력을 파악하는 일이다. 비교의 핵심이 되는 요인을 기준으로, 다른 기업 특히 경쟁 기업과 비교한 우리 기업의 위치가 어디에 있는지를 알아보는 것이 중요한 목적이다. 기업이 아니라 제품을 비교하는 경우라면, 우리 제품은 다른 회사 제품과 비교하여 어떤 특성을 가지고 있고 어떤 면에서 경쟁력을 가지고 있는지를 알아보게 된다. 둘째, 벤치마킹(benchmarking)을 통해 앞으로 나아가야 할 방향과 거리를 결정하는 일이다. 시장을 선도하거나 기술적으로 앞서가는 기업이 어디에 있으며, 앞으로 그 위치로 발전하기 위해서는 어느 경로를 통해 이동(movement)할 것인지를 정하는 것도 중요한 목적이다.

실무적으로 위상 분석을 수행하는 과정을 한 가지 방식이나 절차로 정형화하기는 어렵다. 그러나 크게 다음 네 가지의 단계로 이루어지는 것이 일반적이다.

1 단계: 요인의 선정

첫 번째 단계는 분석 대상이 되는 핵심 요인을 선정하는 일이다. 핵심 요인은 분석의 목적이나 대상에 따라 달라진다. 예를 들어 자동차 시장을 분석하는 경우라면 경제성(연비), 외양(디자인), 내구성(품질) 등이 중요한 요인이 될 수 있다. 이 때 주의할 점은 두 요인이 서로 다른 독립적인 특성을 반영해야 한다는 것이다. 가격과 외양은 서로 독립적인 두 요인이라고 할 수 있다. 왜냐하면 가격이 비싼 제품이라고 해도 디자인이 마음에 들지 않는 경우는 흔하기 때문이다. 하지만 가격과 성능이라는 두 요인은 서로 중복되거나 유사한 특성이라고 할 수 있다. 왜냐하면 가격이 비싼 제품은 거의 모든 경우에 성능이 뛰어나기 때문이다.

2 단계: 격자/매트릭스 구성

두 번째 단계는 여러 가지 핵심 요인들 가운데 두 가지 요인(특성)을 선정하여, 이 두 요인을 축으로 하는 격자(grid)나 매트릭스(matrix)를 구성하는 일이다. 위에서 본 자동차 시장의 경우, 경제성을 X 축으로 하고 디자인을 Y 축으로 하면 경제성과 디자인을 두 축으로 하는 grid나 matrix가 그려질 수 있다. 이 격자나 매트릭스는 분석 대상의 상대적 위치를 표현하는 지도의 역할을 하게 된다.

3 단계: 매핑

세 번째 단계는 실제로 우리 기업(제품)과 비교 대상이 되는 다른 기업(제품)들의 수준을 측정하여 위의 격자 위에 각각의 위상을 표시하는, 다시 말해 지도 위에 각 기업이나 제품의 상대적 위치를 표시하는 매핑(mapping) 작업을 수행하는 일이다.

4 단계: 전략방향 제시

마지막 단계는 우리 기업의 상대적 위상을 파악하고, 현재의 위상에서 앞으로 어느 위상으로 어떻게 이동할 것인가를 결정하는 일이다. 먼저 우리가 옮겨가야 할 위치를 정하는 일은 앞에서 이미 설명한 기본 분석의 결과를 최대로 활용해야 한다. 우리를 둘러싼 외부 환경과 우리 내부의 능력과 조건을 토대로, 우리가 어느 위치로 이동해야 하는지 또 어느 위치까지 이동할 여건이 되는지를 면밀히 검토하여 최종 목적지를 결정해야 한다. 다음으로 우리가 최종 목적지를 향해 나아가는 길 즉 이동 경로(path)를 정하는 일도 외부와 내부의 여러 가지 정보를 종합하여 판단해야 한다. 예를 들어 가장 짧고 빠른 일직선으로 움직일 수도 있고, 위쪽으로 돌아갈 수도 있고, 아래쪽으로 돌아갈 수도 있을 때 어느 길로 이동할 것인가를 정하는 것이 중요한 전략적 선택이 되는 것이다.

[그림 4-6]에 도시되어 있는 것처럼, 어떤 제품에 대해 첫 번째 특성이 높고 낮음, 두 번째 특성이 높고 낮음을 기준으로 격자를 구성한 후, 자사제품과 경쟁제품 1, 2, 3의 상대적 위상을 그려 보면, 시장에서의 전반적인 위상을 분석할 수 있다.

[그림 4-6] 시장-제품(기술) Grid

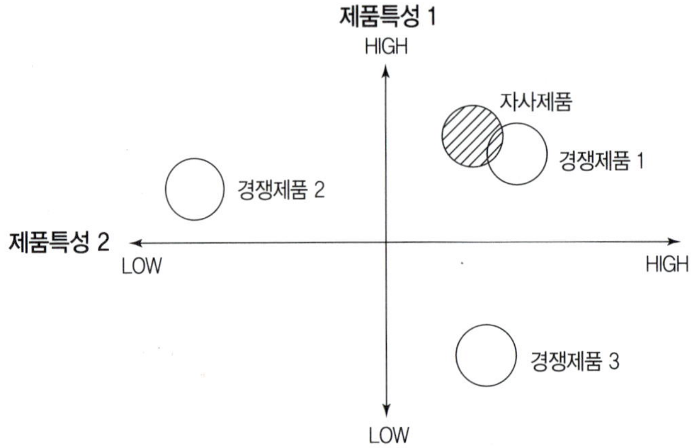

앞에서 예를 든 자동차의 경우를 생각해 보자. 제품특성 1을 가격과 기능이라고 하면 high 쪽에는 상류계층 용의 고가 자동차라는 특성이 될 것이고 low 쪽에는 저가의 실용적 자동차라는 특성이 될 것이다. 제품 특성 2를 외양이라고 하면 high 쪽은 보수적이고 점잖은 느낌의 자동차라는 특성이 될 것이고 low 쪽은 젊은 계층 취향의 스포츠카 같은 특성이 될 것이다. 이 지도 위에 여러 브랜드의 자동차를 위치시켜 보자. 캐딜락 같은 브랜드는 두 특성 모두 가장 high 쪽에 위치할 것이다. 반면에 포르쉐 같은 브랜드는 가격은 high 그러나 외양은 low 쪽에 위치할 것이다. 비교적 보수적인 중산층이 선호하는 벤츠는 두 특성 모두 적당히 높은 위치에 있는 반면 전문직에 종사하는 젊은 세대들이 좋아한다는 이미지가 강한 BMW는 가격은 비교적 높지만 외양은 비교적 낮은 위치에 놓을 수 있다. 이런 식으로 여러 브랜드를 지도 위에 위치시켜 보면 어느 브랜드의 위상이 어디인지를 한 눈에 알 수 있다.

고가의 중후한 자동차와 저가의 스포티한 자동차

2.4 분포 분석: 무엇을 어떤 모습으로 하고 있는가?

위상 분석과 유사한 성격을 보이지만, 실제로는 상당히 다른 분석으로 분포(portfolio) 분석을 들 수 있다. 자주 듣는 말로 똑똑한 부하 열 명이 쓸모없는 부하 백 명보다 낫다라고 한다. 또 강한 축구팀이 되려면 한두 명의 뛰어난 스트라이커만을 앞세우는 것보다 공격수, 수비수, 미드필더 골고루 뛰어난 선수들로 구성되어야 한다고 한다. 이 말들은 구성요소들의 수가 중요한 것이 아니라 구성요소들의 분포가 더 중요한 것이라는 사실을 강조하고 있다. 분포 분석은 기업이 현재 운영하고 있는 사업부문, 수행 중인 프로젝트 또는 판매하고 있는 제품이 전체적으로 어떻게 구성되고 분포되어 있는가를 살펴보는 분석이다. 따라서 사업들의 분포에 대한 분석도 가능하고, 프로젝트들의 분포에 대한 분석도 할 수 있고, 제품들의 분포에 대한 분석도 이루어질 수 있다. 우리가 자주 쓰는 용어로서, 여러 개가 모여 있는 집합의 모습 즉 분포의 모양을 포트폴리오(portfolio)라고 한다. 그러므로 분포 분석은 흔히 포트폴리오 분석이라고 불린다.

분포 분석의 목적과 용도는 크게 두 가지로 요약할 수 있다. 첫째는, 기업이 보유 내지 운영하고 있는 제품라인이나 사업내용이 얼마나 균형적으로 구성되어 있는가를 알 수 있는 분포도를 작성하는 일이다. 포트폴리오 그림을 보면 전체적인 구성을 한눈에 파악할 수 있다. 둘째는, 현재의 포트폴리오를 개선 내지 조정할 수 있는 전략적 방향과 구체적 비율을 결정하는 일이다. 어느 부분의 비중을 얼마나 늘린다거나 반대로 얼마나 줄임으로써, 전체적인 포트폴리오를 어떻게 바꿀 것인가를 결정하는데 필요한 기본 정보를 얻을 수 있는 것이다.

포트폴리오를 분석하는 대상은 분석의 목적에 따라 다양하게 설정될 수 있다. [그림 4-7]에서 볼 수 있듯이 제품(사업)이 대상이 될 수도 있고, [그림 4-8]에 도시되어 있듯이 기술(R&D 프로젝트)이 대상이 될 수도 있다. 즉 전체적 분포도를 매트릭스(matrix)나 지도 형태로 도시할 때, 분포도 위에 나타난 동그라미들이 각각의 사업부문을 가리킬 수도 있고, 제품을 뜻할 수도 있고, 프로젝트를 의미할 수도 있다. 동그라미의 크기를 달리함으로써 사업부문의 규모, 제품의 매출액, 프로젝트의 투자비용의 차이 등을 시각화할 수도 있다.

[그림 4-7] 제품(사업) 포트폴리오 매트릭스의 예시

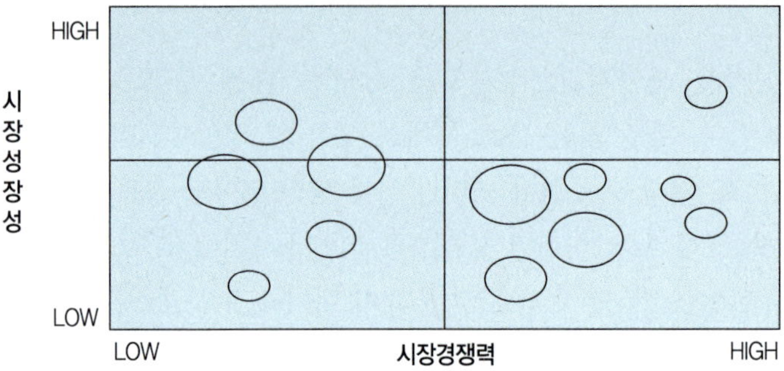

분포 분석 가운데 가장 오랫동안 사용되어, 교과서적 표준이 된 것이 이른바 BCG 매트릭스이다. 미국의 컨설팅 회사인 Boston Consulting Group(BCG)이 제안하여 유명해진 이 매트릭스는, [그림 4-8]에 나타나 있는 것처럼, 시장성장율과 시장점유율을 두 축으로 하는 매트릭스 위에 그 기업이 수행하고 있는 사업부들이 어떻게 분포되어 있는가를 분석하는 데 이용된다. 이 때 사업부를 영어로 Business Unit(BU) 또는 Strategic Business Unit(SBU)라고 표기하는 경우도 많다.

[그림 4-8] 기술(프로젝트) 포트폴리오 매트릭스의 예시

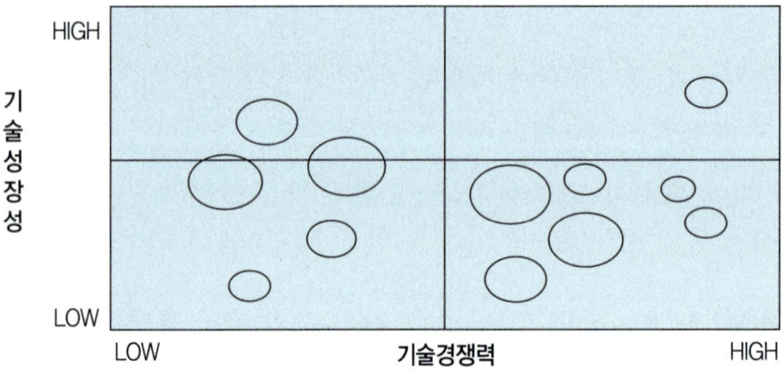

BCG 매트릭스를 토대로 분포분석을 수행하는 절차를 몇 개의 단계로 나누어 살펴보자.

1 단계: 요인의 선정

위상 분석과 마찬가지로 첫 번째 단계는 분석 대상이 되는 핵심 요인을 선정하는 일이다. 핵심 요인은 분석의 목적이나 대상에 따라 달라진다. 하지만 앞의 위상 분석

에서 이미 언급한 것처럼, 요인들은 서로 다른 독립적인 특성을 반영해야 한다. [그림 4-9]의 BCG 매트릭스에서 볼 수 있는 것처럼, 미래를 의미하는 시장의 '성장성'과 현실을 뜻하는 시장의 '점유율'은 요인을 구성하는 좋은 예로 들 수 있다.

[그림 4-9] 제품(사업) 포트폴리오 매트릭스: BCG 매트릭스

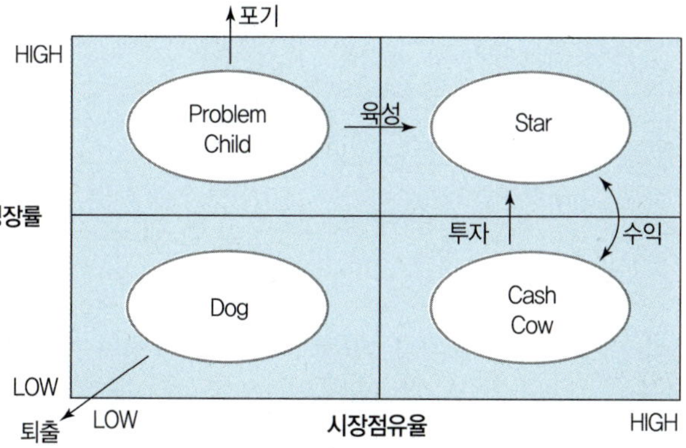

2 단계: 매트릭스 구성

두 번째 단계는, 두 가지 요인(특성)을 선정하여 이 두 요인을 축으로 하는 매트릭스를 구성하는 일이다. 예를 들어, 성장성을 열(column)로 하고 점유율을 행(row)으로 하면 하나의 매트릭스가 구성되고, 이를 각각 높음(high), 낮음(low)으로 나누면 다시 2×2의 사분면(cell)으로 세분할 수 있다.

[그림 4-10]에 도시되어 있는 것처럼, 각 분면은 성장성과 점유율이 모두 높은 'Star', 잠재적 성장성은 높으나 점유율에 문제가 많은 'Problem Child', 중장기적인 성장성은 거의 없지만 현재의 점유율과 수익성이 높은 'Cash Cow', 성장성과 수익성이 모두 낮은 'Dog'로 명명할 수 있다. 사업부의 포트폴리오를 예를 들어 설명한다면, Star는 말 그대로 기업의 현재와 미래를 끌고 가는 '스타성 사업'이 되고, Problem Child는 잘되면 성공이고 안 되면 망하는 '문제성 사업'이 되며, Cash Cow는 앞날은 없지만 지금은 장사가 잘되어 마치 누르면 우유가 쏟아져 나오는 어미소 같은 '현금제조 사업'을 가리키고, Dog는 지금도 돈을 못 벌고 앞으로도 희망이 없는 '별 볼 일 없는 사업'을 의미한다.

[그림 4-10] 기술 포트폴리오 매트릭스

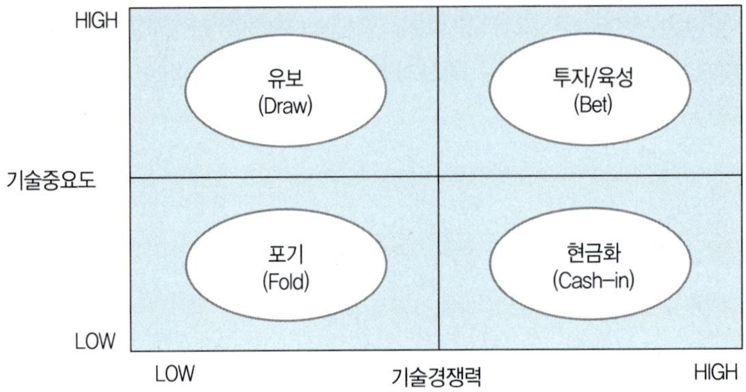

3 단계: 매핑

세 번째 단계는, 분석 대상이 되는 개별제품이나 기술의 수준을 측정하여 매트릭스 위의 적절한 위치에 배치시키는 매핑(mapping) 작업을 통해 분포도를 만드는 일이다. 분포도의 좋고 나쁨에 대해 절대적인 기준을 말할 수는 없지만, 가장 바람직한 구조는 현재의 수익성이 좋은 Cash Cow와 미래의 잠재적 수익원이 되는 Star에 많은 사업부가 배치되어 있는 형태이다. 예를 들어 앞의 [그림 4-11]에 나타나 있는 형태는 전체적으로 Cash Cow가 많아서 긍정적인 반면, Dog도 많고 미래의 성장 동력이 되는 Star는 거의 없어서 상당한 문제를 안고 있는 것으로 평가할 수 있다.

4 단계: 전략방향 제시

다른 분석과 마찬가지로 마지막 단계는 포트폴리오를 개선 내지 조정할 수 있는 전략적 방향과 대안을 도출하는 일이다. 구체적인 실천전략은 달라질 수 있지만 기본적인 원칙과 지침은 다음과 같다. 우선 아무 쓸모가 없는 Dog는 가능한 한 빠른 시간에 철수시키고, Problem Child는 포기하든지 아니면 Star로 키우든지 선택의 결정을 해야 한다. 한편 Cash Cow에서 벌어들이는 현금은 Star의 육성에 투자하고, 동시에 Star는 빠른 시간 내에 Cash Cow가 될 수 있도록 관리함으로써 지속적인 '선순환' 구조를 만들어야 한다.

포트폴리오 분석은 분석 대상과 분석 요인을 바꾸어 가면서 다양하게 수행할 수 있다. 앞의 BCG 매트릭스는 제품이나 사업부를 대상으로 하였지만, 유사한 분석을 보유기술의 대상으로 할 수도 있다. 예를 들어 다른 컨설팅 기업인 Arthur D. Little(ADL)이 제시한 기술 중심의 매트릭스가 [그림 4-10]에 예시되어 있다. 여기에서는 기술중요도와 기술경쟁력을 두 축으로 하는 매트릭스를 사용하고 있다.

2.5 동태(Dynamism) 분석: 앞날의 준비는 어떻게 하고 있는가?

전문 용어로 볼 수도 있지만 '정태적(static)이다 또는 동태적(dynamic)이다'라는 표현을 일상생활에서도 자주 쓴다. 정태적이라는 말은 시간이 정해져 있다 즉 주어진 어느 시점에서 대상을 바라보는 것을 뜻한다. 이에 반해 동태적이라는 말은 시간이 변한다 즉 어느 시점에서 다른 시점으로 바뀌는 시간 동안 대상을 바라보는 것을 의미한다.

지금까지 살펴본 분석의 차원들은 기본적으로 정해진 시점에서의 상황을 살펴보는 정태(static) 분석의 성격을 지니고 있다. 그러나 전략 분석의 차원에서는 시간의 흐름에 따라 상황이 어떻게 변해왔으며, 앞으로 어떻게 변할 것인가를 살펴 보는 동태(dynamism) 분석도 매우 중요하다.

전략적으로 동태 분석이 중요한 이유는 대부분의 제품이 마치 생명이 있는 생물체인 것처럼 기술과 시장의 변화에 따라 수명주기(life cycle)를 갖기 때문이다. 시간의 축을 따라 제품과 시장이 변하는데 이런 변화를 전략적으로 분석하지 못한다면 지금은 괜찮을지 모르지만 머지않아 심각한 문제를 안게 되는 것이다. 수명주기 이론은 원래 경제학의 국제무역 이론과 경영학의 마케팅 이론에서 나온 것이다. 하지만 전략 분석에도 유용하게 쓰일 수 있는 사실이 알려지면서 경영전략에도 자주 사용되고 있다.

수명주기 이론에서는 하나의 제품은 처음 시장에 나올 때부터 마지막으로 시장에서 사라질 때까지 대체로 네 단계로 이루어지는 수명을 가진다고 한다. 첫 번째 단계는 도입기(introduction stage)로 시장에 출시된 초기 단계를 가리킨다. 두 번째 단계는 성장기(growth stage)로 제품이 시장에서 인정을 받아 수요가 급속히 늘어나는 단계이다. 세 번째 단계는 성숙기(maturity stage)로 여러 가지로 제자리를 잡아 안정된 단계를 뜻한다. 마지막 단계는 쇠퇴기(decline stage)로 새로운 제품이 등장하면서 서서히 시장에서 사라지는 단계이다.

동태 분석은 시간의 흐름을 하나의 축으로 설정하고, 분석 대상이 되는 요인의 상태가 시간의 흐름에 따라 어떻게 변화하고 있는지를 살펴보는 분석이다. 동태 분석은 크게 두 가지의 문제에 초점을 맞춘다. 첫째는 분석 대상 요인의 변화방향과 변화율이다. 그 요인의 상태가 올라가고 있는지 아니면 내려가고 있는지, 또 어떤 비율로 변하고 있는지를 알아본다. 둘째는 분석 대상 요인의 중장기적 성장성이나 경쟁력이다. 과연 우리 기업이 미래에도 발전하고 생존할 수 있는지를 예측하는 것이다.

동태 분석 역시 수행 과정이나 방식을 정형화하기는 어렵다. 그러나 어느 경우라고 하더라도 다음 두 가지의 단계는 반드시 포함되어야 한다.

1 단계: 시간(time horizon) 축의 결정

첫 번째 단계는 분석 시간의 축을 정하는 일이다. 우선 얼마나 오랜 기간(duration)을 다룰지, 다음으로는 얼마나 자주 분석할지(interval)를 결정해야 한다. 간단한 방법으로는 데이터의 수집이 가능한 기간을 통틀어 매년, 또는 매월 등과 같이 일정한 간격으로 분석하는 접근을 생각할 수 있다. 그러나 전략 분석에 자주 사용되는 다른 접근은 앞에서 설명한 제품의 수명주기 개념을 이용하는 것이다. 도입(introduction)-성장(growth)-성숙(maturity)-쇠퇴(decline)라는 수명주기를 따라 변화 속도와 양상을 살펴볼 수 있는 것이다.

2 단계: 분석 요인의 결정

두 번째 단계는 핵심적인 분석 요인을 결정하는 일이다. 물론 분석 요인은 분석의 목적이나 성격에 따라 달라진다. 예를 들어 가격이나 비용의 변화를 분석할 수도 있고 기술경쟁력의 변화에 초점을 맞출 수도 있다. 또 한 가지 요인만을 대상으로 하지 않고 다양한 요인들을 바꿔가면서 분석의 범위와 종류를 다양화할 수도 있다.

분석의 시간 축과 분석 요인이 결정되면 이 두 가지를 축으로 하여 구체적인 분석의 형태가 결정된다. 실무에 있어 두 축을 어떻게 배치하느냐에 따라 매트릭스 형태의 분석을 할 수도 있고, 그래프 형태의 분석을 할 수도 있다.

예를 들어 [그림 4-11]은 도입, 성장, 성숙, 쇠퇴 네 단계의 수명주기를 한 축으로 하고, 다른 축은 기술경쟁력을 분석요인으로 하는 매트릭스를 보여주고 있다. 따라서 이 매트릭스는 수명주기의 축을 통해 여기서 다루고 있는 동태 분석을, 기술경쟁력의 축을 통해 앞에서 이미 설명한 포트폴리오 분석을 결합한 것임을 알 수 있다.

우선 우리 기업이 판매하고 있는 제품들을 4×4의 16 분면 가운데 가장 적합한 분면에 배치한 후, 각 분면의 매출 비중(%)을 계산한다. 직관적으로 보아도, 거의 모든 제품들이 수명주기 상에서 성숙기 내지 쇠퇴기에 몰려 있어 미래의 경쟁력이 우려되는 상황임을 알 수 있다. 따라서 빠른 시간 내에 도입기와 성장기의 제품 비중을 늘리고 기술경쟁력을 강화하여 전체적인 균형을 찾아야 한다.

[그림 4-11] 수명주기 포트폴리오 매트릭스(단위: %)

		수명주기			
		도입	성장	성숙	쇠퇴
기술경쟁력	매우 강		1.9		30.7
	강		3.0	16.7	10.3
	보통	3.5	8.6	10.8	
	약	4.7	4.5	5.3	

2.6 경쟁 전략: 무엇을 차별적 우위로 삼을 것인가?

지금까지 살펴본 전략적 분석을 바탕으로, 기업은 다양한 유형의 경쟁전략을 수립하게 된다. 실무에서 사용하는 경쟁전략의 종류는 워낙 다양하여 모든 유형의 전략을 일일이 알아볼 수는 없다. 따라서 가장 기본적이고 대표적인 경쟁전략만 간략히 살펴보도록 하자.

(1) 신제품 전략

신제품(new product) 전략은 남들보다 먼저 새로운 제품이나 서비스를 출시하여 시장을 선점하는 전략이다. 따라서 이 전략을 사용하기 위해서는 먼저 단단한 기술력이 뒷받침되어야 한다. 주로 기술집약적 기업들이 이 전략을 사용하는 이유가 여기에 있다. 여기에 더하여 정확한 시장조사 능력과 신속한 상업화 능력도 갖추어야 한다.

(2) 원가우위 전략

원가우위(cost leadership) 전략은 말 그대로 원가를 줄이고, 가격을 낮추어 경쟁우위를 확보하는 전략이다. 다른 말로는 저가격 전략이라고 부를 수도 있다. 표준화된 제품을 대량으로 생산하고 판매하는 제조업은 말할 것도 없고, 서비스 분야의 이지젯(EasyJet) 항공사나 맥도날드(McDonald)는 타 경쟁업체들에 비해 낮은 원가를 바탕으로 낮은 가격을 책정함으로써 경쟁우위를 확보한 대표적 사례들이다.

이 전략은 개념적으로는 가장 쉬운 선택이지만 실제로는 생각보다 쉽지 않은 선택이기도 하다. 우선 낮은 가격을 선호하는 확실한 고객집단을 찾아야 한다. 또 원가를 줄이고 가격을 낮추기 위해서는 규모의 경제(economies of scale) 효과를 가져올 수 있는 대규모 설비를 구축해야 한다. 나아가 철저한 원가관리와 간접비 관리를 통해 비용을 통제해야 한다. 표준화를 통해 비용을 감소시키기도 하고 기술혁신을 통해 효율성을 올리고 원가를 절감하기도 한다. 따라서 저가격 전략을 구사하기 위해서는 최신장비와 하이테크에 대한 높은 투자비용과 시장점유율을 확보하기 위한 초기손실을 감수해야 한다. 또한 공격적인 가격정책에 따른 수익성의 하락도 견딜 수 있어야 한다. 게다가 저가격 전략이 안고 있는 잠재적 위험성도 고려해야 한다. 일단 저가격 제품과 서비스라는 브랜드로 자리잡으면 이미지를 바꾸기가 매우 어렵다. 흔히 '싼 게 비지떡'이라고 일컫는 제품이나 서비스로 인식될 수 있다는 점을 명심해야 하는 것이다.

(3) 차별화 전략

차별화(differentiation) 전략은 소비자(사용자)가 다른 제품이나 서비스와는 다르다는 인식을 가질 수 있는 독특한 기능이나 디자인을 제공함으로써 경쟁력을 확보하는 전략이다. 앞서 설명한 저가격 전략이 유사한 제품과 서비스 가운데 가장 가격이 낮은 것으로부터 경쟁력을 찾는다면, 차별화 전략은 가격이 낮지 않더라도 다른 제품이나 서비스에서 발견할 수 없는 독특성에서 경쟁력을 찾는다. 한마디로 표준화된 제품이나 서비스 대신 차별화된 제품과 서비스를 제공하는 것이다.

그렇다고 차별화 전략이 비용이나 가격을 무시한다는 것은 아니다. 원칙적으로, 차별화하는 데 들어가는 비용의 수준은 차별화된 기능이나 서비스에 대해 고객이 기꺼이 지불하고자 하는 추가비용의 수준을 넘어서는 안 된다.

(4) 집중화 전략

집중화(concentration) 전략은 크기는 크지만 성격이 다양한 전체시장을 노리기 보다는 크기는 작지만 성격이 분명한 목표시장에 집중하는 전략이다. 집중화 전략을 사용하는 기업들은 기술력이나 마케팅 네트워크에서 전문화가 가능한 경우가 대부분이다. 따라서 넓은 범위의 시장에 표준화된 제품이나 서비스를 제공하기보다는 목표시장에 차별화된 제품과 서비스를 효율적으로 제공할 수 있다는 전제를 기반으로 하고 있다.

먼저 목표시장이 정해지면, 그 시장 안의 고객들이 원하는 특별한 요구를 만족시키는 제품과 서비스를 개발하여 제공한다. 예를 들어 10대의 어린 고객들만을 대상으로 하는 특정 구매집단에 집중하거나, 중산층이 거주하는 신도시와 같이 특정 지역 거주자에 집중하는 것이 집중화 전략의 예이다. 또, 허리디스크 전문병원, 치질 전문병원 등과 같이 특정 서비스 분야에 집중하는 경우도 들 수 있다.

얼핏 보면, 여기서 말하는 집중화 전략과 앞에서 말한 차별화 전략이 비슷한 전략으로 인식될 수도 있다. 그러나 차별화 전략이 제품과 서비스 자체의 성격이나 이미지의 차이를 강조한다면, 집중화 전략은 제품과 서비스가 제공되는 시장이나 범위의 분해를 강조한다. 또한 집중화 내지 차별화 전략을 쓴다고 해서 반드시 가격이 올라간다는 것은 아니다. 다시 말해 앞에서 말한 여러 전략들이 서로 상충적이라는 것은 아니라는 말이다. 오히려 많은 경우 복수의 전략을 결합하여 사용할 수도 있다. 집중화 전략을 통해 시장을 나누고 각 시장의 차이를 고려하여 시장마다 서로 다른 차별적 제품과 서비스를 제공하면서 원가도 높지 않게 관리하는 전략을 쓸 수도 있는 것이다.

토론문제 Discussion Topics

1. 경영전략에 포함되어 있는 세 가지 핵심개념인 시간, 주체, 과학에 대해 간략히 설명하라.

2. 경영전략이 변화하고 발전해 온 과정을 세 단계로 나누고, 각 단계의 배경 및 경영전략의 주요 초점을 설명하라.

3. 경영전략의 전체적인 계층구조를 도시하고, 계층구조 내에서 기술전략의 위상을 설명하라.

4. 본문에 제시된 4가지 전략 분석의 틀에 대해 간략히 설명하라.

5. S사는 온라인 재무 서비스(online financial service)를 제공하는 기업이다. 금융상품의 종류, 주식시장의 시황정보, 상장기업의 프로필 등을 무료로 제공하며 실제 금융상품의 거래를 알선해주는 서비스는 유료로 제공한다. S사는 또한 배너광고를 유치하여 광고주로부터 방문자들의 방문횟수에 비례하여 광고료를 받는다. S사의 전략기획팀은 기본적인 경영전략의 수립을 위해 아래와 같은 SWOT 매트릭스를 도출하였다. 이를 바탕으로 S사의 전략방향을 제시하라.

	강점 • 뛰어난 웹 디자인 기술 • 독자적인 재무 서비스 솔루션 • 풍부한 재무관련 지식 • 풍부한 주식거래 지식 및 중개인과의 네트워크	**약점** • 풍부한 주식거래 지식 • 판매 인력의 부족 • 재무 자원의 부족 • 브랜드 미보유
기회 • 온라인 재무 서비스에 대한 관심 증가 • 강력한 경쟁자가 없음 • 저렴한 마케팅 비용 • 큰 규모의 해외 시장 • 인터넷 기업에 대한 투자 관심 증가	Max–Max 전략	Min–Max 전략
위협 • 경쟁의 격화 • 무료 서비스에 대한 편향 • 불완전한 인터넷 보안 기술	Max–Min 전략	Min–Min 전략

6. MP3 플레이어를 판매하는 A사는 자사의 주력 제품이 경쟁사들의 제품과 비교하여 상대적으로 어떤 위상을 차지하고 있는지 분석하고자 한다. 이를 위해 시장–제품 격자(grid)를 작성하기로 하고 사전작업으로 자사의 주력 제품과 주요 경쟁 제품의 세 가지 주요 제품 특성에 관한 경쟁력을 분석하였다. 경쟁력을 결정하는 가장 주요한 특성은 디자인, 크기 및 무게, 사용 편의성인 것으로 나타났으며 각각에 대한 고객 인지도를 조사한 결과 다음 표와 같이 나타났다. 고객 인지도는 각 제품 특성에 대해 상, 중상, 중하, 하의 네 단계로 구분하였다.

	디자인	크기 및 무게*	사용 편의성
자사 제품	상	중하	중상
경쟁 제품 1	중하	중하	상
경쟁 제품 2	중상	상	중상
경쟁 제품 3	중상	하	상

*크기 및 무게는 작고 가벼울수록 상, 크고 무거울수록 하로 표현한다.

위 표를 바탕으로 가능한 2차원의 시장–제품 격자를 작성하시오. 세 가지 조합의 축에 대하여 각각의 격자를 작성하고 자사 제품의 위상에 대해 간단히 기술하라.

7. BCG 매트릭스를 토대로 한 분포 분석에서의 각 사분면을 설명하고, 각 사분면에 대한 기본적인 전략방향을 제시하라.

8. 대표적인 경쟁전략의 유형을 제시하고 각 유형의 장점과 단점을 비교하시오.

CHAPTER 05

재무관리에 대한 경영 마인드

B u s i n e s s M i n d

contents

이 장(Chapter)배경과 내용

기업의 궁극적인 목적이 영리에 있다면, 필요한 자금을 관리하는 일이 경영의 핵심이 되는 것은 더 이상 말할 나위도 없다. 그러나 전통적으로 공학도는 돈과 거리가 멀어서 필요한 자금을 어디서 어떻게 조달하고, 그 돈을 어디에 어떻게 쓰고, 번 돈을 어디에 어떻게 투자하고 하는 문제에 무지하거나 무관심한 것이 또한 사실이다. 이 장에서는 경영학에서 재무관리라고 부르는, 자금의 조달, 자금의 배분, 자금의 투자를 핵심적인 주제로 다룬다.

기업이 돈을 벌기 위해서는 먼저 필요한 돈을 써야 한다. 제품 또는 서비스를 생산하고 판매하기 위해서는 사람을 채용해야 하고, 원재료와 부품을 구매해야 하고, 생산 및 서비스 설비도 사야 하고, 광고도 해야 한다. 이 때 들어가는 자금을 어디에서 어떤 경로를 통해 얻을 것인가를 다루는 자금조달에 대해 알아보자.

그 다음에 해야 할 일은 그 자금을 어디에 어떻게 쓸 것인가 즉 자금을 배분하는 결정을 해야 한다. 새로운 사업을 위한 여러 가지 프로젝트가 있을 때 각각의 경제성을 평가하고, 평가결과를 토대로 최적의 대안을 선정하게 되는 것이다. 넓은 의미의 프로젝트 경제성 평가, 좁은 의미의 자본예산에 대해 알아보자.

기업은 자금의 효율적인 운용과 수익의 극대화를 위해 자본시장에서 거래되는 주식, 사채 등의 금융자산에 투자하기도 한다. 특히 요즘에는 경제 마인드는 어려서부터 기르는 것이 좋다는 인식이 확산되면서 젊은이들도 재테크에 높은 관심을 보이고 있다. 금융자산에 관한 투자의 기본에 대해서도 알아보자.

CHAPTER 05

재무관리에 대한 경영 마인드

제1절 자금의 조달에 대한 이해

1.1 자금조달의 기본: 필요한 자금은 어떻게 조달하는 것인가?

1.1.1 재무관리의 구성

우리가 흔히 듣는 말에 '돈이 돈을 번다'는 말이 있다. 기업의 궁극적 목적이 영리, 즉 돈을 버는 데 있다면 돈을 벌기에 앞서 먼저 필요한 돈을 충분히 가지고 있어야 한다는 말이다. 우선 기업이 제품 또는 서비스를 생산하고 판매하기 위해서는 원재료와 부품을 구매해야 한다. 또 생산 및 서비스 설비도 사야 하고 인력도 투입하여야 한다. 물건을 만들었으면 광고도 하고 판촉활동도 해야 한다. 설비와 원료를 구입하고, 인건비를 지불하고, 마케팅 비용을 감당하기 위한 돈이 바로 자금이다.

그런가 하면 만들어놓은 자금을 경영활동에만 사용하는 것은 아니다. 때에 따라서는 외부의 자본시장에 투자하여 소득을 올리기도 한다. 개인의 경우에도, 월급을 타면 우선 생활비로 쓰고 남은 돈을 은행에 저금하기도 하지만 주식이나 펀드에 투자하기도 한다. 실제로 자본시장에는 다양한 금융투자의 대상이 존재하며, 기업들은 자신의 목적 및 선호도에 따라 여러 개의 금융상품에 투자하기도 한다.

이와 같이 자금을 관리하는 문제를 다루는 학문을 경영학에서는 재무 관리(finance

management)라고 한다. 재무관리의 범위는 매우 넓지만 크게 나누어 보면, [그림 5-1]에서 보듯이, 첫째, 필요한 자금을 조달하는 'financing' 업무, 둘째, 조달된 자금을 어디에 쓸 것이며, 언제 얼마만큼을 쓸 것인가에 관한 예산을 세우는 'budgeting' 업무, 셋째, 보유하고 있는 금융자산을 어떻게 굴릴 것인가를 다루는 'investment' 업무로 나눌 수 있다.

[그림 5-1] 재무관리의 구성도

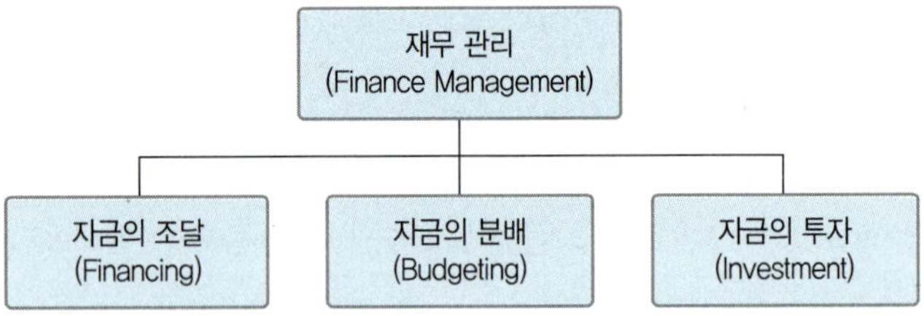

1.1.2 자금조달의 기본

먼저 기업이 다양한 활동을 수행하는 데 있어서 필요한 자금을 내부 또는 외부로부터 만들어내는 자금조달에 대해 알아보자. 자금의 조달은 재무관리의 순서로 치면 가장 먼저 이루어지는 활동이다. 왜냐하면 우선 자금이 만들어져야 그 자금을 가지고 그 다음 단계의 비즈니스로 넘어갈 수 있기 때문이다.

기업이 필요한 자금을 조달하는 방법은 매우 다양하다. 다시 말해 자금의 원천(source)이 여러 군데 있는 것이다. 우선 가장 저렴하고 용이하게 이용할 수 있는 원천은 내부금융이다. 내부금융이란 기업 내부에 축적되어 있는 자금을 의미한다. 따라서 내부금융은 자기금융이라고 부르기도 한다. 가장 대표적인 내부자금은 기업이 스스로 벌어 마련한 이익을 모아놓은 이익유보금이라고 할 수 있다. 개인으로 치면 본인이 모아놓은 저금에 해당된다.

하지만, 내부금융만으로 부족한 경우가 대부분이기 때문에 기업은 종종 외부금융에 의존하게 된다. 외부금융이란 말 그대로 기업의 외부로부터 자금을 조달하는 것이다. 외부금융은 다시 직접금융과 간접금융으로 구분된다. 직접금융은 자금을 마련하는 과정에서 은행과 같은 금융기관을 거치지 않고 주식이나 사채를 발행하여 투자자로부터 직접 돈을 모으는 것을 말하고, 간접금융은 금융기관으로부터 자금을 차입하는 방법으로 돈을 마련하는 것을 말한다. 개인으로 치면 친구에게 돈을 빌리는 것은 직접금융에 해당되고 은행에서 대출을 받는 것은 간접금융이라고 할 수 있다.

어느 원천에서 자금을 조달할 것인가를 정하는 일을 자금조달의 결정(financing decision)이라고 한다. 자금을 어느 원천을 통해 어떻게 모으느냐에 따라 기업이 보유한 자금의 모습과 내용이 달라지게 된다. 이 때, 그 기업의 특성이나 목표 또는 외부환경의 여건에 맞추어 가장 바람직한 방식으로 자금을 조달하는 것을 최적의 자본구조(optimal capital structure)라고 한다. 엄밀한 의미에서는 구분해야 하는 말이지만, 자금이 모여 자본을 구성한다는 뜻에서 이 경우에는 자금이라는 용어와 자본이라는 용어가 동의어로 사용된다.

가장 바람직한 자본구조를 정한다는 말은 한마디로 내가 조달한 자금으로 이루어진 자기자본과 남으로부터 조달한 자금으로 이루어진 타인자본의 비율을 어떻게 정하는가의 문제를 의미한다. 이 비율의 결정은 자금을 투자하여 사업을 할 때 투자의 수익성과 위험도가 어떻게 나타나느냐에 따라 달라진다. 일반적으로 얘기하면, 시장 상황이 좋을수록 자기자본의 투자수익성도 좋아지지만 타인자본의 수익성은 더욱 좋아진다. 반대로 시장 상황이 나쁠수록 자기자본보다는 타인자본 투자의 위험도가 더욱 올라간다. 따라서 시장 상황이 좋아서 앞으로 큰 영업이익이 발생할 것으로 예상되면 전적으로 자기 돈을 가지고 사업을 하는 것보다 타인자본을 쓰는 것도 좋은 방법이 된다. 그러나 반대로 시장 상황이 나쁠 것으로 예상되면, 타인자본의 비중을 없애거나 줄이고 주로 자기자본으로 사업을 하는 보수적이고 안정적인 자본조달 방법을 선택하는 것이 바람직하다.

물건이나 서비스를 사고 파는 시장이 있듯이 돈을 거래하는 시장도 있다. 기업이 필요로 하는 자금의 수요와 공급을 연결시켜 주는 시장을 자본시장(capital market)이라고 한다. 자본시장은 크게 오랫동안 쓸 수 있는 돈을 거래하는 시장과 정해진 짧은 시간 동안 쓸 수 있는 돈을 거래하는 시장으로 나눌 수 있다. 보다 구체적으로 말하면, 만기 즉 빌린 돈을 갚아야 하는 기간이 1년 이하인 자본을 단기자금이라고 하고 1년 이상인 자본을 장기자금이라고 한다. 장기자금을 조달하는 대표적 시장으로는 증권시장을 들 수 있고, 단기자금을 조달하는 대표적 시장으로는 예금은행, 종합금융, 투자금융, 보험시장과 같은 금융시장을 들 수 있다. 또 나중에 벤처경영에서 설명하겠지만, 신생기업의 초기단계에 참여하여 자금도 빌려주고 경영도 지원하는 창업투자와 같은 시장도 있다.

[그림 5-2]는 위에서 설명한 자금조달의 원천과 구성을 정리한 것이다.

[그림 5-2] 자금조달의 원천

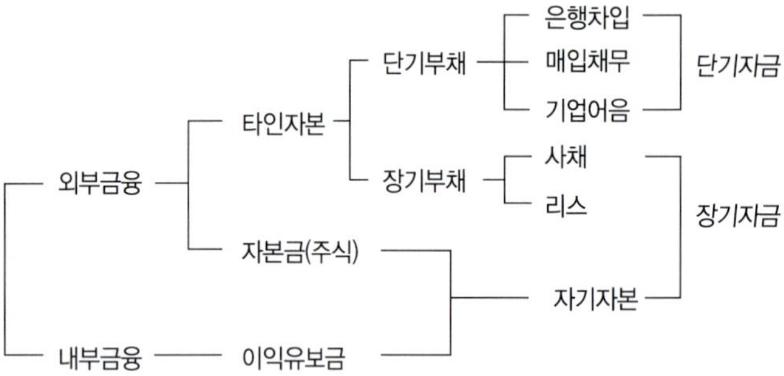

1.2 단기자금의 조달: 단기자금을 어떻게 조달할 것인가?

앞에서 말한 대로, 단기자금은 1년 내에 되갚아야 하는 자금을 가리킨다. 따라서 단기자금은 오래 쓸 수 없고 주로 원재료를 구입하거나 재고를 확보하는 등의 용도로 사용된다. 단기자금은 비교적 쉽게 조달할 수 있고, 짧은 시간 동안 사용하며 자금의 여유가 있을 때 수시로 되갚을 수 있기 때문에 장기자금에 비해 이용하기 쉽다. 단기자금에는 은행차입, 매입채무, 기업어음 등이 있다.

1.2.1 은행차입

은행차입은 가장 널리 활용되는 단기자금 조달 방법으로, 쉽게 얘기해서 은행으로부터 돈을 빌리는 것을 뜻한다. 은행차입은 흔히 대출이라는 이름으로도 부른다. 일반 은행들은 일반자금대출, 할인어음, 당좌대출 등 다양한 형태의 대출을 제공하고 있으며, 이를 통해 기업은 단기자금을 조달할 수 있다.

1.2.2 매입채무

매입채무는 용어 자체로는 어렵게 들리지만 쉽게 말해 외상 거래를 뜻한다. 즉 기업이 원료나 제품을 구입하면서 현금을 바로 지불하지 않고 외상으로 구입함에 따라 발생하는 채무를 의미한다. 이것은 실제로 돈이 들어온 것이 아니므로 엄밀히 말해 자금을 조달한 것은 아니다. 그러나 지불되지 않은 현금을 일정기간 동안 기업이 원하는 곳에 이용할 수 있기 때문에 기업의 입장에서는 해당 금액만큼의 자금을 조달하는 효과를 갖게 된다. 매입채무에는 거래처와의 신용관계를 바탕으로 하는 외상매입금과 외상으로 구입한 것에 대한 증거로써 발행하는 지급어음의 두 가지 형태가 있다.

기업을 대상으로 하는 은행 업무 모습

1.2.3 기업어음

가끔 어느 기업이 '앞으로 어음을 발행하지 않고 현금결제를 하기로 하였다'라는 보도를 접하곤 한다. 기업어음은 자금이 필요한 기업이 일정한 날짜에 지급하기로 약속하고 발행하는 것이다. 예를 들어 물건을 구입하고 그 자리에서 현금으로 지급하는 것이 아니라 얼마 후에 지급하기로 약속할 때 주는 것일 수도 있고, 돈을 빌릴

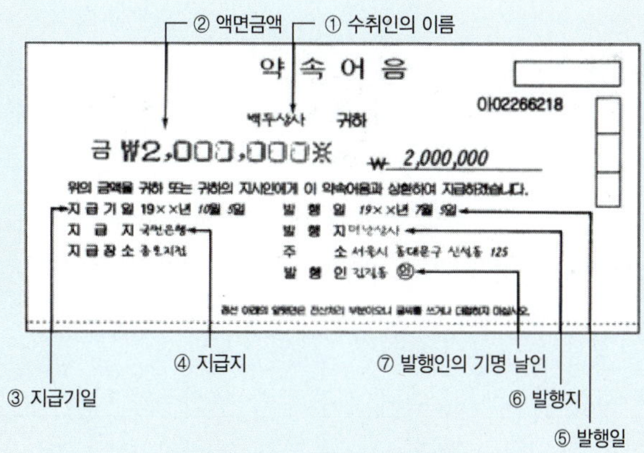

기업어음의 일반적인 형태

때 언제 얼마를 갚겠다고 약속할 때 주는 것일 수도 있다. 외상으로 거래를 하는 것과 마찬가지로 어음으로 거래를 하면 일정 기간 그 돈을 다른 용도로 쓸 수 있기 때문에 자금 조달의 효과를 얻을 수 있다. 그러나 누구나 어음을 발행할 수 있는 것은 아니다. 주로 자금력과 신용이 좋아 믿을 수 있는 대기업들에 의해 어음이 발행된다. 만일 정해진 날짜에 어음에 해당하는 금액을 지급하지 못하면 기업은 흔히 말하는 '부도'의 위기에 처하게 된다.

1.3 장기자금의 조달: 장기자금을 어떻게 조달할 것인가?

기업이 지속적인 경영활동을 수행하기 위해서는 일시적인 필요에 의해 조달되는 단기자금뿐만 아니라 장기적으로도 계속 사용이 가능한 장기자금이 필요하다. 특히 중장기 프로젝트라든가 대규모 설비투자와 같이 투자금액의 회수가 빠른 시간 내에 이루어지지 않는 경우에는 장기자금을 사용하지 않을 수 없다.

경영활동을 통해 얻은 이익 중 주주들에게 배당금을 지급하고 기업 내에 남겨두는 이익유보금 등의 내부금융은 기업이 이용할 수 있는 가장 쉽고 빠른 장기자금의 수단이다. 하지만, 기업이 필요로 하는 장기자금이 기업 내에 축적된 자금보다 많을 경우에는 부족한 부분을 외부에서 조달해야 한다. 외부금융을 통해 장기자금을 조달하는 대표적 수단으로는 주식이나 사채를 발행하는 방법을 들 수 있다.

1.3.1 주식

우리가 너무 잘 아는 것처럼, 오늘날 기업이라고 하면 거의 예외 없이 주주들이 주식을 통해 자금을 모아 만든 주식회사 형태의 기업을 뜻한다. 주식(stock)이란 주식을 소유하고 있는 주주가 회사에 대해 자금을 제공한 사람으로서 갖게 되는 지분을 의미한다. 주식은 주식회사가 처음 기업을 창설할 때 소요되는 자금을 조달하기 위해 일차적으로 발행되며, 이후에도 기업의 규모가 증가됨에 따라 자금이 필요하면 발행되기도 한다.

주식에는 다양한 종류가 있으나, 크게 보통주와 우선주로 나눌 수 있다. 우리가 일반적으로 알고 있는 주식이 보통주(common stock)이다. 보통주는 주식에 대한 원금을 상환할 필요가 없기 때문에 기업의 영구적인 자본이 되며 이익이 발생하지 않으면 배당도 이루어지지 않는다. 따라서 보통주는 기업의 자금조달 활동의 기초가 된다. 보통주의 주주는 기업의 소유주로서 경영에 참가하고 이익을 배분 받을 권리를 가지게 된다. 즉, 주식을 가지고 있음으로써 이사회의 이사선임과 같은 기업의 중요 사안에 대한 의결권을 가지며, 이익이 발생하는 경우 소유한 주식에 비례하여 배당금을 지급받게 된다. 그러나 오늘날 대기업의 주주의 수는 매우 많으며 또한 지리적으로도 흩어져 있기 때문에 보유주식의 크기가 미미한 소액 주주의 권리는 명목에 그치는 경우가 많다. 실제로 소액 주주들은 경영에 참가하는 등의 권리를 행사할 기회가 거의 없고 이 보다는 배당과 주식매매에 의한 이득에만 관심을 가지는 실정이다. 그러나 요즘에는 소액 주주들이 힘을 모아 스스로의 목소리를 제대로 내자는 이른바 소액 주주 운동이 활발히 일어나고 있다.

이에 반해 우선주(preferred stock)는 뒤에서 설명할 사채와 보통주의 중간적인 성격을 지니고 있다. 우선주 역시 주식회사가 자금의 조달을 위해 발행한 것이지만, 이익이 남아 배당금을 지불하거나 기업이 파산하여 잔여재산을 분배하는 경우 우선순위가 보통주보다 앞선다. 그러므로 우선주는 보통주보다 투자에 대한 위험이 작은 장점이 있다. 그러나 보통주 주주가 가지는 의결권이나 경영참여 권리가 보장되지는 않는다.

실시간 주식의 가격을 제시해주는 증권거래소의 시세현황판

1.3.2 사채

사채(bond) 혹은 회사채란 기업이 거액의 자금을 장기간 사용하기 위하여 일반투자자들로부터 자금을 빌리고 그 증거로써 발행하는 증권이다. 사채를 발행한 기업은 돌려주기로 약속한 만기까지 원래 빌린 금액인 원금에 해당하는 액면가에 미리 정한 이자율을 곱한 금액만큼의 이자를 정한 날짜에 계속해서 지급해야 하고 또 만기가 돌아오면 원금을 상환해야 한다.

사채의 소유주는 주식의 소유주인 주주보다 우선적으로 일정한 이자를 받게 되며 기업이 파산할 경우 잔여재산의 분배에도 주주보다 우선권이 부여된다. 하지만 이익의 발생에 따른 배당이나 의결권은 없다. 사채를 발행함으로써 조달된 자본은 기업회계의 입장에서는 부채로 처리된다. 또 사채는 상대적으로 빌리기 쉬운 만큼 위험도 높다. 특히 기업이 지나치게 사채를 발행할 경우 이를 갚지 못하는 경우가 발생할 수도 있으므로, 법적으로 사채발행 규모를 일정 범위 이내로 제한하고 있다.

한편, 사채와 주식이 연결된 형태로 전환사채(convertible bond)라는 것이 있다. 전환사채는 일정한 기간이 지난 후, 사채권자 즉 사채를 빌려준 사람이 자신이 보유하고 있는 사채를 그 사채를 빌려 쓴 기업의 보통주 또는 우선주로 전환할 수 있는 권리가 포함되어 있는 사채를 말한다. 사채권자의 입장에서는 주가가 높을 경우에는 사채를 주식으로 전환하여 이득을 얻을 수 있고, 주가가 낮을 경우에는 전환하지 않고 사채로서의 권리만을 누릴 수 있다. 전환사채는 사채의 안전성과 더불어 주식투자의 기회까지 제공하기 때문에 일반사채보다 훨씬 유리한 조건을 가지고 있다고 할 수 있다.

제2절 자금의 분배에 대한 이해

2.1 경제성 평가의 기본: 자금의 경제성이란 무엇인가?

2.1.1 자금 분배와 경제성 평가

앞 절에서 설명한 여러 가지 원천과 방식을 통해 자금을 조달하고 나면, 그 다음에 해야 할 일은 그 자금을 어디에 어떻게 쓸 것인가, 즉 자금을 배분하는 결정을 해야 한다. 자금은 주로 경영 프로젝트를 수행하는 데 사용한다. 따라서 자금의 배분을 결정하는 문제는 곧 어떤 경영 프로젝트를 수행할 것인가를 결정하는 문제라고 할 수 있다. 새로운 사업을 위한 경영 프로젝트의 개발이 결정되고 개발을 위한 여러 가지 대안이 제시되면, 그 다음의 과제는 제안된 복수의 대안에 대해 경제성을 평가하고, 평가결과를 토대로 최적의 대안을 선정하게 되는 것이다.

여러 프로젝트의 대안을 비교하고 선정하는 일을 재무관리에서는 넓은 의미의 경제성 평가, 좁은 의미의 자본예산(capital budgeting)이라고 한다. 앞에서 이미 언급한 것처럼, 재무관리는 크게 자금을 만들어 내는 자금조달(financing) 과제와 자금 사용의 예산을 편성하는 자본예산(budgeting) 과제로 구성된다. 앞 절이 필요한 자금을 조달하는 'financing' 업무를 다루었다면, 이 절은 조달된 자금을 언제 어디에 사용할 것인가를 정하는 'budgeting' 업무를 다루고 있다.

경제성의 평가는 비단 경영 프로젝트의 선정 문제뿐 아니라, 새로운 설비의 도입 문제, 새로운 사업에 대한 투자결정 문제 등 광범위한 주제와 영역의 의사결정(decision-making) 문제를 포괄한다. 따라서 오래 전부터 산업공학이나 경영학에서는 경제성 평가를 중요한 연구주제로 다루어 왔고, 실무에서도 다양한 기법들이 개발되어 사용되어 왔다. 특히 공학에서는 경제성 평가나 자본예산 문제를 다루는 주제를 경제성 공학(engineering economics)이라는 이름으로 불러 왔다.

2.1.2 경제성 평가기법의 분류

경제성 평가 문제의 역사가 오래되고 범위가 넓은 만큼, 경제성을 평가하는 기법의 종류도 매우 다양하다. 그리고 각각의 기법은 나름대로의 장점과 단점을 지니고 있어 어떤 기법이 최선이라고 말할 수는 없다. 여기서는 다양한 평가기법을 평가 지표의 성격이나 용도에 따라 크게 상대적 순위 모형과 경제적 가치 모형으로 나누어 살펴보기로 하자.

(1) 상대적 순위 모형

상대적 순위 모형(relative rank model)은 대안들에 대해 상대적 가치의 순위(rank)를 매긴 후, 그 순위에 따라 대안들의 경제성을 평가하는 기법들을 뜻한다. 즉 '어느 대안이 어느 대안보다 어느 정도 낫다'라고 한다든가 '어느 대안이 가장 좋다, 어느 대안이 그 다음으로 좋다'라는 식으로 우열을 가르게 되는 것이다. 이 때 상대적 가치를 표현하는 방법은 시각적인 도형이나 정량적인 점수 등을 이용할 수 있다. 즉 그림을 직관적으로 볼 때 어느 대안이 가장 좋게 보인다든가, 점수를 매겼을 때 어느 대안의 점수가 가장 높다든가 하는 식으로 경제성을 평가하는 모형이다.

이 모형의 장점은 방법론상으로 이해하기 쉽고 적용하기도 용이하여 실용적이라는 점이다. 그러나 단점은 단순히 상대적인 순위만을 제시하기 때문에 대안들의 실질적이고 절대적인 경제성이 어느 정도인지를 알기 어렵고, 또한 대안들간의 차이도 명확히 비교하기 어렵다는 점이다.

이 모형에 속하는 대표적인 기법들로는 프로파일 모형(profile model)과 점수 모형(scoring model)을 들 수 있다.

(2) 경제적 가치 모형

경제적 가치 모형(economic value model)은 대안들에 대해 절대적 가치(economic value)를 측정한 후, 그 값의 차이에 의해 대안들의 경제성을 평가하는 기법들을 뜻한다. 즉 'A 대안으로부터 얻을 수 있는 수익이 1억 원인데 비해 B 대안으로부터 얻을 수 있는 수익은 8,000만 원, C 대안으로부터 얻을 수 있는 수익은 6,000만 원이므로 A 대안이 가장 좋다'라는 식으로 각 대안의 우열을 판단하는 것이다. 경제적 가치는 대부분의 경우 화폐 가치(monetary value)로 표현되지만 화폐 가치에 기초한 지표의 형태로 설정될 수도 있다.

이 모형의 장단점은 상대적 순위 모형과 반대라고 생각하면 된다. 즉 이 모형의 장점은, 결과치가 절대적인 경제 가치(대부분 화폐 가치)로 표현되기 때문에 그 의미가 분명하고 또 대안들간의 차이도 명확하게 알 수 있다는 점이다. 하지만 가장 큰 단점은, 가치를 측정하기 위해서는 미래의 현금흐름에 대한 정보가 필요한데 이 값을 정확히 추정하기 어렵다는 점이다.

이 모형에 속하는 대표적인 기법들로는 자본예산 모형(capital budgeting model), 위험분석 모형(risk analysis model), 의사결정 나무 모형(decision tree model) 등을 들 수 있다.

2.2 평가기법의 내용: 어떤 대안에 자금을 사용할 것인가?

이제까지 자금의 분배를 위한 경제성 평가의 의의가 무엇이며 평가의 기법은 어떻게 나눌 수 있는지를 알아 보았다. 지금부터는 다양한 평가기법 가운데 실제로 자주 사용되는 대표적 기법의 내용에 대해 자세히 살펴보자.

2.2.1 프로파일 모형

프로파일 모형(profile model)은 비교대상이 되는 대안들에 대해 중요한 평가항목을 설정한 후, 각 항목의 평가 결과를 직관적인 도형으로 표시하는 방법이다. 우리가 어느 개인의 특성을 정리한 프로파일이나 이력서를 보고 그 사람의 됨됨이를 평가할 수 있듯이, 각 대안의 좋고 나쁨도 한 눈에 드러나는 프로파일을 보고 어느 정도까지는 정확하게 평가할 수 있다는 것이다. 이 경우 프로파일을 보여주는 도형의 형태는 여러 가지로 제시될 수 있다. 가장 대표적인 도형으로는 차트(chart) 방식과 방사형(radial) 방식을 들 수 있다. 도형이 아니라 각 항목에 대해 적정한 값이나 해당 여부를 O, X로 표시하는 체크리스트(checklist) 방식도 있다. 실제로 프로파일 모형은 경영자용 보고서라든가 일반인들을 위한 보도자료 같은 데서 자주 접할 수 있다.

간단한 예로 X, Y의 두 프로젝트에 대해 경제성을 평가하는 경우를 생각해 보자. [그림 5-3]에 나타난 것처럼, 차트 방식은 왼편에 평가항목을, 오른편에 평가결과를 배치한 차트 모양으로 표현된다. X, Y 각각의 프로젝트에 대해 각 항목별로 적합한 값에 점을 찍은 후 점들을 연결하면, 실선과 점선의 두 개의 선으로 표현될 수 있다. 다음으로 두 선의 위치가 어떻게 배치되어 있는가를 보고, 상대적인 경제성의 우열을 평가할 수 있다.

[그림 5-3] 차트(chart) 방식의 예

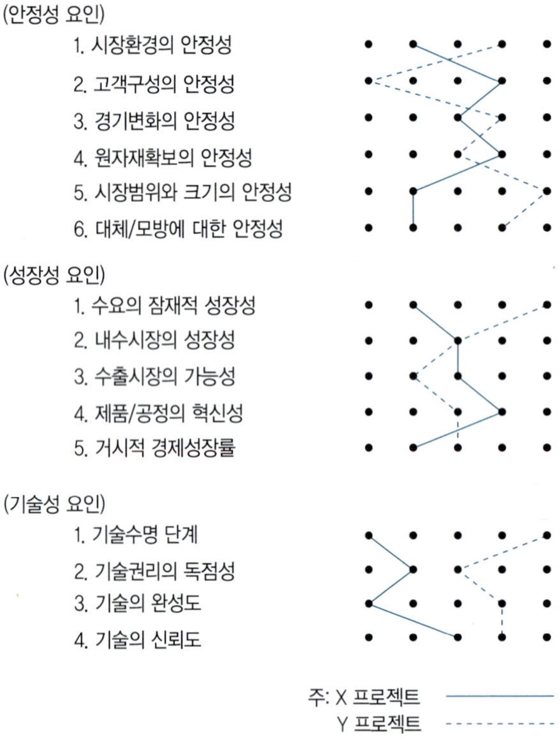

[그림 5-4]에 나타난 것처럼 방사형 방식은 원형의 바퀴 모양에 바깥에는 평가항목을 배치한 후, 각 대안의 평가 결과를 원형 안쪽의 적합한 위치의 점에 찍고 그 점들을 연결한 선으로 표시한다. 차트 방식과 마찬가지로 선이 안쪽에 위치하는지 바깥쪽에 위치하는지에 따라 경제성의 상대적 우열을 판정할 수 있다.

차트 방식이든 방사형 방식이든 주의할 점은 항목별 우열의 일관성을 유지하는 것이다. 예를 들어 차트 방식이라면 항목의 단위에 상관없이 좋은 것은 오른쪽(왼쪽)으로 나쁜 것은 왼쪽(오른쪽)으로 배치하고, 방사형 방식이라면 좋은 것은 바깥쪽(안쪽)으로 나쁜 것은 안쪽(바깥쪽)으로 배치하는 식의 일관성을 유지해야 한다.

프로파일 모형의 장점은 단순하여 이해하기 쉽다는 점이다. 특히 시각적 효과가 높아 짧은 시간에 평가 결과를 이해해야 하는 최고경영자나 일반 대중들을 대상으로

[그림 5-4] 방사형(radial) 방식의 예

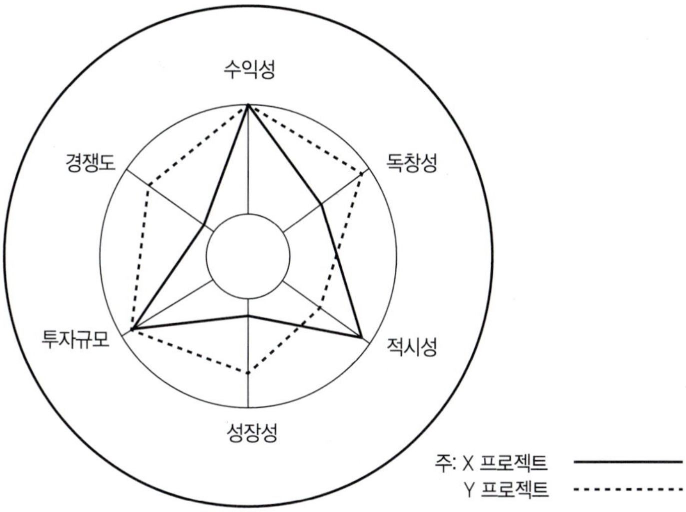

설명하고, 보고하기에 적합하다. 그러나 가장 큰 단점은 대안들간의 우열을 쉽게 판단하기 어려운 경우가 많다는 점이다. 즉 하나의 대안이 다른 대안과 비교하여 어느 항목에서는 낫고 어느 항목에서는 못할 경우, 최종적인 우열을 가리기가 쉽지 않을 수 있다는 것이다. 또 다른 단점은 여러 개의 대안을 비교하는 경우에 하나의 도형 안에 모든 대안들을 다 표현하기 어렵다는 점이다. 대안의 수가 크게 늘어나면 시각적 효과가 급속도로 낮아질 위험이 높다.

2.2.2 점수 모형

점수 모형(scoring model)은 말 그대로 각 대안의 경제성을 점수(score)로 측정하여, 그 점수의 크기에 의해 우열을 결정하는 방식이다. 좀더 구체적으로 설명하면 평가 과정은 크게 다음의 네 단계로 이루어진다.

단계 1: 평가항목의 설정과 항목별 배점

첫 번째 단계는, 평가항목을 설정하고 각 항목에 대해 적절한 점수를 배점하는 것이다. 이 때 상대적으로 더 중요한 항목에는 더 큰 점수를 배점하고 덜 중요한 항목에는 작은 점수를 배점한다.

단계 2: 실제 평가

두 번째 단계는, 각 대안에 대해 평가항목별로 실제로 평가를 하는 것이다. 당연한 말이지만 어느 대안이 주어진 평가항목에 대해 좋은 평가를 받으면 배점한 범위 내에서 높은 점수를 주게 되고 나쁜 평가를 받으면 낮은 점수를 주게 된다.

단계 3: 최종점수 계산

세 번째 단계는 각 항목에 주어진 점수를 토대로 최종 점수를 계산하는 것이다. 최종 점수는 각 항목의 점수를 합산한 값이 된다. 실무에서 거의 사용되지는 않지만 대안 사이의 점수 차이를 확실히 드러나게 할 필요가 있을 때는 항목별 점수를 합하지 않고 곱하여 최종 점수를 계산할 수도 있다.

단계 4: 최적 대안의 선정

네 번째 단계는 최선의 대안을 선정하는 것이다. 물론 최선의 대안은 곧 최종 점수가 가장 높은 대안을 의미한다.

실제로 점수 모형은 현장에서 가장 폭넓게 사용되는 방법이다. 이 모형의 가장 큰 장점은 비교적 이해하기 쉬우면서도, 프로파일 모형과 비교하여 세부적인 항목들을 고려할 수 있다는 점이다. 또한 점수를 도출하는 기준을 신축적으로 조정할 수 있다는 사실도 중요한 장점이 된다. 특히 평가 대상이 되는 과제가 아직 기획 단계에 있어서 미래의 현금 흐름이 언제 어느 정도 발생할지를 예측하기 어렵다거나 프로젝트의 성격이 당장의 실용성보다는 장기적인 잠재가치에 초점을 맞추는 경우라면 점수 모형이 바람직한 선택이 될 수 있다.

그러나 점수 모형의 가장 큰 단점은, 평가자의 주관적인 판단에 따라 상대적인 순위만을 제시하기 때문에 대안들의 실질적인 경제성이 어느 정도인지를 파악하기 어렵고, 또한 대안들간의 차이도 절대치의 차이로 비교하기 어렵다는 점이다. 예를 들어 A 대안의 최종점수가 85점이고 B 대안의 최종점수가 80점이라고 하면, 각 대안으로부터 도대체 얼마나 많은 수익을 얻을 수 있다는 것인지를, 또는 A 대안이 B 대안보다 얼마나 수익성이 더 높은지를 알기 어렵다. 특히 대안들간의 점수 차이가 극히 미세할 경우 최종적인 결정을 내리기가 쉽지 않은 문제가 종종 발생한다.

점수모형의 가장 기본적인 형태는 각 평가항목의 평점을 단순히 합계하는 방식, 즉 단순가산 방식이다. 단순가산 방식에서 최종 점수를 T로, 각 항목의 점수를 S로 하면 최종점수를 도출하는 식은 다음과 같이 표현된다.

$$T = \sum_{i=1}^{n} S_i,\ \text{단, } i \text{ : 개별항목의 번호}$$

상황에 따라 신축적으로 정할 수는 있지만 점수의 합계, 즉 T 값의 최대치는 100점으로 하는 것이 일반적인 관행이다. 따라서 각 대안이 가질 수 있는 점수의 이론적 한계는 하한값 0점과 상한값 100점이 된다.

단순가산방식의 설계에서는 다음 두 가지의 가장 중요하면서 어려운 문제가 있다. 첫째는 평가항목이 여러 개 있을 때 항목간의 상대적 위치, 즉 계층구조를 정하는 일이다. 가장 쉬운 접근은 모든 항목을 동일한 계층(level)에 두고 평가하는 방법이다. 그러나 평가의 관점이 다양해지고 항목의 수도 늘어나면, 두 계층으로 나누어 설계하는 접근이 필요하게 된다. 즉 상위 계층에 대항목을 설정한 후, 하위 계층에 각각의 대항목을 설명하는 구체적인 소항목들을 설정하는 방식이다. 예를 들어 〈표 5-1〉의 경우를 보자. 여기서는 각 대안들의 경제성을 점수모형으로 평가하기 위해, 먼저 상위 계층에 기술성, 경제성, 환경성의 대항목을 설정한 후, 각각의 대항목에 대해 세 가지씩의 소항목을 설정하고 있다.

둘째는 각 항목에 대한 배점을 정하는 일이다. 가장 단순한 접근은 모든 항목에 동일한 배점을 부여하는 방법이다. 그러나 항목간 상대적 중요도가 다른 경우에는 더 중요한 항목에 대해서는 높은 점수를, 덜 중요한 항목에 대해서는 낮은 점수를 부여하는 방식이 바람직한 경우도 많다. 예를 들어 〈표 5-1〉의 경우에, 대항목 자체도 배점의 차이가 있고(기술성은 35점인데 반해 환경성은 30점), 소항목간에도 배점의 차이가 있음(완성도 및 신뢰도는 15점인데 반해 독창성 및 권리성은 10점)을 알 수 있다.

〈표 5-1〉 가산방식의 예

대항목	소항목	배점	평점(S)
기 술 성	완성도 및 신뢰도 기술수명주기 독창성 및 권리성	15 10 10	
	소 계	35	
경 제 성	시장성 및 성장성 가격/품질 경쟁력 타제품/기술 응용 가능성	15 10 10	
	소 계	35	
환 경 성	대내외 경쟁 환경 상업화 외부조건 기술 인프라 환경	10 10 10	
	소 계	30	
총 계 (T)		100	

단순가산방식의 응용으로는 가중치가산방식을 생각할 수 있다. 가중치가산방식은 단순가산방식과 기본적인 원리나 기준은 동일하지만, 배점의 신축성을 높이기 위해 각 평가항목의 중요도에 따라 가중치(weight)를 부여한다는 점에서 차이가 난다. 따라서 최종 점수를 T로, 각 항목의 점수를 S로, 각 항목의 중요도를 나타내는 가중치를 W로 하면 최종점수를 도출하는 식은 다음과 같이 표현된다.

$$T = \sum_{i=1}^{n} W_i \cdot S_i,\ \text{단, } i: \text{개별항목의 번호}$$

〈표 5-2〉의 예에서 알 수 있는 것처럼, 가중치가산방식은 항목의 배점 자체는 동일하게 설정한 후, 항목별 상대적 중요도에 따라 가중치를 조정함으로써 평가의 신축성을 높이고 있다. 예를 들어 완성도 및 신뢰도의 경우 배점이 10점이고 가중치가 1.5이므로 이 항목에서 얻을 수 있는 최대점수는 15점이 된다. 그러나 독창성 및 권리성의 경우 가중치가 1.0이므로 최대점수는 10점으로 제한된다. 물론 단순가산방식에서도 처음부터 항목의 배점을 다르게 설정하여 해결할 수도 있다. 그러나 먼저 배점을 동일하게 한 후 가중치를 조정하는 방식을 사용하면 평가과정과 절차의 유연성을 높일 수 있다는 장점이 있다.

〈표 5-2〉 가중치가산방식의 예

대항목	소항목	배점	평점(S)	가중치(W)	가중평점(W·S)
기 술 성	완성도 및 신뢰도 기술수명주기 독창성 및 권리성	15 10 10		1.5 1.0 1.0	
	소 계				35
경 제 성	시장성 및 성장성 가격/품질 경쟁력 타제품/기술 응용 가능성	15 10 10		1.5 1.0 1.0	
	소 계				35
환 경 성	대내외 경쟁 환경 상업화 외부조건 기술 인프라 환경	10 10 10		1.0 1.0 1.0	
	소 계				30
총 계 (T)					100

2.2.3 자본예산 모형

앞에서 살펴본 프로파일 모형이나 점수모형은 투자대안과 관련된 돈의 흐름을 알기 어려울 때 흔히 사용되는 기법들이다. 자금을 사용할 프로젝트가 이제 막 기획을 시작한 단계에 있다고 하면 앞으로 언제 얼마나 많은 돈이 들어가고 또 언제 얼마나 큰 수익이 생길지 미리 예측하기는 어렵다. R&D 활동으로 치면, 아주 초기의 기초연구 프로젝트나 장기적 미래연구 프로젝트도 여기에 해당된다. 따라서 이럴 경우에는 돈의 크기를 가지고 경제성을 평가하는 것보다는 점수 정도의 크기로 평가하는 것이 적절한 것이다.

그러나 평가대상 과제가 연구개발과 시험평가를 거쳐 상업화 단계에 있거나, 경제적 효과를 비교적 분명히 예측할 수 있는 투자 문제를 다룬다거나, 외부에서 이미 만들어진 새로운 설비를 도입하는 경우 등이라면 미래의 현금 흐름을 어느 정도 정확하게 예측할 수 있다. 즉, 언제 어느 정도의 비용이 들어가고 또 언제 어느 정도의 수익이 발생할지를 미리 예상할 수 있는 것이다.

이런 경우라면 경제성 평가를 위해 자본예산 모형(capital budgeting model)을 사용하는 것이 적합하다. 이 모형의 기본 아이디어는 매우 간단하다. 어느 투자 대안에 관한 현금의 흐름, 즉 투자에 들어가는 돈의 합과 투자로부터 얻을 수 있는 돈의 합을 비교하여 만일 얻을 수 있는 돈의 합이 들어가는 돈의 합보다 크다면 그 대안은 경제성이 있다고 본다. 이 아이디어를 좀더 확대하여 여러 개 대안의 경제성을 비교하는 문제에 적용하면, 여러 대안 가운데 얻을 수 있는 돈의 합에서 들어가는 돈의 합을 뺀 차이가 가장 큰 대안을 선택하게 된다. 자본예산 모형은 경제성 평가 문제에서 가장 폭넓게 사용되는 기법이기 때문에 반드시 이해하고 넘어가야 한다.

앞에서 설명한 대로, 넓은 의미의 자본예산은 자금조달과 더불어 재무관리(financial management)의 중요한 두 축 중 하나를 차지한다. 그러나 좁은 의미의 자본예산은 예산 편성 과정에서 경제성의 평가를 통해 수행할 프로젝트를 선정하거나 또는 수행하지 않을 프로젝트를 걸러내는 작업을 가리킨다.

자본예산 모형에서 사용할 수 있는 구체적인 기법들은 여러 가지가 있지만 가장 대표적인 기법으로는 회수기간법, 순현가법, 내부수익률법을 들 수 있다. 먼저 자본예산 모형을 이해하기 위해 필요한 기본 개념과 용어를 알아 본 후, 구체적인 기법의 내용을 자세히 살펴보자.

(1) 기본 개념

자본예산 모형은 대안의 경제성을 금액(화폐가치)으로 표시한다. 즉, 경제성을 평가한다는 말은 곧 나가는 돈과 들어오는 돈의 크기를 비교한다는 말이 되는 것이다. 따라서 자본예산 모형을 사용하기 위해서는 먼저 '화폐가치의 시간 개념'을 이해할 필요가 있다. 오늘의 1,000원이 1년 후에는 얼마의 화폐가치를 가지는가? 10년 후에는 어떻게 되는가? 말을 바꾸어, 1년 후의 1,000원은 현재의 화폐가치로 바꾸면 얼마나 되는가? 10년 후의 1,000원은 어떻게 되는가? 등의 질문에 제대로 대답할 수 있어야 한다.

이러한 질문이 나오게 되는 이유는, 대부분의 투자대안들은 자금이 들어오고 나오는 시점이 서로 다르기 때문이다. 어느 대안은 처음에 큰 돈이 들어가면 그 이후에 오랫동안 돈이 계속 들어오는가 하면, 다른 대안은 처음부터 돈이 조금씩 들어가는 동시에 조금씩 나오기도 한다. 예를 들어 A 대안은 1년 후에 1억 원의 돈이 들어가고 3년 후에 5,000만 원, 5년 후에 9,000만 원의 돈이 나온다고 하자. 이에 비해 B 대안은 지금 7,000만 원이 들어가고 3년 후에 다시 2,000만 원이 들어가면 2년 후에 1,000만 원, 5년 후에 6,000만 원, 9년 후에 3,000만 원의 돈이 나온다고 하자. 이렇게 되면, A 대안과 B 대안 사이에 돈이 들어오고 나오는 시점이 다르기 때문에 돈의 크기를 비교하기 어려운 문제가 생긴다. 시간의 흐름에 따라 이자(interest), 물가상승(inflation), 위험도(risk) 등의 요인에 의해 화폐가치가 변하기 때문이다.

따라서 경제성이 금액으로 표시된 대안을 평가하기 위해서는 화폐가치의 시점을 동일한 시점으로 통일시킬 필요가 있다. 이 때 어느 시점을 기준 시점으로 할 것인가 하는 문제가 생긴다. 자본예산 모형에 의한 경제성 평가에서는 기준 시점을 '현재'의 시점으로 삼는다. 이 개념이 바로 '현재가치(Present Value: PV)', 즉 줄여서 '현가'라고 부르는 용어이다. 비교대상이 되는 돈의 시점이 다를 경우, 비교의 객관성과 공정성을 확보하기 위해 발생 시점에 상관없이 유입(inflow)되는 돈과 유출(outflow)되는 돈을 모두 '현재의 화폐가치'로 바꾼 후 평가하는 것이다. 현가의 반대 개념으로, 현재의 돈의 가치를 미래의 어떤 시점의 돈의 가치로 바꾼 것을 종가(Future Value: FV)라고 한다.

현가를 계산하기 위해서 할인(discount)이라는 개념이 도입된다. 이자나 물가상승의 요인에 의해 미래의 화폐가치는 현재의 가치보다 높을 수밖에 없기 때문에 현재의 가치로 전환시키는 작업을 해야 하는데, 이를 할인이라고 부른다. 할인이라고 하는 이유는 미래의 가치를 현재의 가치로 바꾸면 그 크기가 줄어들 수밖에, 즉 할인될 수밖에 없기 때문이다. 문제는 어떤 비율로 할인할 것인가 하는 것이다. 이 때의 비율을 할인율(discount rate)이라고 한다. 당연한 이야기지만 할인율은 여러 가지 조건이나 상황에 따라 달라지게 된다. 만일 시중의 은행 이자율이 높다면 거기에 맞추어 할인율도 높아야 한다. 그렇지 않으면, 기업 입장에서는 새로운 사업이나 설비에 투자하는 것보다 그 돈을 은행에 넣고 편안히 이자를 받는 것이 더 낫기 때문이다. 만일 인플레이션이 심하다면 시간의 흐름에 따라 돈의 가치가 급속히 떨어지므로 할인율도 높아져야 한다.

할인을 통해 미래가치를 현재가치로 전환시키는 과정을 수식으로 표현해 보자. 미래가치를 FV, 현재가치를 PV, 할인율을 r, 미래시점을 n으로 할 때 현재가치는 다음과 같다.

$$PV = \frac{FV}{(1+r)^n}$$

위 식에서 $1/(1+r)^n$을 현가이자요소(present value interest factor)라고 한다. 현가이자요소는 할인율에 따라 달라진다. 할인율이 높을수록 현가이자요소는 내려가고 따라서 현가는 작아지게 된다.

거의 모든 재무관리 교과서를 보면 할인율에 따른 현가이자요소를 정리한 표가 잘 나와 있다. 따라서 할인율만 정해지면 현가이자요소 값을 쉽게 찾을 수 있다. 〈표 5-3〉에 현가이자요소의 예시적 경우들이 나타나 있다. 예를 들어 할인율이 5%인 경우에는, 1년 후 돈의 현가이자요소는 0.9524이다. 따라서 1년 후의 10,000원을 현재가치로 전환하면 9,524원이 된다. 그러나 할인율이 20%로 높아지면 현가이자요소는 0.8333이 되어 1년 후의 10,000원은 오늘의 가치로는 8,333원에 불과하다. 미래가치와 현재가치의 차이는 미래의 시점이 멀어질수록 우리가 일반적으로 생각하는 것보다 훨씬 더 크게 나타난다.

〈표 5-3〉 현가이자요소표

미래시점	할인율(r)			
	5%	10%	15%	20%
1	0.9524	0.9091	0.8696	0.8333
2	0.9070	0.8264	0.7561	0.6944
3	0.8638	0.7513	0.6575	0.5787
4	0.8227	0.6830	0.5718	0.4823
5	0.7835	0.6209	0.4972	0.4019

(2) 평가 기법

1) 회수기간법

회수기간법(PayBack Period: PBP)은 자본예산 기법 가운데 가장 단순한 기준이다. 이 기법은 초기의 투자를 회수(payback)하는 데 걸리는 시간을 평가의 기준으로 한다. 따라서 회수기간이 짧을수록 바람직한 대안이 된다. 먼 미래에 무슨 일이 일어날지는 알 수 없는 일이기 때문에 우선은 투자한 돈을 빨리 회수하는 것이 경제성을 결정하는 기준이라고 보는 것이다.

먼저 다음 〈표 5-4〉의 예제를 보자. A, B, C, D 네 가지의 대안이 있다. 표 안의 음

(−)의 값은 돈이 나가는, 즉 유출(outflow)을 가리키고 양(+)의 값은 돈이 들어오는, 즉 유입(intflow)을 뜻한다. 각 대안의 수행을 위해 초기에 투자해야 하는 비용 즉 돈이 나가는 outflow는 1,500으로 동일하다. 그러나 투자의 성과로 나타날 앞으로 5년 간의 수익 즉 돈의 inflow는 서로 다르다.

〈표 5-4〉 A, B, C, D 대안의 초기투자와 향후 수익의 흐름

연도	A	B	C	D
0	−1,500	−1,500	−1,500	−1,500
1	200	0	50	300
2	1,300	0	300	450
3	500	500	450	750
4	100	1,000	600	750
5	100	2,000	1,875	900

앞 대안들의 경제성을 회수기간법으로 평가하여 보자. 〈표 5-5〉에서 알 수 있듯이, 1,500의 초기투자를 회수하는 데 걸리는 시간에 차이가 있으며, 이 예제에서는 대안 A의 회수기간이 2년으로 가장 빠르므로 가장 바람직한 대안이 된다.

〈표 5-5〉 회수기간법에 의한 경제성 비교

대안	A	B	C	D
회수기간(년)	2	4	4	3

회수기간법의 가장 큰 장점은 이해하고 사용하기 쉽다는 점이다. 또한 오늘날과 같이 외부환경의 불확실성이 높고 기술진보가 급속한 상황에서는, 투자한 돈을 얼마나 빨리 회수할 수 있느냐 하는 문제가 경제성 평가의 중요한 기준이 될 수 있다. 따라서 회수기간법은 다른 정교한 기법의 적용에 앞서 경제성 평가의 일차적인 기준으로 자주 사용된다.

그러나 회수기간법은 동시에 몇 가지 단점을 안고 있다. 먼저 이 기법은 회수에 걸리는 시간만을 따질 뿐 그 시간 동안 발생하는 현금 흐름의 내용을 따지지는 않는다. 예를 들어 똑같이 10,000을 투자한 두 대안의 회수기간이 3년으로 같더라도, 하나는

1,000, 1,000, 8,000씩 회수하는 것이고 다른 하나는 8,000, 1,000, 1,000씩 회수하는 것이라면 당연히 첫 해에 대부분의 투자를 회수할 수 있는 두 번째 대안을 선택할 것이다. 그러나 회수기간만을 본다면 두 대안간에 선호도의 차이는 없다.

또한 회수기간법은 회수기간 이후의 현금 흐름을 고려하지 못한다. 앞에서 본 예와 같이, 회수기간이 같은 두 대안이 있다고 가정하자. 만일 회수기간 이후의 현금 흐름이 첫 번째 대안은 매년 1,000씩 3년간 지속되고 두 번째 대안은 매년 3,000씩 5년간 지속된다면 두 번째 대안이 더 좋은 것임은 말할 필요도 없다. 그러나 회수기간만을 본다면 역시 두 대안간에 선호도의 차이는 없게 된다.

2) 순현가법

순현가법(Net Present Value: NPV)은 자본예산에 의한 경제성 평가기법 가운데에서 가장 폭넓게 사용되는 기법이다. 따라서 모든 공학도는 순현가라는 개념과 순현가법이라는 방법을 반드시 숙지해야 한다.

순현가는 미래의 현금 흐름 가운데 현금유입(inflow)의 현재가치(*PV*) 합에서 현금유출(outflow)의 현재가치(*PV*) 합을 뺀 값이다. 순수하게 차이만을 본다는 뜻에서 순현가, 영어로 net present value라고 부른다. 현재의 시점을 0으로 하고 미래의 마지막 시점을 n이라고 하면, 순현가의 수식은 아래와 같이 된다.

$$NPV = \sum_{i=0}^{n} PV(\text{inflow}) - \sum_{i=0}^{n} PV(\text{outflow})$$

*NPV*의 의사결정 기준은 *NPV*가 클수록 바람직한 대안으로 평가하는 것이다. 즉 들어오는 돈의 가치에서 나가는 돈의 가치를 뺀 순수 가치의 크기가 가장 큰 대안을 선택한다는 논리이다. 그러나 크기의 비교에 앞서 순현가가 0보다 커야 된다는 기준이 먼저 적용되어야 한다. 만일 순현가가 0보다 작다면, 상대적 순위에 상관없이 절대적인 경제성이 없기 때문이다. 따라서 경제성 평가의 구체적인 절차는 먼저 여러 대안들 가운데 *NPV*가 0보다 큰 대안만을 골라낸 후, 그 가운데에서 *NPV*가 가장 큰 대안을 선정하게 된다.

NPV 방법의 실제 적용을 이해하기 위해 앞의 예제에서 대안 C의 경우를 살펴 보

자. 할인율이 10%로 설정되어 있는 경우, 〈표 5-6〉에 정리되어 있는 것처럼 대안 C의 순현가는 796.3으로 계산된다.

같은 계산법을 대안 A, B, D에 대해서도 적용한 후 순현가가 가장 큰 대안을 선정하면 된다. 실제로 계산해보면 대안 A의 경우 순현가가 263.3이 되고, 대안 B의 경우에는 800.5가 되며, 대안 D의 경우에는 779.2가 된다. 따라서 이미 앞에서 계산한 대안 C의 순현가와 함께 비교해보면 대안 B가 가장 바람직한 대안이라는 결론을 낼 수 있다.

〈표 5-6〉 대안 C의 순현가 계산표

연도	현금 흐름	현가이자요소	순현가
0	−1,500	1.000	−1,500.0
1	150	0.909	136.4
2	300	0.826	247.8
3	450	0.751	337.9
4	600	0.683	409.8
5	1,875	0.621	1,164.4
합계			796.3

좀더 복잡하고 어려운 문제는, 투자규모가 크게 다른 여러 대안의 경제성 평가를 *NPV* 기준으로 할 경우에 생길 수 있다. 다른 대안에 비해 절대적인 투자규모가 큰 프로젝트가 *NPV*가 더 크다고 해서 반드시 바람직한 대안이 될 수 있는가? 이 문제는 특히 전체 투자규모가 제한되어 있을 때 중요해진다. *NPV* 만을 기준으로 보았을 때 가장 바람직한 대안이 있다고 하자. 그러나 이 대안에 필요한 초기투자가 현재 조달이 가능한 자금의 규모보다 더 크면 어떻게 할 것인가? 이러한 문제의 평가에는 투자단위당 가치의 크기라는 상대적 개념이 더 유용하다.

이 때 도입되는 평가 지표로는 수익성 지수(Profitability Index: PI)를 들 수 있다. 수익성 지수는 아래의 식으로 정의된다.

$$PI = \frac{\text{현금유입의 순현가 합계}}{\text{현금유출의 순현가 합계}}$$

위 식의 분자와 분모를 비교하면 쉽게 알 수 있는 것처럼, *PI*가 1보다 크면 *NPV*가 양(+)의 값이 되면서 경제성이 있다고 할 수 있고, 반대로 *PI*가 1보다 작으면 *NPV*가 음(−)의 값이 되면서 경제성이 없다고 할 수 있다. 이와 같이 *NPV*가 절대적인 크기의 차이를 뜻하는데 반해, *PI* 값은 비율을 의미하므로, 상대적인 크기의 차이 즉 투자단위당 가치의 차이도 알 수 있다는 장점이 있다.

수익성 지수의 실제를 이해하기 위해 다음의 〈표 5-7〉에 나타나 있는 간단한 예제를 보자. 대안 A와 B의 초기투자는 각각 2,000과 4,000으로 큰 차이가 있으며, 향후 4년 간의 현금 유입도 상당히 차이가 난다.

〈표 5-7〉 두 대안의 현금흐름표

대안	연도 0	연도 1	연도 2	연도 3	연도 4
A	−2,000	800	700	600	500
B	−4,000	1,500	1,300	1,200	1,100

먼저 두 대안의 경제성을 순현가법으로 비교해 보자. 할인율을 10%로 가정할 경우 A 대안의 *NPV*가 732인 반면 B 대안의 *NPV*는 1,147로 나타나, B 대안이 더 우수한 것을 알 수 있다. 그러나 *PI*를 계산하여 비교하면, A 대안의 *PI*가 1.366인 반면 B 대안의 *PI*는 1.287로 나타나, A 대안이 더 경제적인 것을 알 수 있다. 즉 A 대안이 투자의 절대적 가치는 낮지만 상대적 가치는 더 높은 것이다. 특히 가능한 투자규모가 한정되어 있을 경우에는, 단순한 *NPV* 분석보다는 *PI*에 의한 의사결정이 더 유용한 기준이 될 수 있다.

3) 내부수익률법

앞에서 살펴본 것처럼 순현가법에서는 할인율이 알려진 것으로 가정한다. 그러나 경영실무에서는 할인율을 정하기 어려운 경우가 많다. 특히 경제환경이 급속하게 변하거나 자본시장이 불안정한 경우에는 할인율을 정하기가 쉽지 않다. 내부수익률법(Internal Rate of Return: IRR)은 순현가법에서 적용할 할인율을 결정하기 어려울 때 보완적으로 사용되는 기법이다.

내부수익률 즉 IRR이라는 용어는 미래의 화폐흐름 가운데 유입(inflow)의 현재가치

(PV) 합과 유출(outflow)의 현재가치(PV) 합을 같게 만드는 할인율을 뜻한다. 따라서 내부수익률은 곧 투자수익율의 역할을 한다고 볼 수 있다. 예를 들어 내부수익률이 20%라는 말은, 투자에 대해 20%의 수익이 발생한다는 의미로 해석할 수 있다. 이를 수식으로 표현하면 다음과 같다.

$$\sum_{i=0}^{n} PV(\text{inflow}) = \sum_{i=0}^{n} PV(\text{outflow})\text{, 단, 할인율: IRR}$$

IRR의 의사결정 기준은, IRR이 클수록 바람직한 대안으로 평가하는 것이다. IRR의 의미가 초기투자에 의해 창출되는 투자수익률이므로, IRR이 클수록 바람직한 대안이 되는 것은 당연하다. 따라서 경제성 평가의 구체적인 절차는 먼저 각 대안의 IRR 값을 계산한 후, 평가자가 원래 설정한 최소한의 할인율, 즉 기대수익율보다 IRR이 높은 대안만을 골라낸다. 다음에는 그 가운데에서 IRR이 가장 큰 대안을 선정하게 된다.

NPV와 달리 IRR에서는 할인율이 주어지는 값이 아니라 찾아야 하는 값이다. 실제로 IRR이 어떻게 구해지는지를 알아 보자. 이 할인율은 방정식을 바로 풀어서 구할 수는 없기 때문에, 실제로는 보간법에 의한 시행착오(trial–and–error)의 반복을 통해 가장 근사한 값을 찾아야 한다. 〈표 5–8〉에 제시된 대안 D의 예를 보자.

〈표 5–8〉 IRR 계산 예

연도	현금 흐름	현가 – 25%	현가 – 26%
0	–1,500	–1,500.0	–1,500.0
1	300	240.0	239.1
2	450	288.0	286.2
3	750	384.0	380.3
4	750	307.5	303.0
5	900	294.9	289.8
합계		14.7	–1.65

먼저 몇 개의 할인율을 적용하여 시험적으로 값을 계산한 결과, IRR이 25%와 26% 사이에 있다는 사실을 알게 된다. 즉 25%의 경우에는 현가의 합이 양의 값(+)이 되고 26%의 경우에는 현가의 합이 음의 값(−)이 되기 때문에 0이 되기 위해서는 25%와 26% 가운데의 어느 값이 되어야 하는 것이다. 여기서 보간법을 이용하여 가장 0에 근사한 할인율을 계산하면, 25.4%가 되고 이 값이 곧 대안 D의 내부수익률, IRR이 되는 것이다.

같은 방법으로 대안 A, B, C의 내부수익률도 계산할 수 있다. 실제로 계산을 해보면 대안 A의 IRR은 18.1%, 대안 B의 IRR은 21.37%, 대안 C의 IRR은 22.79%가 된다. 따라서 가장 바람직한 대안은 IRR이 가장 높은 대안 D가 된다.

앞에서 언급한 대로, IRR법은 NPV법에서 할인율을 정하기 어려운 경우에 보완적으로 사용한다. 따라서 NPV법이 IRR법보다 더 자주 사용되는 것이 일반적이다. 그러나 경영실무의 관점에서 볼 때는 IRR이 제공하는 정보가 NPV가 제공하는 정보보다 더 큰 의미를 가질 수 있다. 예를 들어 NPV가 10억이라고 하는 것보다는 IRR, 즉 투자수익률이 10%라고 하는 것이 더 유용한 정보일 수 있고, 그 의미를 해석하기 더 쉬울 수 있는 것이다.

연도별로 현금 흐름의 크기와 방향이 심하게 차이가 나는 경우가 아니면, NPV법을 사용하든 IRR법을 사용하든 경제성 평가의 결과는 동일하게 나오는 것이 일반적이다. 그러나 현금 흐름의 차이가 큰 경우라면 NPV의 할인율을 어떻게 적용하느냐에 따라 NPV와 IRR의 결과가 달리 나올 수 있다. 그런 경우에는 NPV와 IRR 방법을 모두 적용하여 그 결과를 비교해 보는 것이 필요하다.

바로 앞에서 본 예제를 다시 보자. NPV로 한 경우 B 대안이 가장 경제적인 것으로 나타났지만, IRR의 경우 D 대안이 가장 경제적인 것으로 평가되었다. 실제로 현금 흐름을 자세히 들여다보면 B 대안과 D 대안의 현금 흐름은 크게 다른 것을 알 수 있다. B 대안의 경우 초기투자 후 2년 간 현금 유입이 전혀 없다가 후반의 3년에 한꺼번에 일어나고 있는 반면 D 대안의 경우 5년에 걸쳐 비교적 골고루 현금 유입이 발생하고 있다. 이러한 이유 때문에 두 방법의 평가결과가 다르게 나타나는 것이다. 그러나 NPV의 할인율을 10%보다 큰 값으로 바꾸면 NPV와 IRR의 결과가 똑같이 나오는 것을 발견할 수 있을 것이다.

2.2.4 위험분석 모형

(1) 기본 이론

프로젝트의 경제성을 평가하는 과정에서 또 하나 중요한 요인 중의 하나가 위험도(risk)이다. 실제로 대부분의 평가 기법에서는 직접적이든 간접적이든 위험도를 반영하고 있다. 예를 들어, 점수 모형에서는 위험도를 아예 평가항목의 하나로 설정하여 그에 해당되는 점수를 배점하기도 한다. 순현가법 같은 경우에는 위험도가 높으면 할인율(discount rate)을 높이고 위험도가 낮으면 할인율을 낮추는 식으로 하여 위험도를 간접적으로 반영하기도 한다.

그러나 위험도를 직접적으로 그리고 가장 중요하게 고려하는 기법은 위험분석 모형(risk analysis model)이다. 이 모형은 통계학의 기본적인 확률이론을 토대로 한다. 확률이론에서, 미래의 어떤 사건이나 경우가 가질 수 있는 값을 확률변수(random variable)라고 하고, 확률변수가 어떤 값을 가질 수 있는 가능성을 확률이라고 한다. 즉 확률변수가 가질 수 있는 값 하나하나에는 거기에 대응하는 확률이 정해지는 것이다. 이 때 기대값(expected value)은 확률변수가 가질 수 있는 값의 중간 정도인 평균을 가리키고 분산(variance)이나 표준편차(standard deviation)는 확률변수가 가질 수 있는 값이 얼마나 흩어져 있는가를 보여준다.

이 개념을 경제성 평가 문제에 적용해보면, 확률변수의 값은 미래의 현금흐름을 표시하는 값이 되며 확률은 각각의 현금흐름이 발생할 가능성을 뜻한다. 따라서 미래에 가질 수 있는 값과 미래가 일어날 확률을 알 수 있다면, 현금흐름의 기대값과 분산 및 표준편차를 가지고 경제성을 평가하는 것이 가능하다. 즉, 미래에 얻을 수 있는 수익의 크기를 뜻하는 기대값은 클수록 좋고, 수익을 얻는 과정에 존재하는 위험과 불확실성을 가리키는 표준편차(분산)는 작을수록 좋다는 아이디어로 경제성을 평가하는 것이다.

예를 들어, 아래 〈표 5-9〉는 두 개의 사업 A, B의 수익률에 관한 확률분포를 나타낸 것이다.

〈표 5-9〉 두 가지 주식에 대한 수익률의 확률분포

미래 상태	확률	사업 A의 수익률(R_A)	사업 B의 수익률(R_B)
불황	1/3	-2%	-5%
정상	1/2	4%	2%
호황	1/6	10%	25%

위의 〈표 5-9〉를 보면, 미래 상태가 불황, 정상, 호황일 확률과 각각의 경우에 있어서 두 사업의 수익률을 알 수 있다. 이 정보를 토대로 확률변수에 관한 기대값과 분산 및 표준편차를 계산해 보자.

먼저 기대값은 확률변수의 평균을 의미한다. 즉, 확률변수가 가질 수 있는 다양한 값과 그 확률을 고려하였을 때, 평균적으로 확률변수가 어느 정도의 값을 가질 것으로 기대되는가를 나타낸다고 할 수 있다. 수익률의 기대값을 기대수익률(expected return)이라고 한다. 일반적으로, 확률변수 X의 기대값은 $E(X)$로 표시하며, 아래 식과 같이 미래 상태에 확률변수가 가질 수 있는 값과 미래 상태가 발생할 확률을 곱한 것을 더함으로써 얻어진다.

$$E(X) = P_1X_1 + P_2X_2 + \cdots + P_nX_n$$

여기서 $x_i(i = 1, \cdots, n)$는 상태 i가 발생할 때의 X의 값을, p_i는 상태 i가 발생할 확률을 나타낸다. 예를 들어, 앞의 〈표 5-9〉에서 두 대안 A, B의 기대수익률을 구하면, 다음과 같다.

$$E(R_A) = \frac{1}{3} \cdot (-0.02) + \frac{1}{2} \cdot 0.04 + \frac{1}{6} \cdot 0.1 = 0.03$$
$$E(R_B) = \frac{1}{3} \cdot (-0.05) + \frac{1}{2} \cdot 0.02 + \frac{1}{6} \cdot 0.25 = 0.035$$

대안 B의 기대수익률은 3.5%로, 대안 A의 기대수익률 3%보다 더 높음을 알 수 있다. 즉, 동일한 금액을 투자했을 때 평균적으로 기대할 수 있는 수익이 대안 B가 A보다 높다고 할 수 있다.

한편, 분산이란 확률변수가 가질 수 있는 값의 변동 정도를 의미한다. 즉, 평균값을 기준으로, 확률변수가 평균적으로 얼마나 퍼져 있는가를 나타낸다. 따라서, 수익률의 분산은 그 사업의 위험 정도를 의미한다고 할 수 있다.

일반적으로, 확률변수 X의 분산은 Var(X) 또는 σ_X^2로 표시하며, 아래 식과 같이 미래 상태에 확률변수가 가질 수 있는 값들과 기대값의 차이(편차)를 제곱하여 미래 상태가 발생할 확률과 곱한 후 모두 더함으로써 얻어진다.

$$Var(X) = S_X^2 = P_1 \cdot [x_1 E(x)]^2 + P_2 \cdot [x_2 E(X)]^2 + \cdots + P_n \cdot [x_n E(X)]^2$$

예를 들어, 앞의 〈표 5-9〉에서 두 대안 A, B의 분산을 구하면 다음과 같다.

$$\begin{aligned} Var(R_A) &= S_{R_A}^2 = \frac{1}{3} \cdot [(0.02) - 0.03]^2 \\ &\quad + \frac{1}{2} \cdot [0.04 - 0.03]^2 + \frac{1}{6} \cdot [0.1 - 0.3]^2 = 0.0017 \\ Var(R_B) &= S_{R_B}^2 = \frac{1}{3} \cdot [(0.05) - 0.035]^2 \\ &\quad + \frac{1}{2} \cdot [0.02 - 0.035]^2 + \frac{1}{6} \cdot [0.25 - 0.035]^2 = 0.0102 \end{aligned}$$

대안 B의 분산이 대안 A의 분산보다 더 큼을 알 수 있다. 즉, 대안 B의 위험이 대안 A보다 더 높다고 할 수 있다.

분산을 계산하는 데 있어서 편차를 사용하지 않고 편차의 제곱을 사용하는 이유는, 편차들의 합은 항상 0이 되어 아무 의미가 없기 때문이다. 그러나 분산은 편차의 제곱을 사용하였기 때문에 그 단위가 확률변수 자체의 단위와 일치하지 않고, 또 경우에 따라서는 그 값이 매우 크거나 작아서 사용하기 불편한 단점이 있다. 따라서 먼저 제곱을 하여 분산을 계산한 후, 다시 제곱근인 표준편차(standard deviation)로 바꾸어 사용하는 경우가 많다.

확률변수 X의 표준편차는 $SD(X)$또는 S_X로 표시하며 아래와 같이 정의 된다.

$$SD(X) = S_X = \sqrt{Var(X)}$$

예를 들어, 앞의 〈표 5-9〉에서 두 대안 A, B의 표준편차를 구하면, 다음과 같다.

$$SD(R_A) = S_{R_A} = \sqrt{0.0017} = 0.0412$$
$$SD(R_B) = S_{R_B} = \sqrt{0.0102} = 0.1011$$

보다 구체적으로, 위험분석 모형은 다음 두 단계를 거쳐 프로젝트의 경제성을 평가한다.

단계 1: 먼저 프로젝트의 경제성을 기대수익의 크기로 평가한다.

- 수익의 크기가 다를 것으로 예상되는 여러 가지의 경우를 가정하고, 각 경우가 일어날 확률에 각 경우의 예상수익을 곱한 값을 합계한 결과를 기대수익(Expected Profit: EP)으로 한다.
- 기대수익이 최대인 프로젝트를 선정하는 것을 평가의 기준(maximum expected profit criterion)으로 한다.

단계 2: 다음으로는 기대수익에 따른 위험도를 고려하여 평가한다.

- 예상되는 여러 경우의 분포 모양은 표준편차로 측정할 수 있다.
- 만일 프로젝트의 위험도(표준편차)에 큰 차이가 있다면, 기대수익과 위험도를 동시에 고려하여 평가한다.

(2) 예시

〈표 5-10〉에 제시된 예를 보자. 프로젝트 1과 2는 각각 실패, 보통, 성공의 세 가지 경우가 일어날 수 있으며, 각 경우가 일어날 확률과 예상수익이 표와 같이 예측되어 있다. 프로젝트 1은 예상수익의 편차가 작은 반면, 프로젝트 2의 편차는 상대적으로 매우 크다.

〈표 5-10〉 프로젝트의 발생 가능한 경우와 관련 정보 (단위: 백만 원)

프로젝트	결과	확률	예상수익	기대수익
1	실패	0.2	480	96
	보통	0.6	600	360
	성공	0.2	720	144
2	실패	0.2	0	0
	보통	0.6	600	360
	성공	0.2	1,200	240

먼저 두 프로젝트의 기대수익(EP)을 계산하여 보자.

- 프로젝트 1의 기대수익:

  EP(project 1) = 480(0.2) + 600(0.6) + 720(0.2) = 600

- 프로젝트 2의 기대수익:

  EP(project 2) = 0(0.2) + 600,000(0.6) + 1,200,000(0.2) = 600

이 경우 두 프로젝트의 기대수익은 동일하고, 따라서 기대수익의 극대화 기준에 의하면 어느 프로젝트를 선택하든 차이가 없다.

그러나 표준편차로 표현되는 위험도를 고려하면 평가는 달라질 수 있다. 각 프로젝트의 표준편차(SD)를 계산하면 다음과 같다.

$$SD(\text{project 1}) = \sqrt{480^2 \times 0.2 + 600^2 \times 0.6 + 720^2 \times 0.2 - 600^2} = 75.9$$

$$SD(\text{project 2}) = \sqrt{0^2 \times 0.2 + 600^2 \times 0.6 + 1200^2 \times 0.2 - 600^2} = 379.5$$

일반적인 경우는, 기대수익이 같을 경우 당연히 위험도가 낮은 프로젝트를 선호하기 때문에 이 경우에는 프로젝트 1을 선택하게 된다.

(3) 분산계수

만일 기대수익과 위험도의 선호도가 엇갈리게 되면 어떻게 할 것인가? 예를 들어 하나의 프로젝트가 다른 프로젝트와 비교하여, 기대수익은 크지만 동시에 위험도도 높은 경우에는 과연 어느 프로젝트를 선택하여 하는가?

이 경우의 의사결정은 간단치 않다. 왜냐하면 사람에 따라 기대수익과 위험도를 받아들이는 효용의 크기가 서로 다르기 때문이다. 대개 사람들은 투자에 대해 대단히 보수적인 위험회피형, 중간 정도인 위험중립형, 그리고 위험을 감수하면서 큰 수익을 좋아하는 위험선호형의 세 가지 유형으로 나뉘는데 어느 유형인가에 따라 기대수익과 위험도의 차이를 받아들이는 태도가 다르다. 따라서 의사결정은 다분히 개인의 주관적 판단과 선호도에 의존하게 된다.

이런 문제를 어느 정도 해소하기 위해 객관적인 지표로 도입된 것이 분산계수(Coefficient of Variance: CV)이다. 분산계수는 다음의 식으로 표현된다.

$$CV = \frac{SD}{EP}$$

분산계수를 이용한 의사결정의 기준은 어떻게 될까? 분산계수 값이 작을수록, 기대수익이 큰 반면 위험도는 낮으므로 그 프로젝트의 경제성은 높은 것으로 평가된다. 따라서 기대수익과 분산의 선호도가 서로 엇갈릴 경우라면, 분산계수라는 상대적 비율을 토대로 경제성을 비교할 수 있다.

제3절 금융투자에 대한 이해

3.1 금융투자의 기본: 금융투자는 무엇이며 왜 하는가?

앞 절에서는 조달된 자금을 어떤 사업이나 프로젝트에 분배할 것인가를 다루는 경제성 평가에 대해 알아보았다. 하지만 기업이 자금을 투자하는 대상이 사업이나 설비로 한정되는 것은 아니다. 기업은 자금의 효율적인 운용과 수익 극대화를 목적으로 자본시장에서 거래되는 주식, 사채 등의 금융자산에 투자하기도 한다. 즉 기업은 자신이 직접 주식, 사채 등을 발행하여 필요한 자금을 조달하기도 하지만 다른 기업이 발행한 주식과 사채를 보유함으로써 그로부터 다양한 형태의 이익을 추구하기도 한다.

금융자산에 대한 투자는 기업뿐만 아니라 개인 투자자에 의해서도 활발하게 이루어지고 있다. 흔히 재테크라고 하여 일반인들도 소규모로 주식이나 채권에 투자하기도 한다. 특히 요즘에는 경제 마인드는 어려서부터 기르는 것이 좋다는 인식이 확산되면서 젊은이들도 재테크에 높은 관심을 보이고 있다.

이러한 수요를 고려하여, 여기에서는 금융자산에 대한 투자에 대해 간략히 살펴보기로 하자. 우선, 주식, 사채 등의 기본적인 금융자산에 대한 투자를 아울러서 관리하는 포트폴리오 관리에 대해 살펴보고, 기본적인 금융 자산 외의 다양한 파생금융상품에는 어떠한 것들이 있는지 알아보기로 한다.

3.2 포트폴리오 관리: 포트폴리오의 관리는 무엇인가?

자본시장에는 다양한 투자 대상이 존재하며, 투자자는 자신의 목적 및 선호도에 따라 여러 개의 투자 대상을 보유하게 된다. 포트폴리오(portfolio)란 여러 투자 대상의 집합, 즉 분포나 구성을 의미한다. 포트폴리오는 넓은 의미로는 부동산을 포함한 다양한 형태의 자산으로 구성된 자산들의 집합을 뜻한다. 예를 들어 재산을 주택에 얼마, 은행에 얼마, 주식에 얼마 하는 식으로 나누어 보유할 때 그 구성 비율을 가리키는 것이 포트폴리오이다. 그러나 좁은 의미로는 예금이나 주식과 같은 금융자산만의 집합을 의미한다.

그렇다면 어떻게 포트폴리오를 구성하는 것이 가장 효과적일까? 시장에 존재하는 무수히 많은 금융자산 중 어떤 것에 얼마만큼 투자를 해야 하는 것일까? 이를 이해하기 위해서 먼저 수익률과 위험의 개념을 살펴보도록 하자. 기댓값과 분산과 같은 기본개념이나 용어는 이미 앞 절의 경제성 평가에서 설명하였으므로 자세한 수식을 여기에서 되풀이하지는 않는다.

3.2.1 자산의 수익률과 위험

기업 또는 개인이 자산에 투자하는 이유는 그로부터 일정한 성과, 즉 수익(return)을 얻기 위해서이다. 금융자산에 투자함으로써 얻을 수 있는 수익으로는 이자, 배당,

주식가격의 상승으로 인한 차익 등이 있다. 수익의 크기는 단순히 절대적인 금액으로 나타내기보다는 상대적 개념의 수익률(rate of return)로 표현된다. 수익률은 순수익을 투자금액으로 나눔으로써 계산된다. 예를 들어, 200만원을 투자하여 240만원이 되었다면, 수익률은 20%(=40/200)가 된다.

투자자들은 당연히 수익률이 높은 금융자산에 투자하려고 할 것이다. 하지만, 문제는 수익률이 얼마가 될지를 정확하게 알 수 없다는 것이다. 어떤 주식을 100만원을 주고 구매했을 때, 1년 후에 얻을 수 있는 순수익이 40만원이 될 것인지, 아니면 20만원을 손해 볼 것인지를 미리 확실하게 알 수는 없는 것이다.

투자결정은 대부분 미래가 불확실한 상태에서 이루어진다. 앞 절에서 이미 설명한 것처럼, 어떤 투자로부터 미래에 얻을 수 있는 결과를 확실하게 알지 못하는 상황을 위험(risk)이 있는 상황이라고 한다. 투자의 위험이 크다는 것은 투자로부터 실현되는 미래의 현금흐름이 넓은 범위에 걸쳐 분포한다는 것을 의미한다. 즉, 미래에 발생할 수 있는 수익이 −10만원에서 +10만원에 퍼져있는 경우보다 −20만원과 +20만원 사이에 퍼져있는 경우의 투자 위험이 더 크다고 할 수 있다. 이러한 의미에서, 재무관리에서는 일반적으로 위험을 '미래수익의 변동 정도'로 정의한다.

하지만 모든 금융자산이 위험을 내포하고 있는 것은 아니다. 은행의 정기예금이나 국공채의 경우에는 미래에 얻을 수 있는 수익을 거의 확실하게 알 수 있다. 따라서 이러한 자산을 무위험 자산(risk−free assets)이라고 한다. 반면, 주식과 사채 등의 일반적인 금융자산의 경우에는 투자수익이 미래의 상황에 따라 달라지므로, 즉 일정한 수준의 위험을 가지고 있으므로 위험자산(risky asset)으로 분류된다.

3.2.2 효율적 포트폴리오(efficient portfolio)

우리가 투자를 고려하고 있는 모든 금융자산에 대해서 기대수익률(기대값)과 위험(표준편차)에 대한 정보를 알고 있다고 하자. 그렇다면 이를 바탕으로 어떻게 투자 의사결정을 내릴 수 있을 것인가? 앞 절의 경제성 평가에서 언급한 것처럼, 가장 합리적인 기준은 기대값은 크고 표준편차는 작은 대안을 택하는 것이다.

금융자산의 선택 문제도 마찬가지다. 만약 단 한 가지 금융자산에만 투자한다면 투자자는 당연히 기대수익률이 높으면서 위험이 작은 금융자산을 선호할 것이다. 같은 기대수익률을 가지는 금융자산 중에서는 위험이 작은 금융자산이 더 바람직할 것이며, 동일한 수준의 위험을 가지고 있다면 기대수익률이 더 높은 금융자산이 선호될 것이다.

하지만 한 가지 금융자산에만 전부 투자하는 것은 매우 위험한 일이다. 물론 투자한 금융자산의 수익률이 매우 높게 나타나면 다른 자산에 나누어 분산 투자하는 것보다 훨씬 더 높은 수익을 얻을 수 있겠지만, 반대로 수익률이 매우 낮은 경우이면 큰 손해를 볼 수도 있기 때문이다. 따라서 일반적으로 투자자들은 저마다의 포트폴리오를 구성하여 다양한 금융자산에 분산하여 투자하게 된다.

그렇다면 포트폴리오를 어떻게 구성하는 것이 가장 효율적인가? 즉, 투자금액을 각 자산에 어떻게 배분하는 것이 가장 효율적일까? 한 가지 금융자산에 투자하는 경우에서와 마찬가지로, 포트폴리오 투자에서도 기대수익률이 높으면서 위험이 작은 포트폴리오가 바람직할 것이다. 문제는 이러한 최적의 포트폴리오를 어떻게 찾아낼 수 있을 것인가에 있다. 이를 알아보기 위해 먼저 포트폴리오의 기대수익률과 분산을 계산하는 방법을 살펴보도록 하자.

가장 단순한 형태인 두 개의 자산으로 이루어진 포트폴리오를 생각해보자. 어떤 투자자가 주식 A와 주식 B라는 두 가지 자산에 나누어 투자하려고 한다. 두 자산에 대한 기본정보가 〈표 5-11〉에 요약되어 있다.

〈표 5-11〉 두 가지 주식에 대한 수익률의 확률 분포

미래 상태	확률	자산 A의 수익률(R_A)	자산 B의 수익률(R_B)
불황	1/3	−2%	−5%
정상	1/2	4%	2%
호황	1/6	10%	25%

위의 〈표 5-11〉에서 두 주식 A, B의 기대수익률을 구하면 다음과 같다.

$$E(R_A) = \frac{1}{3} \cdot (-\ 0.02) + \frac{1}{2} \cdot 0.04 + \frac{1}{6} \cdot 0.1 = 0.03$$
$$E(R_B) = \frac{1}{3} \cdot (-\ 0.05) + \frac{1}{2} \cdot 0.02 + \frac{1}{6} \cdot 0.25 = 0.035$$

이 때 주식 A에 투자하는 비율을 W_A, 주식 B에 투자하는 비율을 W_B라고 하자. 그러면 $W_A + W_B = 1$이 되어야 한다. 포트폴리오의 수익률은 아래와 같이 각 주식에 투자하는 비율과 각 주식의 수익률의 곱의 합으로 계산된다.

$$R_p = w_A R_A + w_B R_B$$

그러면, 포트폴리오의 기대수익률은 기대값의 연산법칙에 따라 다음과 같이 계산된다.

$$E(R_P) = E(w_A R_A + w_B R_B) = w_A E(R_A) + w_B E(R_B)$$

앞의 예를 바탕으로 이 포트폴리오의 기대수익률을 구해보자. 주식 A, 주식 B에 대해, 각각 70만원, 30만원을 투자했다고 하자. 그러면 $W_A = 0.7$, $W_B = 0.3$이며, 포트폴리오의 기대수익률은 아래와 같다.

$$E(R_P) = 0.7 \times 0.03 + 0.3 \times 0.035 = 0.0315$$

한편, 포트폴리오의 분산은 분산의 연산법칙을 이용하여 다음과 같이 계산된다.

$$S_{R_P}^2 = Var(R_P) = Var(w_A R_A + w_B R_B) = w_A^2 S_{R_A}^2 + w_B^2 S_{R_B}^2 + 2w_A w_B S_{R_A R_B}$$

여기서 $S_{R_A R_B}$는 주식 A의 수익률과 주식 B의 수익률의 공분산(covariance)으로서 두 주식의 수익률이 얼마나 관련되어 있는가를 나타낸다. 두 주식을 따로따로 보았을 때는 각각의 분산만 생각하면 되지만 함께 볼 때는 서로가 서로에게 영향을 미치기 때문에 공분산이라는 것이 생기게 되는 것이다. 일반적으로 두 확률변수 X, Y의 공분산은 Cov(X, Y) 또는 σ_{XY}로 표시하며, 아래와 같이 두 확률변수가 가질 수 있는 값과 기대값의 차이(편차)에 발생확률을 곱하여 모두 더함으로써 계산된다.

$$\begin{aligned} Cov(X, Y) = S_{XY} = P_1 \times [x_1 - E(X)][y_1 - E(Y)] + K + \\ P_n \times [x_n - E(x)][y_n - E(Y)] \end{aligned}$$

따라서, 주식 A와 B의 수익률의 공분산 $S_{R_A R_B}$는 다음과 같이 구할 수 있다.

$$S_{R_A R_B} = P_1 \times [R_{A_1} - E(R_A)][R_{B_1} - E(R_B)] + K + P_n \times [R_{A_n} - E(R_A)][R_{B_n} - E(R_B)]$$

그러므로 주식 A와 주식 B의 수익률의 공분산은 아래와 같이 계산된다.

$$S_{R_A R_B} = \frac{1}{3} \times [(-0.02) - 0.03][(-0.05) - 0.035] + \frac{1}{2} \times [0.04 - 0.03][0.02 - 0.035] + \frac{1}{6} \times [0.1 - 0.03][0.25 - 0.035] = 0.0039$$

이러한 공식을 바탕으로 포트폴리오의 분산과 표준편차를 계산하면 아래와 같다.

$$S^2_{R_P} = 0.7^2 \times 0.0017 + 0.3^2 \times 0.0102 + 2 \times 0.7 \times 0.3 \times 0.0039 = 0.0034$$

$$S_{R_P} = \sqrt{0.0034} = 0.0581$$

이상을 요약하면, 주식 A가 70%, 주식 B가 30%로 이루어진 포트폴리오의 기대수익률은 3.15%이고, 표준편차는 5.81%이다. 하지만 주식 A와 주식 B에 투자하는 비율을 달리함에 따라 포트폴리오의 기대수익률과 표준편차는 달라지게 된다. 〈표 5-12〉는 각 주식에 투자하는 금액의 비율을 몇 가지로 변화시켰을 때의 기대수익률과 표준편차의 변화를 나타낸 것이다.

표에서 보듯이, 기대수익률이 높은 주식 A의 비중이 높아지면서, 포트폴리오의 기대수익률은 점점 높아지지만 표준편차는 감소하다가 일정 비율 이후에는 다시 증가함을 알 수 있다.

〈표 5-12〉 포트폴리오의 기대수익률과 표준편차 변화

W_A	W_B	기대수익률	표준편차
-1	2	4.00%	16.49%
-0.5	1.5	3.75%	13.29%
0	1	3.50%	10.11%
0.5	0.5	3.25%	7.00%
0.7	0.3	3.15%	5.81%
1	0	3.00%	4.12%
1.5	-0.5	2.75%	2.46%
2	-1	2.50%	4.03%

참고로, 주식의 비중이 음(-)이 될 수도 있다. 예를 들어, 100만원을 가지고 있는 사람이 1년 동안 주식 A에 150만원을 투자하고 싶어한다고 하자. 이를 위해 주식 B를 가지고 있는 사람에게 50만원 상당의 주식 B를 빌리고 1년 후에 갚기로 한 후, 빌린 주식 B를 판매한 돈으로 주식 A에 투자할 수 있다. 이렇게 함으로써 $W_A = 1.5$, $W_B = -0.5$인 자신이 원하는 포트폴리오를 구성할 수 있다. 이처럼 자신이 가지고 있지 않은 자산을 빌려서 팔고 일정기간 후에 돌려주는 거래를 공매(short sale)라고 한다.

이제 문제는 다양한 포트폴리오 중 어떤 포트폴리오를 선택하는 것이 가장 효율적인가 하는 데 있다. [그림 5-5]는 〈표 5-12〉에 나타난 포트폴리오를 포함하여 주식의 비중을 다양하게 변화시켰을 때, 각 포트폴리오의 기대수익률과 표준편차를 그래프로 나타낸 것이다. 여기에서 x축은 포트폴리오의 표준편차, 즉, 위험을 나타내며, y축은 포트폴리오의 기대수익률이다. 표시된 점은 위에서 예로 들었던 주식 A의 비율이 70%이고 주식 B의 비율이 30%인 포트폴리오를 나타낸 것이다.

앞에서 이미 언급한 것처럼, 기대수익률이 같다면 위험이 낮은 포트폴리오가 바람직하고, 위험이 같다면 기대수익률이 높은 포트폴리오를 선택하는 것이 바람직하다. 그러므로 [그림 5-4]에서 B라는 포트폴리오는 A라는 포트폴리오와 비교하여 위험의 정도는 동일하지만 기대수익률이 작으므로 비효율적인 반면, 포트폴리오 A는 효율적인 포트폴리오라고 할 수 있다. 한편, 포트폴리오 C는 포트폴리오 A보다 위험이 높지만 동시에 기대수익률도 높으므로 이 두 포트폴리오간의 효율성은 비교할

[그림 5-5] 포트폴리오의 기대수익률과 표준편차 변화

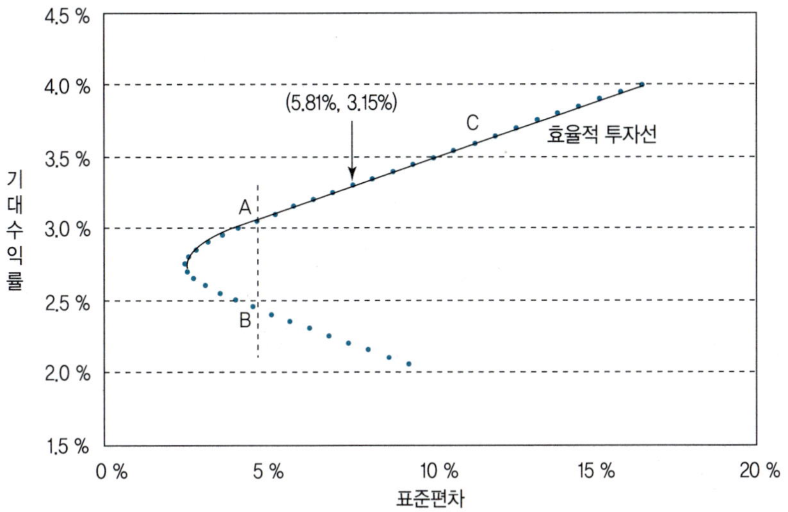

수 없고 따라서 A가 효율적이라면 C도 효율적이라고 할 수 있다.

이처럼 효율적인 포트폴리오의 집합을 효율적 투자선(efficient frontier)이라고 한다. 효율적 투자선 상의 포트폴리오들간에는 우열을 비교할 수 없으며, 이 중 어떤 포트폴리오를 선택할 것인가는 투자자의 성향에 달려있다. 더 큰 위험을 감수하면서도 더 많은 수익을 얻고 싶어하는 투자자는 오른쪽 상단의 포트폴리오를 선택할 것이며, 위험을 꺼려하는 보수적인 투자자는 수익이 작더라도 왼쪽 하단의 포트폴리오를 선호할 것이다.

지금까지 포트폴리오 관리의 기본적인 내용을 살펴보았다. 여기서는 두 가지 자산으로 구성된 간단한 포트폴리오에 대하여 설명하였다. 그러나 실제로 포트폴리오에 포함될 수 있는 자산은 매우 다양하다. 다수의 자산을 포함하는 일반적이고 현실적인 포트폴리오 문제의 경우에는 범위의 분석가 더 넓어져야 한다. 그러나 이러한 경우에도 두 자산 포트폴리오의 경우와 기본원리는 같으므로 기대수익률과 분산의 계산 등 확률변수에 관한 기본 이론에만 익숙해진다면 쉽게 분석할 수 있다.

3.3 파생금융상품의 관리: 파생금융상품은 무엇인가?

3.3.1 파생금융상품의 기본개념

신문의 경제면이나 TV 뉴스를 보면 선물, 옵션 등의 단어를 자주 접할 수 있을 것이다. 또 파생금융상품이라는 용어도 많이 등장한다. 선물과 옵션이 바로 대표적인 파생금융상품(financial derivatives)이다. 파생금융상품이란 다른 금융상품의 가격에 따라 그 가격이 결정되는 즉, 다른 금융상품으로부터 새로운 가지를 쳐서 만들어진 금융상품을 의미한다. 이 때 원래의 뿌리가 되는 금융상품을 기본적 금융상품이라고 한다면 그 뿌리로부터 가지를 쳐서 파생된 금융상품을 파생상품, 영어로 derivative라고 부르는 것이다.

원래 파생금융상품은 우리가 알고 있는 주식, 채권, 외환, 예금과 같은 기본적인 금융상품의 가격이 변하여 손실을 보게 되는 위험을 줄이기 위해 고안되었다. 먼저 기본적인 금융상품을 생각해 보자. 상품시장의 가격을 물가라고 한다면, 주식시장의 가격은 주가가 되고, 채권시장의 가격은 수익률, 외환시장의 가격은 환율, 예금시장의 가격은 금리라고 할 수 있다. 주가도 변하고 물가도 변하며 환율도 변하는 것처럼,기본적인 금융상품의 미래 가격은 늘 변하기 마련이다. 그만큼 위험도도 높다. 파생금융상품은 기본적 금융상품의 미래 가격을 미리 예상하여 이들 가격의 움직임을 기초로 좀더 안전하고 수익성이 높은 새로운 금융상품을 만들어 낸 것이다.

1970년대 말 이후부터 본격적으로 발달하기 시작한 파생금융상품은 기업이나 금융기관에게 효과적인 위험관리 수단을 제공할 뿐만 아니라, 투자자에게 보다 폭넓은 투자기회를 제공함으로써 시장의 효율성과 유동성을 높여주고 있다. 이러한 효과 때문에 파생금융상품은 전세계적으로 그 규모가 계속해서 커지고 있으며, 우리나라에서도 활발한 거래가 이루어지고 있다. 따라서 파생금융상품에 대한 이해는 재무관리에 대한 경영 마인드를 갖추는 데도 매우 중요하고 필요하다.

파생금융상품은 기초자산, 거래장소, 거래형태 등에 따라 다양하게 나눌 수 있는데, 가장 대표적인 상품으로는 선물(future)과 옵션(option)을 들 수 있다. 여기에서는 선물과 옵션의 기본 아이디어에 대해서만 간단히 살펴보도록 하자.

덧붙이는 이야기: '증시 한탕주의' 파생상품 유혹에 빠지다

증시 한탕주의로 파생상품 시장이 과열로 치닫고 있다. 최근 유럽 쇼크로 증시 변동성이 커지자 파생상품에 몰린 돈은 연중 최고치로 치솟았다. 금융당국이 후유증을 우려해 규제에 나섰지만 '반짝 효과'에 그쳤다.

3일 금융투자협회에 따르면 파생상품 투자를 위해 증권계좌에 쌓아둔 장내 파생상품거래 예수금은 지난달 31일 8조 8125억원을 나타냈다. 지난달 15일 8조원을 넘어선 이후 증가세가 계속되고 있는 것이다. 29일에는 8조 8417억원으로 연중 최고치를 기록했다. 이는 3월 19일 기록했던 올해 최저치인 7조 3201억원보다 20% 넘게 불어난 것이다.

이런 현상은 최근 유럽발 충격으로 주가가 급변동하자 '한탕'을 노린 투자자들이 파생상품으로 대거 몰리고 있기 때문이다. 파생상품은 고위험 고수익 성향을 띠는 만큼 투자 방향과 예측이 다를 경우 엄청난 손실이 불가피하다.

파생상품 투자자들은 국내 개인 투자자들이 대부분이다. 이들은 주가가 떨어질 때 수익을 올리는 '풋옵션' 등 고위험 상품에 거액을 쏟아붓고 있는 것으로 전해졌다. 파생상품 거래 규모는 연초에만 하더라도 금융당국의 규제로 상당히 움츠러들었다. 당국은 지난해 12월 시장 코스피 200 옵션의 거래승수를 10만원에서 50만원으로 인상해 1계약에 들어가는 투자자금을 5배로 늘리는 등의 규제조치를 발표했다. 국내 파생상품 시장이 과열된 데다 개인 투자자 비중이 너무 높아 규제가 필요하다는 판단에 따른 것이다. 우리나라 파생상품 거래 규모는 세계 거래량의 27%에 이를 정도다. 지난해를 포함해 3년 연속 세계 1위다.

당국의 규제 조치는 시장 과열을 막기엔 역부족이었다. 파생상품 거래액은 지난해 11월 9조원대에서 올 1분기 7조원대까지 떨어지다 최근 증시 변동기를 틈타 다시 급증하기 시작했다. 파생상품 과열은 심각한 후유증을 예고한다. 파생상품 시장의 경우 개인투자자들은 정보와 투자기법에서 뛰어난 기관과 외국인에게 당할 재간이 없다. 피해액도 일반 주식투자보다 훨씬 크다.

금융감독원에 따르면 2006년부터 2011년 11월까지 5년간 주식워런트증권(ELW) 시장에서 개인은 1조 8164억원의 손실을 본 반면 증권사와 외국인은 같은 기간에 2917억원, 977억원씩의 이익을 냈다. 특히 파생상품은 지수 상승 여하에 따라 모든 투자 주체의 이익이 기대되는 현물시장과는 달리 '제로섬 게임' 구조를 취한다. 손실은 정보력 등이 취약한 개인에게 집중될 가능성이 크다.

한 자산운용사의 관계자는 "파생상품은 원래 위험회피용으로 개발된 것이지만 국내 시장의 경우 고수익을 위한 투기 목적의 개인투자자가 많아 시장과열로 우려되는 부분이 많다"고 말했다(세계일보, 2012. 6. 4.).

3.3.2 선물의 기본개념

일반적으로 발생하는 대부분의 거래에서는 상품의 매매계약이 이루어지면 상품의 구입과 상품에 대한 대금 지급이 동시에 이루어진다. 이러한 형태의 거래를 현물거래라고 한다. 반면에 선물거래란 미래의 특정시점에서 현재 미리 정한 가격에 어떤 상품을 사거나 팔기로 약속한 계약을 의미한다. 아직 국내에서는 선물에 대한 인식이 부족하여, 전문적인 선물거래를 중개하기 위해 만들어진 선물거래소를 보고 지나가는 사람들이 명절에 주고받는 선물을 사고파는 곳인 곳으로 오해할 정도이다.

그러면 현물거래와 달리 선물거래가 일어날 수 있는 이유는 어디에 있을까? 그것은 선물거래를 통해 사는 사람과 파는 사람 모두 위험을 줄일 수 있기 때문이다. 간단한 예로, 어떤 농부가 6개월 후에 밀 10톤을 수확할 예정이라고 하자. 밀 농사에 소요되는 총비용은 200만원이며, 3월 1일 현재 밀 1톤의 가격은 30만원이라고 하자. 따라서 6개월 후에 밀의 가격이 현재 가격으로 유지되거나, 더 상승한다면 농부는 수익을 얻을 수 있다. 하지만, 밀 1톤의 가격이 20만원 이하로 떨어진다면 농부는 손실을 입게 된다. 한편, 농부로부터 밀을 구입하여 라면을 만드는 라면회사는 그 반대의 위험에 처해 있다. 즉, 현재 가격 또는 더 낮은 가격으로 밀을 구입하여 라면을

세계에서 가장 오래된 세계 최대 선물거래소: 시카고 상품거래소(Chicago Board of Trade)의 내부, 외부 전경

만드는 경우에는 수지가 맞으나, 밀의 가격이 상승한다면 수익성이 악화될 수밖에 없을 것이다. 그러므로 농부와 라면회사가 협상을 통해 시장가격 변동과 관계없이 6개월 후 즉 9월 1일에 밀을 1톤당 30만원으로 거래하기로 계약한다면, 농부와 라면회사 모두 밀의 가격 변동에 따른 위험을 줄일 수 있을 것이다.

선물거래는 거래의 대상이 무엇이냐에 따라 상품선물과 금융선물로 나뉜다. 상품선물 거래는 위에서 예로 든 밀과 같은 농산물을 비롯하여 축산물, 금속, 원유 등을 대상으로 하는 선물거래를 의미한다. 이에 비해, 금융선물 거래는 통화, 금리, 주가지수 등을 기대상으로 하는 선물거래를 가리킨다. 1980년대 초까지만 해도 선물거래의 대부분은 상품 선물거래였으나, 최근에는 금융 선물거래가 매우 활발하게 이루어지고 있다. 우리나라에서도 1996년부터 주가를 대상으로 하는 주가지수 선물거래가 시작되었다.

3.3.3 옵션의 기본개념

옵션이란 미리 정해진 가격으로 특정 시점에 특정 자산을 사거나 팔 수 있는 권리를 의미한다. 이 때 자산을 살 수 있는 권리를 콜옵션(call option), 팔 수 있는 권리를 풋옵션(put option)이라고 한다.

그러면 옵션이라는 파생상품이 생겨난 이유는 어디에 있을까? 선물과 마찬가지로 옵션을 사는 사람과 파는 사람 모두 위험을 줄일 수 있기 때문이다. 역시 간단한 예를 생각해 보자. A라는 사람이 어느 전자회사의 주식을 12월 말에 10만 원에 살 수 있는 권리를 B로부터 매입했다고 하자. 즉, A는 B의 이 회사 주식을 12월 말에 10만 원에 구입할 수 있는 권리인 콜옵션을 구매한 것이다. 이 때, A는 B에게 이 권리에 대한 대가를 지불하게 된다.

약속했던 12월 말에 이 회사의 주식이 11만 원에 거래되었다고 하자. 그러면 A는 B로부터 11만 원이 아닌 10만 원에 주식을 구입할 권리가 있으므로, 옵션을 행사함에 따라 1만 원의 이익을 보게 된다. 그리고 이 이익의 크기가 옵션을 살 때 지불한 대가보다 크다면 A는 옵션 거래로부터 돈을 벌게 된다. 하지만 만약, 12월 말에 삼성전자의 주식이 9만 원으로 하락했다면, A는 어떤 행동을 취할 것인가? A가 옵션의 권리를 행사하게 되면, 시장에서 9만 원에 삼성전자 주식을 살 수 있음에도 불구하고 10만 원을 지불해야 하므로, 1만 원의 손해를 보게 된다. 이러한 경우 A는 당연히 그 권리를 포기할 것이다. 왜냐하면 옵션은 거래해야 할 의무가 아니라 거래할 수 있는 권리이기 때문이다. 물론 옵션을 살 때 지불한 대가만큼의 손해는 보겠지만 주식 거래에 의한 큰 손실은 피할 수 있다. 반면, 앞에서 설명한 선물은 일단 약속을 하면 반드시 거래가 이루어져야 한다.

옵션 거래가 발생하는 것은 A와 B의 주식가격에 대한 예측이 다르기 때문이다. A는 12월 말에 삼성전자의 주식이 10만 원 이상이 될 것으로 예측하였기 때문에 콜옵션을 사는 것이 유리하다고 생각한 반면, B는 10만 원 이하가 될 것으로 예측하였기 때문에 콜옵션을 파는 것이 바람직하다고 판단한 것이다.

풋옵션은 반대의 경우라고 생각하면 된다. B는 자신이 보유한 이 회사의 주식을 12월 말에 10만 원 정도의 가격에 처분하고 싶어한다. 반면, A는 주식의 가격이 10만 원 이상이 될 것으로 확신하고 있다. 그러면 B는 A에게 일정한 대가를 지급하고 주식을 12월 말에 10만 원에 팔 수 있는 풋옵션을 사게 된다. 만약, 12월 말에 주가가

9만 원이 되었다면, B는 시가보다 더 비싼 가격으로 주식을 팔 수 있으므로 1만 원의 이익을 얻을 수 있다. 반면, 주가가 11만 원이 되었다면, B는 이 권리를 포기하고 시장에서 주식을 팔 것이다.

옵션은 그것만으로도 수익을 올릴 수 있는 투자대상이 될 수 있지만, 주식투자와 결합함으로써 위험을 감소시킬 수 있으며 다양한 형태의 투자전략을 수립할 수 있다. 따라서 옵션의 거래량은 계속 늘어나고 있으며, 그 종류도 다양해지고 있다.

토론문제 Discussion Topics

1. 기업의 자금조달 원천들을 내부금융/외부금융 및 단기자금/장기자금으로 구분하여 설명하라.

2. 기업의 주요 장기자금 조달 원천인 주식(보통주, 우선주)과 사채의 특성을 의결권 보유 여부, 배당금 수령 여부, 이자 지급 여부에 따라 기술하라.

3. 경제성 평가기법은 크게 상대적 순위 모형(relative rank model)과 경제적 가치 모형(economic value model)으로 구분할 수 있다. 각 모형의 장단점과 대표적인 모형들을 제시하라.

4. 다음은 하드디스크 제조업체 W사의 신제품 R7200과 N7200의 경제성 비교를 위한 프로파일 모형이다. 프로파일 모형의 설계에 어떤 문제점이 있는지를 제시하라.

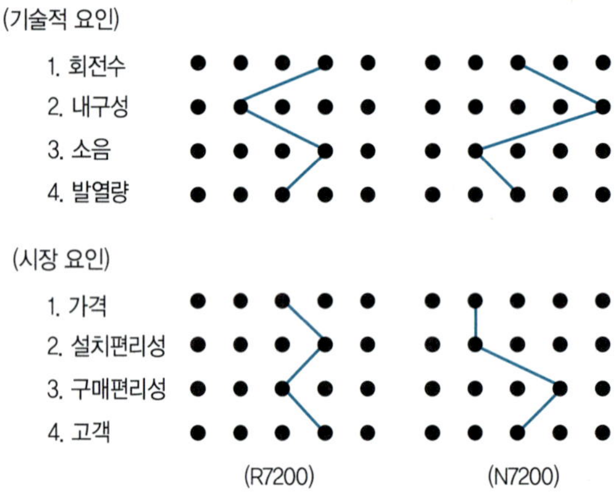

5. 프로젝트의 경제성 평가를 위해 (1) 대항목: 기술성, 경제성, (2) 소항목: 독창성, 기술수명기간, 개발위험도, 시장규모, 수익성, 시장성장성 등을 설정하였다. 위의 정보를 토대로 점수모형(scoring model)을 설계하라.

6. 국내 휴대폰 제조업체인 S사는 2017년 시장 점유율 1위를 목표로 UP3000과 TP5100X 두 가지 신제품 개발 프로젝트를 고려하고 있다. 두 프로젝트에 투입되는 비용과 예상되는 현금흐름은 다음과 같다.

연(year)	UP3000	TP5100X
0	-600	-3000
1	800	2200
2	200	1600
4	200	800

S사의 재정문제상 두 가지 프로젝트를 동시에 진행시킬 수는 없다고 한다. S사의 할인율(discount rate)을 10%라고 할 때 다음 질문에 답하라.

(1) 회수기간법(PayBack Period: PBP)을 사용할 경우, 어떤 프로젝트를 선택하는 것이 합리적인가?

(2) 순현가법(Net Present Value: NPV)을 사용할 경우, 어떤 프로젝트를 선택하는 것이 합리적인가?

(3) 내부수익률법(Internal Rate of Return: IRR)을 사용할 경우, 어떤 프로젝트를 선택하는 것이 합리적인가?

7. 무선 통신 장비 제조업체인 L사는 새로운 무선 통신 장비를 개발하기 위하여 다음과 같은 세 가지 무선 통신 기술에의 투자여부를 고려하고 있다. 세 가지 무선 통신 기술 프로젝트에 투입되는 비용과 예상되는 현금 흐름은 다음과 같다.

연(year)	FDMA	CDMA	TDMA
0	-20	-40	-60
1	50	40	40
2	30	100	80
3	10	80	200C

L사의 할인율(discount rate)을 10%로 가정할 때 다음 물음에 답하라.

(1) 회수기간법(PayBack Period: PBP)을 사용하여 프로젝트의 우선순위를 정하여라.

(2) 순현가법(Net Present Value: NPV)을 사용하여 프로젝트의 우선순위를 정하여라.

(3) 만약 L사가 프로젝트에 투자할 수 있는 금액이 60억 원으로 한정되어 있을 경우 어떠한 프로젝트를 선택하겠는가? 또 그 이유는 무엇인가?

8. 3세대 이동통신 단말기 제조업체인 S사는 멀티미디어 DMB폰을 새롭게 개발하려고 하고 있다. S사는 자금 유동성이 원활하지 않기 때문에 경쟁사인 A, B, C 세 회사 중 하나와 공동개발을 추진하고자 한다. 그런데 공동개발에 따라 예상되는 수익과 확률은 모두 다르기 때문에 결정이 어려운 상황이다. 다음은 세 회사의 수익의 확률분포에 대해 S사가 조사한 결과이다.

	평균	제곱평균	분산	표준편차
A	10		25	
B	12	181		
C	8			3

어떤 회사와 공동개발을 하는 것이 S사에게 가장 유리한지를 기대수익과 위험도의 평가를 통해 결정하라.

9. 어떤 투자자가 아래 표에 제시된 두 주식, A와 B에 대해 100만 원을 투자하려고 한다.

미래 상태	확률	주식 A의 수익률	주식 B의 수익률
불황	1/3	−10%	−15%
정상	1/2	4%	1%
호황	1/6	15%	25%

(1) 주식 A에 80만 원, 주식 B에 20만 원을 투자하는 포트폴리오의 기대수익률과 표준편차를 구하라.

(2) 주식 B 200만 원어치를 공매하여 A에 300만 원을 투자하는 포트폴리오의 기대수익률과 표준편차를 구하라.

(3) (1)번의 포트폴리오와 (2)번의 포트폴리오 중 어느 것이 더 효율적인가? 그 이유는 무엇인지에 대해 설명하라.

10. A라는 사람이 B가 보유한 S 회사의 주식을 12월 말에 10만 원에 구입할 수 있는 권리인 콜옵션을 1만 원을 주고 구입했다고 하자. 12월 말의 S 회사 주가가 각각 5만 원, 8만 원, 10만 원, 11만 원, 12만 원, 15만 원일 때 A와 B의 수익을 계산하라.

CHAPTER

06

회계관리에 대한 경영 마인드

Business Mind

contents

이 장(Chapter)배경과 내용

우리는 흔히 재무상태표와 손익계산서도 읽을 줄 모르는 공학도에게 경영을 맡길 수는 없다는 말을 듣곤 한다. 또 공과대학을 졸업하고 현장에서 일하고 있는 수많은 선배들에게 설문조사를 해보면, 대학에 요구하는 새로운 강의 주제 중 가장 앞에 나오는 것이 재무제표 읽는 법이다. 재무제표야말로 공학도에게 반드시 필요한 기본 지식임에도 불구하고 그동안 가장 무관심하게 버려졌던 주제라고 할 수 있다.

그러나 오늘날 '회계정보'의 중요성과 '재무분석'의 필요성은 날로 커지고 있다. 경영시스템이 거대해지고 경영활동이 복잡해지면서 회계정보를 정확하고 신속하게 파악하지 못하면 조직의 재무상태가 어떠한지, 경영성과는 어느 정도 올리고 있는지 등을 제대로 알 수 없기 때문이다. 따라서 공학도가 CEO가 되기 위해서는 정확하고 신속한 회계정보를 토대로 기업의 미래에 관한 전략적인 의사결정을 하고, 외부의 환경 변화에 유연하게 대응하며, 기업 내부의 효율성과 생산성을 올릴 수 있어야 한다.

'원가회계'는 생산 과정에 들어간 원가를 계산하는 활동을 의미한다. 원가회계는 주로 제품이나 서비스를 만드는 과정을 다루기 때문에 원가회계에 대한 기본적 이해는 공학도에게 필수적으로 요구되는 지식이다. 하지만 눈부신 기술혁신에 따라 제품과 서비스를 만드는 설비와 방식이 근본적으로 달라지고 있어, 이제는 생산이 끝난 후 원가를 계산하는 것보다 생산을 시작하기 전에 원가를 '사전적'으로 기획하고 관리하는 것이 더 중요한 시대가 되고 있다. 공학도가 회계전문가가 될 필요는 없지만 원가를 기획하고 관리하는 전문가가 되어야 하는 필요성은 오히려 높아지고 있는 것이다.

CHAPTER 06

회계관리에 대한 경영 마인드

제1절 재무제표에 대한 이해

1.1 회계시스템의 기본: 회계는 무엇이며 왜 하는가?

1.1.1 회계의 의의와 기능

기업 안에서는 다양한 부문에서 다양한 경영활동이 이루어진다. 예를 들어 재무 부문에서는 자금을 조달하고, 연구개발 부문에서는 신기술과 신제품을 개발하고, 생산 부문에서는 제품을 만들고, 마케팅 부문에서는 판매활동을 하게 된다. 경영시스템이 움직이기 시작하여 어느 정도의 시간이 흐르면, '은행에서 조달한 자금의 이자는 얼마를 지급해야 하고, 연구원들의 인건비는 얼마를 썼으며, 제품을 만드는 데 필요한 재료를 구입하는 데는 재료비가 얼마나 들었고, 광고비는 어느 정도 지출했는지, 그래서 얼마나 많은 제품을 팔았고, 재고는 어느 정도인지'를 파악하여 경영성과가 잘 나타나고 있는지를 점검해야 하는 시점이 오게 된다. 이 활동이 바로 회계활동(accounting)이다.

회계의 정의는 시대의 흐름에 따라 많은 변화를 겪어 왔다. 우리가 흔히 말하는 회계의 정의는 입출금 장부를 관리하는 '부기(bookkeeping)' 또는 자금조달과 세금계산을 처리하는 '경리'라고 말하는 전통적 관점에 기초한 것이다. 이 오래 되고 좁은 관점에서는, 회계를 '기업이 재무적 성격과 목적으로 행한 거래를 화폐가치로 측정하여, 표준화된 기준과 방식으로 기록하고 정리하는 작업'으로 해석한다. 가정에서 가계부를 작성하는 일이 기업에서는 좀더 커지고 복잡해진 정도에 불과하다. 따라서 과거의 회계는, 회계자료를 만드는 사람을 중심으로 하는 일종의 기능(skill)이자 기술(art)로 인식되었다.

그러나 최근 회계의 정의는 훨씬 넓고 다양해졌으며, 그 용도나 의의도 크게 확대되고 있다. 첫째, 회계활동의 범위와 대상이 넓어져 단순한 자금의 입출력은 물론이고 투자자와 채권자의 관리, 경영성과의 평가, 경영과정의 투명성 확보 등 거의 모든 경영활동이 회계관리의 대상이 되고 있다. 둘째, 회계활동의 성격이 단순히 사실을 기록하고 분류하는 수준을 넘어 경영전략의 수립이나 중요한 의사결정에 유용한 정보와 지식을 만드는 수준까지 올라가고 있다. 셋째, 회계활동의 주체가 회계보고서를 만드는 작성자로부터 그 보고서를 활용하는 사용자로 바뀌고 있다.

이러한 전통적인 관점과 현대적인 관점을 종합하여, 회계는 '일정 시점에서 기업이 자금을 어떻게 조달하였으며, 운용할 수 있는 자금이 어느 정도인가를 살펴보고, 또한 일정 기간 동안 수익은 얼마나 올리고 비용은 얼마나 썼는가를 계산하여, 한편으로는 기업의 재무상태와 경영실적을 기업내부의 조직원과 기업외부의 이해관계자에게 알려주고, 다른 한편으로는 중요한 경영관리상의 의사결정에 필요한 유용한 정보와 지식을 획득하는 시스템적 경영활동'으로 정의할 수 있다.

공학도에게 회계에 대한 기본적 이해가 중요한 이유는 무엇일까? 회계는 그 자체로서 경영의 목적이 되는 것은 아니지만, 기업의 다양한 경영부문과 활동이 모두 회계활동의 대상이 되고, 또 회계의 결과가 다른 경영활동과 부문에 큰 영향을 미치기 때문에 어느 활동 못지않게 중요한 경영활동의 하나라고 할 수 있다. 따라서 회계를 이해하지 못하는 사람은 우선 기업 전반의 재무상태와 경영성과를 알지 못하고, 또 다른 경영 조직 및 인력과 커뮤니케이션을 할 수 없기 때문에 CEO가 될 수 없다. 또 제품을 개발하고 생산하는 과정에서 원가의 구성과 흐름을 알지 못하고 원가 구조의 개선을 위해 어느 부문에서 무엇을 해야 하는지를 모르기 때문에 CTO가 되기도 어렵다. 이것이 바로 공학도가 회계를 이해해야 하는 이유이다.

1.1.2 회계의 체계

[그림 6-1]에서 보는 것처럼 회계학은 크게 재무회계(financial accounting), 관리회계(managerial accounting) 및 원가회계(cost accounting)로 나뉘어진다. 회계학을 이렇게 나누는 기준은 '어떤 회계정보를 누구를 위해 분석하고, 정리하고, 보고하는가' 하는 회계의 목적과 대상의 차이에 의한 것이다.

재무회계는 '재무제표'라고 하는 공식적이고 표준적인 회계보고서를 만들어서 기업 외부 이해당사자의 의사결정에 유용한 정보를 제공하는 회계활동을 다룬다. 실제로 모든 기업은 매일 매일 어디에 얼만큼의 돈이 들어오고 나가는가를 기록하였다가 연말이 되면 이를 정리하여 보고서를 만들도록 되어 있다. 여기서 말하는 회계보고서는 주로 뒤에서 이야기 할 재무상태표나 손익계산서와 같은 재무제표를 뜻한다. 또 외부의 이해당사자는 주로 투자자(주식시장), 채권자(금융기관), 정부(세무기관) 등을 들 수 있다. 즉 이 사람들이나 기관에게 회계보고서를 보여주거나 제출해야 하는 것이다. 따라서 재무회계는 한마디로 외부 보고(external reporting)를 목적으로 한다. 우리가 흔히 회계라고 말할 때는 바로 재무회계를 가리킨다.

특히 재무회계 보고서를 작성하는 과정에는 법률에 의해 강제적, 의무적으로 규정한 '회계기준'을 지켜야 한다. 가정이나 개인이 각자 편한 양식으로 정리하는 가계부와 기업의 공식적인 회계보고서는 다른 것이다. 또 여러 수치를 마음대로 수정하거나 거래 사실을 조작하는 방법으로 회계보고서를 그럴 듯하게 꾸며내는 이른바 분식회계도 감시해야 한다. 분식(粉飾)이라는 용어는 말 그대로 얼굴을 아름답게 보이기 위해 지나칠 정도로 분장한다는 뜻이다. 이익이 아주 적거나 심지어는 손실

[그림 6-1] 회계시스템의 구조

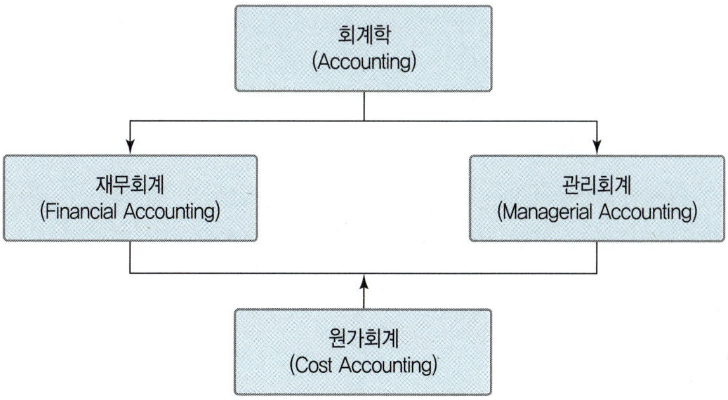

이 발생하였는데도 마치 큰 이익을 얻은 것처럼 회계자료를 꾸미는 것이 분식회계이다. 이와 반대되는 역분식(逆粉飾)이라는 말은, 이익이 너무 많아지면 세금을 더 내고 종업원 임금도 올려주어야 하기 때문에 일부러 이익을 적게 만드는 것을 뜻한다. 따라서 법적 기준을 잘 지키고 정확한 회계결과를 만들어내기 위해서는 고도의 전문성과 엄격한 윤리성을 갖춘 '공인된(certified)' 전문가, 즉 공인회계사의 역할이 매우 중요하다. 최근에 공인회계사가 실수로 이 규정을 제대로 지키지 못했거나 심지어 고의로 지키지 않았을 때 엄한 책임을 묻는 사례가 늘고 있는 것은 이러한 의식의 변화를 반영하는 증거라고 할 수 있다.

회계자료의 작성에는 회계기간(fiscal period)이라는 개념도 분명히 정해져야 한다. 회계의 측정과 보고는 법적으로 정한 일정 기간을 시간 단위로 해야 하며 이 원칙에 따라 회계활동이 이루어지는 기간을 '회계연도'라고 한다. 일반적으로 이 기간은 1년이 된다. 그러나 같은 1년이라도 1월 1일부터 12월 31일까지일 수도 있고, 7월 1일부터 다음해 6월 30일까지일 수도 있다. 회계연도의 시작과 끝을 결정하는 것은 기업이 선택할 문제이다. 그러나 대부분의 기업들이 1월 1일부터 12월 31일까지를 회계연도로 삼고 있다. 이러한 선택을 한 기업을 우리는 12월말 결산기업이라 부르며, 이 경우 연말에 재무제표를 작성하여 '결산보고'를 하여야 한다.

한편, 관리회계는 '원가분석 자료, 예산관련 자료, 수익분석 자료' 등을 만들어서 기업 내부 경영자의 의사결정에 유용한 정보를 제공하는 회계활동을 다룬다. 여기서 말하는 내부의 의사결정은 주로 경영계획의 수립과 경영과정의 통제에 관한 것이다. 따라서 관리회계는 한마디로 최고경영진에 대한 내부 보고(internal reporting)를 목적으로 한다. 또한 재무회계의 보고서와 달리 관리회계의 자료는 외부에 보고할 필요도 없고 또 공개해서는 안 된다. 형식도 재무회계보다 훨씬 자유로워서 달리 법으로 정한 절차와 규격을 따를 필요가 없다.

원가회계는, 한편으로는 외부보고용 재무제표를 작성하는 데 필요하고, 다른 한편으로는 내부관리용 분석자료를 작성하는 데 필요한 '원가자료'를 집계하고 배분하는 회계활동을 다룬다. 재무회계든 관리회계든 물건이나 서비스를 만드는 데 얼마의 원가가 들어갔는지를 정확히 계산하는 것은 필수적인 작업이다. 원가가 계산되어야 이익이나 손해도 계산할 수 있기 때문이다. 따라서 원가회계는 재무회계와 관리회계 모두에 반드시 필요한 기본정보의 획득을 목적으로 한다.

1.1.3 회계의 기본 용어와 개념

회계시스템의 내용과 형식을 이해하기 위해서는 먼저 회계에서 사용되는 기본적인 용어와 개념을 이해해야 한다. 전문적이고 실무적인 이해를 위해서는 훨씬 더 많은 회계 용어와 개념에 대한 공부가 필요하지만, 여기서는 반드시 짚고 넘어가야 할 핵심적인 용어만 살펴보기로 한다.

(1) 자산(assets)

자산은 쉽게 말해 기업이 경영활동을 위해 보유하고 있는 재산, 즉 경제적 자원을 의미한다. 자산에서 말하는 자원은 기업 스스로가 만든 자원과 외부에서 빌려온 자원을 모두 포함한다. 그러나 모든 재산이나 자원이 회계상의 자산이 되는 것은 아니다. 자산이 되기 위해서는 다음 세 가지의 요건이 만족되어야 한다. 첫째, 미래의 경제적 효익(benefits)이 인정되어야 한다. 둘째, 경제적 효익의 크기를 화폐가치로 계산할 수 있어야 한다. 셋째, 재산과 자원에 대한 소유권이 분명해야 한다. 자산이 곧 현금이 되는 것은 아니다. 자산을 처분하여 현금으로 바꾸는 데는 항상 시간이 걸리기 때문이다. 따라서 자산은 현금화의 가능성에 따라 1년 이내에 현금화가 가능한 유동자산과, 1년 이후에 가능한 비유동자산으로 나눈다.

(2) 부채(liabilities)

부채는 흔히 빚, 채무라고도 불리는 것으로 기업이 현재는 경영 자원으로 활용하고 있지만 미래에는 다른 경제 주체에게 이전해 주어야 하는 자산이나 제공해 주어야 할 용역을 뜻한다. 따라서 부채는 한편으로는 기업이 보유하고 있는 자산의 일부분이 되고 다른 한편으로는 기업의 경제적 의무(obligations)가 된다. 자산과 마찬가지로 부채가 있다는 것이 곧 현금이 나가는 것을 뜻하지는 않는다. 따라서 부채는 1년 이내에 상환해야 하는 유동부채와, 1년 이후에 상환할 비유동부채로 나눈다.

(3) 자본(capital)

자본은 자산에서 부채를 빼고 남은 순재산, 즉 기업의 소유주나 주주들이 보유하고 청구할 수 있는 재산을 가리킨다. 자본은 크게 1) 소유주나 주주가 기업에 투자한 원금인 자본금, 2) 보유하고 있던 자본의 거래로 발생한 잉여금인 자본잉여금, 3) 영업활동으로 발생한 이익을 주주들에게 배당하고 남은 금액인 이익잉여금 등으로 나눌 수 있다.

[그림 6-2]는 자산, 부채, 자본의 관계를 나타낸 것이다. 이후에 다시 언급되겠지만, 이 관계가 회계의 근간을 이루는 식(equation)의 하나인 재무상태표 등식 또는 대차대조표 등식(balance sheet equation)과 자본 등식(capital equation)을 나타낸다. 그러므로 회계의 기본을 이해하기 위해서는 이 두 식을 반드시 기억해야 한다.

먼저, 재무상태표 등식을 보자. 여기에서 자산은 자본과 부채의 합으로 이루어진다. 쉽게 말하면, 기업이 보유하고 있는 총재산인 자산은 기업 내에 자체적으로 보유하고 있는 재산인 자본과 기업 밖에서 조달한 재산인 부채의 합이 된다. 다음으로 자본 등식을 보자. 자본 등식의 관점에서는 기업의 순재산인 자본은 기업이 가지고 있는 총재산인 자산에서 외부에서 빌려 쓰고 있는 부채를 뺀 값으로 정의된다.

[그림 6-2] 자산-부채-자본의 관계: 재무상태표 등식과 자본 등식

재무상태표 등식

자 산 = 자 본 + 부 채

자본 등식

자 본 = 자 산 − 부 채

(4) 수익(revenues)

수익은 기업의 경영활동을 통해 자산이 늘어나거나 부채가 줄어드는 금액을 의미한다. 회계에서 수입(income)이라는 말 대신 수익이라는 용어를 쓰는 이유는 당장 현금이 들어오지 않아도, 즉 수입이 없어도 미래에 회수될 수 있는 경우를 포함하기 때문이다.

(5) 비용(expenses)

비용은 수익을 얻기 위한 활동에서 자산이 줄어들거나 부채가 늘어나는 금액을 뜻한다. 따라서 비용과 수익은 서로 상반되는 관계에 있다. 일반적으로 이익(profit)을 수익에서 비용을 뺀 값으로 계산하는 이유가 여기에 있다.

그러나 기본적 정의 외에 비용에는 다음과 같은 몇 가지의 중요하고 유용한 관련 개념들이 있다. 이러한 개념들은 공학도가 경영활동을 이해하는 데 필요한 지식이기도 하지만 다른 부문의 사람들과 커뮤니케이션을 하는 데도 필요한 상식이다.

비용과 관련하여 반드시 이해하고 넘어가야 할 관련 용어로 현금지출 비용(out-of-pocket cost)과 기회 비용(opportunity cost)을 들 수 있다. 먼저 현금지출 비용은 말 그대로 주머니에서 실제로 돈이 나가는 비용이다. 물건을 구매하고 대금을 현금으로 지급한다든가 종업원에게 매달 통장으로 월급을 입금시킨다든가 하는 데 들어가는 비용을 말한다. 따라서 회계에서 일반적으로 말하는 비용은 현금지출 비용을 가리킨다. 이에 반해 기회 비용은 용어가 의미하는 것처럼, 기회를 포기하거나 제대로 활용하지 못해서 벌 수 있는 돈을 벌지 못한 경우에 그 벌지 못한 돈의 크기를 가리키는 말이다. 두 개의 대안이 있을 때 하나의 대안을 선택하게 되면, 자동적으로 선택하지 않은 다른 대안에 대해서는 기회 비용을 지불하는 셈이 된다. 기회 비용은 실제로 주머니에서 돈이 나가는 것은 아니므로 회계적으로 처리할 수는 없다. 그러나 투자의 경제성을 분석할 때는 매우 유용한 개념으로 사용된다.

고정비(fixed cost)와 변동비(variable cost)라는 개념도 이해할 필요가 있다. 고정비라는 것은 생산이나 거래가 이루어지기 위해서는 생산량이나 거래량에 상관없이 똑같이 발생하는 비용이다. 예를 들어, 물건을 만들기 위해 1억 원짜리 설비를 구매하였다고 하자. 그 설비로 1개를 생산하든 1,000개를 생산하든 설비를 구매하는 데 들어간 비용은 1억 원으로 동일하다. 따라서 설비를 구매하는 데 들어간 비용은 고정비가 된다. 이에 반해 변동비는 생산량이나 거래량이 바뀌면 그에 따라 함께 바뀌는 비용이다. 위의 예에서 물건 1개를 만드는 데 들어가는 재료비가 100원이라고 하자. 그러면 1개를 만들면 100원의 재료비가 들지만 1,000개를 만드는 데는 100,000원의 재료비가 든다. 즉 재료비와 같이 생산량에 따라 변하는 비용을 변동비라고 한다.

한편 감가상각비(depreciation cost)라는 용어의 이해도 매우 중요하다. 먼저 감가상각(depreciation)이라는 말의 개념을 알아보자. 예를 들어, 앞으로 5년을 쓸 수 있는 새로운 생산설비를 1억 원의 돈을 들여 구입하여 보험을 들려고 하면 보험회사에서는 구입가격인 1억 원을 기준으로 보험료를 계산한다. 그러나 1년 후에 보험계약을 갱신할 때에는 8,000만 원을 기준으로 보험료를 계산한다. 1년 만에 생산설비의 가치가 2,000만 원이나 내려간 것이다. 실제로 모든 기기나 설비는 처음에는 큰 비용을 들여 구입하지만 시간이 지나면서 노후화되고 따라서 그 가치가 줄어든다. 이것이 바로 가치가 감소했다는 뜻인 '감가'라는 개념이다. 또 그 기기나 설비를 구입하는 데 들어간 비용인 1억 원을 취득원가(acquisition cost)라고 하고 그 설비를 사용할 수 있는 기간을 5년이라는 햇수로 표시한 것을 내용연수(useful life)라고 한다.

그렇다면 감가라는 개념이 회계상의 감가상각비라는 비용으로 연결되는 근거는 무엇일까? 앞의 예를 다시 보자. 우선 설비의 구입을 위해 1억 원이라는 비용이 발생하였다. 그러면 그 다음의 문제는 이 비용을 어느 시점이나 기간에 회계상의 비용으로 잡을 것이냐 하는 것이다. 5년을 쓰기 위해 1억 원이라는 큰 돈을 들여 구입한 설비를, 구입하는 시점에 한꺼번에 비용으로 처리하는 것은 논리적으로도 맞지 않고 실무적으로도 무리가 따른다. 이 때 회계상으로 1억 원이라는 비용을 그 설비를 쓸 수 있는 기간인 내용연수, 즉 5년에 걸쳐 나누어 분배하는 것이 바로 감가상각이다.

그러면 그 다음에 나오는 질문은 어떤 기준으로 어떻게 분배할 것인가 하는 문제이다. 그 해답은 한마디로 설비의 가치가 줄어드는 비율에 따라 비용도 나누어 분배하는 것이다. 만일 가치가 일정한 비율로 줄어든다고 생각하면, 비용은 내용연수 동안 똑같이 나누어 분배된다. 앞의 예로 본다면, 내용연수가 5년이기 때문에 해마다 2,000만 원씩의 비용이 발생한 것으로 처리한다. 만일 가치가 처음에는 크게 줄다가 갈수록 덜 줄어든다고 생각하면 첫 해에는 많은 비용을 분배한 후 해가 가면서 덜 분배한다. 이렇게 분배한 감가상각비는 회계실무에서는 대부분의 경우 판매비와 관리비라는 항목에서 처리한다.

(6) 원가(costs)

흔히 원가는 비용과 동의어로 사용되지만, 엄밀히 말하면 회계상에서는 다른 개념이다. 원가와 비용의 차이를 이해하기 위해서는 앞에서 설명한 것처럼 비용은 항상 수익과 연결되어 있다는 사실을 기억해야 한다. 이를 좀더 자세히 알아보자. 기업이 제품이나 서비스를 만드는 데는 원가가 들어간다. 원가를 투입하여 만든 물건은 일단은 재고창고에 넘겨져 팔릴 날을 기다리게 된다. 정해진 기간 내에 제품이나 서비스가 판매되어 '수익'이 발생하게 되면, 사용된 원가는 바로 '비용'이 된다. 그러나 판매가 되지 않아 재고의 형태로 남아있는 부분은, 아직 수익이 발생하지 않았기 때문에 비용이 되지 못하고 재고자산에 녹아있는 원가로 남아 있다. 나중에 시간이 지나 판매가 이루어지면 수익이 생기게 되고 그러면 이 원가는 결국 비용이 된다.

즉 비용은 수익과 대비되는 개념이고, 원가는 자산에 대비되는 개념이다. 하지만 장기적인 관점에서 보면, 모든 물건이 언젠가는 판매되고 수익으로 연결되기 때문에 원가와 비용은 결국 같아지게 된다. 따라서 원가와 비용을 동의어로 해석해도 큰 문제는 없다.

(7) 손익(profit/loss)

회계상에서 이익과 손해, 즉 손익은 다음 두 가지의 개념으로 정의할 수 있다. 첫째는 '손익법'의 개념으로, 일정 기간 동안에 발생한 모든 수익에서 모든 비용을 뺀 나머지 금액을 이익으로 정의한다. 이 때 수익이 비용보다 크면 그 크기는 순이익이 되고 비용이 수익보다 크면 순손실이 된다. 둘째는 '재산법'의 개념으로, 기말의 순자산(기말자본)에서 기초의 순자산(기초자본)을 뺀 차액을 이익으로 정의한다. 이 때 기말자본이 기초자본보다 크면 순이익이 되고, 작으면 순손실이 된다.

[그림 6-3]은 위에서 설명한 수익, 비용, 손익, 기초자본, 기말자본의 관계를 도형으로 나타낸 것이다. 이 관계는 회계의 또 다른 근간을 이루는 손익법과 재산법의 공식(equation)을 의미한다. 따라서 이 두 공식도 반드시 기억해야 한다.

[그림 6-3] 수익–비용–손익의 관계: 손익법 공식과 재산법 공식

손익법 공식

총 수 익 − 총 비 용 = 순 이 익

재산법 공식

기말자본 − 기초자본 = 순 이 익

1.1.4 회계의 절차

회계는 정해진 기간을 대상으로 정해진 절차에 따라 이루어져야 한다. 하루에도 수많은 거래가 이루어지고 수많은 형태로 돈이 들어오고 나가는 상황에서 주먹구구식으로 그때그때 회계 처리를 하면 머지않아 뒤죽박죽이 될 위험이 크다. 따라서 회계실무에서는 어떤 거래가 발생하면 그 내용을 곧바로 어떤 항목으로 처리하고, 어느 시점에서 그때까지 처리한 내용을 모아서 정리하며, 언제 이를 최종적으로 집계하여 보고서를 만들 것인가에 대한 규정이 마련되어 있다.

구체적으로 회계활동이 이루어지는 절차를 보자. [그림 6-4]에서 보는 것처럼, 회계활동은 거래에서 시작하여 재무제표의 작성까지가 정기적으로 되풀이되는 하나의 순환과정(accounting cycle)으로 설명할 수 있다. 전체적인 회계 순환과정은, 회계기간 중에 처리되는 거래-분개장-총계정원장과, 회계기간 말에 처리되는 시산표-정산표-재무제표로 구성된다.

[그림 6-4] 회계활동의 절차

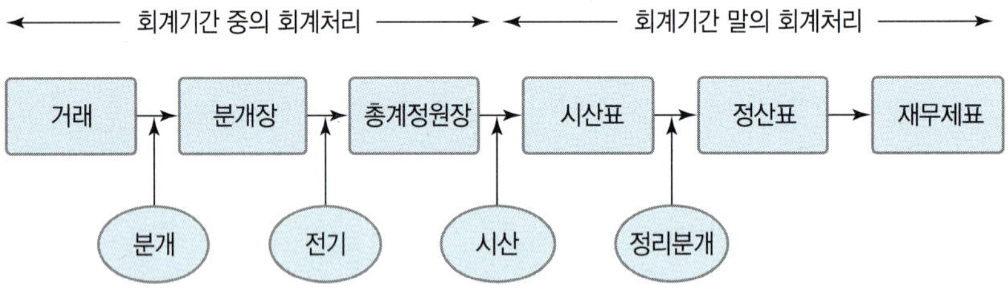

먼저 모든 회계활동은 거래(transaction)에서 시작된다. 경영활동의 성격에 따라 거래의 유형을 나누어 보면, 크게 교환거래, 손익거래, 혼합거래, 대체거래의 네 가지로 구성된다. 교환거래는 현금으로 상품을 구입하는 것과 같이, 자산, 부채, 자본만이 서로 증감하는 거래를 말한다. 손익거래는 상품을 매출하고 현금으로 물건값을 받는 경우처럼 수익과 비용의 발생만이 나타나는 거래이다. 혼합거래는 1억짜리 건물을 1억 5천에 매각하는 경우처럼 교환거래와 손익거래가 동시에 발생하는 거래를 의미한다. 대체거래는 기계를 서로 교환하는 경우처럼 현금의 수수가 없는 거래를 가리킨다.

이와 같이 회계에서 말하는 거래는 재무상태의 변화, 즉 '자산, 부채, 또는 자본의 증가 또는 감소'가 일어나거나 경영성과의 변화, 즉 '비용이나 수익의 발생'이 일어나게 하는 사건(event)을 뜻한다. 즉, 거래는 자산, 부채, 자본, 수익, 비용의 다섯 가지 요소의 변화를 의미한다. 여기서 자산의 증가와 감소라는 두 가지 경우, 부채의 증가와 감소라는 두 가지 경우, 자본의 증가와 감소라는 두 가지 경우, 수익의 발생이라는 경우, 비용의 발생이라는 경우를 모으면 모두 8가지 경우가 나타난다. 이를 거래의 '8 요소'라고 부른다.

회계상의 거래는 '이중성'이라는 특성을 지닌다. 즉 모든 거래는 위에서 말한 8 요소 가운데 2 요소가 서로 대칭되는 모습으로 동시에 일어나도록 설계되어 있는 것이다.

예를 들어 어느 기업이 현금을 주고 상품을 구입했다고 하자. 그러면 한편으로는 자산(상품)의 증가가 일어나면서 다른 한편으로는 자산(현금)의 감소가 발생한다. 만일 외상으로 새로운 설비를 도입했다면, 한편으로는 자산(기계)의 증가가 일어나고 동시에 다른 한편으로는 부채(미지급금)의 증가가 일어나게 된다.

또한 거래의 내용은 계정(account)이라는 구체적이고 실질적인 기록 및 계산의 단위로 표현된다. 거래 자체는 '×××을 하여 ○○○를 하였다'는 식의 애매한 생활 용어로 나타나기 때문에, 회계에서는 분명한 해당 항목으로 분류하여 기록을 해야만 한다. 회계상의 계정은 크게 자산계정, 부채계정, 자본계정, 수익계정, 비용계정으로 구성된다. 각 계정은 다시 구체적인 계정과목으로 나누어진다. 예를 들어, 자산계정에 속한 계정과목으로는 현금, 외상매출금, 상품 등을 들 수 있다.

일단 거래가 일어나면 거래의 이중성을 고려하여 거래 내용을 차변(debit)과 대변(credit)으로 나누는 분개(journal entry)를 하게 된다. 실무적으로는 [그림 6-5]에서 볼 수 있는 것처럼, 분개장(journal)이라는 장부에 거래의 발생 순서에 따라 거래 내용을 기입하게 된다. 이 때, 모든 거래를 분개한 차변의 합과 대변의 합을 최종적으로 집계하면 둘은 서로 같아야 한다. 이를 '대차 평형의 원리'라고 한다.

[그림 6-5] 분개장의 양식 – 예시

일자	적요	차변	대변
2015. 3. 12	(상품) (현금) 상품을 현금으로 매입	3,850,000	3,850,000

분개된 거래 자체는 단지 발생 순서대로 나열되어 있을 뿐이어서 전체적인 흐름을 파악하기가 매우 어렵다. 따라서 다양한 거래들의 분개 기록을 계정과목별로 집계할 필요가 있다. 모든 계정을 모아 놓은 장부를 총계정원장(general ledger)이라고 하는데, 개별적인 분개 기록을 총계정원장으로 옮겨 적는 작업을 전기(posting)라고 한다. [그림 6-6]에 총계정원장에서 현금 계정에 관한 내용이 예시적으로 나타나 있다.

[그림 6-6] 총계정원장의 양식 – 예시

현금			
1.15 자본금	50,000,000	1.17 유형자산	35,000,000
2.24 차입금	20,000,000	2.8 대여금	7,000,000
		2.28 급여	8,000,000
		차기이월	20,000,000

다음으로 총계정원장에 전기한 내용이 정확한지를 검토하는 작업이 필요하다. 이 작업은 대차 평형의 원리에 따라, 차변의 합계와 대변의 합계가 서로 일치하는지를 확인하는 방법으로 이루어진다. 이 작업을 회계실무에서는 시산(trial balance)이라고 하며, 시산을 위해 작성하는 일람표를 시산표라고 부른다.

▶시산표 예시

차변합계	계정과목	대변합계
70,000,000	현 금	50,000,000
35,000,000	상 품	25,000,000
7,000,000	대여금	
	차입금	20,000,000
20,000,000	외상매입금	12,000,000
35,000,000	자본금	47,000,000
	매출이익	21,000,000
8,000,000	급 여	
165,000,000	합 계	165,000,000

마지막 작업은 결산(closing)이다. 결산은 회계연도가 종료된 후, 앞에서 말한 일련의 회계활동을 종합적으로 정리하여 재무제표라는 최종보고서를 작성하는 일을 말한다. 결산은 먼저 기존의 분개 자료를 마지막으로 보충 또는 추가하는 정리분개(adjusting entries)로 시작된다. 그 다음은 정산표(work sheet)를 만드는 작업이다. 정산표는 앞에서 정리분개한 결과를 결산이 용이한 형식으로 표현한 일람표를 뜻한다.

결산의 마지막 작업은, 재무상태표와 손익계산서를 중심으로 한 결산보고서를 작성하는 일이다. 여기서 작성된 결산보고서는 한편으로는 기업의 사업성과를 외부에 알려주는 '영업보고'의 기본이 되고, 다른 한편으로는 재무제표의 적정성을 검토하는 '감사보고'의 대상이 된다.

▶정산표 예시

(주)○○ 20×5. 1. 1~20×5. 2. 28

계정과목	시산표		손익계산서		재무상태표	
	차변	대변	차변	대변	차변	대변
현 금	70,000,000	50,000,000			20,000,000	
상 품	35,000,000	25,000,000			10,000,000	
대여금	7,000,000				7,000,000	
차입금		20,000,000				20,000,000
외상매입금	20,000,000	12,000,000			8,000,000	
자본금	35,000,000	47,000,000				12,000,000
매출이익		21,000,000		21,000,000		
급 여	8,000,000		8,000			
당기순이익			13,000,000			13,000,000
합 계	165,000,000	165,000,000	21,000,000	21,000,000	45,000,000	45,000,000

1.2 재무제표: 재무제표는 어떻게 만들며 어떻게 읽는가?

1.2.1 재무제표의 기본개념

앞에서 설명한 대로 재무제표(financial statements)는 회계활동의 마지막 단계에서 작성되는 최종 산출물이다. 경영활동으로 발생하는 모든 거래를 분개–전기–정산하여 마지막으로 집계, 정리한 자료인 것이다. 따라서 회계활동 특히 재무회계는 곧 재무제표를 만드는 일이라고 해도 지나친 표현은 아니다.

개념적으로 본다면, 재무제표는 그 명칭이 의미하는 것처럼 매우 포괄적인 용어이다. 즉 하나의 특정한 자료나 양식만을 가리키는 것이 아니라 기업의 재무상태나 경영실적을 보여주는 다양한 자료나 보고서를 통틀어서 부르는 개념이다. 따라서 만일 재무제표의 종류나 범위를 기업의 자유에 맡긴다면 혼란이 일어날 것이 분명하므로 그 종류를 법률로 정할 필요가 있다. 이러한 관점과 기준에 의해 작성 및 제출이

의무화되어 있는 중요한 재무제표로는 재무상태표, 손익계산서, 현금흐름표, 자본변동표 등이 있다.

이 가운데 재무상태표와 손익계산서는 두 가지의 핵심적 재무제표로써, 회계전문가가 아닌 경우 재무제표라고 하면 이 두 가지 자료를 뜻하는 것으로 해석해도 큰 문제가 없다. 따라서 재무상태표와 손익계산서는 뒤에서 자세히 다루도록 하고 여기에서는 현금흐름표와 자본변동표에 대해서만 간단히 살펴보자.

참고로 현금흐름표(statements of cash flows)는 현금의 유입 및 유출의 시점과 내용을 기입한 자료이다. 기업에서 어떤 거래가 이루어질 경우, 거래가 이루어진 시점과 현금이 들어오고 나가는 시점이 다를 경우가 많다. 예를 들어 상품은 오늘 인도하는데 대금을 받는 시점은 두 달 뒤가 될 수도 있다. 따라서 회계에서는 돈이 들어오고 나가는 시점을 정하는 기준이 필요하다. 이 기준에는 크게 '발생주의(accrual basis)'와 '현금주의(cash basis)'가 있다. 발생주의는 거래가 이루어진 시점을 기준으로 정하는 데 반해 현금주의는 실제로 돈이 들어오고 나간 시점을 기준으로 정한다. 일반적인 재무제표는 발생주의를 따르는데 반해, 현금흐름표는 현금주의를 따른다. 발생주의를 따르면 거래가 이루어진 시점과 현금이 들어오고 나가는 시점이 다를 수가 있어 손에 잡히는 현금의 흐름을 알기가 어려운 문제가 있다. 그러나 기업 입장에서는 실제로 들어오고 나가는 현금흐름의 정보에 의한 현금중심의 자금관리 즉 유동성 관리를 보다 중요하게 여길 수 있다. 이러한 목적과 동기에 의해 작성되는 자료가 현금흐름표이다.

이익잉여처분계산서(statements of appropriation of retained earnings)는 경영활동의 결과로 생긴 잉여이익을 주주들에게 배당할 것인지(사외 유출), 아니면 경영활동에 투자하기 위해 사내에 적립할 것인지(사내 유보)를 알려주는 자료이다. 앞 장의 자금조달에서 이미 설명한 것처럼, 사외 유출이 좋은지 사내 유보가 좋은지는 기업의 전략과 상황에 따라 달라진다. 기업이 신규 투자를 적극적으로 진행해야 할 입장이라면 사내 유보가 유리할 것이고, 새로운 사업계획은 없는데 자금이 넘친다면 사외 유출이 바람직하다.

같은 재무상태표와 손익계산서라고 해도, 그것을 어디에 무엇 때문에 제출하느냐에 따라 서류의 이름과 제출처가 달라진다. 그것을 요구하는 주체가 외부의 잠재적 투자자이거나 정부의 감독기관이라면, 그 서류는 재무제표라는 이름으로 증권거래소나 금융감독원으로 보내져야 한다. 만일 기존의 주주들에게 보고하는 경우라면, 자료는 영업보고서라는 이름으로 주주총회에 제출된다. 법인세를 부과하기 위한 목적으로 요구된다면, 세무조정계산서라는 제목을 달아서 세무서에 보고해야 한다.

최근에는 연결재무제표(consolidated financial statement)라는 용어가 자주 사용되고 있다. 어느 신문의 기사를 인용해 보자. '12월 결산 법인 300개 사의 지난해 연결재무제표를 분석한 결과, 매출액은 개별재무제표에 비해 40%, 영업이익은 30% 증가하였다. 그러나 당기 순이익은 2% 줄었고, 100%를 밑돌던 부채비율도 160%로 급등하였다.'

연결재무제표는 법률적으로는 독립이지만 실제로는 경제적 집합체-예를 들어 지배회사와 종속회사의 관계나 모기업과 자회사의 관계에 있는-인 2개 이상의 기업들의 재무제표를 결합하여 작성한 재무제표를 뜻한다. 쉽게 말해, 여러 개의 자회사를 거느린 모기업의 재무제표를 만들 때, 자회사의 영업실적에 따른 손익과 자본조달에 의한 부채를 모두 계산과정에 반영하고, 모기업과 자회사간의 은밀한 내부거래를 통해 부풀려진 실적을 제거한 후 작성한 재무상태표나 손익계산서를 말하는 것이다.

앞의 기사에서 알 수 있듯이, 연결재무제표를 작성하면 개별재무제표와 비교하여 매출액이나 영업이익은 늘어날 가능성이 높다. 그러나 자회사의 경영성과가 저조할 경우 전반적인 순이익은 오히려 낮아질 수 있고, 또 자본구조가 부실할 경우 전체적인 부채비율이 올라갈 수도 있다. 따라서 여러 개의 기업이 영업구조나 자본구조의 측면에서 서로 밀접하게 관련되어 있을 때, 종합적인 성과나 실태를 파악하기 위해서는 여러 개의 개별재무제표보다 하나의 연결재무제표를 보는 것이 바람직한 것이다.

보다 구체적으로 연결재무제표를 작성하는 목적이나 배경으로는 첫째, 대기업 집단의 전체적인 재무상황을 알 수 있다는 점, 둘째, 국제화 추세 내지 자본의 자유화 추세에 발맞춘다는 점, 셋째, 독과점을 방지하고 공정거래를 유도한다는 점, 넷째, 금융기관에서 여신관리를 하거나 증권시장에서 주가관리를 하는 데 참고한다는 점 등을 들 수 있다.

1.2.2 재무상태표

(1) 재무상태표의 기본

개인과 마찬가지로 기업은 '현재 우리 회사의 재산이 얼마나 되며 그 재산이 어떤 요소들로 구성되어 있는가?'하는 문제에 깊은 관심을 가지게 되며, 회사 자체뿐만 아니라 이 회사에 투자를 했거나 투자를 할 사람들, 이 회사에 돈을 빌려주었거나 빌려 줄 사람들에게도 중요한 관심사가 아닐 수 없다. 이 문제를 기업의 '재무상태(financial position)'라고 한다.

그러면 어느 시점에서 기업의 재무상태를 어떻게 파악할 수 있을까? 회계에서는 재무제표 가운데에서도 가장 첫 번째 자료인 재무상태표(statement of financial position) 또는 대차대조표(balance sheet)로 전반적인 재무 상태를 알아볼 수 있다. 재무상태표는 과거에 대차대조표로 불렸던 것으로 '일정 시점에서 기업의 전반적인 재무상태를 토대로 재무구조의 건전성(양호도)을 파악할 수 있는 기본 자료'로 정의할 수 있다.

재무상태표로부터 재무상태를 알아 볼 수 있는 이론적인 근거는 무엇일까? 재무상태표는 앞에서 잠깐 언급한 것처럼 '재무상태표 등식'이라고 불리는 회계등식을 토대로 설계되었다. 이 등식은 한 기업이 보유하고 있는 경제적 자원의 총합은, 그 기업이 외부인에 대해 지고 있는 의무와 기업자체가 가지고 있는 잔여지분을 합한 양과 같아야 한다는 가정을 전제로 한다. 개인을 예로 들어, 어떤 사람이 은행에서 주택융자를 2억 원 받아 5억 원짜리 아파트를 보유하고 있다고 하면 아파트라는 재산의 총가치 5억 원은 자신의 권리 3억 원과 은행의 권리 2억 원으로 구성된다. 마찬가지로 기업의 자산은 크게 두 가지의 구성 요소, 즉 자산에 대한 외부인의 청구권(claims)인 부채와 기업 자체가 소유하고 있는 목록(inventory)인 자본으로 구성된다. 이 가정을 구체적인 등식으로 표현하면 [자산 = 부채 + 자본]이라는 재무상태표 등식이 되는 것이다.

재무상태표를 자산, 부채, 자본으로 나누는 것은 기업의 전반적인 재무상태를 몇 가지 부분으로 나누어 좀더 자세히 살펴본다는 것을 뜻한다. 우선 '자산' 부분으로부터 그 기업의 전체적인 재력이 어느 정도인가를 알 수 있는 정보를 획득할 수 있다. 또 '자본과 부채' 부분으로부터는 그 기업의 자본이 누구의 어떤 돈으로 구성되어 있는가, 또는 그 기업의 지급능력이 어느 정도인가를 알 수 있는 정보를 획득한다.

재무상태표 등식을 구체적으로 표현하기 위해서는, 몇 가지 일정한 '양식'과 '순서'를 따라야 한다. 첫째, 왼쪽의 차변에 자산을, 오른쪽의 대변에 부채와 자본을 배치한다. 둘째, 유동성과 고정성을 기준으로 항목을 세분화한 후 일반적으로 유동성 순위에 따라 배열한다. 예를 들어 자산의 경우라면, 유동성이 높은 당좌자산과 재고자산을 위에 배치하고, 고정성이 높은 투자자산, 유형자산, 무형자산 등을 아래에 배치시킨다. 〈표 6-1〉에 이러한 양식과 순서에 의한 재무상태표의 기본구조가 나타나 있다.

〈표 6-1〉 재무상태표의 기본구조

자산 = 자금의 운용		부채와 자본 = 자금의 조달	
유동자산	• 당좌자산 • 재고자산	부채	• 유동부채 • 비유동부채
비유동자산	• 투자자산 • 유형자산 • 무형자산	자본	• 자본금 • 자본잉여금 • 이익잉여금 • 자본조정

(2) 재무상태표의 실제

재무상태표는 stock의 개념, 즉 '특정 시점'에 작성되는 것이다. 이는 다음에 얘기할

〈표 6-2〉 재무상태표 예시 – A 기업

자산			자본 및 부채		
과목	20×2년	20×3년	과목	20×2년	20×3년
I. 유동자산	4,917	4,543	I. 부채	9,586	8,337
1. 당좌자산	3,688	3,081	1. 유동부채	3,589	3,510
2. 재고자산	1,229	1,462	2. 비유동부채	5,980	4,827
II. 비유동자산	13,054	13,224	3. 이연부채	17	0
1. 투자자산	2,886	3,991	II. 자기자본	8,385	9,430
2. 유형자산	9,669	8,930	1. 자본금	482	482
3. 무형자산	148	303	2. 자본잉여금	3,904	3,670
4. 이연자산	351	0	3. 이익잉여금	4,086	6,662
			4. 자본조정	△87	△1,384
자산총계	17,971	17,767	자본 총계	17,971	17,767

손익계산서가 '일정 기간'을 대상으로 하는 flow의 개념이라는 점과 대비된다. 따라서 재무상태표는 회계기간 마지막에 한 번 작성하는 것을 원칙으로 한다. 〈표 6-2〉에, 실제로 20×2년 말 및 20×3년 말에 공시된 A 기업의 재무상태표가 예시되어 있다. 다음의 표에서 보듯이, 왼쪽의 자산의 총합과 오른쪽의 자본 및 부채의 총합은 정확하게 일치하여 '대차가 맞음'을 알 수 있다.

재무상태표를 바탕으로 크게 두 가지의 분석이나 평가를 할 수 있다. 하나는 동태적(dynamic) 또는 시계열(time-series) 분석이다. 특정 기업을 놓고 그 기업의 재무 상태가 시간의 흐름에 따라 어떻게 변하고 있는지를 분석하는 것이다. 회계연도 사이에 전체 크기의 변화, 구성 비율의 변화, 개별 항목의 변화가 어떻게 나타나는지 또 지속적으로 증가 또는 감소하는 추세(trend)가 보이는지 등에 초점을 맞춘다. 다른 하나는 비교(comparative) 또는 횡단(cross-sectional) 분석이다. 특정 시점에서 해당 기업과 다른 경쟁기업들의 재무 상태를 비교한다든가, 산업(시장) 전체의 평균 수준과 대비시켜 본다든가 등의 작업을 하는 것이다.

1.2.3 손익계산서

(1) 손익계산서의 기본

재무상태 다음으로 기업이 관심을 갖는 것은 '지난 한 해 동안 우리 회사는 얼마나 잘 장사를 해서 얼마의 이익을 남겼는가? 아니면 반대로 얼마나 손해를 보았는가?'라는 질문이다. 이 질문은 기업 자체뿐 아니라 외부의 이해당사자에게도 매우 중요한 관심사이다. 이 주제를 회계에서는 '경영성과(results of business)'라고 한다.

그러면 어느 기간 동안의 경영성과를 어떻게 측정할 수 있을까? 이러한 목적으로 작성되는 회계자료가 재무제표 가운데 두 번째 자료인 손익계산서(income statement)이다. 손익계산서는 '일정 기간 동안에 기업이 수행한 경영활동의 결과로 나타난 성과를 측정하여 수익성을 평가할 수 있는 기본 자료'로 정의할 수 있다.

손익계산서로부터 경영성과와 수익성을 평가할 수 있는 이론적인 근거는 무엇일까? 앞에서 설명한 대로, 회계상의 이익은 손익법의 기준과 재산법의 기준을 동시에 포함한다. 이 논리를 간단한 예로 설명해 보자. 도매상에게서 물건을 떼어다가 소매로 파는 어떤 사람이 일년 동안 번 돈을 계산하기 위해서는 다음 두 가지 측면을 고려

[그림 6-7] 계정식 손익계산서의 기본구조와 내용

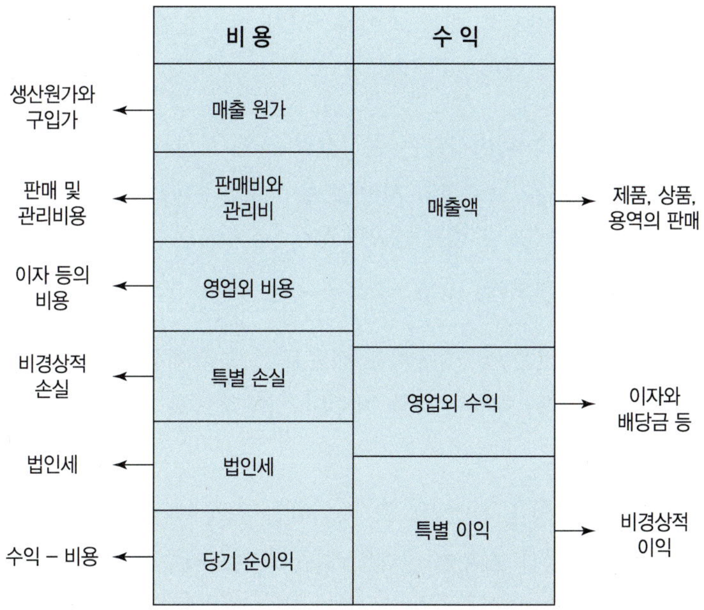

할 수 있다. 하나는, 한 해 동안 얻은 수익에서 들어간 비용을 뺀 금액을 순수입으로 계산하는 측면이다. 다른 하나는, 팔지 못하고 남아 다음 해로 넘겨야 할 연말재고에다가 전년도에서 이월되어 처음에 가지고 있던 연초재고를 뺀 금액을 순수입으로 계산하는 측면이다.

이러한 기준에 따라 손익계산서는 먼저 '회계상의 이익은 수익과 비용의 차이로 한다'는 손익법을 토대로 한다. 이 원칙에 의해 [총수익 – 총비용 = 순이익]이라는 손익법의 공식이 성립한다. 다음으로 손익계산서는 '회계상의 이익은 기말의 순자산(기말 자본)과 기초의 순자산(기초 자본)의 차이로 한다'는 재산법을 토대로 한다. 이 원칙에 의해 [기말자본 – 기초자본 = 순이익]이라는 재산법의 공식이 성립한다.

앞의 원칙과 방법을 기초로 하여 실제로 손익계산서를 작성하는 과정은 정해진 일정 기간 즉 1년간의 회계연도에 대해 수익의 계산 → 비용의 계산 → 순이익의 결정이라는 순서를 따라 이루어진다.

관련 정보를 손익계산서에 기입하는 방법과 과정도, 일정한 '양식'과 '순서'를 따라야 한다. 손익계산서의 양식은 크게 계정식(account form)과 보고식(report form)의 두 가지가 있다. 계정식은 재무상태표와 비슷하게 왼쪽의 차변에 비용을, 오른쪽의 대변에 수익을 표시한 후, 그 차이인 순이익을 차변의 맨 아래쪽에 표시하여 대차를 맞추는 형식이다. [그림 6-7]에 계정식에 의한 손익계산서의 기본구조와 내용이 제시되어 있다.

계정식 손익계산서가 수익과 비용을 대비시키는 손익법의 기본 정신을 잘 반영하기는 하지만, 실무적인 기업회계기준은 보고식의 사용을 원칙으로 한다. 보고식은 차변과 대변의 구분 없이 수익과 비용을 몇 단계로 세분하여, 순차적으로 기입하는 형식이다. 이 과정을 좀더 자세히 살펴보자.

- 1 단계: 맨 위에 한 해 동안 얻은 총 매출액을 적은 후, 그 밑에서 생산활동에 직접 사용한 총 비용인 매출원가를 빼주면 일차적으로 매출총이익을 계산할 수 있다.
- 2 단계: 그 다음으로 생산 과정을 간접적으로 지원하는 활동이나 만든 물건을 판매하는 활동에 들어간 비용인 판매비와 관리비를 빼주면 영업이익을 계산할 수 있다.
- 3 단계: 은행이자와 같이 생산이나 영업과 관계없이 발생한 영업외 수익이나 비용을 더하거나 빼주면 경상이익을 계산할 수 있다.

[그림 6-8] 보고식 손익계산서의 기본구조와 경영활동과의 연계

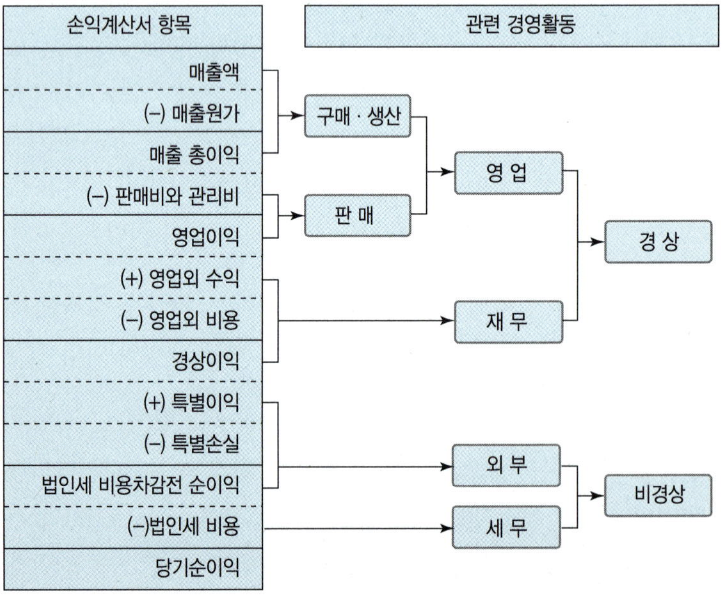

- 4 단계: 보험금을 돌려받는다든가 재해로 피해를 보는 등과 같이 생산이나 영업과 상관없이 예기치 않게 생기는 특별이익이나 특별손실을 더하거나 빼주면 세금을 내기 전의 세전순이익을 계산할 수 있다. 여기서 세전(稅前)이라는 말은 세금을 내기 전이라는 뜻이다.
- 5 단계: 마지막으로 법이 정한 일정한 비율의 법인세를 납부하고 나면 당기순이익을 계산할 수 있다. 당기순이익은 세금을 낸 후의 이익이라는 의미에서 세후순이익이라고도 한다.

계정식과 비교한 보고식의 가장 큰 장점은 손익계산의 흐름과 경영활동과의 연계를 쉽게 알아볼 수 있다는 데 있다. 매출이익의 계산은 구매 및 생산활동과 관련되어 있고, 영업이익의 계산은 판매활동과 관련되어 있으며, 경상이익의 계산은 재무활동과 관련되어 있다. 그리고 이 모든 활동은 넓은 의미의 경상활동이 된다. 그러나 그 이후에 세전이익 및 당기순이익의 계산은 기업 외의 요인들에 의해 결정되므로 비경상활동과 연계되어 있다. [그림 6-8]에는 손익계산서의 각 항목과 그에 대응하는 경영활동의 연결구조가 표시되어 있다.

(2) 손익계산서의 실제

앞에서 설명한 대로, 재무상태표가 '특정 시점'을 대상으로 하는 stock 개념인데 반해, 손익계산서는 flow의 개념 즉 '일정 기간'을 대상으로 작성되는 것이다. 따라서 손익계산서는 ××××년 1월 1일 – ××××년 12월 31일의 기간으로 표시된다. 〈표 6-3〉에 실제로 공시된 A 기업의 2002년 및 2003년의 손익계산서가 예시되어 있다.

재무상태표와 마찬가지로 손익계산서에 대해서도 크게 두 가지의 분석이나 평가를 할 수 있다. 하나는 동태적(dynamic) 또는 시계열(time-series) 분석이다. 특정 기업을 놓고, 그 기업의 손익 즉 경영실적이 시간의 흐름에 따라 어떻게 변하고 있는지를 분석하는 것이다. 회계연도 사이에 전체 매출과 수익의 변화, 구성 비율의 변화, 개별 항목의 변화가 어떻게 나타나는지 또 지속적으로 증가 또는 감소하는 추세(trend)가 보이는지 등에 초점을 맞춘다. 다른 하나는 비교(comparative) 또는 횡단(cross-sectional) 분석이다. 특정 시점에서 해당 기업과 다른 경쟁기업들의 경영실적을 비교한다든가, 산업(시장) 전체의 평균 수준과 대비시켜 본다든가 등의 작업을 하는 것이다.

〈표 6-3〉 손익계산서 예시 – A 기업 (단위: 백만 원)

손익계산서	2002년	2003년
I. 매출액	11,138	11,692
II. 매출원가	8,905	9,055
III. 매출총이익	2,232	2,637
IV. 판매비와 관리비	512	538
1. 인건비	37	46
2. 경비	149	162
3. 판매비	326	330
V. 영업이익	1,720	2,099
VI. 영업외 수익	1,073	530
VII. 영업외 비용	1,378	1,298
VIII. 경상이익	1,415	1,331
IX. 특별이익	1	958
X. 특별손실	24	0
XI. 법인세 차감전 순이익	1,392	2,288
XII. 법인세	270	651
XIII. 당기순이익	1,123	1,637

1.3 원가회계: 원가는 어떻게 계산하고 기획하는가?

1.3.1 원가회계의 기본개념

앞에서 설명한 대로, 원가(cost)는 제품이나 서비스를 만들어내는 데 들어가는 비용을 뜻한다. 따라서 원가를 알아야 매출로부터 얼마만큼의 이익을 얻는지를 알 수 있다. 원가회계(cost accounting)는 한마디로 원가를 계산하는 작업이다. 즉, 원가회계는 한편으로는 외부보고용 재무제표를 작성하는 데 필요하고 다른 한편으로는 내부관리용 분석자료를 작성하는 데 필요한 '원가 정보'를 획득하는 일을 의미하는 것이다. 그러므로 원가회계는 재무회계와 관리회계 모두에게 필수적인 기본 정보를 제공하는 역할을 한다.

전통적인 의미의 원가회계는 제조기업의 제품원가를 계산하는 활동을 뜻하였다. 제조활동을 하지 않는 도소매상 기업의 경우에는 원가의 계산이 아주 간단하기 때문에 원가회계가 따로 필요하지 않았다. 그러나 제조기업의 경우는 다양한 설비와 복잡한 공정을 통해 제품이 만들어지기 때문에, 재무제표를 정확히 작성하기 위해서는 원가회계의 역할이 중요했다. 따라서 과거의 원가회계는 재무회계의 일부로 간주되었다.

[그림 6-9] 회계시스템과 원가회계

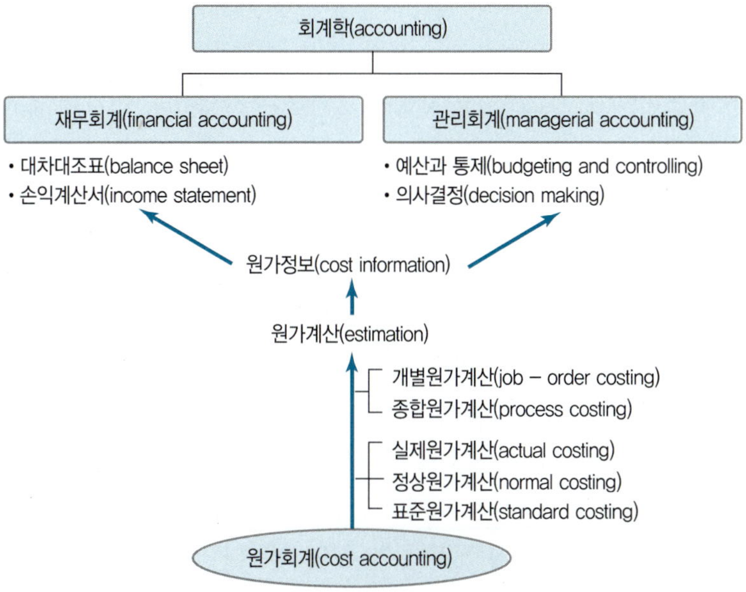

그러나 오늘날의 기업은 규모가 커지고, 경영 활동도 다양해지며, 기술 수준도 높아져 제조 기능과 다른 경영 기능이 서로 밀접하게 연결되어 있다. 따라서 원가 정보는 경영 활동 전반의 관리와 경영 전략의 수립에 핵심적인 자료로 인식되고 있다. 이러한 경향을 반영하여, 최근의 원가회계는 재무회계보다는 오히려 관리회계의 일부로 받아들여지고 있는 추세이다.

나아가 오늘날의 원가회계는 회계 활동의 범위를 넘어, 관리 활동의 하나로 인식되고 있다. 이에 따라 전통적인 원가회계라는 이름 대신 보다 포괄적이면서도 전략적인 의미를 담은 원가관리(cost management)라는 명칭이 사용되고 있다. 이러한 추세의 배경에는 다음 두 가지의 요인이 자리잡고 있다. 첫째는 기술의 진보와 확산이다. 거의 모든 경영시스템에서 기술집약적인 제품이 생산되고, 자동화된 새로운 공정이 도입되고 있으며, 모든 거래내역이 정보시스템을 통해 관리되고 있는 것이다. 따라서 효과적인 원가관리를 위해서는 회계전문가의 역할 못지 않게 엔지니어의 역할이 중요해지고 있다. 둘째는 신제품 개발을 위한 연구개발 투자의 증가이다. 전통적인 원가회계가 제조활동의 원가 계산에 초점을 맞추고 있었다면, 오늘날의 원가관리는 기술개발이나 엔지니어링 활동의 원가기획이나 원가설계에 초점을 맞추고 있다. 따라서 오늘날의 원가관리에서는 이공계 인력의 전문성이 필수적인 요소가 된다.

1.3.2 제조원가의 구성

원가회계의 핵심은 제조원가(manufacturing cost)를 계산하는 작업이다. 여기서 제조라고 하는 것은 하드웨어 제품을 생산하는 제조업 형태의 기업뿐 아니라, 소프트웨어 개발 기업, 서비스 형태의 기업 등을 망라하여 판매나 거래 대상을 만들어내는 행위에 공통적으로 적용되는 개념이다.

원가를 계산하기 위해서는 먼저 원가를 구성하는 요소들이 무엇인지를 알아야 한다. 원가는 어떤 요소들의 합(sum)으로 이루어질까? 원가의 구성은 관점과 목적에 따라 크게 다음 몇 가지 방식으로 나타낼 수 있다. 첫째, 제품(서비스)과 연관된 정도에 따라 크게 직접비와 간접비의 두 요소로 나눌 수 있다. 이 분류는 원가 = 직접비 + 간접비의 합으로 원가를 표현하는 회계의 관점에 초점을 맞춘 것이다. 둘째, 원가가 만들어지는 내용으로 보면 크게 재료비, 노무비, 경비의 세 요소로 나눌 수 있다. 이 분류도 원가 = 재료비 + 노무비 + 경비의 합으로 원가를 계산하는 회계의 관점을 나타낸다. 셋째, 생산설비의 사용 수준 즉 조업도로 보면 크게 변동비와 고정비의 두 요소로 나눌 수 있다. 이것은 뒤에서 설명할 손익분기 분석 및 레버리지 분석에서 이익 = 가격 - 원가 = 가격 - 변동비 - 고정비의 식으로 이익을 파악하는 관점을 뜻한다.

회계의 관점에서 제조원가를 계산할 때에는 첫째와 둘째의 분류를 기준으로 원가를 바라본다. 기본적으로 제조원가는 [그림 6-10]에서 알 수 있듯이, 먼저 직접비와 간접비로 구분된다. 직접비는 말 그대로 어떤 상품이나 서비스 하나하나를 만드는 데 직접적으로 들어간 원가이다. 직접비는 다시 재료비와 노무비로 구성된다. 재료비는 원재료의 생산이나 구입에 들어간 비용이고, 노무비는 제조활동에 실제로 참여한 종업원들에게 지급된 비용을 뜻한다. 직접비에 반해 간접비는 개별 제품의 제조에 들어간 원가가 아니라, 제품 전체를 제조하는 과정에 간접적으로 녹아 들어간 원가이다. 공장 전체의 전기요금, 냉난방비, 창고관리 등은 대표적인 간접비의 예이다. 물론 재료비나 노무비 중에도 제품 전체에 투입되는 간접재료비나 간접노무비도 일부 있을 수 있다.

원가회계의 실질적인 내용은 간접비를 계산하는 작업이라고 해도 과언은 아니다. 왜냐하면 직접비는 제품 하나하나에 직접 투입되어 원가를 파악하기가 용이한 반면, 간접비는 모든 제품에 나누어 들어가므로 원가를 계산하기가 힘들기 때문이다.

[그림 6-10] 제조원가의 구성

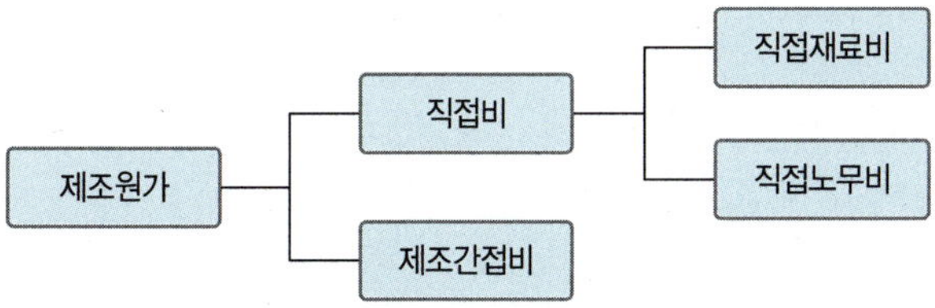

1.3.3 제조과정과 원가

제조과정을 따라 만들어지는 대상의 형태나 성격이 바뀌게 되면 그에 따라 원가의 해당 계정도 바뀌게 된다. 이 과정을 [그림 6-11]을 토대로 간략히 살펴 보자.

[그림 6-11] 제조과정과 관련 원가계정

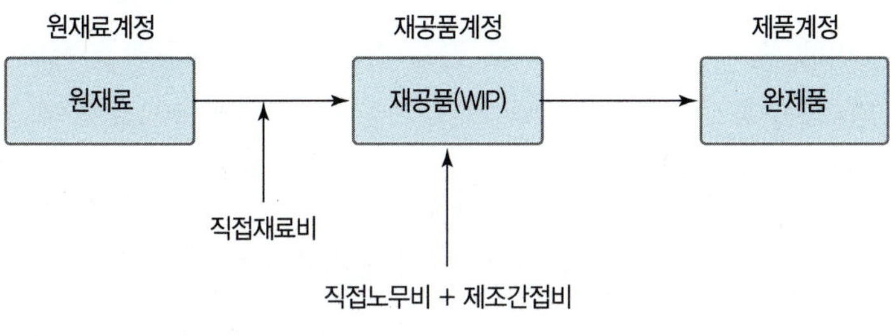

먼저 제조과정이 시작되는 단계에서는, 제조 대상이 원재료 상태로 있게 되므로 해당 계정은 원재료 계정이 된다. 중간 단계로 넘어가면서, 직접재료비가 발생하고 제조 대상은 재공품(Work-In-Process: WIP)으로 바뀌게 된다. 여기에서 실질적인 제조 활동이 일어나므로 직접노무비와 제조간접비가 발생한다. 또한 해당 계정은 원재료 계정에서 재공품 계정으로 옮겨가게 된다. 마지막 단계에서는, 제조 대상이 완제품으로 나오게 되고 동시에 해당 계정도 제품 계정으로 바뀐다.

1.3.4 제조원가명세서

앞에서 설명한 내용을 토대로, 실제로 제조원가명세서가 어떻게 구성되어 있는지를 실례를 통해 살펴 보자.

먼저 제조원가명세서는 내용상으로 [제조원가 = 직접비 + 간접비]의 기본식으로 구성된다. 또한 기간상으로 회계 기간 끝의 최종적인 계산은 항상 [기초 + 당기 – 기말]이라는 공식에 따른다. 즉 처음 시작될 때 이미 있던 양에 해당 기간 내에 생긴 양을 더한 후, 마지막에 남아 있는 양을 빼서 그 기간 내의 양을 계산한다는 기준을 적용하는 것이다. 이 두 공식은 원가회계의 근간이 되는 관계식이기 때문에 반드시 기억해야 한다.

이러한 원칙에 따라 먼저 직접비를 계산해 보자. 직접비는 재료비와 노무비로 구성된다. 직접재료비는 기초 재고액에 당기 매입액을 더한 후 기말 재고액을 빼서 계산한다. 직접노무비는 재고가 불가능하므로 그대로 당기의 사용액을 기입한다.

다음으로 간접비를 보자. 제조간접비에는 여러 가지 항목이 있지만 대표적으로 설비에 대한 감가상각비, 수선유지비, 수도광열비 등이 포함된다. 간접비의 계산 과정은 다소 복잡하기 때문에 다음에 자세하게 설명하기로 하자.

이제 위의 세 가지를 더하면 당기의 총제조원가가 계산될 수 있다. 여기에 [기초 + 당기–기말]이라는 공식을 재공품에 대해서도 적용한다. 즉 지난 기간에 재고로 남겼던 재공품 재고액을 더해 준 후, 다음 기간으로 넘길 기말 재공품 재고액을 빼 주는 것이다. 이렇게 하면 최종적으로 당기 제조원가가 계산된다. [그림 6–12]에 제조원가 계산의 실례가 제시되어 있다.

당기 제조원가는 재무제표와 바로 연결되어 있다. 먼저 손익계산서의 경우를 보자. 손익계산의 첫 단계는, 매출액에서 매출원가를 빼서 매출 총이익을 계산하는 일이다. 이 때 매출원가를 알기 위해서는 제조원가 정보가 필수적으로 요구된다. 다음으로 재무상태표의 경우, 자산 부분에는 항상 재고자산 항목이 포함되며 자본 부분에는 당기 순이익 항목이 포함된다. 이들을 알기 위해서는 원가 계산에서 얻는 정보들이 반드시 필요하다. 따라서 원가 계산은 재무상태표와 손익계산서 작성의 필수적인 사전 작업이 되는 것이다.

[그림 6-12] 제조원가 계산의 실례

Ⅰ. 직접재료비		
1. 기초 원재료 재고액	20,000	
2. 당기 원재료 매입액	70,000	
3. 기말 원재료 재고액	(10,000)	80,000
Ⅱ. 직접노무비		150,000
Ⅲ. 제조간접비		
1. 감가상각비	50,000	
2. 수선유지비	25,000	
3. 수도광열비	15,000	90,000
Ⅳ. 당기 총제조원가		320,000
Ⅴ. 기초 재공품 재고액		10,000
합 계		330,000
Ⅵ. 기말 재공품 재고액		(32,000)
Ⅶ. 당기 제조원가		298,000

1.3.5 원가회계의 실무

지금까지 원가회계가 회계시스템 내에서 어떤 의미를 갖는지, 그리고 원가회계 정보가 재무제표와 어떻게 연계되어 있는지를 살펴 보았다. 그러면 지금부터 원가를 계산하는 실무적 방법과 기준에 대해 알아보자.

앞에서 잠깐 언급한 대로, 원가회계의 실무는 결국 제조간접비를 어떠한 기준과 방법으로 하나하나의 제품에 분배하느냐를 결정하는 문제로 요약할 수 있다. 직접비는 원가의 소재가 분명하므로 개별 제품에 투입된 양을 그대로 분배할 수 있지만, 간접비는 모든 제품의 제조과정에 묻어 있기 때문에 어떻게 제품 각각의 원가로 나누어 계산할 것인가 하는 것이 회계실무의 핵심이 되는 것이다.

현장에서 원가계산을 하는 제도, 즉 간접비를 분배하는 방식은 보는 기준에 따라 다르게 설명할 수 있다. 따라서 먼저 원가계산 제도를 어떻게 분류할 수 있는지를 알아보고, 그 분류에 따라 구체적인 원가계산의 실무를 살펴보기로 하자.

(1) 생산활동의 성격에 따른 분류

회계실무에서 원가를 계산하는 제도는 크게 기업의 성격, 특히 생산활동의 성격에 따라, '작업별'로 원가계산이 이루어지는 개별원가 계산방식과, '공정별'로 원가계산이 이루어지는 종합원가 계산방식으로 나눌 수 있다.

1) 개별원가 계산방식

개별원가 계산(job−order costing)방식은 제조간접비를 개별 제품 단위로 나누어 분배하는 방식이다. 이 기준은 그 기업이 생산하는 제품 하나하나의 양식과 규격이 이질적이고 생산량도 다른 경우에 적용한다. 예를 들자면 토목건설 프로젝트를 수행하는 기업이나 대형 선박, 항공기, 대규모 기계설비 등을 제작하는 기업의 경우가 여기에 해당된다.

개별원가 계산방식을 사용하는 제품들: 선박과 비행기

이 방식에서는 [그림 6−13]에 나타난 것처럼, 개별작업(job)별로 원가계산이 이루어지고 그것이 곧 제품 단위의 원가가 된다. 여기서 작업이란 투입되는 재료나 노동력을 확실하게 나누어 집계할 수 있는 단위를 의미한다. 따라서 하나의 작업은 하나의 제품이 될 수도 있고 여러 제품의 묶음일 수도 있다. 예를 들어 항공기 제작의 경우에는 비행기 1대가 개별작업이 되고, 트랙터 10대를 주문생산 하는 경우는 10대가 개별작업이 된다.

따라서 간접비의 배분도 개별 작업 별로 이루어진다. 기계장비를 생산하는 어느 공장이 있다면, 기계장비 한 대가 곧 하나의 작업(job)이 된다. 만일 한 해 동안 발생한 제조간접비가 10억 원이고 연간 생산량이 100대라면, 장비 한 대당 간접비는 10억 원을 100대로 나눈 값인 1,000만 원이 되는 것이다.

[그림 6-13] 개별원가 계산

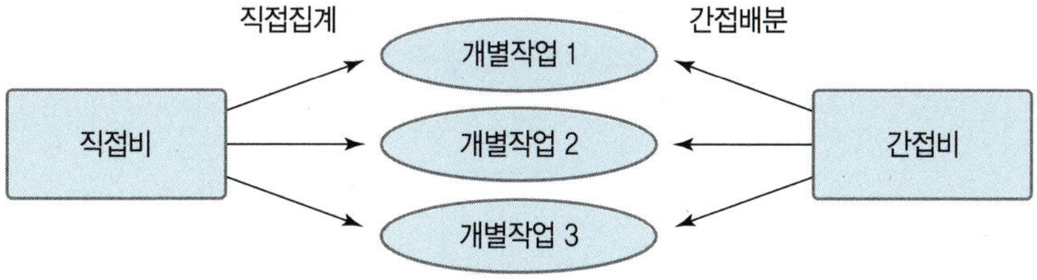

2) 종합원가 계산방식

종합원가 계산(process costing)방식은 제조간접비를 표준화된 제조공정 별로 배분하는 방식이다. 따라서 종합원가 계산은 표준화된 제품을 대량으로 반복 생산하는 경우에 사용된다. 예를 들어 철강, 화학, 제지 등과 같이 일관공정을 가진 기업, 생산계획에 맞추어 일반 생활용품이나 식품음료를 대량으로 생산하는 기업, 자동차나 가전제품 같이 라인에서 물건을 조립하는 기업 등이 여기에 해당된다.

이 방식에서는 [그림 6-14]에 나타난 것처럼, 공정 별로 원가를 계산한다. 일단 공정 별로 원가를 계산한 후에, 그 공정을 지나간 제품의 수로 나누면 그것이 최종적으로 제품 단위의 원가가 된다. 예를 들어 TV 공정에서 한 해 동안 발생한 제조간접비가 10억 원이고 연간 생산량이 10,000대라면, TV 한 대당 간접비는 10억 원을 10,000대로 나눈 값인 10만 원이 되는 것이다.

[그림 6-14] 종합원가 계산

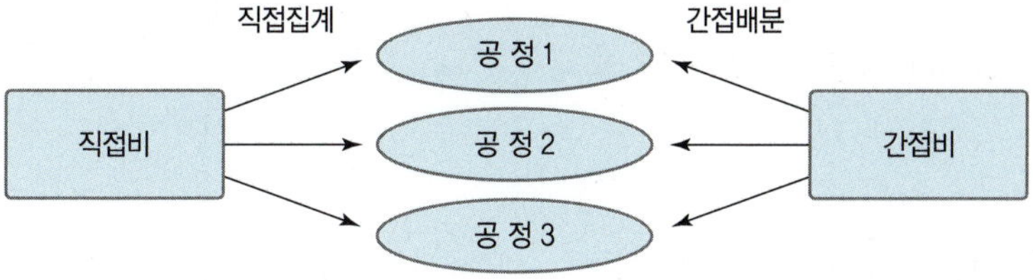

종합원가 계산방식을 사용하는 공정들: 화학 공정과 TV 공정

(2) 간접비 배분 기준에 따른 분류

원가계산 방식은 제조간접비를 어떤 기준에 의해 배분하느냐에 따라 나눌 수도 있다. 이 기준에 의하면 간접비를 나누는 기준은 크게 직접노무비 기준, 직접노동시간 기준, 기계시간 기준의 세 가지를 들 수 있다.

전통적인 원가회계에서 간접비를 노무비(시간)나 기계시간의 비율로 분배하는 기준은 실제로 얼마나 공장을 오래 돌렸느냐 하는 '조업도'에 따라 간접비를 나눈다는 원칙에 근거하고 있다. 즉 어느 작업이나 공정의 조업도가 높다면 당연히 간접비도 많이 투입되었다고 가정할 수 있으므로, 그 비율로 간접비를 분배하는 것이 합리적이라는 논리이다. 이 때 조업도를 측정하는 지표로서, 사람이 얼마나 많이 참여하는가(노무비 또는 노무시간), 혹은 기계를 얼마나 오래 사용하였는가(기계시간)를 사용하는 것이다.

1) 직접노무비 기준

이 기준은 제조간접비를 직접노무비 사용량에 비례하여 분배한다. 이 기준의 기본 가정은, 어느 제품의 생산에 많은 인력이 투입되었으면 제조간접비도 거기에 맞추어 많이 배분하는 것이 타당하다는 논리에 근거하고 있다. 따라서 이 기준은 노무비의 비중이 큰 노동집약적 기업에 적합하다.

2) 직접노동시간 기준

이 기준은 제조간접비를 직접노동시간에 비례하여 분배한다. 인력의 사용량을 분배

기준으로 한다는 점에서 이 기준은 앞의 직접노무비 기준과 근본적인 차이는 없다. 다만 비용과 시간이 항상 일치하는 것은 아니기 때문에 실제 계산에서 약간의 차이가 날 수는 있다. 이 기준도 역시 노동집약적 기업에 적합하다.

3) 기계시간 기준

이 기준은 제조간접비를 기계시간의 사용량에 비례하여 분배한다. 이 기준은 어느 제품의 생산에 많은 기계가 오래 사용되었다면 간접비도 거기에 따라 많이 배분하는 것이 타당하다는 논리에 근거하고 있다. 따라서 이 기준은 기계설비의 비중이 큰 자본집약적 기업에 적합하다.

어떤 기준을 사용하든 원가회계의 중요성은 커지고 있다. 당연한 말이지만 원가를 알아야 적절한 가격을 매길 수 있고, 그 가격으로 나온 매출로부터 얼마만큼의 이익을 얻었는지를 알 수 있다. 이어서 이익이 얼마가 났는지를 알아야 재무제표를 만들 수 있고, 나아가 경영관리가 어떤 상태에 있는지를 판단할 수 있다. 하지만 현장에서 원가를 정확하게 파악하는 것은 점점 더 어려워지고 있다. 제품의 구조와 물류의 흐름이 복잡해지고 첨단설비의 도입이 늘어나면서 원가를 측정하기가 힘들어지기 때문이다. 또 직접비와 비교하여 간접비의 비중이 커질수록 원가 계산의 불확실성과 부정확성도 커지게 된다.

1.3.6 원가관리

앞에서 언급한 대로, 오늘날의 원가회계는 단순한 회계(accounting) 개념으로부터 보다 폭넓은 관리(management) 개념으로 이행하고 있다. 이러한 변화가 일어나고 있는 배경과 원인으로는 첫째, 전통적 원가회계가 안고 있는 문제점에 대한 비판이 제기되고 있는 점, 둘째, 원가의 구성 요소와 원가관리의 대상이 바뀌고 있는 점, 셋째, 원가결정의 시점이 달라지고 있는 점을 들 수 있다. 이를 좀 더 자세히 살펴보자.

(1) 전통적 원가회계의 문제점

1980년대 이후 전통적인 원가회계 시스템에 대한 비판이 나타나기 시작하였다. 이 비판론이 제기하고 있는 전통적 원가회계의 문제점들을 정리하면 다음과 같다.

첫째, 전통 회계는 비재무적 요인을 경시하고 있다. 화폐단위로 잴 수 없는 품질, 고객만족, 시장점유율 등이 전혀 반영되지 않고 있다는 지적이다. 둘째, 원가계산 방식과 기준이 낡아 원가 자체가 부정확하게 계산된다는 지적이다. 만일 원가의 계산이 잘못된다면 가격 책정(pricing), 제품 비중의 구성(product mix) 등의 전략적 의사결정에 오류를 가져오게 된다. 셋째, 원가 정보를 얻어내는 시점이 지연된다는 문제점이 있다. 회계연도 말에 원가 정보를 찾아내면 그 의미를 경영활동에 반영하기에는 너무 늦다는 것이다. 넷째, 전통적 회계시스템은 단기적 수익성만을 지나치게 강조한다는 단점이 있다. 특히 미국과 같이 전문경영자의 능력 평가가 장기적인 구조개선보다 단기적인 수익성 중심으로 이루어지면, 많은 기업들이 매출원가 절감을 위해(당기 순이익을 늘리기 위해), 실제 수요보다 더 많은 양을 생산하게 된다. 이렇게 되면 결과적으로 불필요한 과잉 재고자산을 안게 되는 것이다.

(2) 원가 구성/대상의 변화

오늘날의 경영시스템을 전통적인 시스템과 비교해 보면, 제품의 수명 주기에서 원가를 구성하는 비중이 근본적으로 달라지고 있음을 알 수 있다. [그림 6-15]에서 보듯

[그림 6-15] 제품 수명주기에서의 중요도(원가비중) 변화

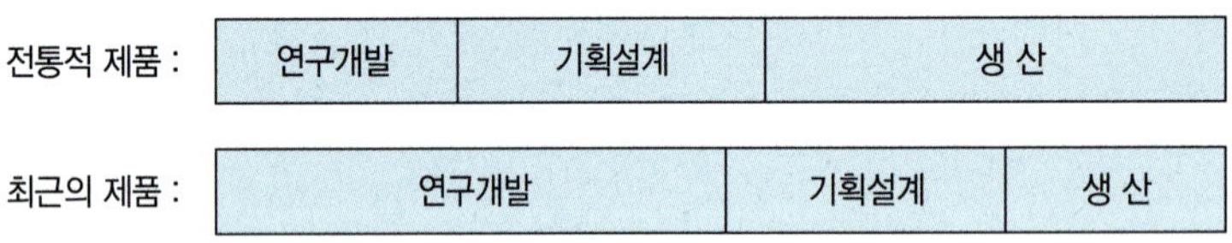

[그림 6-16] 원가관리대상의 초점 변화

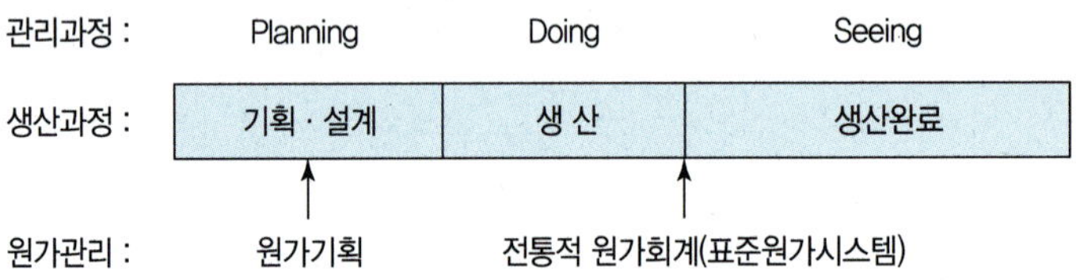

[그림 6-17] 원가구성요소의 변화

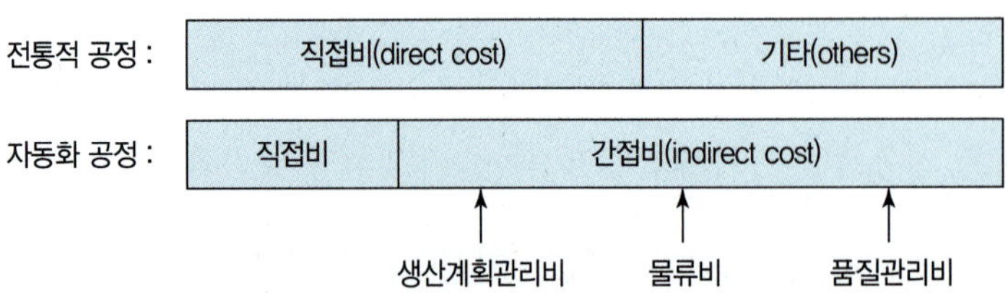

이, 과거에는 원가의 비중이 수명주기상의 후반부인 생산비용에 집중되어 있었으나 최근에는 전반부인 연구개발이나 기획설계 쪽으로 이행하고 있다.

또 원가관리의 대상이 되는 활동에 있어서도 생산과정의 확인(seeing)보다 개발단계의 기획(planning)이 더욱 중요하게 인식되고 있다. [그림 6-16]에 제시되어 있는 것처럼, 전통적 원가관리의 초점은 생산과정의 중간점검, 생산완료 이후의 검사 쪽에 있었으나, 오늘날의 원가관리는 생산이전의 기획과 설계 쪽에 초점을 맞추는 추세이다.

원가의 구성요소도 달라지고 있다. [그림 6-17]에 나타나 있는 것처럼, 과거의 원가는 주로 직접비를 중심으로 구성되었다. 하지만 최근의 원가구성을 살펴보면 간접비의 비중이 갈수록 커지고 있다는 사실을 발견할 수 있다.

(3) 원가 결정시점의 변화: 원가 수명주기

원가회계 시스템의 근본적인 변화를 가져오는 또 하나의 요인으로 원가 수명주기(cost life cycle)라는 개념이 도입된 점을 들 수 있다. [그림 6-18]에서 보듯이, 원가의 수명주기 상에서 원가를 '발생'시키는 시점과 원가를 '결정'하는 시점이 다르다는 점을 인식하기 시작한 것이다.

[그림 6-18] 원가 수명주기(cost life cycle)의 발생비용과 결정비용

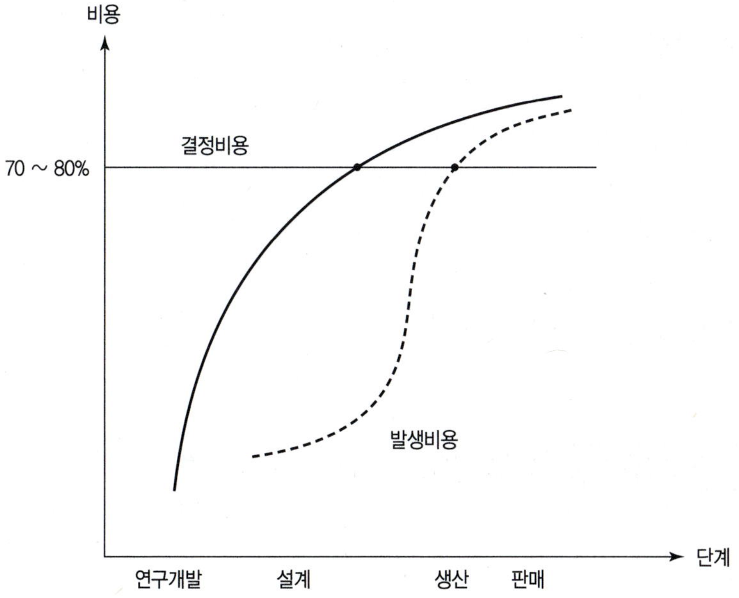

전통적 원가회계는 발생시점을 토대로 한다. 즉 70~80%의 원가가 실제로 발생하는 시점이 생산 및 판매 단계이기 때문에, 생산 및 판매 단계가 원가회계의 중심이 되었던 것이다. 그러나 최근의 원가관리는 결정시점을 토대로 한다. 즉 70~80%의 원가는 이미 개발이나 설계단계에서 결정이 되어 버리기 때문에, 원가를 결정할 수 있는 여지가 20~30%밖에 남지 않은 생산 및 판매 단계에서 원가를 '계산'하기보다는, 개발 및 설계단계에서 원가를 '기획'하는 것이 훨씬 중요하다고 보는 것이다. 원가뿐 아니라 품질, 신뢰도, 납기 등도 이 단계에서 이미 결정이 된다는 점 또한 강조된다.

(4) 원가기획과 목표원가

원가기획(cost planning)은 전통적인 원가회계가 최근의 원가관리로 확대되고 있는 추세를 반영하는 가장 대표적인 활동이다. 또한 원가기획이라는 활동을 구체적으로 실현하는 중요한 기법이 목표원가(target costing)이다. 원가기획의 개념과 목표원가의 내용에 대해 좀더 자세히 알아보자.

1) 원가기획의 정의

원가기획은 다음 두 가지의 핵심적 개념을 담고 있다. 첫째, 상품기획, 연구개발 및 설계 등 경영활동의 초기 단계에서 원가를 근본적으로 절감하는 활동이다. 둘째, 원가뿐 아니라 품질, 신뢰성, 납기 등을 지속적으로 개선하는 활동이다.

이를 위해 원가기획에서는 개발·설계에 착수하기 전에 목표원가(target cost)를 설정하여 그 범위 내에서 개발과 설계가 이루어지도록 하고, 만일 목표원가를 달성하기 어려우면 가치공학(Value Engineering: VE)을 통해 원가구조를 개선하려고 노력한다.

2) 목표원가(target costing)

목표원가는 원가기획을 구체적으로 실현하는 수단이다. 목표원가의 개념과 이론이 나오게 된 배경에는 제품의 가격을 결정하는 사고방식과 전략의 차이가 있다.

전통적 사고는 '비용-더하기(cost-plus)'개념에 입각하고 있다. 기술지향 관리 시스템(push system)이라고도 불리는 이 개념은, '좋은 제품을 만들면 팔린다'라는 가정 하에, 원가가 얼마가 들더라도 좋은 제품을 만드는 것에 초점을 두었다. 따라서 개발과 설계 과정에서 원가를 기획하는 활동은 없고, 판매가격은 실제원가에 필요이익을 더해(cost-plus) 정하는 것이 일반적이었다. 판매가격을 설정하는 식은 다음과 같다.

판매가격 = 실제원가 + 필요이익

그러나 새로운 사고는 '가격-빼기(price-minus)' 개념을 토대로 하고 있다. 시장지향 관리 시스템(pull system)이라고 불리는 새로운 개념은, '어떻게 팔릴 것을 만들 것인가?'하는 문제의식에서 출발하여, 잠재고객이 받아들일 수 있는 성능과 디자인의 요구 수준을 개발과 설계가 이루어지기 전에 파악한 후, 그 정보를 개발과 설계 과정에 반영한다. 또한 고객이 원하는 판매가격을 먼저 설정한 후, 거기에서 필요이익을 빼서(price-minus) 목표원가를 산정하고, 그 목표에 맞추어 개발과 설계 과정을 관리하게 된다. 목표원가를 도출하는 식은 다음과 같다.

판매가격 − 필요이익 = 목표원가

또한 목표원가를 실현하고 품질과 신뢰도를 확보하기 위해 가치공학의 다양한 기법들이 적용된다. 이 기법들은 제품설계(product design), 공정설계(process design), 소재개발(new material) 전반에 거쳐 활용된다.

3) 목표원가의 예제

신제품 A의 기본정보는 아래와 같다.

- 목표 가격(target price) = 80,000원 / 단위
- 기대 매출량(expected sales volume) = 2,000단위
- 필요 이익률(required profit) = 10%
- 추정 총원가(total estimated cost) = 170,000,000원

위 정보를 토대로 목표원가를 계산해 보자.

- 총 기대매출액(total expected sales) = 80,000×2,000 = 160,000,000원
- 총 필요이익(total required profit) = 160,000,000×10% = 16,000,000원
- 단위당 필요이익(required profit per unit) = 16,000,000÷2,000 = 8,000원

따라서 단위당 목표원가(target cost per unit) = 80,000−8,000 = 72,000원이 된다.

다음으로 가치공학을 통한 원가절감 목표액을 계산해 보자.

– 단위당 추정원가(estimated cost per unit) = 170,000,000÷2,000 = 85,000원

그러므로 단위당 원가절감 목표액은 단위당 추정원가 85,000원에서 단위당 목표원가 72,000원을 뺀 13,000원이 된다. 다시 말해, 13,000원이라는 원가를 연구개발이나 엔지니어링 단계에서 줄여야 하는 것이다. 이 역할은 당연히 이공계 출신인 연구원이나 엔지니어의 몫이다. 나아가 이공계 출신의 CEO가 전체적으로 이러한 과정을 관리해야 한다. 그래야만 공학도가 진정한 의미의 원가기획자나 원가관리자가 되는 것이다.

덧붙이는 이야기: 연구개발 원가

연구개발비는 '신제품 또는 신기술의 연구개발 활동과 관련하여 발생한 비용'을 가리킨다. 회계에서, 연구개발에 투입된 돈을 어떻게 해석할 것인가에 대해서는 크게 두 가지의 서로 다른 주장이 양립하고 있다. 하나는 '자산설'이고 다른 하나는 '비용설'이다.

자산설은 연구개발 비용을 자산(assets)으로 보는 견해이다. 즉 연구개발비는 단기간에 효과가 나타나지 않는 일종의 장기적 투자로 이를 통해 미래의 경제적 효익을 얻을 수 있기 때문에 기업의 자산으로 보아야 한다는 주장이다. 이에 반해 비용설은 연구개발비를 단순한 비용(cost)으로 보는 견해이다. 즉 연구개발은 성공의 가능성이 낮고 또 미래의 경제적 효익도 불분명하기 때문에 그때그때의 비용으로 처리해야 한다는 주장이다.

두 가지 주장 모두 나름대로의 일리가 있기 때문에 우리나라의 회계기준은 자산설과 비용설을 적절하게 섞은 형태로 되어 있다. 부분적으로 자산설을 받아들이는 이유는, 자산설이 기업의 연구개발 의욕을 높여주는 효과가 있기 때문이다. 연구개발 투자는 그 효과가 수익으로 나타나기까지 많은 시간이 걸린다. 따라서 만일 연구개발비 전액을 그 해의 비용으로 처리한다면, 손익계산서 상의 이익이 크게 줄어들게 되고, 결국 많은 기업들이 연구개발

투자를 삭감하거나 심지어는 포기하게 된다. 그러나 연구개발 투자의 일부를 자산으로 해석하여 감가상각비로 처리하게 하면 연구개발 투자를 늘리는 인센티브가 될 수 있다. 예를 들어 연구개발비 가운데 신제품의 개발에 필요한 실험장비의 구입은 자산으로 잡아 감가상각비로 처리하고, 연구원의 월급은 당기 비용으로 처리하는 식으로 회계 처리기준을 적용하면, 자산설과 비용설이 모두 담겨있는 절충형이 되는 것이다.

제2절 재무분석에 대한 이해

2.1 재무분석의 기본: 재무분석은 왜 하는가?

2.1.1 재무분석의 의의

앞에서 살펴본 재무상태표나 손익계산서는 기업의 재무상태나 경영성과를 파악할 수 있는 가장 기본적인 자료이다. 따라서 이들에 대한 일차적인 분석을 토대로 기업의 전반적인 재무상태나 경영실적을 어느 정도는 이해할 수 있다. 또 회계에 대한 전문지식이 없는 공학도라고 하더라도 재무상태표나 손익계산서를 잘 들여다보면 회계부문의 전반적인 현황을 파악하기는 그리 어렵지 않다. 실제로 앞 절에서 설명한 재무제표의 기본을 이해하고 나면 연말에 신문에 공고되는 여러 회사들의 경영실적을 어느 정도는 파악할 수 있다.

그러나 재무제표가 제공할 수 있는 정보는 다음 두 가지 측면에서 제한적일 수 밖에 없다. 첫째, 재무제표는 이미 분류된 항목별로 계산된 값을 하나하나 정리하여 기입한 것에 불과하기 때문에 항목간의 상호관계라든가 상대적인 비중 등을 파악하기 어렵다. 둘째, 재무제표는 과거에 일어났거나 현재 진행되고 있는 사실을 기록한 것이기 때문에 그 자체로서는 과연 우리 기업이 '절대적'으로 좋은 상태인지 아니면 나쁜 상태인지, 다른 경쟁기업과 비교하여 성과가 '상대적'으로 좋은 것인지 나쁜 것인지를 알기가 어렵다. 예를 들어 재무상태표에서 유동비율이 높게 나온다고 해서 그

것이 반드시 좋다 나쁘다라고 단정짓기 어려우며, 상당한 부채를 가지고 있다고 해서 그것이 빚을 전혀 안 쓰는 이른바 무차입 경영 전략보다 언제나 더 바람직하다라고 말할 수는 없는 것이다.

하지만 많은 자료와 경험을 근거로 바람직한 재무제표의 모습이 어떤 범위와 수준 안에 있어야 하는가를 얘기할 수는 있다. 특히 외부의 평가기관이나 감독기관은 나름대로의 공정하고 객관적인 기준치를 설정하고 있어서, 그 범위에 포함될 경우 기업에게 좋은 점수를 주고, 그 범위를 크게 벗어날 경우 나쁜 점수를 주고 있으며, 투자자들이나 대출기관은 이 점수를 토대로 의사결정을 하고 있다.

이러한 목적과 용도로 이루어지는 경영활동이 바로 재무분석(financial analysis)이다. 따라서 재무분석은 재무제표와 불가분의 관계에 있으면서 동시에 보완적인 관계에 있다. 재무분석 자체가 재무제표에 나타난 정보를 토대로 이루어지기 때문에 재무제표와 재무분석은 결코 분리하여 생각할 수 없다. 하지만 재무분석은 한걸음 더 나아가 재무제표가 제공할 수 없는 정보를 추가로 제공하기 때문에 보완적인 성격을 지니고 있다.

2.1.2 재무비율 지표

재무분석에서는 정량적인 '비율(ratio)'을 계측하여 그것을 하나의 지표(index)로 사용함으로써 절대적 내지 상대적 평가를 하게 된다.

이론적으로 보면 재무비율은 무수히 만들어낼 수 있다. 그러나 가능한 모든 비율을 사용한다면 엄청난 시간과 노력이 필요할 뿐 아니라, 무의미한 값도 나올 수 있으며, 어떤 값들은 겉으로는 다른 지표이지만 실제로는 같은 의미를 갖는 경우도 생길 수 있다. 그래서 재무분석에서는 기업의 재무상태나 경영성과를 파악할 수 있는 몇 가지의 중요한 관점을 설정한 후, 각 관점에서 세부적으로 제시될 수 있는 여러 가지 비율들을 개발하여 사용하고 있다.

재무분석의 핵심적인 관점은 기업이나 개인의 성격과 목적에 따라 달라질 수 있으나 일반적으로 (1) 유동성 분석, (2) 안정성 분석, (3) 수익성 분석, (4) 활동성 분석으로 나눌 수 있다.

유동성은 기업이 바로 빚을 갚는 데 쓸 수 있는 현금과 같은 유동자산을 얼마나 많이 보유하고 있는가를 나타낸다. 기업의 자산이 많다고 해도 당장 쓸 수 있는 현금이 없으면 원활한 경영활동이 어려워진다. 안정성은 남에게서 빌린 돈에 비해 자신이 만들어 보유하고 있는 자기자본이 얼마나 많은지를 보여준다. 마찬가지로, 기업의 자산이 많다고 해도 내 돈보다 남의 돈이 많다면 부실기업이 될 위험이 크다. 따라서 유동성 분석과 안정성 분석은 기업의 '재무 상태'를 세부적으로 살펴보는 데 사용한다.

한편, 수익성은 말 그대로 기업이 얼마나 효율적으로 돈을 벌었는가를 의미한다. 워낙 이익이 작은 것은 말할 필요도 없고 매출은 많은데 이익이 작은 것도 문제가 있다. 자본이나 매출의 크기와 비교했을 때 이익이 상대적으로 크게 나타나야 진정한 의미에서 수익성이 높은 것이다. 활동성은 기업이 가지고 있는 자원을 얼마나 효율적으로 사용하고 있는가를 뜻한다. 기계설비가 충분히 가동되고 있는지, 재고는 쌓이지 않고 그때그때 유통이 이루어지고 있는지 등에 의해 기업이 얼마나 활기있게 돌아가고 있는지를 알 수 있다. 그러므로 수익성 분석과 활동성 분석은 기업의 '경영실적'을 자세히 알아보는 데 사용한다.

[그림 6-19]에 제시되어 있는 것처럼 처음 두 가지 분석은 기업의 재무상태를 보여주는 재무상태표를 토대로 하며, 다음 두 가지 분석은 기업의 경영실적을 보여주는 손익계산서를 토대로 한다. 즉 유동성과 안정성은 재무상태표가 제공하는 정보를 가지고 평가할 수 있으며 수익성과 활동성은 손익계산서에 담겨있는 정보를 이용하여 평가할 수 있다.

[그림 6-19] 재무제표와 재무분석

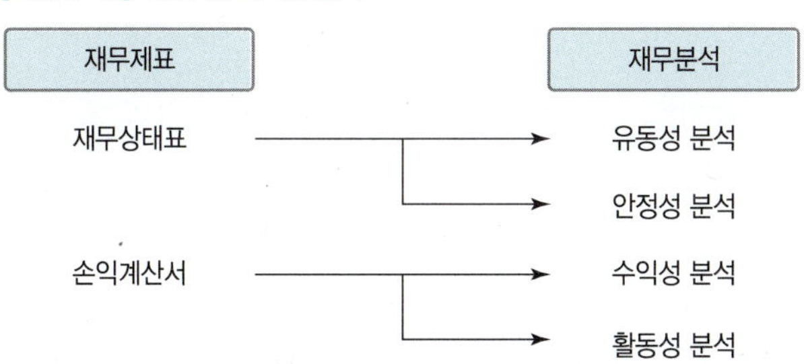

각 관점의 목적과 의미를 이해한 후, 구체적으로 사용되는 비율 지표에는 어떤 것들이 있는지 살펴보자. 먼저 〈표 6-4〉를 보면 재무비율의 분류, 목적 및 세부 지표가 요약되어 있다.

〈표 6-4〉 재무비율분석의 체계

분류	목적	세부지표
유동성 비율 (liquidity ratio)	단기 채무상환 능력을 측정	유동비율, 당좌비율 등
안정성 비율 (leverage ratio)	타인자본 의존도와 장기 채무상환 능력을 측정	부채비율, 자기자본비율 등
수익성 비율 (profitability ratio)	경영의 재무적(화폐적) 효율성을 측정	총자본이익률, 자기자본순이익률, 매출액이익률 등
활동성 비율 (activity ratio)	물리적 경영자원의 활용도 및 효율성을 측정	총자산회전율, 재고자산회전율, 비유동자산회전율 등

2.2 유동성 분석: 자금의 유동성은 어떻게 측정할 수 있는가?

유동성(liquidity) 분석은 그 기업이 안고 있는 단기채무를 바로 갚을 수 있는 능력이 어느 정도인가를 분석하는 것을 뜻한다. 유동성이라는 개념은 쉽게 말해 언제라도 쓸 수 있는 현금을 얼마나 많이 보유하고 있느냐를 뜻하는 것이다. 따라서 기업의 유동성이 좋으면 그만큼 현금 관리를 안정적으로 하고 있고 단기채무를 갚을 능력이 충분하다고 해석할 수 있다. 유동성 분석에 사용되는 대표적인 지표로는 유동비율을 들 수 있다.

유동비율은 유동자산을 유동부채로 나눈 값으로 정의된다.

$$\text{유동비율} = \frac{\text{유동자산}}{\text{유동부채}}$$

분자의 유동자산은 단기채무를 상환하는 데 사용되기 때문에 유동비율이 높을수록 유동성이 높은 것으로 평가한다. 일반적으로 유동비율은 200% 이상이 되어야 안전하다고 평가되어 왔다(2:1의 원칙). 그 이유는 다른 자산들은 많이 있어도 현금화에 걸리는 시간이 길고 확실성이 낮기 때문에, 유동자산의 총액이 유동부채의 2배 이상은 되어야 신용도가 있다고 보기 때문이다. 이에 반해 100% 이하가 되면 유동성에 심각한 문제가 있다고 평가된다.

그러나 높은 유동비율이 채권자의 입장에서는 좋은 것으로 평가되지만, 경영자의 입장에서는 반드시 좋다고 평가할 수만은 없다. 현금 중심으로 유동자산에 지나치게 많이 투자하는 것은 오히려 수익성을 저하시키거나 다른 좋은 사업에 투자할 수 있는 기회를 잃어버리게 할 수도 있기 때문이다. 이러한 상대성과 이중성의 문제는 다른 재무비율의 평가에도 적용된다.

2.3 안정성 분석: 재무의 안정성은 어떻게 측정할 수 있는가?

안정성(stability) 또는 레버리지(leverage) 분석은 그 기업이 재무적으로 얼마나 안정되어 있는지, 반대로 말하면 파산할 위험이 어느 정도인지를 분석하는 작업을 말한다. 여기에 사용되는 대표적인 지표로는 부채비율과 자기자본비율을 들 수 있다.

2.3.1 부채비율

부채비율(debt to equity ratio)은 부채(유동부채+비유동부채)를 자기자본으로 나누어 산출한다.

$$\text{부채비율} = \frac{\text{부채}}{\text{자기자본}}$$

채권자의 입장에서는 위험요인을 줄이기 위해 부채비율이 낮기를 바라지만, 경영자의 입장에서는 비용이 낮은 부채를 많이 활용할 수 있도록 부채비율을 어느 수준까지 높이려고 하기 때문에 흔히 채권자와 경영자의 이해가 상반되는 비율이다. 일반적으로 부채비율이 100%보다 낮으면 매우 안정적인 것으로 평가하고, 200%를 넘는다면 위험 신호로 판단한다.

2.3.2 자기자본비율

자기자본비율(ratio of stockholders' equity)은 자기자본을 총자본으로 나눈 값으로 정의된다. 여기서 총자본이라는 용어는 자기자본과 타인자본을 합친 것이기 때문에 총자산과 동일한 뜻이다.

$$\text{자기자본비율} = \frac{\text{자기자본}}{\text{총자본}}$$

자기자본은 상환기간이 없고 이자가 없기 때문에 자기자본비율이 높을수록 기업의 재무상태는 안전하다고 할 수 있다. 특히 채권자의 입장에서 채권에 대한 안전도가 그만큼 높다는 것을 의미한다. 일반적으로 자기자본비율이 50%를 넘으면 매우 안정적이라고 평가하며, 20% 이하가 되면 위험한 것으로 판단한다.

자기자본비율은 부채비율과 함께 기업의 재무구조를 측정하는 중요한 지표로 이용된다. 특히 이 두 지표는 서로 직접적으로 연결되어 있다. 자기자본비율이 높을수록 부채비율은 낮아지고, 반대로 부채비율이 높아지면 자기자본비율은 낮아지는 역의 관계에 있는 것이다. 예를 들어 '우리 나라 기업들의 평균 자기자본비율이 30% 대에서 45% 대로 올라가면서, 반대로 평균 부채비율은 200%에서 120%로 낮아졌다'라는 신문기사는 이러한 관계를 잘 보여주고 있는 자료이다.

2.4 수익성 분석: 경영의 수익성은 어떻게 측정할 수 있는가?

수익성(profitability) 분석은 그 기업이 얼마나 높은 수익을 내고 있는가를 평가하여 경영실적을 분석하는 작업을 말한다. 수익성은 크게 두 가지 측면에서 볼 수 있다. 하나는 투자의 수익성이라는 측면으로 얼마를 투자하여 얼마의 수익을 내고 있느냐에 초점을 맞춘다. 투자의 수익성을 측정하기 위해서는 투자수익성 비율을 사용한다. 다른 하나는 매출의 수익성이라는 측면으로 얼만큼을 팔아서 얼마의 이익을 내고 있느냐에 초점을 맞춘다. 매출의 수익성을 측정하기 위해서는 매출수익성 비율을 사용한다.

2.4.1 투자수익성 비율

투자수익성을 측정하는 첫 번째 지표는 자산활용도의 효율성을 나타내는 총자본순이익률(return on asset)이다. 이 지표는 당기순이익을 총자본(자기자본+타인자본)으로 나눈 비율로서, 흔히 투자수익률(Return On Investment: ROI)이라고도 한다. 앞에서 언급한 것처럼, 여기서 사용되는 총자본이라는 용어는 자기자본과 타인자본을 합한 것이기 때문에 총자산과 동일한 뜻이다.

$$\text{총자본순이익률(ROI)} = \frac{\text{당기순이익}}{\text{총자본}}$$

두 번째 지표는 주주들의 투자에 대한 수익성을 나타내는 자기자본순이익률(Return On Equity: ROE)이다. 이 지표는 주주에게 귀속되는 당기순이익을 자기자본으로 나누어 측정하며 최소한 은행이자보다는 높아야 투자의 의미가 있을 수 있다.

$$\text{자기자본순이익률(ROE)} = \frac{\text{당기순이익}}{\text{자기자본}}$$

이 지표들에 대한 평가 기준은 경기상황이나 금리수준에 따라 변하기 때문에 쉽지가 않다. 하지만 현장 전문가들의 의견에 의하면, 총자본순이익률이 5% 이상, 자기자본순이익률은 20% 이상이면 양호한 것으로 평가할 수 있다.

2.4.2 매출수익성 비율

매출수익성을 측정하는 지표는 매출액이익률이다. 이 지표는 매출액을 이익에 대비시켜 측정한다. 이 경우 이익을 어떻게 정의하는가에 따라 다음과 같은 세부지표들이 사용된다.

매출액영업이익률(ratio of operating income to net sales)은 영업이익을 매출액으로 나누어 계산한 비율로서, 경영활동에 의한 경영성과를 측정하는 대표적 지표로 사용되고 있다.

$$\text{매출액영업이익률} = \frac{\text{영업이익}}{\text{매출액}}$$

매출액영업이익률과 분모는 매출액으로 같지만 분자를 바꾸어서 측정하는 지표로는 매출액경상이익률(ordinary income rate on selling amount)과 매출액순이익률(ratio of net income to net sales)을 들 수 있다. 매출액경상이익률은 분자에 영업이익 대신 경상이익을 대입하고, 매출액순이익률은 분자에 당기순이익을 대입하여 측정한다.

일반적으로 매출액영업이익률은 20% 이상, 매출액경상이익률은 10% 이상, 매출액순이익률은 5% 이상이면 대체로 양호한 것으로 평가된다.

2.5 활동성 분석: 자원의 활용도는 어떻게 측정할 수 있는가?

활동성(activity) 분석은 그 기업의 경영활동이 얼마나 활발하게 수행되고 있는가를 알아보는 작업을 가리킨다. 흔히 활동성은 회전율(turnover)이라는 개념을 토대로 측정하게 된다. 회전율은 어느 자산이 한 번 사용되고 다시 제자리로 돌아오는 과정을 일정 기간 동안 몇 번이나 반복하는가를 알아보는 것이다. 따라서 회전율이 높을수록 자산을 그만큼 활발히 사용하고 있다고 평가할 수 있다. 활동성 분석에 사용되는 대표적인 지표로는 총자산회전율과 재고자산회전율을 들 수 있다.

총자산회전율은 총자본회전율이라고도 부르며, 매출액을 총자산으로 나눈 값으로 정의된다. 이 비율은 총자산이 1년 동안 매출을 통하여 몇 번 회전하였는가를 나타내어 자산이용의 효율을 총괄적으로 측정하는 비율이다. 일반적으로 자본집약적 산업의 회전율은 낮고 서비스산업의 회전율은 높기 때문에 일률적으로 말하기는 어렵지만, 1.5회를 넘으면 활동성이 좋은 것으로 평가한다.

$$\text{총자산회전율} = \frac{\text{매출액}}{\text{총자산}}$$

재고자산회전율은 매출액을 재고자산으로 나눈 비율로서 재고자산이 일정기간(보통 1년) 동안에 몇 번이나 현금 또는 외상매출금으로 전환되었는가를 측정하는 지표이다. 재고자산회전율이 낮다는 것은 재고자산이 너무 많아 자금이 묶여 있는 기간이 길다는 것을 뜻한다. 그러나 이 비율이 지나치게 높으면, 재고자산의 부족으로 예기치 못한 수요 변화에 대응하지 못할 위험이 있다. 회전율이 6회를 넘으면 양호한 것으로 알려져 있다.

$$\text{재고자산회전율} = \frac{\text{매출액}}{\text{재고자산}}$$

2.6 재무비율 지표의 실제: 실제로는 어떻게 분석할 것인가?

앞에서 예시적으로 보여주었던 A 기업의 재무상태표와 손익계산서를 토대로, 실제로 재무비율 지표를 계측하여 보자.

〈표 6-5〉 재무상태표 예시 – A 기업 (단위: 백만 원)

자산			자본 및 부채		
과목	20×2년	20×3년	과목	20×2년	20×3년
I. 유동자산	4,917	4,543	I. 부채	9,586	8,337
1. 당좌자산	3,688	3,081	1. 유동부채	3,589	3,510
2. 재고자산	1,229	1,462	2. 비유동부채	5,980	4,827
II. 비유동자산	13,054	13,224	3. 이연부채	17	0
1. 투자자산	2,886	3,991	II. 자기자본	8,385	9,430
2. 유형자산	9,669	8,930	1. 자본금	482	482
3. 무형자산	148	303	2. 자본잉여금	3,904	3,670
4. 이연자산	351	0	3. 이익잉여금	4,086	6,662
			4. 자본조정	△87	△1,384
자산총계	17,971	17,767	자본 총계	17,971	17,767

〈표 6-6〉 손익계산서 예시 – A 기업 (단위: 백만 원)

손익계산서	20×2년	20×3년
I. 매출액	11,138	11,692
II. 매출원가	8,905	9,055
III. 매출총이익	2,232	2,637
IV. 판매비와 관리비	512	538
1. 인건비	37	46
2. 경비	149	162
3. 판매비	326	330
V. 영업이익	1,720	2,099
VI. 영업외 수익	1,073	530
VII. 영업외 비용	1,378	1,298
VIII. 경상이익	1,415	1,331
IX. 특별이익	1	958
X. 특별손실	24	0
XI. 법인세 차감전 순이익	1,392	2,288
XII. 법인세	270	651
XIII. 당기순이익	1,123	1,637

2.6.1 유동성 분석

20×3년도 A사의 유동비율은 다음과 같이 계산할 수 있다.

$$\text{유동비율} = \frac{\text{유동자산}}{\text{유동부채}} = \frac{4,543}{3,510} = 1.294$$

A사의 유동비율은 129.4%로 유동성에 큰 문제는 없는 것으로 보인다. 아래 〈표 6-7〉은 20×2년부터 20×3년까지 A사의 유동성 분석결과 및 20×3년도 동종업계 평균값을 나타낸다. 전년도에 비해 유동비율이 다소 낮아졌으므로 유동성이 감소했으나, 동종업계의 평균과 비교했을 때는 여전히 우수한 상태이다.

〈표 6-7〉 유동성 분석

유동성 지표	20×2년	20×3년	동종업계 평균
유동비율	1.370	1.294	0.953

2.6.2 안정성 분석

20×3년도 A사의 부채비율과 자기자본비율은 다음과 같이 계산할 수 있다.

$$\text{부채비율} = \frac{\text{부채}}{\text{자기자본}} = \frac{8,337}{9,430} = 0.084$$

$$\text{자기자본비율} = \frac{\text{자기자본}}{\text{총자본}} = \frac{9,430}{17,767} = 0.531$$

A사의 부채비율은 88.4%로 대기업 평균이 198%, 수출기업 평균이 201%, 동종업계 평균이 193.1%임을 고려하였을 때 대단히 양호함을 알 수 있다. 또한 자기자본 비율 역시 50%를 상회하는 수준으로 매우 안정적이라고 할 수 있다. 아래 〈표 6-8〉은 20×2년부터 20×3년까지 A사의 레버리지/안정성 분석결과 및 20×3년도 동종업계 평균값을 나타낸다. 전년도에 비해 부채비율이 낮아지고 자기자본비율이 높아짐으로써, 재무구조가 보다 안정되고 있음을 알 수 있다.

〈표 6-8〉 안정성 분석

안정성 지표	20×2년	20×3년	동종업계 평균
부채비율	1.143	0.884	1.931
자기자본비율	0.467	0.531	0.341

2.6.3 수익성 분석

20×3년도 A사의 투자수익성 비율과 매출수익성 비율은 다음과 같이 계산할 수 있다.

투자수익성 비율:

$$\text{총자본순이익률(ROI)} = \frac{\text{당기순이익}}{\text{총자본}} = \frac{1,637}{17,767} = 0.092$$

$$\text{자기자본순이익률(ROE)} = \frac{\text{당기순이익}}{\text{자기자본}} = \frac{1,637}{9,430} = 0.174$$

매출수익성 비율:

$$\text{매출액영업이익률} = \frac{\text{영업이익}}{\text{매출액}} = \frac{2,099}{11,692} = 0.180$$

$$\text{매출액경상이익률} = \frac{\text{경상이익}}{\text{매출액}} = \frac{1,331}{11,692} = 0.114$$

$$\text{매출액순이익률} = \frac{\text{순이익}}{\text{매출액}} = \frac{1,637}{11,692} = 0.140$$

투자수익성비율의 경우, ROI가 9.2%이고 ROE가 17.4%이다. ROE가 은행금리 수준을 넘는다면 기회비용을 웃도는 수익률을 달성했다는 의미이므로, A사는 비교적 높은 수익을 달성하고 있다고 분석된다. 매출액수익성비율의 경우, 동종업계 평균 매출액영업이익률이 8.6%, 매출액경상이익률이 5.1%, 매출액 순이익률이 4.8%임을 고려하였을 때, 모든 지표에서 동종업계 평균보다 훨씬 높은 수치를 보여주고 있으므로, 안정적인 수익구조를 갖고 있다고 판단된다. 다음 〈표 6-9〉는 20×2년부터 20×3년까지 A사의 수익성 분석결과 및 20×3년도 동종업계 평균값을 나타낸다. 전반적으로 수익성이 증가하는 추세이며 동종업계 평균의 두 배 이상이므로 A사의 수익성은 긍정적으로 평가된다.

〈표 6-9〉 수익성 분석

수익성 지표	20×2년	20×3년	동종업계 평균
ROI	0.062	0.092	-
ROE	0.134	0.174	-
매출액영업이익률	0.154	0.180	0.086
매출액경상이익률	0.127	0.114	0.051
매출액순이익률	0.101	0.140	0.048

2.6.4 활동성 분석

20×3년도 A사의 총자산회전율과 재고자산회전율은 다음과 같이 계산할 수 있다.

$$\text{총자산회전율} = \frac{\text{매출액}}{\text{총자산}} = \frac{11{,}692}{17{,}767} = 0.658$$

$$\text{재고자산회전율} = \frac{\text{매출액}}{\text{재고자산}} = \frac{11{,}692}{1{,}462} = 7.997$$

A사는 업종의 특성상 총자산회전율이 구조적으로 낮다. 동종업계의 평균치인 0.8회보다 낮은 0.656로서 활동성이 낮다고 할 수 있다. 그러나 재고자산회전율은 8회 수준으로 매우 높아, 재고관리가 잘되고 있음을 보여주고 있다. 다음 〈표 6-10〉은 20×2년부터 20×3년까지 A사의 활동성 분석결과 및 20×3년도 동종업계 평균값을 나타낸다. 총자산회전율과 재고자산회전율 모두 아직 낮지만 전년도에 비해 다소 증가하여 자원의 활용도가 좋아지고 있음을 알 수 있다. 한편 20×3년도에 재고자산회전율은 감소하였으나 여전히 높은 수준으로 문제가 없다고 평가할 수 있다.

〈표 6-10〉 활동성 분석

활동성 지표	20×2년	20×3년	동종업계 평균
총자산회전율	0.620	0.658	0.812
재고자산회전율	9.063	7.997	-

2.7 시장가치 지표: 기업의 가치는 어떻게 측정할 수 있는가?

2.7.1 시장가치 평가의 기본

앞에서 설명한 여러 가지 재무비율은 기업의 경영 상태나 성과를 측정하는 기본적인 자료가 된다. 그러나 한편으로 생각하면, 어느 기업의 경영 상태나 실적은 재무비율보다 시장가치로 측정하는 것이 더 정확하고 현실적이라고 할 수 있다. 쉽게 말해, 'A기업의 유동비율이 B기업보다 좋다'라는 얘기보다 'A기업의 주가가 B기업의 주가보다 높다'라는 얘기가 더 의미 있는 평가라고 볼 수 있는 것이다. 특히 외부의 투자자는 공식적인 재무비율 외에도 시장의 여건, 산업의 특성 등을 종합적으로 고려하여 기업의 시장가치, 특히 주식시장의 주가를 결정하기 때문에 시장가치가 지니는 의미는 매우 크다.

기업의 재무구조나 경영실적에 대한 분석에 앞서, 요즘은 모든 일반인들도 주식시장에 대한 최소한의 이해나 관심이 필요한 시대이기도 하다. EPS가 어떻고 PER가 어떻고 하는 용어를 이해하지 못하면 기업 내에서 경영자가 될 자격이 없는 것은 물론 일상적인 사회생활에서도 대화에 불편을 느낄 정도가 된 것이다. 따라서 주식시장에 대한 상식적인 지식을 얻기 위해서라도 시장가치 지표를 알아 둘 필요가 있다.

우선 최근 어느 신문 기사의 일부를 보자. '주식시장의 주요 투자 지표 가운데 주가순자산비율(PBR)과 주가수익비율(PER)이 낮고, 주당순이익(EPS) 증가율이 높은 종목이 주가 상승을 주도하였다. 이들 종목은 시장가치가 저평가되어 있는 반면, 성장성은 높은 특징을 보인다. 지난 6개월간의 주가상승률이 50%가 넘는 기업들을 보면, 대부분 PER가 1.8에서 3.5 사이, PBR이 0.2에서 0.3 정도인 것으로 나타났다.' 기업의 시장가치와 관련하여 이 기사에 나타난 지표들의 의미는 무엇일까?

기업의 시장가치(market value)를 나타내는 지표는 여러 가지가 있을 수 있겠지만, 실물경제에서 가장 큰 의미와 가치를 갖는 지표는 역시 주식의 시장가격, 즉 주가(stock price)라고 할 수 있다. 따라서 기업의 시장가치를 알기 위해서는 주가와 연결시켜 그 가치를 측정하고 분석하는 지표가 필요하다. 이러한 지표들은 한마디로 기업의 재무상태와 경영성과에 대하여 증권시장이 어떻게 평가하고 있는가를 나타내는 비율이다. 그러나 시장가치 지표는 증권시장과 투자자가 효율적이고 합리적이라는 가정을 토대로 하기 때문에, 실제로는 기업의 가치를 정확하게 반영하지 못할 수 있다는 한계점을 가지고 있다.

2.7.2 시장가치 평가의 지표

다양한 시장가치 평가 지표가 개발되어 사용되고 있지만, 다음 세 가지의 지표가 가장 대표적이라고 할 수 있다. 각각의 지표를 구체적으로 살펴 보자. 설명의 편의를 위해 앞에서 인용한 A사의 20×3년 재무제표를 이용하기로 하고, 20×3년 말 시점에 A사의 발행주식수는 96,481주, 종가는 98,100원, 그리고 순자산은 구십사억 삼천만 원이라고 하자.

(1) 주당순이익

아래 식에 정의되어 있는 것처럼 주당순이익(Earning Per Share: EPS)은 당기순이익을 평균발행 주식수로 나눈 값이다. 따라서 이 지표의 단위(unit)는 화폐단위(우리나라의 경우 ₩)가 된다. 여기서 순이익을 주식수로 나누는 이유는, 규모가 다른 기업의 수익성을 비교할 때는 이익의 절대규모만으로는 상대적 가치의 차이를 알기 어렵기 때문이다.

$$\text{주당순이익(EPS)} = \frac{\text{당기순이익}}{\text{평균발행주식수}} = \frac{1,637}{96,481} = 0.180$$

$$= 0.016967(\text{백만원/주})=16,967(\text{원/주})$$

EPS는 기업의 시장가치를 평가하는 데 가장 먼저 사용되는 기본적 지표이다. 반드시 그런 것은 아니지만, 일반적으로 EPS가 높을수록 주가가 높은 경향을 보인다. A사의 경우에 EPS를 계산하면 16,967원으로 나타난다.

(2) 주가수익비율

아래 식에서 보는 것처럼, 주가수익비율(Price/Earning Ratio: PER)은 주가를 EPS로 나눈 값이다. 따라서 이 지표의 단위는 배율이 된다.

$$\text{주가수익비율(PER)} = \frac{\text{주가}}{\text{주당순이익}} = \frac{98,100}{16,967} = 5.782(\text{배})$$

이 비율은 자본시장이 어느 기업의 EPS 1원을 얼마의 시장가치로 평가하고 있는가를 보여준다. 즉, 어떤 주식의 PER가 상대적으로 낮다는 것은 그 주식의 EPS 1원이 자본시장에서 낮은 시장가치로 평가되고 있다는 것을 의미한다. 그러므로 PER이 낮으면 그 주식의 현실적인 시장가치가 본래의 내재가치보다 낮다고 할 수 있고, 결국 앞으로의 성장성 즉 주가상승의 가능성이 크다고 해석할 수 있다. A사의 PER는 5.782배로 나타나고 있다.

(3) 주가순자산비율

아래 식에 정의되어 있는 것처럼, 주가순자산비율(Price to Book Ratio: PBR)은 주가 대 장부가치비율이라고도 부르는 지표로, 주식가격을 1주당 장부가치(1주당 순자산)로 나누어 계산하는 비율이다. 여기서 순자산은 자본과 같은 의미이다. 따라서 이 지표의 단위는 배율이 된다.

$$\text{주가순자산비율(PBR)} = \frac{\text{주가}}{\text{1주당장부가치}} = \frac{\text{주가}}{\text{1주당순자산}}$$

$$= \frac{98{,}100}{9{,}430{,}000{,}000 \div 96{,}481} = 1.004$$

주식 같은 유가증권은 가격변동이 심하기 때문에 그때그때의 시가 즉 시장가치와 회계상에 나타나 있는 장부가치가 다를 수밖에 없다. 그러므로 주가순자산 비율은 기업의 장부가치 1원이 자본시장에서 현재 얼마의 시장가치로 평가되고 있는가를 나타낸다. 일반적으로 수익성이 높은 기업은 장부가치보다 시장가치가 높게 나타나게 된다. 따라서 수익성이 비슷한 기업들 가운데 어느 기업의 PBR이 낮다면 그 기업의 주가가 상대적으로 낮게 평가되어 있다는 것을 의미한다. A사의 경우 PBR은 1.004라는 값을 보이고 있다.

토론문제 Discussion Topics

1. 회계학은 크게 재무회계, 관리회계, 원가회계로 나누어진다. 이들의 차이를 '어떤 정보를 제공하는가'라는 회계목적과 '누구를 위해 보고하는가'라는 회계대상의 관점에서 설명하라.

2. 회계활동은 거래에서 시작되어 마지막의 정산까지로 이루어진다. 이 과정에서 일어나는 중요한 회계활동을 순서대로 설명하라.

3. 거래의 이중성과 대차평형의 원리에 대해 설명하라.

4. 기업의 경영활동에서 일상적으로 이루어지는 거래는 대부분 회계상의 거래도 된다. 그러나 경우에 따라서는 일상생활의 거래가 회계상의 거래가 되지 않을 수도 있고 반대로 회계상으로는 거래로 파악되지만 일상생활에서는 거래가 이루어지지 않은 경우도 있을 수 있다. 각각의 예를 제시하라.

5. 제조원가의 중요한 구성 요소를 설명하라.

6. 원가계산제도의 분류를 다음의 기준에 따라 제시하라.
   (1) 생산활동의 성격에 따라
   (2) 간접비 배분기준에 따라

7. 자본집약적 기업과 노동집약적 기업은 간접비 배분방식이 어떻게 달라지는지를 설명하라.

8. 원가 수명주기 상에서 결정비용과 발생비용의 차이를 설명하고 그 차이가 지니는 전략적 시사점을 제시하라.

9. 전통적 원가회계의 문제점은 무엇인지를 제시하고, 그러한 문제가 발생하는 원인에 대해 설명하라.

10. 원가기획의 개념을 설명하고, 원가기획에서 목표원가가 가지는 의미를 서술하라.

11. 가정용 컴퓨터 제조업체 D사는 학생층을 겨냥한 교육용 컴퓨터 신모델을 출시하려고 계획하고 있다. 경쟁사들과의 가격경쟁이 심하기 때문에 목표가격과 원가를 엄격하게 통제할 필요가 있다. 다음의 정보를 토대로 단위당 목표원가를 계산하라.

– 목표 가격: 640,000원, 기대 매출량: 50,000단위, 필요이익률: 20%

12. 재무분석이란 재무상태표와 손익계산서 등의 재무제표상의 계수를 분석하여 기업의 재무상태와 경영성과를 평가하는 것이다. 본 교과서에서 제시된 재무비율을 비롯하여 이외의 다양한 재무비율들을 조사하고, 각 비율의 정의 및 의미를 설명하라.

13. 재무비율 외에 주식시장에서 기업의 시장가치를 평가하는 대표적 지표에는 무엇이 있으며 각각은 어떻게 정의되는지를 설명하라.

14. 다음 표는 어느 기업의 20×2년, 20×3년의 재무상태표와 손익계산서이다.

(단위: 억 원)

자산			자본과 부채		
과목	20×2년	20×3년	과목	20×2년	20×3년
I. 유동자산	227.3	241.5	I. 부채	39.3	45.4
1. 당좌자산	208.9	224.1	1. 유동부채	33.8	40
2. 재고자산	18.4	17.4	2. 비유동부채	5.5	5.4
II. 비유동자산	85.3	81.2	II. 자기자본	273.4	277.3
1. 투자자산	32	26	1. 자본금	41.4	41.4
2. 유형자산	30.5	26.9	2. 자본잉여금	232.1	232.1
3. 무형자산	22.7	28.2	3. 이익잉여금	18.3	26.4
			4. 자본조정	−18.4	−22.6
자산총계	312.7	322.7	자본 총계	312.7	322.7

(단위: 억 원)

손익계산서	20×2년	20×3년
Ⅰ. 매출액	158.2	193.6
Ⅱ. 매출원가	116.4	138.3
Ⅲ. 매출총이익	41.8	55.3
Ⅳ. 판매비와 관리비	40.2	38.9
Ⅴ. 영업이익	1.5	16.4
Ⅵ. 영업외 수익	15.3	16.5
Ⅶ. 영업외 비용	36.6	22.9
Ⅷ. 경상이익	−19.7	10
Ⅸ. 당기순이익	−17.6	8

위의 표를 바탕으로 연도별 재무비율을 분석하라.

CHAPTER

07

생산관리에 대한 경영 마인드

Business Mind

contents

이 장(Chapter)배경과 내용

물건을 만들지 않는 기업 즉 생산활동을 하지 않는 기업도 있지만 우리가 기업경영이라고 말할 때, 또 경영학이라는 학문을 말할 때는 당연히 생산활동을 직접 수행하는 기업을 대상으로 한다. 특히 다양한 경영기능 가운데 공학도와 가장 밀접한 관련을 맺고 있는 가능이 바로 생산기능이다. 대부분의 공학도가 기업에 취업하면 일단 생산현장에 배치되는 경우가 많기 때문이다.

그러므로 생산관리하면 공학도들은 경영학의 다른 분야보다 훨씬 더 친근하게 느낄 것이다. 하지만 공학도가 생산이라는 경영기능을 담당한다는 말과 생산관리라는 경영활동을 이해한다는 말은 다를 수가 있다. 생산에 필요한 기능을 보유하고 있다고 해서 그 사람이 회사전체의 경영전략에 맞추어 생산계획을 제대로 수립하고 공장 전체의 생산활동을 잘 관리할 수 있는 능력을 갖추었다고 할 수는 없기 때문이다.

생산관리는 현장에서 어떻게 물건을 잘 만드는 기능(skill)을 얻을 것인가를 말하는 것이 아니고, 어떻게 물건 만드는 과정을 잘 관리할 것인가를 말한다. 이공계 출신이 CEO가 된다는 말은, 생산현장을 잘 알고 생산경험을 많이 쌓았다는 필요조건을 만족시킨 것을 넘어, 생산기능에 대한 전략적 감각을 보유하고 이를 토대로 중장기 생산계획을 수립하고 관리할 수 있는 능력을 갖추고 있다는 충분조건을 만족시킨다는 것을 의미하기 때문이다.

이를 위해 먼저 생산활동의 전략적 개념에 대해 알아보고 이어서 수요예측을 토대로 일정에 따라 생산량을 결정하는 생산계획의 실무에 대해 살펴보기로 한다.

CHAPTER 07

생산관리에 대한 경영 마인드

제1절 생산전략에 대한 이해

1.1 생산전략의 기본: 생산의 전략개념은 무엇인가?

생산(production)은 말 그대로 물건을 만드는 것이다. 물론 기업 가운데는 물건을 만들지 않는 기업, 즉 생산활동을 하지 않는 기업도 많다. 다른 기업이 만든 물건을 사다가 파는 일만 하는 경우도 있고, 아예 물건이 아니라 서비스를 제공하는 기업도 있다. 그러나 우리가 기업경영이라고 말할 때, 또 경영학이라는 학문을 말할 때는 당연히 기업이 물건을 제조하는 생산활동을 직접 수행함을 기본전제로 한다.

이 책에서는 생산관리를 앞의 재무 및 회계관리와 뒤의 마케팅관리의 사이에 배치하고 있다. 이렇게 한 이유는 경영활동이 이루어지는 순서로 보았을 때, 필요한 자금을 조달하고 자금 사용의 계획을 수립하는 것이 먼저이고, 실제로 생산활동을 하는 것이 그 다음이며, 생산이 끝난 후에 영업이 시작된다고 보기 때문이다. 그러나 다른 관점에서 보면, 물건을 만드는 생산관리를 먼저 보고, 그 다음에 생산과정에서 돈이 어떻게 쓰였는지를 보는 재무와 회계관리를 본 후에, 만든 물건을 어떻게 팔 것인가를 알아보는 마케팅관리의 순서로 구성할 수도 있다.

전통적으로 생산관리는 물건을 직접 만들어내는 제조활동과 제조과정의 관리를 의미하였다. 따라서 처음에는 생산관리를 영어로 Production Management(PM)라고 불렀다. 그러나 점차 생산활동의 성격이 달라지고 범위가 넓어지면서, 경영학에서 말하는 생산관리의 주제도 갈수록 다양해지고 있다. 특히 70년대 후반 이후에는 생산관리에 제조업뿐 아니라 서비스업을 포함시키고, 기존의 물건을 만드는 활동뿐 아니라 새로운 물건을 설계하는 활동을 포함시키는 경향이 나타났다. 또 최근에는 오프라인 방식으로 생산활동을 관리하는 기술과 온라인 방식으로 관리하는 기술을 모두 생산관리의 영역으로 포함시키고 있다. 이러한 추세에 따라, 전통적인 생산관리라는 이름보다는 생산운영관리 또는 운영관리로 부르는 것이 일반화되었다. 따라서 오늘날의 생산관리는 영어로 Production and Operations Management(POM) 또는 그냥 Operations Management(OM)라고 부른다.

다양한 경영기능 가운데 공학도와 가장 밀접한 관련을 맺고 있는 기능이 바로 생산기능이다. 대부분의 공학도가 기업에 취업하면 일단 생산현장에 배치되는 경우가 대부분이기 때문이다. 따라서 생산관리라고 하면 공학도들은 경영학의 다른 어떤 분야보다 훨씬 더 친근하게 느낄 것이다. 반대로 경영학도들을 보면 생산관리를 가장 재미없고 어려운 분야로 느끼는 것이 일반적이다.

하지만 공학도가 생산이라는 기능활동을 담당한다는 말과 생산관리라는 경영활동을 이해한다는 말은 다를 수가 있다. 생산에 필요한 기능을 보유하고 있다고 해서 그 사람이 회사전체의 경영전략에 맞추어 생산계획을 제대로 수립하고 공장 전체의 생산활동을 잘 관리할 수 있는 능력을 갖추고 있다고 할 수는 없기 때문이다.

여기서 말하는 생산관리는 현장에서 어떻게 물건을 잘 만드는 기능(skill)을 얻을 것인가를 말하는 것이 아니고, 어떻게 물건 만드는 과정을 잘 관리할 것인가를 말한다. 이공계 출신이 CEO가 된다는 말은, 생산현장을 잘 알고 생산경험을 많이 쌓았다는 필요조건을 만족시킨 것을 넘어, 생산기능에 대한 전략적 감각을 보유하고 이를 토대로 중장기 생산계획을 수립하고 관리할 수 있는 능력을 갖추고 있다는 충분조건을 만족시킴을 의미하기 때문이다. 따라서 여기에서는 먼저 생산전략에 대해 알아보고 이어서 다음 절에서는 생산전략을 구체적으로 실현하기 위한 생산계획에 대해 살펴보기로 한다.

1.2 제품과 공정의 분류: 제품과 공정은 무엇인가?

생산(production)을 한마디로 표현하면 무엇(what)이라는 것을 의미하는 '제품(product)'을 어디서, 어떻게(where and how)라는 것을 의미하는 '공정(process)'을 통해 만드는 것이다. 그러므로 생산관리를 이해하고 생산전략을 수립하기 위해서는 먼저 생산활동의 두 축인 제품과 공정의 의미와 특성을 알아야 한다. 그 다음으로 제품과 공정의 특성에 맞추어 이 둘을 균형적으로 결합시키는 기본전략을 세워야 한다. 이어서 경영전략이나 마케팅전략을 토대로 제품과 공정을 신축적으로 조정하는 방법에 대해 생각해야 한다.

1.2.1 제품의 분류

먼저 제품의 분류를 보자. 이 부분은 앞에서 이미 잠깐 설명했지만 여기서 자세히 알아보기로 한다. 세상에 존재하는 무수히 많은 제품을 몇 가지 종류로 나누는 것은 쉬운 일이 아니다. 또 누가 어떤 관점이나 목적에 따라 나누냐에 따라 제품의 분류는 달라질 수도 있다.

여기서는 제품을 크게 MTS, ATO, MTO, DTO의 네 종류로 나눈다. 〈표 7-1〉에서 알 수 있듯이, 제품은 고객의 요구사항과 요구시점의 차이에 따라 크게 MTS(Make-To-Stock), ATO(Assemble-To-Order), MTO(Make-To-Order), 그리고 DTO(Design-To-Order)로 나눌 수 있다. 이 용어들을 우리말로 번역하여 쓸 수도 있겠지만 단어의 의미를 보면 용어의 뜻도 쉽게 이해할 수 있기 때문에 그냥 영어 표현을 따르기로 한다.

〈표 7-1〉 제품(product)의 분류

분 류	설 명
MTS	생산계획에 따라 완제품을 미리 생산하여 재고(stock) 형태로 판매하는 표준화 제품
ATO	부품은 생산계획에 따라 미리 생산하여 재고(stock) 형태로 유지하고 있다가 실제 주문(order)에 맞추어 최종 조립하여 완제품을 만드는 제품
MTO	일부 부품은 생산계획에 따라 미리 생산하여 재고(stock) 형태로 유지하고 나머지 부품은 주문(order)에 맞추어 가공(make)하여 최종 조립을 거쳐 완제품을 만드는 제품
DTO	모든 부품을 사전에 가공하지 않은 상태에서 주문에 따라 설계(design), 가공, 조립을 거쳐 완제품을 만드는 제품

MTS, ATO, MTO, DTO 유형의 제품: 생활용품, 조립컴퓨터, 철강제품, 건축물

MTS 제품은 말 그대로 미리 대량으로 만들어서 재고(stock)로 쌓아 놓고 판매하는 제품이다. 우리가 일상생활에서 접하는 대부분의 표준화된 제품이 여기에 속한다. ATO 제품은 완제품에 들어가는 모든 부품은 미리 만들어 놓고 있다가, 주문(order)이 들어오면 그 때부터 조립하여(assemble) 완제품을 만드는 제품이다. MTS 제품과 비교하여 표준화 정도는 낮고 물건을 만드는 데 걸리는 시간은 좀더 길지만 고객의 요구를 수용할 수 있는 정도는 좀더 높은 제품이다. MTO 제품은 일부 부품은 미리 만들어 놓고, 나머지 부품은 주문(order)이 들어 오면 그 때부터 주문 사양에 맞추어 만들기(make) 시작하여 완제품을 만든다. 따라서 MTO 제품은 ATO 제품보다 고객의 요구를 좀더 많이 반영할 수 있다. 마지막으로 DTO 제품은 어떤 부품도 미리 만들어 놓지 않고, 주문이 들어 오면 설계(design)부터 시작하여 완제품이 생산될 때까지의 모든 과정을 주문 사양에 맞추어 만들어내는 맞춤형 제품이다.

주의할 점은 하나의 제품이 처음부터 끝까지 한 가지 형태로 고정되어 있는 것이 아니라는 것이다. 대부분의 제품은 처음 시장에 출시되는 도입기부터 시장에서 사라지는 퇴출기까지 하나의 수명주기를 가지고 있다. 수명주기 관점에서 보면 제품의 성격도 수명주기의 단계를 따라 변하는 모습을 보인다. 처음 시장에 출시되는 시점에서는 DTO 형태로 출발하는 것이 일반적이다. 수요자가 많지 않기 때문에 개별 수요자의 요구에 따라 그때그때 만들어 내기 때문이다. 그러다가 시장에 알려지고 주문이 늘면서 표준화가 진행되고 또 수요에 맞추어 생산능력이 늘어나면서 점차로 MTO, ATO를 거쳐 마지막에는 표준화 제품의 대량생산 방식인 MTS로 바뀌는 것이다.

한편, 제품이라는 개념과 관련하여 신제품(new product)이라는 개념에 대해서도 생각해 보자. 신제품이라는 용어를 정의하기 위해서는 다음 두 가지 개념을 이해해야 한다. 첫째는 제품 믹스(product mix)라는 개념이다. 제품 믹스는 제품의 넓이(width)와 깊이(depth)를 뜻한다. [그림 7-1]에서 볼 수 있듯이, 수평적으로 배치되어 있는 A라는 제품라인과 B라는 제품라인은 제품구성의 넓이(width), 즉 전체적인 제품라인의 다양성을 가리킨다. 반면에 A라는 제품라인을 따라서 수직적으로 배치되어 있는 A-1, A-2, A-3, A-4의 제품들은 제품구성의 깊이(depth), 즉 개별 제품라인 내에서 제품의 다양성을 의미한다.

[그림 7-1] 제품 믹스의 구조도

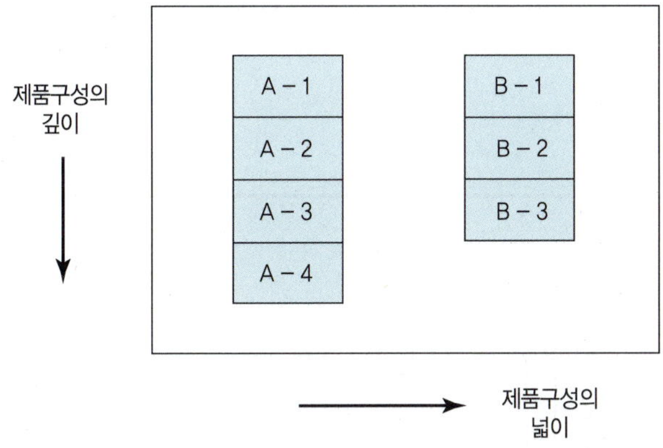

다음으로 이해해야 할 개념은 제품의 새로움(newness)이라는 용어이다. 새롭다는 것은, 기업이 기술적 관점에서 느끼는 것과 시장이 사용적 관점에서 느끼는 것이 다를 수 있다. 어느 제품이 기술적으로는 전혀 새로운 것임에도 불구하고 고객은 별다른 차이를 못 느낄 수 있는가 하면, 기술적으로는 기존제품과 별 차이가 없는데도 불구하고 사용자는 완전히 다른 제품으로 느낄 수도 있는 것이다.

앞의 두 개념을 토대로 신제품을 여러 유형으로 나눈 분류도가 [그림 7-2]에 그려져 있다. 이 그림은 위에서 말한 기업 관점과 시장 관점의 새로움을 두 개의 축으로 하는 매트릭스 형태를 기본으로 하고, 그 위에 제품 믹스 개념을 추가하여 만들어진 것이다.

[그림 7-2] 신제품의 유형

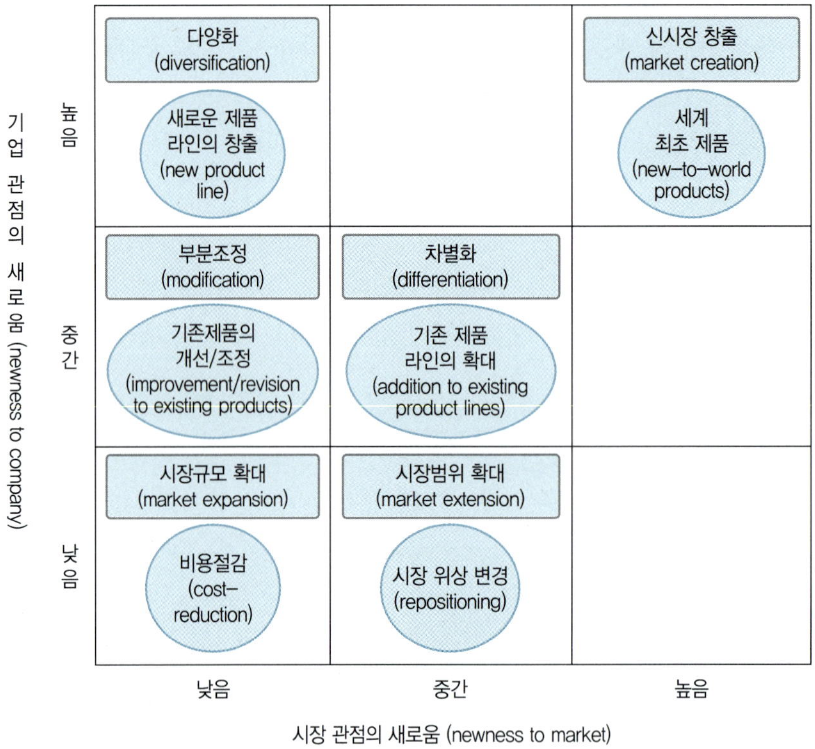

이 기준에서 보면 기업이나 시장 관점 양쪽 모두 최소한의 새로움을 통해 비용을 줄이려는 시장규모 확대형 신제품으로부터, 기업과 시장 관점에서 모두 완전히 새로운 것을 만들어 신시장을 창출하는 세계최초 신제품까지 다양한 유형이 존재한다. 시장의 새로움은 바뀌지 않은 상태에서 기업 관점에서 새로움을 추구하는 다양화(diversification) 전략의 신제품, 반대로 기업 관점에서의 새로움은 없지만 시장 관점에서의 새로움을 추구하는 시장범위 확대(market extension) 전략의 신제품도 있다. 또 두 가지 측면 모두에서 새로움을 추구하는 차별화(differentiation) 전략의 신제품도 생각할 수 있다.

1.2.2 공정의 분류

다음으로 공정의 분류를 보자. 제품과 마찬가지로 기업마다 물건을 만드는 공정은 크고 작은 차이가 있다. 따라서 다양한 공정의 형태를 몇 가지 종류로 나누는 것은 쉬운 일이 아니다. 또한 분류의 관점이나 목적에 따라서 분류의 결과가 달라질 수도 있다.

이 책에서는 [그림 7-3]과 〈표 7-2〉에서 보는 것처럼, 설비의 배치(layout)라는 관점에서 생산공정을 바라본다. 즉 공장 내에 필요한 설비들이 어떻게 배치되어 있느냐에 따라 생산공정의 차이를 설명하는 것이다. 이러한 관점에서 보면, 설비를 배치하는 방법은 크게 두 가지로 나눌 수 있다. 하나는 유사한 기능을 가지는 설비를 한군데에 모아 배치하는 공정별 배치(process layout)이고, 다른 하나는 특정 제품의 생산에 필요한 설비를 한군데에 모아 배치하는 제품별 배치(product layout)이다.

이 때 공정별 배치로 설계된 공장의 형태를 job shop이라고 한다. Job shop은 다시 부품이나 제품을 처리하는 크기에 따라, 하나 하나씩 낱개(unit)로 처리하는 unit job shop과 여러 개의 묶음(batch)으로 처리하는 batch job shop으로 나눌 수 있다. 한편, 제품별 배치로 이루어진 공장의 형태를 flow shop이라고 한다. Flow shop은 다시 제품이나 부품이 라인을 흘러가는 양상에 따라, 자동차나 핸드폰같이 손으로 셀 수 있는 개별 단위로 흘러가는 이산적(discrete) flow shop과 원유나 철강처럼 액체 형태로 흘러가는 연속적(continuous) flow shop으로 나눌 수 있다.

이렇게 보면, 한편으로는 공정별 배치, process layout, job shop라는 용어가 동의어가 되고, 다른 한편으로는 제품별 배치, product layout, flow shop라는 용어가 동의

〈표 7-2〉 공정(process)의 분류

분류	세분류	설명
공정별 배치 (process layout)	단위(Unit) Job Shop	유사한 기능을 갖는 설비들끼리 따로 모아 동일공간(shop)에 배치시킨 후 개별 부품 단위(unit)로 가공하는 공정
	묶음(Batch) Job Shop	유사한 기능을 갖는 설비들끼리 따로 모아 동일공간(shop)에 배치시킨 후 묶음(batch) 부품 단위로 가공하는 공정
제품별 배치 (product layout)	이산적(Discrete) Flow Shop	기능이 상이한 설비들을 모아 독립적인 생산라인으로 구성한 후 동일한 순서를 따르는 부품을 가공하거나 완제품을 조립하는 공정
	연속적(Continuous) Flow Shop	흐름을 따라 완전히 동일한 순서로 처리나 조립이 이루어지는 일관공정

공정별 배치로 설계된 공장과 제품별 배치로 설계된 공장의 비교: 방전가공의 Job Shop(좌측)과 TV 생산라인의 Flow Shop(우측)

어라고 볼 수 있다.

공정별 배치는 말 그대로 공정을 중심으로 공장을 설계한 개념이다. 여기서 공정 중심이라는 말은, 유사한 기능을 갖는 설비들끼리 따로 모아 각각의 공간에 배치시킨다는 뜻이다. 절삭(milling) 기계는 절삭 기계끼리 따로 모아 한쪽에 배치하고, 드릴링(drilling) 기계는 드릴링 기계끼리 모아서 다른 한쪽에 배치하는 식이다. 따라서 특정 부품이 이 공장에 들어오면 정해진 가공 순서에 따라 공장 내를 돌아다니게 된다. 예를 들어 어떤 부품을 만들기 위해서는 milling 가공과 drilling 가공이 순차적으로 필요하다고 하자. 그러면 이 부품은 먼저 milling shop으로 이동해야 한다. 그리고 milling shop에 있는 여러 대의 milling 기계 가운데 현재 사용하지 않고 있는 기계 하나를 골라 milling 작업을 수행한다. Milling 작업이 끝나면 다음에는 drilling shop으로 이동한다. 마찬가지로 여러 대의 drilling 기계 가운데 사용 가능한 기계 하나를 골라 drilling 작업을 한다.

공정별 배치에서는 부품마다 가공 순서가 다르기 때문에 각 부품이 공장 내에서 돌아다니는 경로도 다르다. 이러한 공정은 사양과 가공순서가 다른 이질적인 부품이나 제품을 처리하기에 적합한 형태이다. 따라서 이 형태는 유연성이 높다는 장점이 있지만 효율성이 낮다는 단점이 있다.

반대로 제품별 배치는 제품 중심으로 공장을 설계한다는 개념이다. 즉 제품(부품) 하나하나의 특성에 맞추어 별개의 생산라인들을 구성한 후, 각 라인에는 같은 설비들을 사용하여 같은 순서로 처리하는 부품이나 제품들만을 처리하게 배치한다. 예

셀형 배치 사례: 캐논의 일본 오이타 공장

를 들어 TV 라인은 TV만 생산하고, 에어컨 라인은 에어컨만 생산하는 식으로 배치하는 것이다. 라인마다 똑같은 부품이나 제품을 동일한 순서를 따라 만들기 때문에 공정의 효율성이 높은 장점이 있다. 그러나 라인 위의 한 기계만 고장이 나도 라인 전체가 움직이지 못하고 순서에 따라 정해진 제품만을 만들어내기 때문에 신축성이 낮은 단점이 있다.

하나의 공장이 공정별 배치와 제품별 배치 가운데 하나만을 선택하여 설계되는 것은 아니다. 여러분들이 실제로 어느 공장에 견학을 가면 볼 수 있겠지만 큰 공장 안에는 공정별 배치로 이루어진 shop도 있고 제품별 배치로 이루어진 shop도 있다. 주로 원자재를 가공(fabrication)하는 단계에서는 공정별 배치를 많이 쓰고 부품을 조립(assembly)하여 완제품을 만드는 단계에서는 제품별 배치를 많이 도입한다. 거대한 자동차 공장을 예로 들어 본다면, 강판을 깎아서 수많은 종류의 부품을 만드는 과정은 공정별 배치를 한 shop에서 하고, 부품들을 모두 모아 완성차로 조립하는 과정은 자동차 모델별로 제품별 배치를 한 shop에서 하는 것이 일반적이다.

최근에는 cell 모양의 배치, 즉 셀형 배치(cellular layout)가 각광을 받고 있다. 셀 모양으로 배치가 된 공장을 cell shop이라고 부른다. 셀형 배치는 공정별 배치의 신축성과 제품별 배치의 효율성을 동시에 얻기 위해 만들어진다.

셀형 배치의 원리를 좀더 자세히 알아보자. 공장에서 가공해야 할 부품 각각은 처리해야 할 순서가 모두 다르다. 이미 설명한대로, 공정별 배치에서는 부품 각각을 도착

덧붙이는 이야기: 셀형 배치 사례

DSLR 카메라 세계 시장 점유율 40%대. 최근 10여 년간 10%대 수익률. 세계 1위 디지털이미징 기업 캐논의 현주소다. 캐논은 전 세계 4개국에서 7개 생산기지를 운영하고 있다.

캐논의 핵심 생산거점 일본 규슈 오이타 공장이 이달 8일 각국 언론에 처음 공개됐다. 이 공장은 카메라·전자기판(카메라의 두뇌)·렌즈 등을 생산한다.

카메라는 6개월~1년 만에 새로운 기종이 나오기 때문에 제품 사이클이 짧다. 제품이 바뀔 때마다 로봇을 새로 만들 수는 없다는 게 공장 관계자들의 설명이었다.

공정 대부분은 근로자들의 수작업으로 이뤄지고 있었다. 컨베이어벨트도 없었다. 이 공장은 생산성과 효율성을 높이기 위해 2005년부터 셀(cell)형 시스템으로 제품 생산을 시작했다.

셀형 생산방식은 여러 명의 작업자가 팀을 구성해 공정을 책임진다. 일단 부품이 투입되면 생산을 통제하기 힘든 컨베이어 방식과 달리 독립적인 단위로 제품을 생산하는 셀 방식은 큰 생산설비가 필요 없고 생산효율이 극대화된다는 장점이 있다.

오이타 캐논 공장에는 총 25개의 카메라 조립 셀이 배치돼 있었다. 60~70㎡ 크기의 직사각형 구조로 된 셀에서 12~18단계의 공정을 거쳐 완제품이 나왔다. 공장 관계자는 셀형 시스템 도입으로 해마다 20%가 넘는 생산성 향상이 이뤄졌다고 말했다.

끊임없는 자체 기술 개발도 오이타 공장의 특징이었다. 오이타 공장 무라노 마코토 사장은 "연구원과 현장 직원들은 '자체 개발·자체 생산'을 모토로 기술 개발에 노력하고 있다"면서 "지난해 미국에 특허 2543건을 등록해 4위를 차지했다"고 밝혔다. 무라노 사장은 "축적된 노하우는 해외공장에 전수해

원가를 절감하고 있다"고 말했다.

지난해 캐논은 EOS550D, EOS60D를 출시해 DLSR카메라 시장을 주도했다.

캐논의 이시다 유타카 매니저는 "지난해 세계에 판매된 1300만 대의 DSLR 카메라 중 캐논 제품이 590만 대"라며 "올해에는 시장이 1500만 대 규모로 성장할 것으로 예상되는 가운데 캐논은 700만 대를 판매할 수 있을 것"이라고 말했다.

한 순서대로 가공한다. 제품별 배치에서는 가공 순서가 똑같은 부품끼리 묶어서 별도로 설치한 라인에서 처리한다. 셀형 배치는 공정별 배치와 제품별 배치의 중간형이라고 보면 된다. 먼저 순서가 같지는 않지만 '비슷한' 부품끼리 묶어서 그룹(group)을 만든다. 다음에 이 그룹을 처리할 셀(cell)을 만들어 처리에 필요한 기계들을 배치시킨다. 이런 식으로 하면 공장 내에 여러 개의 셀이 만들어진다. 각각의 셀은 순서가 비슷한 '여러 종류'의 부품을 처리하기 위해 '여러 종류'의 기계를 보유하고 있기 때문에 어느 정도의 신축성도 있고 동시에 어느 정도의 효율성도 있다.

셀형 배치를 하기 위해서는 먼저 GT(Group Technology)라는 방법을 이용하여 비슷한 부품끼리 묶는 작업을 해야 한다. 부품 각각의 처리 순서를 보고 가장 비슷한 정도를 계산하여 분류하는 작업을 하는 것이다. 또 컴퓨터에 의해 가공의 순서가 자동으로 조정되는 수치제어(Numerical Control: N/C) 공작기계를 사용한다. N/C 공작기계를 사용하면 사용자가 입력한 정보에 따라 가공 순서를 자유롭게 조정할 수 있기 때문에, 가공순서는 다르지만 사용해야 할 설비는 유사한 부품들을 모아서 하나의 공간(cell)에서 처리하는 것이 가능하다. 이러한 방식으로 운영되는 공장을 유연생산시스템(Flexible Manufacturing System: FMS)이라고 부른다.

[그림 7-3] 공정의 형태

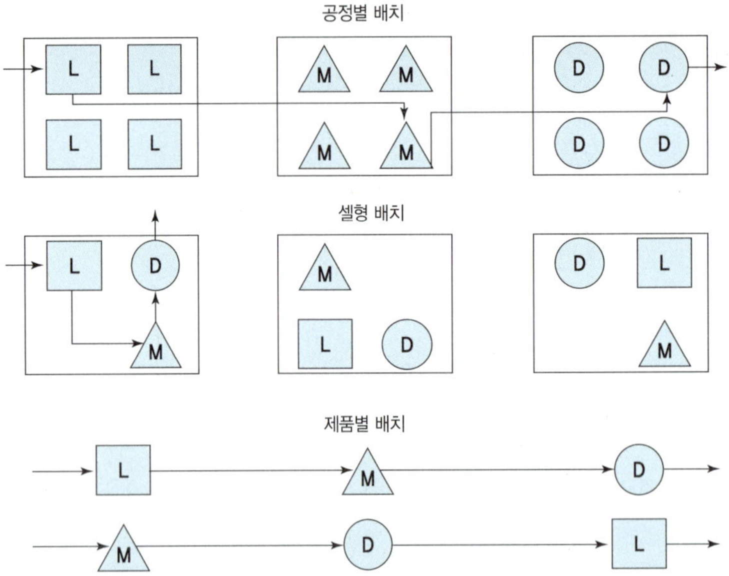

주: L=lathing 기계, M=milling 기계, D=drilling 기계

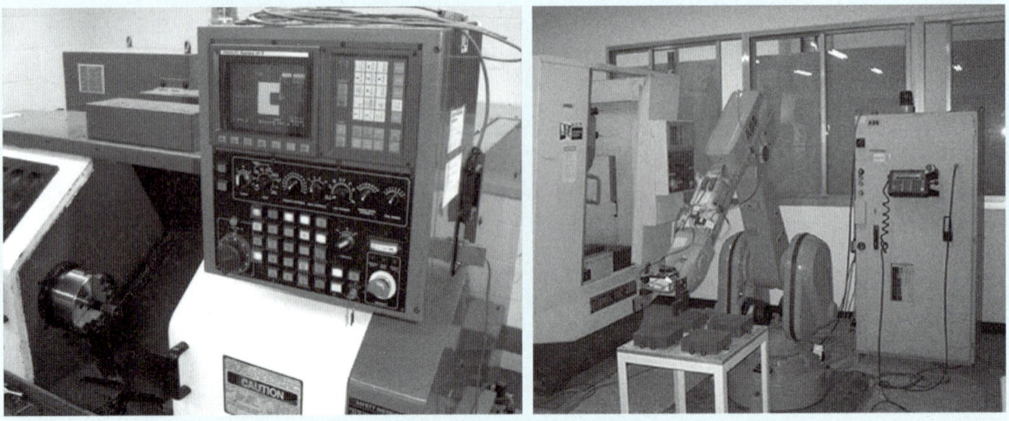

수치제어 공장기계와 유연생산시스템

1.2.3 스마트 팩토리

최근에 공정의 설계와 운영에서 자주 사용되는 용어는 스마트 팩토리(smart factory)이다. 흔히 차세대 제조시스템으로 불리는 스마트 팩토리는 공장 내의 모든 시설과

스마트 팩토리 개념도

설비에 센서(sensor)가 설치되어 공정 데이터를 실시간으로 수집/분석하고 이를 바탕으로 생산활동이 최적의 상태로 유지되도록 스스로 조정/제어하는 공장을 뜻한다.

앞에서 설명한 설계 원리를 바탕으로 지금까지 생산 단위별로 공정의 효율화와 생산의 자동화가 이루어져 왔지만, 스마트 팩토리에서는 더 나아가 개별 공정들을 유기적으로 통합하여 공장 전체의 최적화를 추구한다. 즉, ICT 기술과 데이터 분석 알고리즘을 최대로 활용하여 제품 기획에서 완제품 생산으로 이어지는 전 과정에서 자원의 배치, 활용, 운영에 관한 의사결정을 최적화하는 것을 목표로 한다. 한마디로 전통적 공장을 미래의 사이버 물리 시스템(cyber physical system)으로 전환한다는 것이다.

1.3 제품과 공정의 균형전략: 제품과 공정을 어떻게 연결시킬 것인가?

1.3.1 제품-공정 매트릭스

생산전략의 관점에서 보았을 때 제일 먼저 가장 중요하게 떠오르는 주제는 제품과 공정을 어떤 기준이나 방식으로 연결시키느냐 하는 문제이다. 제품의 종류가 여러 가지이고 공정의 종류도 여러 가지라면 둘 사이를 어떻게 묶어주느냐에 따라 생산활동과 구조가 달라지기 때문이다. 만일 둘 사이의 균형(balance)이 무너지면 생산 시스템 전체가 제대로 돌아갈 수 없다. 제품과 공정간의 전략적 균형을 다루는 주제가 바로 제품–공정의 균형전략이다.

제품과 공정간의 균형전략은 이른바 제품–공정 매트릭스(Product–Process matrix: P–P matrix)를 토대로 이루어진다. [그림 7–4]에서 볼 수 있듯이, P–P 매트릭스는 제품과 공정의 수명주기(life cycle)를 두 축으로 하여 양자간의 관계를 매트릭스 형태로 정리한 그림이다. 이 매트릭스는, 제품과 공정을 특성에 따라 분류하였을 때 제품과 공정간에는 가장 적합한 쌍(pair)이 존재하기 때문에 양자간의 균형을 유지하는 전략이 중요하다는 사실을 강조한다.

[그림 7–4] 제품(P)–공정(P) 매트릭스

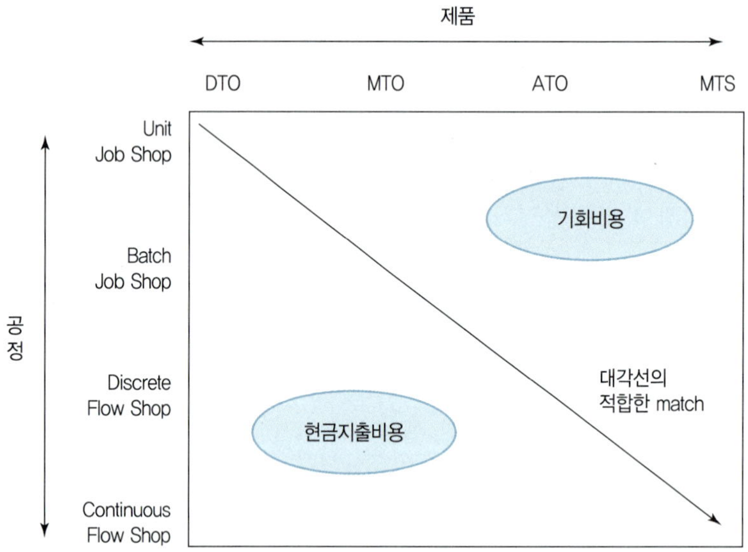

먼저 제품의 수명주기를 생각해보자. 앞에서 경영전략을 설명할 때 이미 소개한 것처럼, 하나의 제품은 대체로 네 단계로 이루어지는 수명을 가진다. 첫 번째 단계는 도입기(introduction stage)로 제품이 시장에 출시된 초기 단계를 가리킨다. 두 번째 단계는 성장기(growth stage)로 제품이 시장에서 인정을 받아 수요가 급속히 늘어나는 단계이다. 세 번째 단계는 성숙기(maturation stage)로 제품이 여러 측면에서 제자리를 잡아 안정된 단계를 뜻한다. 마지막 단계는 쇠퇴기(declining stage)로 현재의 제품을 대체할 새로운 제품이 등장하면서 서서히 시장에서 사라지는 단계이다.

제품과 마찬가지로 공정도 하나의 수명주기를 가진다. 신제품을 생산하는 초기에는 생산량도 적고 제품의 이질성이 높기 때문에 신축성이 높은 공정별 배치 즉 job shop으로 출발했다가, 나중에는 표준화된 제품의 대량생산을 효율적으로 할 수 있는 제품별 배치 즉 flow shop으로 바뀌는 것이 일반적이다.

1.3.2 제품-공정의 전략적 연계

P-P 매트릭스의 생산전략적 의미는 크게 두 가지로 요약할 수 있다. 첫째는 제품과 공정간의 균형(balance)을 유지해야 한다는 점이다. [그림 7-4]에 도시되어 있는 것처럼, P-P 매트릭스에서는 제품과 공정이 대각선 상에서 서로 적합한 쌍(diagonal match)을 이룬다. 만일 제품 각각의 특성과 기능이 전혀 표준화가 되어 있지 않고 고객의 요구에 따라 항상 바뀌는 DTO 형태이면, 거기에 맞는 공정은 신축성을 강조하는 공정별 배치 즉 unit job shop의 모습을 갖추어야 한다. 이러한 단계를 기업의 성장과정에 대비시킨다면 생긴지 얼마 되지 않은 벤처기업 단계라고 할 수 있다. 반대로 표준화된 MTS 제품을 생산하는 경우라면, 공정은 효율성을 극대화할 수 있는 flow shop이 적합하다. 아예 제품이 철강과 화학같이 동일한 물질로 되어 있다면, 공정은 continuous flow shop의 일관공정이 되어야 한다. 이 단계는 기업의 성장과정으로 말한다면 오래된 대기업에 해당된다고 할 수 있다.

둘째는, 수명주기의 변화에 맞추어 제품-공정의 연결고리가 달라져야 한다는 점이다. 문제는 어떤 방향으로 이동해야 하는가를 정하는 것이다. P-P 매트릭스에 의한 생산전략에서는, 시간의 흐름에 따라 제품과 공정의 연계가 대각선(diagonal)을 따라 오른쪽 하단으로 이동해야 한다고 주장한다. 수명주기의 초기에 왼쪽 상단에서 출발하였으면, 시간이 흐르면서 대각선 아래 오른쪽 하단을 향해 이동하도록 끊임없이 제품과 공정을 혁신해야 한다는 것이다. 왜냐하면 제품이 수명주기를 따라 왼쪽에서 오른쪽으로 이동하고 공정도 수명주기를 따라 위에서 아래로 이동하면, 둘 사이의 균형을 유지하기 위해서는 왼쪽 상단에서부터 오른쪽 하단을 향해 대각선을 따라 움직일 수밖에 없는 것이다.

그러므로 제품기술을 전공하는 공학도가 생산전략적 감각을 유지하기 위해서는 공정기술에 대한 기본적인 이해를 갖출 필요가 있다. 반대로 공정기술을 전공한 공학도는 제품기술에 대해 관심을 가져야 한다. 더욱 중요한 점은 제품과 공정의 모양과 특성이 시간의 흐름에 따라 변한다는 수명주기의 개념을 잊지 말아야 한다는 것이다.

그렇다면 만일 제품과 공정이 대각선을 벗어나 부적절한 쌍(off-diagonal mismatch)

이 되면 어떤 문제가 발생하는가? 먼저 P-P 매트릭스상에서 오른쪽 상단에서는 기회비용(opportunity cost)이 발생한다. 앞의 회계 부분에서 이미 설명한 것처럼, 기회비용은 실제로 돈이 나가는 것은 아니지만 돈을 벌 수 있는 좋은 기회를 상실함으로써 생기는 비용이다. 이 영역에서는 제품이 이미 표준화되어 큰 시장이 형성되기 때문에 만일 자동화된 대량생산 공정이 설치되어 있으면 많은 돈을 벌 수 있다. 그러나 실제의 공정은 아직 원시적인 소규모 job shop으로 되어 있어 생산능력이 제한되어 있고 따라서 매출을 늘릴 수 있는 기회를 제대로 살리지 못하고 있다. 바로 기회비용이 발생하고 있는 것이다.

한편 왼쪽 하단에서는 현금지출비용(out-of-pocket cost)이 발생한다. 현금지출비용은 말 그대로 주머니에서 실제로 돈이 나가는 것을 뜻한다. 즉 공정 측면에서는 이미 최신식의 자동화 설비를 도입하면서 엄청난 규모의 현금 지출이 실제로 이루어진 상황이다. 그러나 제품 측면에서는 아직 초기단계로 시장이 작아 대량생산 설비를 활용할 일이 없다. 따라서 현금지출비용이 발생하는 것이다.

1.4 생산제품의 조정전략: 제품의 성격을 어떻게 정할 것인가?

앞에서 살펴본 것처럼, 제품은 크게 네 가지 정도의 유형으로 나눌 수 있다. 어느 기업이 '무엇을 생산하느냐', 또 '얼마나 다양한 종류의 제품을 동시에 생산하느냐' 하는 문제는 그 기업의 전체적인 경영전략에 따라 결정될 일이다. 자동차를 생산할지 자전거를 생산할지를 정하는 문제라든가, 자동차와 자전거를 동시에 생산할지를 정하는 문제는 기업 전체 수준에서 정할 문제라는 것이다.

그러나 '어떻게 생산하느냐'하는 문제는 경영전략의 문제가 아니라 생산전략의 수준에서 다루어야 할 과제이다. 어떻게 생산하느냐 하는 문제는 어느 제품이 주어졌을 때 그 제품의 종류를 무엇으로 해석하느냐 하는 문제와 직접 연결되기 때문이다. 일단 자전거 대신 자동차를 생산하기로 결정한 후에는, 자동차를 어떤 종류의 제품으로 해석하느냐, 즉 MTS 제품으로 보느냐 아니면 ATO 제품으로 보느냐 하는 것은 생산전략의 문제이다. 왜냐하면 MTS로 보는 것과 ATO로 보는 것에 따라 '어떻게' 생산하느냐 하는 생산의 전략과 방식이 달라지기 때문이다.

어떤 제품이 어느 종류에 속하느냐 하는 문제는 처음부터 다른 사람에 의해 정해지는 문제라기 보다는 생산자가 스스로의 전략이나 목적에 따라 정하는 문제라고 할 수 있다. 예를 들어 자동차는 어느 종류에 속하느냐라는 질문을 다시 한번 생각해 보자. 어떤 사람은 자동차 회사가 대량 생산하여 대리점에 갖다 놓으면 소비자가 그 가운데 하나를 고르면 되는 것이니까 MTS 제품이라고 할 것이다. 그러나 어떤 사람은 기본 사양은 정해져 있지만 고객이 여러 가지 사양을 추가적으로 선택하면 거기에 맞추어 생산하기 때문에 ATO 제품이라고 말하기도 한다. 또 어떤 사람은 세계적 부호의 입맛에 맞추어 부품 하나하나를 손으로 가공하고 조립하여 만드는 자동차는 MTO 제품이라고 주장할 수도 있다.

같은 자동차를 MTS로 보는 전략을 택한 경우와 ATO로 보는 전략을 택한 경우에 생산 방식이 어떻게 달라지느냐를 보여주는 가장 좋은 예가 미국식 생산 방식과 일본식 생산방식의 차이이다. 흔히 Ford 자동차의 이름을 따서 Fordism이라고 부르는 미국식 방식은 자동차를 전형적인 MTS 제품으로 본다. 따라서 고객이 선택할 수 있는 여지가 없는 표준화 제품을, 미리 만들어진 생산 일정에 따라, 대규모 조립라인에서 아주 효율적으로 찍어낸다. 이에 반해 도요타 자동차의 이름을 따서 Toyotism이라고 부르는 일본식 방식은 자동차를 ATO 제품으로 보고 가능한 한 많은 고객의 요구를 받아들이고, 생산일정도 그때그때 상황에 따라 유연하게 조정한다.

ATO로 보는 전략의 이점은 고객의 입맛에 맞는 제품을 만들 수 있다는 점이지만 동시에 심각한 단점은 시간이 오래 걸리고 비용이 많이 든다는 점이다. 한편으로 장점을 살리고 다른 한편으로 단점을 보완하기 위해 도요타 자동차에서는 이른바 Just-In-Time(JIT)이라는 생산방식을 고안하였다. JIT 방식을 간략히 설명하면, 미리 완제품을 만들어 놓지 않고 부품만 가지고 있다가 주문이 들어오면 그 때부터 동시적(concurrent)이고 병렬적(parallel)인 방법으로 가장 빠른 시간 내에 조립을 마치는 식이다. 그렇게 되면 ATO 제품으로서의 신축성과 MTS 제품으로서의 효율성을 모두 만족시킬 수 있다는 것이다.

물론 미국의 모든 기업이 포드 식으로 생산관리를 하고 일본의 모든 기업이 도요타 식으로 생산관리를 하는 것은 아니다. 미국식이다 일본식이다 하는 것은 어디까지나 상징적인 표현이다. 또 일본식 접근과 미국식 접근 가운데 어느 것이 더 좋으냐 하는 문제도 쉽게 대답할 수 없는 어려운 질문이다. 중요한 점은 제품의 의미와 성격을 정하는 것은 매우 중요한 전략적 선택이며 그 선택에 따라 구체적인 생산 방식을 다르게 설계해야 한다는 사실이다.

덧붙이는 이야기: 도요타주의, 포드주의 JIT 생산 시스템에 대한 설명

포드주의란 명칭은 20세기 초반 미국의 자동차 왕인 헨리 포드(Henry Ford)가 자동차대중화를 가져온 유명한 모델 T를 생산하면서, 노동자들에게 일당 5달러라는 당시로서는 파격적으로 높은 임금을 지불한 것에서 유래하였다.

포드주의[1]의 특징은 극단적인 분업에 기초하여 직무를 파편화하고, 컨베이어 벨트와 같은 기계장치의 성격에 노동자의 배치를 완전히 종속시킴으로써 높은 생산성을 보장하는 한편, 그로 인한 노동자의 정신적·육체적 피로에 대해서는 높은 임금과 소비수준을 제공함으로써 보상하는 데에 있었다. 어떤 경우에는 만 명 이상의 노동자가 동시에 하나의 작업장에서 일할 정도의 대규모 생산체제 하에서 노동자들의 주거지역은 공장으로부터 멀리 떨어질 수밖에 없었고, 따라서 통근시간을 단축할 수 있는 자동차의 보급이 필수적이었다. 더구나 노동현장에서 피로를 회복하는 것은 불가능하였기 때문에, 퇴근 후에 돌아오는 가정은 각종의 내구소비재를 갖춘 안락한 형태의 표준주택이어야만 했다. 노동자들이 내구소비재와 주택, 자동차를 하루라도 빨리 구입할 수 있도록 신용카드를 비롯한 각종 형태의 소비자신용이 은행 등의 금융기관을 통해 제공되었다. 즉, 포드주의는 대량생산과 대량소비의 결합에 기초하여 제2차 세계대전 이후 세계 자본주의 경제의 황금시대를 이끌었다.

하지만 사람들의 기본적인 욕구가 충족되고 나자, 대중의 소비패턴은 다양성을 선호하는 방향으로 변화하기 시작하였다. 즉, 단일품종(소품종) 대량생산이라는 포드주의적 방식보다는 다품종 소량생산이라는 방식이 필요하

1) 비록 이름을 따오기는 하였지만 헨리 포드의 시대와 포드주의의 시대는 시기적으로도 일치하지 않을뿐더러 몇 가지 점에서 구별되기도 한다. 예를 들어, 헨리 포드는 반(反)노동조합적 성향을 매우 완강하게 유지였던 인물이기 때문에, 미국의 대표적인 3개의 자동차 회사 중에서 가장 늦게 노동조합이 허용된 회사가 바로 포드 사였다. 반면, 포드주의적 축적체제 그 자체는 강력한 노동조합 — 비록 노사협조적인 분위기가 유지되기는 하였지만 — 의 성립을 전제로 하고 있다.

게 되었다.

이 때, 다품종 소량생산방식에서 주목 받은 것은 패전의 상처를 딛고 1970년대 이후 급격한 경제성장을 이룩한 일본의 새로운 생산방식이었다. 전통적인 관리직 노동자를 최소한의 규모로 줄이고 노동시간과 작업공간 및 재고의 낭비를 극소화함으로써 높은 생산성을 유지하며, 파편화된 직무만을 수행하는 포드주의적 노동자와는 달리 스스로 문제를 제기하고 풀 줄 아는 기능의 다면성을 특징으로 하는 도요타 자동차의 노동자들은 포드주의를 대체할 만한 새로운 유연한 생산방식 — 이른바 일본적 생산방식, 린(lean) 생산방식 또는 도요타주의 — 으로 각광받게 되었다. 생산라인의 각 부분에서 필요한 부품의 양을 그때그때 파악할 수 있도록 해주는 간판(Kanban)시스템에 기초하여 수많은 하청기업들로부터 필요량만을 적시에 공급받는 적기생산(Just-In-Time) 시스템 등은 포드주의 하에서 일반화된 대량재고의 비용을 획기적으로 절감하였다. 또한 도요타의 생산방식이 성공적일 수 있었던 요인 중에는 품질관리(QC) 써클과 제안제도로 상징되는 소집단활동을 통해 생산현장에서 직접 품질관리를 수행할 수 있는 분권화된 체계였다는 점도 포함된다. 개선을 의미하는 일본어 '카이젠(Kaizen)'이 나타내는 내용은 바로 이것이다.

JIT 생산 시스템은 일본 도요타 자동차에서 개발되어 발전된 것으로 생산에 필요한 부품 또는 자재를 필요한 때에 필요한 만큼 조달하여 낭비적 요소를 근본적으로 제거함으로써 원가를 절감하는 생산관리기법이다.

다시 말해서 JIT 생산 시스템은 재고 그 자체를 악의 근원이라 생각하였기 때문에 재고를 남기지 않아, 무재고 생산시스템이라고 불렸다. 이는 다품종 소량생산(ATO), 흐름에 의한 혼류생산, 재고를 없앰으로써 생산기간을 줄이고, 저비용으로 높은 효과를 내도록 하는 생산방식이다. 이는 린(lean) 생산방식, 동기화생산, 연속흐름생산 등 여러 가지로 불리고 있다.

오늘날 JIT 생산 시스템은 재고와 구매의 범주를 넘어 생산의 모든 부분을 관리하기 위한 생산관리시스템으로서 역할을 하고 있다. 또한 철저한 낭비 제거 외에도 경영에 직결되는 제조기술의 전반적인 개선은 물론, 현장 현물주의, 참여경영, 인간존중 등의 특성도 함께 가지고 있다.

이런 JIT 생산 시스템의 국극적인 목적은 원가를 줄이고 재고를 줄이는 동시에, 품질을 향상시키고 생산성을 높임으로써 투자 수익을 올리는 데에 있다. 이를 위해 낭비의 근본적인 원인을 없애고 지속적으로 품질을 관리함으로써, 고품질의 제품을 만들어 회사 전체의 생산성을 향상시킨다는 것이다. 이런 낭비의 근본적인 원인으로는 과잉생산의 낭비, 대기시간의 낭비, 운반의 낭비, 가공의 낭비, 동작의 낭비, 재고의 낭비, 제품불량의 낭비 총 7가지로 정의된다.

1.5 생산범위의 결정전략: 제품의 범위를 어떻게 정할 것인가?

앞의 2장에서 기업의 범위를 설명할 때 규모의 경제와 범위의 경제라는 개념을 알아본 적이 있다. 규모의 경제라는 용어는 기업이 어느 제품의 생산량을 늘리면서 얻을 수 있는 경제적 효과를 가리키고 범위의 경제라는 용어는 기업이 여러 가지 제품을 동시에 생산하면서 얻을 수 있는 경제적 효과를 뜻한다.

규모의 경제와 범위의 경제라는 개념을 생산전략의 관점에서 생각해 보면, 소품종 대량생산이라는 용어와 다품종 소량생산이라는 용어에 대비시킬 수 있다. 소품종 대량생산 전략은 몇 종류의 제품만 생산하지만 각 제품을 많이 만들어서 규모의 경제를 추구하는 방향이다. 이에 반해 다품종 소량생산은 아주 다양한 제품을 조금씩 만들어서 범위의 경제를 추구하는 전략이다.

〈표 7-3〉 소품종 대량생산 전략과 다품종 소량생산 전략의 장점 비교

	소품종 대량생산 전략	다품종 소량생산 전략
장점	– 생산비용 절감 – 생산계획 단순화 – 생산공정 효율성	– 소비자 만족 – 시장대응 신축성 – 포트폴리오 다양성

〈표 7-3〉에 정리되어 있는 것처럼, 두 전략은 당연히 각각의 장단점이 있다. 소품종 대량생산은 전통적인 생산 전략의 주류를 이루던 방식이다. 말 그대로 대량생산(mass production)에서 얻을 수 있는 비용절감 효과가 있고 또 품목이 간단하기 때문에 생산계획이나 관리의 효율성을 높일 수 있다. 이에 반해 시장과 고객의 다양한 입맛을 맞추기에는 문제가 있다. 이에 비해 다품종 소량생산은 최근에 소비자의 기호가 다양해지고 제품의 수명주기가 짧아지면서 많은 기업들이 추구하고 있는 방식이다. 이 전략의 핵심은 고객맞춤(customization)에 있다. 따라서 효율성이 낮은 단점이 있지만 대신 신축성이 높은 장점이 있다. 또 제품 포트폴리오의 다양성이 높기 때문에 마케팅의 위험도가 상대적으로 낮다. 하나의 제품이 시장에서 실패한다고 하더라도 다른 제품이 성공할 수 있기 때문이다.

결국 생산범위의 전략은 기업이 추구하는 목표나 생산하는 제품의 성격에 따라 결정할 과제이다. 그러한 의미에서 요즈음에는 이른바 mass customization 전략, 우리말로 대량맞춤 전략이 각광을 받고 있다. 이 전략은 한편으로는 대량생산의 효율성을 살리면서 다른 한편으로는 다품종생산의 신축성을 유지하려는 전략이다. 그렇게 하기 위해서는, 다양한 제품 라인을 갖추어 소비자의 기호에 대응하면서 동시에 제품구조나 생산방식이 비슷한 제품들을 묶어서 대량으로 생산할 수 있도록 생산계획도 짜고 생산공정도 설계해야 한다.

대량맞춤 생산 방식의 예: 신발 시장

1.6 생산량의 결정전략: 생산량을 어떻게 정할 것인가?

생산전략 가운데 또 하나의 중요한 주제는 일정 기간 내의 생산량을 결정하는 일이다. 즉 한 달이면 한 달, 일 년이면 일 년이라는 시간 동안에 필요한 양을 어떻게 나누어 생산할 것인가를 정하는 전략이다.

생산량을 정하는 전략은 크게 Level 전략(level strategy)과 Chase 전략(chase strategy)으로 나눈다. Level 전략은 말 그대로 항상 동일한 양을 생산하는 전략이다. 예를 들어 올해 12,000개의 수요가 있을 것으로 예상되면 매달 1,000개씩 똑같은 양으로 나누어 생산하는 식이다. 이에 반해 Chase 전략은 그때그때 필요한 양만큼 수요를 따라가면서 생산하는 전략이다. 만일 7월의 수요가 3,000개로 가장 많으면 7월에 3,000개를 생산하고 12월의 수요가 300개 밖에 안 되면 12월에는 300개만 생산하는 식이다.

Level 전략과 Chase 전략은 각각의 장점과 단점이 있다. 〈표 7-4〉에 정리되어 있는 것처럼, Chase 전략은 재고나 주문잔량이 없고 또 인력이나 설비를 쉬게 하는 일이 없다는 것이 큰 장점이다. 그러나 그때그때 생산계획을 바꾸어야 하고, 주문이 한꺼번에 밀려 사람이 필요하면 임시로라도 채용해서 쓰다가 바로 해고해야 하는 어려움이 있다. 당연히 종업원들의 불안감이 생기는 것은 물론 외부에서 기업을 바라보는 이미지도 나쁠 수밖에 없다. 이에 반해 Level 전략은 생산관리와 인력관리를 안정적으로 할 수 있는 장점이 있는가 하면, 재고가 남거나 주문을 제 때에 맞추기 어려운 문제가 발생할 수 있다.

〈표 7-4〉 Chase 전략과 Level 전략의 장점/단점 비교

	Chase 전략	Level 전략
장점	- 재고관리 비용 최소화 - 주문관리 비용 최소화 - 유휴인력 비용 최소화	- 생산계획 비용 최소화 - 인력관리 비용 최소화 - 고용 안정
단점	- 생산계획 비용 - 고용관리 비용 - 사회의 부정적 반응	- 재고관리 비용 - 주문관리 비용 - 잔업/유휴인력 비용

제2절 생산계획에 대한 이해

2.1 생산계획의 기본: 생산은 어떤 기준으로 계획하는가?

경영학의 입장에서 기업의 생산기능을 다룬다는 것은 생산현장에서 실제로 물건이나 서비스를 만드는 사람과 기계의 기능적이고 기술적인 내용만을 가리키는 것은 아니다. 더 넓은 의미에서 재무, 인사, 마케팅, 연구개발 등의 다른 경영기능과 연결한 전체적인 관점에서, 무엇을 어떻게 만들 것인가에 대한 전략적인 의사결정을 하고, 언제 얼마만큼을 만들 것인가에 대한 계획을 수립하는 것을 의미한다.

시장의 수요를 미리 예측하고, 그 수요를 만족시키기 위해 일정에 따라 완제품과 부품을 얼마만큼 생산할 것인가를 정하는 것이 생산계획(production planning)이다. 생산계획은 어느 정도의 기간에 대한 계획을 수립하느냐에 따라 장기계획, 중기계획, 단기계획으로 나눌 수 있다. 장기계획은 보통 1년 단위로 수년 간의 계획을, 중기계획은 1~3개월 단위로 6~18개월의 계획을, 단기계획은 1주 단위로 수 주에 대한 계획을 세우게 된다.

다음 [그림 7-5]는 전체적인 생산계획 활동이 기업의 다른 활동들과 어떻게 연결되어 있는지를 나타내고 있다. 생산계획은 크게 보아, 수요예측-생산계획-자원계획의 세 축으로 이루어진다. 제일 왼편 열에 있는 것이 장기-중기-단기의 기간에 따라 수요를 예측한 정보이다. 수요에 대한 예측은 실제 생산계획의 수립에 가장 일차적이고 또 필수적인 기본정보를 제공하게 된다. 가운데 열에 있는 것이 바로 생산계획이다. 나중에 다시 설명하겠지만, 생산계획은 총괄계획 → 대일정계획 → 자재계획 → 일정계획의 계층을 따라 이루어진다. 제일 오른편 열에 있는 것이 생산에 필요한 자원의 조달 계획이다. 자원계획은 생산을 위해 어느 정도의 자원이 필요한지를 알려주는 역할을 하기도 하지만 동시에 자원의 조달이 가능한지 불가능한지를 알려줌으로써 생산계획을 수정 내지 보완하는 역할을 하기도 한다.

여기서는 생산계획의 첫걸음이 되는 수요예측에 대해 먼저 알아보고, 그 다음에는 생산계획의 주요 활동 하나하나를 살펴보기로 하자.

[그림 7-5] 생산계획 활동

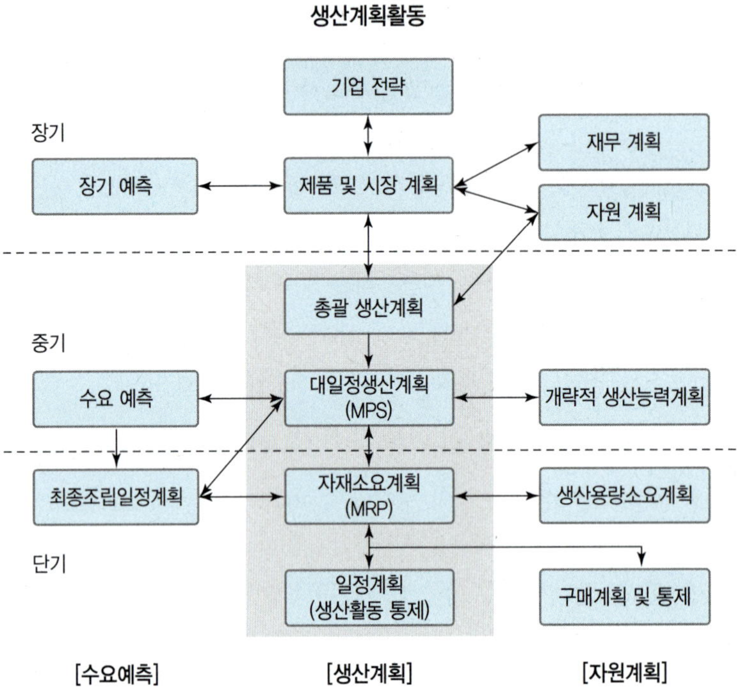

2.2 수요의 예측: 수요는 어떻게 파악할 수 있는가?

2.2.1 수요예측의 기본

생산계획은 한마디로 무엇을 언제 얼마만큼 만들 것인가를 정하는 것이다. 이것을 정하기 위해서는 먼저 무엇이 언제 얼마만큼 필요한가에 대한 정보가 있어야 한다. 문제는 이러한 정보가 미래에 관한 것이기 때문에 누구도 정확하게 알 수 없다는 데 있다. 따라서 가능하면 정확하고 신속하게 시장과 고객의 수요를 예측하는 것이 중요하다.

수요예측(demand forecasting)이란 언제, 얼마만큼의 제품 혹은 서비스가 판매될 것인가를 전망하는 활동이다. 수요예측이 필요한 직접적인 이유는 수요에 대한 정확한 예측을 바탕으로 생산계획을 수립해야, 재고가 넘치거나 부족한 문제라든가 생산설비가 쉬거나 너무 심하게 사용되는 문제를 사전에 방지할 수 있기 때문이다. 그러나 더 중요한 문제는 생산계획이 한번 수립되면 이에 따라 재무, 인사, 마케팅 등의 다른 부서도 함께 움직인다는 데 있다. 수요예측이 잘못되면 생산계획이 잘못되고, 제때에 제대로 생산이 이루어지지 못하면 기업의 모든 경영기능이 연쇄적으로 심각한 타격을 입게 되는 것이다.

이러한 이유 때문에, 오래 전부터 수요예측은 생산관리나 마케팅관리의 중요한 연구주제와 실무기능으로 다루어져 왔고 여러 가지 예측기법들이 개발되었다. 다양한 기법들은 크게 사람의 주관적인 판단에 근거하는 정성적 예측법(qualitative forecasting methods)과 과거의 수요 데이터에 근거하는 정량적 예측법(quantitative forecasting methods)으로 나눌 수 있다.

2.2.2 정성적 수요예측

정성적 예측은 경영자의 판단이나 경험, 영업부의 의견, 시장조사 등을 참고하여 주관적으로 미래의 수요를 예측하는 방법을 통틀어서 부르는 개념이다.

정성적 예측을 하는 경우에는 다음 세 가지를 들 수 있다. 첫째는 정량적인 예측에 필수적인 과거의 데이터가 없거나 데이터의 수집에 지나치게 많은 비용과 시간이 드는 경우이다. 특히 새롭게 시장에 출시되는 신제품의 경우 과거의 판매기록이 없기 때문에 정성적 예측에 의존할 수 밖에 없다. 둘째는 외부환경 요인이 크게 변화하여 과거 데이터의 의미가 없어지거나 변질된 경우이다. 셋째는 시장의 수요가 어느 한 가지 요인의 특성보다 여러 요인들 사이의 복합적인 상호관계에 의해 결정되는 경우이다.

정성적 예측의 장점은 주로 소비자를 가장 잘 파악하고 있는 사람들이나 조직이 가장 현실적이고 직접적인 정보를 바탕으로 예측을 하기 때문에 그 과정이나 방식이 간단하면서도 명확하다는 데 있다. 하지만 소비자와 너무 가까이 있기 때문에 멀리 있는 다른 여러 가지 요인들, 예를 들어 신기술 정보라든지, 경쟁사의 동향 등을 고려하지 못할 수 있다는 단점이 있다. 또 주관적 판단으로 예측하기 때문에 과학적이고 논리적인 근거가 부족한 문제도 지적할 수 있다.

정성적 예측에서 자주 사용되는 대표적 방법으로는 지명집단 이용법(nominal group technique)과 같은 전문가집단 방법을 들 수 있다. 이 방법은 보통 10명 내외, 즉 8 내지 12명 정도의 전문가가 모여서 자유로운 토론(brainstorming)을 하거나 투표

(voting)를 통해 수요를 예측하는 방법이다. 여기서 말하는 전문가는 기업 내부와 기업 외부를 모두 포함한다. 기업내부의 경우에는 주로 경영기획, 마케팅, 생산 부문의 담당자들을 말하고, 기업외부의 경우에는 관련분야 전문가나 주요 고객 등이 될

덧붙이는 이야기: 델파이(Delphi) 방법

마케팅조사, 수요예측, 기술예측 등의 다양한 분야에서 전문가들의 판단을 이용하는 대표적 방법으로 델파이법이 있다.

델파이법의 원리는 한마디로 전문가 집단에 대한 반복적인 설문조사를 통해 신뢰성 있는 합의점을 도출하는 과정이라고 할 수 있다. 이 원리를 좀 더 자세히 알아보자. 먼저 여러 전문가들로부터 시장이나 기술의 미래 예측에 관한 의견을 수집하여 이를 통계적으로 분석한 후, 평균과 분산(표준편차)의 결과를 예측에 참여하였던 전문가들에게 알려준다. 처음에는 전문가들간에 편차가 크지만, 이 과정(라운드)을 반복하면서 전문가들이 자신들의 의견을 수정하도록 유도하면, 결국은 만족할만한 범위의 값으로 의견이 수렴된다.

아래 그림에서 보듯이, 라운드가 반복될수록 전문가 의견이 하나의 값 내지 좁은 범위의 값으로 수렴되는 경향을 보인다. 그러나 라운드를 반복할수록 신뢰도는 올라가지만 동시에 비용과 시간이 더 들기 마련이다. 따라서 관리자는 이 두 가지 상충 요소들을 고려하여 몇 번의 라운드를 시행할지를 결정해야 한다.

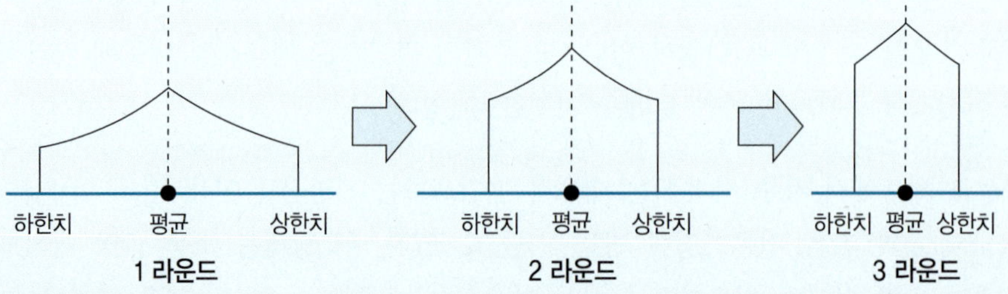

수가 있다.

시장조사법 또한 많이 사용되는 정성적 예측기법이다. 여기서는 사용자와의 인터뷰, 시장동향의 분석, 대규모의 설문조사 등 다양한 방법이 이용될 수 있다. 이 방법은 주로 개발된 신제품을 시장에 출시하기 전에 미래의 수요를 예측하기 위해 사용된다. 시장의 정보를 수요예측에 직접 반영하기 때문에 단기적으로는 정확도가 매우 높지만 장기적으로는 기술과 환경의 변화로 인해 정확도가 떨어질 수 있다. 또 시장에서 직접 자료를 수집하고 분석해야 하기 때문에 비용이 많이 소요된다.

2.2.3 정량적 수요예측

(1) 기본 개념

과거의 판매기록을 이용하여 좀 더 과학적이고 분석적인 방법으로 수요를 예측하는 방법이 바로 정량적 예측이다. 신제품의 경우에는 과거의 매출 정보가 전혀 없기 때문에 주관적인 판단과 정성적 방법에 의하여 수요를 예측할 수 밖에 없지만 이미 시장에서 판매되고 있는 기존제품들은 과거의 판매 기록이 있기 때문에 이를 이용하면 예측의 정확성을 높일 수 있다.

정량적 예측방법은 시간에 따른 과거 정보를 이용하기 때문에 시계열 분석법(time-series analysis)이라고 부르기도 한다. 시계열 자료란 동일한 시간 간격을 두고 얻어진 관찰 자료의 집합으로, 예를 들어 일별 판매량, 월별 판매량, 분기별 판매량 등이 대표적인 시계열 자료라고 할 수 있다.

(2) 기본 방향과 예측 방법

시계열 자료를 이용하여 정량적 예측을 하는 방법의 기본 아이디어는 매우 상식적이라고 할 수 있다. 물론 대단히 정교하고 복잡한 방법들도 많이 있지만 이 책에서 다룰 수 있고 또 실무에서 주로 사용하는 방법들은 누구나 이해할 수 있는 정도의 것들이다. 미래의 수요를 예측하기 위해서는 우선 과거의 자료를 시각적으로 살펴보고 어떤 양상을 보이는지를 살펴보게 된다. 이 때 나타나는 양상은 크게 네 가지 경우로 나눌 수 있다. 각 경우의 특성과 그 특성을 토대로 실제로 수요 예측을 하는 방법의 내용을 간략히 알아보자.

1) 단순변동의 경우

첫 번째, 별다른 특징없이 오르락 내리락 하는 즉 단순변동(random variation)만 있는 경우를 보자. 이러한 상황에서 상식적인 판단으로 미래의 예측치를 찾는다면 당연히 과거의 평균값(average)이 될 것이다.

그러면 그 다음의 질문은 여러 가지의 평균 개념 가운데 어떤 평균값을 사용할 것인가 하는 문제가 된다. 물론 가장 간단한 방법은 과거 자료 전체의 산술평균을 쓰는 것이다. 그러나 이 방법은 다음 두 가지의 문제를 가지고 있다. 첫째는 데이터베이스 유지의 문제이다. 시간이 지나면서 모든 과거 데이터를 계속 유지하는 것은 비경제적이고 비효율적이다. 둘째는 정보의 진부화 문제이다. 미래에 가장 큰 영향을 미치는 것은 최근의 정보인데 모든 자료를 다 사용하면 그만큼 최근 정보의 가치는 떨어지게 된다. 이러한 문제를 해결 내지 보완하기 위해 수요 예측에서 주로 사용하는 평균은 이동평균과 지수평균이다.

① 이동평균

먼저 이동평균(moving average)의 개념을 보자. 이동평균은 용어가 의미하는 것처럼, 시간의 흐름에 따라 계속 움직이면서 가장 최근의 자료만을 가지고 계산한 평균이다. 즉, 가장 오래된 판매량 자료를 삭제하는 대신 가장 최근의 자료를 추가하여 평균값을 갱신함으로써 미래의 수요를 예측하는 방법이다. 이렇게 하면 들어오는 데이터 양과 나가는 데이터 양이 같기 때문에 데이터베이스는 늘 일정 수준으로 유지할 수 있다. 이 때, 중요한 문제는 '최근'의 자료라고 할 때 최근을 어느 정도 기간으로 보느냐 하는 것이다. 이 기간을 흔히 m의 값으로 나타낸다. 예를 들어 월별 자료를 가지고 평균을 구한다고 할 때, m=6이라면 6개월 이동평균이 되고, m=12라면 12개월 이동평균이 된다. m 값이 작을수록 최근 정보에 대한 민감도(sensitivity)가 올라가는 장점이 있는 반면 m 값이 커질수록 안정성(stability)이 올라가는 장점이 있다.

이제 이동평균을 구하는 방법을 구체적으로 살펴보자. 2016년 말 시점에서, 지난 2016년 한 해 동안의 판매량에 대한 월별 자료를 가지고 있고, 이동평균으로 2017년 1월의 수요량을 예측하고자 한다. 이 때, 12개월 (m=12) 이동평균을 쓴다고 하면, 2016년 1월부터 2016년 12월까지의 12개월 평균이 곧 2017년 1월의 예측값이 된다. 만일 6개월 (m=6) 이동평균을 쓴다고 하면, 2016년 7월부터 2016년 12월까지의 6개월 평균이 2017년 1월의 예측값이 된다. 다시 1개월이 지나 2017년 1월 말에 2017년 2월의 수요를 예측한다고 하자. 역시 12개월 (m=12) 이동평균을 쓴다고 하면 2016년 2월부터 2017년 1월까지의 12개월 평균이 곧 2017년 2월의 예측값이 된다. 6개월 (m=6) 이동평균의 경우에는 2016년 8월부터 2017년 1월까지의 6개월 평균이 2017년 2월의 예측값이 된다.

② 지수평균

다음으로 지수평균(exponential average)의 개념을 보자. 앞의 이동평균에서는 최근 m개의 데이터만 사용하기는 하지만 그 m개의 데이터 하나하나가 차지하는 비중(weight)은 1/m로 동일하기 때문에 가장 최근의 값에 더 큰 비중이 주어지지 못하는 문제가 있다. 이러한 문제를 보완하여 가장 최근의 데이터에 더 많은 비중을 주기 위해 사용하는 평균이 지수평균이다.

지수평균은 한마디로 가장 최근 값의 비중을 α로 정한 후에, 데이터가 오래될수록 비중의 값을 지수함수의 비율로 줄여나가는 방법이다. 따라서 가장 최근의 값에 가장 큰 비중이 주어지고, 계속해서 그 이전의 모든 데이터에 대해서는 지수의 비율로 줄어드는 비중을 주게 된다. 예를 들어 α=0.5라고 하자. 그러면 평균의 계산에서 가장 최근 값은 0.5의 비중을 갖게 되고 그 이전 값은 0.25, 그 이전 값은 0.125, 그 이전 값은 0.0625 하는 식으로 그 비중이 지수의 비율로 줄어들게 된다.

2) 단순변동과 추세의 경우

두 번째, 단순변동에 추세(trend)가 있는 경우를 보자. 추세가 있다는 말은 수요가 단순히 오르락 내리락 하는 것이 아니라 시간의 흐름을 따라 일정한 방향성을 가지고 변한다는 것을 뜻한다. 추세에는 꾸준히 수요가 늘어나는 추세가 있을 수도 있고 반대로 계속 줄어드는 추세가 있을 수도 있다. 이 경우에 수요예측을 하는 방법의 기본적 아이디어도 대단히 상식적인 것이다. 즉 과거의 평균값에다 예측기간에 해당되는 추세의 차이를 더하거나 빼 준다는 것이다. 이 때 평균값은 앞에서 설명한 이동평균이나 지수평균을 통해 계산할 수 있다.

예를 들어, 만일 과거 판매량의 평균이 100이고 한 달에 10개씩 늘어나는 추세가 있다고 하자. 그러면 다음 달의 예측은 평균값 100에다가 추세값 10을 더한 110이 된다. 반대로 같은 양만큼 줄어드는 추세라면 예측값은 90이 된다.

3) 단순변동과 계절성의 경우

세 번째, 단순변동에 계절성(seasonality)이 있는 경우를 보자. 여기서 말하는 계절은 봄, 여름, 가을, 겨울 하는 계절만을 뜻하는 것이 아니라 몇 개의 기간으로 나누었을 때 기간 사이에 수요의 차이가 존재하는 일반적인 경우를 뜻한다. 예를 들어 에어컨이나 빙과류와 같이 여름에는 수요가 크게 늘었다가 겨울에는 크게 감소할 경우의 계절은 말 그대로 계절을 의미한다. 하지만 주중에는 수요가 없다가 주말에는 붐빌 경우의 계절은 주중과 주말을 가리킨다.

계절변동이 있을 경우의 수요예측은, 과거의 평균값에다 해당되는 계절변동의 수준을 곱하는 것을 기본 아이디어로 한다. 여기서 수준은 일종의 지수(index)를 말하는 것으로, 모든 계절의 평균 수요를 1로 하였을 때 평균보다 수요가 많은 계절의 수준 즉 계절지수(seasonal index)는 1보다 큰 값으로 하고 적은 계절의 수준(지수)은 1보다 작은 값으로 한다.

예를 들어, 과거에 평균 연간 100개의 제품이 판매될 때, 계절별로 평균 봄 25개, 여름 50개, 가을 12.5개, 겨울 12.5개가 판매되었다고 가정하자. 만약 계절적 효과가 존재하지 않고 연간 수요가 일정하다면 봄, 여름, 가을, 겨울 모두 평균 25개 정도씩의 제품이 판매될 것이다. 즉 평균 수요는 25가 된다. 이 때 계절지수를 (실제 계절별 매출)÷(연간수요가 일정할 때 계절별 매출)로 정의하면, 계절지수(봄)=25/25=1, 계절지수(여름)=50/25=2, 계절지수(가을)=12.5/25=0.5, 계절지수(겨울)=12.5/25=0.5가 된다. 어느 계절의 수요를 예측하기 위해서는 평균값에다 해당되는 계절의 계절지수 값을 곱하면 된다.

4) 단순변동, 추세 및 계절성의 경우

네 번째, 가장 복잡한 경우로 단순변동에 추세와 계절성이 모두 존재할 때를 보자. 이 경우에도 기본 아이디어의 차이는 없다. 즉, 두 단계로 나누어 첫 단계에서는 단순변동과 추세를 고려하여 과거의 평균에 추세를 더하거나 뺀 후, 다음 단계에서는 그 값에 계절지수를 곱하는 방식으로 수요를 예측하는 것이다.

〈표 7–5〉에 앞의 네 가지 경우의 특성과 적합한 수요예측 방법에 대한 내용을 정리하였다.

〈표 7-5〉 경우에 따른 수요의 특성과 예측방법의 내용

수요의 양상	예측의 기본 방향
단순변동만 있는 경우	과거의 평균값을 예측값으로 사용
단순변동에 추세도 있을 경우	과거의 평균값에 추세값을 더하거나 빼서 예측값으로 사용
단순변동에 계절성도 있는 경우	과거의 평균값에 계절지수를 곱하여 예측값으로 사용
단순변동에 추세와 계절성이 있는 경우	과거의 평균값에 추세값을 더하거나 뺀 후에 계절지수를 곱하여 예측값으로 사용

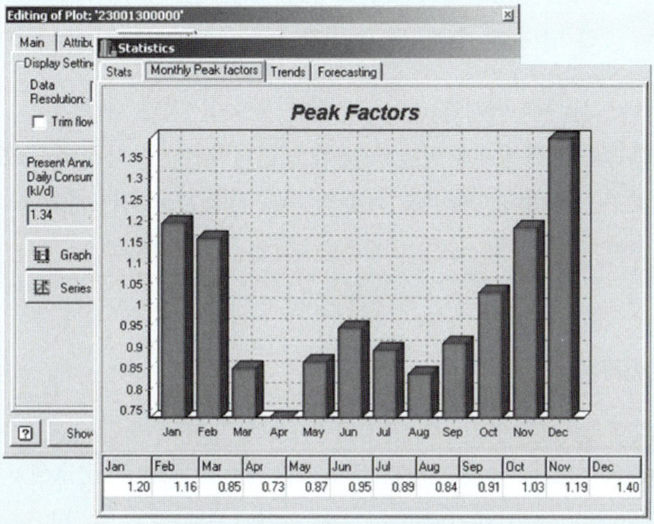

정량적 수요예측을 보조하는 수요예측 시스템

2.3 생산계획의 수립: 생산량과 일정은 어떻게 정하는가?

오늘날의 생산계획은 옛날과 같은 주먹구구식 방식이 아니라 매우 과학적이고 체계적인 구조와 절차를 따르고 있고 실제의 관리도 모두 컴퓨터 프로그램에 의해 자동으로 이루어지고 있다. 생산계획은 크게 장기계획–중기계획–단기계획의 계층으로 구성된다. [그림 7–5]에 정리되어 있는 것처럼, 장기–중기–단계의 계획은 시간적으로도 연결되어 있고, 상위계획의 생산량과 하위계획 생산량의 합이 일치하는 원리로 되어 있다.

2.3.1 장기 생산계획

장기 생산계획은 한마디로 중장기 제품 및 시장 계획을 가리킨다. 향후 수년간 생산될 품목은 무엇이며 목표 시장은 어디인가를 정하고 개략적인 판매 계획을 수립하는 것이다.

장기 생산계획은 보통 향후 3~10년에 대한 기업 전략의 수립으로부터 시작된다. 기업의 전략적인 목표가 글로벌 기업이 되고자 하는 것인가 아니면 국내시장의 일등이 되기를 바라는 것이냐에 따라, 혹은 다품종 소량 생산이냐 아니면 소품종 대량 생산이냐에 따라 장기적인 생산계획이 전혀 달라지기 때문이다. 구체적으로 기업 전략은 기술 수준, 품질 및 가격 수준, 목표 시장 등을 결정하는 일로 이루어진다.

이 과정에서 반드시 이루어져야 하는 또 다른 활동은 장기 예측이다. 크고 넓은 관점에서 세계경제나 국가경제에 어떤 일들이 일어날 것이며, 사회의 구조나 사람들의 의식이 어떤 모습으로 바뀔 것이며, 기술은 어느 수준으로 진보하고 어떤 새로운 기술이 출현할 것인가 들에 대한 장기 예측(foresight)이 필요하다.

2.3.2 중기 생산계획

장기계획에 의해 생산할 제품군이 결정되면, 개별 제품에 대한 구체적인 생산계획이 수립되어야 한다. 이러한 계획은 보통 1년(year) 정도의 단위로 이루어지므로 중기 계획의 성격을 지닌다. 중기 생산계획은 크게 총괄생산계획(Aggregate Plan: AP)과 대일정생산계획(Master Production Schedule: MPS)으로 구성된다.

상위의 총괄생산계획은 보통 일년을 기간으로 하여 주요 생산제품의 분기별(quarter) 내지 월별(month) 생산량을 정하는 것이다. 예를 들어 전자제품 생산 공장이라면 공장 전체의 관점에서 에어컨의 월별 생산계획, TV의 월별 생산계획, 냉장고의 월별 생산계획 등을 세우는 것이 총괄생산계획이 된다. 이 때 앞 절에서 설명한 Level 전략과 Chase 전략 가운데 어느 생산 전략을 선택하느냐에 따라 월별 생산량은 크게 달라지게 된다. 만일 Level 전략을 사용한다면 매월의 생산량은 거의 일정할 것이고, Chase 전략을 사용한다면 매월의 생산량은 수요예측에 맞추어 큰 차이를 보이게 될 것이다.

그 다음의 대일정생산계획은 개별 제품에 대해 일주일(week) 단위의 세부적인 생산

일정을 세우는 것이다. 당연한 말이지만, 대일정생산계획의 생산량을 합한 값은 총괄생산계획의 값과 반드시 일치해야 한다.

2.3.3 단기 생산계획

단기 생산계획은 다음 두 가지의 계획을 의미한다. 첫째는 완제품에 대한 일(day) 단위의 생산 계획을 작성하는 것이다. 둘째는 완제품을 생산하기 위해 필요한 부품과 원자재의 생산계획을 작성하는 것이다. 부품 내지 원자재의 생산계획이 바로 자재소요계획(Material Requirement Planning: MRP)이다. 이 때 주의할 점은 자재소요계획은 독자적으로 세우는 것이 아니라 앞의 대일정생산계획에 따라 자동적으로 정해진다는 것이다. 즉 완제품 생산계획이 정해지면 그 일정과 수량에 맞추어 필요한 부품이 무엇인지, 또 그 부품은 언제 얼마만큼 생산되어야 하는지를 알 수 있는 것이다.

예를 들어 제품 A를 만드는 데 2 단위의 부품 B와 5 단위의 부품 C가 필요하고, 부품 B와 C를 가공하는 데 각각 일주일이 걸린다고 하자. 현재의 생산계획에 의하면 100개의 제품 A가 지금부터 16주 후에 만들어져야 한다. 그러면 부품 B 200단위(=100×2)와 부품 C 500단위(=100×5)의 가공이 지금부터 15주 후부터는(제품생산 일주일 전) 시작되어야 한다. 이러한 제품−부품−원자재의 관계는 자재명세서(Bill Of Material: BOM)라는 정보로 컴퓨터에 입력되어 있다.

2.3.4 일정계획

마지막으로 자재소요계획이 확정되면, 이를 토대로 생산현장에서 하루하루 부품을 만들고 제품을 조립하는 세부적인 생산일정이 만들어진다. 즉, 제품을 완성하기까지 수행될 모든 작업을 구체적으로 기계 및 작업자에게 할당하고 각 작업이 수행되어야 할 정확한 시간을 정하는 계획이 수립되어야 하며, 실제로 계획대로 제대로 진행되는지를 그때그때 지켜보면서 문제가 생길 때마다 발 빠르게 대응해야 하는 것이다. 이 일을 일정계획(scheduling)이라고 부른다.

일정계획에서는 먼저 작업의 분배(loading)가 이루어진다. 작업 분배란 자재소요계획(MRP)에 따라 작업 지시가 내려오면(dispatching) 개별 작업을 해당하는 작업장(work center)에 할당하는 일을 가리킨다. 이어서 작업 순서의 결정(sequencing)이 이루어진다. 각 작업장에는 여러 개의 개별 작업이 분배되기 때문에 항상 작업이 줄을 서서 기다리게 된다. 따라서 어떤 순서로 작업을 처리할지를 정해야 하는 것이다.

2.3.5 프로젝트 일정관리

지금까지는 생산계획 및 일정계획에 관한 주제를 다루었다. 주로 표준화된 제품을 반복적으로 대량생산하는 시스템을 대상으로 생산 계획을 수립하고, 그 계획에 맞추어 매일 매일의 생산 과정을 관리하는 문제에 초점을 맞춘 것이다.

그러나 기업이 모두 표준화된 제품을 반복 생산하는 것은 아니다. 새로운 제품이나 소프트웨어를 개발한다든가, 고층 건물을 신축한다든가, 유조선을 건조한다든가 하는 것들은 설계도에 따라 각각의 모양과 구성이 달라진다. 나아가 설계에서 제작까지의 과정도 복잡하고 일정도 유동적이다. 더구나 작업들 사이에는 순서가 있어서 앞의 작업이 끝나야만 다음 작업을 시작할 수 있다. 이러한 성격을 지닌 제품을 프로젝트(project)라고 한다. 또한 프로젝트의 전체 일정을 계획하고 관리하는 이론과 기법을 다루는 주제를 프로젝트 관리(project management)라고 한다.

프로젝트 성격의 제품은 표준화 제품과 비교하여 다른 특성을 가지고 있다. 따라서 앞에서 알아본 수요예측–생산계획–일정계획의 계층적 구조와 다른 새로운 원리나 방식이 필요하다. 특히, 제품을 생산하는 데 필요한 작업이 무엇이고, 그 작업이 어떤 순서로 진행되어야 하며, 개별 작업이 언제 시작되고 언제 완료되어야 하고, 각 작업에 소요되는 시간이 어느 정도인지에 대한 정보를 고려해야 한다. 이러한 특성을 반영하여 프로젝트의 일정 계획과 관리에 자주 사용되는 대표적인 기법으로 간트 차트(Gantt chart)와 PERT(Program Evaluation and Review Technique)가 있다.

(1) 간트 차트

간트 차트는 일정관리를 위해 오래 전부터 사용되어 온 전통적 기법으로 구조와 내용이 매우 간단하다. 간트 차트는 생산과정의 주요 활동들을 파악한 후, 각 활동의 일정을 그것이 시작되고 끝나는 시점을 연결한 막대 모양으로 표시하여 전체적 내용과 흐름을 알 수 있게 만든 도표이다. 아마 여러분들도 이런저런 생산현장이나 공사현장에서 간트 차트를 자주 보았을 것이다. 예를 들어 완제품의 생산을 위해 A, B, C, D 네 개의 활동이 필요하다면, [그림 7–6]에서 보듯이, 각 활동의 일정을 차트

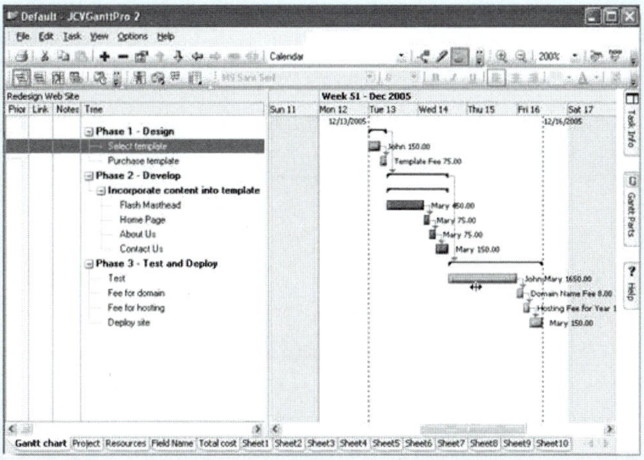

간트 차트를 그려주는 소프트웨어의 예시

위의 도표로 나타내는 것이다.

[그림 7-6] 간트 차트

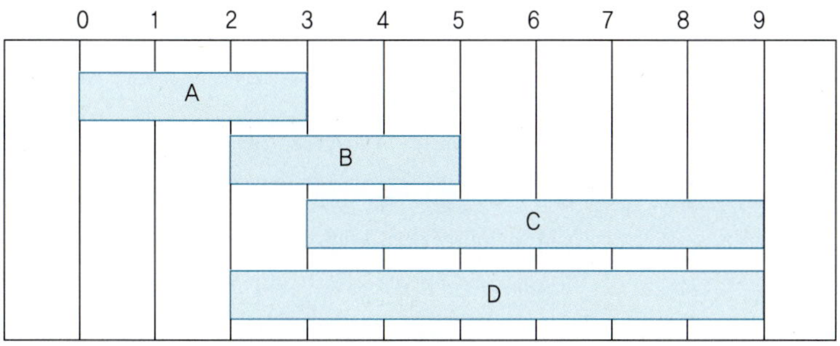

간트 차트

간트 차트는 누구나 이해하고 사용하기 쉽다는 장점이 있어 일정관리의 대표적인 기법으로 많이 사용되어 왔다. 그러나 간트 차트는 몇 가지 단점이 있다. 첫째, 작업의 수가 많고 구조가 복잡하면 그 내용을 간트 차트 위에 모두 표현하기가 거의 불가능하다. 따라서 간트 차트는 소규모의 단순한 일정관리에만 유용하다. 둘째, 일정이 불확실하거나 자주 바뀌는 상황에 대한 신축적 대응이 매우 어렵다. 따라서 간트 차트는 안정적인 상황의 일정관리에만 적용할 수 있다. 셋째, 간트 차트는 자원 배분의 효율성을 고려할 수 없다. 작업들간의 우선 순위를 어떻게 정할지, 어떤 작업이

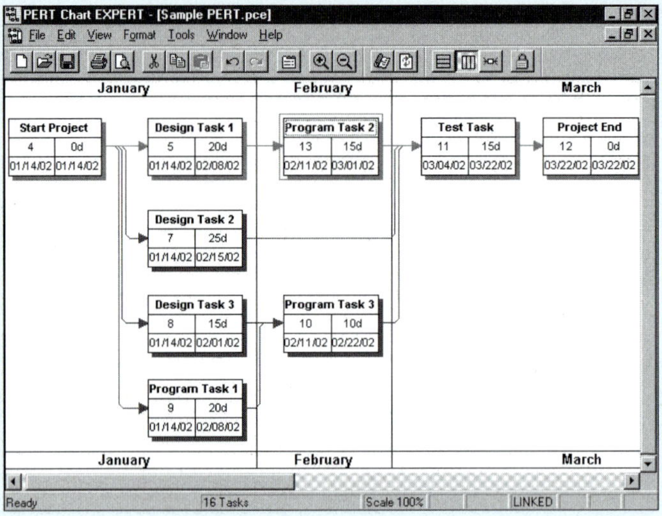

PERT를 그려주는 소프트웨어의 예시

급하고 어떤 작업이 여유있는지 등 관리에 필요한 정보를 수집하기가 어렵다.

(2) 네트워크 차트와 PERT

간트 차트의 단점을 보완하기 위해 개발된 차트가 네트워크 차트(network chart)이다. [그림 7-7]에서 나타나 있는 것처럼, 간트 차트에 비해 네트워크 차트는 전체적 구조를 잘 보여주면서 동시에 작업들간의 입체적 연관성도 알 수 있게 해 준다.

네트워크 차트를 토대로 일정을 관리하는 기법으로 개발된 것이 PERT이다. PERT는 1950년대 후반에 미 해군에서 대규모 프로젝트의 관리를 위해 개발한 기법으로, 크게 PERT 구성 → PERT 분석 → PERT 평가의 세 단계로 이루어진다. 첫 단계는 앞에서 설명한 PERT 네트워크를 구성하는 과정이다. 이 단계를 통해 제품을 생산하기 위해서 어떤 개별 작업들이 필요하며 각 작업이 어떤 순서로 연결되어 있는지를 알 수 있다. 두 번째 단계는 PERT 분석을 통해 관리 대상이 되어야 하는 주요 작업들을 찾는 과정이다. 이 단계를 통해 일정관리가 중요한 작업들을 찾고 그렇지 않은 작업들에 대해서는 어느 정도의 여유시간이 존재하는지를 분석한다. 그리고 최종적으로 제품생산을 완료하는데 걸리는 시간이 어느 정도인지를 확인한다. 마지막 과정은 PERT 결과에 대한 평가를 토대로 전략적 의사결정을 내리는 과정이다.

이 단계를 통해 일정을 더 줄여야 하는지, 만약에 줄여야 한다면 어느 작업부터 줄여야 하는지를 판단하게 된다.

[그림 7-7] 네트워크 차트의 예시

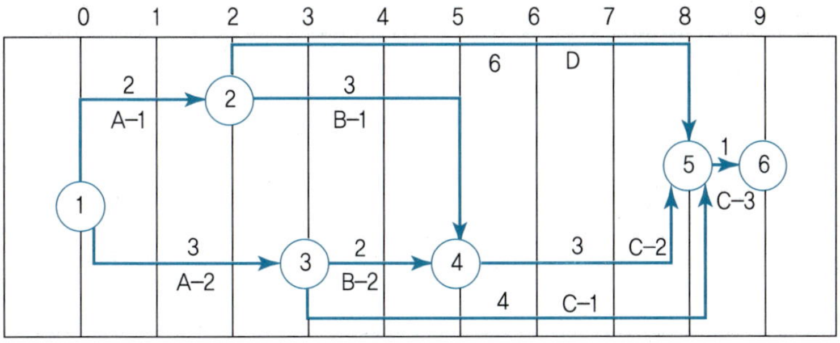

네트워크 차트

덧붙이는 이야기: PERT와 R&D 프로젝트 일정관리

일정관리는 생산뿐 아니라 연구개발(R&D)과 같은 프로젝트 관리에도 매우 중요하다. 프로젝트는 여러 개의 세부 작업(task)들로 구성되고 각 작업들은 서로 복잡한 선후관계를 맺기 때문에 PERT에 의한 일정관리가 자주 사용된다.

어느 연구개발 프로젝트가 아래의 PERT 차트에 나타나 있는 것처럼, A에서 F까지 6개의 세부 작업으로 구성된다고 하자.

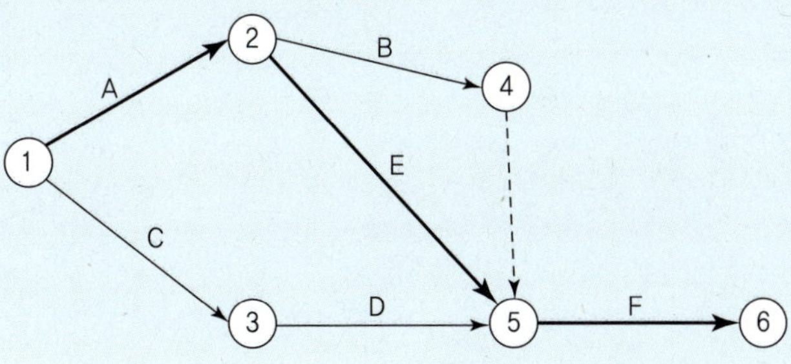

PERT 알고리즘을 수행한 결과, 프로젝트의 첫 작업에서 출발하여 마지막 작업까지 가는 여러 경로(path) 가운데 A–E–F를 잇는 경로만 굵은 선으로 나타나는데 이 선을 주경로(critical path)라고 한다. 주경로는 다음 두 가지 이유 때문에 PERT에서 매우 중요한 의미를 갖는다. 첫째, 주경로는 모든 경로 가운데 길이가 가장 긴 경로이고 따라서 주경로의 길이를 알면 곧 프로젝트 전체의 소요 시간을 알 수 있기 때문이다. 둘째, 주경로 상에 있는 작업(여기서는 A, E, F)은 여유시간이 없는 작업, 즉 그 작업이 하루 늦어지면 프로젝트 전체가 하루 늦어지는 핵심적인 작업이기 때문이다.

결국 PERT로 일정을 관리하게 되면 프로젝트를 끝내는데 얼마나 긴 시간이 걸리고, 어느 작업을 집중적으로 관리해야 하는지를 주먹구구식이 아니라 과학적 방법으로 계산하고 시각적 형태로 이해할 수 있는 장점이 있다.

토론문제 Discussion Topics

1. 제품을 고객의 요구사항과 요구시점에 따라 나누면 크게 MTS, ATO, MTO, DTO의 네 가지 유형으로 나눌 수 있다.

   (1) 각 유형의 특징에 대해 설명하고 각각에 해당하는 대표적인 제품들을 나열해 보라.

   (2) 자동차를 MTS 제품으로 보는 생산전략과 ATO로 보는 생산전략의 핵심적 차이를 설명하고, 두 전략의 장점과 단점을 비교하라.

2. 제품의 생산공정을 설비배치에 따라 나누면 크게 Unit Job Shop, Batch Job Shop, Discrete Flow Shop, Continuous Flow Shop으로 나눌 수 있다. 각각의 특성에 대해 간단히 설명하시오.

3. 제품–공정 매트릭스(P–P matrix) 위에서 기회비용과 현금지출비용은 각각 어느 영역에서 왜 발생하는지를 설명하라.

4. 생산범위의 결정전략이란 얼마나 다양한 제품을 얼마나 많이 생산할 것인지에 대한 생산전략으로 여기에는 규모의 경제를 추구하는 소품종 대량 생산 방식과 범위의 경제를 추구하는 다품종 소량 생산 전략이 있다. 각 전략의 장단점에 대해서 생각해 보라.

5. 향후 6개월간 예측된 수요는 아래와 같다. 이를 만족시키기 위한 월별 생산량을 결정하고자 한다.

월	1월	2월	3월	4월	5월	6월
예측수요	200	400	600	600	300	300

   (1) 생산량의 결정전략에는 Level 전략과 Chase 전략이 있다. 각각의 경우에 월별 생산량이 어떻게 달라지는지 생각해 보라.

   (2) Level 전략과 Chase 전략의 장점과 단점을 각각 비교하라.

6. 수요예측기법들을 그 특성에 따라 종류별로 구분하고, 각 기법들의 장점과 단점에 대해서 설명해 보라. 또한 교재에 제시된 방식 이외에 수요를 예측할 수 있는 방법에는 어떤 것들이 있

을지 생각해 보라.

7. A 사의 경영진은 자사의 주력상품에 대한 분기별 수요를 예측하고자 한다. 올해까지 총 3년간의 분기별 판매자료가 다음과 같이 준비되어 있으며 이를 기반으로 내년도의 판매량을 예측하고자 하는 것이다.

분기	1	2	3	4	총계
2014	30	100	70	50	250
2015	25	120	75	60	280
2016	40	120	90	100	350

(1) 이동평균값을 이용하여 내년도 1사분기의 수요량을 예측하라. 이 때 평균 낼 기간을 4분기, 8분기, 12분기로 해 보고 기간이 늘어날수록 예측값이 어떻게 되는지에 대해 생각해 보라.

(2) 지수평균값을 이용하여 내년도 1사분기의 수요량을 예측하라. 이 때 지수값을 0.1, 0.5, 0.9로 해서 계산해 보고 α값을 크게 한다는 것이 어떤 의미인지에 대해 생각해 보라(단, 가중치의 총합을 1로 하기 위해 다음의 식을 사용하시오).

$$F_t = \alpha A_{t-1} + \alpha(1-\alpha)A_{t-2} + \alpha(1-\alpha)^2 A_{t-3} + \alpha(1-\alpha)^3 A_{t-4}$$

(단, F_t : t기의 예측수요, A_t : t기의 판매량, α : 지수값)

(3) 2017년의 총 매출액이 400이라는 경영자의 예측을 근거로 계절지수를 이용한 평균값을 구해보라. (단, 계절지수는 3개년도 계절지수의 평균값을 사용하라.)

(4) 과거 판매량 자료를 토대로 하였을 때, 위에서 제시한 이동평균값, 지수평균값, 계절지수를 이용한 평균값 중 어떤 방법을 사용하여 다음 분기 수요를 예측하는 것이 가장 좋을지 생각해 보라.

8. 생산계획은 계획의 대상이 되는 기간에 따라 장기계획, 중기계획, 단기계획의 세 단계로 나눌 수 있다. 각 단계에서의 어떠한 유형의 활동들이 이루어지는지를 살펴보라.

9. 프로젝트 관리의 전통적 기법인 간트 차트(Gantt chart)와 현대적 기법인 네트워크 차트(network chart)의 장점과 단점을 각각 비교하라.

CHAPTER

08

마케팅에 대한 경영 마인드

Business Mind

contents

이 장(Chapter)배경과 내용

전통적으로 이공계 인력은 상품화나 마케팅으로부터 멀리 떨어져 있었다. 그러나 최근에는 하이테크 제품이 늘어나면서 마케팅에도 기술적 전문성이 중요해지고 있다. 또 생산부문과 마케팅부문간의 원활한 커뮤니케이션을 위해서도 마케팅에 대한 이해가 필요해지고 있다.

그러나 무엇보다 중요한 것은 이공계 출신의 CEO가 되기 위해서는 마케팅을 잘 알아야 한다는 사실이다. 마케팅에는 항상 이중성이 존재한다. 제품을 팔기 위해서는 한편으로는 가격보다 낮은 원가로 개발하고 생산해야 부가가치를 만들어낼 수 있다. 이것은 공학도의 몫이다. 다른 한편으로는 구매자가 기대하는 가치가 공급자가 제시한 가격보다 더 커야 구매자는 그 차이를 보고 제품을 구매한다. 이것은 마케팅 전문가의 몫이다. 그리고 이 두 가지 조건을 모두 만족시키는 것이 CEO의 몫이다. 그러므로 공학도가 CEO가 되기 위해서는 공학도에게 부족한 마케팅 전문가의 몫을 채워야 하는 것이다.

전통적인 마케팅은 연구개발의 성과나 외부로부터 도입한 기술이라는 산출물을 상품으로 전환하여 시장에 출시하고, 가격이나 유통 전략을 수립하고, 고객이 실질적인 구매행동을 할 수 있도록 홍보하고 유인하는 활동을 모두 포함한다. 이러한 활동의 구체적인 내용을 알아보자. 한편, 하이테크 마케팅은 전통적인 마케팅과 대비되는 개념으로 최근에 많은 관심을 끌고 있고, 온라인거래라는 거래방식이 마케팅의 새로운 영역을 창출하고 있다. 마케팅의 새로운 이슈, 새로운 방법에 대해서도 알아본다.

CHAPTER 08

마케팅에 대한 경영 마인드

제1절 마케팅관리에 대한 이해

1.1 마케팅의 기본: 마케팅관리란 무엇인가?

연구개발을 마치고, 신제품이 개발되고, 마침내 완제품의 생산이 끝나게 되면 그 다음의 활동은 생산된 완제품을 고객에게 파는 일이 된다. 이것이 마케팅(marketing)이고 이 활동을 관리하는 것이 바로 마케팅관리이다.

좋은 제품을 만들면 잘 팔리던 시대의 마케팅은 단지 '물건을 파는' 활동만을 의미하였다. 그러나 오늘날의 마케팅은 훨씬 더 넓은 개념으로 받아들여진다. 시장의 경쟁이 치열해지고 상품이나 서비스의 독특한 가치를 내세우기 점점 어려워지면서, 마케팅의 본질이 물건이나 서비스를 파는 활동을 넘어 '소비자나 고객을 만족시키는' 활동으로 바뀌고 있다. 마케팅의 목적이 매출의 극대화로부터 소비자 만족의 극대화로 변하고 있을 뿐 아니라 소비자 만족이라든가 고객 감동이라는 슬로건이 마케팅의 제일 앞에 등장하고 있는 것이다.

이러한 추세에 따라 마케팅관리의 범위는 크게 확대되고 있다. 먼저, 새로운 제품의 기술적 성능과 경제적 가치를 테스트하는 활동이 마케팅의 범위에 포함되고 있다. 이 테스트를 통해 품질, 성능, 가격의 측면에서 소비자들을 만족시키기에 부족한 부분을 개선하고 보완하는 과정을 거치게 된다. 다음으로, 시장과 소비자의 특성과 동향을 알아보는 소비자 분석과 시장조사 활동도 마케팅의 한 부분이 되고 있다. 이런 사전 준비를 거친 후에 비로소 물건을 파는 판매 활동이 이루어지는데 이 활동 또한 당연히 마케팅에 포함된다. 이와 같이 다양한 활동이 마케팅관리에 포함되면서, 오늘날에는 통합적 마케팅(integrated marketing)이라는 용어가 자주 사용된다.

전통적 제품과 다른 하이테크 제품의 마케팅도 또 다른 주제로 다루어지는 추세이다. 나중에 자세히 설명하겠지만, 최근의 하이테크(high-tech) 제품들은 제품 자체의 기술적 성격도 다르고 고객이 그 제품을 받아들이는 양상도 많이 다르다. 이러한 특성을 고려하여 새로운 마케팅 전략과 방법을 수립하는 문제도 마케팅의 중요한 주제가 되고 있는 것이다.

마지막으로, 정보통신기술(IT)의 확산이 마케팅 활동에 미치는 영향도 큰 의미를 갖는다. 대표적으로, 온라인거래(electronic commerce)라는 새로운 거래 방식이 마케팅에서 중요한 비중을 차지하게 되었다. 따라서 온라인거래의 장점과 단점은 무엇이고, 구체적인 거래의 종류에는 어떤 것들이 있으며, 비즈니스 모델의 개념은 무엇인지 하는 문제를 마케팅관리에서 다루고자 한다.

그러면 공학도에게 마케팅관리가 갖는 의미는 무엇일까? 우선은 이공계 출신이 직접 마케팅을 하는 경우가 크게 늘어나고 있는 추세를 들 수 있다. 예전에는 공대 출신은 오로지 연구개발이나 생산 쪽에서 일하는 것으로 인식되었다. 그러나 하이테크 제품이 늘어나면서 마케팅에 기술적 전문성이 필요한 경우가 늘고 있고, 이에 따라 기술영업 인력(sales engineer)의 중요성이 크게 높아지고 있다. 다음으로, 생산 부문과 마케팅 부문간의 커뮤니케이션을 위해서도 마케팅에 대한 이해가 필요하다. 아무리 생산 분야의 일을 잘 알고 경험이 많다고 하더라도 마케팅 분야와 조화를 이루지 못하면 생산관리 자체도 원활히 이루어지지 못하게 된다.

그러나 무엇보다 중요한 것은 이공계 출신의 CEO가 되기 위해서는 마케팅을 잘 알아야 한다는 점이다. 마케팅에는 항상 이중성이 존재한다. 제품을 팔기 위해서는 한편으로는 가격보다 낮은 원가로 개발하고 생산해야 한다. 그래야 부가가치(value-added)를 만들어낼 수 있다. 이것은 공학도의 몫이다. 다른 한편으로는 구매자가 기대하는 가치가 공급자가 제시한 가격보다 더 커야 한다. 그래야 구매자는 그 차이를 보고 제품을 구매한다. 이것은 마케팅 전문가의 몫이다. 그리고 이 두 가지 조건을 모두 만족시키는 것이 CEO의 몫이다. 그러므로 공학도가 CEO가 되기 위해서는 공학도에게 부족한 마케팅 전문가의 몫을 채워야 하는 것이다.

1.2 시험과 출시: 신제품은 언제 어떻게 시장에 내보내는가?

1.2.1 상업화의 의미

마케팅은 상업화(commercialization)로부터 시작된다. 상업화는 기술적으로 성공한 연구개발 성과 또는 외부로부터 도입한 기술을 신제품으로 바꾸어 시장에 처음 소개하는 과정을 가리킨다. 따라서 상업화는 연구개발의 마지막 단계이자 동시에 마케팅의 첫 단계이기도 하다.

상업화는 한마디로 신제품을 시장에 내놓는 활동 즉 출시(launching)라고 할 수 있다. 출시가 이루어지기 위해서는, 먼저 신제품의 기술적 성능과 경제적 가치를 조사하고 확인하는 시험(testing) 작업이 이루어져야 한다. 신제품의 시험 작업은 크게 성능(performance) 시험과 시장(market) 시험으로 나눌 수 있다. 시험 절차를 거쳐 최종적인 출시가 이루어지는 전체적 과정이 [그림 8-1]에 나타나 있다.

[그림 8-1] 출시 절차의 흐름도(flowchart)

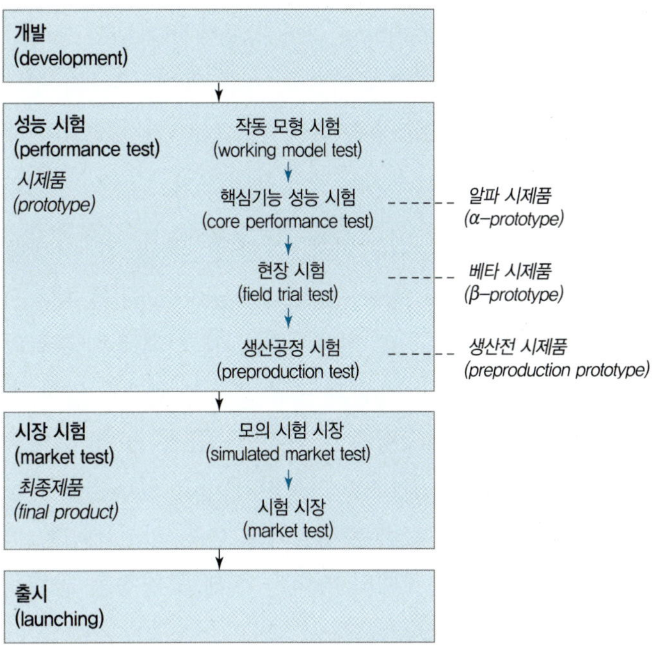

1.2.2 성능 시험

먼저 성능 시험(performance test)의 구체적인 내용을 알아보자. 개발 단계에서는 먼저 개별 부품이나 주요 모듈의 성능을 시험하는 작동 모형 시험(working model test)을 하게 된다. 이 시험은 말 그대로 일차적으로 만들어 본 작동 모형(working model)이 제대로 작동이 되는지 안 되는지(working or not)를 알아보는 수준에서 간단하게 이루어진다.

작동 모형이 제대로 작동하는 것을 확인하면 그 다음 단계에서 만드는 것이 시제품(prototype)이다. 시제품은 최종 제품과 거의 유사한 모양과 성능으로 만들어 본 모형이다. 시제품 제작 단계에서는, 크게 세 가지의 시험이 이루어진다. 첫 번째 시험은 알파 시제품(α–prototype)을 대상으로 핵심 기능의 성능을 시험하는 것이다. 알파 시제품은 최종제품과 같은 재질과 형상으로 된 부품을 사용하지만, 부품의 가공은 양산 공정이 아니라 실험 공정에서 만든 시제품을 가리킨다. 이 때의 시험은 시제품이 원래의 설계도대로 작동하는지(whether product works as intended)를 평가하는 것이다. 즉 작동이 되는 것은 물론 나아가 설계한대로 작동하는지를 실험실 상황에서 확인하는 것이다.

두 번째 시험은 베타 시제품(β–prototype)을 대상으로 한다. 베타 시제품은 필요한 부품의 가공은 양산 공정에서 하지만, 최종적인 조립은 수작업으로 만든 시제품이다. 이 때의 시험은 시제품이 실제 상황, 특히 최악의 극한 상황에서 제대로 작동하는지를 알아보는 현장 시험(field trial test)으로 이루어진다. 예를 들어, 온도가 영하 50도 이하로 내려간 상황이나 태풍과 같은 강한 풍속 하에서도 여러 가지 성능이 제대로 나오는지를 시험하는 것이다.

자동차의 프로토타입

세 번째 시험은 생산 전 시제품(preproduction prototype)을 대상으로 한다. 생산 전 시제품은 부품의 가공과 조립 모두를 실제의 양산 공정에서 하지만, 공정 능력 전체를 100% 가동하지 않고 일부만을 가동하는 방식으로 만든 시제품이다. 이 때의 시험은 실제로 공정을 돌렸을 때 제대로 된 제품들이 만들어지는가를 최종적으로 확인하는 작업을 뜻한다.

1.2.3 시장 시험

다음으로 시장 시험(market test)에 대해서 알아보자. 앞에서 설명한 성능 시험이 주로 기술적인 측면을 평가하는 것이라면, 시장 시험은 상업성과 경제성에 초점을 맞추어 평가한다. 시장 시험은 크게 모의시험 시장(simulated test market)과 시험 시장(test market)의 두 단계로 나눈다. 물론 이 두 단계를 반드시 거쳐야 되는 것은 아니며 제품의 성격과 시험의 여건에 따라 하나만 선택하여 수행할 수도 있다.

모의시험 시장은, 주로 뒤에서 설명할 시험 시장의 예비 단계로 수행되는 작업이다. 먼저 소규모의 가상 시장(simulated market)을 설치하고 신제품을 살 가능성이 높은 소비자들을 초청한다. 이들을 대상으로 신제품의 디자인과 기능 등을 상세히 알려준 후, 실험적으로 구매 행동을 하도록 유도한다. 구매를 하지 않는 소비자들에 대해서는 구매를 하지 않은 이유를 물어본다. 모의 구매가 끝나고 각자가 돌아간 후 일정 기간이 지나면, 실험에 참여한 소비자들을 대상으로 전화조사를 실시하여 신제품의 사용 경험과 반복구매 의사를 파악한다. 이러한 과정을 통해 수집한 정보는 신제품의 기술적 문제를 해결하고, 효과적인 출시 전략을 수립하는 데 활용한다.

시험 시장은 대규모 시장 진출에 앞서 마지막으로 수행하는 시험이다. 여기서는 먼저 표본 시장을 골라서 실제로 신제품을 시험적으로 판매하면서, 시장의 구매 반응을 살펴보고, 향후의 구매 추세를 예측하게 된다. 이 때 시험 시장에 내놓을 신제품은 실제로 출시할 제품과 똑같은 것이어야 한다. 시험 시장은 주로 전체 시장을 대표할 수 있는 중소도시를 선정하거나, 구매 성향이 가장 민감한 지역을 고르게 된다. 예를 들어 맛이 독특한 새로운 아이스크림을 만들었으면 젊은이들이 많이 모이는 대학로의 가게를 표본 시장으로 선정하여 시험을 한다. 시험 시장은 위의 모의시험 시장과 비교하여 현실성이 높다는 것이 가장 큰 장점이지만, 시간과 비용이 많이 걸리고 신제품의 정보가 경쟁기업에게 너무 일찍 유출될 위험성이 높다는 것이 단점으로 지적된다.

1.3 매출 분석: 얼마나 팔아야 손해가 나지 않는가?

1.3.1 손익분기 분석의 기본

신제품에 대한 시험이 끝나게 되면 그 다음에 해야 할 일은 매출 계획을 세우는 것이다. 매출 계획이 필요한 이유 중의 하나는 사업을 시작한 후 어느 정도의 매출을 올려야 수지를 맞출 수 있는지를 미리 알기 위해서이다. 이 질문에 대한 대답은 상업화를 위한 초기투자의 크기를 결정하는 데 매우 유용한 정보를 제공해 준다. 즉 신제품의 생산이나 신서비스의 제공을 위해 설비를 도입할 때, 고가의 첨단설비를 도입하는 것과 저가의 중고설비를 도입하는 것이 매출이나 이익에 어떤 영향을 미치는지, 자동화 기계를 많이 설치하여 고정비의 비중을 늘리는 것과 반대로 작업자를 많이 고용하여 변동비의 비중을 늘리는 것은 어떤 차이를 가져오는지 등의 정보를 알 수 있다.

이 문제를 다루는 것이 바로 손익분기 분석(break-even analysis)이다. 손익분기란 말은 손해와 이익이 같아진다는 의미이며 그 둘이 같아지는 매출의 크기를 손익분기점(Break-Even Point: BEP)이라고 한다. 따라서 손익분기 분석이란 영업활동에 들어간 총비용과 판매를 통해 얻은 수익이 같아지는 매출 규모, 즉 손익분기점을 찾는 문제를 뜻한다. 손익분기 분석은 원가(cost), 매출(volume), 이익(profit)의 세 요소를 대상으로 하기 때문에 첫 글자를 따서 CVP 분석이라고도 한다.

[그림 8-2]에는 손익분기 분석의 도형이 그려져 있다. 이 도형은 기본적으로 두 개의 선으로 이루어져 있다. 하나의 선(line)은 수익을 나타내는 매출액 선이고 다른 선은

[그림 8-2] 손익분기 분석의 도형

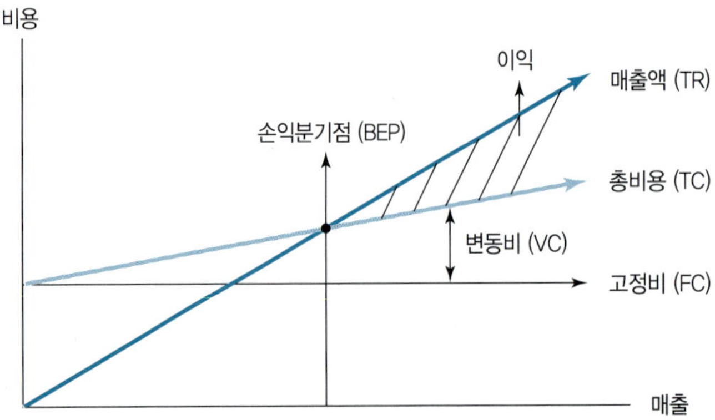

고정비용(FC)과 변동비용(VC)을 합한 총비용 선이다. 이 두 선이 만나는 점, 즉 총수익(TR)과 총비용(TC)이 같아지는 점이 바로 손익분기점(BEP)이 된다. 또 총수익과 총비용의 차이가 이익(profit)이 된다.

1.3.2 손익분기 분석의 절차

그러면 간단한 예제를 가지고 손익분기 분석을 해보자. 설명한 대로, 손익분기 분석은 총비용과 총수익이 같아지는 점을 찾는 문제이기 때문에 먼저 총비용(Total Cost: TC)과 총수익(Total Revenue: TR)을 계산해야 한다. 상업화에 드는 총비용은 고정비용(Fixed Cost: FC)과 변동비용(Variable Cost: VC)의 합이며, 변동비용은 단위당 변동비(V)에 매출량(Q)을 곱하면 계산할 수 있다. 이 관계는 다음의 식으로 표현된다.

$$TC = FC + VC = FC + V \cdot Q$$

다음으로 총수익은 단위 당 가격(P)에 매출량(Q)을 곱하면 된다. 이제 총비용과 총수익이 같아지는 점에서 손익이 분기된다는 사실은 다음 식으로 표현된다.

$$TC = FC + VC = FC + V \cdot Q = P \cdot Q = TR$$

$FC + V \cdot Q = P \cdot Q$라는 식을 이용하여 매출량을 기준으로 손익분기점(BEP) Q^*를 계산하면 다음과 같이 표현된다.

$$Q^* = FC/(P - V)$$

여기서 ($P-V$)를 공헌 이익(contribution margin)이라 부른다. 공헌(contribution)이라는 용어의 의미는, 초기투자에 들어간 고정비용이 회수된 이후부터 비로소 이익이 발생하기 때문에 고정비용을 뺀 부분만 이익에 공헌한다고 본다는 뜻이다.

이제 간단한 예를 하나 생각해 보자. 어느 기업이 신제품을 출시하기 위해 영업장소를 임대하는 데 700,000원, 판매설비를 임대하는 데 200,000원이 들어서, 고정비용은 총 900,000원이 소요되었다. 제품 한 단위를 만들어 파는 데 들어가는 변동비용은 1,200원이고, 단위당 가격은 1,800원으로 정하였다. 이 정보를 가지고 손익분기가 되는 매출량을 구해보자.

앞의 식 $Q^* = FC/(P - V)$에 따라 손익분기 매출량은 다음과 같이 계산된다.

$$Q^* = 900,000/(1,800 - 1,200) = 1,500(\text{개})$$

다시 말해, 1,500개는 팔아야 수익과 비용이 같아져서 본전은 건질 수 있다는 말이다. 물론 이익을 내기 위해서는 1,500개보다는 더 많이 팔아야 한다.

1.3.3 손익분기 분석의 전략적 의미

단순한 손익분기점의 계산 과정을 넘어 손익분기 분석의 전략적 의미를 생각해 보기로 하자. [그림 8-3]은 고정비와 변동비의 구조가 서로 다른 A와 B의 두 유형의 손익분기점을 보여주고 있다.

[그림 8-3] 두 기업 유형의 손익분기 도표

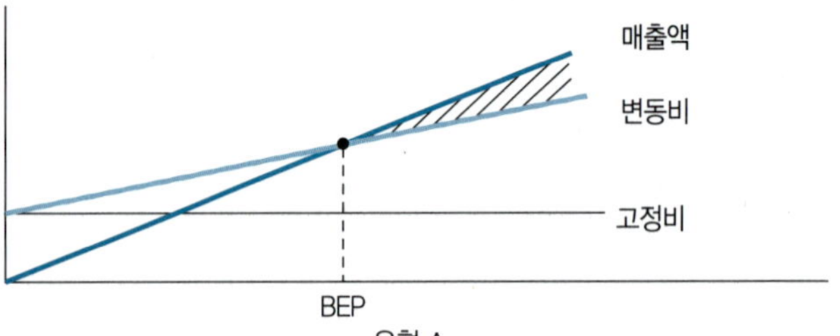

유형 A

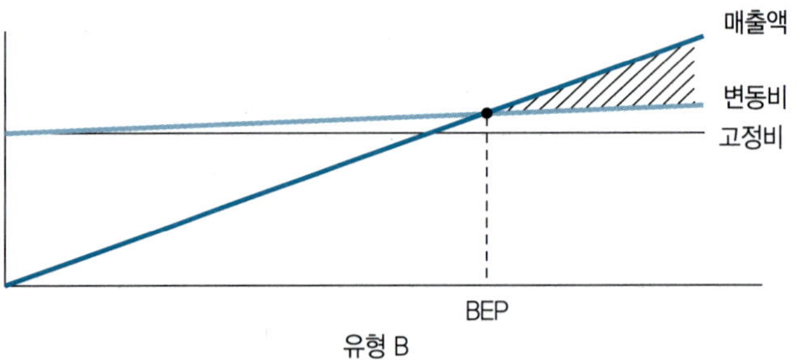

유형 B

A 유형은 노동집약적인 기업 또는 제품에 해당되는 경우이다. 노동집약적 유형은 일반적으로 고정비가 작고 변동비가 크다. 따라서 손익분기점에 먼저 도달하며 상업화

에 따른 위험도도 상대적으로 낮다. 그러나 손익분기점 이후에는 높은 변동비로 인해 공헌이익, 즉 $(P-V)$가 작기 때문에 영업 이익의 수준은 제일 낮다.

반면에 B 유형은 자본집약적인 기업 또는 제품에 해당되는 경우이다. 자본집약적 유형은 고정비가 크기 때문에 손익분기점도 더 크다. 하지만 손익분기점 이후에는 상대적으로 낮은 변동비 덕분으로 공헌이익 즉 $(P-V)$가 크기 때문에 이익의 증가율 또한 크다.

어떤 유형을 선택할 것인지는 상업화의 대상이 되는 제품의 특성과 시장의 상황에 따라 달라진다. 만일 향후의 매출이 비교적 낮을 것으로 예상되면, 고정비의 투자를 줄이는 선택이 바람직하다. 그러나 예상매출이 크다면, 고정비에 대한 투자를 늘리는 것이 유리하다. 이와 같이 손익분기 분석을 하는 일차적인 목적은 손익분기점을 찾는 데 있지만, 더 나아가 가장 바람직한 상업화의 전략 방향을 결정하는 과제를 포함한다.

1.3.4 영업 레버리지 분석

손익분기 분석은 영업 레버리지(operating leverage) 분석으로 불리기도 한다. 레버리지(leverage)는 우리말로 지렛대라는 뜻이다. 지렛대를 이용하여 작은 힘으로 큰 물체를 들어 올리는 것처럼 영업활동에서 무엇인가를 지렛대로 쓰면 매출이 증가하는 비율보다 더 높은 비율로 영업이익을 늘릴 수도 있다. 이때 지렛대의 역할을 하는 것이 바로 고정비용이다. 즉 영업 레버리지 분석은 매출액과 영업이익의 관계에서 고정자산(고정비용)이 어떻게 레버리지의 역할을 하는지, 고정비(초기 투자)를 늘리고 줄이는 것이 매출과 이익에 어떤 영향을 미치는지를 알아보는 것이다.

그렇다면 왜 손익분기 분석이 영업 레버리지 분석으로 연결될까? 위에서 영업 레버리지는 매출의 변화율(증가율)보다 영업이익의 변화율(증가율)이 더 커지는 효과라고 하였다. 이 효과를 정량적으로 표현한 것이 바로 아래의 영업 레버리지도(Degree of Operating Leverage: DOL)이다.

영업 레버리지도(DOL) = 영업이익의 변화율 / 매출액의 변화율

이제 손익분기 분석으로 돌아가 보자. 공헌이익은 다음의 식으로 정의된다.

공헌이익(contribution margin) = 가격(P) – 변동비용(V)

또한 당연한 말이지만, 영업이익은 다음의 식과 같다.

영업이익(operating margin) = 가격(P) – 비용(C)
= 가격(P) – 변동비용(V) – 고정비용(FC)

여기서 약간의 작업을 거치면 영업 레버리지도는 다음의 식으로 나타낼 수 있다.

영업 레버리지도(DOL) = 공헌이익 / 영업이익

손익분기 분석에서 사용한 공헌이익과 영업이익의 공식을 영업 레버리지 분석에 적용할 수 있는 것이다.

이제 영업 레버리지 효과가 나타나는 원리를 좀 더 자세히 알아보자. 앞의 식을 보면, 분자의 공헌이익은 매출과 변동비용의 증가에 비례하여 변하는 값이다. 하지만 분모의 영업이익에는 상수(constant)인 고정비용이 포함되어 있기 때문에 매출의 증가와 관계없이 고정비용의 크기에 큰 영향을 받는다. 즉 고정비용(설비투자)이 클수록 분모가 작아지면서 영업 레버리지 효과도 커지는 것이다.

그러나 손익분기 분석의 전략적 의미에서 이미 본 것처럼, 지렛대가 항상 바람직한 역할만 하는 것은 아니다. 만일 시장 상황이 좋다면, 설비투자 규모가 늘어날수록 고정비는 증가하고 변동비는 낮아지면서 매출액이 조금만 증가해도 영업이익은 큰 비율로 올라가는 레버리지 효과를 기대할 수 있다. 그러나 반대로 시장 상황이 나빠지면, 매출액이 조금만 줄어들어도 영업이익이 큰 비율로 감소하는 위험도 커지게 된다. 이때에는 오히려 설비투자를 줄이는 것이 더 바람직한 선택이 될 수도 있다. 따라서 상업화를 위한 설비투자의 규모(수준)를 정하는 문제는 정확한 경기 예측과 시장 분석을 바탕으로 신중하게 결정해야 한다.

지금까지 본 것처럼, 손익분기 분석은 곧 영업 레버리지 분석으로 이어지면서 상업화 활동의 일부이기도 하지만, 원가회계의 일부이기도 하고, 재무관리의 일부가 되기도 한다.

1.4 마케팅관리: 무엇을 어떻게 팔 것인가?

1.4.1 마케팅의 정의와 범위

넓은 의미로 해석하면 상업화는 마케팅 활동의 일부로서 전체적인 마케팅 과정의 첫 단계로 볼 수 있다. 그러나 여기서 두 활동을 분리하여 정의한다면, 상업화는 개발된 신기술이나 신제품을 시장에 내놓기 전에 기술적 요소와 경제적 요소를 시험하고, 본격적인 양산을 위한 공정을 준비하며, 손익분기점을 분석하는 등의 준비 활동을 가리키는 데 반해, 마케팅은 그 이후에 시장과 소비자를 관리하여 실제로 매출을 올리는 활동을 의미한다.

단순 판매를 위한 상품 진열대(상단)와 개인별로 맞춤화된 추천 제품을 보여주는 아마존닷컴의 'recommended for you' 서비스(하단)

앞에서 말한 것처럼, 초기의 마케팅은 판매(selling)와 동의어로 사용되었다. 즉 제품의 공급자인 기업의 관점에서 좋은 제품을 광고하고 판매하는 활동이 곧 마케팅 활동인 것으로 인식되었다. 그러나 최근에 시장 구조와 고객 성향이 점점 다양화, 복잡화되면서, 공급자 중심의 단순한 판매 활동을 넘어 소비자 중심의 통합적 마케팅, 과학적 마케팅이 강조되는 추세이다. 〈표 8-1〉는 판매관리와 마케팅관리의 차이를 요약하여 보여주고 있다.

〈표 8-1〉 판매관리 개념과 마케팅관리 개념의 차이

개념	성격	초점	범위
판매관리	기업지향적	제품 특성	판매, 촉진(promotion)
마케팅관리	시장지향적	고객 요구	통합 마케팅(integrated marketing)

1.4.2 마케팅 활동의 구조

마케팅의 핵심적 활동을 요약한다면, [그림 8-4]에 도시되어 있는 전체적 틀로 표현할 수 있다. 우선 구체적인 마케팅 활동을 시작하기 전에, 시장 조사(market research)와 소비자 분석(consumer analysis)이 선행되어야 한다. 시장 조사가 시장 전체의 외형적인 측면을 대상으로 한다면, 소비자 분석은 개개인의 내면적인 측면을 대상으로 한다.

본격적인 마케팅 활동 자체도 다양한 주제를 포함하지만, 한마디로 표현한다면 마케팅 믹스(marketing mix)라고 하는, 이른바 4P의 구성 전략과 수행이라고 할 수 있다. 4P는 제품(product), 가격(price), 유통(place), 촉진(promotion)을 가리킨다. 즉 마케팅 활동은 제품관리, 가격관리, 유통관리, 촉진관리라는 네 가지 활동으로 이루

[그림 8-4] 마케팅 활동의 전체적 틀

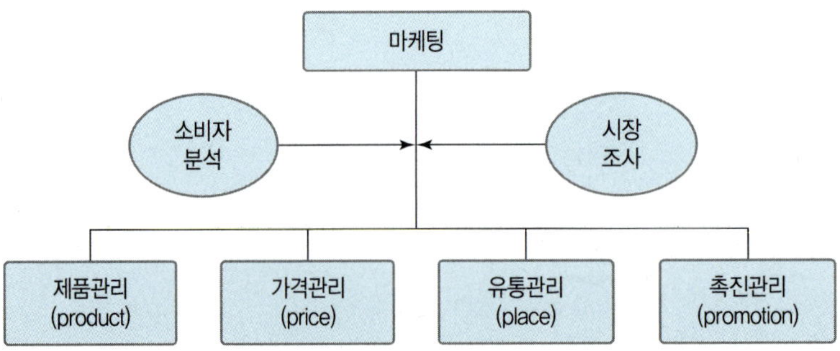

어진다고 요약할 수 있는 것이다.

1.4.3 시장 조사와 소비자 분석

시장 조사와 소비자 분석은 마케팅 활동을 전개하기에 앞서 사전 준비로 이루어지는 활동들이다.

(1) 시장 조사

시장 조사(market research)는 시장의 특성과 현황을 설명하는 정보를 수집, 분석 및 보고하는 활동을 의미한다. 시장 조사의 구체적 내용으로는 시장 가능성의 평가, 시장 점유율의 분석, 시장 특성의 분석, 지역별 특성의 조사, 점포의 조사 등을 들 수 있다.

시장 조사보다 더 폭넓은 개념은 마케팅 조사(marketing research)이다. 마케팅 조사는 시장 조사뿐 아니라 나아가 경제 및 사회환경 조사, 경쟁기업 조사, 제품 특성 및 유통 시스템 조사 등을 포함한다. 마케팅 조사에 자주 사용되는 대표적인 방법들을 소개하면 다음과 같다.

1) 설문 조사

설문 조사(survey research)는 조사 방법 가운데 가장 폭넓게, 그리고 가장 자주 사용되는 방법으로, 대규모의 일반 소비자들을 대상으로 설문지를 통해 정보를 수집하는 방법이다. 이 때 수집하는 정보의 주요 내용은 크게 제품 자체에 관련된 항목들과 소비자의 인구통계학적 항목들로 구성된다.

2) 면접 조사

설문 조사가 대표적인 정량적(quantitative) 조사 방법이라면, 면접 조사(interview)는 대표적인 정성적(qualitative) 조사 방법이다. 이 방법의 장점은 심층적인 조사와 분석이 가능하다는 점이다. 또 설문 조사에서 얻을 수 없는 심리적, 개인적 정보를 얻을 수 있다는 점도 장점이 된다. 반면에 단점으로는 조사 범위가 좁을 수밖에 없고, 개인의 성격이나 취향이 반영된 응답이기 때문에 결과에 대한 객관성을 확보하기 어렵다는 점을 들 수 있다.

3) 패널 조사

패널 조사(panel research)는 시장정보를 제공하는 소비자 집단 즉 패널(panel)을 구성하여 정기적이고 지속적으로 조사하는 방법이다. 이 방법은 같은 집단으로부터 반복적으로 정보를 수집하기 때문에, 일관성이 유지되고 동시에 시간의 흐름에 따른 변화 과정과 추세(trend)를 파악할 수 있다는 장점이 있다.

4) CLT 조사

CLT(Central Location Test) 조사는 정해진 공간에 면접 장소를 설치한 후 몇 명의 면접원들이 선별된 소비자들을 대상으로 직접 면접을 하는 방식으로 조사를 실시하는 방법이다. 따라서 설문 조사와 면접 조사의 장점을 적절히 결합한 방법이라고 할 수 있다.

(2) 소비자 분석

소비자 분석(consumer analysis)이 중점적으로 다루는 주제는 크게 두 가지이다. 첫째는, 누가, 무엇을, 어디서, 언제, 어떻게, 왜 구매하는가와 같은 소비자 행동의 외적 패턴을 분석하는 것이다. 예를 들어 어떤 제품에 대해 (1) 어떤 연령, 직업, 성별을 가진 사람이 구매하는가? (2) 소비자들은 어떤 용도와 혜택을 기대하고 구매하는가? (3) 제품을 구매하는 지방은 어떻게 분포되어 있으며 특정 지방에서는 어느 주거(생활) 지역에서 주로 구매하는가? (4) 소비자들은 얼마나 자주 구매를 하며 어떤 제품과 다른 제품간에는 구매 패턴이 비슷한가, 아니면 다른가? (5) 구매자와 비구매자간의 성향, 학력, 소득, 직업 등의 유사점과 차이점은 무엇인가? 등이 구체적인 분석 주제가 된다.

둘째는, 지각, 기억, 태도 등과 같은 소비자 행동의 내적 요소를 분석하는 것이다. 예를 들어 (1) 신제품에 대한 정보가 소비자에게 어떤 경로와 방식으로 전달되는가? (2) 신제품에 대한 정보가 어떤 메커니즘에 의해 지각되고 기억되는가? (3) 어떤 요인과 기준에 의해 구매 동기가 유발되는가? (4) 어떻게 마케팅에 유리한 태도를 유지하도록 하고 반면에 불리한 태도를 바꾸도록 유도할 것인가? 등이 구체적인 분석 주제가 된다.

소비자 분석은 공학도들이 심층적으로 다루기에는 쉽지 않은 영역이다. 주로 심리학적이고 통계학적인 지식과 감각이 많이 요구되기 때문이다. 또한 분석 방법과 과정도 일반적인 공학의 실험 방법이나 접근과는 큰 차이가 있다. 그러나 앞에서 언급한 대로 소비자 분석이 연구개발의 기획 과정에 중요한 정보를 제공한다는 측면에서, 소비자에 대한 이해는 갈수록 중요한 과제로 인식되고 있다.

소비자 행동에 관한 그림

1.4.4 STP 전략의 수립

당연한 말이지만 마케팅은 시장과 고객을 대상으로 한다. 그러나 시장은 너무 넓고 고객은 너무 다양하다. 그 넓은 시장에 모두 진출할 수도 없고 그 많은 고객을 한꺼번에 잡을 수도 없다. 따라서 실질적인 마케팅 전략의 시작은 먼저 어느 시장으로 들어갈 것이며 어떤 차별적 우위로 경쟁할 것인가를 정하는 일이 된다.

공략할 시장과 고객을 여러 영역으로 나누고, 그 가운데에서 집중적으로 공략할 영역을 선택하며, 선택한 영역에서 자기만의 차별적인 경쟁우위를 제공하는 기준과 절차를 다루는 것이 바로 STP 분석이다. STP 분석은 한마디로 목표 시장(target market)을 찾기 위해 수행하는 작업이다. 보다 구체적으로, 시장 세분화(Segmentation), 목표 시장 선정(Targeting), 포지셔닝(Positioning)의 세 단계를 거쳐 수행되며 세 단계 각각의 앞 글자를 모아 STP 분석이라 일컬어진다. 각 단계별 분석 내용에 대해 살펴보자.

첫째, 시장 세분화 단계에서는 전체 시장을 몇 개의 작은 시장으로 나누기 위한 기준을 결정한 뒤 나뉘어진 각 시장의 특징을 기술한다. 효과적인 시장 세분화를 위해서는 각각의 시장이 적정규모 이상이 되면서 서로 다른 니즈(needs)를 가지고 있어야 한다. 만일 규모가 너무 크다면 다시 한 번 나누어야 하고 반대로 너무 작으면 다른 것과 묶어야 한다. 그러기 위해서 세분 시장은 그 규모를 정확히 측정할 수 있어야 한다. 또 각 시장은 마케팅이나 제품/서비스 판매를 위한 접근이 가능해야 한다. 시장 세분화에 사용될 수 있는 기준으로는 우선 연령이나 성별과 같은 인구통계학적 기준을 들 수 있다. 나이대가 비슷한 고객들로 나누든지, 남성과 여성으로 나누든지, 강남과 강북으로 나누든지 하는 식이다. 하지만 그 외에도 심리학적 기준, 구매행동 기준, 세분시장의 니즈 기준 등도 유용한 기준으로 쓸 수 있다.

둘째, 목표 시장 선정 단계에서는 세분 시장 별로 매력도를 측정하여 목표 시장을 선정한다. 목표 시장은 앞으로 집중적으로 공략해야 할 세분 시장을 가리키는 것으로, 다른 말로는 표적 시장(target market)이라고도 한다. 대부분의 경우, 시장의 매력도는 주로 시장규모와 성장률, 경쟁우위, 자사와의 적합성 등으로 평가한다. 물론 시장의 규모가 크고, 성장률이 높으며, 자사와 적합성이 높고 자사가 경쟁우위를 보유하고 있는 시장일수록 매력도가 높다. 매력도가 높을수록 당연히 목표 시장으로 선정될 확률도 높아진다. 하지만 주의할 점은 우리에게 매력도가 높은 시장은 남들에게도 매력도가 높을 가능성이 크다는 사실이다. 따라서 매력도를 평가하는 기준을 전략적으로 잘 선택하는 것이 매우 중요하다.

마지막으로 포지셔닝 단계에서는 목표 시장 내 고객들에게 인지될 자사의 위치(position)를 결정한다. 포지셔닝이란 '시장 내에서 다른 경쟁기업과 대비한 우리 기업의 상대적 위상을 정하는 것'이라고 할 수 있다. 제품의 경우에는, 위상을 정하는 기준이 비교적 분명하다. 주로 성능, 가격, 품질 등과 같은 정량적 수치로 비교할 수 있기 때문이다. 그러나 서비스의 경우에는 고객들의 '마음' 속에 우리 서비스의 위치를 잡는 것이라는 의미를 갖는다. 기업명이나 서비스의 이름을 들었을 때 가장 먼저 떠오르는 브랜드 이미지가 바로 포지셔닝의 결과라고 할 수 있다. 한마디로 포지셔닝 전략은, 고객은 누구이며(목표시장), 그들에게 어떤 이미지를(제품 특성이나 서비스 콘셉트), 어떤 방법으로(마케팅 전략) 인식시키려고 노력할지를 정하는 것이다.

1.4.5 마케팅 믹스

(1) 마케팅 믹스의 기본 개념

시장 조사와 소비자 분석을 토대로, 다음에 이루어지는 마케팅 활동은 마케팅 믹스

(marketing mix)를 결정하는 일이다. 믹스라는 말은 여러 요소들의 조합을 뜻한다. 믹스를 구성하는 핵심 요소가 무엇인가는 기업 특성이나 환경 조건에 따라 달라질 수 있다. 그러나 마케팅 실무에서 가장 일반적으로 사용되는 요소는 흔히 4P라고 불리는 제품(product), 가격(price), 유통(place), 촉진(promotion)의 네 가지이다. 결국 마케팅 믹스는 위의 네 요소에 대해 매출액이나 수익성을 극대화시킬 수 있는 최적의 수준이나 방식을 선택하는 의사결정을 뜻한다. 경영학을 접해 본 공학도가 마케팅의 기본을 이해한다고 말하기 위해서는 적어도 4P의 개념과 내용은 이해하고 있어야 한다. 〈표 8-2〉에 4P에 대한 설명이 요약되어 있다.

〈표 8-2〉 4P 분석

P	전략	분석요소
Product	제품전략	제품특성, 수명주기, 제품계열, 상표
Price	가격전략	가격설정, 가격조정/변경
Place	유통전략	유통형태, 유통경로, 물류관리
Promotion	촉진전략	광고/홍보, 판매원관리

(2) 마케팅 믹스의 구성

마케팅 믹스를 구성한다는 말은 4P에 해당하는 제품전략, 가격전략, 유통전략, 촉진전략을 결정한다는 것을 의미한다. 따라서 이론적으로 존재할 수 있는 마케팅 믹스는 무수히 많다. 예를 들어 각 전략에 대해 가능한 대안이 10개씩이라고 하면, 가능한 믹스의 수는 10×10×10×10 = 10,000가지가 된다. 특히 가능한 대안의 내용을, 정성적이 아니라 정량적인 수치로 표현한다면 가짓수는 훨씬 많아진다.

따라서 마케팅 믹스를 구성하는 과정은 몇 개의 단계로 나누어 수행된다.

1) 1 단계: 마케팅 믹스를 구성하는 핵심 요소를 결정한다.
2) 2 단계: 각 요소에 대한 정량화를 통해 가능한 대안을 설정한다.
3) 3 단계: 목적함수를 극대화하는 각 요소의 최적값이나 방식을 결정한다.
4) 4 단계: 요소간 상호관계를 고려하여 전체적인 믹스를 조정한다.

예를 들어, 마케팅 믹스를 다음과 같은 집합 형식으로 나타내보자. 여기에서는 마케팅 믹스의 핵심 요소로 제품특성, 제품가격, 유통비용, 촉진비용의 네 가지를 선정하였다.

마케팅 믹스(marketing mix) = (P_1, P_2, P_3, P_4)
P_1 = 제품특성의 수준
P_2 = 제품가격의 수준
P_3 = 유통비용의 수준
P_4 = 촉진비용의 수준

다음으로 각 요소의 값을 정량화 하여 가능한 대안의 수를 줄인다. 위 예제에 대해, 각 요소를 정량적인 수치로 나타내었다고 가정하자. 예를 들어 촉진비용 P_4는 신문, 잡지, TV의 세 가지 광고매체 가운데 어느 것을 선택하느냐에 따라 그 값이 금액으로 결정된다. 이렇게 하면 촉진비용에 대해 가능한 대안의 수는 세 가지가 된다. 같은 방법으로 제품특성, 제품가격, 유통비용에 대해서도 정량화를 통해 가능한 대안의 수를 한정한다.

일단 각 요소의 수준이 결정되면, 전체적인 수익성이나 매출액을 계산할 수 있는 목적함수(objective function)를 설정한 후, 목적함수의 값을 극대화하는 요소별 최적값을 찾는다. 즉 다양한 마케팅 믹스의 조합 가운데 목적함수를 극대화 시키는 조합을 찾는 것이다. 이 조합을 찾기 위해서는 정교한 수리 모형을 사용할 수도 있지만, 많은 경우 정성적이고 직관적인 방법으로도 가능하다.

1.5 하이테크 마케팅: 첨단제품의 마케팅은 어떻게 할 것인가?

1.5.1 하이테크 마케팅의 기본

하이테크 마케팅(high-tech marketing)은 전통적인 마케팅과 대비되는 개념이자 용어로서 최근에 많은 관심을 끌고 있다. 오늘날의 새로운 기술과 제품의 가장 큰 특징은 기술집약적이며 또한 수명주기(life cycle)가 짧다는 사실이다. 또 고객집단의 분포도 기존제품의 시장보다 더 세분화되는 경향을 보인다. 따라서 전통적인 마케팅 개념과는 다른 접근이 필요하다. 하이테크 마케팅은 이런 인식에서 제시된 새로운

하이테크 제품의 예: 스마트 워치, 드론, 스마트 냉장고, 스마트폰

마케팅 이론이자 기법이다.

하이테크 마케팅은 하이테크 제품이 시장에서 소비자 사이에 퍼져나가는 양상(pattern)에 대한 이해로부터 시작된다. 신제품이 시장에서 확산되는 과정을 이론적이나 경험적으로 분석한 연구는 오래 전부터 있어 왔다. 특히 20세기 전반부를 거쳐 폭넓은 분야에 적용되기 시작한 확산 이론(diffusion theory)은 마케팅 분야의 제품 확산 연구에도 큰 영향을 미쳤다. 그러나 하이테크 마케팅이란 개념이 처음 제시된 것은, 1990년대 초 실리콘 밸리의 벤처기업들을 배경으로 하고 있다. 따라서 하이테크 마케팅은 자주 벤처 마케팅(venture marketing)이란 이름으로도 불린다.

1.5.2 기술수용 수명주기

하이테크 마케팅의 출발은 기술수용 수명주기(Technology Adoption Life Cycle:

TALC)라는 개념에 있다. 이 개념은 우리가 앞에서 설명한 제품의 수명주기 개념과 비슷한 틀을 가지고 있다. 즉 제품이 도입–성장–성숙–쇠퇴라는 단계를 따라 진행되는 하나의 수명주기를 갖는 것처럼, 시장에서 고객이 신기술/신제품을 받아들이는 과정에도 하나의 수명주기가 있다는 것이다(Rogers, 1962).

[그림 8–5]에서 알 수 있는 것처럼, 일반적인 제품이 시장에서 수용되는 과정을 실제로 관찰해 보면 전체적으로 종 모양의 곡선(bell–shaped curve)을 이루는 주기(cycle)로 나타난다. 좀더 구체적으로 설명하면, 처음에는 극히 일부의 고객이 시험적으로 구매하는 단계, 어느 정도 알려져 상당수의 고객이 구매하는 단계, 전체 고객의 약 1/3이 자신의 관심과 필요에 따라 구매하는 단계, 역시 약 1/3의 고객이 마지못해 구매하는 단계, 그리고 마지막으로 어떤 일이 있어도 구매가 늘지 않는 포화단계로 나눌 수 있는 것이다.

[그림 8–5] 기술수용 수명주기와 고객 집단의 분포

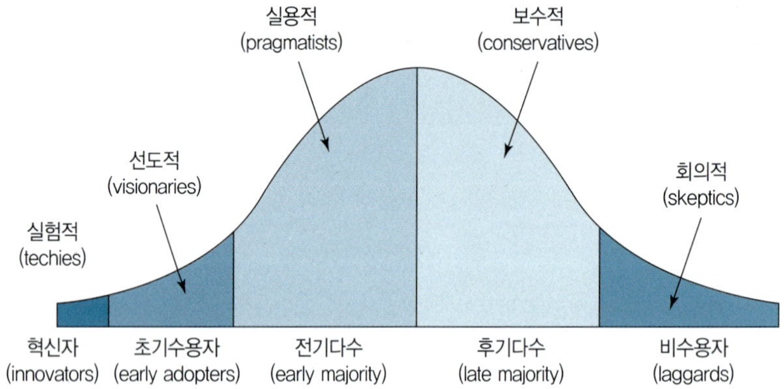

고객 집단 내에서 신제품을 수용하는 양상에 차이가 발생하는 요인으로는 다음 몇 가지를 들 수 있다. 첫째, 개인적 성향이다. 신제품을 수용하는 태도에는 개인적 차이가 클 수 있다. 특히 혁신적(innovative)인 것에 대한 선호도의 차이가 중요한 요인이 된다. 둘째, 집단적 영향이다. 그 제품을 이미 구매하여 사용해 본 집단의 반응과 영향력의 크기에 따라 아직 구매하지 않은 집단의 태도가 달라질 수 있다. 셋째, 시장적 특성이다. 신제품의 차별적 용도와 혜택, 가격 경쟁력, 유통망 등에 따라 신제품의 수용 여부가 결정될 수 있다. 넷째, 기술적 특성이다. 신제품이 보유한 기술적 비교우위나 기존 제품과의 호환성(compatibility) 등이 큰 영향을 미칠 수 있다.

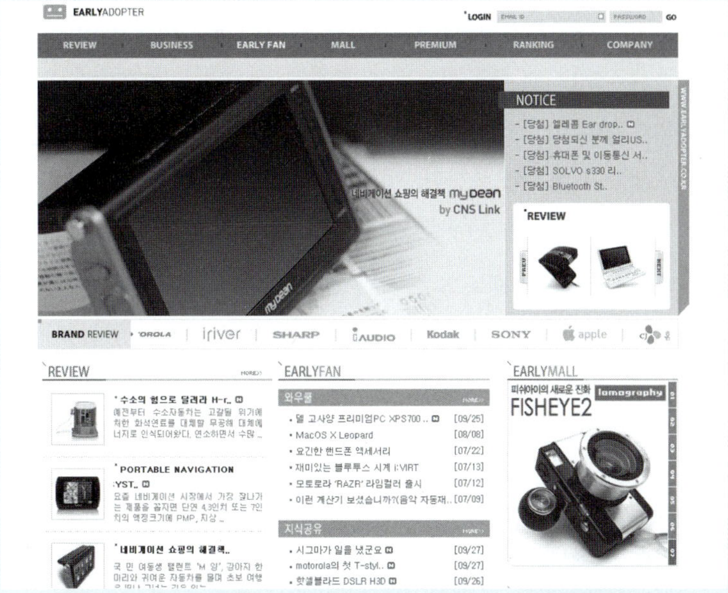

대표적인 초기수용자들을 위한 홈페이지: http://www.earlyadopter.co.kr

이러한 요인에 따라, 신기술과 신제품을 받아들이는 고객 집단을 크게 다섯 부류로 나눌 수 있다.

① **혁신자(innovators)**: 신제품이 시장에 나오자마자 이를 수용하는 고객으로, 주로 직업상의 이유로 신제품의 성능을 테스트하거나 연구개발에 참고하는 목적을 가진 사람들, 신기술에 대한 매니아 그룹 등이 여기에 속한다. 이들의 성향은 실험적이라고 할 수 있다. 전체 고객에서 혁신자 그룹의 비중은 2.5% 정도이다.

② **초기수용자(early adopters)**: 신제품의 이름이 알려지고 그 차별성이 시장에 인식되기 시작하면, 매우 적극적으로 이를 받아들이는 사람들을 가리킨다. 이들의 성향은 선도적이라고 할 수 있다. 전체 고객에서 초기수용자가 차지하는 비중은 13.5% 정도이다.

③ **전기다수(early majority)**: 신제품의 성능과 가치가 시장의 초기수용자들로부터 인정받고 규격과 품질이 표준화되면, 비교적 일찍 이를 수용하는 다수의 사람들이 여기에 속한다. 이들의 성향은 실용적이라고 할 수 있다. 전체 고객에서

전기다수가 차지하는 비중은 34% 정도이다.

④ **후기다수(late majority)**: 신제품이 시장에 상당히 확산되고 이미 과반수의 고객들이 사용함으로써 제품의 신뢰도를 충분히 인식하고 있을 뿐 아니라, 다수의 기존 사용자들로부터 직접적 또는 간접적 압력을 느끼게 되면, 이를 수용하는 다수의 사람들이 여기에 속한다. 이들의 성향은 보수적이라고 할 수 있다. 후기다수가 차지하는 비중은 34% 정도이다.

⑤ **비수용자(laggards)**: 신제품의 확산이 거의 포화상태에 이르러 압도적인 다수가 수용하고 있음에도 여전히 구제품의 사용을 고집하고 있는 사람들이 여기에 속한다. 이들의 성향은 지나치게 보수적이며 매사에 회의적이라고 할 수 있다. 비수용자가 차지하는 비중은 16% 정도이다.

1.5.3 캐즘 이론

하이테크 마케팅이 제시하는 마케팅 전략의 핵심은 캐즘 이론(chasm theory)에 있다(Moore, 1991). 즉 앞에서 설명한 기술수용 수명주기 모형이 일반적이고 전통적인 제품의 확산 과정을 나타내는 데 반해, 하이테크 제품의 확산 과정은 캐즘 이론이라는 새로운 모형으로 설명할 수 있다. [그림 8-6]에 나타나 있는 것처럼, 캐즘 이론은 신제품 수용의 수명주기 위에서 크게 세 개의 틈(crack)이 존재한다는 가정에서 출발한다. 각각의 틈이 어디에 존재하고 왜 발생하는지 살펴보자.

[그림 8-6] 기술수용 수명주기와 캐즘(chasm)

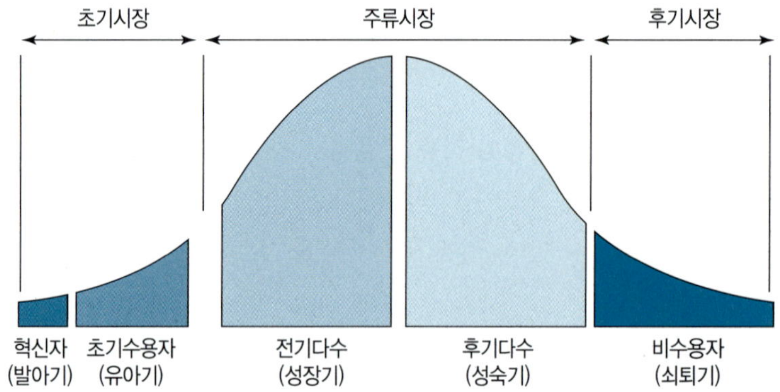

① 첫 번째 틈

첫 번째 틈(first crack)은 혁신자와 초기수용자 사이에 존재한다. 이 틈이 발생하는 이유는, 신제품의 잠재적 가치와 용도가 실질적인 효용으로 나타나지 않고 있기 때문이다.

② 세 번째 틈

세 번째 틈(third crack)은 전기다수와 후기다수 사이에 존재한다. 이 틈이 생기는 이유는, 이미 시장이 포화된 상황에서 표준화된 제품을 싼 가격으로 제공할 수 있는 능력을 갖추지 못했기 때문이다.

③ 두 번째 틈

수명주기 상에서는 두 번째이지만 마지막으로 설명하는 이유는 앞의 두 틈이 상대적으로 크기가 작고 폭이 좁은 틈인데 반해, 두 번째 틈(second crack)은 크기도 매우 크고 폭도 넓어 넘기가 어렵기 때문이다. 따라서 이 틈을 특별히 crack이 아니라 캐즘(chasm)이라고 부른다.

이 틈은 초기수용자와 전기다수 사이에서 발생하는데 이 두 집단 사이에는 신제품 수용의 목적과 성격에 있어서 근본적인 차이가 존재한다. 우선 초기수용자가 신제품을 받아들이는 이유는 개인적으로 생활 패턴을 고치거나 조직 차원에서 경영시스템을 바꾸기 위한 급진적 혁신(radical innovation)의 도구로 사용하기 위해서이다. 하지만 전기다수가 신제품을 받아들이는 목적은 이와 다르다. 전기다수는 기존의 생활양식이나 경영시스템을 그대로 유지하면서 단지 생산성과 효율성을 올리기 위한 점진적 혁신(incremental innovation)의 도구로 신제품을 사용한다.

캐즘을 극복하지 못하고 시장에서 사라진 제품: MD와 MD 플레이어

예를 들어 초기수용자가 PDA를 구매하는 이유는 정보통신 기술을 최대로 활용하여 업무나 생활 방식을 바꾸기 위해서이지만 전기다수가 구매하는 이유는 단지 생활의 편의를 위해서이다. 따라서 두 그룹 간에는 큰 간격이 생기

게 되는 것이다. 동일한 제품을 생각이나 목적이 다른 두 집단 모두에게 팔기는 그 간격만큼이나 어려운 일이다. 기술적인 측면에서 기존에 사용하고 있는 다른 제품들과 호환성이 없거나 부족한 점도 중요한 이유가 된다.

1.5.4 하이테크 마케팅 전략

결국 하이테크 마케팅은, 신제품을 받아들이는 수명주기에 존재하는 틈들을 어떻게 극복하여 지속적인 성장을 이룰 수 있는가 하는 문제를 다루는 것이다. 특히 새로 시작하는 벤처기업의 경우에는 하나의 틈만 넘어서지 못하면 바로 도산할 수 밖에 없기 때문에 각각의 틈이 생기는 원인과 배경을 정확히 이해하고 거기에 맞는 마케팅 전략을 사용해야 한다.

먼저, 첫 번째 틈을 뛰어넘는 방법은 신기술의 유일하고도 확실한 활용도를 제시하는 것이다. 여러 가지에 폭넓게 쓰일 수 있다는 말은, 바꾸어 말하면 어디에도 유일하게 또 확실하게 쓰일 수 없다는 말과 같다. 벤처기업의 초기 성공 요인을 가장 명확하게 제시한 지침은 '영양제(vitamin)'가 아니라 '진통제(pain-killer)'를 팔아야 한다는 말이다. 누구나 먹으면 좋지만 안 먹는다고 생명에 지장은 없는 비타민보다는, 고객집단은 작지만 고통을 겪고 있는 사람은 안 먹으면 견딜 수 없는 진통제를 팔아야 분명한 초기시장을 확보할 수 있는 것이다. 따라서 초기수용자를 끌어들이기 위해서는, 신기술의 집중적인 활용 범위와 차별적 성능을 분명히 알려주는 마케팅 전략이 필요하다.

캐즘의 그림

다음으로, 세 번째 틈을 극복하기 위해서는 단품(single product)이 아니라 패키지 상품(package)을 제공하고 유통망을 정비하는 전략이 효과적이다. 이 단계에서는 이미 표준화된 제품라인이 확산되어 있기 때문에 새로운 기능을 창출하기는 어렵지만, 기존 기능을 연계하는 통합시스템을 제공하는 것은 가능하다. 또 기업운영 측면에서 이 단계의 경쟁 요소는 가격과 납기이기 때문에, 유통망과 생산공정을 정비하여 비용을 절감하고 납기를 단축하는 것이 매우 중요하다.

마지막으로 두 번째 틈, 즉 캐즘(chasm)을 넘기 위해서는 집중화를 통해 확실한 시장지배력을 확보하는 전략이 절대적으로 필요하다. 즉 틈새시장(niche market)을 찾아 공략의 목표(point of attack)로 삼은 뒤, 가지고 있는 모든 자원을 여기에 쏟아 부어 승부를 걸어야 이 거대한 캐즘을 넘어설 수 있는 것이다.

덧붙이는 이야기: 기술확산, 기술예측, 그리고 S-curve

신기술이나 신제품이 사용자 사이에 확산되는 양상을 단계별로 따로 그리면 종모양의 곡선이 되고, 시간이 지나면서 계속 쌓이는 모습을 그리면 S자 곡선이 된다. 기술의 확산과 유사한 개념으로 기술의 예측(forecasting)이라는 개념이 있다. 과거에 기술이 진보해 온 곡선을 살펴본 후 그 양상을 토대로 앞으로 기술이 발전할 추세를 예측하는 것이다. 그런데 과거에 기술이 발전해 온 자료를 도면 위에 점으로 표시하여 그 점들을 이은 곡선을 그려보면 대부분의 경우 기술의 확산과 똑같이 S자 형태의 이른바 성장곡선(growth curve)으로 나타난다.

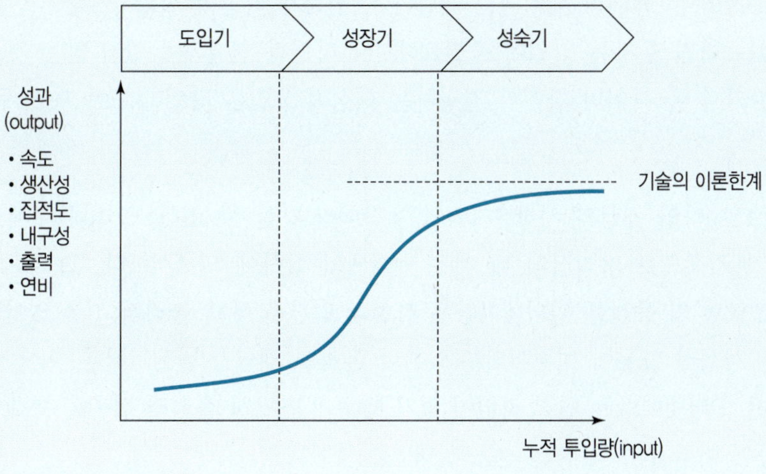

기술의 발전이 S자 형태로 나타나는 이유는 무엇일까? 신기술의 도입기인 초기 단계에는, 기술정보도 많지 않고 시장수요도 거의 없어 천천히 발전한다. 그러나 성장기로 넘어가면, 본격적인 연구개발과 폭넓은 실용화를 통해 급속한 성장과 진보가 이루어진다. 이 단계를 넘어 성숙기로 접어들면, 기술의 이론적 한계에 부딪쳐 정체 상태에 빠지게 된다. 이러한 변화와 발전과정을 선(line)으로 표현하면 전형적인 S-curve가 된다.

제2절 온라인거래에 대한 이해

2.1 온라인거래의 기본: 온라인거래는 무엇인가?

2.1.1 온라인거래의 정의

온라인거래에 대한 논의를 위해서는 먼저 온라인이라는 용어의 기본개념을 명확하게 정의할 필요가 있다. 말 그대로 해석하면 온라인(on-line)이라는 용어는 오프라인(off-line)이라는 용어와 대비되는 개념이다. 전자가 라인이 필요하거나 라인과 연결되어 있는 반면 후자는 라인이 불필요하거나 라인과 연결되어 있지 않은 것을 의미한다. 따라서 둘 사이의 차이를 결정하는 핵심적 요인은 라인(line)이 과연 무엇이냐이다.

역사적으로 라인 개념의 시작은 PC의 등장이라고 할 수 있다. 그러나 실제로 라인 개념이 본격적으로 자리잡게 된 것은 인터넷의 확산에 의해서이다. 웹(World Wide Web: WWW)의 등장은 인터넷이라는 라인의 연결을 통해 물리적 접촉 없이도 개인적 또는 사회적 활동이 이루어지는 이른바 온라인 개념을 탄생시켰다. 이에 반해 오프라인은 인터넷이라는 연결 라인이 없기 때문에 반드시 물리적 접촉을 통해야만 어떤 활동이 이루질 수 있다는 전통적 개념을 뜻한다.

웹의 등장은 마케팅의 방식과 영역에 있어 가히 혁명적인 변화를 가져왔다. 마케팅의 정의가 과거의 공급자 중심의 판매관리에서 현재의 소비자 중심의 통합 마케팅으로 바뀌고 있는 것처럼, 과거의 오프라인 마케팅은 오늘날의 온라인 마케팅에 의해 그 독점적 지위를 위협받고 있고 그러한 추세는 앞으로 더욱 확산될 것으로 보인다. 특히 온라인 마케팅의 태동과 발전은 정보기술(IT) 기반의 기술혁신을 토대로 하기 때문에 공학기술의 기여도가 절대적이고 그만큼 공학도의 역할도 크고 중요하다.

넓은 의미의 온라인 마케팅은 다양한 주제를 포함한다. 인터넷 마케팅, 데이터베이스 마케팅, 고객관계 관리(Customer Relationship Management: CRM) 등도 새롭게 부각되는 마케팅의 방식이자 주제이다. 특히 최근의 모바일 서비스(mobile service)는 마케팅의 개념을 근본적으로 바꾸는 변화를 가져오고 있다. 그러나 좁은 의미의 온라인 마케팅은 온라인거래(Electronic Commerce: EC)를 의미한다.

온라인거래라는 용어는 1989년 미국 국방성이 구매·조달 프로젝트를 수행하는 과정에서 처음 사용되었다. 초기에는 VAN(Value Added Network)을 이용한 기업간 거래 또는 기업–정부간 거래의 전자문서 교환(Electronic Data Interchange: EDI)이 주류를 이루었다. 그러나 웹과 브라우저의 출현으로 온라인거래에 인터넷이 활용되면서, 기존의 기업 및 정부간의 거래뿐만 아니라 기업과 개인간의 거래에까지 그 적용 범위가 확대되어 오늘에 이르고 있다.

온라인거래의 기법과 내용은 IT 발전에 따라 계속 확장되고 변형되고 있기 때문에 통일된 정의는 있을 수 없다. 하지만 다음 몇 가지의 정의가 온라인거래의 기본 개념을 설명하고 있다고 볼 수 있다. 가장 폭넓은 정의는 '온라인 방식으로 이루어지는 모든 비즈니스'로 보는 견해이다. 반면에 좁은 정의로는 '인터넷과 같은 개방된 네트워크를 통하여 일어나는 상업적 거래의 집합'으로 볼 수도 있다.

2.1.2 온라인거래의 장단점

그렇다면 기존의 오프라인 마케팅과 비교하여, 온라인 방식에 의한 온라인거래가 지니는 장점과 비교우위는 무엇인가? 마케팅의 관점에서 보았을 때, 온라인거래는 판매자(seller)와 구매자(buyer) 양쪽 모두에게 이점을 제공한다.

먼저 판매자의 입장에서 보자. 첫째, 온라인거래는 판매 공간의 제약을 없애거나 줄일 수 있다. 사이버(cyber) 공간을 활용하기 때문에 비싼 임대료라든가 전시공간이 필요하지 않다. 둘째, 판매시간의 제약을 없앨 수 있다. 날짜와 시간에 상관없이 언제나 판매가 가능하다. 셋째, 비용과 가격의 비교우위를 확보할 수 있다. 오프라인에서 발생하는 여러 가지 비용을 절감할 수 있기 때문에 상대적으로 저렴한 가격으로 제품이나 서비스를 판매할 수 있다.

다음으로 구매자의 입장에서 보자. 첫째, 온라인거래를 통해 구매정보를 쉽고 폭넓게 얻을 수 있다. 가격정보를 이용한 비교구매는 물론, 상품의 성능, 디자인, 유통채널 등 구매에 필요한 다양한 정보를 쉽게 얻을 수 있다. 둘째, 판매자와 마찬가지로 구매자도 시간적, 공간적 제약을 받지 않는다. 언제, 어디서든 원하는 제품을 구매할 수 있으며 오프라인과 비교하여 가격도 저렴하다.

판매자와 구매자 이외에도 광고업체, 물류업체, 중개업자 등 다양한 개인이나 기업이 새로운 사업 기회를 창출할 수 있다. 인터넷은 비용과 시간 면에서 매우 효율적인 광고수단이며 잠재적인 광고효과도 매우 큰 것으로 평가되고 있다. 또 온라인거래는 빠르고 정확한 배송이 필수적이므로, 온라인 상거래의 활성화는 곧 물류수송 분야의 성장과 연결된다. 또한 온라인거래의 핵심적 요소 가운데 정보의 중개기능을 빼놓을 수 없다. 인터넷 상에서 범람하는 수많은 정보를 가공하고 분류하여 각 개

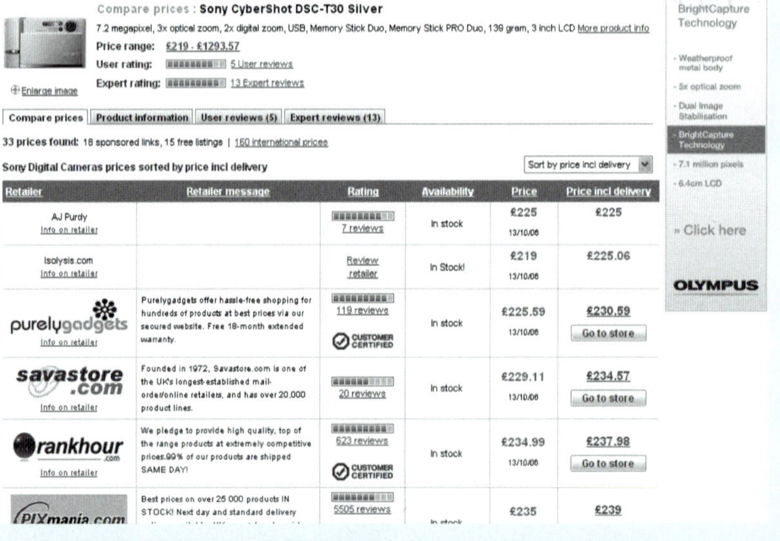

전자제품 가격비교 서비스를 제공하고 있는 사이트: http://www.pricerunner.co.uk

인이 원하는 맞춤형 정보로 제공하는 일도 새로운 사업 영역으로 떠오르고 있다.

물론 온라인거래가 좋은 점만 가지고 있는 것은 아니다. 기존의 오프라인 상거래와 비교하여, 상대적인 단점이나 잠재적인 문제점도 많이 존재한다. 첫째는 상품정보의 신뢰성 문제를 들 수 있다. 구매자가 직접 상품의 성능, 디자인, 품질 등을 확인할 수 없기 때문에, 온라인 상에서 제공된 정보와 실제로 구매한 상품의 내용간에는 차이가 발생할 위험이 있다. 둘째는 거래내용에 대한 신뢰성 문제이다. 거래량이나 가격 등을 바꾸거나, 판매와 구매 사실을 부인하거나 하는 일들이 발생할 가능성이 존재한다. 셋째는 대금 결제의 안정성과 정확성 문제이다. 온라인거래에서는 전자적인 대금결제 방식을 사용해야 하는데 이 과정에서 여러 가지 기술적 문제가 발생할 수 있다. 넷째는 보안성의 문제이다. 고의로 경쟁기업의 영업기밀(confidentiality)을 캐낸다거나, 실수로 자사의 영업기밀이 누설될 위험성도 있다.

2.2 온라인거래의 유형: 온라인거래에는 어떤 유형들이 있는가?

온라인거래의 분류 체계는 분류의 관점과 목적에 따라 다양하게 제시될 수 있다. 몇 가지의 중요한 분류 체계를 살펴 보자.

2.2.1 사업 주체에 의한 분류

이 분류 체계는, 누가 온라인거래에 참여하는가에 따라 여러 유형으로 나누는 기준이다. [그림 8-7]에서 볼 수 있듯이, 기업간(Business to Business: BtoB) 거래, 기업과 소비자간(Business to Customer: BtoC) 거래, 기업과 공공기관간(Business to

[그림 8-7] 사업주체에 따른 온라인거래 분류도

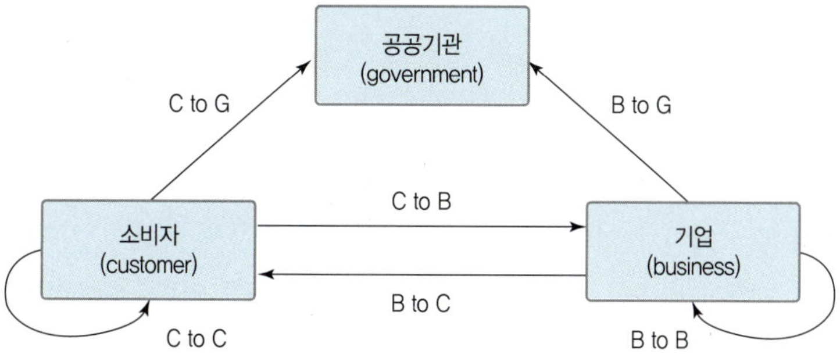

Government: BtoG) 거래, 개인과 공공기관간(Customer to Government: CtoG) 거래, 소비자와 소비자간(Customer to Customer: CtoC) 거래 등으로 나눌 수 있다.

2.2.2 시장 주도권에 의한 분류

이 분류 체계는 시장을 통제하고 선도하는 주도권이 누구에게 있는가에 따라 여러 유형으로 나누는 접근이다. 여기서 말하는 주도권이란, 제품 및 서비스에 대한 시장 구매력, 가격 결정력 등을 나타낸다.

이 기준에 의하면 온라인거래는 크게 판매자 주도형 시장(seller-controlled marketplace), 구매자 주도형 시장(buyer-controlled marketplace), 중개상 주도형 시장(neutral marketplace)의 세 유형으로 나눌 수 있다. 이를 도형으로 정리하면 [그림 8-8]과 같다.

[그림 8-8] 시장 주도권에 의한 온라인거래 분류도

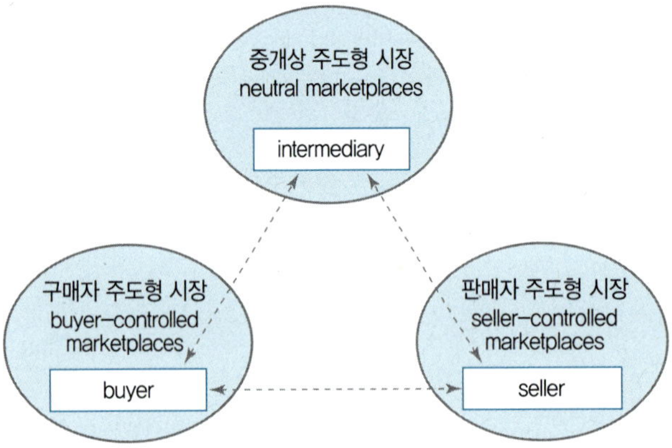

2.2.3 기술 변화에 의한 분류

마지막으로는, 온라인거래에 활용되는 기술의 변화 추세에 따라 나누는 접근이다. 이 기준은 상거래의 방식이나 구조보다는 상거래의 수단을 분류 기준으로 한다.

앞에서 언급한 것처럼, 온라인 기술의 발전과 온라인 방식의 확산은 마케팅의 패러다임을 근본적으로 바꾸는 계기가 되었다. 정보의 교환 방식은 물론 재화의 거래와 교환 방식도 달라지게 되면서 비즈니스 자체에 큰 변화가 일어나고 있다. 또한 마케

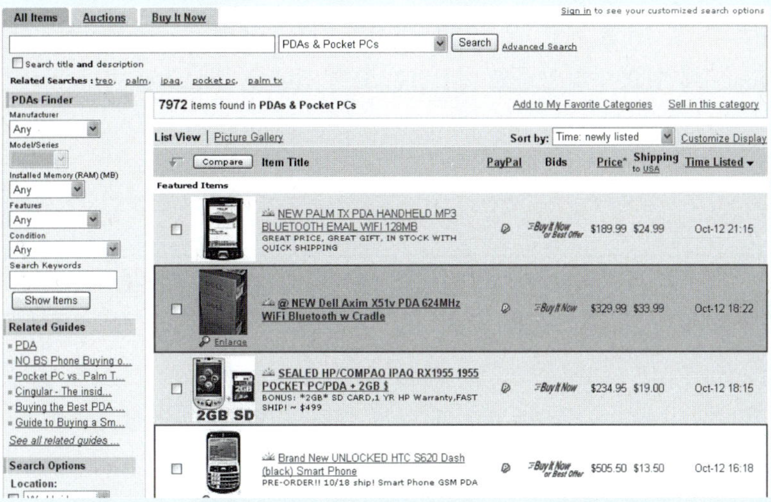

대표적인 구매자 주도형 시장인 경매사이트: http://ebay.com

팅의 영역도 훨씬 넓어지고 있다. 그러나 온라인의 방식과 대상은 지금도 확대되고 또 진화하고 있는 중이다. 특히 최근에는 라인의 개념이 훨씬 더 넓어져서 유선 라인을 대신하는 무선 라인이 빠른 속도로 증가하고 있다. 유선 라인으로 연결된 기존의 웹(Web) 서비스에 더해 무선 라인으로 연결된 앱(Applications) 서비스도 폭발적으로 늘어나고 있는 것이다. 따라서 인터넷 마케팅까지를 e-commerce로 부르고, 인터넷 이후를 mobile(m)-commerce로 부르기도 한다.

두 가지가 아니라 더 나아가 세 가지 유형의 commerce로 분류하기도 한다. 첫 번째 유형이자 현재 주류를 차지하고 있는 유형은 web-based commerce(W-commerce)이다. W-commerce는 인터넷 채널을 통해 유선(wired)의 네트워킹으로 상거래를 하는 방식이다. 이 유형은 상거래의 가치를 낮은 비용과 빠른 속도의 이점을 통해 만들어낸다. 또 매우 넓은 고객층을 대상으로 한다. 두 번째 유형이자 최근에 떠오르고 있는 유형은 mobile commerce(M-commerce)이다. M-commerce는 이동전화 채널을 통해 무선(wireless) 네트워킹으로 상거래를 하는 방식이다. 거래의 가치는 이동성과 개인화(personalization)에 있고 주로 선별적(targeted)인 고객층을 대상으로 한다. 마지막 유형이자 차세대 유형으로 주목 받고 있는 유형은 ubiquitous commerce(U-commerce)이다. U-commerce는 수신자에게 일일이 정보를 보내지 않고 다수에게 한꺼번에 데이터를 보내는 기술인 멀티캐스트(multi-cast) 채널을 통해 유비쿼터스 네트워킹으로 상거래를 하는 방식이다. 거래의 가치는 투명성(transparency)과 통합성(convergence)에 있으며 다양하고 이질적인 고객 집단을 대상으로 한다.

덧붙이는 이야기: 모바일 마케팅과 모바일 상거래

달라진 최신 소통방식 SNS 트위터, 페이스북, 미투데이의 위력과 장점, 기업홍보와 기업마케팅의 적용 및 분석

새로운 소통의 수단이 된 SNS의 이용 숫자가 폭발적으로 늘어나면서 지금까지 매스미디어가 과점하고 있던 미디어에 대한 소통을 누구라도 아무런 비용을 들이지 않고 쉽게 이용할 수 있게 됐다. 누구나 이메일 주소만 가지고 있으면 즉시 SNS 계정을 만들 수 있고 SNS를 만든다는 것은 자신만의 파급력을 구축할 수 있는 매개 수단을 가진다는 뜻과도 통한다. 스마트폰으로 뉴스 동영상을 촬영하고 인터넷이란 컴퓨터 네트워크로 대체됐다.

소셜미디어 사용자들은 홈페이지가 필요한 것도 아니고 서버를 보유하거나 운영할 필요도 없다. 외부 포털 사이트의 도움을 받아 트위터나 페이스북 같은 소셜미디어 자체가 가진 강력한 전파력을 활용하면 된다.

SNS가 이처럼 세상을 근본적으로 뒤바꾸고 있는 이유는 이야기하는 방식을 바꿨고 이야기하는 데 필요한 시간과 공간의 제약을 없앴기 때문이다. 가장 대표적인 소셜미디어인 트위터를 예를 들면 트위터의 핵심 기능은 다섯 가지로 정리할 수 있다. 첫 번째는 내 이야기를 하는 기능, 두 번째는 상대방의 이야기에 대답하는 리플라이 버튼, 세 번째는 다른 사람의 이야기를 전해주는 기능, 즉 입소문을 내는 RT, 네 번째는 말을 거는 멘션 기능, 마지막 다섯 번째는 다른 사람이 볼 수 없도록 두 사람 사이의 귓속말 기능이다. 이 다섯 가지 트위터의 핵심 기능을 거꾸로 생각해보면 말하고 대답하고 다른 사람의 말을 전하고, 또 말을 걸고 귓속말로 평소에 이야기를 나누는 방식이다. 더욱 중요한 것은 기존 미디어 환경에서는 사람들이 이야기의 '소비'에만 참여했다면 SNS은 '소비'와 동시에 '유통'에도 참여하게 됐다는 점이다.

SNS Marketing인 국내 최대 팔로워의 트위터를 운영중인 소셜베이(http://www.socialbay.net/ 김재수 대표)는 최다 회원을 소유한 SNS 대행사로 SNS Marketing 분야에서 다양한 기업의 프로모션 이벤트, 브랜드 마케팅 수행 및 소셜인프라 구축에 있어서 독보적인 노하우와 경험 등을 자사의 고유한 프로세스로 축적하고 있다. 트위터, 페이스북, 미투데이 등 국내 대표 소셜 네트워크 마케팅 상품을 보유하고 있어 국내 모든 SNS Marketing 온라인 대행사 중 최고 수준으로 인정받고 있다고 한다.

미디어가 바뀌면 세상이 바뀌기 마련이다. 소통하는 방식이 달라지면 많은 부분들이 달라지기 때문이다. 더불어 미디어가 달라지면 기업의 홍보와 마케팅 방식이 달라진다. 특히 기업의 홍보나 마케팅은 기업의 본질인 상품이나 서비스를 불특정 다수에게 전달하는 핵심적인 프로세스로 불특정 다수의 대중과 소통하는 길목에 SNS 마케팅이 중요한 역할을 하고 있다는 것은 이미 현재 진행형으로 이어지고 있다.

소셜마케팅을 처음 시도하는 기업, 영화, 브랜딩, 프로모션, 이벤트 등 다양한 업종과 영역에 있어 SNS가 몰고 온 변화의 바람을 정확히 이해한다면 언제 어디서 누구나 서로 직접 대화하고 다수에게 메시지를 전송할 수 있는 스마트한 시대에 소셜네트워크 인프라 구축은 필수이자 언제라도 엄청난 속도와 범위로 확산될 수 있는 폭발력이 잠재하고 있다는 것을 인정해야 할 것이다. 그래도 아직은 시작 단계에 있으므로 소통의 현재 및 차기 대세를 미리 체계적으로 준비하고 시작하는 지혜가 필요하다(MK뉴스, 2012.5.9).

이제 SNS 마케팅시대… SNS로 주목받는 기업은?

월마트 펩시코 월트디즈니 등 글로벌 대표 기업들이 소셜네트워킹서비스(SNS)를 통한 마케팅에 총력을 기울이고 있다.

월마트는 페이스북을 통해 1500만명에 달하는 팔로어(Follower)를 보유하고 있다. 이는 월마트와 고객 사이에 건강한 상호작용을 이끌어 매출 확대라는 결과로 이어지고 있다. 월마트는 페이스북에 제품을 소개하고 팔로워들은 맘에 드는 제품에 '좋아요'를 한다.

최근 부활절 행사에서는 1만1000건의 코멘트를 받으며 고객들의 관심을 끄는 데 성공했다. 건축자재 전문업체 홈디포는 페이스북과 자사 블로그 '에이프런 블로그(Apron Blog)'를 통해 60만명의 팔로어를 갖고 있다.

홈디포는 페이스북을 통해 직원들의 지역사회 서비스를 소개하는 데 초점을 맞추면서 기업 이미지를 개선하고 있다. 펩시코는 800만명의 페이스북 팔로어에게 '펩시 딜'을 제공해 관심을 끌고 있다. 펩시코는 팔로어들이 직접 찍은 펩시캔·병 등의 흥미있는 사진으로 마케팅하는 전략을 펼치고 있다.

세계 최대 엔터테인먼트업체 월트디즈니는 향수와 충성심을 자극해 3억 2500만명의 페이스북 팔로어를 확보했다. 디즈니가 만든 영화의 스틸에는 수천 여명의 팬들이 '좋아요'를 표시하며 관심을 나타내고 있다.

세계 최대 커피체인 스타벅스 역시 페이스북을 통해 18만명의 팔로어가 활동하고 있다. 스타벅스는 페이스북를 통해 음료 행사를 진행하고 지역사회 서비스뿐 아니라 고객 불만에 대해 즉각적인 답변까지 하고 있다. 페이스북 가입자들은 친구들에게 스타벅스카드를 보내거나 e-선물카드를 쉽게 보낼 수 있다.

구글은 46만명의 페이스북 팔로어들을 선별해 특정층을 대상으로 구글 맵스·구글 디벨로퍼스·구글 애널리틱스 등의 데이트를 제공하면서 인기를 얻고 있다. 4000명의 페이스북 팔로어를 보유한 캐피털원은 '@AskCapitalOne' 계정을 사용해 고객 서비스를 제공한다. 나이키는 @NIKE 계정으로 36만 8000명의 팔로워를 보유하고 있다. 나이키는 이 같은 전략을 통해 고객들의 관심사를 파악해 상품 홍보에 활용하고 있다.

기업들은 특히 신제품 출시 이후 페이스북을 통한 마케팅 효과를 톡톡히 보고 있다. 저가항공업체 제트블루는 1700명의 팔로어들에 대해 영어와 스페인어로 서비스에 대한 피드백을 주고받고 있다. 44만명의 팔로어를 보유한 세계 최대 패스트푸드업체 맥도널드는 페이스북을 통해 할인 이벤트를 고객에게 알리고 있다. 팔로워들이 맥도널드 페이스북 페이지에서 의견을 나눌 수 있도록 함으로써 불만과 만족 사항도 파악하고 있다(이투데이, 2012.5.22).

2.3 온라인 비즈니스 모델: 온라인 비즈니스 모델은 무엇인가?

전자상거래를 전통적인 오프라인 상거래와 구분하게 하는 핵심적인 개념과 용어가 바로 비즈니스 모델(Business Model : BM)이다. 물론 비즈니스 모델은 모든 상거래에 어떤 형태와 방식으로든 존재하는 것이고 따라서 오프라인 상거래에도 이미 적용되어 온 개념이다.

그러나 최근에 비즈니스 모델이라는 용어가 큰 관심을 끌게 된 이유는, 오프라인 방식의 거래가 온라인에서도 기술적으로 가능해지면서, 비즈니스의 범위가 확대되고 비즈니스의 방식이 다양화되었기 때문이다. 실제로 최근 몇 년 동안 온라인 비즈니스 모델에 대한 관심은 폭발적으로 커지고 있고, 비즈니스 모델이 특허(patent)의 중요한 영역이 되는 정도까지 발전하고 있다.

2.3.1 비즈니스 모델의 정의

비즈니스 모델을 한마디로 정의하기는 어렵다. 더구나 모바일 커머스(m-commerce), 모바일 비즈니스(m-business)의 확산을 바탕으로 새로운 상거래(commerce) 방식과 부가가치(value-added)의 원천이 만들어지면서 비즈니스 모델의 성격과 범위도 끊임없이 진화하고 있다. 모바일 비즈니스는 무선 통신 네트워크와 단말기를 통해 이루어지는 상거래 및 기업의 제반 부가가치 창출 활동을 의미한다. 다시 말해 모바일 비즈니스는 기존의 e-비즈니스와 무선 인터넷이 결합한 것으로 파악할 수 있다.

그러나 기술과 방식의 차이를 떠나 비즈니스 모델의 가장 폭넓은 정의는 '기업이 매출을 발생시키는 사업의 방식'이라고 보는 것이다. 이에 비해 보다 구체적인 정의는 '다양한 참여자들의 역할을 설명하고, 제품, 서비스, 정보의 흐름 구조를 알려주고, 참여자들이 얻는 수익의 원천이 어디에 있는지를 표현하는 내용'으로 보기도 한다.

이 책에서는, 비즈니스 모델을 '기술적 가능성(technical feasibility)이라는 요소와 상업적 타당성(commercial viability)이라는 요소'로 구성된 온라인 기반의 사업 구조와 절차로 정의한다. 즉 비즈니스 모델로 인정받기 위해서는 과연 이 모델이 온라인 상에서 기술적으로 작동할 수 있는가 하는 기술성의 문제와, 거래를 통해 필요한 수익을 얻을 수 있는가 하는 상업성의 문제에 대한 해답을 모두 제시해야 한다.

2.3.2 비즈니스 모델의 분류

앞에서 살펴본 비즈니스 모델의 정의를 토대로 실제로 나타내고 다양한 비즈니스 모델을 어떤 유형으로 나눌 수 있을까? 온라인 비즈니스가 시작된 초창기부터 끊임없이 혁신적인 모델들이 만들어졌고 앞에서 언급한 것처럼 최근에는 모바일 환경에 대응하는 새로운 모델들이 등장하고 있어서 비즈니스 모델의 분류체계도 달라질 수밖에 없다. 여기에서는 비즈니스의 본질적 요소를 기준으로 비즈니스 모델을 다음의 몇 가지 유형으로 나누어 본다.

(1) 제품 및 정보의 흐름에 따른 분류

먼저 제품이나 정보가 출발지인 공급자로부터 도착지인 소비자에게까지 전달되는 과정의 차이에 따라 크게 세 가지의 비즈니스 모델을 제시할 수 있다. 첫째는 브로커 모델로서, 공급자와 소비자 사이에서 중개인 역할을 하는 비즈니스 유형을 의미한다. 둘째는 제조업체 모델로, 공급자가 제품을 직접 생산하고 동시에 자체적인 온라인거래 부서를 통해 소비자에게 물건을 판매하는 비즈니스를 가리키는 모델이다. 셋째는 경매형 모델로, 소비자가 먼저 제품의 구입가격을 제시한 후 공급자가 그 가격에 동의하는 절차에 의해 제품의 거래가 이루어지는 비즈니스를 의미한다.

(2) 사업운영 방식에 따른 분류

이 기준은 온라인 사업방식과 오프라인 사업방식이 비즈니스 모델에 어떤 형태로 사용되었는가에 따라 나누는 접근이다. 이 기준에서는 먼저 비즈니스 모델을 크게 기존의 오프라인 방식에 이미 존재하던 모델을 온라인으로 바꾼 유형과 처음부터 온라인 방식으로 새롭게 만들어진 유형으로 나눈다. 그 다음에는 각각의 경우에 해당되는 세부적인 비즈니스 모델들을 제시하는 식으로 나누어 나가는 식이다.

(3) 수익창출 방식에 따른 분류

비즈니스 모델은 수익이 창출되는 방식에 따라 여러 가지 유형으로 나눌 수 있다. 대표적인 모델로는 거래수수료를 받는 중개형 모델, 광고수익을 얻는 광고형 모델, 판

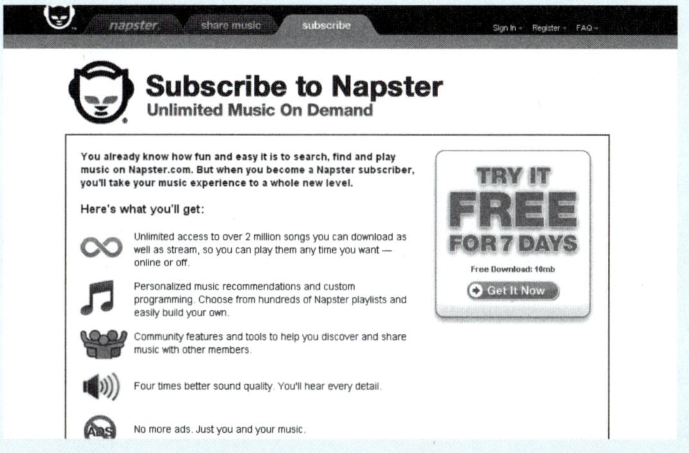

사용자로부터 일정 요금의 구독료를 받아 사이트를 운영하는 구독형 모델 –음악을 다운로드 받는 사이트: http://www.napster.com

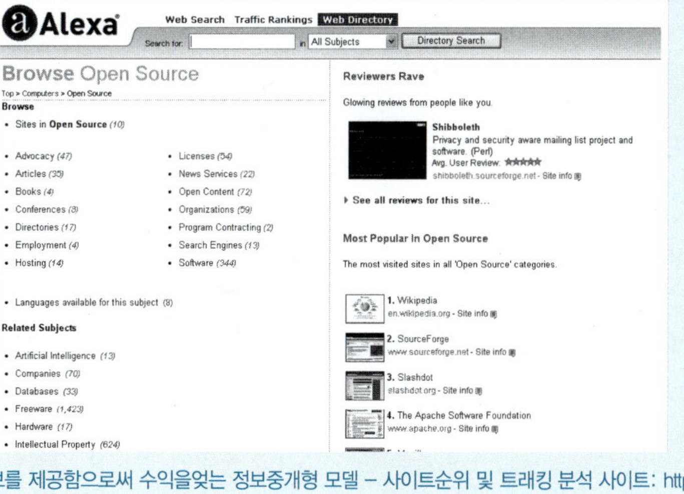

사용자에게 유용한 정보를 제공함으로써 수익을얻는 정보중개형 모델 – 사이트순위 및 트래킹 분석 사이트: http://www.alexa.com

매수익을 거두는 상인형 모델, 직접 물건을 팔아서 수익을 얻는 제조업체형 모델, 구독료를 받는 구독형 모델, 고객에게 정보를 파는 정보중개형 모델 등을 들 수 있다.

2.3.3 비즈니스 모델의 설계

위에서 살펴본 것처럼, 비즈니스 모델은 매우 다양한 유형으로 만들어질 수 있다. 그러나 어떤 유형에 속하더라도 그것이 하나의 비즈니스 모델로 인정받기 위해서는 제대로 된 비즈니스의 구조와 방식을 갖추어야 한다. 비즈니스 모델이 단순한 사업 아이디어의 메모 내지 설명서라면 특별한 구조나 기준이 필요하지 않을 것이다. 그러나 그것이 하나의 모델(model)이 되기 위해서는 체계적인 모델링(modeling) 과정을 거쳐야 한다. 다시 말해서, 비즈니스 모델을 만드는 일은 비즈니스의 추상적인 개념도(concept)를 만드는 것이 아니라 실질적인 설계도(design)를 만드는 작업인 것이다.

그렇다면 비즈니스 모델은 어떻게 설계할 수 있을까? 또는 설계해야 하는가? 물론 이 질문에 대해 절대적인 정답이 있을 수는 없다. 같은 시장에서 같은 고객을 대상으로 하는 사업이라고 하더라도 각각의 비즈니스 전략이나 방식이 다른 것처럼, 비즈니스 모델을 하나의 기준으로 설계할 수는 없기 때문이다. 따라서 여러 가지의 설계 가이드라인들이 제시되어 있다. 그 중에 Zott & Amit(2010)가 제시한 가이드라인을 좀더 자세히 알아보도록 하자.

먼저, 비즈니스 모델의 설계는 두 가지의 설계 변수(design parameter)로 구성된다. 하나는 설계 요소(design element)이고 다른 하나는 설계 주제(design theme)이다. 이 두 가지의 조합이 명확하고 적절하게 반영되어야 하나의 비즈니스 모델로서의 조건을 만족시킬 수 있다는 것이다.

(1) 설계 요소(design elements)

설계 요소는 비즈니스 모델의 구조적(structure) 모양과 과정적(process) 내용을 보여주는 것들이다. 즉, 비즈니스 내에서 이루어지는 다양한 활동(activity)의 종류와 그들간의 상호작용이나 네트워크 관계가 설계도에 제시되어야 하는 것이다. 가장 핵심적인 설계 요소로는 비즈니스 시스템의 내용, 구조 그리고 거버넌스를 들 수 있다.

첫째, 시스템의 내용(system contents)은 비즈니스 운영에 필요한 경영활동들의 집합을 가리킨다. 즉, 비즈니스가 이루어지기 위해서는 어떤 활동들이 수행되어야 하는가(what activities should be performed)라는 질문에 대한 답을 보여주어야 한다.

둘째, 시스템의 구조(system structure)는 경영활동간의 순서와 연계구조, 그리고 우선순위를 의미한다. 즉, 각각의 활동들은 어떻게 연결되어 있으며 어떤 순서로 진행되는가(how should they be linked and sequenced)에 대한 설명이 담겨야 한다.

셋째, 시스템의 거버넌스(system governance)는 경영활동의 운영과 관리주체, 그리고 내부조직 체계와 외부 파트너와의 협력관계를 뜻한다. 다시 말해, 각각의 경영활동을 누가 그리고 어디서 하는가(who should perform them and where)라는 질문에 대한 대답을 제시해야 한다.

(2) 설계 주제(design theme)

설계 주제는 비즈니스 모델의 가치창출과 경쟁우위에 관한 것들이다. 위에서 설명한 설계 요소들이 하나의 비즈니스 모델이 만들어지기 위한 기본적인 필요조건이라면 설계 주제는 그 비즈니스 모델이 성공적인 사업으로 연결되기 위한 충분조건이라고 할 수 있다. 설계 주제로는 독창성(novelty), 보완성(complementarity), 효율성(efficiency), 그리고 잠금효과(lock-in)를 들 수 있다.

첫째, 독창성은 경쟁기업이나 다른 비즈니스 모델과 비교하여 차별적으로 설계되어야 한다는 뜻이다. 위에서 제시한 설계 요소와 연결시켜 설명하면, 새로운 비즈니스 내용을 담아야 하고, 경영활동간의 새로운 연결도 만들어져야 하고, 활동 주체들의 구성이나 역할도 달라져야 한다는 것이다.

둘째, 보완성은 경영활동간의 시너지 효과를 가리킨다. 즉, 각각의 경영활동들을 따로따로 분리하여 수행하는 것보다 시스템으로 묶어서 수행하는 것이 더 큰 부가가치를 창출할 수 있도록 설계되어야 한다는 것이다.

셋째, 효율성(efficiency)은 거래비용이 최소화되도록 비즈니스 모델을 설계해야 한다는 것을 의미한다. 비즈니스 프로세스를 재설계한다든가, 외부의 자원을 아웃소싱하는 등의 방식을 통해 비즈니스의 효율성을 극대화할 수 있도록 설계해야 하는 것이다.

넷째, 잠금효과(lock-in)는 외부의 제삼자(third parties)들을 비즈니스의 참여자들로

끌어들일 수 있어야 한다는 것이다. 경쟁기업과 비교하여 훨씬 더 강력한 망 외부효과(network externality)를 구축하거나 다른 경쟁기업이나 서비스로 옮겨갈 수 없을 정도로 높은 전환비용(switching cost)을 부과하는 방식으로 고객과 시장을 잡아놓을 수 있어야 하는 것이다.

토론문제 Discussion Topics

1. 제품의 전체적인 출시절차를 간단히 설명하고, 그 과정에서 만들어지는 α 시제품(α-prototype)과 β 시제품(β-prototype) 차이를 활용도와 완성도의 측면에서 비교하여 설명하라.

2. A 기업은 최근 신제품 출시를 계획하고 있다. 그리고 이를 위해서 생산부지를 임대하는 데 800만 원, 생산설비를 구축하는 데 200만 원, 영업장을 임대하는 데 400만 원, 판매설비를 임대하는 데 400만 원을 투자하였다. 제품 한 단위를 만들어 파는 데 소요되는 재료비는 1,200원이다. 또한 인건비와 설비의 감가상각비를 포함한 제조비는 개당 800원 정도로 예상하고 있다. 시장조사 결과 신제품에 대한 가격은 개당 3,000원 정도가 가장 적당한 것으로 판단되었으므로 이를 신제품 출시 가격으로 책정하였다.
   (1) 손익분기가 되는 매출량은 얼마인가?
   (2) 지대상승으로 인해 생산부지와 영업장의 임대료가 각각 10%씩 상승하였다. 이 때 손익분기가 되는 매출량은 얼마나 증가하는가?
   (3) 시장조사 결과를 토대로 제품의 가격을 3,000원에서 3,200원까지 상승시켰을 때 손익분기점은 어떻게 변화하는가?

3. 마케팅 활동은 상업화 활동 및 판매 활동과 유사한 의미로 사용되고 있지만 실제로 구체적인 내용이나 목적 측면에서는 차이를 보인다. 이 차이를 설명하라.

4. 마케팅 믹스의 네 가지 핵심 요소에 대해 간단히 설명하고 각 요소를 분석하기 위한 세부 사항들을 나열하라.

5. 마케팅 활동을 전개하기에 앞서 사전 준비로 이루어지는 활동들에는 시장조사(좀 더 폭넓은 개념으로는 마케팅 조사)와 소비자 분석이 있다.
   (1) 마케팅 조사의 대표적인 방법들을 제시하라.
   (2) 소비자 분석이 중점적으로 다루고 있는 주제들을 나열하라.

6. 하이테크 마케팅에 있어 신기술과 신제품을 수용하는 고객집단은 수용시점과 성향에 따라 크게 다섯 부류로 나눌 수 있다. 각 집단의 명칭과 그 특성에 대해 간단히 설명하라.

7. 신기술 수용의 수명주기 상에서 캐즘(chasm)이 발생했을 때 이를 잘 극복하여 지속적으로 성장을 이룬 기업/제품과 그렇지 못한 기업/제품의 사례를 제시하라.

8. 온라인거래(e-commerce)의 유형을 분류하는 중요한 기준들을 제시하고 각 기준에 따라 구체적으로 온라인거래를 어떤 유형으로 나누는지를 설명하라.

9. 비즈니스 모델은 기업이 매출을 발생시키는 사업의 방식이다. 온라인 비즈니스 모델은 제품 및 정보의 흐름에 따라 브로커 모델, 제조업체 모델, 경매형 모델의 세 가지 유형으로 나눌 수 있다. 각각의 모델에 해당하는 대표적인 온라인 기업(유형)을 주위에서 찾아 제시하라.

10. 비즈니스 모델의 두 가지 설계변수를 제시하고 각각의 내용을 구체적으로 설명하시오.

CHAPTER

09

신기술창업에 대한 경영 마인드

Business Mind

contents

이 장(Chapter)배경과 내용

혁신가적 정신과 발명가적 능력을 토대로 기술집약적 기업을 독자적으로 창업한 사람을 entrepreneur라고 부르고 그 기업을 흔히 벤처기업이라고 한다. 또 벤처기업의 설립과 운영에 관한 이론과 실무를 다루는 학문분야를 벤처경영이라고 부른다.

졸업하면 으레 대기업이나 연구소에 취직하던 공학도들에게, 창업을 통해 벤처기업의 CEO가 되는 길이 열린 것은 거의 혁명적인 사건이라고 할 수 있다. 그러면서 벤처경영은 오늘날 넓은 의미의 공학교육, 좁은 의미의 기술경영 교육의 중요한 주제로 자리매김하고 있다.

하지만 창업관리나 벤처경영은 아직 단단한 학문적 기반을 이루지 못한 채 실무적 매뉴얼의 수준에 머무르고 있는 것도 사실이다. 그러나 이론이든 실무든 벤처경영의 기본적 내용과 핵심적 주제를 살펴보는 것은 반드시 필요한 일이다. 왜냐하면 벤처의 본질인 높은 위험과 높은 보상(high-risk, high-return)에서 높은 위험을 줄이는 최선의 방법은 역시 정리된 지식이나 경험을 통해 시행착오를 줄이는 것이기 때문이다.

Entrepreneur는 누구인가? 벤처기업은 무엇이며 어떤 유형으로 나눌 수 있는가? 벤처기업의 성공 요인은 무엇이며 성공의 가능성을 올리기 위해서는 어떤 요소를 잘 관리해야 하는가? 신생기업이 성장하는 과정은 어떻게 나눌 수 있으며 각 과정에서 집중적으로 관리해야 하는 경영 요소는 무엇인가? 따로 창업을 하지 않고 기존기업 안에서 사내창업을 하는 길은 없는가? 등의 주제에 대해 알아보자.

CHAPTER 09

신기술창업에 대한 경영 마인드

제1절 신기술창업에 대한 이해

1.1 벤처창업의 기본 개념: 벤처와 창업의 의미는 무엇인가?

앞 장에서 알아본 상업화와 마케팅관리는 기본적으로 기존 기업을 대상으로 한다. 이미 연구개발 조직, 생산 조직, 영업 조직을 갖추고 있는 기업이 신제품을 개발하고, 시장을 조사하고, 소비자를 분석하는 활동을 다룬 것이다. 이 경우, 새로운 기술을 개발하고 새로운 제품을 출시하는 일은 그 기업 내의 프로젝트 조직이나 사업부 조직에서 담당한다.

그러나 이미 제자리를 잡은 기업들이 치열하게 경쟁하는 시장에서도, 끊임없이 새로운 기술이 개발되고, 새로운 제품이 만들어지며, 새로운 기업이 생겨나고 있다. 사실 따지고 보면, 이미 누구나 알고 있는 유명제품도 원래는 신제품이었으며 세워진 지 오래된 기업도 처음에는 신생기업이었다. 그러나 혼자 또는 몇 사람이 모여 신기술로 신제품을 만들어 새로운 시장을 개척하는 벤처기업을 창업하고, 그 벤처기업을 경영하는 일이 경영학의 주제로 등장한 것은 최근의 일이다.

이제 창업과 벤처경영은 경영학은 물론, 공학교육의 새로운 화두로 떠오르고 있다. 주제의 내용이나 방법론의 관점에서 보면 분명히 경영학의 일부로 볼 수 있는데, 많은 창업자가 이공계 출신이고 또 대부분의 사업 아이템이 기술 중심적인 제품이나 서비스라는 점에서 보면 공학과도 밀접한 연계를 맺고 있다. 실제로 공대 출신은 그저 공장이나 연구소에서 월급쟁이나 한다는 고정관념을 깨고, 자기 스스로의 힘으로 CEO의 꿈을 이룰 수 있는 길을 열어주었다는 의미에서 벤처기업의 신화가 공학도에게 끼친 긍정적 효과는 결코 작다고 할 수 없다.

하지만 창업과 벤처기업의 관리를 대학에서 어떻게 가르쳐야 하는지는 쉽고 간단한 문제가 아니다. 우선 벤처경영은 아직 신생 학문이기 때문에 무엇을 어디까지 다루어야 하는지에 대해서도 명확한 체계나 기준이 없는 실정이다. 게다가 벤처기업은 말 그대로 불확실하고 위험도가 높기 때문에 교과서에서 가르치는 대로 해서 성공한다는 보장이 없다. 또 설사 처음에는 성공한 것처럼 보여도 조금만 시간이 지나면 다른 고비를 넘지 못하고 쓰러져 버리는 일도 비일비재하다. 따라서 여기에서는 이미 여러 연구와 경험을 통해 나름대로 객관성이 검증된 기본적 이론들을 중심으로 벤처경영을 설명하고자 한다.

벤처경영이라고 불리는 연구와 실무의 전체적 내용은, 크게 다음 몇 가지의 주제로 구성된다. 이러한 구성의 기준은 일반적으로 경영시스템이 생겨나고 커가는 성장과 진화의 과정을 토대로 한 것이다. 첫째는, 창업자라는 사람과 벤처기업이라는 조직의 정의와 특성을 분석하는 주제이다. 둘째는, 사업기회를 찾아내고 그 기회의 잠재적 가치를 평가하는 기준과 방법을 제시하는 주제이다. 셋째는, 실제로 벤처기업을 설립하고 투자를 유치하는 창업 실무를 이해하는 주제이다. 넷째는, 신생기업이 성장하는 과정을 몇 개의 단계로 나누고 각 단계에 필요한 경영관리의 요소와 기준을 제시하는 것이다.

1.2 기업가정신과 벤처기업: 벤처기업은 누가 만드는가?

우선 몇 가지 기본 용어를 정리하고 시작하자. 우리가 흔히 상업화라고 할 때는, 이미 운영되고 있는 기존의 기업 내에서 새로운 제품이나 서비스를 개발하여 시장에 내놓는 경우를 가리킨다. 그러나 최근에는 독립적인 기업을 새로 설립하여 획기적인 신기술이나 아이디어를 상업화하는 방식도 자주 등장하고 있다. 이러한 방식으로 새로운 경영시스템을 세우는 것을 벤처창업이라고 하고, 이러한 방식으로 새로운 경영시스템을 설립하고 경영해 나가는 사람을 혁신적 기업가를 뜻하는 entrepreneur 또는 창업자라고 부르며, 새로 설립된 기업은 벤처기업이라고 한다. 따라서 entrepreneur는 곧 기술집약적 신생기업의 CEO를 의미한다.

그러면 벤처기업이 활발하게 생겨난 배경과 역사를 간략히 살펴보고, 혁신적인 기업가의 특성을 알아 보자.

1.2.1 벤처기업의 역사

역사적으로 볼 때, 벤처 붐이 하나의 경제현상이자 사회현상으로 부각된 경우는 이미 여러 번 있었다. 제일 먼저, 혁신가 또는 벤처기업이라는 개념을 제시한 사람은 20세기 전반의 경제학자인 슘페터(Schumpeter)라고 할 수 있다. 슘페터는 우선 19세기 말에 출현한 자본가의 특성과 역할에 주목하였다. 그 때까지의 전통적인 인식에 의하면 경제시스템은 토지(land), 노동(labor), 자본 (capital)이라는 생산 요소로 구성된다. 이 가운데 토지와 노동은 생산(production)에만 기여할 뿐 경제의 변화나 발전에는 영향을 미치지 못한다. 남아있는 요소인 자본의 역할도 만일 돈을 빌려주고 이자를 받는 소극적 의미에 그치고 따라서 자본가도 단순히 돈을 빌려주는 사채업자에 불과하다면 별다른 영향을 줄 수 없다.

자본이 경제의 변화와 발전을 견인하는 요인이자 원동력이 되는 것은 자본의 역할이 단지 하나의 생산요소에 그치는 것이 아니라 새로운 생산기술과 방식을 만들어 내기 위한 자금(fund)으로 사용된다는 의미이다. 슘페터는 이러한 정신을 지니고 있고 또 그러한 역할을 수행하는 자본가를 혁신가(entrepreneur)라고 명명하였다. 또 새로운 제품(new product), 새로운 공정(new production method), 새로운 시장(new market), 새로운 재료(new material), 새로운 산업조직(new industry organization)을 통해 일어나는 본질적, 근본적 변화를 '창조적 파괴(creative destruction)'라고 불렀다. 즉, 창조적 파괴의 주체가 바로 혁신적인 기업가인 것이다.

슘페터가 말한 혁신가들이 나타난 때가 19세기 말이었다면 본격적 의미의 기술혁신이 일어나고 실질적인 벤처 붐이 일어난 것은 20세기 초, 근대적인 의미의 기업인 주식회사들이 생겨난 시점이라고 할 수 있다. 산업자본주의가 정착되면서, 전통적인 수공업 중심의 소규모 기업 형식을 벗어나 자동화 생산이라는 획기적인 기술혁신을 토대로 주식회사 형태의 기업들이 생겨난 것이 벤처기업의 원형인 것이다. 또

우리나라의 대표적 벤처 지역인 테헤란밸리(좌측), 대덕벤처단지(우측상단)와 미국의 실리콘밸리(우측하단)

그 당시 자동차의 포드(Ford)나 철강의 카네기(Carnegie) 같은 창업자들은 전형적인 entrepreneur라고 할 수 있다.

두 번째 벤처 붐은 1950년대 미국의 보스톤(Boston) 지역을 중심으로 일어났다. 2차 대전 기간 동안 국방기술의 개발에 참여하였던 많은 연구자와 과학자들이, 전쟁이 끝나면서 할 일을 잃어버리게 되자 창업에 뛰어든 것이다. 이 때 많은 신생기업들이 위치하였던 Boston Route 128 지역은 최초의 벤처 단지의 성격을 지니고 있다.

세 번째 벤처 붐은 1970년대 미국의 스탠포드(Stanford) 대학을 중심으로, 실리콘밸리(Silicon Valley) 지역에 신기술 혁신기업들이 들어서면서 일어났다. 이 지역은 대학과 기업 외에도 경영이나 금융에 관한 전문기업들이 함께 입주하면서, 오늘날까지 가장 거대하고 가장 대표적인 벤처 단지로 자리잡고 있다.

이러한 맥락에서 본다면, 우리나라를 포함하여 세계적으로 진행되고 있는 벤처 붐은 네 번째 붐이라고 할 수 있다. 과거의 벤처 붐과 비교하여 최근의 벤처 붐이 보여주는 근본적인 차이는 그 형태와 방식이 매우 다양하고 복잡하다는 점이다. 지역적인 제한도 별로 없고 영업방식과 조직구조도 매우 신축적이다. 특히 IT의 확산, BT나 NT같은 신기술의 등장, 공학적 배경을 가진 젊은 entrepreneur의 증가 등은 오늘날의 벤처 붐을 전통적인 벤처 붐과 차별화시키는 핵심적인 특징이다.

1.2.2 기업가 정신

신기술 창업은 혁신적인 기업가인 이른바 entrepreneur에 의해 시작된다. 따라서 창업의 주역이자 신생기업의 관리자는 바로 entrepreneur이다. 혁신(innovation)을 설명할 때 가장 자주 인용되는 경제학자 슘페터(Schumpeter)의 유명한 '창조적 파괴(creative destruction)'라는 말은, 경제가 발전하고 성장하는 원동력은 기존의 패러다임을 과감히 부수는 창의성과 모험정신이라는 사실을 가리킨다. 이 때 창의성과 모험정신으로 창조적 파괴의 중심적인 역할을 수행하는 것이 바로 기업가 정신으로 무장된 entrepreneur이다.

Entrepreneur의 개념은 [그림 9-1]에서 볼 수 있듯이, 다른 비슷한 개념과의 비교를 통해 설명할 수 있다. 한편으로 창의성이 어느 정도인가, 다른 한편으로 관리기술과 경영네트워크의 수준이 어느 정도인가에 따라 크게 네 가지 유형의 잠재적 창업가를 생각할 수 있다. 첫 번째의 발명가(inventor)는 창의성은 높으나 관리능력이 취약한 경우이다. 두 번째로 창의성은 낮으나 관리능력이 좋고 인적 네트워크를 잘 갖추고 있는 사람을 관리자(manager)라고 한다. 세 번째로 후원자(promoter)는 두 가지가 다 낮아 뒤에서 보조하고 지원하는 역할을 맡는 사람을 가리킨다. 마지막으로 혁신적 기업가(entrepreneur)는 두 가지가 모두 높은 경우이다. 한편으로는 창의성이 높아 발명가적 자질을 갖추고 있으면서, 동시에 경영관리 능력과 지식도 좋은 관리자적 자질도 겸비하고 있어야 entrepreneur가 될 수 있는 것이다.

[그림 9-1] 잠재적 창업자의 유형

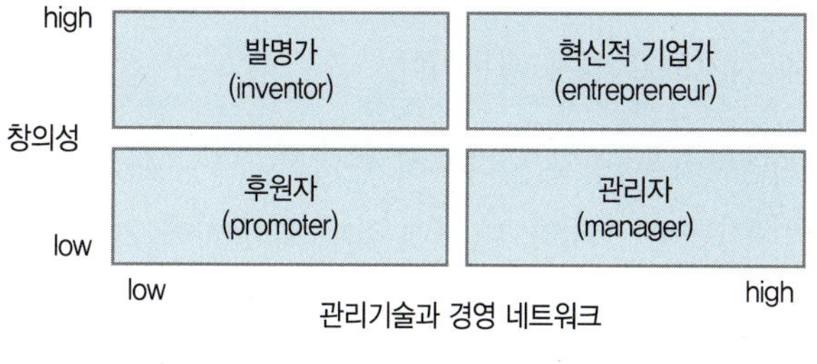

이러한 정의와 가정을 바탕으로, 성공적인 entrepreneur의 특성과 자질이 무엇인지를 찾아내려는 연구가 많이 이루어졌다. 흔히 제시되는 요인들로는 높은 성취욕과 목표 지향성, 사업기회를 포착하는 안목, 상황을 거시적으로 분석하고 전략적으로 판단하는 능력, 어느 정도 위험과 모험을 즐기는 성격, 높은 사회성과 폭넓은 네트워크 관리 능력, 높은 독립성과 강한 책임감, 좌절과 시련에 대한 대처능력 등을 들 수 있다.

특히 대기업의 성공적인 전문경영인과 비교하여 벤처기업의 성공적인 창업자의 특성을 살펴보면, 전문경영인이 자원의 효율적 분산에 초점을 맞추는 반면 창업자는 모든 자원을 새로운 사업기회에 집중하는 데 초점을 맞춘다. 또 전문경영인은 치밀한 분석과 합리적 기획을 잘 하지만 창업자는 변화를 읽는 눈이 밝고 대응능력이 뛰어난 특성을 보인다. 한편 전문경영인은 수직적 기능조직의 관리에 적합하다면 창업자는 수평적 네트워크 조직의 관리에 적합하다.

그러나 성공적인 entrepreneur의 특성을 몇 가지로 정형화하는 것은 불가능하고 또한 위험한 일이다. 사업의 특성, 기술의 특성, 지역의 특성, 상황적 요인 등에 따라 다를 수가 있기 때문이다. 더욱 중요한 것은 선천적인 특성이 아니라 다양한 경험과 폭넓은 지식을 통해 경영자적 관리 능력을 키우고, 뛰어난 기술자산을 확보함으로써 경쟁력을 강화하는 것이라고 할 수 있다.

1.2.3 벤처기업의 정의

혁신적 기업가, 즉 entrepreneur의 모험가적 정신과 발명가적 기술력을 토대로 새로운 기업을 독립적으로 설립할 때, 그 기업을 흔히 벤처기업이라고 부른다. 벤처창업을 넓은 의미의 창업, 즉 단순히 새로 회사를 세우거나 가게를 여는 것과 구분하는 이유도 신기술, 모험가 정신 등의 특성과 조건이 만족되기 때문이다. 또 벤처기업을 일반적인 중소기업과 구분하는 이유도, 대부분의 중소기업이 잠재적 성장성은 낮지만 사업내용이 명확한 영역에 존재하는 반면, 벤처기업의 경우 사업내용은 불분명하지만 잠재적 성장성이 높은 영역에 위치하고 있기 때문이다.

그러나 우리가 흔히 부르는 벤처기업이라는 명칭은 다분히 편의적이고 주관적인 용어이며, 보다 공식적이고 실질적인 이름과 정의가 다음과 같이 다양하게 제시되어 왔다.

- 기술기반의 신생기업(New Technology-Based Firm: NTBF)
- 첨단기술의 소기업(High-Technology Small Firm: HTSF)
- 연구개발 집약기업(High R&D-intensity Firm)
- 벤처자본 투자기업(High Venture Capital Ratio Firm)

이러한 명칭과 정의가 담고 있는 핵심적인 키워드(keyword)는 새롭다(new), 작다(small), 기술집약적이다(technology-based), 위험이 큰 반면 수익도 크다(high-risk, high-return) 등이다. 이러한 키워드를 종합하여 벤처기업을 정의한다면 '기업가 정신을 바탕으로 첨단 기술이나 새로운 아이디어를 개발하고, 외부의 자본을 조달하여, 위험성은 매우 높지만 성공할 경우 큰 수익이 기대되는 틈새시장을 개척해 나가는 신생기업'이라고 정의할 수 있다.

이 가운데, 역시 벤처기업의 가장 대표적인 특성은 '위험성이 높다, 즉 성공확률이 낮다'는 점이다. 미국의 통계자료를 보면, 새로운 아이디어가 창업으로 이어지고 나아가 그 벤처기업이 증권시장에 상장(IPO)까지 되는 경우는 1백만 개 가운데 6개 정도라고 한다. 자금지원을 신청하기 위해 사업계획서를 제출한 벤처기업에 대해 외부의 전문적 투자기업인 벤처캐피탈(venture capital)이 실제로 투자를 결정하는 경우는 1천 개 가운데 6개에 불과하다고 한다. 그만큼 벤처기업이 성공할 것으로 보는 사람도 많지 않고 실제로 성공하는 경우도 드문 것이다.

그러나 앞에서 살펴본 정의는 여전히 정성적이고 개념적이라는 문제가 있다. 이러한 문제를 해결하기 위해 제도적으로 규정한 벤처기업의 정의가 있다. 제도적인 기준에 의해 일단 벤처기업으로 지정이 되면 다양한 정책적 지원을 좀더 쉽게 받을 수 있는 기회가 주어진다.

우리나라의 경우, 벤처기업의 법적 정의는 다양한 조건을 포함하고 있다. 물론 그때 그때의 정책과 여건의 변화에 따라 내용이 약간씩 달라지기는 하지만, 기본적으로 기술개발과 경영혁신에 관한 능력이 우수한 중소기업 가운데 특히 아래의 조건들 중 하나를 갖춘 기업을 말한다.

- 벤처캐피탈 투자 기업: 자본 구성에서 전문적인 외부투자 조직인 벤처캐피탈의 투자 비중이 10% 이상인 기업

– 연구개발 투자 기업: 연구개발비가 5천만 원 이상이고, 매출액 대비 연구개발 비율이 높으며 부설연구소를 보유한 기업

– 신기술 개발 기업: 특허권을 이용하여 사업화 하는 기업으로서 평가기관으로부터 기술성 및 사업성이 우수한 것으로 평가 받은 기업

제2조의2(벤처기업의 요건)

① 벤처기업은 다음 각 호의 요건을 갖추어야 한다. 〈개정 2007.8.3, 2009.5.21, 2010.1.27, 2011.3.9, 2014.1.14, 2016.3.22, 2016.3.29, 2016.5.29〉

1. 「중소기업기본법」 제2조에 따른 중소기업(이하 "중소기업"이라 한다)일 것
2. 다음 각 목의 어느 하나에 해당할 것

가. 다음 각각의 어느 하나에 해당하는 자의 투자금액의 합계(이하 이 목에서 "투자금액의 합계"라 한다) 및 기업의 자본금 중 투자금액의 합계가 차지하는 비율이 각각 대통령령으로 정하는 기준 이상인 기업

(1) 「중소기업창업 지원법」 제2조제4호에 따른 중소기업창업투자회사(이하 "중소기업창업투자회사"라 한다)
(2) 「중소기업창업 지원법」 제2조제5호에 따른 중소기업창업투자조합(이하 "중소기업창업투자조합"이라 한다)
(3) 「여신전문금융업법」에 따른 신기술사업금융업자(이하 "신기술사업금융업자"라 한다)
(4) 「여신전문금융업법」에 따른 신기술사업투자조합(이하 "신기술사업투자조합"이라 한다)
(5) 제4조의3에 따른 한국벤처투자조합
(6) 제4조의9에 따른 전담회사
(7) 중소기업에 대한 기술평가 및 투자를 하는 금융기관으로서 대통령령으로 정하는 기관
(8) 투자실적, 경력, 자격요건 등 대통령령으로 정하는 기준을 충족하는 개인

나. 기업(「기초연구진흥 및 기술개발지원에 관한 법률」 제14조의2제1항에 따라 인정받은 기업부설연구소를 보유한 기업만을 말한다)의 연간 연구개발비와 연간 총매출액에 대한 연구개발비의 합계가 차지하는 비율이 각각 대통령령으로 정하는 기준 이상이고, 대통령령으로 정하는 기관으로부터 사업성이 우수한 것으로 평가받은 기업

다. 다음 각각의 요건을 모두 갖춘 기업[창업하는 기업에 대하여는 (3)의 요건만 적용한다]

(1) 「기술신용보증기금법」에 따른 기술보증기금(이하 "기술보증기금"이라 한다)이 보증(보증가능금액의 결정을 포함한다)을 하거나, 「중소기업진흥에 관한 법률」 제68조에 따른 중소기업진흥공단(이하 "중소기업진흥공단"이라 한다) 등 대통령령으로 정하는 기관이 개발기술의 사업화나 창업을 촉진하기 위하여 무담보로 자금을 대출(대출가능금액의 결정을 포함한다)할 것
(2) (1)의 보증 또는 대출금액과 그 보증 또는 대출금액이 기업의 총자산에서 차지하는 비율이 각각 대통령령으로 정하는 기준 이상일 것
(3) (1)의 보증 또는 대출기관으로부터 기술성이 우수한 것으로 평가를 받을 것

② 제1항제2호나목 및 다목(3)에 따른 평가기준과 평가방법 등에 관하여 필요한 사항은 대통령령으로 정한다.
[전문개정 2007.8.3]

1.2.4 벤처기업의 창업형태

법적 기준에 의해 벤처기업으로 분류된 경우라 하더라도, 구체적이고 실질적인 벤처기업의 형태와 방식은 매우 다양하다. 자주 발견되는 대표적인 벤처기업의 유형을 몇 가지 살펴 보자.

(1) 독자창업형

전형적인 벤처기업의 창업 형태로, 전문 기술과 경영 능력을 가진 한 사람의 창업자가 기술개발과 경영관리를 동시에 책임지는 경우이다. 그러나 혼자 모든 것을 하는 것은 어렵기 때문에, 자본조달이나 경영자문을 위해 벤처캐피탈(venture capital)을 이용하고 외부전문가가 참여하는 것이 일반적이다.

(2) 공동창업형

처음부터 이공계 출신 창업자는 기술개발과 생산활동을, 경영관리와 자본조달 능력이 있는 자본가가 경영을 담당하는 양분 체제로 창업한 경우이다. 두 창업자 사이에 이해관계가 상충되는 경우, 벤처캐피탈이나 경영 컨설턴트가 중재자의 역할을 맡기도 한다.

(3) 전문경영형

이공계 출신의 기술전문가가 창업한 후, 본인은 CTO로서 기술개발에 전념하고, 외부의 전문경영인을 CEO로 영입하여 경영관리를 맡기는 경우이다. 기술과 경영을 분리한다는 면에서 공동창업형과 비슷하지만, 전문경영인은 창업자로서의 지분을 가지고 있지 않다는 점이 근본적인 차이점이다.

(4) 분업형

기술개발, 인사 및 조직관리, 생산관리, 재무관리를 모두 다른 개인이나 기관이 전문성에 따라 나누어 담당하는 경우이다. 한편으로는 분업에 따른 효율성이 높은 장점이 있는 반면, 다른 한편으로는 기능의 분산에 따른 혼란이 일어날 위험도 존재한다.

(5) 외부주도형

벤처캐피탈이 주도적 역할을 하면서, 내부에서 자체적으로 개발한 기술이 아니라 외부에서 도입한 기술을 토대로 창업하는 경우이다. 흔히 벤처캐피탈과 개인 투자자들이 합작 형태로 창업을 하고, 전문경영인을 영입하여 관리를 맡기는 방식으로 운영된다.

(6) 흡수합병형

외부기업과 기존 벤처기업의 전략적 이해가 일치할 경우, 외부기업이 벤처기업을 흡수 또는 합병하여 자회사나 사업부 형태로 운영하는 방식을 말한다. 최근에 M&A(Merger and Acquisition) 방식이 활성화되면서 급속하게 증가하고 있는 유형이다. 또 자체적으로 연구(Research: R)와 개발(Development: D)을 모두 하는 것이 아니라, 연구는 이미 그 분야의 기초연구를 마친 다른 기업과 협력하여 해결하고 나서 개발만 하는 C&D(Connection and Development), 아니면 아예 그 기업을 인수하여 해결한 후에 개발만 하는 A&D(Acquisition and Development) 방식도 자주 나타나고 있다.

제2절 창업실무에 대한 이해

2.1 창업 기회의 발견: 언제 창업할 것인가?

벤처 창업의 첫걸음이자 성공의 열쇠는 최적의 창업 기회를 제때에 포착하는 것이다. 벤처 기업의 경영은 마치 움직이는 목표물(moving target)을 맞추는 사격 경기 비슷한 것이어서 시장과 고객의 변화를 제대로 짚어내는 것이 무엇보다 중요하다. 창업 기회의 핵심적인 필요조건은 크게 두 가지, 적절한 시점(right time)과 적절한 규모(right size)이다.

[그림 9-2]에서 보듯이, 새로운 사업을 시작할 수 있는 기회의 창(window of opportunity)은 시간과 규모가 적절히 결합된 자리에 존재한다. 성공적인 창업의 기

회는 항상 열려있는 것이 아니다. 정확한 시점을 말할 수는 없지만, 새로운 시장이 처음 생겨나서 어느 정도의 시간이 경과하여 본격적인 성장의 조짐이 보일 때 비로소 기회의 창은 열리기 시작한다. 이 때에는 최소한의 시장 규모가 이미 만들어졌거나 만들어질 것이 확실해진 상태이다. 따라서 그 시점에 창업을 해야 성공 가능성이 그만큼 높아진다. 일반적인 지침에 의하면 처음 시장이 만들어지고 5년 정도 시간이 지나면 기회의 창이 열리기 시작한다고 한다.

[그림 9-2] 창업 기회의 창(window of opportunity)

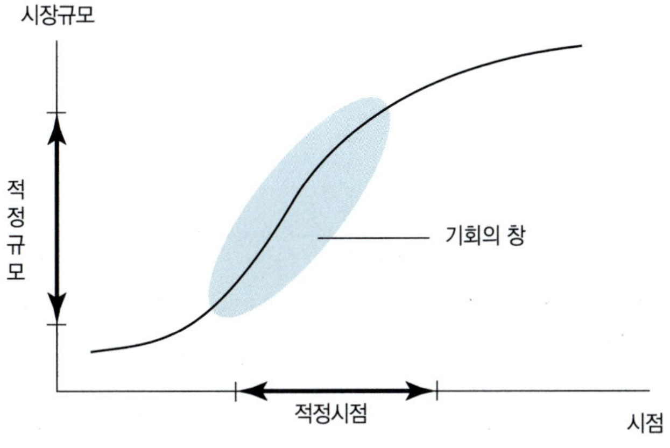

하지만 일단 열린 기회의 창은 한없이 열려있는 것이 아니다. 시간이 경과하여 시장이 성숙 내지 포화기에 접어들면 기회의 창은 닫히기 시작한다. 이미 시장의 규모가 줄어들기 시작하는 마당에 새로 시장에 진출하는 것은 어리석은 선택이 되는 것이다. 따라서 그 시점에서는 이미 새로운 기회의 창을 찾아 다른 시장으로 옮겨가야 한다. 역시 일반적인 지침에 의하면 시장이 생긴 지 10년 정도가 지나면 기회의 창이 닫힌다고 한다.

2.2 창업 기회의 평가: 어떤 경우에 창업할 수 있는가?

적정한 시점과 규모에서 창업을 해야 성공의 가능성이 높다는 사실은 누구나 이해하고 또 동의할 수 있는 말이지만, 적정한 시점과 규모를 구체적이고 실질적으로 정하는 것은 쉽지 않다. 도대체 어떤 요인과 기준으로 성공적인 창업의 가능성을 평가할 것인가 하는 질문에 한마디로 답을 하기는 어려운 것이다.

신제품이나 서비스가 과연 창업에 적합한지, 또 나아가 성공적으로 고도성장을 달성할 수 있을지를 정확하게 평가할 수 있는 절대적인 기준은 없다. 그러나 많은 성공적인 창업 사례에 대한 분석과 전문가들의 경험적 지식을 토대로, 어느 정도 신뢰성 있는 평가 지침(rules of thumb)을 제시하는 것은 가능하고 또 필요하다. 〈표 9-1〉에 이러한 내용을 요약한 지침이 제시되어 있다.

〈표 9-1〉 창업 기회의 평가 기준

중점 요소	세부 요소	긍정적 기준	부정적 기준
성장성	잠재수요	명확(identified)	모호(unfocused)
	성장률	30% 이상	10% 이하
	수명주기	도입기	성숙기
	시장점유율	20% 이상	5% 미만
수익성	투자회수	초기투자 이상(plus)	초기투자 이하(minus)
	손익분기	2년 이내	3년 이상
	매출액 이익률	40% 이상	20% 이하
	내부수익률	20% 이상	10% 이하
시장구조	경쟁형태	불완전(imperfect)	완전(perfect)
	진입장벽	저(low)	고(high)
	시장철수	선택적(optional)	비선택적(rigid)
경쟁우위	자본조달	가능(fundable)	불가능(unfundable)
	4P 통제력	강(strong)	약(weak)
	독점권	강(exclusive)	약/무(none)
조직구조	경영진	전문적/신축적	비전문적/경직적
	팀	강(strong)	약(weak)
	조직화	조직화(organized)	개인화(solo)

우선 이 지침은 평가요소를 크게 성장성, 수익성, 시장구조, 경쟁우위, 조직구조의 중점 요소로 나눈 후, 각 중점 요소별로 다시 세부 요소를 제시하는 식으로 되어 있다. 물론 평가요소의 선정과 분류는 주관적인 것이며 상황과 여건에 맞추어 신축적으로 조정할 수 있다. 각 요소에 대한 평가 기준은 긍정적인 기준과 부정적인 기준으로 나누어 판정하는 체크리스트(checklist) 형태로 설계되었다. 그러나 여기서 긍정적인 판정과 부정적인 판정으로 나누는 기준은 주관적이고 임의적이라는 사실을 분

명히 이해해야 한다. 물론 좀더 명확한 평가를 위해서는 각 요소별로 점수(score)를 설정하여 정량화시키는 방법을 사용할 수도 있다. 하지만 그 경우에도 몇 점이 되어야 긍정적인지, 몇 점이 안되면 부정적인지를 결정하는 것은 결국 사람의 몫이다.

현실적으로 모든 요소에 대해 긍정적인 평가를 할 수 있는 경우는 있을 수 없다. 내부의 조건이 긍정적이면 외부의 시장 환경이 부정적일 수 있고, 또 프로젝트 자체에 대한 평가가 긍정적이면 프로젝트를 수행할 인력과 조직 구성에 대한 평가가 부정적일 수 있다. 결국 최종적인 평가는 체크리스트에서 얼마나 많은 요소에 대해 긍정적인 평가를 할 수 있는지, 반대로 얼마나 많은 요소에 대해 부정적인 평가를 할 수밖에 없는지, 또 긍정적이고 부정적인 요소들의 중요성이 어느 정도인지에 따라 종합적인 판단을 내려야 한다.

2.3 창업 실무: 창업을 위해 무엇을 해야 하는가?

2.3.1 사업계획서의 작성

창업을 하기 위해 실무적으로 해야 하는 활동은 다양하지만, 가장 처음에 해야 하면서 동시에 가장 중요하게 다루어야 할 과제는 사업계획서(business plan)를 작성하는 일이다. 사업계획서는 창업자나 벤처기업 내부적으로는 경영전략과 목표를 인식하는 지침의 역할을 하고, 외부의 잠재적 투자자나 고객에게는 투자유치나 시장개척을 위한 홍보자료의 역할을 한다. 따라서 사업계획서의 작성 자체가 매우 중요한 경영활동의 하나가 된다. 그러한 직접적인 목적 외에도, 특히 이공계 출신이 앞으로 벤처 창업을 할 계획을 가지고 있거나 나중에 CEO가 될 욕심을 지니고 있다면 사업계획서를 제대로 한번 만들어보는 훈련을 하는 것도 매우 중요하다. 사업계획서를 만드는 과정에서 경영조직과 기능 전반에 관한 폭넓은 이해를 얻을 수 있기 때문이다.

사업계획서의 작성 과정에서 고려되어야 할 중요한 지침들을 정리하면 다음과 같다. 첫째, 사업계획서는 고객과 투자자의 관점에서 쉽고 명료하게 작성되어야 한다. 종종 이공계 출신의 창업자가 시장성과 사업성보다는 기술적 전문성을 중심으로 지나치게 자세한 설명서를 제시하는 경우를 보게 된다. 사업계획서가 누구를 위해 왜 작성되는지를 생각하면 이러한 사업계획서의 문제점을 쉽게 이해할 수 있다. 둘째, 사업계획서는 반드시 필요한 핵심적 정보만을 담아야 한다. 대부분의 고객과 투자자들은 바쁘고 급하다. 따라서 불필요한 정보를 장황하게 늘어놓아 양적으로 우수한 자료보다는, 짧지만 요점을 제대로 알려주는 사업계획서를 선호한다. 물론 설명을 위해 꼭 필요한 보완자료가 있으면 부록으로 처리하는 것은 무방하다. 셋째, 사업계획서는 현실적이고 합리적인 관점에서 작성되어야 한다. 계획을 위한 계획에 그치는 비현실적인 목표를 제시하거나, 확실한 대안이 마련되지 않은 상태에서 이상론적인 방법론을 강조하는 접근은 오히려 신뢰성을 해치는 부작용을 낳는다.

사업계획서의 구조와 내용에 대해 공식적이고 표준적인 규정이 있는 것은 아니다. 그러나 사업계획서를 만드는 데 일반적으로 이해하고 고려해야 할 지침과 사업계획서 안에 포함되어야 핵심적인 내용과 순서를 정리해 보면 다음과 같다.

(1) 전체적 지침

우선 사업계획서의 전체적 지침(general guideline)은, 새로운 사업에 대한 다양한 얘기를 하되 말이 되는 얘기를 간단명료하게 해야 한다는 원칙으로 요약할 수 있다. 특히 다음 네 가지 내용은 반드시 포함되어야 한다. 첫째, 제품 및 기술 내용에 대한 단순하고도 보편적인 설명을 제공한다. 둘째, 객관적이고 현실적인 자금조달 및 운용계획을 제시한다. 셋째, 위험요소에 대한 심층적 분석과 현실적 대안을 제시한다. 넷째, 향후 기술개발의 가능성과 시장성장의 잠재력을 강조한다. 이 과정에서, 주관적인 견해나 단순한 희망사항을 나열하지 말고 객관적이고 과학적인 시장성 분석과 기술성 분석의 결과를 경영기능별 구체적 계획과 현실적 전략과 함께 보여주어야 한다.

(2) 구체적 내용

사업계획서에 포함되어야 하는 구체적 내용(contents)은 다음 〈표 9-2〉에 정리되어 있는 것과 같다.

〈표 9-2〉 사업계획서에 포함되어야 하는 구체적 내용

항목	구체적 내용
1. 기업의 전반적 프로파일 소개	기업의 상호, 임무, 목표, 기본전략 제시
2. 요약	전체 사업계획서에 대한 요약으로, 개발 동기, 사업 내용, 제품 특성, 기대 효과, 사업 목표, 경영 전략 등을 간명하게 서술
3. 시장/산업 분석	시장 규모와 성장 전망, 경쟁자 분석, 제품의 시장진입/침투 가능성 서술
4. 사업설명서	제품/서비스의 내용, 사업 규모와 범위 서술
5. 마케팅 계획	4P 전략, 즉 판매, 가격, 유통, 촉진/광고, 국내판매/수출 측면에서의 마케팅 계획 서술
6. 생산계획 및 설비투자계획	생산설비 및 생산계획, 원자재/부품 공급계획 제시
7. 인원 및 조직계획	소유형태, 경영자 권한, 주요 주주의 명세서로, 조직체계도, 직무별/직위별 인력 구성과 분포를 기술
8. 재무계획 및 자금계획	추정손익계산서, 추정대차대조표, 자금소요 예측, 현금흐름, 손익분기점분석, 조달 및 상환 계획 제시
9. 위험의 평가	내부의 약점 평가, 외부의 위협요인 평가, 대응 방안 제시

〈사업계획서 차례〉

사업계획서의 예시

2.3.2 창업 절차

(1) 개인기업의 창업 절차

개인기업의 창업 절차는 매우 간단하다. 제도적인 규정에 따라 설명한다면, [그림 9-3]에 도시되어 있는 것처럼 '신규로 사업을 개시하는 자, 즉 개인기업은 업종을 관장하는 주무부처에 필요한 인허가를 받은 후, 사업 개시일로부터 20일 이내에 관할세무서에 사업자 등록신청서를 제출하여 사업자 등록증을 교부 받음으로써 설립'된다.

[그림 9-3] 개인기업의 설립 절차

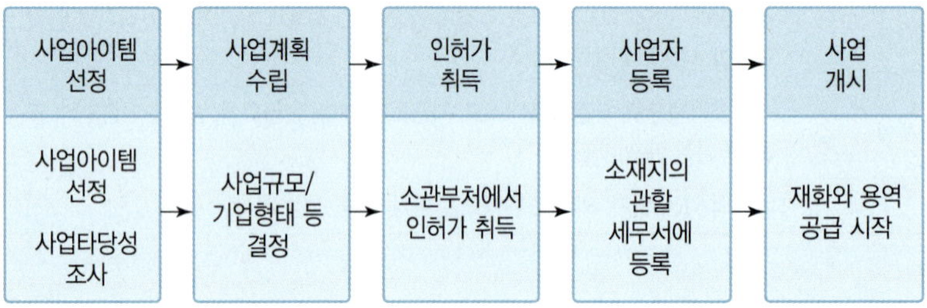

(2) 법인기업의 창업 절차

우리가 일반적으로 얘기하는 창업은 벤처기업이라는 법인의 설립을 의미한다. 법인설립은 개인설립에 비해 과정과 규정이 좀더 복잡하다. 우선 전체적인 절차를 요약하면 [그림 9-4]와 같다.

[그림 9-4] 법인설립 절차도

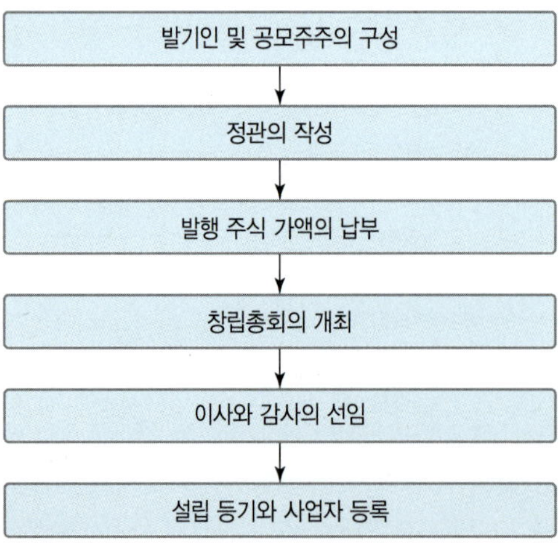

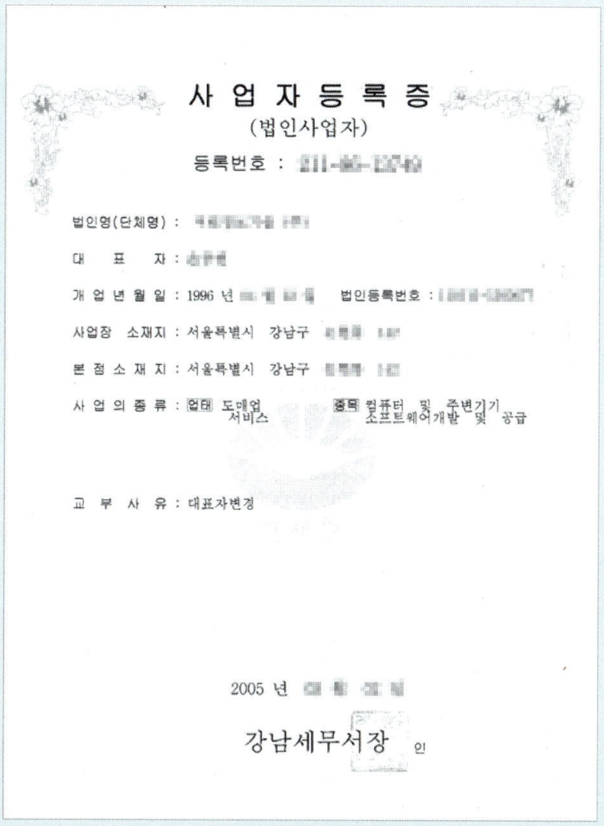

사 업 자 등 록 증
(법인사업자)
등록번호 :

법인명(단체명) :
대 표 자 :
개 업 년 월 일 : 1996 년 법인등록번호 :
사업장 소재지 : 서울특별시 강남구
본 점 소 재 지 : 서울특별시 강남구
사 업 의 종 류 : 업태 도매업 서비스 종목 컴퓨터 및 주변기기 소프트웨어개발 및 공급

교 부 사 유 : 대표자변경

2005 년
강남세무서장 인

사업자 등록증의 모습

1) 발기인 및 공모주주의 구성

창업의 가장 첫 단계는 발기인과 공모주주를 구성하는 일이다. 발기인 및 공모주주의 구성 요건에 특별한 제약은 없다. 전원이 특수관계인이라도 문제점은 없으며, 미성년자도 발기인이 될 수 있다.

2) 정관의 작성

다음 절차는 정관을 작성하는 일이다. 실무적으로는 이미 표준화된 정관의 형식을 따르기 때문에 어려운 점은 없다. 정관에 포함되어야 할 사항은 사업목적, 상호, 자본금, 본점소재지, 사업연도 등이다.

3) 창립총회의 개최

투자금액 즉 주금의 납입과 현물출자의 이행이 완료되면 창립총회가 소집된다. 일반적으로 총회의 결의는 인수된 주식의 과반수 출석에 출석 주식의 3분의 2 이상으로 한다. 창립 총회에서는 이사와 감사를 선임한다.

4) 설립등기와 사업자등록

마지막 절차는 설립 등기를 하고 사업자등록을 하는 일이다. 설립등기는 이사의 공동 신청으로 한다. 사업자등록 신청은 사업장을 관할하는 세무서에 신청한다.

제3절 신생기업 운영에 대한 이해

3.1 신생기업 경영: 신생기업은 어떻게 관리해야 하는가?

3.1.1 신생기업의 성장 패턴

실무적으로 큰 문제없이 창업을 한다고 해도 그것은 그야말로 시작에 불과하다. 태어난 아기가 앞으로 탈없이 자라주어야 하듯이, 신생기업은 여러 가지 험난한 장애를 넘기고 위험을 피하면서 성장하고 발전해야 한다.

신생기업의 성장 패턴은 다양하다. 큰 어려움 없이 처음부터 끝까지 순탄하게 성장하는 경우는 극히 드물다. 오히려 팽창과 위축을 거듭하면서 중장기적으로 성장하거나 중도에 도태되는 경우가 훨씬 더 많다. 이렇게 다양한 패턴을 크게 몇 가지로 분류한다면, [그림 9-5]의 네 가지 유형으로 요약할 수 있다.

A 유형은 창업 이후 큰 문제없이 지속적으로 성장하는 경우이다. 가장 바람직하기는 하지만 현실적으로는 거의 존재하지 않는 유형이다. B 유형은 초기에 부분적인 성공과 실패를 거듭하다가, 장기적으로는 안정적인 성장으로 나가는 경우이다. 성공적인 벤처기업에서 가장 자주 발견되는 유형이다. C 유형은 초기에 일시적인 성공과 실패를 반복하다가 결국은 위축 내지 도태되는 경우이다. 현실적으로 가장 빈도

가 높은 경우라고 할 수 있다. 마지막의 D 유형은 창업 이후 곧 바로 실패하는 유형으로 가장 바람직하지 않은 경우이지만 동시에 의외로 많이 발견되는 경우이기도 하다.

[그림 9-5] 신생기업의 전형적 성장패턴(growth pattern)

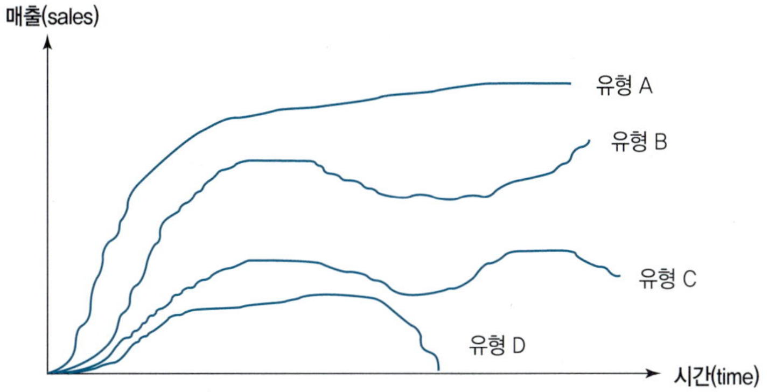

3.1.2 신생기업의 성장 단계

앞에서 본 것처럼, 벤처기업은 본질적으로 늘 불안정하며 끊임없이 변화하는 특성을 지닌다. 따라서 벤처기업의 경영관리에 대한 정형적이고 표준적인 이론과 지침을 한마디로 얘기하는 것은 매우 어려운 일이다. 이러한 이유 때문에, 먼저 벤처기업의 성장 과정을 몇 개의 단계로 나눈 후에, 각 단계별로 무슨 일이 일어나고 무슨 일을 해야 하는지를 분석하는 연구가 주로 이루어져 왔다. 이러한 접근의 근본적인 목적은 성장 단계별 특성과 조건을 분석함으로써 각 단계에 적합한 경영관리의 초점과 전략을 찾는 데 있다.

벤처기업의 성장 단계는 연구자에 따라 여러 가지로 분류하지만, 가장 많이 인용되는 5단계의 분류를 알아보자. 첫 번째는 생성(birth)의 단계로서, 새로운 제품과 서비스를 개발하고 일차적인 조직을 구성하며 종잣돈(seed money)을 확보하는 단계이다. 두 번째는 생존(survival)의 단계로서, 틈새시장을 확보하여 무엇보다 먼저 손익분기(break-even)부터 달성하는 단계이다. 세 번째는 성공(success)의 단계로서, 나름대로 확고한 시장 영역을 점유하면서 독자적인 경영체제를 구축하는 단계이다. 네 번째는 도약(take-off)의 단계로서, 고도 성장을 통해 중견 수준의 기업으로 커나가는 단계이다. 마지막은 성숙(maturity)의 단계로서, 지속적 성장보다는 효율적 안정을 중시하는 단계이다.

앞의 5단계 분류체계와 유사하기는 하지만, 이를 3단계나 4단계로 단순화시킨 분류도 많이 사용된다. 3단계 분류에서는 성장단계를 크게 창업기(start-up stage), 성장기(early growth stage), 성숙기(growth-maturity stage)의 세 단계로 나눈다. 앞의 5단계에서 생성과 생존을 묶어서 창업기로 하고, 성공과 도약을 묶어서 성장기로 한 것이 다른 점이라고 할 수 있다.

4단계 분류에서는 3단계 분류에 전환기를 추가하여 창업기, 도약기, 전환기, 성숙기로 나눈다. 여기서 전환기는 창업자 중심의 관리체제가 전문경영인 중심의 관리체제로 바뀌는 시점을 가리킨다. 이 때가 되면, 창업자 개인의 능력과 노력만으로 회사를 운영하기 어려울 만큼 규모도 커지고 조직도 복잡해졌기 때문에 전문경영인을 영입하여 조직구조를 개편하고 관리방식도 개선해야 한다는 것이다.

3.1.3 신생기업의 단계별 경영전략

벤처기업은 앞에서 분류한 성장 단계를 따라, 여러 가지 문제점과 위기상황에 부딪치고 다양한 형태의 위험요소를 안게 된다. 이러한 문제와 도전을 해결하기 위해서는 성장 단계별로 다른 전략과 수단이 요구된다. 앞에서 본 것처럼 신생기업의 성장패턴이 성공과 실패의 반복으로 나타나는 근본적 이유도, 단계별로 적절한 경영전략이 수립되고 필요한 경영수단이 구사되었는지에 따라 성공과 실패가 결정되기 때문이다. 각 단계에 관련된 경영관리의 초점에 따라, 구체적인 경영 전략 요소와 관리수단을 제시하면 다음과 같다.

(1) 창업기

창업기는 새로운 기술과 획기적 신제품을 바탕으로 사업을 시작하는 단계이다. 따라서 무한한 기회 요인과 함께 시간과 자원의 제약으로 인한 다양한 경영 위험이 존재한다. 그러나 이러한 위험을 해결할 수 있는 내부의 경영시스템과 외부의 지원조직이 취약하기 때문에 체계적인 계획과 보완적인 방법이 필요하다. 보다 구체적으로 경영관리의 초점을 제시하면 다음과 같다.

- 단순하고 명확한 경영 목표와 조직 구조를 결정한다.
- 현실적이면서 전략적인 사업계획서를 작성한다.

- 기술개발과 엔지니어링에 필요한 초기자본(seed capital)을 확보한다.
- 외부 지원조직과의 네트워크를 형성한다.

(2) 성장기

성장기는 시간적으로 가장 길면서 또한 내용적으로 가장 복잡하기 때문에, 다시 세 개의 세부 단계로 나뉠 수 있다. 첫 단계는 '성장 초기'로서, 기술 개발에 성공하여 제품을 출시하고 생산 관리에 집중하는 단계이다. 이 단계는 창업기의 관리 위험이 남아 있으면서 동시에 추가적인 위험 요인들이 발생하는 시기로 위험 관리가 매우 중요하다. 구체적인 지침은 다음과 같다.

- 초기 시장 확보를 위한 집중적이고 선택적인 마케팅관리에 주력한다.
- 양산과 부품확보에 필요한 자본 조달 채널을 확보한다.
- 창업 경영자의 전반적인 관리 능력을 제고하고 전문적 관리인력을 보강한다.

다음 단계는 '성장 중기'로서 시장 수요가 급속히 확대되면서 매출 수익과 생산 비용이 동시에 증가하는 시기이다. 따라서 창업기나 성장 초기와 비교하여 그 규모와 성격이 상당히 다른 위험 요소들이 발생하면서, 시스템적 경영 관리의 중요성이 본격적으로 제기된다. 구체적인 지침은 다음과 같다.

- 조직구조를 재편하고 전문 경영진의 영입을 추진한다.
- 본격적인 인센티브 시스템을 도입하여 성과지향적 조직문화를 조성한다.
- 체계적인 생산 및 재고관리 시스템을 운영한다.
- 과학적인 재무관리 시스템을 구축하고 수익성 중심으로 성과를 관리한다.

마지막 단계는 '성장 후기'로서, 기업 규모와 사업 영역이 크게 팽창하는 시점이다. 일시적이고 부분적인 방식으로 조직과 사업을 관리할 수 있는 단계를 넘어섰기 때문에, 기업 규모에 맞는 조직 구조와 관리 기준을 도입해야 할 단계이다. 구체적인 지침은 다음과 같다.

- 과학적 조직설계 이론에 맞추어 조직구조를 전면적으로 재편한다.

- 분산형 관리체제를 토대로 효과적인 통제 시스템을 구축한다.
- 전략적 제휴, 인수합병(M&A) 등 사업확장이나 사업전환의 가능성을 검토한다.

(3) 성숙기

성숙기는 성장속도가 느려지면서 일정한 수준의 매출과 안정적 형태의 조직이 유지되는 시점이다. 따라서 성장의 동력(dynamism)이 떨어지고 조직의 계층과 구조가 복잡해짐에 따라 유연성이 떨어지는 단계이다. 흔히 말하는 대기업병이 생기기 시작하는 때인 것이다. 이 단계에서의 중요한 경영 전략은 다음과 같다.

- 조직의 활성화를 위한 인력관리 프로그램을 신설한다.
- 생산성 제고와 비용 절감을 위한 관리통제 시스템을 강화한다.
- 새로운 성장 동력을 창출하기 위한 사업 전략을 개발한다.
- 사내 벤처제도의 도입을 검토한다.

3.1.4 자금 조달

(1) 자금 흐름의 특성

무엇보다도 벤처기업이 안게 되는 가장 큰 문제는 자금의 부족이다. 자금문제가 심각한 이유는 자금조달이 한번의 문제로 끝나는 것이 아니라 기업이 성장하는 과정을 따라 계속해서 되풀이되기 때문이다. 고비를 넘겼다 싶으면 다른 돈이 필요해지고 또 해결을 했다 싶으면 더 큰 돈이 필요해지는 식이다.

기존기업과 비교하여, 벤처기업에서 자금이 투입되고 수익이 창출되는 양상은 기본적으로는 유사하지만 세부적으로는 상당히 다르다. [그림 9-6]에서 보는 것처럼, 영업 손익분기점(operating breakeven point)에 다다른 후에도 한참이 지나서야 비로소 현금흐름의 분기점(cash breakeven point)을 넘어서게 된다. 그만큼 초기의 자금관리가 어려운 것이다.

자금 흐름의 측면에서 벤처기업의 가장 큰 특성은, 기존기업과 비교하여 자금 변동의 폭이 더 크고 변동 속도가 더 빠르다는 점이다. 들어오는 돈은 항상 늦게 그리고 예상보다 적게 들어오는 반면, 나가는 돈은 훨씬 빨리 그리고 많이 나간다. 이런 특

[그림 9-6] 벤처기업 현금흐름의 일반적 패턴

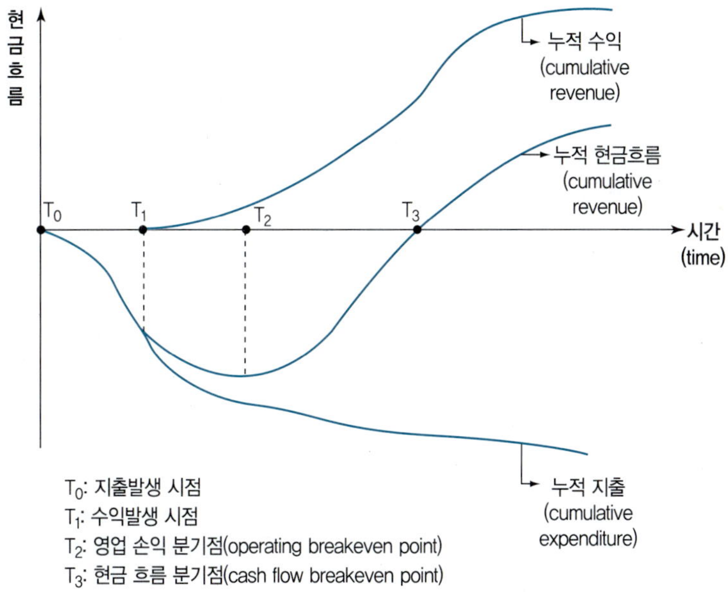

성은 곧 자금 흐름의 예측을 어렵게 하고 체계적인 재무관리 시스템의 운영을 힘들게 만든다. 또 다른 특성은 자본 시장의 범위와 자본 조달의 방식이 제한적이라는 점이다. 현실적으로 벤처기업이 자본을 조달할 수 있는 창구는 많지 않으며, 또 조달에 성공할 가능성도 매우 낮다.

(2) 단계별 자금 수요

여러 번 지적했듯이 기업은 창업에서 시작하여 수명주기를 따라 끊임없이 변화한다. 따라서 기업 경영의 초점과 우선순위는 수명주기 상의 각 단계별로 달라지게 된다. 신생기업에 필요한 자본도 예외는 아니어서 각 단계별로 자금의 수요와 공급 양상이 다르다. 벤처기업의 경우, 기업의 수명주기 상으로는 대부분 초기의 창업 단계에 속하지만 자금 계획은 중장기적인 관점에서 수립되어야 한다. 즉, 수명주기 상의 각 단계별 자금 흐름을 정확히 예측하고, 이를 토대로 자금관리 계획이 수립되어야 하는 것이다.

단계별 자금 수요의 구체적 성격과 내용이 〈표 9-3〉에 요약되어 있다. 표에서 알 수 있듯이 자금의 수요는 크게 초기의 창업 단계, 중기의 성장 단계, 후기의 성숙 단계로 나누어 볼 수 있다.

〈표 9-3〉 단계별 자금 수요

기업 단계 (stage of firm)	창업 기업 (start-up firms)	성장 기업 (growth firms)	성숙 기업 (mature firms)
자금 수요 단계 (stage of finance)	초기 단계 자금 (early-stage finance)	중기 단계 자금 (later-stage finance)	후기/성숙 단계 자금 (late-stage finance)
자금 수요 내용 (contents of finance)	초기(seed) 자금 수요 - 아이디어 개발, 연구개발을 위한 소규모 자금	이차단계(second-stage) 자금 수요 - 생산시설의 일차 확장을 위한 자금	구조조정(turn-around) 자금 수요 - 사업 조정과 조직 개편을 위한 자금
	창업(start-up) 자금 수요 - 제품개발과 초기 마케팅을 위한 창업 자금	삼차단계(third-stage) 자금 수요 - 수요증가에 따라 생산시설의 본격적 확장을 위한 자금	차입매수(LBO) 자금 수요 - 차입을 통한 기업인수를 위한 자금
	일차단계(first-stage) 자금 수요 - 상업화를 위한 초기제품 생산을 위한 자금	연결지원(bridge) 자금 수요 - 기업상장을 앞둔 단계의 자금	인수합병(M&A) 자금 수요 - 기업합병을 위한 자금

초기 단계에서는 한 마디로 창업(start-up)을 위해 돈이 필요하다. 우선 새로운 기술과 제품의 개발에 필요한 돈, 회사를 창업하는 데 필요한 돈, 실제 제품을 만들어 시장에 출시하는 데 필요한 돈이 이 단계에서 조달되어야 한다. 따라서 이 때 필요한 돈은 규모도 작고 용도도 매우 단순하고 분명하다. 그러나 제품이 아직 개발되지 않은 상태이거나 설사 개발되었다 하더라도 매출 실적이 거의 없는 상태에서 돈을 조달하기는 결코 쉽지 않다.

중기 단계에서는 한 마디로 기업을 확장(expansion)하기 위해 돈이 필요하다. 본격적인 마케팅, 생산시설의 확장, 주식시장 상장의 준비에 상당한 자금이 들어가는 것이다. 우선 매출을 늘리기 위해서는 마케팅에 돈을 쏟아 부어야 한다. 또 매출이 늘어나면서 창업 당시의 소규모 생산시설을 확장하는 데 돈이 들어간다. 꾸준히 매출이 늘어나서 기업의 규모가 커지고 영업실적이 좋아지면 주식을 상장(Initial Public Offering: IPO)하여 기업을 공개해야 한다. 이를 위해서는 상장 6개월 내지 1년 전에 재무구조나 소유구조를 개선하여 상장에 필요한 여러 가지 요건을 만족시켜야 한다. 이 때 들어가는 돈을 비상장 단계와 상장 단계를 연결한다는 뜻에서 연결지원(bridge) 자금이라고 한다. 초기 단계와 비교하여, 필요한 자금의 규모는 더 크다. 그러나 제품의 인지도가 높아지고 매출 실적도 좋아지면서 자금을 조달할 수 있는 원천이나 방법은 더 다양하다고 할 수 있다.

후기 단계에서는 한 마디로 기업의 조정(restructuring)을 위해 돈이 필요하다. 이 때는 더 이상 벤처기업이라고 하기 어려울 정도로 기업 연령도 높아지고 규모도 커진 상태이다. 또 기업을 둘러싼 외부의 환경과 여건도 크게 달라져 기회 요인도 많고 위협 요인도 많다. 한마디로 기업의 체질을 근본적으로 바꾸고 새로운 도약의 발판을 만들어야 할 때이다. 몇 가지 대표적인 경우를 보자. 먼저, 구조조정(turn-around)을 통해 사업 포트폴리오의 부가가치를 높이거나 경영 프로세스의 재설계(reengineering)를 통해 효율성을 올리는 데 자금이 필요하다. 또, 외부에서 경영권을 뺏기 위해 공격을 할 수도 있기 때문에 경영권을 방어하기 위해 자사의 주식을 더 매입해야 하는 일도 일어난다. 보다 적극적으로는 다른 기업을 인수하여 기업 규모를 키우거나 사업 범위를 넓히는 전략을 쓰기도 한다. 레버리지 매수(Leveraged Buy-Out: LBO)는 돈을 차입하여 외부의 기업을 인수하는 것으로, 흔히 인수대상 기업의 자산을 담보로 자금을 차입하여 기업을 인수하는 방식을 사용한다. 나아가 아예 외부 기업을 인수 또는 합병할 수도 있다. 이 모든 활동에는 초기나 중기 단계와 비교하여 훨씬 더 많은 돈이 필요하다. 물론 앞의 중기 단계에서 상장을 하게 되면 기업 공개를 통해 상당한 목돈이 들어오고, 이 돈을 후기 단계에서 요긴하게 사용할 수 있다. 그러나 이 돈으로 부족한 경우에는 다른 방법으로 자금을 조달해야 한다.

여기서 반드시 기억해야 할 것은 자금은 언제나 필요하고 또 부족하다는 사실이다. 흔히 창업 단계에서 일단 필요한 자금이 조달되면 성장기 이후에는 수익의 창출을 통해 자체적으로 자금을 조달할 수 있을 것으로 예상하고 기대한다. 그러나 실제로는 끊임없이 새로운 자금 수요가 생겨난다. 오히려 중기 이후에 발생하는 자금의 수요는 그 규모가 더 클 뿐 아니라 위험도도 더 높을 수 있다. 따라서 본격적으로 사업을 시작하기에 앞서 반드시 자금조달의 가능성(feasibility)을 확보해야 하고, 시간의 흐름에 따라 자금조달의 신축성(flexibility)을 유지할 수 있어야 한다.

(3) 자금 조달 방법

그러면 단계별로 필요한 자금을 조달하는 방법에는 어떤 것들이 있을까? 기본적인 자금조달의 원천은 앞의 5장에서 다루었던 일반기업의 경우와 마찬가지로, 크게 자체적으로 조달하는 내부금융과 외부에서 조달하는 외부금융이 있다. 그러나 벤처기업의 경우 내부의 자금축적이 취약하기 때문에 대부분 외부의 공급원으로부터 자금을 조달 받는 외부금융의 방식을 취하게 된다.

이미 5장에서 설명한 대로, 외부금융은 다시 직접금융과 간접금융으로 나뉜다. 직접금융이란 기업이 직접 자금을 공급받고 그 대가로 주식과 같은 신용증권을 발행하여 주는 형태이다. 이에 비해 간접금융이란 은행과 같은 금융중개기관이 자금을 조달하여 그것을 기업에 중개할 때 그 자금을 공급받는 형태를 말한다.

직접금융을 통하여 자금을 조달하는 경우에는 주로 일반투자자를 주주로 끌어들여 자금을 조달하는 형식을 취한다. 여기에는 몇 가지 방식이 가능하다. 새롭게 주식을 발행하여, 즉 신주를 발행하여 자금을 조달하는 방법, 증권거래소나 코스닥 등에 기업을 공개하여 대규모 증자를 통해 자금을 조달하는 방법, 기업의 인수합병(M&A) 등을 통하여 자금을 조달하는 방법 등을 들 수 있다.

간접금융을 통해 자금을 조달하는 방법도 여러 가지가 있다. 정부가 벤처기업을 지원하기 위해 만든 정책금융을 이용하는 방법, 은행과 같은 일반금융으로부터 조달하는 방법, 사채를 발행하여 자금을 조달하는 방법 등을 생각할 수 있다.

벤처기업만의 특징적인 자금조달 방법으로는 엔젤(angel)이라는 채널이 있다. 엔젤은 '신생 벤처기업의 창업 단계나 기업화 초기 단계에 필요한 자금을 제공하고 경영지도를 해주는 개인투자자 또는 개인 벤처 캐피탈리스트(venture capitalist)'를 가리킨다.

엔젤은 역할에 따라 리드 엔젤(lead angel)과 서포트 엔젤(support angel)로 구분된다. 리드 엔젤은 벤처기업 지원에 주도적인 역할을 하는 엔젤로, 벤처기업에 자금을 지원할 뿐만 아니라 직접 경영에 참가하는 경우가 많다. 이에 반해 서포트 엔젤은 전문지식을 가지고 창업자를 지원하는 엔젤이다.

개인으로서의 엔젤은, 기관으로서의 벤처캐피탈과 비교하여 그 기능과 성격에 차이가 있다. 벤처캐피탈이 주로 상업화와 시장출시가 확실한 후기 단계에 투자하는 반면, 엔젤은 초기의 불확실한 시기에 투자하여 고위험-고수익(high risk-high return)의 경향을 보인다.

3.2 사내 벤처: 사내 벤처는 무엇이며 어떻게 하는가?

3.2.1 사내 벤처의 정의와 목적

지금까지 설명한 벤처경영은 entrepreneur가 독자적으로 시작한 신생기업을 대상으로 하였다. 이에 반해, 사내 벤처는 창업자에 의해 독립적인 벤처기업 형태(external independent venture)로 창업이 이루어지는 것이 아니라, 기존 기업 내에서 별도의 조직을 구성하여 신규 사업을 시작하는 방식(internal corporate venture)의 창업을 뜻한다.

미국의 경우에는, 이미 오래 전부터 사내 벤처 사업을 성공적으로 수행해 온 기업들이 다수 존재하며, 대표적인 사례로는 3M과 Kodak의 경우를 들 수 있다. 3M은 이른바 25% Rule을 설정하여, 각 사업부별로 최근 4년간의 신제품 매출 비중이 전체 매출의 25% 이상이 되도록 유도함으로써 사내 벤처 제도를 정착시켜 왔다. 이를 뒷받침하기 위해 15% Rule을 도입하여, 모든 연구원이 전체 시간의 15%는 완전히 자유로운 상황에서 새로운 발상을 할 수 있도록 하고 있다. 또한 다양한 후원(sponsorship) 활동을 통해 아이디어를 상업화할 수 있는 기회를 제공하고 있다. Kodak은 사내에 새로운 아이디어를 상업화할 수 있는 제도와 조직이 잘 갖춰져 있는 것으로 유명하다. 사내에는 New Opportunity Development Division이 있고 사외에는 자회사인 Eastman Technology가 있어서 좋은 아이디어를 발굴하고 또 신제품으로 연결할 수 있는 고리의 역할을 하고 있다.

한 때 최고조에 달했던 독립 벤처에 대한 열기가 누그러지면서, 최근에 들어서는 국내에서도 사내 벤처의 효과성과 필요성에 대한 관심이 높아지고 있다. 특히 우리 나

3M의 제품인 포스트-잇과 카메라를 비롯한 Kodak의 제품들

라와 같이 대기업 중심의 산업 조직이 자리잡고 있는 상황에서는, 대기업의 사내 벤처 또는 대기업-벤처기업의 연계 형태의 벤처가 바람직한 한국형 모델이라고 생각하는 견해도 많이 있다.

사내 벤처가 생겨나는 목적과 배경은 무엇일까? 그것은 한마디로 사내 벤처를 운영하는 기업 자체의 이해(corporate's motivation)와 사내 벤처에 참여하는 종업원의 이해(entrepreneur's motivation)가 맞아 떨어지기 때문이다.

기업 입장에서 사내 벤처를 권장하는 이유로는 다음 몇 가지를 들 수 있다.

- 사업영역 및 기술 포트폴리오(portfolio)의 다각화
- 신규시장 진입
- 기존제품의 고부가가치화
- 사내 창업가 정신(intrapreneurship)의 확산과 기술혁신 동기의 부여
- 사내 연구개발 및 생산자원과 시설의 효과적 활용
- 고급 인력유출의 방지와 잠재적 경쟁자 출현의 예방

한편 종업원 입장에서 사내 벤처에 참여하는 이유로는 다음 몇 가지를 생각할 수 있다.

- 개인 창업과 비교한 기술적 위험과 투자 위험(risk)의 감소
- 기업자원의 활용

결국 사내 벤처 프로그램이 성공적으로 운영되기 위해서는 다음 몇 가지의 요건이 만족되어야 한다. 첫째, CEO의 관심과 의지가 무엇보다 중요하다. 둘째, 여러 분야 간의 협력과 참여를 통한 팀워크가 구성되어야 한다. 이러한 팀워크는 개인들의 자발적인 의사 못지않게 전체적인 조직 문화의 육성과 효과적인 관리제도의 개발이 있어야만 가능하다. 셋째, 보상제도와 평가시스템이 잘 갖춰져야 한다. 성공한 사내 벤처에 대한 적절한 보상과 실패한 벤처에 대한 정당한 평가가 동시에 필요하다.

3.2.2 과정과 방법

사내 벤처가 한 가지 형태와 방식으로 설립되고 운영되는 것은 아니다. [그림 9-7]에 도시되어 있는 것처럼, 실제로 사내 벤처 사업을 구성하고 전개하는 유형은 크게 네 가지로 나눌 수 있다.

첫 번째 유형은 프로젝트 형이다. 기존 사업부에서 일부 인력이 파견되어 소규모의 한시적인 프로젝트 팀이나 태스크 포스(task force) 조직을 구성한 후 기본적인 사업계획서를 작성하여 경영진에게 제출하는 방식이다. 참여 인력은 프로젝트가 종료된 후 원래 소속되었던 사업부로 복귀한다.

두 번째 유형은 사내확대 형이다. 이 유형도 소극적인 형태의 사내 벤처로, 신제품 아이디어를 가장 적합한 기존 사업부 하나가 채택한 후, 해당 사업부를 확대/개편하는 방식이다. 이 경우 참여 인력은 그 사업부에 소속되며 성공할 경우 적절한 보상이 제공된다.

세 번째 유형은 사내기업 형이다. 사내에 벤처 아이템을 발굴하고 평가하는 별도 조직이 있어 여기에서 새로운 아이디어가 채택되면 새로운 사업부를 신설하여 소규모 사내기업을 육성하는 방식이다. 이 경우 참여 인력은 신 사업부로 전출된다.

네 번째 유형은 별도법인 형이다. 가장 적극적인 형태로, 벤처 아이템이 발굴되면 본사가 창업에 필요한 자금과 경영기술을 제공하여 새로운 자회사(spin-off)로 독립시키는 방식이다. 참여 인력은 아예 퇴직을 하고 신규 법인에 취업하게 된다.

[그림 9-7] 사내 벤처의 유형

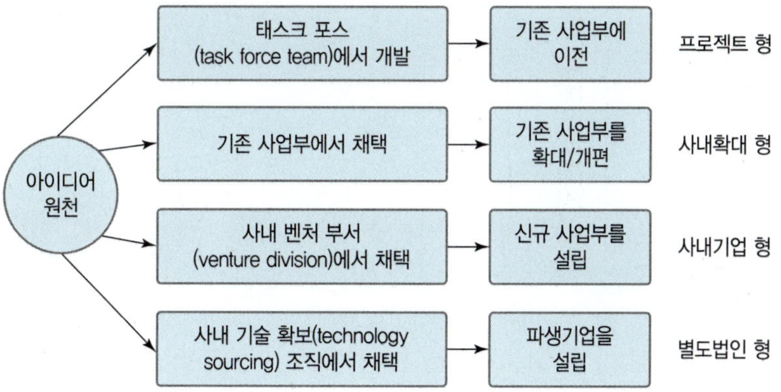

토론문제 Discussion Topics

1. 창의성과 관리기술 및 경영 네트워크의 수준을 두 가지 기준으로 하여 잠재적 창업자의 네 가지 유형을 제시하고, 어느 유형이 가장 성공적인 창업자가 될 수 있는지를 설명하라.

2. 벤처기업에 관한 개념적 정의 및 우리나라의 벤처기업에 관한 제도적 정의는 무엇인지를 설명하라.

3. 사업계획서에 포함되어야 할 내용 및 지침에는 어떤 것이 있을지 주제나 항목별로 제시하라.

4. 신생기업의 성장단계를 구분하고, 각 단계별로 요구되는 전략적 요소와 관리적 수단을 제시하라.

5. 신생기업의 성장단계를 구분하고, 각 단계별로 발생하는 금융수요의 내용과 목적을 설명하라.

6. 사내 벤처를 정의하고, 사내 벤처가 생겨나는 목적과 배경에 대하여 설명하라.

7. 사내 벤처의 네 가지 유형에 대하여 설명하라.

CHAPTER 10

지적 자산 관리에 대한 경영 마인드

B u s i n e s s M i n d

contents

이 장(Chapter)배경과 내용 . . .

최근에 지적 자산도 인적 자산 못지않게 중요한 경영 자산이라는 인식이 높아지고 있다. 사람들이 만들어내거나 가지고 있는 지적 자산을 잘 활용하는 것도 중요한 경영활동이라는 사실을 깨닫기 시작한 것이다. 특히 공학도가 산출하는 결과물이 기술, 정보, 지식와 같은 지적 자산이라는 사실을 생각할 때, 지적 자산의 의미와 성격을 이해하고 나아가 지적 자산을 전략적으로 관리하는 일은 이공계의 가치와 위상을 올리는 문제와 직결된다.

우선 지식재산권(IPRs)의 분류체계를 알아보고 지식재산권이 될 수 있는 요건과 특성을 알아본다. 또 지식재산권 관리의 실무적 내용과 개념적 접근의 최근 동향은 무엇이며 이에 따른 전략적 대응은 어떻게 해야 하는지, 특허정보를 명확하고 구체적인 목적에 따라 가공하여 그 결과를 시각적인 형태로 정리한 특허지도(PM)의 내용은 무엇인지에 대해서도 살펴본다. 또 학문적으로든 실무적으로든 지적 자산 관리의 중요한 이슈로 대두되고 있는 기술가치를 평가하는 방법에는 어떤 것들이 있으며 각각의 장단점은 무엇인지 정리해 본다.

인터넷과 통신 네트워크를 통해 쏟아져 나오는 방대하고 다양한 정보들을 어떻게 경영 자산으로 관리하고 활용할 것인가 하는 문제도 경영 이론과 실무의 새로운 주제로 떠오르고 있다. 정보기술의 활용 능력이 CEO의 필수적인 자질의 하나로 여겨지는 시대가 되고 있다. 기업정보관리의 내용에 대해서도 알아보자.

CHAPTER 10

지적 자산 관리에 대한 경영 마인드

제1절 지식재산권에 대한 이해

1.1 지적 자산의 기본: 지적 자산은 무엇인가?

앞의 조직행위 이론에서 살펴본 것처럼, 경영 자산의 핵심을 사람으로 보는 관점, 즉 인적 자산의 관점은 오래 전부터 존재하여 왔으며 실제로 경영학의 중요한 주제로 다루어져 왔다. 경영은 사람이 하는 것이며 따라서 사람이 가장 가치 있는 자산이라는 인식이 뿌리깊게 자리잡고 있었던 것이다. 그러나 최근에 지적 자산이 인적 자산 못지않게 중요한 경영 자산이라는 새로운 인식이 대두되고 있다. 특히 기술집약적 기업이 늘어나고 정보통신(ICT) 기술이 확산되면서 기술, 정보, 지식 등으로 구성되는 지적(intellectual) 자산의 중요성이 강조되고 있는 것이다.

이 책의 전체적 구성에서 본다면, 지적 자산의 관리는 경영시스템의 관리 과정에서 마지막 부분에 위치한다. 경영 조직을 구성하고, 경영 프로젝트를 기획하며, 경영 프로젝트를 개발한 후, 그 최종적인 성과물로 만들어지는 것이 지적 자산이며, 그 성과물을 기술적 목적이나 전략적 목적으로 관리하는 과제가 곧 지적 자산 관리이기 때문이다.

공학도에게 지적 자산의 관리가 특히 중요한 의미를 갖는 이유는 공학도가 지적 자산을 만들어내는 주역이기 때문이다. 옛 속담에 재주는 곰이 넘고 돈은 주인이 챙긴다는 말이 있는데, 공학도야말로 지금까지 곰의 역할을 한 경우가 많았다. 자신이 개발한 기술이 얼마나 큰 가치를 갖는지를 모르는 것이 대부분이고, 설사 그 가치를 안다고 하더라도 그 권리를 어떻게 주장해야 하는지를 모르는 것이 보통이었다. 그리고 그렇게 된 가장 큰 이유는 공학도가 연구개발의 성과가 기업의 '자산'이라는 사실을 몰랐기 때문이고, 그것을 몰랐던 이유는 지적 자산의 관리에 대한 교육을 받은 적이 없기 때문이다.

경영학에서도 지적 자산이 큰 의미를 갖게 된 계기는 말 그대로 그것이 경영의 '자산(assets)'으로 받아들이기 시작하면서부터이다. 경영학에서 지적 자산을 자산으로 해석하는 경향은 크게 두 가지 관점을 근거로 하고 있다. 첫째, 경영 회계의 관점이다. 회계학에서는 기업이 보유하고 있는 대상 모두를 자산이라고 보지는 않는다. 그것이 자산이 되기 위해서는, 앞의 6장에서 언급한 것처럼 (1) 경제적 효익(benefit)이 인정되고, (2) 소유권이 분명히 존재하며, (3) 가치를 화폐단위로 측정할 수 있어야 한다는 요건을 들고 있다. 과거에는 지적 자산이 위의 요건을 만족시키지 못한다고 생각했고, 따라서 회계시스템에서 지적 자산을 자산의 범위에 포함시키지 않는 것이 관행이었다. 예를 들어 특허가 경제적 효익이 있다는 점은 인정한다고 해도 그 가치를 돈으로 계산하기는 어렵다고 보았기 때문에 회계장부에 그것을 기록하지 못하였다. 그러나 오늘날의 지적 자산은 대부분의 경우 자산의 요건을 만족시키고 있다. 따라서 회계적 관점에서 볼 때 지적 자산도 자산으로 인식되고 있는 것이다.

둘째, 경영 전략의 관점이다. 오늘날 지적 자산은 경쟁 우위의 핵심적 요소가 되고 있다. 또 지적 자산은 시장을 선점하거나 방어하는 무기로 활용될 수 있고, 다른 기업과 보완적 기술자산(complementary assets)을 서로 교환하고 공유하기 위한 라이선싱(licensing) 협상을 할 때 협상력의 근거가 되기도 한다.

지적 자산 관리의 목적은 크게 세 가지로 나눌 수 있다. 첫째는 공격적 목적이다. 기업은 경쟁기업에 앞서 시장을 선점하기 위해, 또 새로운 사업 영역을 개척하기 위해 자신이 가지고 있는 지적 자산을 이용한다. 따라서 공격적 목적은 곧 가장 적극적인 전략과 방식으로 나타난다. 둘째는 방어적 목적이다. 기업은 스스로 새로운 신제품을 개발하고 시장을 넓힐 계획이 없음에도 불구하고, 경쟁기업이 커지는 것을 견제하고 새로운 기업이 나타나는 것을 예방하기 위해 지적 자산을 활용하기도 한다. 따

덧붙이는 이야기: 지식재산권 분쟁

기업간 특허분쟁은 거의 사활을 건 전쟁을 방불케 한다. 전통적인 특허분쟁은 주로 기존기업이 후발기업의 공격으로 존폐의 위기에 몰렸을 때 제기하곤 하였다. 1976년에 폴라로이드사가 인스턴트 카메라와 필름의 특허를 침해했다는 이유로 코닥사를 제소하였을 때 법원이 내린 최종결론은 코닥사가 폴라로이드사에 약 9억$의 손해배상을 하라는 것이었다. 당시 폴라로이드사의 총매출은 2억$에 불과하였고, 폴라로이드사는 거대기업인 코닥의 공세로 즉석카메라 시장을 거의 뺏기게 될 위기에 몰려 있었다. 폴라로이드가 이 엄청난 배상금으로 살아난 것은 물론이다. 1980년대에 텍사스 인스트루먼트(TI)가 삼성전자를 포함한 9개 한국 및 일본의 반도체 회사들과 벌린 특허분쟁은 당시 TI가 한국과 일본의 반도체 회사들에 밀려서 존망의 기로에 서 있을 때 일어났다. TI도 거액의 배상금을 특별이익으로 챙긴 바 있다.

오늘날의 특허분쟁은 정보통신 기술이나 생명공학 기술 분야에서 많이 생기고 있다. 온라인 서적판매의 대표인 아마존이 경쟁업체이자 오프라인 판매의 맹주였던 반스앤드 노블이 아마존의 특허기술인 원클릭 온라인 쇼핑 기술을 침해하였다고 제소한 사건, 프라이스라인이 마이크로소프트사의 Expedia라는 웹사이트가 제공하고 있는 예약서비스가 자신들의 역경매 방식을 모방하였다고 제소한 사건은 온라인 비즈니스 모델 분쟁의 대표적 사례이다. 거기다 생명공학 분야의 대표적인 특허는 한마디로 분쟁의 역사라 해도 과언이 아닐 정도로 다양하고 복잡하다.

신기술이 끊임없이 개발되는 한 특허분쟁을 원천적으로 막을 수는 없다. 차선의 방법은 역시 R&D 과정, 출원 및 등록과 같은 초기 단계에서 면밀히 기존특허를 분석하고, 적절한 특허전략을 구사하여 분쟁의 소지를 최대한 줄이는 길이다. 특허관리는 이제 단순한 행정지원의 문제가 아니라 고도의 전문성에 토대한 지식경영의 문제가 되고 있다.

라서 방어적 목적은 가장 소극적인 전략과 방식으로 이루어진다. 셋째는 경제적 목적이다. 기업은 자신이 보유하고 있는 특허와 같은 지적 자산을 외부의 수요자에게 판매하기 위해, 또는 서로 다른 기업이 가지고 있는 기술과 교환하기 위해 지적 자산을 관리하기도 한다.

지적 자산 관리의 주제는 다양하지만 여기에서는 지식재산권의 관리, 특허지도를 중심으로 한 기술정보의 관리, 그리고 지적 자산의 가치를 측정하는 주제를 중점적으로 다루기로 한다.

1.2 지식재산권의 관리: 지적 자산은 어떻게 관리하는가?

1.2.1 지식재산권[1)]의 체계

지식재산권 또는 지식소유권(Intellectual Property Rights: IPRs)은 지적 자산의 가장 구체적이고 공식적인 형태이다. 과거에는 지적재산권이라는 용어를 자주 사용하였으나 최근에는 지적재산권이라는 용어 대신 지식재산권이라는 용어를 공식적으로 사용하기도 한다. 지식재산권은 '인간의 지적 활동을 통해 얻어진 결과물에 대해 배타적인 소유권을 인정하는 법적, 제도적 장치'로 정의할 수 있다. 일반적인 재산권이 토지나 상품과 같이 눈에 보이고 만질 수 있는 유형자산에 대한 소유권을 가리키는 데 반해, 지식재산권은 사람의 몸에 들어있거나 사람의 머리로 만들어낸 눈에 보이지 않는 지적 요소에 대한 소유권을 의미하는 것이다.

그러면 지식재산에 대해 '배타적'인 즉 다른 사람이 함부로 사용할 수 없는 권리를 '법적'으로 보장해야 하는 이유는 무엇일까? 우선 법의 철학에서 본다면, 사람은 신체에 대한 권리를 신으로부터 물려받았기 때문에 신체를 이용하여 만든 모든 결과물에 대해서도 당연히 권리를 주장할 수 있다고 말할 수 있다. 그러나 보다 직접적이고 실질적인 이유는, 그러한 권리를 인정해주지 않을 경우에 생길 수 있는 부작용과 부정적 효과를 없애거나 줄이기 위한 것이다. 만일 어떤 사람이나 기업이 많은 돈과 시간을 들여 독창적인 연구결과를 만들어냈는데 옆에서 그것을 구경하던 다른 사람이나 기업이 아무런 대가를 치르지도 않고 그냥 사용한다거나 아예 훔쳐 간다

1) 기존에는 지적재산권으로 사용했으나 지적이라는 용어가 일본식 표현이면서 또 형용사적 표현으로 구성되어 부적절하다는 의견이 있어 특허청에서는 1998년 4월 28일부터 지식재산권이라는 용어로 통일하여 사용하고 있음.

면 더 이상 아무도 스스로의 돈과 시간을 들여 연구개발을 하지 않을 것은 당연하다. 하지만 국가나 사회 전체가 경제 성장이나 기술 발전을 하기 위해서는 어느 정도 이상의 연구개발 투자가 이루어져야 한다. 결국 자신이 만든 성과에 대해서는 다른 사람이 함부로 쓰거나 가져가지 못하게 하는 법이나 제도가 만들어져야 비로소 많은 사람과 기업이 연구개발 투자를 열심히 할 것이고 그렇게 되어야만 경제도 성장하고 국가경쟁력도 높아지게 되는 것이다.

그러면 지식재산권에는 구체적으로 어떤 것들이 있는가? 지식재산권의 분류 체계는 보는 관점에 따라 달라질 수 있지만, [그림 10-1]에 정리되어 있는 것이 가장 보편적이고, 공식적인 분류체계이다. 각각의 내용을 좀 더 자세히 알아보자.

[그림 10-1] 지식재산권의 분류 체계

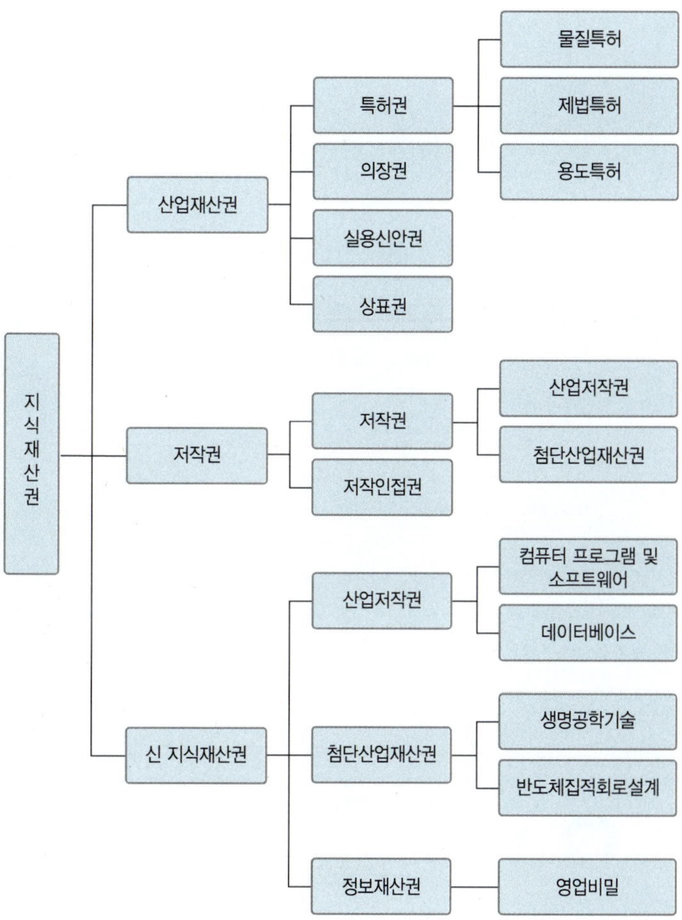

(1) 전통적 지식재산권

전통적인 지식재산권은 크게 산업재산권과 저작권으로 나눈다. 산업재산권은 기술적 아이디어(idea)의 권리를 보호하는 것을 목적으로 하고, 저작권은 독창적 표현의 가치를 보호하는 것을 목적으로 한다. 보다 구체적으로, 산업재산권은 특허권(patent), 실용신안권(utility model), 의장권(design), 상표권(trademark)으로 구성된다. 저작권은 저작권(copyright)과 저작인접권(neighboring right)으로 구성된다.

1) 특허와 실용신안

특허는 어떤 발명에 대해 일정한 요건 하에서 일정 기간 동안 독점적이고 배타적인 권리를 부여하여 발명자를 보호하는 제도이다. 그 대신 특허 발명의 상세한 내용을 특허 공포를 통하여 일반 국민들에게 공개해야 한다. 통상 20년으로 되어 있는 특허

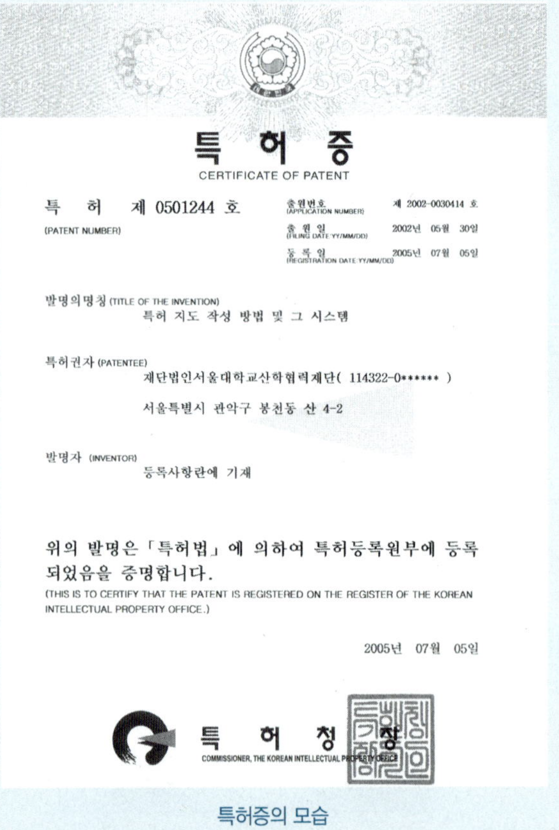
특 허 증
CERTIFICATE OF PATENT

특 허 제 0501244 호 (PATENT NUMBER)
출원번호 (APPLICATION NUMBER) 제 2002-0030414 호
출 원 일 (FILING DATE YY/MM/DD) 2002년 05월 30일
등 록 일 (REGISTRATION DATE YY/MM/DD) 2005년 07월 05일

발명의명칭 (TITLE OF THE INVENTION)
특허 지도 작성 방법 및 그 시스템

특허권자 (PATENTEE)
재단법인서울대학교산학협력재단(114322-0******)
서울특별시 관악구 봉천동 산 4-2

발명자 (INVENTOR)
등록사항란에 기재

위의 발명은 「특허법」에 의하여 특허등록원부에 등록되었음을 증명합니다.
(THIS IS TO CERTIFY THAT THE PATENT IS REGISTERED ON THE REGISTER OF THE KOREAN INTELLECTUAL PROPERTY OFFICE.)

2005년 07월 05일

특 허 청 장
COMMISSIONER, THE KOREAN INTELLECTUAL PROPERTY OFFICE

특허증의 모습

의 유효기간이 만료되면 일반인들이 자유롭게 그 기술을 사용할 수 있다. 특허권은 크게 물품 자체에 대한 발명(물질 특허), 그것의 용도에 대한 발명(용도 특허), 그것을 만드는 방법에 대한 발명(제법 특허)으로 나눈다.

실용신안은 특허제도와 마찬가지로, 기술적 창작에 해당되는 실용신안에 대해 권리를 보호해주는 제도이다. 특허권과 실용신안권의 차이는 발명의 질적 수준이 다르다는 점에 있다. 대발명(major invention)으로 불리는 특허에 비해 소발명(minor invention)으로 불리는 실용신안은 특허만큼의 경제적 가치나 기술적 진보는 없지만 실제 생산 및 사용 과정에서 기능 및 용도의 부분적이고 실용적인 개선이 이루어진 경우이다. 예를 들어, 아날로그 시계를 디지털 시계로 바꾸는 기술은 특허에 해당되지만, 두 나라 이상의 시간이 표시될 수 있도록 시계판의 모양을 바꾸는 기술은 실용신안에 해당된다. 미국이나 영국과 같이 기초과학 중심의 기술진보를 추구해 온 나라는 실용신안을 인정하지 않지만, 독일, 일본, 우리나라와 같이 산업기술 중심의 기술발전을 해 온 국가들은 아직도 이를 인정하고 있다.

2) 의장권

의장이란 제품의 평면적, 입체적 형태에 대해서 아름다움을 느끼게 하는 것이다. 따라서 의장권은 물품의 형상, 모양, 색채 또는 이들의 결합으로 시각을 통하여 미감을 일으키게 하는 공업적 고안을 보호 대상으로 한다. 따라서 의장권은 제품의 실용적 가치보다 미적 가치가 중요한 산업에서 그 중요성이 크다.

산업적 의장은 물품의 외관만을 보호하며, 그 자체가 기술적 구조나 실용적 기능과는 관련이 없다는 점에서 특허와 구분된다. 그러나 실제로는 기술적 사항이 형상이나 외관을 결정하는 경우도 많으므로, 기술적 사항 및 구조는 특허로, 형상이나 모양은 의장으로 각각 중복하여 보호받는 사례도 많다.

3) 상표권

상표란 제품의 생산자 또는 판매자가 자신이 그 상품의 출처임을 밝히고, 자기의 상품과 타인의 상품을 식별하기 위하여 사용하는 기호, 문자, 도형, 상징 등을 말한다. 따라서 상표권은 상표에 대한 권리를 인정하는 제도이다. 상표권은 영업적인 목적 이외에도, CI(Corporate Identity) 작업을 통해 경영 이념, 사업 특성, 사원 정신과 같은 기업의 문화적 요소들을 반영하는 목적으로 활용되기도 한다.

우리나라 주요 대기업들의 CI

4) 저작권

저작권 제도는, 학문적 혹은 예술적 저작물의 저작자를 보호함으로써 학문과 예술의 발전에 이바지하기 위한 제도이다. 따라서 저작권을 가진 저작물에 대해서는 무단 사용이나 복제 및 변경이 금지되어 있고, 저작권자는 저작물의 사용에 대해 금전적 보상을 요구할 수 있다.

저작권은 원래의 저작에 대한 권리를 말하며, 저작인접권은 원래 저작물에 대한 추가적인 작업에서 발생한 부가가치에 대한 권리를 가리킨다. 예를 들어 노래를 처음 만든 작곡가는 저작권을 갖지만, 나중에 그 노래를 편곡한 편곡자는 저작인접권을 갖는다. 등록이 되어야만 권리가 인정되는 특허권과 달리, 저작권은 창작한 날부터 저절로 권리가 발생한다. 또 통상적인 특허권의 유효기간이 20년인데 반해, 저작권은 저작자의 생존기간은 물론 사후 50년 동안 권리가 보장된다.

(2) 신 지식재산권

최근의 지식재산권 분류에는 앞에서 말한 기존의 산업재산권과 저작권 외에 신 지식재산권이 추가된다. 이 분야는 과거의 산업재산권이나 저작권으로 분류하기 어려운 새로운 기술이나 새로운 주제들을 받아들이기 위해 새롭게 추가한 주제를 다루고 있다.

우선 기존의 저작권이 다루지 못했던 컴퓨터 프로그램, 소프트웨어, 데이터베이스 등의 저작권을 산업저작권으로 분류한다. 이 기술들은 그 이름이 시사하는 대로, 한편으로는 저작권의 성격을 지니고 있고 다른 한편으로는 특허권의 성격을 지니고 있다. 예를 들어, 복잡한 문제를 쉽게 풀 수 있는 알고리즘을 소프트웨어로 만들어 파는 경우를 보자. 문제를 푸는 방법은 발명자의 독창적 성과이기 때문에 그 권리

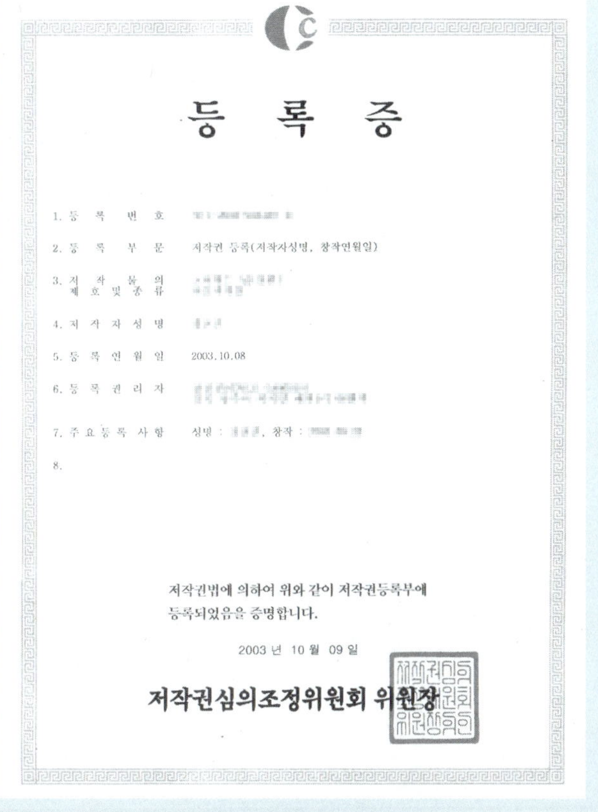
등 록 증

1. 등 록 번 호
2. 등 록 부 문 저작권 등록(저작자성명, 창작연월일)
3. 저 작 물 의 제 호 및 종 류
4. 저 작 자 성 명
5. 등 록 연 월 일 2003.10.08
6. 등 록 권 리 자
7. 주 요 등 록 사 항 성명 : , 창작 :
8.

저작권법에 의하여 위와 같이 저작권등록부에 등록되었음을 증명합니다.

2003 년 10 월 09 일

저작권심의조정위원회 위원장

저작권 등록증의 모습

는 특허권에 해당된다. 그러나 그 하나의 알고리즘을 소프트웨어로 코딩(coding)하는 방법은 프로그래머마다 모두 다르기 때문에 여러 개 만들어지게 된다. 그러므로 코딩한 내용에 대한 권리는 특허권이 아니라 저작권에 해당된다.

한편 생명공학이나 반도체 설계 등의 신기술 분야에서 만들어지는 산업재산권을 통틀어서 첨단 산업재산권으로 분류한다. 여기에 해당되는 것들은 본질적인 성격으로 보아서는 산업재산권이지만, 최근에 새롭게 등장하는 첨단기술 영역을 다루기 때문에 따로 첨단산업재산권으로 부르는 것이다.

마지막으로는 노하우(know-how)와 같이, 특허로 등록하기는 어렵지만 권리의 보호가 필요한 주제를 위해 신설한 영역으로 정보재산권이 있다. 정보재산권은 흔히 영업비밀이라고 한다. 예를 들어 어느 오래된 음식점에서 남에게 가르쳐주지 않는 조

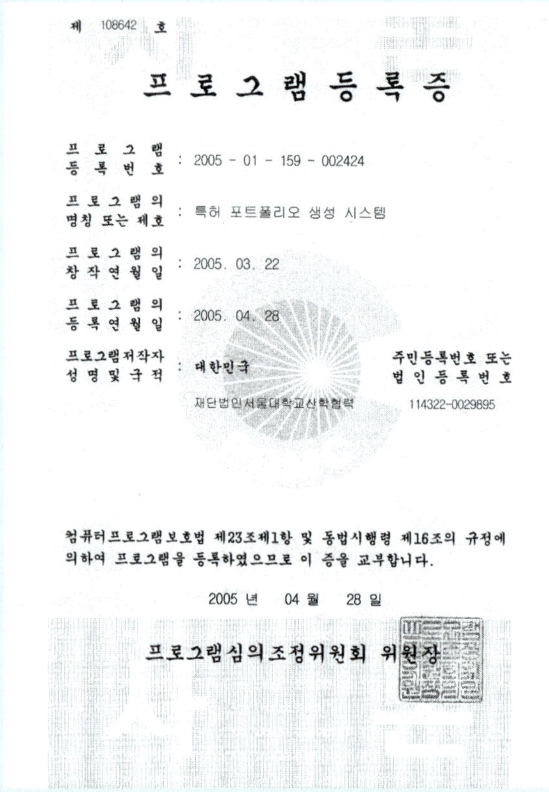

제 108642 호

프로그램등록증

프로그램 등록번호 : 2005 - 01 - 159 - 002424

프로그램의 명칭 또는 제호 : 특허 포트폴리오 생성 시스템

프로그램의 창작연월일 : 2005. 03. 22

프로그램의 등록연월일 : 2005. 04. 28

프로그램저작자 성명 및 국적 : 대한민국 재단법인서울대학교산학협력단

주민등록번호 또는 법인등록번호 114322-0029895

컴퓨터프로그램보호법 제23조제1항 및 동법시행령 제16조의 규정에 의하여 프로그램을 등록하였으므로 이 증을 교부합니다.

2005 년 04 월 28 일

프로그램심의조정위원회 위원장

프로그램 등록증의 모습

리의 비법이라든가 수십 년 동안 특산품을 만들어온 장인이 보유하고 있는 기능이 바로 영업비밀이 된다.

그러면 개인이나 기업이 보유하고 있는 기술이나 비법을 특허로 보호하지 않고 영업비밀로 유지하는 이유는 무엇일까? 특허와 비교하여 영업비밀은 여러 가지의 장점이 있다. 첫째, 특허권은 반드시 등록을 받아야 하는 데 반해 영업비밀권은 별도의 등록절차가 없이 바로 인정된다는 점이다. 물론 영업비밀로 인정받기 위해서는 외부에 유출이 안 되도록 비밀유지가 잘 되고 있다는 사실을 입증할 수 있어야 한다. 둘째, 특허는 출원 및 보호범위가 제한적이지만, 영업비밀은 기술적 지식뿐 아니라 마케팅 방법, 경영관리 기법 등 기업이나 개인이 보유하고 있는 모든 노하우를 포함한다. 셋째, 특허권의 유효기간은 20년으로 제한되어 있지만, 영업비밀은 비밀이 유지되는 한 보호기간의 제한이 없다. 이러한 장점에 반해 영업비밀의 치명적인 단점은 독점권이 없다는 점이다. 같은 기술이나 지식을 다른 사람이 정당한 방법으로 개발하거나 본인도 모르는 사이에 취득할 경우 이를 제재할 방법이 없다. 결국 기업이나 개인이 보유하고 있는 지적 자산을 특허로 관리할 것인지 아니면 영업비밀로 관리할 것인지는 전략적 선택의 문제라고 할 수 있다.

1.2.2 지식재산권의 요건과 절차

지식재산권, 특히 특허로 인정받기 위해서는 나름대로의 엄격한 심사 과정을 거쳐야 한다. 다시 말해 어느 기술을 특허로 인정받기 위해 출원을 하는 것은 누구나 할 수 있는 자유지만 그것이 특허로 등록되는 것은 다른 문제이다.

출원된 기술이 특허로 등록되기 위해서는 크게 다음 세 가지의 요건이 만족되어야 한다. 첫째, 유용성 즉 산업이용의 가능성이라는 요건이다. 아무리 이론적으로 새롭고 뛰어난 것이라 해도, 산업현장에 활용되어 경제적 가치를 제공할 수 없다면 지식재산권이 될 수 없다. 둘째, 신규성의 요건이다. 지식재산권이 되기 위해서는 기존 기술과 비교하여 이론적, 실질적으로 새로운 면이 분명하게 제시되어야 한다. 셋째, 진보성의 요건이다. 새로운 것은 필요 조건이며, 나아가 기존 기술이나 방법과 비교하여 개선되고 발전된 면이 확실하게 나타나야 한다. 실제로 출원된 기술들이 특허로 등록되지 못하는 가장 큰 이유는 진보성이 부족하기 때문이다.

지식재산권은 출원 및 등록의 절차를 밟아야만 권리를 인정받을 수 있다. 이 절차는 몇 단계의 과정을 거쳐야 되기 때문에 보통 2~3년이 걸릴 만큼 시간도 오래 소요되고, 출원 대비 등록률도 20%가 안 될 정도의 까다로운 기준을 통과해야 한다. 복잡한 절차를 요약하면 [그림 10-2]와 같이 크게 출원-심사-등록의 세 단계로 구성된다.

우선 출원은 발명의 내용을 서면으로 제출하는 것을 의미하는데, 출원서류는 크게 기본정보를 기입한 출원서, 발명의 개요를 서술한 요약서, 구체적인 내용을 설명한 명세서로 구성된다. 다음으로 심사는 출원된 특허에 대해 서류상에 문제가 없는지, 기술적으로 앞에서 말한 요건을 만족시키는지를 평가하여, 통과를 시키든지 아니면 거절을 하든지를 결정하는 것을 뜻한다. 마지막으로 등록은 심사를 통과한 기술에 대해 공식적인 권리를 부여하는 것을 말한다.

출원에서 등록의 중간 과정에서 심사 지연의 문제점을 보완하기 위해 생긴 제도가 출원공고이다. 출원공고는 출원 후 1년 6개월이 경과한 시점에서 출원내용을 미리 공개함으로써, 다른 사람이 동일 기술을 출원하는 것을 예방하고, 무단으로 사용하는 것을 경고하는 효과를 거둘 수 있다. 또 출원자에게는 사실상의 권리 행사를 앞당길 수 있는 길을 열어 주기도 한다.

[그림 10-2] 특허의 출원과 등록 절차

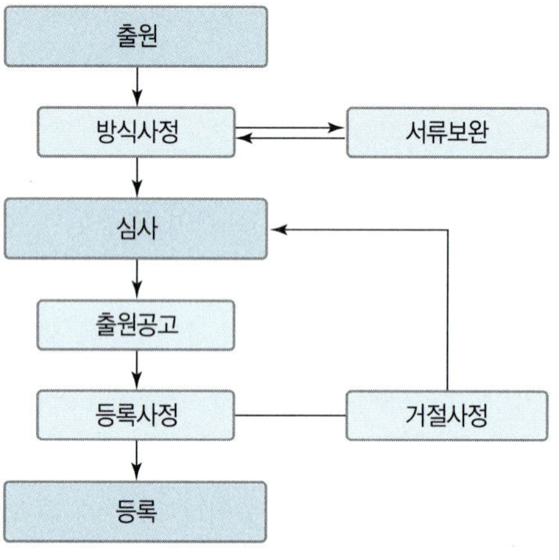

1.3 특허 경영(Patent Management)

1.3.1 기본개념과 배경

좁은 의미로 보면, 특허는 단순히 연구개발의 지적 성과물이나 생산과정에서 도출된 기술적 부산물이다. 따라서 그 기술을 보유한 개인이나 기업이 자체적으로 사용하면 그만이고 또 다른 개인이나 기업이 그 기술을 도용하지 않으면 문제가 생길 이유가 없다. 그러나 특허의 중요한 속성은 그것이 단순한 기술적 '능력'을 넘어서는 지적 '재산'이라는 점이다. '이 기술로 이러이러한 일을 할 수 있는 능력'을 보유하고 있다는 사실과 '이 기술은 이러한 정도의 가치를 지니는 재산'을 보유하고 있다는 것은 다른 얘기가 된다. 더구나 기술의 범위와 시장의 영역이 계속해서 넓어지면 지적 재산의 효용과 가치도 점점 커지게 된다, 특허의 관리가 소극적인 기술관리의 주제에서 적극적인 경영관리의 주제로 바뀌는 것이다.

특허가 단순한 기술적 문제가 아니라 전략적 문제가 되는 첫 번째 계기는 경쟁 위험(competition risk)이다. 특허를 제대로 관리하지 않으면 시장경쟁에서 치명적 위험에 노출될 수 있는 것이다. 아무리 기술개발 능력이 뛰어나고 기술활용 경험이 풍부해도 그 기술의 사용권리가 없으면 시장에서 일종의 '불법 영업'의 위험에 노출되게 된다.

더구나 글로벌 경쟁의 수준이 되면 위험의 규모와 범위는 더욱 커지고 넓어진다. 특허분쟁의 규모가 커지고 싸움이 격렬해지면 특허전쟁(patent war)까지 일어나는 것이다. [그림 10-3]에서 보는 것처럼, 오늘날의 특허분쟁은 다국적 기업간의 국제적 범위에서 일어나고 있다. 또 어느 한쪽이 상대편을 일방적으로 몰아붙이는 경우도 있지만 서로가 양방향으로 싸움을 벌이는 경우도 허다하다. 물론 특허분쟁의 역사는 그 뿌리가 깊어서, 비행기(flying machine) 발명에 관한 특허분쟁, 전화기(telephone) 발명에 관한 특허분쟁 등과 같이 오래된 사례들도 많이 알려져 있다. 그러나 특허분쟁이 본격적으로 번지기 시작한 것은 ICT분야의 기술혁신이 쏟아져 나오는 디지털 시대로부터이다. 하드웨어 기술에다가 소프트웨어 기술까지 더해지면서 특허분쟁이 일어날 수 있는 영역이 갈수록 넓어지고 있는 것이다.

위험은 시장의 경쟁기업으로부터만 발생하는 것이 아니다. 최근에는 특허괴물(patent troll)이라는 별칭으로 유명한 특허관리 전문회사도 잠재적 위험의 대상이다. 영어로 NPE(Non-Practicing Entity)로 불리는 이 기업들은, 제품을 제조하거나 판매하지 않고 개인 또는 기업으로부터 특허기술을 사들여 특허권을 침해한 기업에게 소송을 제기하여 막대한 이익을 얻는 회사들이다.

[그림 10-3] 특허분쟁 지도 - 스마트폰

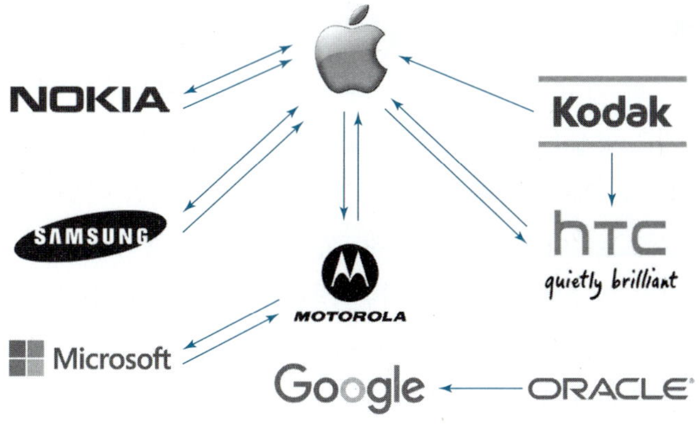

특허가 전략적 관리의 대상이 되는 또 다른 계기는 경영자산(managerial assets)의 의미에 있다. 특허가 지적 자산이 되는 순간, 사용의 권리는 물론 매매의 권리, 교환의 권리, 협상의 권리도 생겨난다. 신제품의 개발에 필요한 기술을 보유하는 것에서 그치는 것이 아니라 그 기술을 이용하여 다양한 경영활동을 전개할 수 있는 기회를 찾을 수 있는 것이다. 우선 적은 돈을 들여 만들었지만 당장 쓸 데가 없는 기술이라면 그 기술을 필요로 하는 다른 기업에게 비싼 값을 팔고 팔 수도 있다. 기술거래의 기회가 생기는 것이다. 내가 가진 기술을 주는 대신 남이 가진 기술을 받을 수도 있다. 아니면 나의 기술과 남의 기술을 함께 공유할 수도 있다. 기술교환의 기회를 찾는 것이다. 거래나 교환과정에서 협상의 무기로 사용할 수도 있다. 많은 특허를 보유하고 있을수록 협상력이 올라갈 수 있는 것이다.

특허가 경영의 대상이 되는 배경에는 기술포트폴리오(technology portfolio)의 중요성도 큰 자리를 차지한다. 오늘날의 융합(convergence) 현상은 기술간 융합을 넘어, 기술과 산업간, 산업과 산업간의 경계가 무너지면서 기술자산의 성격과 내용이 갈수록 다양해지고 복잡해지는 추세이다. 융합 제품과 복합 제품이 증가하면서, 실제로 한 개의 신제품을 개발하는데 필요한 특허의 수도 크게 증가하고 있다. 하나의 예로, 하이브리드 자동차의 새로운 모델 개발에 필요한 특허의 수는 5만 8,000개가 넘는 것으로 알려져 있다. 이 중에는 기계관련 특허는 물론 재료관련 특허, 전기전자관련 특허, 컴퓨터관련 특허, 나아가 디자인까지도 포함된다. 한마디로 기술자산의 포트폴리오가 구성되어야 하나의 제품이 만들어질 수 있는 것이다. 따라서 기술자산의 관리도 통합적 관점에서 접근해야 한다. 연구개발 부문의 기술중심 관리에서 내부자원과 외부자원을 아우르는 전사적 차원의 전략적 접근이 필요한 것이다.

1.3.2 특허경영의 목적과 과제

지적 자산, 특히 특허의 용도와 가치가 다양해지고 복잡해지면서, 지적 자산 관리의 체제와 방식도 과거와 다른 양상을 보이고 있다. 새로운 변화의 경향과 주제를 요약하면 다음 몇 가지를 들 수 있다. 첫째, 포괄적 접근이다. 전통적인 하드웨어(hardware) 특허와 더불어 소프트웨어(software) 특허, 개념(concept) 특허 등을 묶어서 특허를 패키지(package)화, 시스템(system)화 하는 경향이 두드러지고 있다. 또 기술이나 제품 자체뿐 아니라 공정이나 제조과정(Process and Production Methods: PPMs)에 관한 기술도 특허로 관리하는 추세이다.

둘째, 전략적 접근이다. 미래 지향적 선행 출원, 방어 특허의 출원, 보완적 거래를 위한 출원 등 보다 전략적 목적의 특허 관리가 강화되고 있다. 또 이해가 일치하는 여러 기업의 전략적 제휴를 통해 개별기업의 독자적 관리보다 기업연합의 집단적 관리를 모색하는 것도 새로운 추세이다.

셋째, 조직적 접근이다. 과거에는 연구개발 조직의 지원 부서 수준으로 운영되었던 특허관리 조직이 최근에는 전담부서의 신설 내지 확대로 발전되고 있는 추세이다. 단순한 행정 지원 조직의 기능을 넘어, 특허정보의 분석 기능, 신제품개발과의 연계 기능 등을 담당하는 중요한 조직으로 부상하고 있다.

1.4 기술표준

1.4.1 기술표준의 정의와 배경

하나의 신기술이 신제품으로 연결되고 그것이 하나의 새로운 시장을 만들어내는 데는 오랜 시간과 많은 단계를 거치게 된다. 수많은 과학적 알고리즘과 기술적 솔루션들이 등장하고 치열한 경쟁을 하게 된다. 그 과정에서 기술적 우위, 경제적 장점, 시장의 선호도 등에 의해 이른바 지배제품(dominant design)이 등장하고 그 제품(기술)을 중심으로 시장이 통합된다. 이러한 시장지배적 기술이나 디자인이 바로 '기술표준(technical standards)'이다.

아무리 뛰어난 기술도 표준으로 채택되지 못하면 시장에서 사라지게 된다. 1980년대 초반, VCR 방식의 표준을 둘러싼 Beta 방식과 VHS 방식의 경쟁은 전설적인 사례이다. 기술적 우위를 확보한 Beta 방식이 표준 전쟁에서 밀려 시장에서 사라진 사실은 표준의 중요성을 잘 말해주고 있다. 운영체계(OS)의 사례도 유명하다. Apple, IBM, HP 등이 서로 다른 운영체계를 놓고 경쟁하고 있던 1985년에 MS사의 운영체계 Windows가 나왔을 때를 기억해 보자. 그 당시에 Windows가 지배적 표준이 될 것으로 예측한 사람은 거의 없었다. 그러나 IBM과 Apple이 자사제품에만 쓸 수 있는 폐쇄적 운영체계를 고집한 사이 Windows는 어떤 컴퓨터와도 호환될 수 있는 개방적 표준을 지향하여 시장을 석권할 수 있었다.

시장이 글로벌화되고 국제무역에 대한 의존도가 높아질수록 표준의 효과와 영향은 더 크고 넓어지게 된다. 상품과 서비스의 교역이 국제표준의 사용여부에 의해 촉진

되기도 하고 반대로 제한되기도 한다. 특히 신기술 분야의 경우, 국제표준을 둘러싼 선점경쟁은 표준외교라는 용어가 나올 만큼 치열해지고 있다.

표준은 이론적으로는 순기능이 크다고 할 수 있다. 기술표준을 정함으로써 연구개발에 대한 중복투자를 줄일 수 있고, 기술의 확산을 촉진할 수도 있으며, 연구개발의 미래방향과 영역을 미리 제시하는 효과를 가져올 수 있다. 그러나 현실적으로는 표준의 역기능도 매우 크다. 우선 표준을 보유하거나 주도한 기업들에 의한 독점의 폐해가 나타날 수 있다. 또 소비자의 선택권을 제약할 수 있다. 더구나 경우에 따라서는 열등한 기술이 마케팅 능력을 토대로 우수한 기술을 도태시키고 기술표준이 되는 문제가 발생할 수도 있다.

기술표준의 방식은 표준의 주체가 누구냐에 따라 크게 다음 두 가지 방식이 존재한다. 하나는 공식 표준(de jure standard)이다. 이것은 국제표준화기구(ISO), 유엔국제통신동맹(ITU) 등과 같은 국제기구에서 세계표준으로 채택한 경우의 표준이다. 이동통신 분야에서 시스템, 서비스, 네트워크 등에 관한 표준은 대부분 여기에 해당된다. 다른 하나는 사실 표준(de facto standard)이다. 이것은 시장에서 지배적 기업(들)이 제시한 기준이나 방식이 폭넓게 받아들여지면서 자연적으로 형성된 표준을 가리킨다. 마이크로소프트의 운영체계인 Windows가 대표적인 예이다.

1.4.2 표준과 특허

앞에서 말한 특허와 표준은 밀접하게 관련되어 있다. 먼저 '단계'의 측면에서 둘은 서로 연결되어 있다. 즉, 연구개발과 상업화에 이르는 전체적 사이클 위에서 순서의 차이를 두고 연결되면서 동시에 중간단계에서는 서로 중복되기도 하는 것이다. [그림 10-4]에서 보듯이, 특허는 아무래도 앞 단계에서 생겨난다. 기초과학이나 기반기술의 개발과정에서 물질특허, 제법특허, 용도특허 등이 만들어진다. 한편, 표준은 기술개발의 성과물이 제품의 개발이나 공정의 혁신으로 연결되는 뒤 단계에서 나타난다. 생산에 필요한 인프라의 표준, 제품 스펙(spec)에 관한 표준, 그리고 시장에서의 표준으로 이어진다.

[그림 10-4] 특허와 표준의 관계도

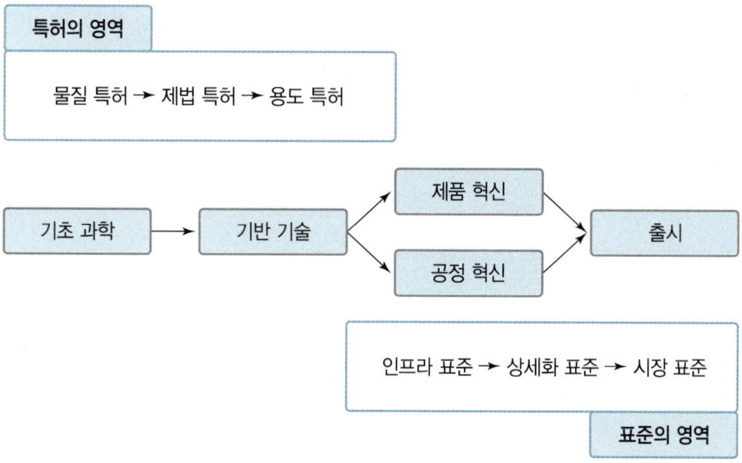

다음으로 '성격'의 측면에서도 특허와 표준은 관련되어 있다. 특허와 표준은 기술개발의 효율성을 올리고 경제적 효용을 늘린다는 공통적인 목적에 바탕을 두고 있다 따라서 한편으로는 서로 보완적인 관계를 맺고 있다. 하지만 다른 한편으로는, 표준이 시장 전체를 대상으로 기술자산의 공유화를 추구하는데 반해 특허는 특허권자만을 대상으로 사유화를 강조한다는 측면에서 서로 상충적인 관계에 있기도 하다.

표준과 특허가 하나로 묶인 것의 대표로는 표준특허(essential patent)를 들 수 있다. 표준특허는 기술표준임과 동시에 특허로 등록된 기술, 즉 표준에 사용되는 특허를 가리키는 용어이다. 좀더 쉽게 설명을 해보자. 시장에 서로 상이한 기술이 공존하게 되면 호환성의 문제가 발생한다. 사용범위의 제한도 있고 국제무역의 장애가 되기도 한다. 그러면 국제기구가 나서서 기술표준을 만든다. 모든 국가, 모든 기업, 모든 제품이 같은 규격을 사용하게 되는 것이다. 일단 기술표준이 만들어지면, 표준 규격을 구현하기 위해서 다양한 기술들을 활용하게 된다. 이 때, 구현을 위해 필수적으로(essential) 사용되어야만 하는 특허가 있다면 그 특허가 바로 표준특허가 되는 것이다. 그런 의미에서 표준특허는 필수특허로 불리기도 한다. 필수적으로 사용되는 특허가 아니라면 일반특허가 된다.

앞에서 언급한대로 특허와 표준은 서로 상충적인 문제를 일으킬 수 있다. 이를 해결하는 보완적 대안으로 표준특허를 생각할 수 있다. 특허가 표준이 되면, 한편으로는 특허기술이 한 곳에만 독점되지 않고 넓은 범위로 신속하게 확산되고 보급되는 장점이 있다. 다른 한편으로는 시장의 확대를 통해 특허권자가 수익을 얻을 수 있는 가능성이 넓어진다는 장점이 있다. 모두에게 도움이 될 수 있는 것이다. 따라서 특허만의 싸움, 표준만의 싸움을 넘어 표준특허를 확보하기 위한 경쟁이 더욱 중요해지고 있다.

1.5 특허지도: 특허지도의 의의와 용도는 무엇인가?

1.5.1 특허지도의 기본

지금까지 설명한 것처럼, 기업이 보유하고 있는 지적 자산을 활용하는 방법이나 수단은 매우 다양하다. 기술을 활용하여 제품을 만들어 팔 수도 있고, 기술자체를 팔 수도 있고, 기술을 다른 기술과 바꿀 수도 있다. 그러나 지적 자산, 특히 특허를 활용할 수 있는 또 하나의 방법은 특허가 가지고 있는 기술적, 상업적 내용을 수집하고 분석하여 거기에서 여러 가지 유용한 정보를 얻어내는 것이다. 특허라는 방대한 데이터베이스로부터 새로운 지식을 찾아내는 작업이 바로 특허 분석(patent analysis)이다.

특허 분석의 여러 방법 가운데 최근에 큰 각광을 받고 있는 것이 특허지도(Patent Map: PM)이다. 특허지도는 한마디로, 특허정보를 명확하고 구체적인 목적에 따라 가공하여 그 결과를 시각적인 형태로 정리한 도표라고 할 수 있다. 지도의 시각적인 형태는 2차원이나 3차원 그래프, 변화의 흐름도(flowchart)나 히스토그램, 정보를 요약한 표(table), 상대적 비율을 보여주는 파이(pie) 차트 등 다양한 형식으로 표현된다.

특허 정보를 시각적인 지도로 만드는 것은 다음과 같은 장점이 있다. 첫째, 정보를 이해하기가 쉽다. 방대하고 복잡한 양의 자료를 2차원 평면의 형태로 시각화하는 것은 단순한 테이블의 형태로 표현하는 것보다 훨씬 이해하기 쉽다. 둘째, 정보를 기억하기 좋다. 짧은 시간 안에 전체 데이터의 구조를 한 눈에 알아볼 수 있기 때문에 기억 효과가 훨씬 높아진다. 셋째, 알찬 정보를 만들어낼 수 있다. 일반적으로 방대한 양의 자료에는 항상 불필요한 정보인 잡음(noise)이 존재하기 마련이다. 특허지도는 잡음을 걸러낸 후, 핵심적인 요소와 의미만을 알려준다.

1.5.2 특허지도의 목적과 종류

특허지도의 목적과 형태는 기술 정보의 사용자가 누구인가에 따라 크게 경영정보, 기술정보, 권리정보 획득 등의 세 가지로 나눌 수 있다. 이 목적에 따라 특허지도의 내용을 요약한 것이 〈표 10-1〉에 나타나 있다.

〈표 10-1〉 특허지도의 종류와 목적

종류	주요 용도	세부 목적	세부 지도
경영정보 지도	경영/연구개발 전략 수립	- 전반적 기술변화 경향 파악 - 경쟁기업의 동향 파악 - 신시장 개척 전략 수립 - 연구개발 경쟁력 조사	- 기술동향 지도 - 신규참여 기업 지도 - 경쟁기업 동향 지도
기술정보 지도	신기술 및 신제품 개발 기획	- 공백기술 발견 - 기술 파급효과 파악 - 중복연구 방지	- 신제품 개발 동향 지도 - 기술분포 지도 - 분류상관 지도
권리정보 지도	기술권리 확보 및 예방	- 특허취득 및 침해 가능성 파악 - 특허망 구축 - 특허 위치(position) 평가 - 기술권리범위 확인	- 권리기간 지도 - 인용관계 지도 - 특허 패밀리 지도 - 청구항목 지도

첫째는, 경영정보 지도이다. 경영정보는 말 그대로 경영자를 위해 만든 지도이다. 이 지도를 통해 경영자는 기술동향을 파악하고, 장기적 기술 전략 수립의 기초 자료를 얻게 된다. 따라서 기술동향 지도, 신규참여 기업 지도, 경쟁기업 동향 지도 등과 같이 기술 전체나 기업 수준의 기술동향과 시장흐름을 분석하는 지도가 주로 만들어진다. 경영정보 지도의 예로 [그림 10-5]에 특허출원 동향 지도가 제시되어 있다.

둘째는, 기술정보 지도이다. 기술정보 지도는 기술개발 관리자를 위한 지도이다. 따라서 신기술 및 신제품 개발을 기획하는 데 도움을 줄 수 있는 지도가 주로 만들어진다. 예를 들어 신제품 개발 동향 지도, 기술분포 지도, 분류상관 지도와 같이 기술의 특성에 관련된 정보를 제공하는 지도들이 여기에 해당된다. [그림 10-5]에서 볼 수 있는 기술진보 추세 지도를 기술정보 지도의 한 예로 들 수 있다.

셋째는, 권리정보 지도이다. 이 지도는 기술 관리자가 해당 기업이 보유한 특허의 기술 권리를 관리하는 데 유용한 정보를 제공한다. 따라서 권리기간 지도, 인용관계 지도, 권리청구항목 지도 등과 같이 자신의 기술 독점권을 주장할 수 있는 지도와 다른 기업의 기술 독점권을 피할 수 있는 지도가 주로 만들어진다. [그림 10-5]에 있는 클레임 현황 지도는 권리정보 지도의 하나이다.

[그림 10-5] 대표적 특허지도의 예시

경영정보 지도(map) : 특허 출원 동향

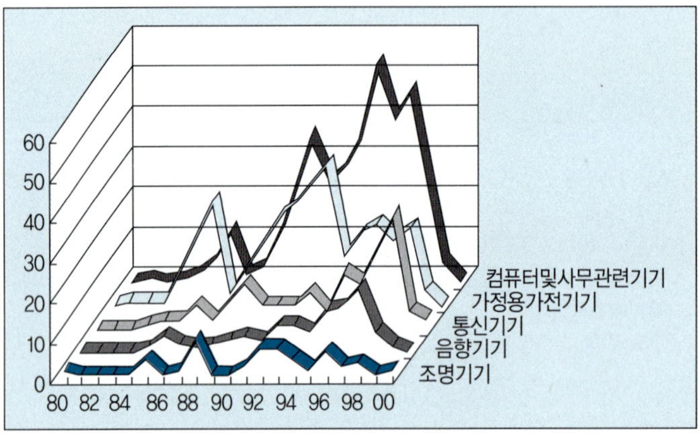

기술정보 지도(map) : 기술 진보 추세

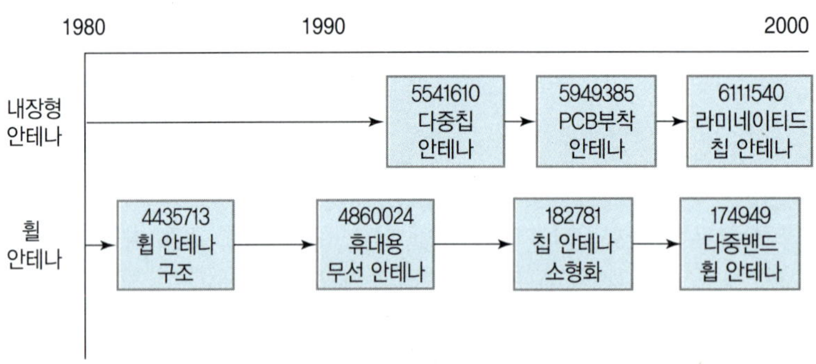

권리정보 지도(map) : 클레임(claim) 현황

순번	관리	Claim 특허				저촉범위	저촉모델
		출원	공개	공고	해외		
1	특허	52-142185 (77.11.29)	54-75215 (79.6.15)	57-3542 (82.7.29)	한국 미국 서독 영국 홍콩 싱가폴	Cross Arm	DSG-0972 EL.FL DSE-1422 DSE-1492 DSE-1522 DSE-1622
2	실용	53-79108 (78.6.9)	54-180627 (79.12.20)	58-17323 (83.4.6)		Coil SPT에 Cross Arm을 체결하는 구조	DSG-0972 EL.FL DSE-1422 DSE-1492 DSE-1522

덧붙이는 이야기: 기술 표준(technical standard)

예전에 유럽을 여행하면 나라마다 전기면도기를 꽂는 플러그 모양이 달라서 어댑터를 여러 개 휴대하고 다녀야 했다고 한다. 나라마다 기술 표준이 다르면 외국제품을 사용하기가 매우 불편하고 따라서 국가간의 무역이 위축된다. 이러한 문제를 해소하여 교역을 활성화하기 위해 시작된 것이 기술의 표준화 노력이다. 오늘날 기술표준 문제를 무역의 장벽, 즉 TBT(Technical Barriers to Trade)라고 부르는 이유가 바로 여기에 있다.

이제 기술표준 문제는 지적 재산권 못지않게 중요한 이슈가 되고 있다. 여러 표준 가운데 어느 나라나 기업의 표준을 국제표준으로 정할 것인가를 논의하는 과정에서 국가간에, 또 기업간에 사활을 건 싸움이 일어나기 때문이다. 국제표준기구(ISO)나 국제전기표준회의(IEC) 같은 세계적 조직이 중재를 하고 합의를 끌어내기는 하지만 여전히 표준을 둘러싼 싸움은 치열하다. 이 싸움에서 이겨 자신의 표준을 국제표준으로 만든 기업은 큰 이익을 보는 대신, 이 싸움에서 진 기업은 기술개발에 쏟아 부은 엄청난 연구개발비를 한 푼도 못 건진 채 국제경쟁에서 밀려날 수밖에 없다.

VCR 표준을 놓고 SONY의 Beta 방식과 JVC의 VHS 방식이 벌였던 한판 승부는 유명한 사례이다. Beta 방식이 기술적으로 우월하다는 평가에도 불구하고, 다른 제조회사들과 영화회사들을 같은 편으로 끌어들여 시장에서 거대한 동맹을 형성한 VHS 방식의 승리로 막을 내렸다. 시장 싸움이 기술 싸움을 이긴 것이다.

이제 기술표준 싸움은 거의 모든 신기술과 신제품 분야로 확대되고 있다. 국제표준을 선점해야 세계시장을 석권할 수 있기 때문이다. 특히 지금까지 원천기술이 부족하고 시장전략이 허술하여 선진국의 표준을 어쩔 수 없이 수용할 수밖에 없었던 우리 기업들은 차세대 기술표준 전쟁에서는 반드시 이겨야 한다.

1.6 기술가치 평가: 기술의 가치는 어떻게 평가할 것인가?

1.6.1 기술가치 평가의 기본

최근 학문적으로든 실무적으로든 기술가치의 평가(technology valuation)가 지적 자산 관리의 중요한 이슈로 대두되고 있다. 공공 기관의 경우 연구개발 과제의 평가와 선정, 정책자금의 지원 대상의 선정, 연구결과의 실용화 및 기술이전 등을 위해 기술가치를 평가하게 된다. 민간 부문에서도 기술시장을 통한 첨단기술의 거래, 기술도입 및 라이선싱(licensing) 등을 위해 기술가치 평가를 중요한 업무의 하나로 인식하기 시작하고 있다. 주식시장의 투자자들이나 벤처캐피탈들도 투자의 의사결정을 위해 대상기술의 가치를 알고자 한다.

기술가치 평가는 특정기술 자체의 가치 또는 그 기술이 중요한 부분을 차지하는 관련기술의 경제적 가치(economic value)를 평가하는 것을 말한다. 그러나 기술의 가치를 객관적이고 정량적인 지표로 계산하는 일은 본질적으로 매우 어려운 과제이다. 심지어 기술가치의 평가는 과학(science)의 영역이 아니라 예술(art)의 영역이라고 말하는 사람도 있다.

기술가치의 평가가 어려운 이유를 몇 가지 생각해 보자. 첫째, 기술은 무형적(intangible) 특성을 지니고 있다. 볼 수도 없고 만질 수도 없는 대상의 가치를 측정하는 일은 주관적일 수밖에 없다. 둘째로, 기술이라는 상품(commodity)은 수요-공급관계의 불균형으로 인해 시장에서 거래되기가 어렵다. 기술거래는 기술을 가지고 있는 사람이 주도하는 공급자 시장(supplier's market)의 성격을 지니고 있기 때문에 수요-공급의 균형에서 적정한 시장가격이 형성되기 어려운 것이다. 셋째, 첨단기술은 불확실성과 위험도가 높기 때문에 이미 이루어진 기존 투자의 가치와 앞으로 발생할 미래시장의 가치를 측정하기 어렵다. 넷째, 기술거래는 하나의 묶음(package)으로 이루어지는 경우가 많기 때문에, 개별기술 자체만의 가치를 따로 측정하기가 쉽지 않다. 다섯째, 산업이나 기술 분야마다 그 가치가 달라지는 특성이 있어 한 가지 방법이나 기준을 모든 분야에 일반적으로 적용할 수 없는 문제도 존재한다.

1.6.2 기술가치 평가기법

기술의 가치를 금액으로 계산하기가 어렵기 때문에, 현실에서는 프로파일, 지표, 점수 등의 값을 측정하여 기술의 가치를 간접적으로 표현하는 방법이 많이 사용된다. 예를 들어, A 기술의 가치는 85점인데 반해, B 기술의 가치는 92점이라고 한다든가, 이 기술은 세계 최고 기술과 비교하여 2년 정도 뒤쳐진 상황이라고 한다든가 하는 식으로 가치를 평가하는 것이다. 이러한 방법들은 여러 기술들의 우열을 비교하거나 여러 기술들 가운데 하나를 선정하는 경우에는 유용하게 사용될 수 있다. 〈표 10-2〉에 여러 가지 평가기법을 정리하여 제시하였다.

〈표 10-2〉 기술가치 평가기법

평가기법	측정기준	세부내용
프로파일법	상대비교 (comparison)	쌍대비교(paired comparison)를 토대로 주요항목에 대한 비교대상 기술 간의 우열을 시각적으로 표현
벤치마킹법	비율(ratio), 격차(gap)	선도기술(최고수준)에 대한 기준점을 설정한 후 선도기술과 비교한 평가대상기술의 수준을 비율 또는 격차로 표현
지표법	지표(index)	기술가치를 종합적으로 측정할 수 있는 지표를 개발한 후 주요항목에 대한 평가대상기술의 값을 대입하여 종합적인 지표의 값을 산정
평점법	점수(score)	기술가치를 설명할 수 있는 주요항목을 설정한 후 각 항목별로 평가대상 기술의 점수를 부여한 후 이를 합하거나 곱하여 종합적인 평점을 산정
금액법	화폐가치 (monetary value)	기술가치를 직접적인 화폐가치로 산정 – 비용접근법, 시장접근법, 수익접근법

1.6.3 금액법

앞에서 간략히 설명한 여러 기법들이 있지만, 역시 기술가치 평가의 궁극적인 목적은 주어진 기술의 가치를 금액으로 측정하는 데 있다. '이 기술은 도대체 얼마짜리 기술인가?', '이 기술을 사는 데는 얼마를 지불해야 하는가 또는 파는 데는 얼마를 받아야 하는가?', '이 기술을 담보로 대출을 해주려면 얼마까지 해줄 수 있는가?' 하는 등의 질문에 답을 해주어야 하는 것이다. 이 문제에 대한 유일하고 보편적인 해답은 없지만 몇 가지 자주 사용되는 방법들을 좀 더 구체적으로 알아보기로 하자.

기술의 가치를 금액으로 측정하는 방법을 통틀어 금액법 또는 화폐가치법이라고 한다. 금액법 즉 화폐가치법은 기술의 가치를 직접적인 화폐가치(monetary value)로 측정하는 방법이다. 금액을 이용한 평가방법은 크게 비용접근법, 수익접근법, 시장접근법으로 나눌 수 있다.

(1) 비용접근법

비용접근법의 기본 개념은, 어떤 기술 자산이 보유하고 있는 가치는 그 기술과 같거나 비슷한 수준의 가치를 얻기 위해 필요한 금액으로 정할 수 있다는 생각에 근거하고 있다. 쉽게 말해, '이 기술을 개발하는 데 얼마 들었으니 이 기술의 가치는 개발비용 + α 로 하는 것이 합리적이고 현실적이다'라는 주장이다. 구체적으로는 평가하려고 하는 기술과 동등한 가치를 갖는 다른 기술을 다시 만들기 위해 필요한 비용인 재생산원가(Cost of Reproduction New: CRN) 또는 다른 곳에서 그 기술을 얻는 데 필요한 대체원가(Cost of Replacement: COR)가 곧 기술가치가 된다고 가정한다.

비용접근법의 가장 큰 장점은, 회계 자료나 시장 자료가 확보되어 있는 경우 측정이 쉽고 간단하다는 점이다. 즉 평가기술을 개발하기까지 소요된 물적, 인적 자원의 가치를 합산한 후 이를 현재가치로 환산하는 방법이므로, 자료만 있으면 계산은 간단히 할 수 있는 것이다.

그러나 비용접근법은 '비용'을 근거로 하기 때문에 그 기술로부터 얻을 수 있는 미래의 '수익'이 어느 정도 되는가를 고려하지 않는다는 심각한 문제가 있다. 또 경제적 이익을 얻을 수 있는 기간이 어느 정도인가도 계산과정에 반영되지 않는다. 본질적으로 가치라는 것은 미래에 얻을 수 있는 크기를 말하는 것인데 과거에 들어간 비용의 크기를 말하는 것은 논리적으로 맞지 않는다는 문제를 안고 있는 것이다.

(2) 시장접근법

시장접근법은 기술거래 시장에서 이미 이루어졌거나, 현재 이루어지고 있는 거래의 정보를 종합해서 기술자산의 가치를 평가하는 방법이다. 즉 평가하려고 하는 기술과 같거나 유사하다고 판단되는 다른 기술들이 시장에서 실제 거래되는 가치를 토대로 해당기술의 가치를 간접적으로 결정하는 방법이다. '이 기술과 같은 기술이 이미 얼마에 팔렸으니 이 기술의 가치도 거기에 맞추면 된다'라는 논리이다.

시장접근법은 시장의 거래정보가 많고 또 거래과정이 투명한 경우에는 합리적이고 효율적인 기준이 될 수 있다. 따라서 부동산이나 자동차 등과 같이 거래시장이 활성화되어 있는 경우에는 매우 유용한 방법이다. 그러나 거래의 빈도가 낮고 관련 정보가 부족한 경우, 또는 기술들의 특성이 매우 다르고 호환성이 낮은 경우에는 효용이 떨어지는 단점이 있다.

(3) 수익접근법

수익접근법의 기본 아이디어는 '기술의 가치는 이 기술을 만드는 데 얼마가 들었는지, 또는 비슷한 기술이 얼마에 팔렸는지에 따라 결정되는 것이 아니라, 이 기술을 가지고 앞으로 얼마나 많은 돈을 벌 수 있느냐에 달려 있다'는 가정에서 나온 것이다. 따라서 위에서 말한 비용접근법이나 시장접근법의 문제점을 해결하기 위해 제시된 방법이다.

실제로 수익접근법은 금액법 가운데 가장 현실성과 유용성이 높은 기법이다. 이 방법은 기술의 가치를 그 기술이 유효한 기간(life cycle) 동안 거둘 수 있는 수익의 크기로 정한다. 이 때 수익의 크기는 그 기술이 활용되어 들어오는 수익의 현금유입(cash inflow)에서 나가는 비용의 현금지출(cash outflow)을 뺀 돈의 크기를 현재가치(present value)로 계산한다. 따라서 앞의 경제성 평가에서 이미 설명한 순현가법(NPV)을 기초로 하고 있다.

수익접근법의 가장 큰 장점은 실용적이고 현실적이라는 점이다. 그러나 단점으로는 다음의 두 가지를 들 수 있다. 첫째는 미래의 현금흐름에 관한 크기와 시기를 정확히 예측하기 어렵다는 점이다. 둘째는 어떤 기술이 수익에 기여하는 정도는 실제로 그 기술이 활용되는 범위나 수준에 따라 달라질 수 있는데, 이를 정확하게 파악하기가 쉽지 않다는 점이다.

제2절 기업정보관리에 대한 이해

2.1 기업정보관리의 기본: 기업정보는 무엇인가?

2.1.1 기업경영과 정보관리

눈에 보이지 않은 지적 자산 가운데 빼놓을 수 없는 중요한 요소로 정보(information)를 들 수 있다. 정보는 컴퓨터와 통신네트워크가 발달되지 않았던 과거에도 기업의 필수적인 자산으로 여겨져 왔다. 그러나 최근에 눈부시게 발전하고 있는 인터넷과 통신네트워크로 인해 조직과 개인이 사용할 수 있는 정보의 양이 엄청나게 증가하고 있으며 기업 내부에서 만들어지고 저장되는 정보 또한 기하급수적으로 늘어나는 실정이다. 특히 이른바 빅 데이터(big data) 시대의 도래는 정보 자원의 양적 측면과 질적 측면에서 엄청난 변화를 가져오고 있다. 이에 따라 방대하고 다양한 정보들을 어떻게 경영자산으로 관리하고 활용할 것인가 하는 문제가 경영 이론과 실무의 새로운 화두로 떠오르고 있다. 이제는 어느 경영학 교과서를 보아도 당연히 정보관리를 중요한 주제의 하나로 포함시키고 있고, 정보기술의 활용 능력이 CEO의 필수적인 자질의 하나로 여겨지는 시대가 되고 있다.

실제로 정보와 정보기술은 여러 가지 내용과 방식으로 경영기능과 연결되어 있다. 따라서 정보기술과 경영활동과의 관계를 잘 이해하는 것이 CEO의 중요한 능력과 지질이라고 할 수 있다. 그러나 아직도 많은 CEO들은 정보기술이 경영활동에 어떤 도움을 주는 것인지, 왜 반드시 필요한 것인지를 제대로 이해하지 못하고 있다. 그냥 정보의 시대라니까, 남들이 모두 중요하다고 하니까 막연히 따라가야 하는 게 아닌가 하는 생각을 하는 경우가 적지 않다.

구체적으로 정보기술은 기업의 어느 부문에서 어떤 활동에 사용될 수 있으며 또 실제로 사용되고 있는가? 예를 들어, 재무 부서에서는 정보기술을 통해 기업의 자산을 관리하고, 기업의 투자현황을 분석하며, 가장 적합한 자금의 유형을 결정하기도 한다. 회계 부서에서도 정보기술을 이용하여 재무제표를 만드는데 필요한 다양한 원가정보를 수집하고, 분류하고, 계산하여 대차대조표나 손익계산서를 만들기도 하고 또 보고된 회계자료가 정확한지를 감시하기도 한다.

마케팅 부서에서 신제품의 유통망을 설계하고 광고 전략과 가격 전략을 세우는데 정보기술의 역할은 필수적이다. 또 오늘날의 고객관리는 곧 정보관리라고 해도 과언이 아니다. 등록된 고객에게 정기적으로 기업의 제품을 광고하기 위한 이메일을 보낸다든지, 웹사이트에 로그인 한 고객에게 고객의 연령이나 성별, 과거 구매이력 등을 바탕으로 구매가능성이 높은 제품을 선택하여 추천한다든지 하는 활동들은 모두 정보기술에 기반한 마케팅 방식이다. 인터넷 마케팅(internet marketing), 데이터베이스 마케팅(database marketing)과 같은 새로운 마케팅 기법이 이미 마케팅 관리의 중요한 부분으로 자리잡고 있는 것이다.

생산관리 영역에 있어서도 정보기술의 역할은 갈수록 커지고 있다. 과거의 판매자료

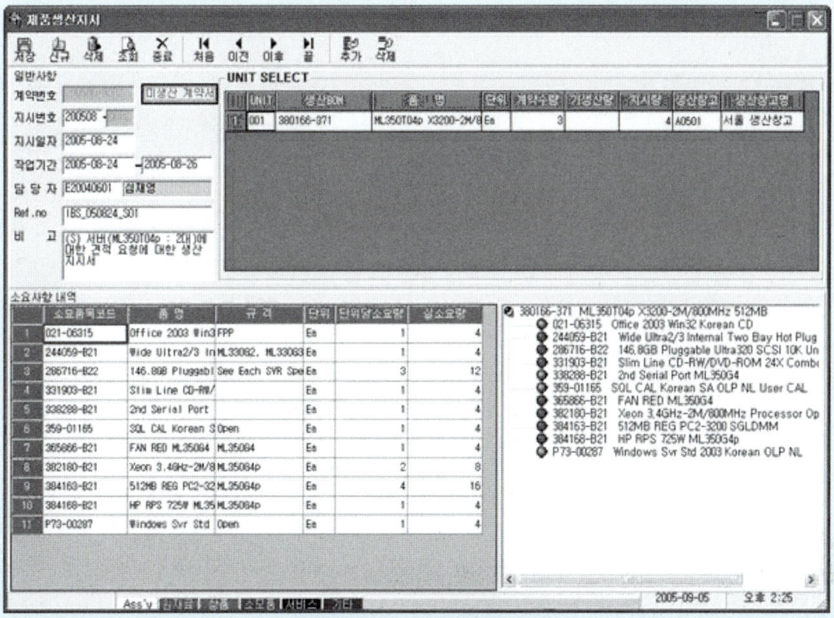

정보기술을 활용한 생산관리의 예

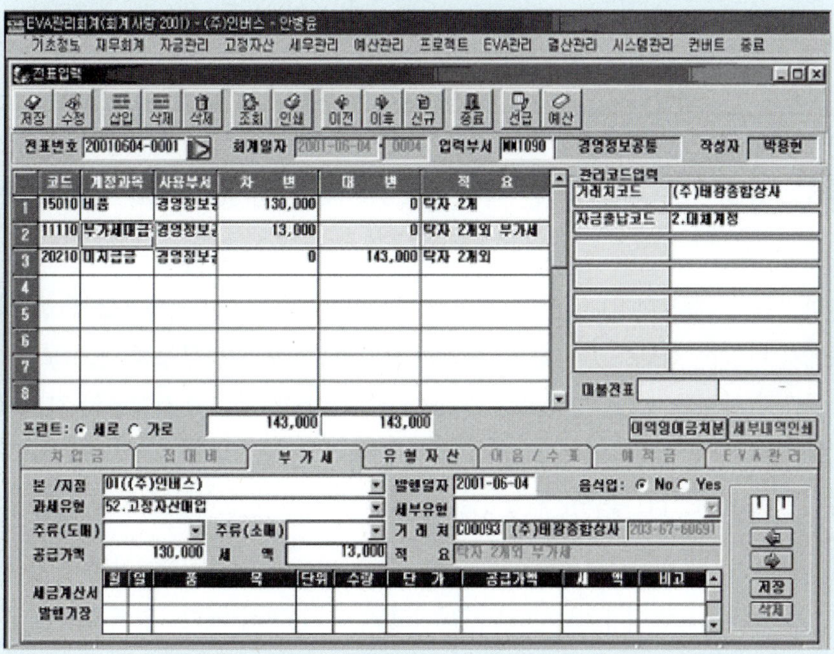

정보기술을 활용한 회계관리의 예

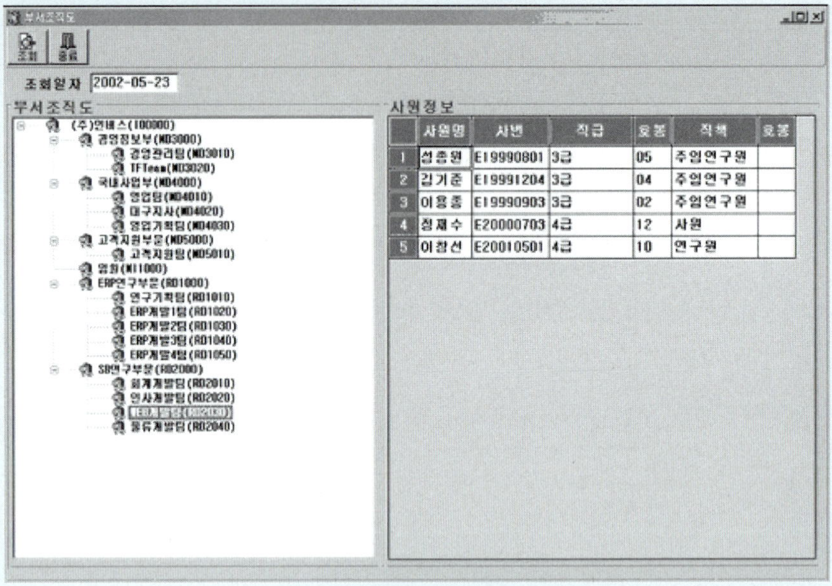

정보기술을 활용한 인사관리의 예

를 가지고 수요를 예측하고, 고객의 주문을 받고, 생산량과 일정을 계획하고, 재고 수준을 관리하고, 제품의 품질을 측정하는 모든 활동이 정보시스템을 통해 이루어진다. 또한 컴퓨터를 통해 제품을 설계하고(Computer-Aided Design: CAD), 제품을 제조하며(Computer-Aided Manufacturing: CAM), 이러한 개발, 제조, 판매 등의 독립적인 활동이 하나의 시스템으로 통합된 것(Computer-Integrated Manufacturing: CIM)도 모두 정보기술의 역할이라 할 수 있다.

인사관리 부서에서도 정보기술을 폭넓게 활용하고 있다. 입사지원자들을 선발하는 과정에서 다양한 정보를 분석하고, 종업원들의 신상정보나 근무성적 등도 모두 데이터베이스에 들어가 있다. 이미 많은 기업들이 도입하고 있는 수시채용의 경우, 기업의 웹사이트에 입사지원자 개개인의 프로필을 올려두면 기업 내 각 부서에서 적합한 지원자를 골라 인사관리부서에 신청을 하는 식의 온라인 방식도 이용되고 있다.

위에서 본 몇 가지 예에서 알 수 있듯이, 이미 정보관리는 기업경영에서 없어서는 안 될 필수적인 요소이자 기능으로 자리잡고 있다. 과거의 패러다임에서는 생산시스템을 구성하는 두 개의 축을 자본과 노동이라고 보았고, 기업시스템이 보유하고 있는 두 가지 자산을 사람과 설비라고 보았다. 그러나 새로운 패러다임 하에서는 정보가 자본, 사람, 기계 못지않게 중요한 지적 재산이자 지식 자산으로 받아들여지고 있다.

한마디로 기업의 정보관리는 이미 기술적인 수준을 넘어 전략적이고 관리적인 수준으로 올라서고 있다. 이러한 추세에 맞추어, 정보관리 책임자는 과거의 기술관리자 개념에서 경영진의 한 사람인 CIO(Chief Information Officer)라는 위상으로 격상되고 있다. 최근에는 정보의 관리를 넘어 지식의 관리라는 개념까지 도입되면서 CKO(Chief Knowledge Officer)라는 자리까지 만들어지고 있다.

2.1.2 정보의 관리

지식자산의 관리라는 관점에서 보면, 정보관리는 크게 두 가지의 주제를 다루고 있다. 하나는 정보 자체의 관리이고 다른 하나는 정보기술(Information Technology: IT)의 관리이다. 이 두 가지는 엄밀하게 보면 서로 다른 말이다. 앞의 정보 자체의 관리는 내용(contents)에 대한 얘기고 뒤의 정보기술의 관리는 방법(methods)에 대한 얘기이기 때문이다.

먼저 정보 자체의 관리에 대해 알아보자. 정보라는 용어와 함께 자주 쓰이는 용어로 데이터와 지식을 들 수 있다. [그림 10-6]의 계층구조를 보자. 제일 하위에 있는 데이터(data)는 단순한 수치나 사실이다. 예를 들어 매일의 주식 거래량, 개별 주식의 시가와 종가, 국내외 주식 관련 뉴스 기사는 모두 객관적인 사실을 수치로 보여주는 것에 지나지 않는다. 바로 위의 계층에 있는 정보(information)는 데이터를 일차적으로 가공해서 의미를 부여한 것이다. 개별 주식의 자료를 모아서 일주일 혹은 한 달의 주가 흐름을 그래프로 표현하면 정보가 된다. 가장 상위에 있는 지식(knowledge)은 자료와 정보를 가공, 분석한 후 전략적인 목적과 과학적인 방식으로 재가공한 것이다. 예를 들어 주어진 주가 그래프와 신문기사를 바탕으로 주가를 예측한 자료는 지식이 된다.

요약하면, 데이터를 일차 가공한 것이 정보이며, 정보를 다시 가공한 것이 지식이 된다. 따라서 데이터가 적절하게 저장되고 관리되어야 정보가 될 수 있으며, 믿을 수 있는 정보에 기반을 한 지식이라야 의사결정에 도움을 줄 수 있다. 가공의 정도와 수준이 올라갈수록 시간과 비용이 더 드는 반면 가치와 활용성은 올라가게 된다.

[그림 10-6] 데이터, 정보, 지식의 계층 구조

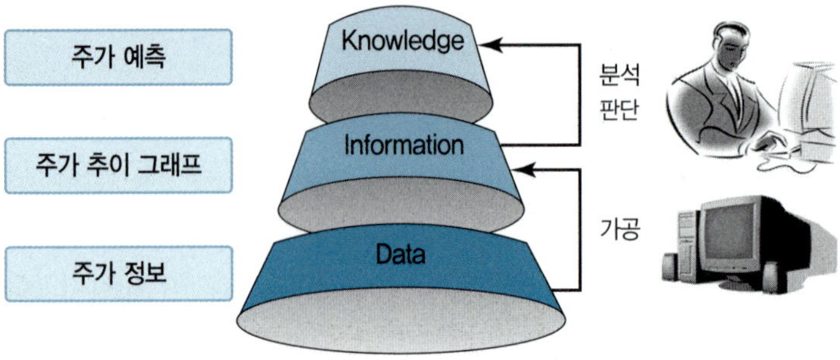

이러한 계층 구조에서 본다면, 정보의 관리는 데이터의 관리에서 시작된다. 그리고 오늘날 우리가 말하는 데이터의 관리는 인간의 수작업에 의한 것이 아니라 컴퓨터 시스템에 의한 관리를 의미한다.

컴퓨터 시스템에서는 비트(bit), 바이트(byte), 필드(field), 레코드(record), 파일(file), 데이터베이스(database), 데이터웨어하우스(data warehouse)로 이어지는 계층 구조로 데이터를 관리한다. 비트는 컴퓨터가 처리할 수 있는 데이터의 가장 작은 단위로, 0 또는 1의 값을 갖는다. 바이트는 8개 비트의 집합으로, 글자, 숫자, 부호 등 하나의 문자를 나타낸다. 문자들이 모여 단어나 숫자가 되었을 때 이를 필드라고 한다. 예를 들어, 대학교의 컴퓨터 파일에서 학생의 이름은 '이름'이란 필드에서 나타난다. 이름, 입학연월, 주민등록번호, 학점, 학년과 같은 필드의 집합을 레코드라 한다. 그리고 관련 레코드의 집합이 파일이다. '2016년도 기술경영'이라는 교과목에서 학생들의 레코드를 모으면 2016년 기술경영 과목에 대한 데이터 파일을 구성할 수 있다. 마지막으로 관련 파일의 집합을 데이터베이스라 한다. 모든 교과목의 파일들을 모은 것이 학생 전체의 데이터베이스가 된다. 나아가, 최종 사용자가 보다 편리하게 사용할 수 있도록 정보를 분류하고 데이터베이스의 활용성과 접근성을 높인 데이터베이스 시스템을 데이터웨어하우스라고 한다.

전통적인 환경에서는 기업의 기능 부서별로 독자적인 데이터 파일을 보유하고 있었다. 즉, 마케팅 부서에는 마케팅 활동을 위한 고객 데이터 파일이, 재무와 회계 부서에서는 제조와 판매에 관한 거래내역 파일이, 인사 부서에서는 종업원 신상에 관한 데이터 파일이 따로따로 존재하였다. 하지만 오늘날의 환경에서는 산발적으로 흩어져 있는 데이터베이스를 통합하여 관리의 효율성과 정보의 가치를 높이는 일이 중요한 과제로 등장하고 있다. 또 데이터 파일들이 통합되면, 데이터의 중복, 데이터의 격리, 데이터의 불일치 등의 문제들도 최소화시킬 수 있다. 이러한 목적으로 기업 전체의 데이터베이스를 통합적으로 관리하는 시스템을 데이터베이스 관리시스템(Database Management System: DBMS)이라고 한다.

2.1.3 정보기술의 관리

다음으로 정보기술(Information Technology: IT)의 관리에 대해 알아보자. 정보기술은 한마디로 정보를 수집, 처리, 생산, 저장, 추출, 전송하는 데 사용되는 여러 가지 도구 및 기능을 의미한다. 정보기술은 다시 컴퓨터 기술과 통신 기술로 나눌 수 있다.

정보기술의 역할과 의의는 다음의 네 가지로 요약할 수 있다. 첫째, 주어진 작업을 빠르게 처리할 수 있도록 하고(speed), 둘째, 반복되는 작업을 매번 똑같은 식으로 일관되게 처리하도록 하며(consistency), 셋째, 복잡한 작업을 오류없이 정확하게 처리할 수 있도록 하고(precision), 넷째, 작업 결과의 신뢰도를 높이는(reliability) 기능을 한다.

2.2 정보시스템의 관리: 기업정보는 어떻게 관리해야 하는가?

정보의 관리와 정보기술의 관리는 정보시스템(Information System: IS)을 통해 이루어진다. 따라서 정보 관리와 정보기술 관리의 발전은 실제로는 정보시스템의 발전을 의미한다고 할 수 있다. 정보시스템은 정보를 모으거나 생산하고, 그것을 처리하고 가공하여, 실제로 활용하거나 확산시키는 기능을 수행하는 하드웨어와 소프트웨어의 집합으로 이루어진다. 그러므로 정보시스템의 발전은 곧 하드웨어 기술과 소프트웨어 기술의 동반적 발전을 뜻한다.

역사적으로, 정보시스템은 하위경영층에서 출발하여 중간경영층을 거쳐 최고경영층까지로 발전되는 변화의 패턴을 보여준다. 나아가 최근에는, 기능별 시스템들을 전체로 통합하는 방향으로 진화하고 있다. 〈표 10-3〉은 정보시스템의 발전과정을 요약하여 보여주고 있다. 그 과정을 좀더 자세하게 살펴보자.

〈표 10-3〉 정보시스템의 변화 및 발전 과정

시대	역할	주요 정보시스템
1950년대	데이터 처리 (data processing)	거래처리시스템(TPS)
1960년대	보고서 작성 (management reporting)	경영정보시스템(MIS)
1970년대	의사결정의 지원 (decision support)	의사결정지원시스템(DSS)
1980년대	전략적 활용 (strategic support)	전략정보시스템(SIS) 전문가시스템(ES)
1990년대	e-비즈니스 (electronic business)	전자상거래(EC)
2000년대	시스템 통합 (system integration)	고객관계 관리(CRM) 공급사슬 관리(SCM) 제품수명주기 관리(PLM) 전사적 자원관리(ERP)
2010년대 이후	비즈니스 인텔리전스 (business intelligence)	데이터 분석(DM)

자료: Marakas and O'Brien(2013)을 토대로 부분 수정

2.2.1 데이터처리를 위한 정보시스템

1950년대에 처음 컴퓨터가 기업시스템에 도입되었을 때 컴퓨터의 역할은 단순한 계산의 효율성 증대에 있었다. 급여 계산, 주문 처리 등의 단순작업을 쉽게 처리하기 위한 수단으로 컴퓨터의 도입이 시작된 것이다. 그 후 컴퓨터의 활용은 생산, 판매, 인사 등 업무전반에 걸쳐 적용범위가 확대되어 갔다. 이와 같이 컴퓨터를 이용하여 거래 및 업무처리를 자동화하는 정보시스템을 거래처리시스템(Transaction Processing System: TPS)이라고 한다. 실제로 TPS는 업무의 효율화에 획기적인 기여를 하였다.

2.2.2 경영정보 제공을 위한 정보시스템

1960년대 이후, 기업은 업무의 평가, 통제 및 관리를 위한 컴퓨터 시스템의 필요성을 인식하게 되었다. 이를 위해서는 기업내부에서 발생되는 데이터를 체계적으로 저장 및 관리할 수 있는 수단이 필요하게 되었다. 그러면서 필요한 데이터를 데이터베

이스라는 저장소에 저장하여 누구나 쉽게 찾아 볼 수 있고 원하는 형태로 가공할 수 있는 데이터의 공유체제를 구축하기 시작하였다. 이를 통해, 경영층을 위한 보고자료나 업무의 평가와 통제를 위한 정보를 손쉽게 만들어내는 것이 가능하게 되었다. 이러한 용도로 사용되는 정보시스템을 경영정보시스템(Management Information System: MIS)이라고 한다.

2.2.3 의사결정 지원을 위한 정보시스템

1970년대 이후 컴퓨터의 활용은 경영자와 관리자의 의사결정을 지원하는 영역까지 확대되었다. 계량적 기법이나 통계적 기법을 활용하여 경영자의 의사결정에 필요한 정보를 제공하는 수준까지 발전하게 된 것이다. 이러한 목적에 활용되는 정보시스템을 의사결정지원시스템(Decision Supporting System: DSS)이라고 한다. 의사결정지원시스템은 80년대 이후 그룹지원시스템(Group Support System: GSS)으로 확대되었다. 그룹지원시스템은 집단의 의사결정에 필요한 구성원들 간의 의사소통과 아이디어 도출을 지원하는 정보시스템이다.

2.2.4 전략수립을 위한 정보시스템

1980년대로 들어서면서 기업간 경쟁이 치열해짐에 따라, 정보시스템의 활용 범위는 더욱 확장되고 수준도 훨씬 심화되었다. 효율성과 생산성을 넘어, 경쟁우위를 점하기 위한 전략정보시스템(Strategic Information System: SIS)이 등장한 것이다. 전략정보시스템은 산업 내에서의 경쟁력 확보 및 유지를 위한 기업전략 수립을 지원하는 것을 주기능으로 한다. 나아가 특정 분야에서 전문가의 축적된 경험과 지식을 체계적으로 시스템화하여 문제해결의 방안을 제시해주는 전문가시스템(Expert System: ES)도 활용되기 시작하였다.

2.2.5 전자상거래 정보시스템

1990년대에 등장한 온라인 또는 인터넷 기술은 정보시스템의 혁명적 변화를 가져왔다. 전자상거래(Electronic Commerce: EC)라는 새로운 정보시스템이 나타나게 된 것이다. E-business를 통한 새로운 거래방식과 사업기회가 생겨나자 비즈니스 모델(Business Model: BM)과 정보시스템의 결합도 강화되었다.

2.2.6 통합적 정보시스템

온라인으로 연결된 전자상거래는 단순한 비즈니스 거래를 넘어 부문과 부문, 기업과 기업, 기업과 고객을 하나의 네트워크로 연결하는 수준으로 확장되고 있다. 정보시스템의 통합이 이루어지고 있는 대표적인 분야를 알아보자.

(1) 마케팅 분야

정보의 네트워크는 기업과 고객 사이에서도 만들어진다. 네트워크는 기업과 고객이 상호작용의 '관계'로 묶일 때 만들어진다. 즉, 기업이 고객에게 일방적으로 정보를 제공하던 과거의 방식을 벗어나 고객으로부터 받은 정보를 분석하여 고객에게 돌려주는 새로운 방식으로 바뀌면서 네트워크 정보시스템이 만들어지는 것이다. 그 대표적인 예가 고객관계 관리 시스템(Customer Relationship Management: CRM) 시스템이다. CRM은 고객 관련 데이터를 분석하여 고객의 특성에 기초한 마케팅 활동을 계획, 지원, 평가하는 정보시스템이다. 즉, 공급자인 기업이 일방적으로 고객에게 정보를 제공하는 시스템이 아니라 구매자이자 사용자인 고객과의 네트워크를 통해 양방향으로 정보를 공유하고 고객 맞춤형 정보를 제공하는 시스템을 가리킨다.

〈표 10-4〉에서 보는 것처럼, 고객관리의 시작은 1970년대 단순판매 위주의 방식에서 출발한다. 이때만 해도 기업은 고객을 수동적인 구매자로만 인식하였으며, 기업과 고객간의 관계는 일방적인 공급과 수동적인 구매의 형태를 보였다. 그러나, 1980년대에 들어서서 시장경쟁이 치열해면서 기업들은 고객서비스(customer service)와 고객만족(Customer Satisfaction: CS)의 중요성을 인식하게 되었다. 이러한 인식이 정보통신기술과 맞물리면서 1990년대에 데이터베이스 마케팅(Database Marketing: DBM)의 등장으로 연결되었다. 그러나 아직까지 고객 데이터는 주로 관리 목적으로 사용되는 정도였고, 고객과 시장의 세분화도 기업의 시각에서 이루어졌다.

1990년대 후반에 접어들면서 고객관계 관리가 본격적으로 강조되기 시작하였다. CRM이 부각된 배경은 크게 두 가지로 요약할 수 있다. 첫째는, 고객관리에 드는 비용의 문제이다. 시장이 포화되면서, 신규고객을 창출하는 데 드는 비용이 기존 고객을 유지하는데 드는 비용보다 훨씬 커지기 시작하였다. 그러면서, 고객을 새로 만들기보다 있는 기존고객과의 관계를 유지, 개선, 강화하는 것이 더욱 중요하다는 인식이 높아지게 된 것이다. 둘째는, 고객관리에 활용할 수 있는 정보의 양이다. 고객관리의 시간이 경과하고 고객에 관한 정보가 축적되면서 고객정보를 과학적, 통계적으로 분석하는 작업이 가능하게 된 것이다. 이러한 배경을 바탕으로, 개별 마케팅(individual marketing), 원투원 마케팅(one-to-one marketing), 관계 마케팅(relationship marketing) 등의 고객 맞춤형 마케팅 개념이 등장하게 되었다.

〈표 10-4〉 고객관계관리의 발전과정

시기	70년대	80년대	90년대	2000년대 이후
정보시스템의 형태	판매중심 시스템	고객만족 시스템	DB마케팅 시스템	CRM 시스템
고객의 성격	수동적 구매자	선택적 구매자	개성적 구매자	능동적 파트너
고객과의 관계	전체시장에 일방적 공급	고객과의 일방적 관계	그룹고객과의 일방적 관계	개별고객과의 쌍방향 소통

(2) 제품개발 분야

제품개발 관리 분야에서도 정보시스템의 통합이 활발히 진행되고 있다. 그 대표적인 예가 바로 제품수명주기 관리(Product Lifecycle Management: PLM)이다. PLM이란 제품의 전 수명주기에 걸쳐 제품관련 데이터를 통합적으로 관리하는 시스템을 의미한다. PLM을 통합적인 정보시스템으로 보는 이유는 크게 두 가지이다. 하나는 수명주기 단계간의 통합이다. 제품의 생명주기는 초기의 제품 요구사항에서 시작하여, 설계-개발-생산-유통-운용 및 유지보수-폐기 및 재활용에 이르는 전 단계를 의미한다. PLM은 제품 수명주기의 각 단계에서 투입 및 산출되는 정보를 통합적으로 관리한다. 다른 하나는 기업내부와 기업외부간의 통합이다. 기업내부의 개발부문은 외부의 고객 및 협력사와 협업 프로세스를 수행하게 된다. PLM은 이러한 협업과정을 지원하는 시스템이다.

PLM의 역사는 1980년대에 개발된 EDM(Electronic Data Management: 전자 데이터 관리) 시스템에서 시작되었다. EDM은 도면관리 및 문서관리를 위한 정보시스템이다. CAD(Computer-Aided Design) 시스템이 보급되면서 제품설계 도면이나 문서 파일들을 저장해두고 필요할 때 검색하여 사용하는 작업을 지원하기 위한 시스템인 것이다. 이후 1990년대 중반에는 워크플로우 관리(workflow management) 기능이 추가된 PDM(Product Data Management: 제품 데이터 관리) 시스템이 개발되었다.

1990년대 말에는 전자상거래와 기업 간 협업기능을 강화한 PDM II(Product

Development Management: 제품 개발 관리) 시스템이 등장하게 된다. PDM II 에서는 특히 지리적으로 떨어진 주체들이 마치 하나의 팀처럼 작업할 수 있는 환경의 제공을 강조한다. 2000년대에 들어서는 제품의 설계와 개발단계뿐 아니라, 개발 이전의 기획단계와 개발 이후의 제조, 판매, 유지보수, 폐기, 회수과정까지를 통합적인 네트워크로 연결하는 PLM으로 확장되고 있다.

[그림 10-7] PLM의 발전과정

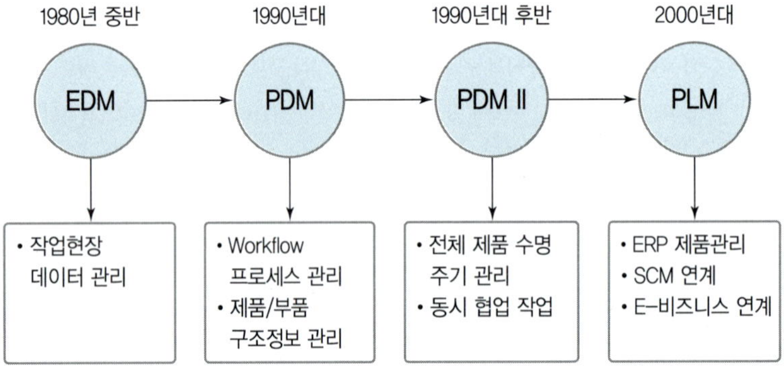

(3) 전사적 통합

오늘날의 정보시스템은 기업의 모든 분야와 기능을 연결하고 통합하는 수준으로까지 확대되고 있다. 그 추세를 반영하는 대표적 시스템이 바로 전사적 자원관리(Enterprise Resource Planning: ERP)이다. ERP는 기업내의 모든 인적 자원, 물적 자원, 재무 자원의 관리가 하나로 통합된 정보시스템이다. 실제로 ERP는 재무 및 원가관리, 마케팅 및 판매관리, 생산 및 운영관리, 인적자원관리를 망라하는 방대한 규모로 이루어져 있다.

[그림 10-8] ERP의 발전과정

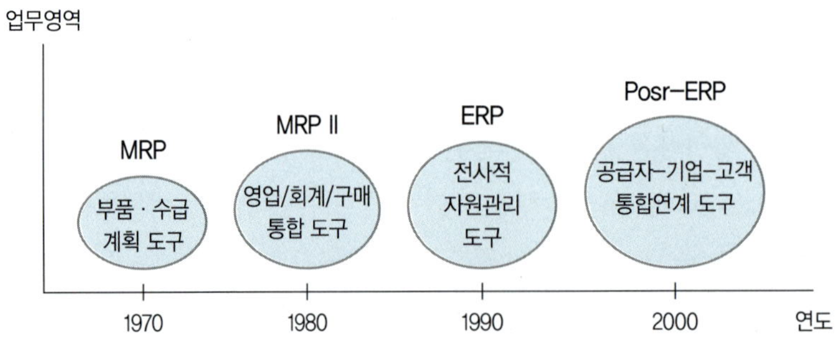

1970년대 생산부문에서 부품의 가공 및 구매활동을 지원하기 위해 개발하였던 MRP(Material Requirements Planning)에서 출발하여 이후 1980년대에 생산뿐 아니라 영업과 회계 부문이 포함된 MRP II(Manufacturing Resource Planning)를 거쳐 현재의 ERP 시스템으로 확장되고 있는 것이다.

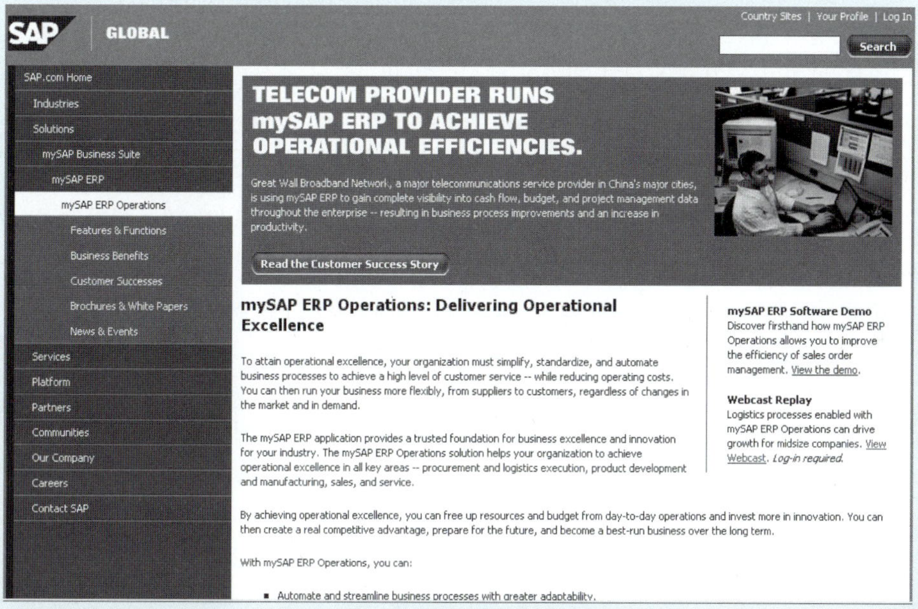

ERP 솔루션을 제공하는 기업의 예

2.2.7 빅데이터와 비즈니스 인텔리전스

통합화의 추세와 함께 정보시스템 관리의 새로운 과제는 비즈니스 인텔리전스(Business Intelligence: BI)의 구현이다. 비즈니스 인텔리전스는 기업 내부와 외부에서 수집한 데이터를 정리, 가공, 분석하여 경영관리와 의사결정에 유용한 정보를 적시에 제공할 수 있는 정보체계로 정의할 수 있다. 물론 이러한 기능을 수행하는 정보시스템은 과거에도 사용되어 왔다. 의사결정 지원시스템(DSS)이 대표적인 예라고 할 수 있다. 하지만 오늘날의 비즈니스 인텔리전스가 기존의 정보시스템들과 근본적으로 다른 점은 첫째는 방대한 데이터의 저장 장소인 데이터 웨어하우스(data warehouse)의 운영이고, 둘째 과학적이고 효과적인 인공지능(AI) 기법의 활용이다. 이를 통해 정보시스템이 보완적 도구로 사용되는 수준을 넘어 전략적 내비게이터의 역할을 수행하게 한다는 것이다.

비즈니스 인텔리전스는 빅데이터(big data)의 출현과 맞물려 있다. 즉 한편으로는 빅데이터가 만들어지면서 비로소 비즈니스 인텔리전스가 가능해지고 다른 한편으로는 빅데이터가 쌓이면서 자연스럽게 비즈니스 인텔리전스가 필요하게 된 것이다. 빅데이터라는 말은 아직 공식화, 표준화된 용어는 아니지만, 워낙 폭넓게 사용되고 있어서 이미 낯설지 않은 개념이자 용어이다. 빅데이터는 갑자기 나타난 새로운 성격의 데이터를 가리키는 것이 아니라 과거의 데이터와 비교하여 오늘날의 데이터가 갖는 차별적 특성을 의미하는 것이다. 그러면 과거의 데이터와 비교하여 오늘날의 데이터, 즉 빅데이터는 어떤 차이가 있을까? 흔히 다음 세 가지를 들 수 있다. 첫째는 데이터의 양(volume)이 기하급수적으로 늘어난 점이다. 둘째는 데이터가 만들어지고 처리되는 속도(velocity)가 빨라진 점이다. 셋째는 데이터 종류의 다양성(variety)이 올라간 점이다. 한마디로 기존의 정보처리 기술이나 능력으로는 감당할 수 없을 만큼 데이터의 양이 늘어나고 속도가 빨라지고 복잡도도 증가한 것이다.

빅데이터의 등장과 함께 정보 자원의 관리는 새로운 문제에 직면하고 있다. 우선 기존의 정보처리 능력으로는 앞서가는 데이터의 양과 속도를 따라갈 수 없게 되었다. 또 기존의 정보처리 기술과 방식으로는 데이터의 수집, 저장, 검색, 분석 등이 어려워졌다. 한편으로는 정보의 처리 능력을 획기적으로 늘려야 하는 '양적' 문제를 안고 있는가 하면 다른 한편으로는 정보의 전문적 분석 능력을 올려야 하는 '질적' 문제도 안게 된 것이다.

그러나 빅데이터 시대의 도래는 기업에 새로운 비즈니스 기회를 가져다준다. 생산 공장에서 쏟아져 나오는 빅데이터를 분석하여 생산성을 올린다든가 품질을 개선할

스마트폰과 SNS의 예시(http://www.kbench.com/?q=node/136833)와 SNS(http://kodongwan.tistory.com/459)

수 있는 방법을 찾을 수 있다. 고객들의 개인정보 및 소비 행태에 관한 정보를 기반으로 개인화된 맞춤형 정보를 제공할 수도 있다. 또 사회의 변화나 시장의 흐름을 보다 정확하게 예측하여 새로운 제품이나 서비스를 적시에 개발하는 기회를 만들 수도 있다. 창의성과 전문성이 뛰어난 lead user들의 다양한 의견이나 경험을 반영하여 문제 해결의 아이디어를 얻을 수도 있다. 지능적 비즈니스, 즉 비즈니스 인텔리전스의 길이 열리는 것이다. 이제 정보시스템의 역할이 단순히 많은 데이터를 빨리 처리하는 보조적 기능을 넘어 마케팅, 생산, 연구개발과 연계하여 기업 전체의 경영전략을 추진해 나가는 핵심 기능의 하나로 자리 잡고 있다.

2.3. 정보의 분석: 어떻게 데이터로부터 지식을 찾을 것인가

2.3.1 기본개념

정보 분석은 아무렇게나 모아놓은 것처럼 보이는 방대한 데이터로부터 숨겨진 정보와 지식을 끌어내는 작업을 가리킨다. 이 작업은 기업 차원의 일이 아니라 분석자 개인 차원의 일이다. 즉 분석(analytics)의 문제이다. 따라서 앞에서 살펴본 정보시스템의 관리가 하드웨어의 관리에 가깝다면 정보분석은 소프트웨어에 가까운 성격을 지닌다. 또 정보시스템의 관리가 '솔루션'이라는 도구의 설계와 운영을 다룬다면 정보분석은 '알고리즘'이라는 이론의 개발과 응용을 다룬다. 실제로 데이터를 정보로 변환시키고 정보로부터 지식을 추출하는 과정에는 다양한 지능적 이론과 기법이 필요하다.

정보의 분석이 중요해지는 배경에는 스마트폰과 SNS(Social Network Service)의 혁명으로 만들어지는 빅 데이터(big data)를 들 수 있다. 빅 데이터라는 용어는 갑자기 나타난 새로운 성격의 데이터를 가리키는 것이 아니라 과거의 데이터와 비교하여 오늘날의 데이터가 갖는 차별적 특성을 가리키는 것이다. 그러면 과거의 데이터와 비교하여 오늘날의 데이터, 즉 빅 데이터는 어떤 차이가 있을까? 흔히 다음 세 가지를 들고 있다. 첫째는 데이터의 양(volume)이 기하급수적으로 늘어난 점이다. 둘째는 데이터가 만들어지고 처리되는 속도(velocity)가 빨라진 점이다. 셋째는 데이터 종류의 다양성(variety)이 올라간 점이다. 한마디로 기존의 정보처리 기술이나 능력으로는 감당할 수 없을 만큼 데이터의 양이 늘어나고 속도가 빨라지고 복잡도가 증가한 것이다.

그렇다면 이 방대하고 복잡한 데이터를 분석하는 방법에는 어떤 것들이 있을까? 대표적인 정보분석의 기법으로는 인공지능(Artificial Intelligence: AI)을 들 수 있다. 넓은 의미의 AI는 복잡하고 어려운 업무를 기계가 인간처럼 수행할 수 있도록 도와주는 기술을 통칭하는 개념이다. AI의 핵심기능은 두 가지로 요약할 수 있다. 첫째는, 정보를 요약하고 해석하는 기능이다. 둘째는, 방대한 데이터를 분석하여 데이터들 사이의 특별한 관계나 특정한 규칙을 발견하는 기능이다.

전통적인 AI의 핵심 분야는 전문가 시스템(Expert System: ES)이다. ES는 전문가의 축적된 지식과 경험을 사용하여 AI의 기능을 효과적으로 지원하는 시스템이다. 따라서 전문적 지식이 잘 정리되어 있는 특정 분야에서는 유용하게 사용될 수 있다. 하지만 전문가조차 작동의 원리를 잘 모른다거나 인간이 일일이 규칙을 만들어 줄 수 없는 문제에 ES를 사용하기는 어렵다. 이러한 문제들에 대한 해결방안을 찾는 과정에서 나온 것이 바로 기계학습(machine learning)이다. 기계학습은 이름이 뜻하는 것처럼, 기계 즉 컴퓨터를 인간처럼 학습시켜 빅데이터로부터 스스로 규칙을 만들어내도록 유도하는 방법이다. 최근에는 기계학습에 신경망 알고리즘을 결합한 심층학습(deep learning) 기법도 활발히 사용되고 있다.

데이터 마이닝(Data Mining: DM)도 정보분석의 유용한 도구이다. DM은 마치 광산에서 지하 자원을 캐내듯이, 방대한 데이터의 내부에 묻혀 있는 유용한 정보를 추출하여 그것으로부터 얻어낸 지식을 의사결정에 활용하는 활동을 뜻한다. 따라서 DM은 지식발견(Knowledge Discovery: KD)이라고 하기도 하고 앞에서 설명한 비즈니스 인텔리전스(Business Intelligence: BI)라는 용어와 동의어로 불리기도 한다. DM을 중심으로 정보분석에 자주 사용되는 대표적 기법들에 대해 간략히 알아보도록 하자.

2.3.2 지능형 분석기법

지금까지 알려진 정보분석 기법들은 그 종류가 상당히 다양할 뿐 아니라 지금도 계속 새로운 기법들이 개발되고 있다. 또한 기존의 기법들도 수정과 보완의 과정을 통해 성능이 개선되고 있다. 여기에서는 데이터 전처리(pre-processing), 분류분석(classification), 연관분석(association), 군집분석(clustering) 등의 대표적인 기법에 초점을 맞추어 간략하게 살펴보도록 한다.

(1) 데이터 전처리

정보분석을 위해서는 먼저 쓰기 편하게 정리된 수치 데이터가 필요하다. 그러나 현장에서 수집된 데이터는 그대로 사용하기에는 부적절한 경우가 많다. 데이터를 모으는 과정에서 정해진 원리나 규칙을 따르지 않은 채 쏟아져 들어온 데이터일 수도 있고 성격이 아예 다른 데이터들이 섞여서 들어오는 경우도 있다. 또 데이터의 크기가 너무 크거나 구조가 아주 복잡할 수도 있다. 따라서 원래의 데이터를 사용이 편하고 분석이 쉬운 형태로 바꾸어 주는 과정을 거치게 된다. 이것을 전처리(pre-processing)라고 한다.

데이터 전처리의 주요 작업으로는 데이터 정제(data cleaning), 데이터 통합(data integration), 데이터 정리(data reduction), 데이터 변환(data transformation)이 있다. 데이터 정제는 결측값(missing value)을 채우거나, 잡음값(noisy data)을 줄이거나, 이상점(outlier)를 발견하여 이를 제거하는 등의 과정을 통해 데이터를 깨끗하게 하는 것이다. 데이터 통합은 다양한 채널을 통해 수집한 데이터를 한군데로 모으는 것이다. 데이터 정리는 정보량은 그대로 두면서 데이터베이스의 크기를 줄이는 것을 가리킨다. 마지막으로 데이터 변환은 분석의 효율성을 올리기 위해 데이터의 형태를 바꾸어 주는 것이다. 데이터 전처리는 본격적인 정보분석 작업을 위한 사전 준비 과정이기도 하지만, 동시에 그 자체로서 중요한 정보분석의 주제이기도 하다.

데이터 전처리의 또 다른 주제는 데이터의 정형화 또는 구조화이다. 앞에서 설명한 것처럼, 데이터의 형태는 정형 또는 구조적 데이터(structured data)와 비정형 또는 비구조적 데이터(unstructured data)로 나누어진다. 정형 데이터는 정해진 규격이나 기준에 맞추어 데이터 행렬(data matrix) 모양으로 정리된 데이터이다. 예를 들어, 판매내역, 원자재 구매, 제품 재고, 생산 내역과 같은 기업의 거래 데이터는 대부분 정형 데이터에 해당한다. 반면, 비정형 데이터는 문서, 그림, 영상처럼 데이터의 속성이 불분명하며, 형태와 구조가 정형화되지 않은 데이터를 가리킨다. 책, 잡지, 의료 기록, 음성 정보, 영상 정보와 같은 전통적인 데이터 이외에 이메일, 트위터, 블로그처럼 모바일 기기와 온라인에서 생성되는 데이터의 대부분이 비정형 데이터에 해당된다. 정형 데이터는 바로 사칙연산을 할 수 있기 때문에 정보분석이 용이한 반면 비정형 데이터는 원래의 형태로는 작업을 수행하기 어렵기 때문에 분석이 가능한 형태로 바꾸어 주는 전처리 과정을 거치게 된다.

(2) 분류분석

분류분석(classification)은 데이터 마이닝의 가장 기본적인 분석기법이다. 이 기법은 분류의 결과가 이미 알려진 기존 데이터를 사용하여 일정한 규칙(rule)들을 찾아낸 다음, 그 규칙들을 분류의 결과가 알려지지 않은 새로운 관측치(대상)에 적용하여 그 관측치가 어느 유형에 속할지를 예측하는 방법이다.

예를 들어, 통신서비스나 금융서비스의 전체 고객을 계속해서 서비스를 유지하는 그룹과 중간에 이탈하는 그룹으로 나눈다고 하자. 기존 데이터를 분석하여 각 그룹의 속성을 분석하면 고객이 이탈하는(유지되는) 규칙을 도출할 수 있다. 즉 이탈하는 그룹에 속하는 고객들 사이에서는 어떤 속성 요인이 나타나는 데(큰 값을 가지는데) 반해 다른 속성 요인은 나타나지 않는(작은 값을 가지는) 현상이 발견된다면 이것이 두 그룹을 구분하는 하나의 규칙이 된다. 이제 새로운 고객이 가입하였을 때, 이 고객의 속성을 알아보면 앞으로 어느 그룹에 속할지를 예측할 수 있을 것이다. 분류분석은 마케팅 전략의 수립, 시장과 기업의 미래 예측 문제, 생산설비의 유지와 관리, 질병의 진단과 치료 등 다양한 영역에서 폭넓게 활용될 수 있다.

(3) 연관분석

연관분석(association analysis)은 유사한 속성을 가진 품목이나 활동을 함께 묶어주는 기법을 뜻한다. 연관분석의 전형적인 예로 마케팅의 장바구니 분석(market basket analysis)을 들 수 있다. 고객의 구매 데이터로부터 장바구니에 함께 담기는 품목들이 무엇인가를 찾아냄으로써, 카탈로그 혹은 매장 진열대에서 어떤 품목을 같은 위치에 배치할 것이며, 어떻게 제품이나 서비스 패키지(package)를 구성할 것인가를 정하는 데 이용할 수 있다. 장바구니 분석의 기본 아이디어는 마케팅 분야뿐 아니라 제품 포트폴리오(portfolio)의 구성이나 신제품 아이디어의 창출에도 유용하게 활용할 수 있다. 예를 들어, 새로운 서비스 패키지를 설계할 때 'A 기능을 원하는 고객은 B 기능도 원한다'거나 'C 기능을 원하는 고객은 D 기능도 원한다'는 규칙(rule)을 찾을 수 있다면 연관된 기능을 함께 묶어서 제공하는 서비스를 개발할 수 있을 것이다.

규칙을 찾아내는 기본 원리는 두 가지 품목(활동)이 동시에 발생할 확률이 얼마나 높은지를 바탕으로 한다. 예를 들어, 두 개의 품목 X와 Y가 있을 때, 연관성 분석을 위해 가장 먼저 보아야 할 것은 전체 중에 두 품목이 동시에 거래되는 확률인 $P(X \cap Y)$이다. 다음에 보아야 할 것은 X를 거래하면 Y도 따라서 거래하는 조건부 확률인 $P(Y|X)$이다. 마지막에 보아야 할 것은 Y를 거래하는 확률에 대비하여 X를 거래하면 Y도 거래하는 조건부 확률의 비율인 $P(Y|X)/P(Y)$이다. 이제 앞의 값들을 측

정하여 그 값이 미리 설정한 기준보다 높게 나오면 하나의 규칙이 만들어지게 된다.

(4) 군집분석

군집분석(clustering analysis)은 전체의 관측 대상을 비슷한 그룹 즉 군집(cluster)으로 나누는 데 사용되는 통계적 분석 기법이다. 관측치들 사이의 유사성(similarity) 또는 거리(distance)를 측정하여 유사성이 높거나 거리가 짧은 관측치들을 하나의 그룹으로 묶어주는 것이다. 따라서 각각의 그룹 안에 있는 관측치들은 서로 비슷해야 하고 반대로 그룹과 그룹들은 서로 달라야 한다.

군집분석의 목적은 크게 두 가지로 요약할 수 있다. 첫째, 각 집단의 특성을 파악함으로써 데이터 전체의 구조를 이해하는 데 있다. 크고 복잡해 보이는 전체 데이터를 몇 개의 집합으로 나눌 수 있다면 데이터의 구조를 훨씬 단순한 형태로 정리할 수 있다. 둘째, 각 그룹의 차별적 특성을 파악하여 맞춤형 전략이나 방식을 적용하는 데 있다. 예를 들어, 전체 고객집단을 유사한 배경과 취향을 가진 소그룹으로 나눈 후 각 그룹에 맞는 맞춤형 정보를 따로 제공한다든가, 수많은 벤처기업들을 기술적 또는 시장적 특성에 따라 소그룹으로 나눈 후 각 그룹에 맞는 맞춤형 지원 방식을 제공할 수 있는 것이다.

군집분석에 사용되는 알고리즘은 매우 다양하지만, 크게 계층적(hierarchical) 알고리즘과 비계층적(non-hierarchical) 알고리즘으로 나눌 수 있다. 계층적 접근은 군집의 수(number)를 미리 정하지 않고 여러 계층을 따라가면서 바꾸어 나가는 방식이다. 즉 처음에는 모든 관측치들을 포함하는 한 개의 큰 군집에서 출발하여 점점 여러 개의 군집들로 분할하면서 군집의 수는 늘리고 군집의 크기는 줄여가거나, 반대로 처음에는 모든 관측치들을 각각의 군집으로 놓고 시작하여 점점 묶어가면서 군집의 수는 줄이고 군집의 크기는 늘려가는 것이다. 따라서 알고리즘이 끝나야만 몇 개의 군집이 만들어지는지를 알 수 있다. 이에 비해 비계층적 접근은 처음부터 군집의 수(n)를 정한 후, 각 관측치들을 가장 가까운 군집에 배치하는 방식으로 진행한다. 매번 배치가 이루어지면 군집의 중심점이 바뀌기 때문에 각 관측치로부터 가장 가까운 군집도 달라질 수 있다. 그렇게 되면 그 관측치는 원래 배치되었던 군집을 벗어나 더 가까운 새로운 군집으로 재배치된다. 이 과정을 반복하면서 더 이상 재배치할 관측치가 없으면 알고리즘이 끝나게 된다.

토론문제 Discussion Topics

1. 지적재산권의 분류체계를 설명하시오.

2. 지적재산권의 분류도에서 다음 각 분야의 대표적인 재산권은 무엇인지 제시하시오.
   (1) 산업저작권
   (2) 첨단산업재산권
   (3) 정보재산권

3. 다음 두 가지 지적재산권의 차이와 장단점을 설명하시오.
   (1) 특허와 실용신안
   (2) 특허와 영업비밀

4. '이 방법은 많은 제조업체의 공정에 활용될 수 있다. 또한 이 방법으로 제조하는 기술은 다른 사람이 아직 공식적으로 제시한 적이 없다. 그러나 이 방법이 기존방법보다 기술적으로 개선된 것인지는 불확실하다'. 위의 기술이 특허를 받을 수 있는지를 특허의 핵심 요건(기준)을 중심으로 설명하시오.

5. 특허지도의 종류를 목적과 용도에 따라 세 가지로 나누어 제시하시오.

6. 특허지도의 작성 절차를 정리하여 제시하시오.

7. 금액으로 기술의 가치를 산정할 수 있는 기본적인 접근방법 세 가지를 설명하시오.

8. 데이터, 정보, 지식의 차이점을 예를 들어 설명하시오.

9. 다음의 정보시스템들에 대해 간략히 설명하시오.
   (1) 거래처리시스템(Transaction Processing System: TPS)
   (2) 경영정보시스템(Management Information System: MIS)
   (3) 의사결정지원시스템(Decision Support System: DSS)

(4) 전문가시스템(Expert System: ES)
(5) 임원정보시스템(Executive Information System: EIS)
(6) 그룹지원시스템(Group Support System: GSS)
(7) 전략정보시스템(Strategic Information System: SIS)
(8) 전사적 자원관리(Enterprise Resource Planning: ERP)

10. 빅 데이터의 특성이 무엇인지를 제시하고, 데이터 마이닝에서 수행하는 대표적 작업 네 가지에 대해 간략히 설명하시오.

참고문헌

강석호, '생산운영관리', 경세원, 1998.

김상훈, '하이테크 마케팅', 박영사, 2004.

김우철 외, '일반통계학', 영지문화사, 1996.

김원수, '마케팅관리론', 경문사, 1995.

김인수, '거시조직이론', 무역경영사, 1995.

남상오, '회계원리', 다산출판사, 1997.

박경규, '신인사관리', 홍문사, 2006.

박기동, '경영학원론', 박영사, 2006.

박순달, '경영과학', 민영사, 2000.

박용태, '공학도를 위한 기술과 경영', 생능출판사, 2005.

박용태, 금영정, '데이터 통계학: 이론과 응용', 생능출판사, 2019.

박정식, '현대재무관리', 다산출판사, 1991.

삼성종합기술원-서울대학교, '연구개발전략', 삼성종합기술원, 2003.

서울대학교 산업공학과 기술경영연구실, '기술로드맵: 이론과 실무', 서울대학교 산업공학과 기술경영연구실, 2004.

서울대학교 산업공학과 기술경영연구실, '특허지도: 이론과 실무', 서울대학교 산업공학과 기술경영연구실, 2004.

신유근, '현대경영학', 다산출판사, 1996.

이경희, '현대인사관리', 민영사, 2003.

이상문 외, '벤처창업과 성장전략', 박영사, 2001.

이재규 외, '전자상거래원론', 법영사, 1999.

임종원, '현대마아케팅관리론', 무역경영사, 1993.

임창희, '조직행동', 학현사, 1997.

장세진, '경영전략', 박영사, 1996.

정갑영, '산업조직론', 박영사, 1991.

정덕훈, '정보기술의 이해',교보문고, 2002.

정승화, '벤처창업론', 박영사, 2000.

조동성, '21세기를 위한 전략경영', 서울경제경영, 2002.

조동성, '21세기를 위한 경영학', 서울경제경영, 2004.

조순, 정운찬, '경제학 원론', 법문사, 1993.

최종태, '현대인사관리론', 박영사, 2000.

통계청, http://www.nso.go.kr

황규대 외, '조직행동의 이해', 박영사, 2003.

황규승 외, '생산관리' 강문사, 1998.

Amram, M. and Kulatilaka, N., *Real Options: Managing Strategic Investment in an Uncertain World*, Harvard Business School Press, 1999.

Basalla, G., *The Evolution of Technology*. Press Syndicate of the University of Cambridge, 1986.

Besanko, D., Dranove, D. and Shanley, M., *Economics of Strategy*, John Wiley & Sons, 1996.

Bidgoli, H., *Intelligent Management Support Systems*, Greenwood Pub.Group., 1998.

Blake, R, and Mouton, J., *The Management Grid'*, Gulf, 1964.

Blake, R. and Mouton, J., *The Managerial Grid*, Gulf Publishing Company, 1964.

Boer, P., *The Valuation of Technology: Business and Financial Issues in R&D*, John Wiley & Sons, 1999.

Brealey, R. and Myers, S., *Principles of Corporate Finance*, McGraw-Hill, 2003.

Broom, V., *Work and Motivation*, Wiley, 1964.

Burgelman, R. and Maidique, M., *Strategic Management of Technology and Innovation*, Irwin, 1988.

Burke, R., *Project Management: Planning & Control Techniques*, John Wiley & Sons, 1999.

Callon, J., *Competitive Advantage through Information Technology*, McGraw-Hill, 1996.

Chase, R. and Aquilano, N., *Production and Operations Management: A Life Cycle Approach*, Irwin, 1989.

Chesbrough, H., *Open Innovation: The New Imperative for Creating and Profiting from Technology*, Harvard Business School Press, 2003.

Clark, K. and Wheelwright, S., *The Product Development Challenge*, Harvard Business Review Book, 1994.

Cooper, R., *Winning at New Products*, Addison-Wesley Publishing, 1993.

Crawford, M., *New Products Management*, Irwin, 1994.

Dodgson M. and Rothwell, R., *Handbook of Industrial Innovation*, Edward Elgar, 1994.

Drucker, P., *The Coming of the New Organization*, Harvard Business Review Press, 1998.

Edge, D., Reinventing the Wheel. in Jasanoff, J. et. al.(eds.), *Handbook of Science and Technology Studies*, Sage Publications, 1995.

Fayol, H., *General and Industrial Management*, Pitman & Sons, 1949.

Fitzsimmons, J. and Fitzsimmons, M., *Service Management: Operations, Strategy, and Information Technology*, McGraw-Hill, 1998.

Gordon, V. and Russell, L., *Valuation of Intellectual Property and Intangible Assets*, Wiley John & Sons, 1994.

Hayes, R. and Wheelwright, S., *Restoring Our Competitive Edge: Competing through Manufacturing*, John Wiley & Sons, 1984.

Hax, A. and Majluf, N., *Strategic Management: An Integrative Perspective*, Prentice-Hall, 1984.

Hayter, A., *Probability and Statistics*, Duxbury, 2002.

Herzberg, F., *The Motivation-Hygiene Concept and Problems of Manpower*, Personnel Administrator, 27, 1964.

Hoffmann, W., *The Growth of Industrial Economies*, Manchester University Press, 1958.

Horngren, C., *Introduction to Management Accounting*, Prentice-Hall, 1984.

Kaplan, R. and Norton, D., *The Balanced Scorecard: Translating Strategy into Action*, Harvard Business School Press, 1996.

Kline, S. and Rosenberg, N., 'An Overview of Innovation' in Landau, R. and Rosenberg, N.(eds.), *The Positive Sum Strategy: Harnessing Technology for Economic Growth*, National Academy Press, 1986.

Kotler, P. and Armstrong, G., *Principle of Marketing*, Prentice-Hall, 2001.

Krajewski, L. and Ritzman, L., *Operations Management: Strategy and Analysis*, Addison-Wesley, 1987.

Kuhn, T., *The Structure of Scientific Revolution*, University of Chicago Press, 1970.

Landau, R. and Rosenberg, N. (eds), *The Positive Sum Strategy: Harnessing Technology for Economic Growth*, National Academy Press, 1986.

Law, A. and Kelton, W., *Simulation Modeling and Analysis*, McGraw Hill, 1982

Lehmann, D., *Market Research and Analysis*, Irwin, 1989.

Lewin, K., *Principles of Topological Psychology*, McGraw Hill, 1936.

Martino, J., *Technological Forecasting and Decision Making*, North-Holland, 1983.

McGregor, D., *The Human Side of Enterprise*, McGraw-Hill, 1960

Miller, D. and Schmidt, J., *Industrial Engineering and Operations Research*, John Wiley & Sons, 1990.

Miller, W. and Morris, L., 4th *Generation R&D: Managing Knowledge, Technology, and Innovation*, John Wiley & Sons, 1999.

Moore, G., *Crossing the Chasm, Harper Business*, 1991.

Myers, P., *Knowledge Management and Organizational Design*, Butterworth Heinemann, 1996.

Nickels, W., McHugh, j. and McHugh, S., *Understanding Business*, McGraw Hill, 2012.

OECD, *Technolog y and the Economy: The Key Relationships*, 1992.

OECD, *The Knowledge-based Economy*, 1996.

OECD, *The Knowledge-based Economy*, Paris, 1996.

Polanyi, M., *The Tacit Dimension*, Doubleday Anchor, 1967.

Porter, M., *Competitive Strategy*, The Free Press, 1980.

Rogers, E., *Diffusion of Innovations*, The Free Press, 1995.

Rosenberg, N., *Exploring the Black Box*, Cambridge University Press, 1994.

Roussel, P., Saad, K. and Erikson, T., *Third Generation R&D: Managing the Link to Corporate Strategy*, Harvard Business School Press, 1991.

Salamatov, Y., *TRIZ: The Right Solution at the Right Time: A Guide to Innovative Problem Solving*, Insytec B.V., 1999.

Schmookler, J., *Invention and Economic Growth*, Harvard University Press, 1966.

Schumpeter, J., *Capitalism, Socialism and Democracy*, Harper & Row, 1943.

Shillito, M., *Advanced QFD: Linking Technolog y to Market and Company Needs*, John Wiley & Sons, 1994.

Taylor, F., *Scientific Management*, Harper & Row, 1947.

Thuesen, G. and Fabrycky, W., *Engineering Economy*, Prentice-Hall, 1993.

Turner, W., Mize, J., Case, K. and Nazemetz, J., *Introduction to Industrial and Systems Engineering*, Prentice-Hall, 1993.

Ulrich, K. and Eppinger, S., *Product Design and Development*, McGraw-Hill, 1995.

Urban, G. and Hauser, J., *Design and Marketing of New Products*, Prentice-Hall, 1993.

Utterback, J., *Mastering the Dynamics of Innovation*, Harvard Business School Press, 1996.

von Hippel, E., *The Sources of Innovation*, Oxford University Press, 1988.

Webb, A., *Managing Innovative Projects*, Chapman & Hall, 1994.

참고논문

Abagail, M. and Siegel, D., Corporate Social Responsibility: A Theory of the Firm Perspective, *Academy of Management Review*, 26. 2001.

Adler, P., Technology Strategy: A Guide to the Literatures, Research on *Technological Innovation, Management and Policy*, 4, 1989.

Alderfer, C., An Empirical Test of a New Theory of Human Needs, Organizational *Behavior and Human Performance*, 4, 1969.

Allen, T., 50 Years of Engineering Management through the Lens of the IEEE Transactions, *IEEE on Engineering Management*, 51(4), 2004.

Bambury, P., Taxonomy of Internet Commerce, *First Monday*, 3(10), 1998.

Barker, D. and Smith, J., Technology Foresight using Roadmaps, *Long Range Planning*. 28(2), 1995.

Bartlett, C. and Ghoshal, S., Matrix Management: Not a Structure, a Frame of Mind, *Harvard Business Review*, July–August 1990.

Berger, C. et al., Kano's Methods for Understanding Customer–defined Quality, *Center for Quality of Management Journal*, 2(4), 1993.

Black, F. and Scholes, M., The Pricing of Options and Corporate Liabilities, *Journal of Political Economy*, 81, 1973.

Bontis, N. et. al., A Review of the Tools Available to Measure and Manage Intangible Resources, *European Management Journal*, 17(4), 1999.

Bouchereau, V. and Rowlands, H., Quality Function Deployment: The Unused Tool, *Engineering Management Journal*, 10(1), 2000.

Chesbrough, H., Managing Open Innovation, *IEEE on Engineering Management Review*, 32(2), 2004.

Hayes, R. and Wheelwright, S., Link Manufacturing Process and Product Life Cycles, *Harvard Business Review*, 1979.

Herzberg, F., One More Time, How Do You Motivate Employees?, *Harvard Business*

Review, Jan.–Feb., 1968.

Herzberg, F., The Motivation–Hygiene Concept and Problems of Manpower, *Personnel Administrator*, 27, 1964.

Hurwicz, L., The Generalized Bayes Minimax Principle: a Criterion for Decision Making under Uncertainty Cowles Commission Discussion Paper, Statistics, 335, 1951.

Julta, D., Bodorik, P., Hajnal, C. and Davis, C., Making Business Sense of Electronic Commerce, *IEEE Computer*, 32(3), 1999.

Locke, E., The Ubiquity of the Technique of Goal Setting Theory, *Behavior Science*, 11, 1966

Markowitz, H. M., Portfolio Selection, *Journal of Finance*, 7(March), 1952.

Maslow, A., A Theory of Human Motivation, *Psychological Review*, 50(4), 1943.

Rappa, M., The Utility Business Model and the Future of Computing Services, *IBM Systems Journal*, 43(1), 2004.

Park, Y., Toward the Linkage Between Technology and Social Science: Practical Disciplines and Educational Models, *Bulletin of Science, Technology & Society*, 19(1), 1999.

Poter, M. and Kramer, M., Creating Shared Value, *Harvard Business Review*, January–February, 2011.

Rothwell, R., Successful Industrial Innovation: Critical Factors for the 1990s, *R&D Management*, 22(3), 1994.

Rubenstein, A., Technology Management: A Brief Review of the Last 40 Years and Some Thoughts on Its Future. *IEEE Transactions on Engineering Management*, 41(4), 1994.

Schmenner, R., How Can Service Business Survive and Prosper?, *Sloan Management Review*, 27(3), 1986.

Shannon, C., A Mathematical Theory of Communication. *The Bell System Technical Journal*, 27(1), 1948.

Souder, W., A Scoring Methodology for Assessing the Suitability of Management Science Model, *Management Science*, 18, 1972.

Timmers, P., Business Models for Electronic Markets, *Electronic Markets*, 8(2), 1998.

Utterback, J. and Abernathy, W., A Dynamic Model of Product and Process Innovation, *OMEGA*, 3(6), 1975.

von Hippel, E., Lead Users: A Source of Novel Product Concepts, *Management Science*, 1986

Zott, C. and Amit, R., Business Model Design: An Activity System Perspective, *Long Range Planning*, 43, 2010.

사이트

통계청, http://www.nso.go.kr

한국은행, http://www.bok.or.kr

Industrial Statistics Analysis System(ISTANS), 산업통상자원부.

찾아보기